HITLER AT HOME

DESPINA STRATIGAKOS

ヒトラーの家

独裁者の私生活はいかに演出されたか

デスピナ・ストラティガコス
北村京子 訳

作品社

口絵１　オーバーザルツベルクに立つアドルフ・ヒトラーの家の絵葉書。1934 年頃。

口絵２　ハインリヒ・ホフマン撮影。ヴァッヘンフェルト・ハウスに元からあった素朴な居間［シュトゥーベ］の絵葉書。1934 年頃。

口絵３　ハインリヒ・ホフマン撮影。アトリエ・トローストによる改装後の居間［シュトゥーベ］の絵葉書。1934年頃。

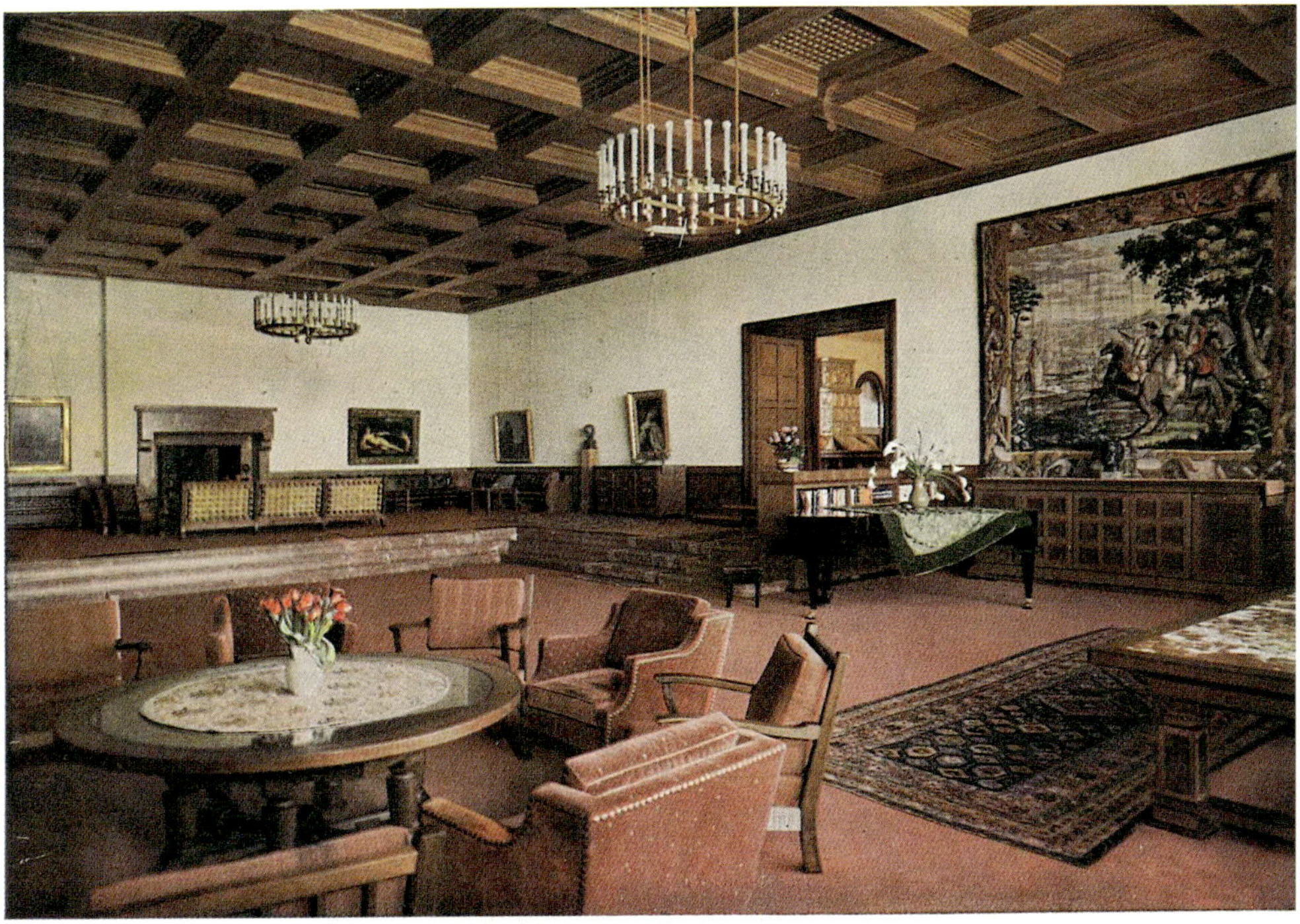

口絵4　ハインリヒ・ホフマン撮影。大広間の絵葉書。1936年頃。

口絵5　ハインリヒ・ホフマン撮影。大広間の窓からの景色。1936年頃。

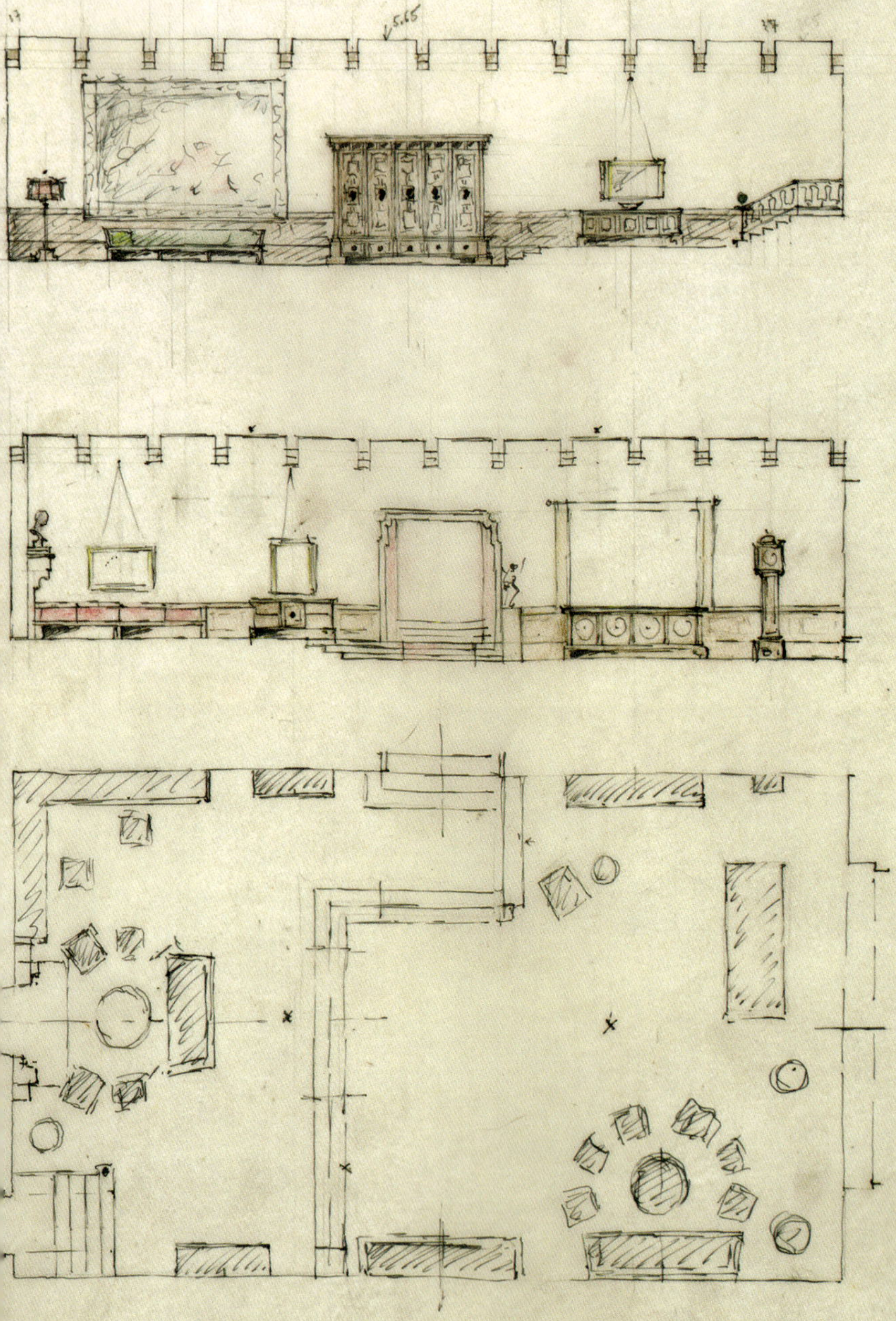
5.65

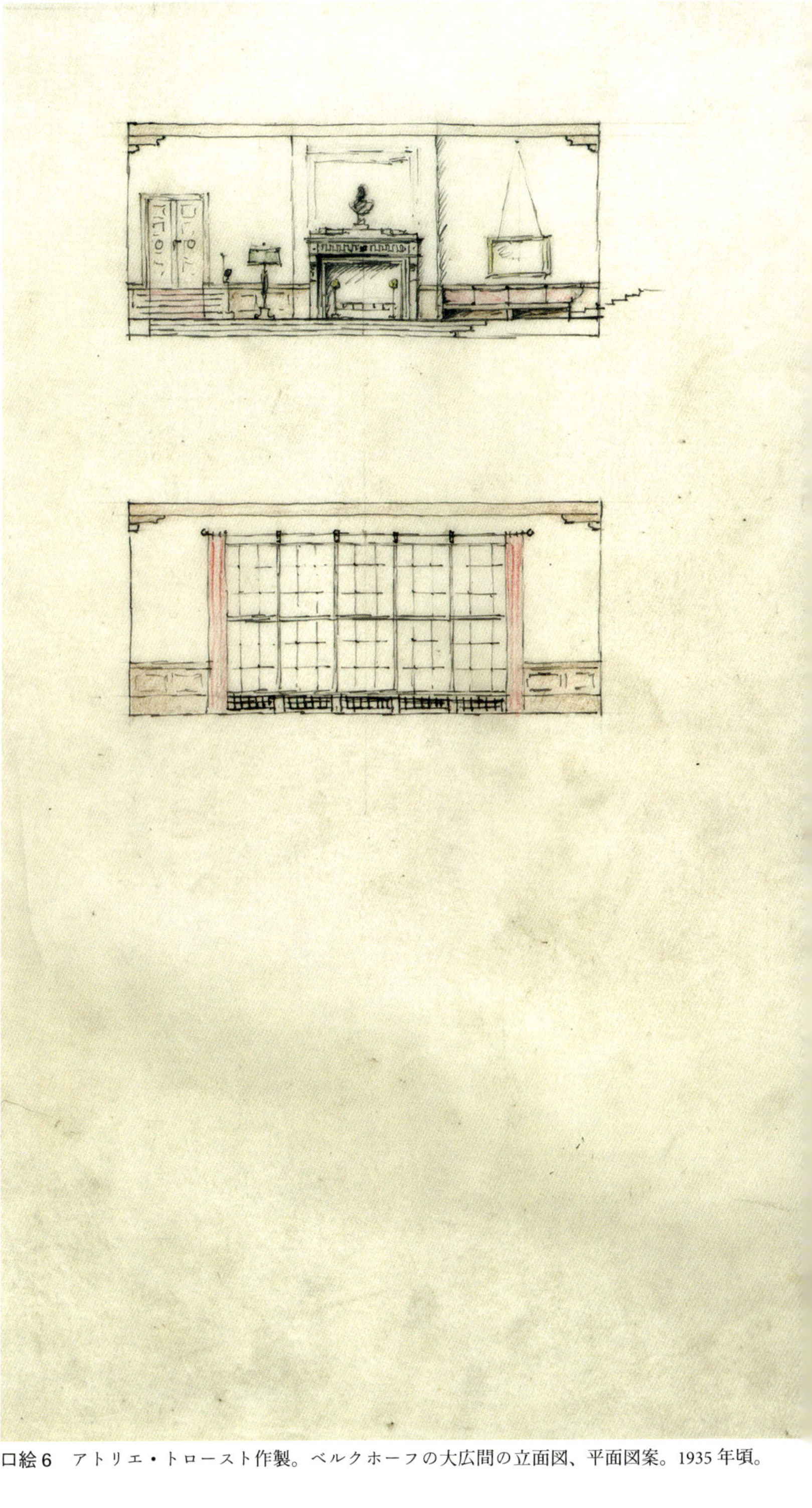

口絵６　アトリエ・トロースト作製。ベルクホーフの大広間の立面図、平面図案。1935 年頃。

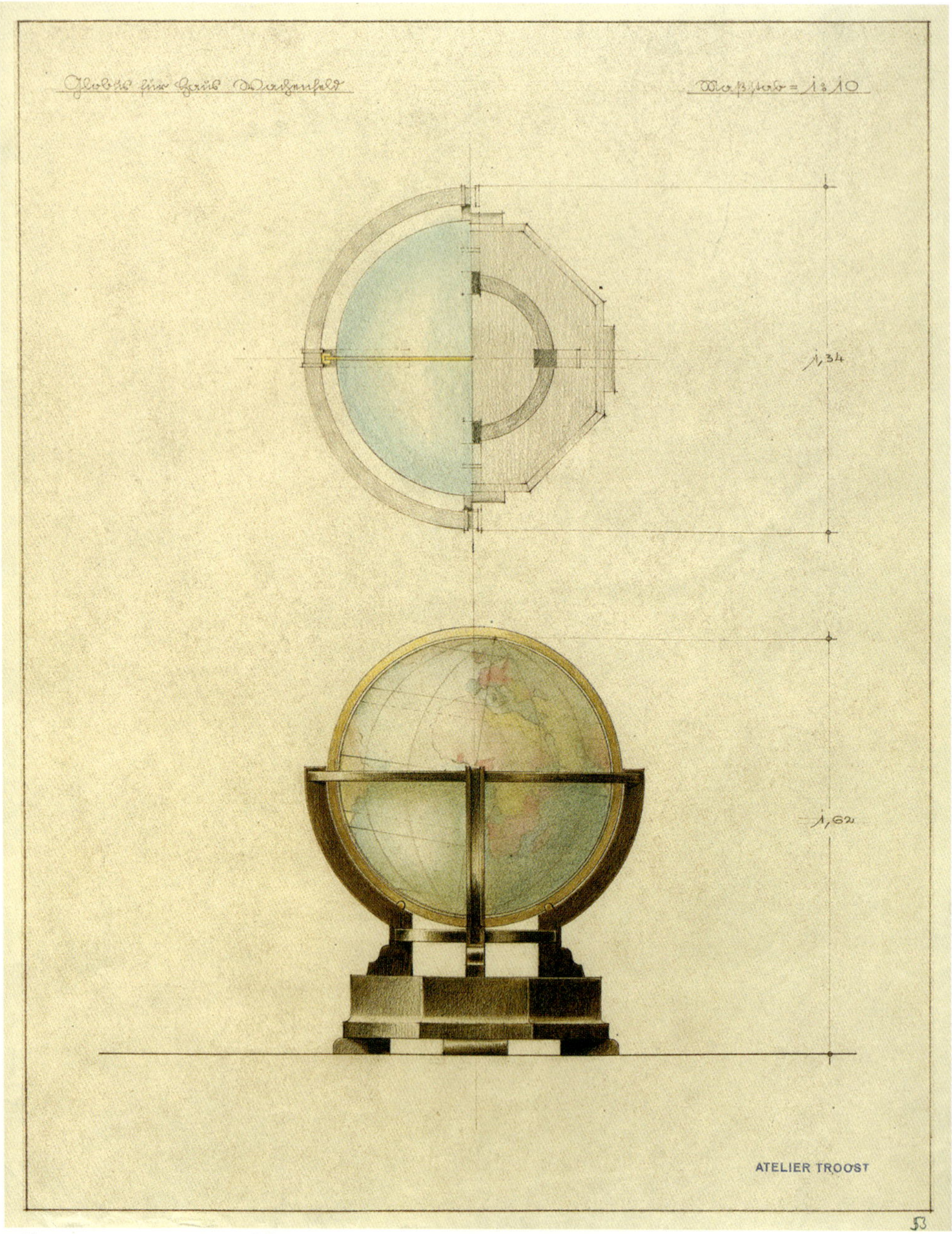

口絵 7　アトリエ・トロースト作製。ベルクホーフの大広間に置く地球儀の図面。1936 年頃。

口絵８　ゲルディ・トローストが使っていたベルクホーフ用布見本帳の大広間用サンプルの１ページ目。その後のページには大広間、居間、客間、副官と管理人の部屋のためのサンプルが並ぶ。

口絵9　ハインリヒ・ホフマン撮影。ベルクホーフ2階にあるヒトラーの書斎の絵葉書。1936年頃。

口絵10　1939年7月16日、大ドイツ芸術展が開催されたドイツ芸術の家で、ナチス高官に囲まれてヒトラーと言葉を交わすゲルディ・トロースト。ハインリヒ・ホフマン撮影。

口絵 11　ハインリヒ・ホフマン撮影。ベルクホーフの絵葉書。1936 年頃。

口絵 12　かつてのヒトラーの図書室に立つマンフレート・アルベルト警視正。本棚にはいま、同警察署のサッカーチーム、ボーゲンハウザー・コップスが獲得したトロフィーが並ぶ。2007 年撮影。

口絵 13　元ヒトラーの寝室に立つウルスラ・レヒナー巡査部長。この部屋は現在、建物内で働く警察官が使うロッカールームになっている。ロッカーのひとつには女優ミラ・ジョヴォヴィッチのポスターが貼られている。2007 年撮影。

ヒトラーの家＊目次

ヒトラーの家——独裁者の私生活はいかに演出されたか

あの時代を生きた母へ

序文　家が持つパワー

欧州の第二次世界大戦末期、連合国軍がバイエルンに侵入してくると同時に、兵士やジャーナリストたちはアドルフ・ヒトラーが暮らしていた場所を探し出し、人類を苦しめ、恐怖に陥れたのはいったいどんな男だったのかを探ろうとした。米軍のハリー・サイオンズ軍曹は、『ヤンク』誌〔米軍発行の週刊誌〕に書いた記事のなかで、彼がヒトラーの山荘「ベルクホーフ」で浴室の薬品棚を覗いたときに見つけたひまし油とうがい薬について考察している。ヒトラーのミュンヘンのアパートに滞在した『ヴォーグ』誌特派員のリー・ミラーは、彼のクローゼットのなかをかき回し、モノグラム入りのリネンや銀器について記事に記している[1]。

ある人物の家庭空間と持ち物は、その人の内なる自己を暴き出すとわれわれは考える。そしてクローゼットやキャビネットの奥深くへとはいり込むほど、そこに隠された秘密は大きなものになる。ヒトラーの家には、一般的な家にあるような物の隠し場所に加えて、地面の下にいくつもの防空壕と通路からなる一大地下壕網があり、記者たちは（そしてのちには観光客が）、なんらかの手がかりをつかもうと、そのなかを隅々まで探し回った。拷問部屋があるという噂もあれば、溢れるほどの財宝が眠っているという話も聞こえ、隠された真実よりも、埋蔵されたお宝を目当てにやってくる者もいた。しかし、記者や観光客がこうした空間に惹かれたことにはもうひとつ理由があり、それは第三帝国時代、ヒトラーの家庭生活の様子が、人々の目に非常に多く触れていたためであった。とくにヒトラーが数多くの写真に収まった山荘においては、彼の「私人」としての生活は公に消費されるために入念な演出が施され、その写真や物語は国内外に広く報道された。何百万人にものぼる読者たちは、家庭を舞台としたこのパフォーマンスを通じて「人間ヒトラー」をよく知っているような気持ちになり、そして連合国軍の兵士や記者たちがドイツにやってきたとき、彼らはヒトラーの幽霊がまださまよっているだろう場所へと惹かれていった。

本書は、ヒトラーの家庭に足を踏み入れたそうした人々の足跡を追いつつも、彼らとは違った判断を探っていく。アラン・ブロックが一九五二年に出版した、戦後最初の本格的なヒトラーの伝記は、多くの示唆に溢れた総統の私生活を、「最良のときでさえ無味乾燥でおもしろくない」と切り捨てている。(2) 一方、その後の数十年間で出版された数々の暴露本は、これとはまったく逆の態度で、ヒトラーの身体、家族の過去、男性および女性との付き合いについて徹底的に調べ上げ、個人的な異常性を探し出しては、それで大惨事を引き起こした理由が説明できるかのように書き立てた。『ヒトラーの家』では、私的な空間の重要性を扱っていくが、これを建築を通して語る伝記にするつもりはない。むしろわたしが興味を持っているのは、まずはヒトラーが家庭における自身の姿を、公に向かってどのように提示することを選んだのかということ、次に、ヒトラーのイメージを構築・伝達したデザイナー、写真家、ジャーナリストたちだ。彼らが伝えたヒトラー像を、ドイツ語圏および英語圏のオーディエンスは皆、夢中になって消費した。

一九三〇年代なかばには、家庭におけるヒトラーにまつわる写真や物語を目にしないことはほぼ不可能な状態になっていた。この話題はドイツのメディアで熱狂的な――ほとんど異常なまでの――関心を持って伝えられただけでなく、ロンドンからシドニー、トロント、フェニックス、ボンベイ(ムンバイ)、上海に至るまで、世界中に読者を持つ英語圏の新聞や雑誌も、これを大喜びで掲載した。ドイツでは、総統の家庭や、オーバーザルツベルクでくつろぐ総統本人の写真を使った一般向けの消費財を扱う市場が瞬く間にできあがった。人々はヒトラーの家をモチーフにした刺繡付きの装飾用クッションや磁器の皿を部屋に飾ったり、家を象った貯金箱に小銭を貯めたり、おもちゃの家で遊んだり、ヒトラーがテラスでシカに餌をやっている写真の絵葉書をだれかに送ったり、さらには数多く出版されていた独裁者の家庭生活を記録した写真集を買ったりしていた。そうしたアルバムのなかでは、子どもたちと遊び、飼い犬とハイキングに出かけるヒトラーの姿が披露されていた。ある時期、ヒトラーの山荘は間違いなく、世界でもっとも有名な家であった。

家庭におけるヒトラーの姿がこれだけ大量に生産されていたというのは、これが非常に魅力的だったことの証であり、そのパワーは今日に至るまで発揮され続けている。私人ヒトラーの持つ魅力はこれまで、歴史家の目にはほとんど止まらず、彼らはヒトラーの家庭生活にまつわるプロパガンダを中途半端に提示・分析するだけにとどまっていた。ごく少数の記事、書籍、目録、文学などを除けば、ヒトラーの家庭を扱った研究は無批判なものになりがちで、なかには第三帝国時代の出版物で唱えられていたイデオロギーの「魅力」を再生産しているものもある。ヒトラーについては、これまでに非常に多くの文章が書かれてきたというのに、驚くべきことに、ナチ党（国民社会主義ドイツ労働者党）が作り上げ、視覚的に提示してみせた家庭空間の重要性は、さほど研究されてこなかった。(3)

第三帝国時代にあれほど多くの注目を集めていたにもかかわらず、ヒトラーの家庭空間はこの時代の政治史および建築史にはめったに登場しない。ヒトラーの住居で行なわれた数々の外交会議についての記事を書いた人々は、その背景となる空間にはほとんど言及しなかった。ヒトラーが自分の家を、すぐれた指導者かつ教養ある人間としての自らのアイデンティティを演出する舞台セットとして、積極的に利用していたにもかかわらずだ。ナチズムのイデオロギーおよび政治の中心地としてのオーバーザルツベルクに関する既存の研究においては、その建造物に焦点があてられてきたが、これを専門とする建築史家たちは、同分野においてあまり大きな貢献をしていない。一般に、建築やファシスト美学の研究者は、巨大な建築プロジェクトと群衆が生み出す壮観な光景にばかり注目し、家庭的で小規模な建築を見過ごしてきた。また、ニュルンベルク党大会会場における群衆が生み出す壮大な光景、そして新首相官邸の巨大さの美学は、どちらもアルベルト・シュペーアが手がけた、公の場における総統像を表現するものだが、これらと相関関係を持つのが、細部まで念入りに創り上げられた特異なアッサンブラージュである彼の私的かつ家庭的な空間だ。そこは私人ヒトラーを演出するために、物体と空間を舞踏の振り付けのように組み合わせた場所とも言える。何千人もの人間に命令を下し、岩山を動かすヒトラーは畏怖の念を呼び起こす。一方、家庭で茶を飲み、犬と一緒にいるヒトラーは共感を覚えさせる。そのどちらのイメージも、総統が有する人々を魅了するパワーにとっては不可欠であり、そのどちらもが、独自の建築という表現方法を持っていた。公的で巨大なものと、家庭的で小規模なものの意味を同時に読み込むことによって、民衆の上に立つ総統であると同時に、民衆の総統でもあるという提示のなかで働いている、その意図的かつ有効な相互作用の実態をつかむことができるだろう。

ヒトラーは彼自身が家庭空間づくりに大いに心を砕き、この課題について、お抱えのインテリアデザイナーであるゲルディ・トローストと長々と議論を重ねていた。戦後、トローストは、ヒトラーがごくささいなディテールにも多大な興味を示したと回想している。シュペーアはその回顧録のなかで、ヒトラーがベルクホーフの設計に個人的に深い関心を寄せ、その熱心さはシュペーアが担当したほかの建築プロジェクトとは比べものにならなかったと書いている。[4] ベルクホーフはヒトラーのいちばんのお気に入りの場所であり、彼は在任期間の三分の一をオーバーザルツベルクで過ごしていた。一九四四年七月、ヨーゼフ・ゲッベルス〔ヒトラー内閣の宣伝相〕は自身の日記に、総統が作戦基地をベルクホーフの山荘から東部戦線の「狼の巣」に移すと決定したので安心したと記している。ヒトラーが何カ月ものあいだ、自宅の居間から戦略計画を練っているあいだに、連合国軍は徐々にドイツ国境近くへと迫っていた。[5]

もしヒトラーの家庭空間の創造にシュペーアが関わっていたなら、歴史家はこの課題により多くの注意を払っていたのではないだろうか。女性の建築家やデザイナーが建築史の書籍のなかで正当な扱いを受けるようになったのはごく最近のことであり、第三帝国における彼女たちの活動はほとんど知られていない。ゲルディ・トローストもまた、彼女がヒトラーやナチ党高官のためのインテリアのスタンダードを決定する立場にあったという事実にもかかわらず、同様に歴史家のレーダーの下をすり抜けてきた。本書を通じて、これまで顧みられることのなかった、パワフルな第三帝国の女性、トローストへの関心を高められたらと願っている。彼女はこれまでよりもはるかに多くの、学術的な注目を浴びるに値する人物だ。彼女の仕事はまた、ナチ体制が駆使した自己表現におけるインテリア・デザイン全般の役割を考察する必要があることを示している。ナチ党のインテリア・デザインにおいては、シュペーアを含む大勢の建築家が積極的に仕事をしていた。

　結局のところ、総統の家やそれを作り出した人々がこれまであまり注目を浴びてこなかったいちばんの理由は、学者たちが第三帝国のプロパガンダをあまりに当然のものとして受け入れてきたからなのかもしれない。そのプロパガンダとは要するに、ヒトラーの家庭空間は、政治やイデオロギーの世界の外にあるというものだ。筆者はしかしこれとは逆に、ヒトラーの家庭はきわめてイデオロギー的な空間であり、ナチ体制が生み出したヒトラーに関するプロパガンダのなかでも、とくに大きな成功を収めたものの中心に、明確に据えられていると考えている。ヒトラーの家庭生活の様子を描いてみせることは、大声で喚く反動主義者という彼のパブリックイメージを和らげる必要があった一九三〇年代初頭には、非常に重要な役割をはたした。ヒトラーの宣伝係《プロパガンディスト》たちはまた、彼の家庭生活のイメージに注意を払い、さまざまに手を入れることによって、彼にとっての障害となりそうなもの――家族とも、土地とも、恋人とも深い関係をもたずに暮らしている、祖国も失った変わり者というイメージ――を、彼の財産へと変貌させた。その方法は、ヒトラーという人物を、腰を落ち着けた普通の人間として演出できる家庭環境を作ることであった。ヒトラーの家庭空間は、ヘテロセクシャルな男らしさや、洗練されてはいても派手すぎない趣味、ドイツのルーツなどを重視する国民と、非常に相性がよかった。そこで、彼の広報係とデザイナーたちは一石二鳥を狙い、ヒトラーをそれまでよりも温かみがあり、同性愛者や変わり者といったイメージの薄い人間に見えるように演出してみせた。これらはすべて入念に作り上げられ、この独身男性の家庭生活を伝える記事や写真を積極的に掲載するメディアを通じて、ドイツ国内外のオーディエンスへと伝えられていった。

本書は二部構成になっている。第I部では物理的なデザインと、ヒトラーの三つの住居――ベルリンの旧首相官邸、ミュンヘンのプリンツレゲンテン広場一六番地のアパート、オーバーザルツベルクの山荘の建設を取り上げる。ヒトラーは第三帝国時代を通じて、これら三つの場所すべてに暮らしたが、実際に所有していたのはアパートと山荘だけであった。第1章では、ヒトラーが長く続いた貧困生活を改めて、一九二〇年代末にはじめて独立した居を構えるまでの経緯、および彼のライフスタイルの変化を見ていく。彼が四〇歳の誕生日を迎える少し前の時期だ。一九三三年に首相に就任したヒトラーは、自身が首相官邸に引っ越す前にこれを改装すべきだと主張したが、第2章では、自分の暮らす家に秩序を取り戻すことができる有能な指導者という新たな物語を作り上げるために、ヒトラーがこの件をいかに利用したかを検証する。家の改装に大いに熱中するようになったヒトラーは次に、私的な住居の改革に着手する。第3章と第4章では、一九三五年に行なわれたミュンヘンのアパートの大規模な改装と、その完了直後の一九三五〜三六年に、建築家のアロイス・デガノが手がけた、ヴァッヘンフェルト・ハウスをベルクホーフへと変える大規模な増築について書いていく。これらのプロジェクトからは、ヒトラーが一九三〇年代なかば、民衆扇動家という自己のイメージの名残を完全に洗い流して、国家指導者・外交家としての新たなステータスを強調するために、住居の改築をどのように利用していたかが見えてくる。改築にかかった莫大な経費を見れば、ヒトラーがこれを成功させるためにどれだけ積極的に投資していたかがわかる。これは同時に、ナチ体制のプロパガンダが長い間喧伝し続けていた、ドイツの指導者は素朴な人間であり、名声や権力の魅力に害されてはいないというイメージと相反するものであった。ヒトラーが作り上げた新たな家々のファサードは、表向きは指導者の成熟と自信を高らかに主張していたが、一方、結局は実現せずに終わったベルクホーフの改築計画のための何枚もの設計図からは、ヒトラーが家庭における自己像を、公のアイデンティティとの関連のなかでどのように位置づけるかに苦心を重ねていたことがわかる。第4章ではまた、エーファ・ブラウンが撮影したベルクホーフの写真と、そこから見えてくる家の女主人、かつ特権的な囚人としての彼女の役割にも触れる。ゲルディ・トロープはこれら三つのデザインプロジェクトすべてにおいて中心的な役割を担っており、第5章では彼女の人生と仕事に焦点をあてていく。参考にしたミュンヘンのバイエルン州立図書館が所蔵するトローストの個人的な書類は、目を見張るほど潤沢な資料であり、二〇一九年に研究者に正式に公開される予定だ。

本書の後半では、ヒトラーの家とその応接室に関するプロパガンダを扱い、とくにミュンヘンとオーバーザルツベルクの住居を取り上げる。第6章は、一九三二年の重要な大統領選の最中に起こった、ナチスの宣伝係によるヒ「私人ヒトラー」の「発見」から始まる。第7章と第8章はそれぞれ、ドイツ国内、国外のメディアによるヒトラーの家の取り上げられ方を見ていく。ドイツ国内では、ヒトラーの山荘は巡礼の地となっていたが、第7章では、さまざまな記事やハインリヒ・ホフマンの写真を通じて、ベルクホーフがナチ党のイメージ作りに与えた影響をあきらかにする。一九三〇年代、ドイツの読者にとってヒトラーの家を扱った記事が魅力的に感じられたというのは想像に難くないが、外国の新聞や雑誌においても、これが同じような魅力を発していたことには驚かされる。第8章では、英語圏の報道に見られた、ヒトラーの暴力にまつわる噂を偽りの情報で曖昧にし、ごまかそうとする試みを検証する。英語圏の新聞や雑誌は、独身男性たるヒトラーの家庭生活を描写しつつ、彼のことをぜひとも隣人になってほしいとだれもが願うような、穏やかで教養高い人物として描いていた。自慢の家で暮らすヒトラーに対するイメージは、まずはイギリスが、続いてアメリカが戦争に突入したことで、賞賛から嘲笑へと変わっていく。第9章では、英語圏の報道で描かれる家庭でのヒトラーのイメージが、芸術的な素養のある紳士から、誇大妄想の家のペンキ塗り職人あるいは軟弱な好事家へと変化していった経緯を追う。第二次大戦の終わりは、ヒトラーの家にとっては、終焉かつ新たな始まりとなった。第10章は、オーバーザルツベルクの爆撃、連合国軍とジャーナリストたちのバイエルン到着、彼らによる総統のアパートと山荘の探索、そして近隣の人々や兵士たちによる大規模な略奪を考察する。第11章は、ミュンヘンのアパートとベルクホーフの歴史を現在までたどり、これらふたつの住居がもたらした、バイエルン当局にとっての頭の痛い問題を取り上げる。オーバーザルツベルクとミュンヘンでは、人々を現場から遠ざけておくために、また同時に忘却を促すために、それぞれ異なる戦略が採用されてきた。それでも、その所有者がベルリンの地下壕で死んでから数十年がたつというのに、これらの住居はいまも不穏な磁力を発散し続けている。またヒトラーの家庭環境にまつわる品々――銀器から浴室のタイルまで――は市場で流通を続け、第三帝国の記念品コレクターのあいだで驚くほどの高値で取引されている。今日、総統の家庭生活の断片は、世界中の本棚やコーヒーテーブルの上に散らばっており、徐々に過去のものとなりつつあるその歴史の、奇妙に長い最後のひとときをさらに引き伸ばすのに貢献している。本書の最後はそうした「遺物」が、それを収蔵している美術館の学芸員にもたらす問題について、また英米の報道が、一九三〇年代に、ヒトラーの家の描写によって読者の警戒心を取り除くうえで自らがはたした役割に対して、正面から向き合おうとしないことに対する考察で幕を閉じる。

ヒトラーの家庭空間の創造とその力を分析・解体する作業を進めながら、わたしはそれらが持つ魅力の危険性をいままで以上に意識していた。今日、ホームデコレーションの関連雑誌や家の改装を扱うテレビ番組は一大産業となり、かつてヒトラーの広報係が、総統のことを好ましく親しみやすい人物であるかのように演出するために巧みに取り入れていたのと同じような、美しいインテリア、幸せそうな子どもたち、よく手入れされた犬、目を見張る美しい景色などで、大いに人気を博している。そうした家が、マスメディアに登場するセレブリティのものだった場合、その魅力はさらに大きなものになる。それはヒトラー政権が、新たなマスコミュニケーションおよびマーケティング技術を用いることによって、その創出に一役買った現象だ。ナチスはヒトラーの私生活に対する興味を如才なく操ることで、中庭でシカにエサをやっている男と、ガス室の背後にある力との断絶を図った。スーザン・ソンタグらが主張してきた通り、ナチ体制においては、魅力と恐怖が互いにわかちがたく結ばれながら、その力を同時に発揮した。[6] ドイツ国内外どちらにおいても広範なコンテクストに注目し続けることによって、わたしは家庭人ヒトラーのイメージの創造の背後にあった政治的意図をあきらかにし、その居心地のよさの裏にぴたりと寄り添う恐怖を暴きたいと考えている。

ヒトラーの暴力の犠牲者たちは、いまもなおそうした誘惑の危険性を痛烈に感じている。ここ何年ものあいだ、わたしは自らが取り組むプロジェクトについて、そうした個人的な傷を抱える人々に向かって話をしてきた。そのすべての人々から頂いた助言と見識に、わたしは心から感謝している。わたしがもっとも大きな恩義を感じているのはしかし、わたしの母親だ。母は幼いころ、占領されたギリシアのケファロニア島でナチスの残忍さを体験しており、この先も彼女がその呪縛から逃れることはないだろう。母にこの本を書こうと思うと話したとき、彼女はしばらく沈黙したあとで、ひとつだけわたしに頼みごとをした。「お願いだから、ヒトラーをいい人みたいに書かないで」。わたしはその言葉を、ずっと胸に抱いている。

第Ⅰ部

第1章　ヒトラー、家を構える――一九二八年、独身生活に訪れた転換期

その見出しは『レーゲンスブルガー・エコー』紙一面の横幅いっぱいに、でかでかとした文字で掲載されていた。「ヒトラーのアパートで自殺」。ドイツ中の新聞が書き立てたこのニュースは、アドルフ・ヒトラーの二三歳の姪ゲリ・ラウバルが、一九三一年九月一八日に亡くなった事件を伝えるものであった。ゲリはその朝、自ら拳銃で撃ったと思われる傷が原因で死亡しているところを発見された。現場となったミュンヘンのアパートで、彼女は当時ドイツで二番目に大きな政党のリーダーであった独身の叔父と一緒に暮らしていた。ヒトラーにとって、プライベートな場で起こったこの悲劇は、公人としての彼の立場を揺るがしかねないものであった。なぜならこの事件はヒトラーの急所――つまりは彼の一般的とは言いがたいライフスタイルに関わるものだったからだ。

ヒトラーという人物がのちに人々の崇拝の対象となり、そうした感情の高まりによって、ドイツ国全体が集団妄想のような状態に陥ったという事実を踏まえて、これまで多くの歴史家たちが、独身を貫くという彼の判断は、女性票を得るための有効な戦略であったと考えてきた。第三帝国の新聞や雑誌に掲載された数限りないヒトラーの写真からは、彼がドイツでもっとも理想的な独身男性として、女性たちの人気を集めていたことが窺える。そうした写真のなかでは、熱に浮かされたような表情の大勢の女性たちが、笑顔の総統に向かって手を振ったり、彼の手に触れようと手を伸ばしたりしている。しかしながら、彼がまだ政権を掌握して反対勢力を弾圧する前の

段階では、首相を目指す中年男性が独身でいることの利点は決して大きくはなかったはずだ。当時の有権者たちは現代人と同様、国のリーダーとしては、安定した生活を送っている印象のある人物を好む傾向にあり、大半の人間にとってそれは、結婚と子どもという伝統的な価値観を意味していた。

一九二八年五月二〇日に行なわれた国会選挙で、全体の二・六パーセントしか票を集められずに惨敗したあと、ヒトラー率いるナチ党は、訴求力の拡大、とりわけ中流層に対するアピールの強化を目指して、党の主張においてもリーダーシップのとり方においても、より主流派に近い印象を演出するようになった。事実、ヒトラーが自らの公的なイメージを、過激な扇動家からブルジョワの政治家へと作り変えたのはこの時期であった。[1] とくに注目すべきは、彼が二〇年間続けた根無し草のような生活を改めて居を定めたことだ。母親の死から間もない一九〇八年、ヒトラーはオーストリアのリンツを離れ、その後はまともな家具もない部屋に住んだり、公園のベンチで寝たり、男性用の簡易宿泊所に泊まったり、軍の兵舎で寝起きしたりしていた。そして一九二〇年五月一日、彼はミュンヘンのティールシュ通り四一番地に住む三〇代の夫婦、エルンスト・ライヒャート、マリア・ライヒャートから小さな部屋を又借りし（加えて広い玄関ホールも使わせてもらっていた）、一九二三年一一月のビアホール一揆《プッチュ》後に刑務所に収監されていた一年間を除き、そこに一九二九年まで住み続けた。[2] アパートが立っていたのは「貧乏じみた」通りで、部屋の本来の所有者は、軍の給料を使い果たした元軍人であった。[3] ナチ党の外国報道部長を務めたエルンスト・ハンフシュテングルは自身の回顧録のなかで、ヒトラーがその小さな部屋にあれほど長いあいだ暮らしたことには、政治的な理由があったと述べている。

> ヒトラーはそこで、みすぼらしい事務員のような暮らしをしていた。ライヒャートという名の女性から部屋をひとつ又借りし、加えてかなり広い玄関ホールも使っていた。質素極まりないその部屋に、ヒトラーは何年にもわたって住んでいたが、そうした暮らしはやがて、彼が自らを、この世界に生きる労働者や貧乏人の仲間として認識していることを世間に示すための演出の一部となっていった。部屋自体はごく小さなものだ

った。横幅は九フィート〔二・七メートル〕もなかったように思われる。ベッドは部屋の角に置くには横幅がありすぎて、ヘッドの部分が、ひとつしかない細長い窓から外に飛び出していた。床はくたびれた安物のリノリウムで覆われ、擦り切れたラグが二、三枚敷いてあり、またベッドの向かいの壁際には間に合わせで作った本棚があったが、椅子と粗末な机を除けば、それが唯一の家具であった。(4)

一九二五年にヒトラーが提出した納税申告書には、所有財産として机とふたつの本箱、そのなかにある本だけが記されており、これはハンフシュテングルの記述とほぼ一致する。(5)

一九二八年一〇月一五日、ヒトラーはオーバーザルツベルクに立つ山荘を借り受け、三九歳にしてはじめて独立した居を構えるに至った(6)（口絵1）。この風光明媚なアルプスの別荘地を、彼は一九二三年四月以降、たびたび訪れており、その最初のきっかけとなったのは、ナチ運動の立ち上げに関わった過激な反ユダヤ主義の作家、ディートリヒ・エッカートを訪問したことであった。当時エッカートは、ドイツ国大統領フリードリヒ・エーベルトに対し、世界中のユダヤ人の手先であると中傷したことで当局に追われ、オーバーザルツベルクの小さな宿に身を隠していた（ナチ党内では、この訪問時に、以前から話が持ち上がっていた一一月革命〔ビアホール一揆〕の実行が決定されたという話がまことしやかに語られていた。その革命の結果として、ヒトラーはランツベルク刑務所に収容されることになる）。ヒトラーはのちに、自分はオーバーザルツベルクの「景色に惚れ込んだ」と語っているが、それ以外にも、地元住民のあいだにナチズムへの強い支持があったことも大きかった（エッカートはこの地を非常に安全だと感じていた）。ナチ党のベルヒテスガーデン〔オーバーザルツベルクはその近郊に位置する〕支部は、一九二二年二月一四日に設立され、反ユダヤ主義者が弁士を務める演説会には多くの聴衆が集まった（一九二三年夏にはヒトラーも登壇している）。その後の数年間で、ヒトラーはいくつもの地元ホテルに滞在した。刑務所から釈放されたあとの一九二五年には、支持者のひとりから丸太小屋を借り受け、そこで政治的自伝『わが闘争』の第二巻を執筆している(7)（一九三三年以降、その小屋はカンプフホイスル――闘争の小屋――と呼ばれ、ナチ党員たちが巡礼に訪れるようになった）。こうした経験があるいは、ヒトラーのなかに、この地に自分の家を持ちたいという欲望を芽生えさせたのかもしれない。しかし彼がそれを実行に移すまでには、さらに数年の時がかかった。

一九四二年、東部戦線本部にいたヒトラーは、オーバーザルツベルクでの日々を思い返しながら、山の北側斜面に立つ別荘が借り手を探していると知った一九二八年当時のことを語っている。その別荘は、ブクステフーデ（ハンブルク近郊）に住む革製品製造業者オットー・ヴィンターが一九一六〜一七年に建てたもので、彼の妻の旧姓にちなんでヴァッヘンフェルトと呼ばれていた。こぢんまりとした二階建ての小屋は、いかにもバイエルン北部の伝統的な農家といった造りだった。ヒトラーはこの家について、建材は粗末だったが、日陰に立っていることと景色のすばらしさに惹かれたと述べている。家の前面にあるバルコニーからは、祖国オーストリアのザルツブルクや、中世の伝説に彩られたウンタースベルク山が見えた。ナチ党員だったヴィンターの未亡人、マルガレーテ・ヴィンター＝ヴァッヘンフェルトがこの別荘を貸し出した相手は、ヒトラーの異母姉アンゲラ・ラウバルであった。ヒトラーはアンゲラを説き伏せて、末娘のフリードゥルと一緒にウィーンからオーバーザルツベルクへ移ってこさせ、別荘を管理させていた。ヒトラーがリンツを離れてからは、彼らが一〇年以上疎遠になっていたことを考えると、これはやや意外ななりゆきといえる。しかし一九二〇年代にはいってから、ヒトラーはこの異母姉とふたたび連絡を取るようになっており、おそらくはそれ以降、親密さを増していったものと思われる。アンゲラ・ラウバルが家事において一流の腕を持っていたことは間違いない。彼女は夫を亡くしたあと、三人の子どもと義妹のパウラをひとりで育て上げただけでなく、当時はウィーンで、ユダヤ人学生向けにコーシャ料理〔ユダヤ教の戒律にもとづいた料理〕を提供する食堂の運営に携わっていた。[8] 異母姉と同居するというヒトラーの決断は、その動機が情緒的なものだったにせよ戦略的なものだったにせよ、彼の対外イメージを和らげるという効果をもたらした。ヒトラーは即席の家族を手に入れ、やがてラウバルは、世間から彼の家庭生活を象徴する女性として認識されるようになっていった。

ヒトラーの私生活が一九二八年以降、転換点を迎えていたちょうどそのころ、彼は新たな収入源を得た。『わが闘争』の売り上げだ。この本の第一巻は一九二五年夏、第二巻は一九二六年に出版されている（この二冊はのちに一冊にまとめられる）。『わが闘争』がベストセラーになるのは一九三三年を過ぎてからのことだが、一九二五年以降のヒトラーの納税証明書からは、彼がすでに相当な額の印税収入を得ていたことがわかる。これを踏まえると、ヒトラーがヴァッヘンフェルト・ハウスを異母姉の名義で借りていたのは、あるいは別荘にかかる税金を逃れるためだったようにも思える。しかもヒトラーは、著書の売り上げによる収入があったにもかかわらず、納税申告書には、自分は借金を抱えており、高額の顧問料も支払っているため財政的に不安定であると記し、ミュンヘン税務署から反論を受けている。税を滞納することはしょっちゅうで、その理由は放置あるいは支払い能力の欠如であった。首相就任後には、『わが闘争』の印税によって巨万の富を得たため、一九三四年時点での滞納額は四〇万五四九四ライヒスマルクに膨れ上がっていた――これは現在の通貨で数百万ドルに相当する。ヒトラーは同年のうちに、自らの納税義務をまるごと免除することによって、この問題を解決している。[9]

しかしいくら裕福になろうとも、それですべてが思い通りに運ぶようになったわけではなかった。一九二九年九月にミュンヘン・ボーゲンハウゼン地区のプリンツレゲンテン広場一六番地にある高級アパートを借りる際には、フーゴー・ブルックマン〔出版社社長〕がヒトラーの法定代理人を務め、市の住宅当局から賃貸の認可を得ている。ヒトラーが一九二〇年代、ナチ運動の始まりの地であり、のちに自らナチ党の本拠地と定めたミュンヘンにおいてかなりの数の支持者を集めていたことは確かだが、それでも一九三〇年以前は、党員の数は市の人口の一パーセントにも満たなかった（ボーゲンハウゼン地区ではわずか〇・六四パーセント）。しかも、党員にはさまざまな社会的背景を持つ人々が含まれてはいたものの、その大半は低中産階級と労働者階級の出身で、経済的にも政治的にも強力なコネを持たない人々であった。[10]

これとは対照的に、ブルックマンはミュンヘンの社交界・文化界の重鎮で、カール・フォン・フィッシャーが一八〇九年に設計した、カロリーネン広場に立つ優美な新古典主義の高級マンションに暮らしていた。彼が経営するF・ブルックマンという美術出版社を創業したのはその父親で、一九世紀ドイツが誇る一流の建築家や芸術家を書き手として採用したことで会社を大きくした人物であった。ゴットフリート・ゼンパー〔一八〇三〜一八七九年。独の建築家〕やヴィルヘルム・フォン・カウルバッハ〔一八〇五〜一八七四年。独の画家〕も、同社から著書を発表している。フーゴー・ブルックマンは、自らの世代の形成に多大な影響を与えた思想をさらに広める手段として、一八九九年に書籍『一九世紀の基礎』を出版した。これは著者のヒューストン・ステュアート・チェンバレンがアーリア人文化を解説してみせた過激な反ユダヤ論で、のちにナチス主義者にとっての聖典となった書物だ。そのチェンバレンが賓客として出入りしていたのが、ルーマニア貴族カンタクジノ家の令嬢として生まれたブルックマンの妻、エルザが主宰する評判の文芸サロンだった。一九二〇年代初頭、ブルックマン夫妻は揃ってヒトラーの運動に入れ込んでおり、彼はまさにこの夫婦のサロンにおいて、大勢のミュンヘンの著名文化人と引き合わされた。そのなかには、ナチ党の政権初期、ヒトラーが大規模建築の設計を立て続けに依頼することになる建築家のパウル・トロースト も含まれていた。こうしてヒトラーは、ブルックマン夫妻を通じて有力な新興社会集団とのつながりを得、そしてミュンヘン随一の高級住宅街の住人になるという望みを叶える際にも、ブルックマンが持つ社会的な影響力を利用したというわけだった。ブルックマンが押しも押されもせぬミュンヘン社交界の一員だったのに対し、ヒトラーを取り巻く人々は、その犯罪者的な一面を取り沙汰されることもあった。ヒトラーが賃貸契約の認可申請書類を提出した時期に重なる一九二九年九月一二日に世界中に配信されたある記事では、彼の名前は、ドイツ北部の町を恐怖に陥れた「爆弾魔」の一味と関わりがあるものとして報じられた(11)。ブルックマンからの支援が、ヒトラーの身元を保証するうえで効果を発揮したことは間違いない。それでも、同じアパートで暮らす弁護士、工場長の未亡人、政府高官といった人々は、新参者ヒトラーを恐怖の眼差しで見ていたことだろう(12)。

一九二九年一〇月一日、ヒトラーは新しいアパートを手に入れた。彼の部屋は、ミュンヘンの建築家フランツ・ポップが一九〇七〜八年に設計した、荘厳な五階建ての建物の三階部分を占拠していた。アパートの広さは約四〇〇平米で、広々とした玄関ホール、部屋九つ、メイド用寝室ふたつ、バスルームふたつ、キッチンひとつ

図1　現在のミュンヘン、プリンツレゲンテン広場16番地。1907–08年にフランツ・ポップが設計。ヒトラーのアパートは3階部分を占拠していた。

を備えていた（図1、図2）。三階のアパートまでは優美な階段を使うか、エレベーターに乗って上がるようになっていた。キッチンのそばには吹き抜けになったふたつ目の階段があり、洗濯室がある地下室と、裏手の中庭へと続いていた。各部屋は、中央で連結する二棟の翼《よく》にわかれて配置されており、それぞれの翼は、角地に立つこの建物の、通りに面した二面のファサードに沿って伸びていた。税務署に窮状を訴えていたにもかかわらず、ヒトラーには、自らの収入あるいは贈与を受けた資金によって、年間四一七六ライヒスマルクという高額の家賃を賄うだけの余裕があった。この金額は、熟練の金属加工職人が一年間で稼ぐ額のほぼ二倍だ[13]。家賃に加えて、家具を揃えたり、家を切り盛りする使用人を雇ったりするコストも必要となった。家具付きだったヴァッヘンフェルト・ハウスとは違い、プリンツレゲンテン広場のアパートはからっぽの状態で貸し出された。ヒトラーが持っていたわずかばかりの家具では、ふんだんにあ

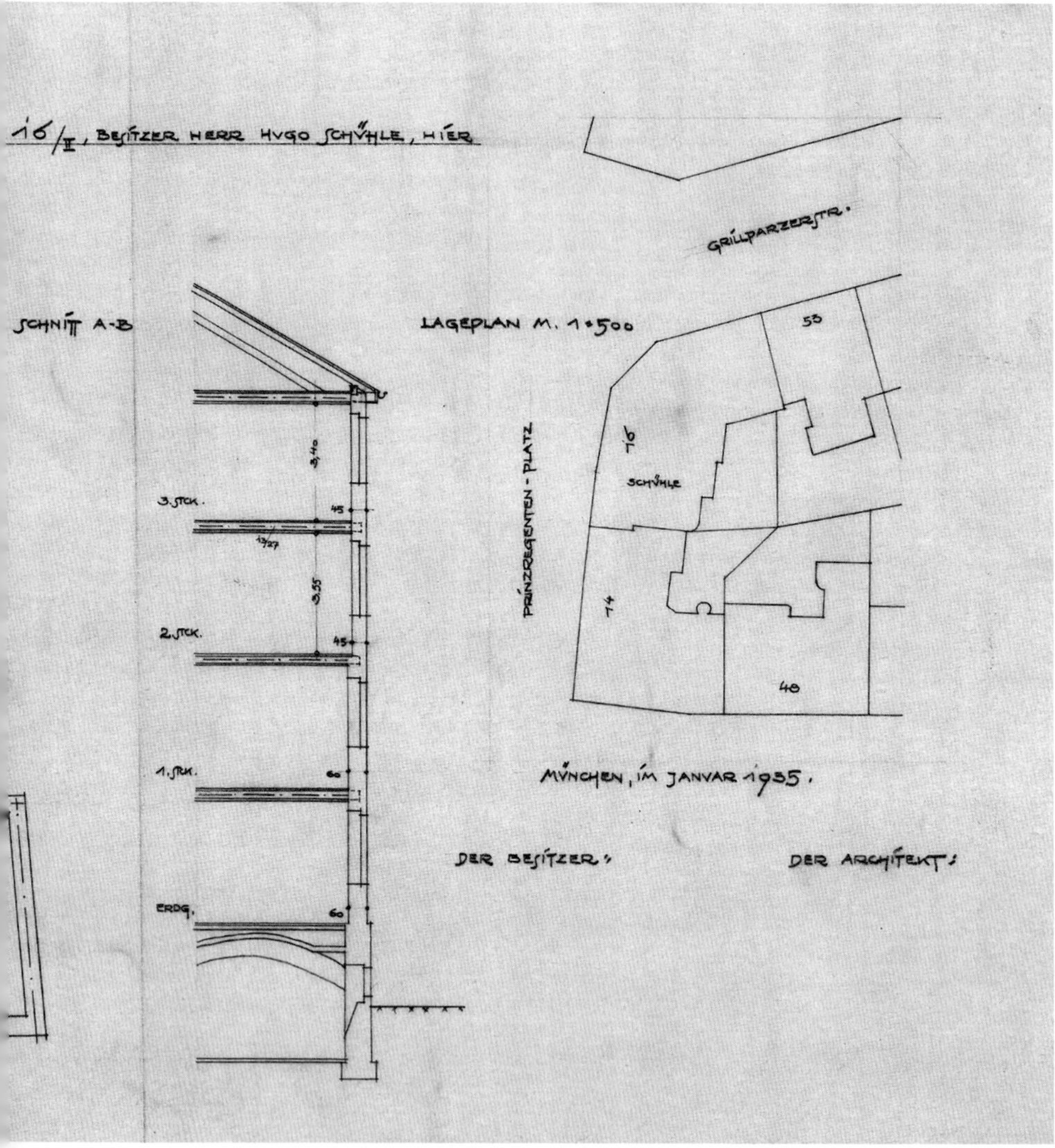

16/II, BESITZER HERR HUGO SCHÜHLE, HIER
SCHNITT A-B
3.STCK.
2.STCK.
1.STCK.
ERDG.
3,40
3,55
45
60
LAGEPLAN M. 1:500
GRILLPARZERSTR.
PRINZREGENTEN - PLATZ
53
16
SCHÜHLE
14
48
MÜNCHEN, IM JANUAR 1935.
DER BESITZER:
DER ARCHITEKT:

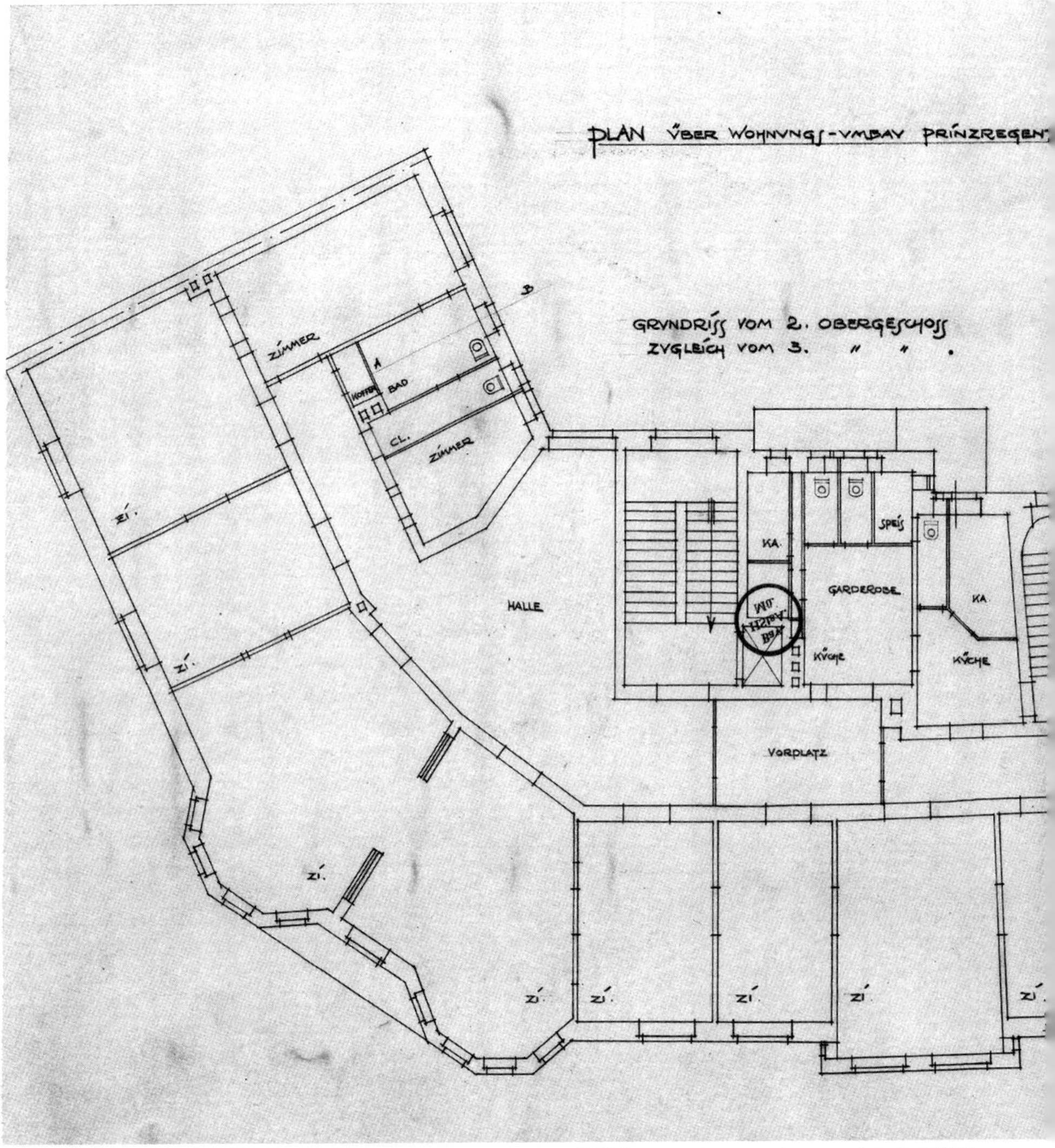

図2　ミュンヘン、プリンツレゲンテン広場16番地のアパートの間取り図。アトリエ・トローストによる改装が始まる直前の1935年1月のもの。右の図は建物の断面図と敷地図で、プリンツレゲンテン広場とグリルパルツァー通りの両方に面していることが記されている。

るスペースを埋めるにはとうてい足りなかったため、彼はエルザ・ブルックマンに依頼して、この部屋を人が住める状態に整えてもらうことにした。ブルックマン夫妻は両者とも、家の内装デザインには並々ならぬ情熱を持っており、エルザはこの申し出を喜んで引き受けた。フーゴー・ブルックマンは一八九七年に、美術評論家のユリウス・マイヤー＝グレーフェとともに、芸術と生活を統合する美的環境というコンセプトを掲げる雑誌『デコラティーヴェ・クンスト〔装飾芸術〕』を立ち上げている。この精神はブルックマン自身の家にも生かされており、天井の高い上品な部屋の数々には、溢れるほどの絵画、家具、彫刻、花瓶、書籍が置かれ、美術や文学について語り合うサロンを開くのに理想的な環境を形作っていた。妻のエルザは一九三〇年代に発表したエッセイのなかで、ヒトラーは自分たち夫婦の家をはじめて目にしたときに啓示を受けたのだと書いている。(14)

エルザ・ブルックマンがヒトラーのアパートのために買い入れた家具のなかには、ユダヤ人が所有する王立バイエルン家具製造所、M・バリン製のものも含まれていた。M・バリンは、高級家具職人のモーリッツ・バリンが一九世紀に立ち上げたミュンヘンの有名企業で、欧州各地の王室、家具付きの高級ホテル、別荘、企業、遠洋定期船などから委託を受けた家具を製造していた。二〇世紀にはいってからは、同社はブルーノ・パウルやパウル・トローストといった作家を起用しており、彼らが用いる新古典主義は、まさしくヒトラーの好みでもあった。しかしながら、ヒトラーがユダヤ企業をひいきにするというのは、ナチ党が掲げるユダヤ企業ボイコットというスタンスとは相容れない。こうした矛盾が成立した背後にはあるいは、M・バリンのオーナーの妻で、元看護師のベラ・バリンの存在があったのかもしれない。ベラは一九二三年一一月九日のビアホール一揆の最中、夫婦で暮らしていた自宅付近で、警官に撃たれたヘルマン・ゲーリング〔のちにナチ党第二の実力者〕を助け、その命を救っている。しかしながら、一九三三年以降はユダヤ企業に対する規制の影響で顧客離れが起こり、やがて銀行が信用貸しを凍結すると、同社は政府に収用されて「アーリア化」〔ユダヤ系企業のドイツ人への売却〕が進められた。一九三八年一一月一〇日、水晶の夜《クリスタルナハト》〔ナチ党の指令によって全国各地で行なわれた、ユダヤ人に対する大規模暴動〕の最中に、ローベルト・バリン〔M・バリン社オーナー〕とその兄弟たちは、ドイツ国内の何千人ものユダヤ人成人男性と同じように、強制収容所に入れられた。このとき効果を発揮したのがゲーリングの口利きで、彼らはすぐさまダッハウ強制収容所から釈放され、さらには一九四二年、一家が収容所に連行されそうになったときにも、ゲーリングの介入で移民ビザが発効されている。(15)最近では、ヒトラーのために作られたバリン製の家具は、ナチス関連品のオークションで高値で取引されるようになっている。(16)

ヒトラーがボーゲンハウゼン地区の高級アパートに移ったことは、ミュンヘンの上流階級に対して、彼が社会的に信頼のおける人物であると印象づける効果を発揮した一方で、政治的なリスクも伴っていた。一九二八年以降、ナチ党はすでに選挙において労働者階級の票を重視しなくなってはいたものの、ヒトラーが庶民のリーダーであるという建前は崩していなかった。高級住宅地への引っ越しを二度、立て続けに行なうという行為――一度目はドイツの著名人や富裕層御用達のアルプスリゾートへ、二度目はミュンヘンの富裕エリアへ――はしかし、そうしたイメージにはそぐわなかった。ヴァッヘンフェルト・ハウスの賃貸契約がヒトラーの異母姉名義で行なわれた裏には、あるいは労働者階級の離反に対する懸念もあったのかもしれない。ヒトラーがプリンツレゲンテン広場に居を移したことが知れ渡ると、左派リベラル系の『ベルリナー・フォルクスツァイトゥング（ベルリン国民新聞）』紙はすぐさま、これは偽善的な行為であると書き立てた。同紙は痛烈な皮肉を込めて、ヒトラーは民衆の声によりよく応えるために「ミュンヘンでもっとも封建的な地域」に堂々たるアパートを構えたのだと書いている。彼の家にはひとりの従者と、同じ種類の犬が二匹いるが、犬を二匹同種で揃えるというのは、オットー・フォン・ビスマルクがやったことと同じであり、これはヒトラーが昔の貴族社会の流儀を真似ていることを意味すると記事にはある。『ニューヨーク・タイムズ』紙もまたこのニュースを取り上げ、最近のヒトラーの贅沢な暮らしぶりからは、ドイツの富裕実業家層のなかに、「未来のドイツのファシスト」に対して「物質的および精神的」な支援を提供している人々がいることが見てとれると書いている。(17)

それから二年後、ヒトラーの異母姉アンゲラの長女で、義理の姪にあたるゲリ・ラウバルが射殺体となっているところを発見されたとき、マスコミがしつこく追求したのは、ヒトラーの経済状況よりもむしろ、彼があのアパートでどんな生活を送っていたのかということであった。ゲリの自殺をめぐる状況はいかにも怪しげで、ボーゲンハウゼンの住人となることでヒトラーがまとった薄っぺらいブルジョワ的な仮面の下には、あるいは邪悪な性格が潜んでいるのではないかという憶測を呼んだ。一九三一年九月一九日の朝、アパートに警察が呼ばれた時点で、ゲリはすでに死後何時間もたっており、状況を説明する使用人の様子には、あらかじめ準備してあったような不自然さが感じられた。ヒトラー自身は、遊説に出ていて前夜からアパートにはいなかった。使用人の話によると、ヒトラーが前日の午後にアパートを出たあと、ゲリはひどく動揺した様子で、自室に鍵をかけて閉じこもっていた。翌朝、ゲリが姿を現さず、ノックをしても返事がないため、使用人がドアをこじ開けて部屋にはいり、そこで床にうつぶせに倒れている彼女を発見した。ゲリは胸を銃弾で撃ち抜かれて死んでいた。彼女の叔父の持ち物であった拳銃は、遺体の横で見つかった。遺書はなかった。机の上に置かれていたのは、ウィーンの友人に宛てた未完の手紙で、近々予定していたウィーン旅行に関することが書かれていた。使用人は、自殺の動機にはまったく心当たりがないと主張した。ナチ党の広報はのちに声明を出し、ゲリ・ラウバルは歌手になることを夢見ていたが、間近に迫っていた、彼女にとって初となる公共の場でのパフォーマンスに不安を感じて自殺したと伝えた。[18] この公式発表を信じるジャーナリストはほとんどいなかった。

ゲリ自殺のニュースは数日のうちにドイツ中の新聞に掲載され、ヒトラーはこの事件によって自らの政治生命が脅かされることを恐れた。[19] 新聞のなかには、二三歳の若い女性と四二歳の叔父は、いったいどういう関係にあったのかと疑問を呈するものもあった。左派リベラル系の週刊紙『レーゲンスブルガー・エコー』には、ふたりがたんなる親類同士であるなどとは、すでにずいぶん前からだれも信じていなかったとある。同紙によると、ヒトラーは美しい姪を公共の場でひけらかすために、劇場や政治的な行事に連れ回し、相当に忠誠心の強いナチ党の党員でさえ、溺愛が過ぎる叔父のことをひそかに笑っていたという。しかし政治家として名が知られてくると、ヒトラーは彼の妻になることを望んでいたゲリとの関係を合法的なものとすることを何度も先延ばしにした。ゲリは自分がただの世話係に成り下がり、当時ヒトラーが頻発するようになっていた神経衰弱の発作のあとで、彼を慰めるための存在に過ぎないのだと感じていた。押し付けられる要求に疲れ、無責任な叔父に失望して、ゲリは自らの命を絶った。[20]『レーゲンスブルガー・エコー』紙は自殺をめぐる顛末をこう説明し、ヒトラーは滑稽で、不道徳で、弱い人間であるというイメージを描いてみせた。

『レーゲンスブルガー・エコー』紙をはじめとする新聞各紙には、ゲリが住んでいたアパートとヒトラーのアパートとは同じ階にはあったが、互いに隣り合った部屋だったと書かれている。マスコミに対してこうした情報が与えられたのはおそらく、叔父と姪とが同じ住まいで寝起きしていたという事実を曖昧にするためだったのだろうと推測される。ゲリがヒトラーのアパートに引っ越してきた一九二九年の秋、ヒトラーは彼女のことを、以前ティールシュ通りに住んでいた際の家主エルンスト・ライヒャート、マリア・ライヒャートの転借人として登録している。ライヒャート夫妻は、ヒトラーとともに新たなアパートに移り住み、妻のマリアはそこで家政婦として働いていた。こうした措置が取られたのはまず間違いなく、二一歳の女性であるゲリと独身の叔父とは、同じ家に住んではいないという体裁を繕うためだ。そして実際、ヒトラーが姪と一緒に暮らしていることは、一般市民にはほとんど知られていなかった。[21]

ヒトラーが政権を取る以前、ナチ党と激しく対立していた社会民主党系の『ミュンヘナー・ポスト』紙は、ヒトラーが送る見た目だけは立派な家庭生活の嘘を暴こうとしていた。「謎めいた事件――ヒトラーの姪の自殺」との見出しを付けた九月二一日版の記事では、ある筋からの情報として、プリンツレゲンテン広場のアパートを出発する前、ヒトラーは姪と「いつも通りの激しい口論を繰り返した」と書いている。口論の原因はこうだ。「楽しいことが好きな二三歳の音楽学生ゲリは、ウィーンに行くことを望んでいた。婚約したいとも思っていた。ヒトラーはこれに強く反対した」。さらに記事では、ゲリの痛々しい遺体の状況も詳細に伝えている。鼻の骨は砕かれ、体には複数のひどい傷が見られた。こうした描写をすることによって記事は、ゲリが嫉妬深い叔父に殴られたのみならず、殺された可能性があることをほのめかし、ミュンヘン警察に対して同件に関する捜査を再開するよう迫った。[22]

ヒトラーはすばやくダメージを抑えにかかった。彼の弁護士は、『ミュンヘナー・ポスト』紙が撤回記事を出さない場合は名誉毀損で訴えると迫り、その結果、同紙は疑惑を否定するヒトラーの声明を掲載することを余儀なくされた。翌日の紙面で発表された声明のなかでヒトラーは、彼が姪と激しい口論をしたというのは事実ではないと書いている。彼が姪のウィーン行きに強く反対したことは事実ではない。彼女が婚約をするつもりだったのも、自分がその婚約に反対だったというのも事実ではない。ヒトラーの文章はこんな調子で、同紙の記事の主張をひとつひとつ否定していった。[23]

一〇日後、ベルリンの反ファシスト系新聞『ファンファーレ』紙もまた、性的暴行に関する内容の記事を掲載した。「ヒトラーの愛人が自殺――ナチ党首脳部は独身男と同性愛者」という見出しの下に添えられたイラストには、突撃隊リーダーのエルンスト・レームによく似た太り過ぎの突撃隊員が、鞭を振り回しながら、地面にうつ伏せて腕で頭をかばっている女性を見下ろしている様子が描かれている。この記事は、ベルリンの新聞『ノイエ・モンタークスツァイトゥング（新月曜新聞）』紙が伝えた内容を引きながら、ナチ党界隈では、ゲリ・ラウバルが長いあいだヒトラーの愛人であったことも、彼女の自殺が失望と嫌悪によって引き起こされたものであることも周知の事実だと書いている。「ヒトラーの私生活が、あの若い女性には耐えられない形態のものであったことはあきらかだ」。この婉曲な言い回しによって記事は、うしろ暗い性的倒錯の存在をほのめかしている。続いて記事が落としたふたつ目の爆弾は、ヒトラーの犠牲となった女性はゲリが最初ではないというものだ。一九二八年に、ベルヒテスガーデン在住の若い女性が、やはりヒトラーが原因で自ら命を絶ったと記事にはある。女性が亡くなったという記述はしかし、正確ではない。記事では名前を伏せられていたこの女性はミミ・ライターという人物で、ヒトラーからの求愛を受けたあとで首吊りによる自殺未遂を起こしている。ヒトラーとの関係が始まったのは、彼女がわずか一六歳のときだ。『ファンファーレ』紙はこの件を根拠に、ヒトラーの恋人たちはなにか恐ろしい、屈辱的なことを経験し、それが彼女たちを自殺に走らせたのではないかとの論を展開してみせた。記事はここから、異常者はナチ党首脳部にも存在すると話を広げ、前年の夏に『ミュンヘナー・ポスト』紙が暴露したレームの同性愛に言及している。ヒトラーがいくら親類関係における清らかさを語ろうとも、その言葉にどれだけの価値があるだろうかと記事は問いかける。なんといっても、党を率いているのはヒトラーユーゲント〔ナチ党の青少年団〕の少年と付き合うのを好んだり、女性を自殺に追いやったりした男たちなのだ。ドイツの家庭を守るどころか、ナチ党上層部の独身男性や同性愛者は、われわれを餌食にするつもりだと記事は結んでいる。[24]

ロン・ローゼンバウムはゲリの自殺に関して、独自の調査にもとづいてこう書いている。「驚くべきは、ゲリ・ラウバルの死に関する報道が、いかに広く拡散し、いかに公然と知れ渡り、いかに醜く、いかに激烈だったかということだ――しかもその範囲はミュンヘンだけにとどまらなかった。それはまるで、彼女の死をきっかけに、突如としてそれまで語られなかったこと、つまりはヒトラーに関するもっとも下劣で憎悪に満ちた噂を公表することが、解禁あるいは合法化されたかのごとくであった。そこにはっきりと表れていたのは、ヒトラーが政界においてそうであったのと同じく、私生活においても邪悪な怪物であってほしいという、彼の対抗勢力が抱く確信、さらに言えば願望だった。そうした確信や願望は、このころすでにドイツ国境を越えて広く共有されていた」。[25]当時ナチ党の弁護士を務めていたハンス・フランクによると、ヒトラーは自身に関する「恐ろしい誹謗」が拡散されていることに苦悶し、自分はこれを決して忘れないと語ったという。[26]ヒトラーはこのときの決意を、一九三三年に政権の座に就いたあとまで忘れず、この件に関わった新聞社や記者を突撃隊に襲撃させている。[27]事件の直後、まだスキャンダルの衝撃と噂話が拡散を続けているころ、それまで敵対する人々の私生活を憚ることなく攻撃してきたナチ党の面々は、ヒトラーの家庭生活にまつわるイメージを、よりうまくコントロールする必要があると考えるようになった。

ゲリの死から半年が過ぎた一九三二年三月、ヒトラー公認の写真家および広報係のハインリヒ・ホフマンは『だれも知らないヒトラー』という本を出版し、私人としてのヒトラーの姿を世間に向けて好意的に紹介した（図3）。これはきわめて大きな転換点となったできごとであり、ヒトラーの家庭空間は――本に掲載された肖像写真、文章、建築などを通じて――、性的・倫理的な倒錯の噂にまみれた場所から、彼の温かい人間性と名誉を

図3　ハインリヒ・ホフマンによる写真集『だれも知らないヒトラー』（ベルリン、Zeitgeschichte 社、1935 年）の表紙。

保証してくれる強力な拠り所へと変貌した。ジャーナリストたちは、ヒトラーの私生活で起こった惨劇を利用して、彼の政治運動の暴力性を解説してみせたが、これに対しナチ党の広報は、ヒトラーの家庭生活を、彼の心の奥底に潜む礼儀正しい人柄を映し出す鏡に変えていった。そこに映っているのはひとりの温和な私人の姿であり、それが公の場で彼が見せる言動の暴力性を和らげる役割をはたした。これはヒトラーの政治キャリアにおける、もっとも驚くべきかつ効果的なイメージチェンジであった。とはいえ、こうした新たな家庭イメージを確立したり、それを長年にわたって維持したりするために多大な労力が払われたことを思うと、そこから見えてくるのは、ヒトラーのイメージチェンジの過程はついぞ完了することはなかったということ、またゲリの死後、あれほど公然と提示された彼の一般的とは言いがたい家庭生活に対する疑念は、独身男性であるヒトラーにとって、常に弱点であり続けたという事実だ。

ヒトラーは成人後、自らの家庭環境についてはとくになにも考えずに過ごしていたようだが、一九三〇年代になると、自分が暮らす家の建築やその空間、それが自らのアイデンティティにどのような影響を及ぼすのかについて、大いに気にかけるようになった。本書ではヒトラーのプライベートな住居に焦点をあてていくが、彼に訪れたこの転機について語るには、まずは旧首相官邸から始めなければならない。ヒトラーはこの場所で、のちに彼の忠実なインテリアデザイナーとなる女性ゲルディ・トローストとはじめて親しく仕事をした。一九三三年一月三〇日に首相に任命されたとき、ヒトラーはベルリンのヴィルヘルム通り七七番地に立つ官邸に引っ越すことを拒んだ。彼は元は一八世紀の宮殿であったこの建物をひと通り見て回ったあと、ここは総統が暮らすにはあまりにみすぼらしい場所であると断じた。改築は一九三四年、ナチ党がドイツから民主主義を着々と締め出していくなかで進められ、首相官邸におけるヒトラーのインテリア・ワールドは、ひたすら優美さと洗練の度を増していった。それはいわば、扉の外における残虐性の否定——繊細な磁器の花瓶ややわらかなペルシア絨毯という形を取った——であった。

第2章　首相の暮らし——古い邸宅、新しい体制

一九三九年、アルベルト・シュペーアが設計した巨大な新首相官邸をじっくりと眺めながら、アドルフ・ヒトラーは、首相に就任して以来、自身が好き放題に改築を加えてきた旧官邸の姿を思い浮かべ、そのおぞましさに身を震わせた。旧官邸はヴィルヘルム通り七七番地に二〇〇年前に建てられた元貴族の邸宅で、ベルリン官庁街の中心に位置しており、ヒトラーの言によると、一八七一年のドイツ統一後に首相官邸として使われるようになって以来、数々の「趣味の悪い」改修が施されてきた。改良と称した作業は一九世紀末に始まったとヒトラーは書いている。「ゴテゴテとした派手な装飾が、建物の美観を着実に損ねていった。一見華やかに見える漆喰で、まっとうな素材や適度な調和の欠如を覆い隠そうというのがその目的だった」。ドイツ初代首相のオットー・フォン・ビスマルクが、一八七八年に欧州列強が顔を揃えるベルリン会議を主催した歴史あるホールでさえ、こうした「粉飾」を逃れることはできず、「品のない壁灯や巨大な真鍮のシャンデリア」が付け加えられていた。ヒトラーはこのほかにも、プロイセン州収蔵の芸術コレクションから借り受けていた作品の質の低さや、壁に掛けられていた歴代首相の「芸術的価値のない」肖像画を腐しており、唯一酷評を逃れたのは、フランツ・フォン・レンバッハが描いたビスマルクの肖像画だけであった。(1)

旧官邸に真の崩壊が訪れたのはしかし、一九一八年のドイツ革命のあとだったとヒトラーは主張する。この建

物が彼のものになるころには、すでに「屋根材が全体に腐り切っていたのみならず、床もすっかりボロボロになっていた。外交使節との接見が行なわれていたはずの会議場は、警察が一度にはいれる人数を六〇人に制限することで、崩壊の危険性を最小限に抑えていた」。土砂降りのときには、水が上からも下からもはいり込んできてそこら中が水浸しになり、恐ろしく非衛生的であった。水が外の通りから「噴き出して」一階の部屋にはいり込み、トイレなどから「滲み出した」水と混ざり合っていた。建物に充満する臭いは耐えがたかったとヒトラーは述べている。(2)

ヒトラーに言わせれば、こうした惨状の原因は、ヴァイマール共和国の混乱を極めた民主主義であった。「わたしの前任者たちはおおむね、任期が三〜五カ月程度しか続かないと予想されていたため、彼らはこの邸宅に溢れる、自分より前にそこにいた人間が残した汚物を取り除こうとも、自分のあとに来る人間がよりよい環境で過ごせるよう取り計らおうともしなかった。彼らは諸外国に対して面目を保つ努力も放棄しており、その理由は、彼らがなにをするにせよ、それが相手国の関心を引くことなどなかったからだ。その結果、邸宅は完全な放置状態になっていた」。首相官邸を増築し、ヴィルヘルム通り七八番地に隣接する事務所棟を設けたことが、事態をさらに悪化させたとヒトラーは考えていた。ベルリンの建築家エドゥアルト・ヨプスト・ザイトラーが設計を手がけ、一九二八〜三〇年にかけて建設されたこのモダニスト様式の建物は、「外観は倉庫か市営消防署、なかは肺病患者の療養所のような印象を与える」ものであった。増築部分には首相の公務室が置かれていたが、ヒトラーはこれを「中規模の煙草会社の営業幹部が使うような趣味の悪い部屋」と評している。これほど不快な状況が揃っていたにもかかわらず、ヒトラーはここに居を移すことを決めたうえで、徹底した改築を行なうよう命じた。この改築にかかる費用は、自腹を切って支払ったと彼は強調している。(3)

旧官邸の改築についてのこの強烈な批評は、ナチ党公認の美術雑誌『ディー・クンスト・イム・ドリッテン・ライヒ（第三帝国の芸術）』一九三九年七月号の、新首相官邸特集に掲載されたものだ。その他の寄稿記事がおおむね新官邸の完成を祝福し、褒め称える内容だったのに対し、ヒトラーは自らが書いた二ページにわたる記事のなかで、旧官邸への不満と批判を延々と繰り返した。二ページ目もかなり進んだあたりまで、シュペーアの名前にさえ言及していない。首相官邸の改築プロジェクトに関するヒトラーの記憶と視点が、ほかの人間のそれと異なっているというのは、彼が出資者かつ居住者であったことを考えれば無理もないとも言えるが、その点を考慮したうえでなお、自分の国民を言いくるめていまにも戦争に突入しようというときに、いったいどういう理由からヒトラーは、醜い照明によって引き起こされる美学的な不満について書かずにはいられなかったのだろうか？

ヒトラーが首相官邸の大規模な改築と増築に関して書いたこの一九三九年の記事には、政治と芸術とを互いに固く結び付いたものとして扱う彼の手法がよく表れている。家を正常な状態に整えることの重要性を主張する彼の言葉は、たんなるたとえ話ではない。ヒトラーにとって、旧官邸を魂のないモダニティから救済することは、本質的に政治活動であった。なぜなら彼は、（価値を貶められた建物に見て取ることができる）ドイツの美意識の衰えと、同国の人種的・社会的な崩壊は、どちらも同じ原因に根ざしていると信じていたからだ。首相官邸の凋落――ドイツ皇帝ヴィルヘルム二世の治世に始まり、ヴァイマール共和国時代に悪化したとヒトラーは主張する――は、ヒトラーの目から見れば、より広範な政治的・文化的衰退の一部であった。ヒトラーの多分にイデオロギー的な世界観のなかでは、朽ちゆく床板と腐りゆく国家は、互いにわかちがたく絡み合っていた。

歴史学者たちはこれまで、旧官邸に関するヒトラーの評価をおおむね妥当なものとして受け入れてきたが、シュペーアは自身の回顧録のなかで、あれは「もちろん誇張」であったと書いている。官邸がひどい状態にあったこと自体はシュペーアも認めており、薄暗いキッチンや旧式のコンロに言及して、新しい設備を備えたバスルームがもっと多く必要だったと述べている。しかしながら、彼がとくに熱を込めて主張しているのは、建物に施された装飾の「趣味の悪さ」であった。たとえば「ドアには天然木に見せかけるためのペンキが塗られ、花を生ける大理石の瓶は、実際には薄い金属版の容器に大理石模様が書いてあるだけ」だったという(4)。これはとうてい悲惨な状況と呼べる類の欠陥ではなく、初期の記録を精査すれば、ヒトラーが主張したような古い邸宅に見られた腐敗は、実のところ彼の想像の産物だったことがわかる。

シューレンブルク公邸（一七三八～三九年）——伝統的なバロック建築で、中央奥に二階建ての建物があり、その両脇から手前に延びるふたつの翼《よく》が「栄誉の中庭」を囲んで公式のエントランスを形成していた——は、一八七五年に首相官邸として国に買い上げられた。一八七五～七八年にかけて大規模な改修工事が行なわれ、その費用は家具も含めておよそ一〇〇万マルクにのぼった。一九〇六年には、屋根の広範囲に乾燥腐敗と虫食いによる被害が広がっていることがわかり、屋根をほぼまるごと交換することになった(5)（つまり屋根は当時、まさにヒトラーが指摘するような危険な状態にあったわけだが、これについては彼がこの邸宅に来る数十年前には発見・修繕が施されていた——つまりこの件は、ヒトラーが批判する対象にはなりえなかったわけだ）。ディートマー・アーノルト〔独の作家〕が書いた、首相官邸にまつわる都市伝説を暴く本を見ると、ヒトラーの説明にはそのほかにも怪しい部分があることがわかってくる。一九一八年一二月には、新たに発足した共和国政府を迎え入れるために邸宅の総点検が行なわれ、建物の状態は「全般的に良好」であるとの結果が出ているとアーノルトは書いている。首相の複数の私室（当時は北翼にあった）は、一九二六年夏に全面的にモダンに改修された。ヒトラー以前の住人たちが不満を漏らしていたという記録は残っていない。ヒトラーがこの邸宅にやってくる前、パウル・フォン・ヒンデンブルクは、大統領邸の改修が実施されるあいだ、ほぼ一年間にわたってヴィルヘルム通り七七番地で暮らしていた。アーノルトはこの点に言及し、ドイツの大統領の住居として、雨が常に屋根から滲み出してきたり、トイレが溢れたりするような、不衛生で危険な建物があてがわれるというのは考えにくいと述べている。アーノルトはまた、ヒトラーが命じた改修計画についても詳しい調査を行なっているが、大規模な改修が実施された形跡は見つかっていない(6)。つまり旧官邸が、一九三九年の記事にヒトラーが書いた通りのひどい状態にあったという証拠は、ひとつもないことになる。

改修費用を自費で負担したというヒトラーの言葉を裏付ける証拠も同じく存在しない。ヒトラーは税金の支払いを免除された富豪で、それだけの費用を賄うことは十分に可能であった。ゲルディ・トロースから、官邸の改修を監督していたアルベルト・シュペーアに宛てた一九三四年一一月二八日付の手紙には、国の経費で賄われない改修に関しては、自分は報酬を受け取らずともよいこと、またその他の分に関しては手数料を受け取るつもりである旨が記されている。[7] トロースト が善意からこの申し出をしていることは間違いない。彼女は、ヒトラーが改修費用の大半を個人で引き受けていると信じており、これ以上彼の負担を増やしたくないと考えていたのだ（一九七一年、ヒトラーの伝記を書いたジョン・トーランドとのインタビューでトローストは、自分はヒトラーよりもはるかに裕福だったと主張しており、この事実からは、彼女が政治的なことにはまるで無知であり、ヒトラーが莫大な資産を有していたことを知らなかったことがわかる）。[8] いずれにせよ、トローストのアトリエの記録には、一九三四年末の時点で、内装デザインの仕事に対する請求額一七万二〇〇〇ライヒスマルクのうち、少なくとも一〇万ライヒスマルクが財務省から支払われたことが記されており、またこの額がそれよりも大きかった可能性を示す記述も見られる。[9] つまり改修経費の半分以上は、ドイツの納税者が引き受けていたわけだ――しかも当時は、ドイツが不況の余波に苦しみ、数百万人の国民が失業している時期であった。これとは対照的に、一九二九年のウォール街大暴落によって経済が深刻な打撃を受けた際、ヴァイマール共和国政府は、ヴィルヘルム通り七八番地の新しい事務所棟に家具を入れる計画を縮小して、市民による不必要な出費を避けている。[10] それから数年ののち、ヒトラーは、ヴァイマール政府と同様の犠牲を払うことをよしとしなかった。それでも、選挙民に対して自らを物欲のない素朴な人間として喧伝してきた手前、もし自分が美意識的な――野暮ったいシャンデリアやまがい物の木でできた扉が気に入らないという――理由から官邸にはいることを拒めば、それまで苦心して作り上げてきたイメージが台無しになってしまうことも、ヒトラーはよくわかっていた。そこで彼は、改修費用を自ら負担すると宣言し、まるで自分が邸宅を救済するための寛大で英雄的な行為を行なっているかのように装ったのだ。官邸に引っ越すことによって、自分は特権を享受しているのではなく、むしろ国のために進んでさらなる負担を引き受けているという体裁を整えたわけだ。[11]

ヒトラーはその事実を隠そうとしていたが、旧官邸の改修事業とはつまり、〝家庭における総統〟のイメージを確立することを第一目的とするプロジェクトであった。その仕事が託されたのは、ミュンヘンの建築家パウル・トローストで、ヒトラーはナチズムを体現する建築を造らせる人物として彼を選んだ（図36）。ヒトラーがトローストを知るきっかけとなったのは彼が手がけた家具であった。彼は『わが闘争』の最初の印税（あるいはブルックマン夫妻が提供する資金）を使って、トローストの家具を買い集めるようになった。ゲルディ・トローストはのちに、彼女と夫がはじめてヒトラーの名前を聞いたのは一九二六年のことだったと書いている。あるとき彼らの家に、パウル・トローストがデザインする家具を作っているミュンヘンの企業、手工芸連合工房の販売員から電話がはいり、当時ショールームに展示されていた、トロースト個人の所有物である机を売る気はないかと尋ねられた。机を買いたいと言っているのは「政治家のヒトラー氏《ヘル・ヒトラー》で、あの机は売り物ではないと言っても納得しない」とのことだった。パウル・トローストがその巨大な机をショールームに移しておいたのは、結婚後、新婦がブレーメンから持ってきた家具を入れるスペースを作るためで、自分たちの家を建ててから回収する予定でいた。ゲルディ・トローストは、当時は自分も夫も政治には興味がなく、ヒトラーの名前もぼんやりと記憶にある程度だったと述べている。トローストは机を売ることを拒否したが、ヒトラーはあきらめずに店に足を運び続け、ついにはトローストが折れる結果となった。トローストはこのとき、机ならまたいつでも作れるのだから、この「頑固で見知らぬ自分の仕事の崇拝者」を喜ばせてやろうと考えたのだという。[12]

しかしこのときはふたりが直接会うことはなく、ヒトラーの要望によってようやく彼らが顔を合わせたのは、一九三〇年九月二四日、ブルックマン夫妻の家でのことであった。美術史家のティモ・ニュスラインが書いたトローストの伝記で指摘されている通り、ふたりが出会った時点で、トローストには別荘を中心としたわずか十数軒程度の建築実績しかなかった。彼のもっとも有名な仕事は一九一二〜三〇年に手がけた豪華客船の内装であったが、家屋以上にそうした船の内装——新古典主義の家具や装飾品に飾られた、荘厳で華やかな空間——こそが、ヒトラーのイマジネーションを掻き立てた。ヒトラーはそこに、美と機能とを統合する芸術的言語を見出し、それがほかのどんなドイツ人建築家の作品よりも彼を惹き付けたのだと、ゲルディ・トローストは述べている。[13]つまりヒトラーにとって、ナチ建築の視覚化へと至る道は、内装から始まったことになる。にもかかわらず、ヒトラーが室内装飾に興味を抱いていたことは、ナチ建築に関する研究においてはほとんど言及されておらず、その大半はシュペーアの壮大な作品に焦点をあてたものになっている。

ヒトラーが最初にトローストに依頼した仕事は、ナチ党にとってもはじめての大規模建築プロジェクトとなるもので、ミュンヘンにある一九世紀のバーロウ邸に改修を加えて、ナチ党全国本部「褐色館（ブラウネス・ハウス）」を作り上げることであった。ヒトラーとの緊密な協議のもと、一九三〇年に開始されたプロジェクトにおいて、トローストは個人の住宅だった建物のなかに、新たに公務のための部屋を設け、家具や設備を揃えていった。こうした部屋の数々には、トローストがかつて蒸気船エウロパ号のために手がけたデザインとの類似が見られる。エウロパ号の内装を、ヒトラーはとりわけ高く評価していた(14)。ナチ党はその後、新たな仕事を矢継ぎ早にトローストに依頼していくが、そのなかでもとくに大きな仕事が、ふたつのミュンヘンの巨大建築プロジェクト――ケーニヒス広場の党本部とドイツ芸術の家――であり、これらの完成により、一九三三年以降、トローストの荘厳な新古典主義建築が、新政権の顔として認識されるようになっていく。

一九三三年夏のどこかの時点で、ヒトラーはトローストに、ベルリンにある旧官邸の改築と家具設備の刷新を依頼している。同年秋には、官邸の裏手にある公園に新たな官邸を建てる案についても考察しているが、最終的には、歴史的建築を占拠するほうが象徴的な意味で力を誇示できるだろうと考えるに至った(15)。ナチ党弁護士のハンス・フランクによると、ヒトラーは首相に就任したその夜、すでに官邸の改築を口にしていたというが、これを実行に移すためには、ヒンデンブルクが大統領官邸に戻るその年の春まで待つ必要があった(16)。そこでヒトラーは一九三三年二月、官邸から道を挟んだ向かい側に位置するカイザーホフ・ホテル内の旧ベルリン本部を出て、いったんザイトラーが建てた事務所棟の四階にある、国務長官が使っていた広々とした一〇部屋の居住区画に移った(17)。それからの数カ月間、ヒトラーはひたすら自らの権力の強化に努め、市民の自由をほぼ奪い去る「国民と国家の保護のための大統領令」を発布し、全権委任法を成立させて国会の承認なしに自らが法律を作ることを可能にし、ゲシュタポ（秘密国家警察）を発足させ、ナチ党以外の政党と労働組合を廃止した。

一九三三年秋、パウル・トロースト が病に倒れ、六週間入院した。一二月に退院して仕事に復帰したものの、一月には健康状態が悪化し、一九三四年一月二一日に五五歳で他界した。[18] 彼が手がけるナチ党の建築プロジェクトは、その多くが着手されたばかりだったが、そのまま宙ぶらりんの状態になり、のちにシュペーアが語ったところによると、ヒトラーはパニックに陥って、プロジェクトを完遂するために自らが彼の建築事務所を引き継ぐことまで考えていたという。[19] 実際に責任者となったのはしかし、パウル・トローストの二九歳の妻、ゲルディ・トローストと、事務所の助手で四九歳のレオンハルト・ガルであった。このふたりは、それぞれ担当分野こそ異なるものの、パウル・トローストとは長年ともに働いた経験を持っていた。新たに「アトリエ・トロースト」という名を冠した事務所は、一九三四年当時、二〇人の従業員を抱えており、ガルはそこの代表となって、現場でも製図板の前でも、自らが有する熟練の技を発揮した。[20] ゲルディ・トローストは事務所長としての役割を引き受け、通信、財政、広報、顧客対応などをこなした。彼女はまた、事務所が引き受ける内装デザインの仕事にも、以前よりも深く関わるようになった。戦後に行なわれたインタビューにおいて、彼女は自らの仕事を、色や素材を選んだり、家具のデザインについてガルと話し合ったり、室内の配置を考えたり、タペストリーなどの芸術作品で部屋を装飾したりすることだったと述べている。[21] 一九三九年にライフスタイル誌『ディー・ノイエ・リーニエ〔新路線〕』に掲載された総統の建築についての記事には、旧官邸をはじめ、いくつもの第三帝国によるプロジェクトの内装において、ゲルディが主要な役割をはたしたと記されている。[22]

体調を崩したうえに、ヒトラー以外から依頼されていた数々の建築プロジェクトも抱えていたトローストが、亡くなるまでに官邸の設計をどこまで進めていたのかは定かではない。事務所のインボイス〔請求書兼納品書〕からは、彼が一九三三年八月にはすでに家具のオーダーの見積もりを受け取っていたことがわかる。[23] 一九三三年一二月の日付が記されたダイニングルームの立面図など、彼自身が書いた図面もいくつか残っている。[24] いずれにせよ、生まれ変わった官邸の姿を思い描いたり、実際に改修したりする仕事はその後、すべてアトリエ・トローストに一任され、一九三四年一月から五月にかけて実行に移された。一九三九年の記事でヒトラーが述べている通り、この改修においてはふたつの相互に関連した目標が定められていた。ひとつ目は、公的な住居スペースと応接室をどちらも一階に置くこと。ふたつ目は、上階を首相の私的および実務的な用途に使える場所にすることであった。(25) ヒトラー以前の首相は、旧邸宅の「ピアノ・ノビーレ〔高貴な階の意。大きな邸宅において応接室などがある階のこと〕」の名残を感じさせる上階の応接室で来客をもてなしていた。一九三四年の改修によって、ヒトラーの私室は主棟二階の北側に設けられた（図4）。ほぼ使われることのない会議室が、この私的なスペースと南側に並ぶ事務室とをわける役割をはたしていた。帝政時代とヴァイマール時代を通じて、首相の私室は主棟から延びる北翼の二階に置かれていたが、このエリアには新たにヒトラーの副官がはいり、首相の私室から容易にアクセスできるようになった。(26) 南翼にはさらに多くの事務室、サービスエリア〔キッチン・洗濯室・物置など、家の保全や生活補助に関わる作業・保管をする空間〕、客室が並んでいた（シュペーアはこのエリアと、隣接したザイトラー・ビルの改築を請け負った）。(27) 結果として、かなり広めの仕事および個人的な生活のためのプライベートな領域が上階に設けられ、これらは一階の公的な部屋とは完全に分離される形となった。

一方でヒトラーには、この改修において機能性よりもはるかに重要視していたものがあった。ヴァイマール共和国時代に進行した旧官邸の（想像上の）劣化を批判するなかで、ヒトラーはこの邸宅のみすぼらしさを、ドイツの対外的な威信の喪失になぞらえてみせた。こうした発言からは、立派な邸宅を構えることは、自らの新政権にとって政治的に急務であるという彼の考えが透けて見える。一九三八年八月に行なわれた新首相官邸の棟上げ式でのスピーチでヒトラーは、自分がシュペーアにこの建物の建築を依頼したのは、ドイツに他国と同等かそれ以上のよいイメージを付与するためであると語っている。ヒトラーはさらに続けて、この願いは個人的な虚栄心とはまったく無縁であると説明しつつ、自分がミュンヘンの一市民として暮らす住居のつつましさと、国を代表する首相および総統としての住居に求められるものとの違いを強調してみせた。(28)

ヒトラーが考える、総統およびドイツ国にふさわしいイメージとは、崇高であるのみならず、その時代に即したものでなければならなかった。先述の一九三八年のスピーチにおいてヒトラーは、〔ソ連の〕クレムリンを始め

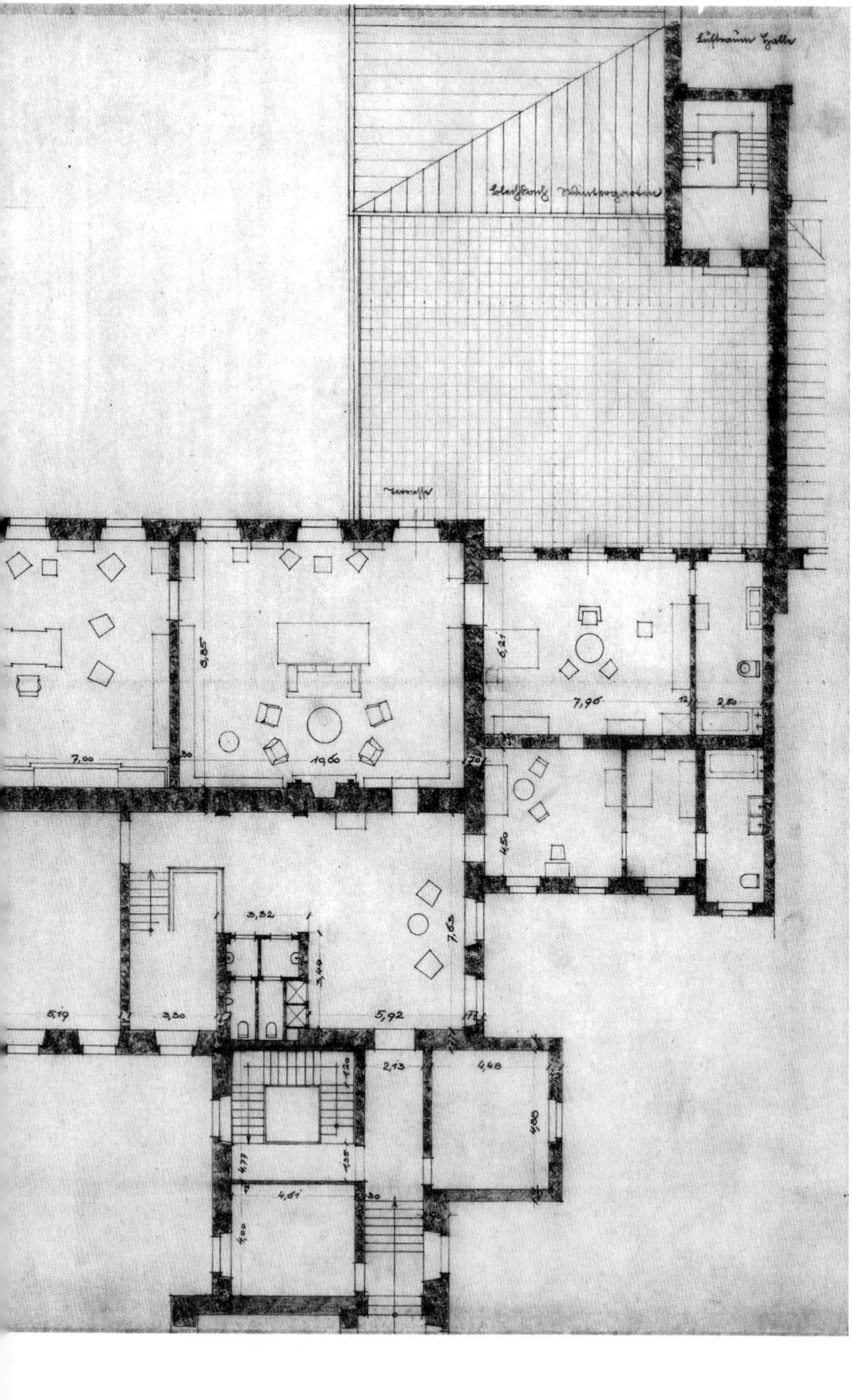
7,00
10,60
8,85
7,96
6,21
2,50
4,50
3,32
3,44
7,63
5,19
3,30
5,92
2,13
4,48
4,80
4,77
4,61
4,00

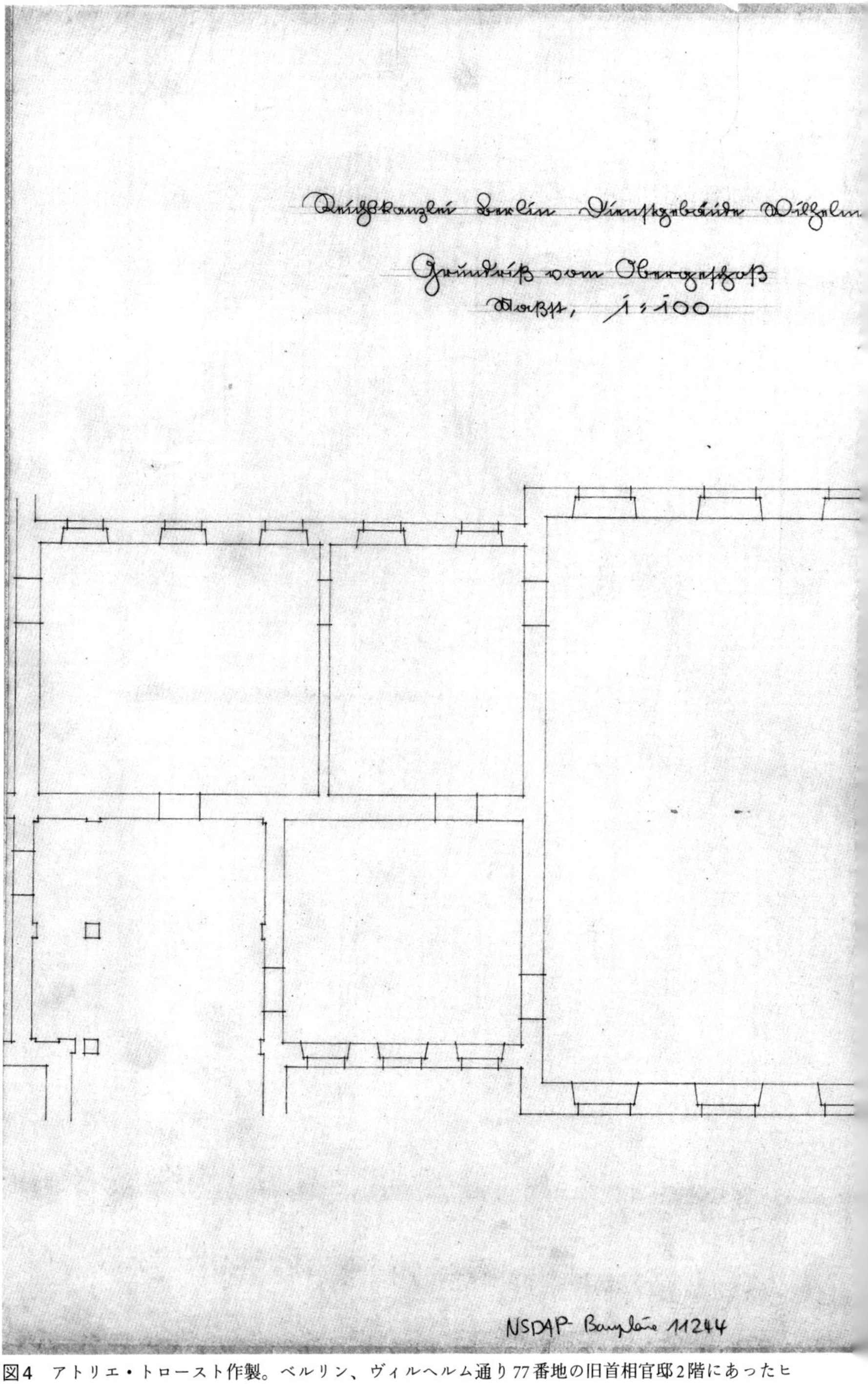

図4　アトリエ・トロースト作製。ベルリン、ヴィルヘルム通り77番地の旧首相官邸2階にあったヒトラーの私室の改修案。日付なし。

図5　ベルリン旧首相官邸2階の図書室。アトリエ・トローストによる改装前。1932年頃。

とする、古い城を占拠した革命政府を槍玉にあげ、自分はそうした建物にはいることは断固拒否したと主張している（ただし自分の首相官邸が、城とまではいかずとも、もとは貴族の邸宅だったことは都合よく無視している）[29]。歴史的な由来を持つものとの関わりを、それが自ら選択したものでない限り忌み嫌うというこうした感情が、旧官邸を改築したいという願いの最大の動機だった可能性は高い。一九三二年に撮影された写真からは、官邸に元からあった家具類は、古い歴史を彷彿とさせるスタイルで調えられていたことがわかる。ヒトラーにとってこれは、どんな構造上の欠陥にも増して、建物の老朽化を示すものだったのではないだろうか。元貴族の邸宅に住むというだけでもいいことではないうえに、しかもそこが見るからに古色蒼然とした建物であるというのは、ヒトラーがアピールしようとしている自らの精力的なイメージにとってはマイナスとなる恐れがあった。一九三二年の大統領選においてヒトラーは飛行機を活用し――この当時、選挙運動に飛行機を使った前例はなかった――、老齢のヒンデンブルクとは対照的な、若くて現代的なイメージを確立しようと努めて

図６　ハインリヒ・ホフマン撮影。ベルリン旧首相官邸の２階の図書室。アトリエ・トローストによる改装後。1934年頃。

いた。官邸の改築前と改築後に撮影された写真を比較すれば、彼らが室内をモダンに変えようとしていたことがはっきりと見て取れる[30]（図５、図６）。ただしそのモダンさは、過去一〇年ほどのあいだに登場した、インターナショナル・スタイル建築におけるそれとは明確に異なっていた。インターナショナルとは、ヒトラーがせいぜい「療養所か消防署」だと腐したあのスタイルのことだ。つまりアトリエ・トローストに託された課題とは、元の邸宅の枠組みのなかに、堂々たる威厳に満ちた総統のイメージを作り出すこと、しかもそこには、いまは亡き尊大な王たちの権力も、煙草会社の営業幹部的な「趣味の悪い」目新しさも感じさせてはならない、というものであった。

内装の古めかしさを排除する作業はまず、室内に光と空気を取り入れることから始められた。一階でもっとも広い、庭に面した部屋は、ヴァイマール時代にはパーテーションを入れて事務室として使われていた。当時、官邸の運営に関わる人数が増えたせいで、事務室を増やす必要

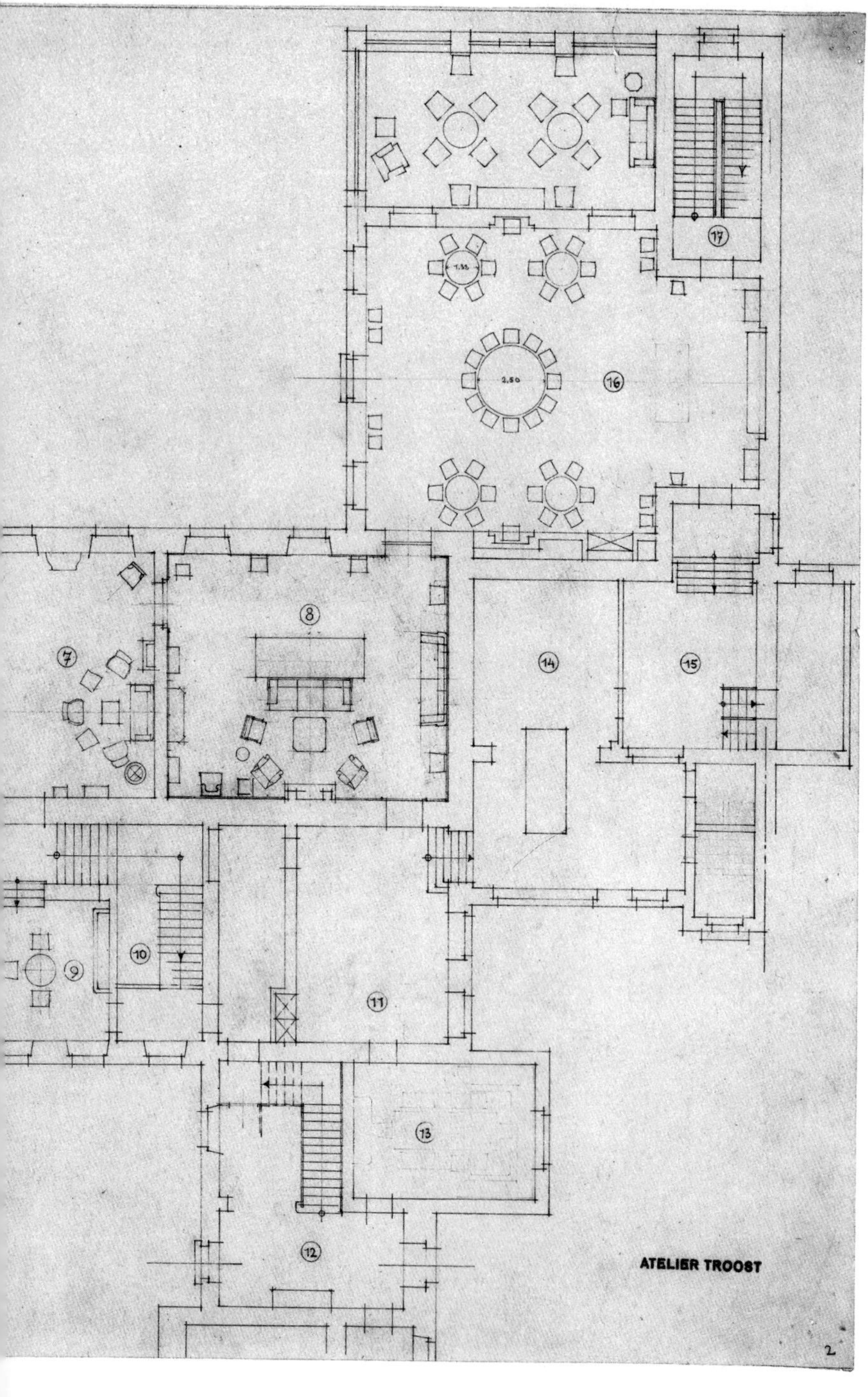

17
1.35
2.50
16
8
7
14
15
10
9
11
13
12
ATELIER TROOST
2

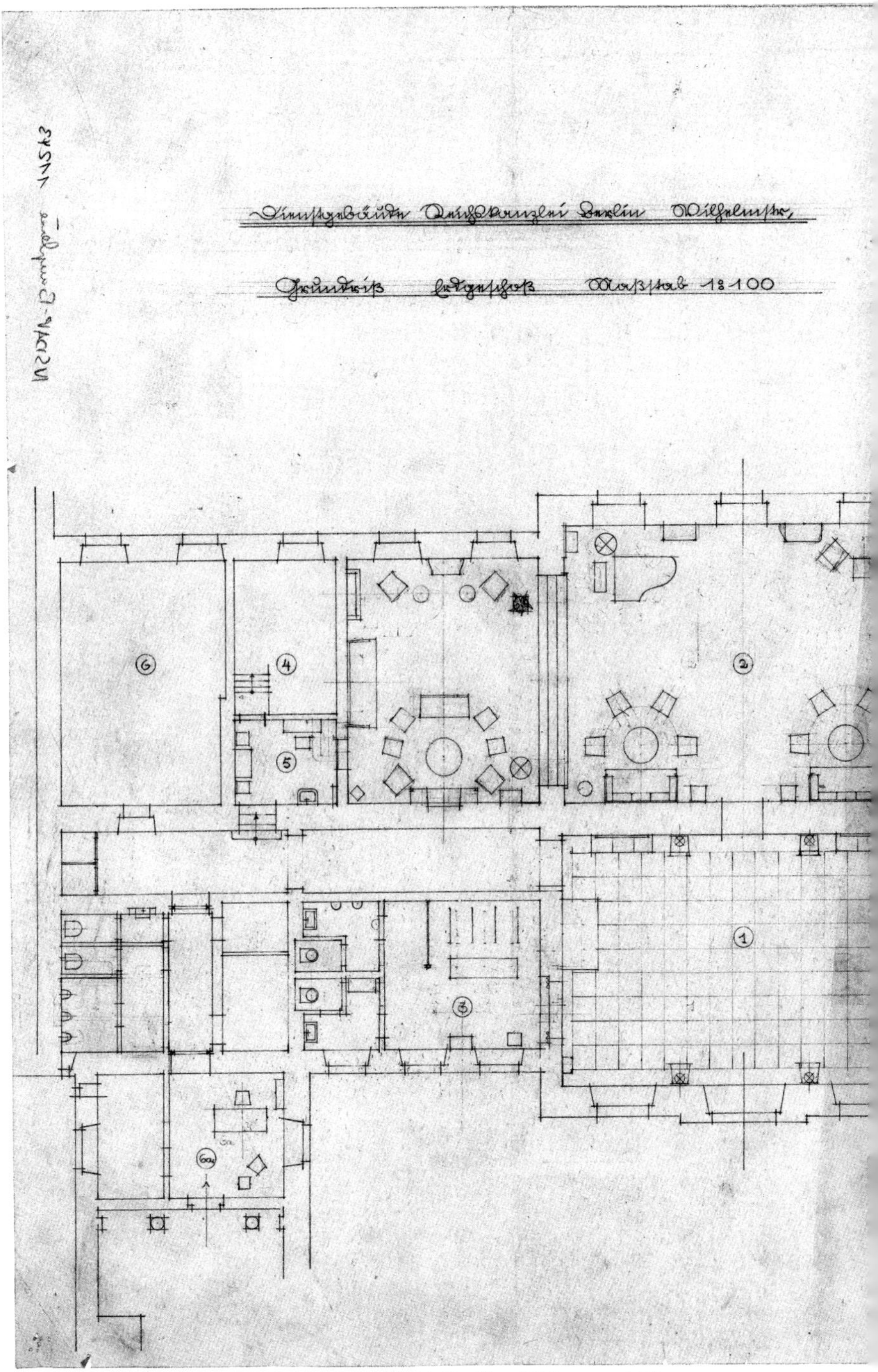

図7　アトリエ・トローストによるベルリン旧首相官邸1階の改修案。1934年頃。

図8　ハインリヒ・ホフマン撮影。ベルリン旧首相官邸1階の接見の間。アトリエ・トローストによる改修後。1934年頃。

があったためだ。一九三〇年にザイトラーの事務所棟が完成したあとは、元は住居スペースだったこの部屋はお役御免となっており、古いパーテーションは一九三四年の改築を機に撤去された[31]（図7）。さらには耐力壁を取り除いてふたつの部屋をつなげ、それにともなって上階にある会議室の木の床を、鋼桁を使った頑丈なものに変更した[32]。こうしてできあがった、二階層の床を階段でつなげた開放的な広間は、メインで使用される接見の間《ま》となった（図8）。

この広間の奥行きの深さは、室内にドラマチックな眺望を生み出しており、こうした特色は、のちに改装を経て拡張されるベルクホーフや新首相官邸におけるヒトラーの空間を象徴するものとなっていく。特大のペルシア模様の絨毯が、床の段差をつなぐ階段を上るように敷かれ、これが部屋の広大な広がりを強調すると同時に、ふたつの層を統一する役割をはたしていた（ヒトラーが好んで口にしていた逸話がある。それは、この豪奢な絨毯は、元はジュネーブの国際連盟本部のためにオーダーされたものだったが、完成後、連盟が資金不足から代金を支払うことができなかったため、自分が公邸用として手に入れたというものだ。この話は、あきらかにドイツによる一九三三年一〇月の国際連盟脱退を踏まえ

図9　ハインリヒ・ホフマン撮影。ベルリン旧首相官邸1階の待合室。アトリエ・トローストによる改修後。1934年頃。

たジョークであり、ヒトラーは自分が文字通り彼らの足の下から「絨毯を引き抜いた（足元をすくうという意味の慣用句）」と言いたかったわけだ[33]。人々の視線は遠近感を強調する絨毯のラインをたどって、奥の壁に掛けられた大きなゴブラン織のタペストリーへと導かれる。この部屋に計三枚かけられていたこうしたタペストリーもまた、ヒトラーが使用する私的および公的空間における特徴的な要素となった。パウル・トローストはエウロパ号の内装にタペストリーを使用しており、これはミュンヘンのナチ党関連の建物でも大々的に使われることになる。タペストリーの重厚さとその大きさは、広い部屋と相性がよく、またヒトラーは、そこに含まれる物語性も高く評価していた。彼がとくに好んだのは、勝利の神話や歴史的なシーンが描かれたものだ[34]。こうした類の装飾は一見、部屋をモダンに変えようという狙いとは相反するようにも思えるが、オフホワイトの壁、すっきりとした直線のフォルム、公園に面した大きな窓からたっぷりとはいる光といったその他の要素が、現代的な雰囲気を醸し出すのに一役買っていた。イギリス人ジャーナリストのジョージ・ウォード・プライスは、一九三四年一二月一九日、首相官邸が外国人客も招いて開催したはじめてのフォーマルな夕食会を取材し、部屋のモダンな感性について好意的な意見を書いている。(35) 一見しただけではわからないように隠されてはいたが、広間には映写機、スクリーン、ラジオキャビネットといった最先端のエンターテインメント機器も装備されていた。夜になると、ヒトラーはこの部屋に非公式に客を招き入れてよく映画を鑑賞しており、その習慣はのちのベルクホーフでも続けられた。(36)

室内をすっきりと整理し、古くから残る装飾品の大半を取り払ったことも、内装を現代的に見せるうえで効果を発揮した。なかには接見の間に続くホワイエ〔建物の入り口と、ホールや会議室の間に位置する空間。この場合は図9の待合室を指す〕など、この手法のせいでほぼからっぽの状態となった場所もあるが、デザイン史家のソーニャ・ギュンターはこれについて、威嚇の効果を狙ったものだと述べている（図9）。広々とした部屋に置かれたわずかな家具と石の床から受ける印象は、そこに大きな赤い絨毯が敷かれているにもかかわらず、博物館《ムゼアル》のような冷たいものだとギュンターは言う。ただしこの件に関しては、四本立っていた巨大なドリス式円柱を排除して天井を低くしたことによって、改修後の空間は以前よりも仰々しさが陰を潜めた、かなり温かみのある場所になったと解釈することもできる。(37) いずれにせよ、ひとつ確かに言えるのは、この場所には待つという行為から注意をそらす要素がほとんどなかったということだ。シュペーアは後年、こうした手法をさらに大々的に採用し、新首相官邸を訪れる人々に不安と無力感を覚えさせる空間を作り上げた。

ホワイエ以外の一階の部屋に関してギュンターは、貴族的な壮麗さを欲する気持ちと、中流階級の家庭空間に見られる特徴がぶつかり合っていると評している。ギュンターが指摘する不調和とは、貴族の屋敷らしく広々として、水晶のシャンデリアが下がっているような部屋のなかに、派手な装飾の張りぐるみの椅子を置いて心地よさ《ゲミュートリヒカイト》を演出してみたり、あるいはマントルピース〔暖炉の周りを覆う装飾〕や飾り戸棚に、いかにもにわか成金のブルジョワ的な趣味と裕福さを主張する磁器の小立像や花瓶を山ほど置いたりしている点だ。(38) しかしながら、ギュンターが、インテリア・デコレーションを利用したヒトラーの心理戦略における欠陥と見なしているものは、一

図10　ハインリヒ・ホフマン撮影。ベルリン旧首相官邸1階の喫煙室。アトリエ・トローストによる改修後。招待客はダイニングルームにはいる前、この部屋で待機した。1934年頃。

方では、自分はふたつの個性をどちらも有することができるというヒトラーの自信の表れと解釈することもできる――つまりヒトラーは、自分は華やかでありながら家庭的でもあり、世界の指導者でありながら平凡な人間でもあると主張していたのだ。デザインに見られるこうしたあきらかな一貫性の欠如は、あるいは、自分自身こそがすべてを統一するファクターであると信じているヒトラーのような顧客にとっては、たいした問題ではなかったのかもしれない。

一説にはヒトラーは城にはいるのを嫌っていたと言われているが、彼はまた、自分が貴族を気取っているように見られることも好まなかった。ヴィルヘルム通り七七番地の建物といえばドイツ人にとって、右派のあいだでカルト的な人気を博していたビスマルクとの関わりを想起させるものであった。貴族を先祖に持つビスマルクが、官邸にはいったあともまるで軍人のような質素な生活を送っていたことは大きな賞賛を集めていた。彼の政治家としての名声の高さを考えると、その清貧ぶりは一層際立つ。ヒトラーが口にする、一九世紀から二〇世紀初頭にかけて官邸が劣化したという批判は、主に一九〇〇年から一九〇九年まで首相を務めたベルンハルト・フォン・ビューローに向けられたものであった。ビューローと、イタリア王族の娘であるその妻が手がけた贅を極めた官邸の改築は、自分たちと宮廷とのつながりを連想させることを狙ったもので、最終的にこの建物は「シュプレー川のドゥカーレ宮殿〔シュプレーはベルリンを流れる川〕」という通称を得るに至った。ヒトラーは、質素どころか貧乏な人間であるという自らのイメージを保つうえで、ビューローの代名詞となった華やかさとは一線を画する必要があった。ゲルディ・トローストは、自分は官邸を「イギリスの生活スタイル」でデザインしたと述べている。このゲルディの言葉が指しているのは、以前にドイツで流行したことのある、イギリスからの影響を受けたリフォーム・デザインのことで、派手な見た目よりも素材の質と職人の技に重きを置くものであった。ヒトラーはしかし、自ら批判していたにもかかわらず、どうやらビューロー時代のいかにも貴族らしい壮麗な装飾のなかに、とくに気に入ったものがあったようだ。たとえば、ビューロー夫妻がイタリア・ルネサンス時代の宮殿を模して作らせた見事なマツ材の天井は、ヒトラーの指示によって手付かずで残されたのみならず、ベルクホーフの大広間の天井にも影響を与えたものと思われる[39]（図10、口絵4）。これを踏まえると、ギュンターが一九三四年の改築について指摘している階級的な不調和の原因は、ヒトラーが貴族らしい壮麗さに惹かれながらも、自身のパブリック・イメージを損なうことを恐れて、これを拒絶しなければならなかったことにあったと解釈することもできる。

パウル・トローストが設計したダイニングルームもまた、ヒトラーがイメージする自己とナチ党の姿を強く印象づける効果を持っていた（図11）。ヒトラーは既存のダイニングルームを小さすぎると考え、建物の裏に広がる公園のなかにはみ出す形で、大規模な増築をするよう命じた。シュペーアは後年、アイボリーの壁と公園に通じるガラスドアが三枚あるこのダイニングルームの印象を、「開放的で明るい」と表現している。いかにもトローストのデザインらしい新古典主義的なシンメトリー性と装飾品には、ヒトラーがアーリア人の国として思い描いていた古代ギリシアからの影響が感じられる。壁龕《へきがん》に設置された大理石の台座には、ミュンヘンの彫刻家ヨーゼ

図11　ハインリヒ・ホフマン撮影。パウル・トローストが設計し、アトリエ・トローストが完成させたベルリン旧首相官邸の新たなダイニングルーム。1934年頃。

フ・ヴァッカーレが手がけた大ぶりのブロンズ像が二体置かれ、それぞれが土（女性）と民族（男性）を表していた。ダイニングルームの奥に掛けられていたのは、寓話を描いたクラシックな大作《音楽の勝利》で、これはフリードリヒ・アウグスト・フォン・カウルバッハが一九一九年に、ミュンヘンのとある別荘の音楽室用に描いたものだ。美術史家ビルギット・シュヴァルツは官邸のダイニングルームについて、庭園に面したレイアウトから壁龕の男女の像、中央の円卓に至るまで、フリードリヒ大王が有していた夏の離宮、サンスーシ宮殿にある大理石の広間を参考にデザインされたものだと指摘している。プロイセンの王フリードリヒは、ヒトラーが崇拝していた人物のひとりであり、彼が大理石の広間に外交官、役人、作家、哲学者らを集めて開いた円卓会議は、そのすぐれた知性と自由によって広く知られていた[40]。そうした洗練された文化に着想を得ていたにもかかわらず、ヒトラーのテーブルを取り巻く雰囲気はサンスーシ宮殿のそれとはほど遠いものであった。ヒトラーはこのダイニングルームのことを、冗談めかして「陽気な首相のレストラン」と呼んでいたが、ほぼ党内の政治家ばかりで構成された同席者たちは、シュペーアが見たところ、無教養かつ世間知らずで、自分の考えも口にできないほど気が弱く、恐ろしく愚鈍だったという[41]。

ダイニングルームの椅子やテーブルの配置は、ナチ党が唱えていたスローガンである統一された「民族共同体」そのものであった。ヒトラーの席は常に部屋の中央にある大きなテーブルと決まっていたものの、その丸い形状には平等と総統のつつましさが表現されていた。「椅子はどれも似通っていた」と、シュペーアはのちに書いている。「ホストの椅子も、ほかのものより凝った意匠というわけではなかった」[42]。しかしながら、そうした外観には、その場に深く刻み込まれた権力の序列を隠す効果はほとんどなかった。まず、テーブルに招かれたのはほぼ全員が男性だった[43]。またヨアヒム・フォン・リッベントロップ〔ヒトラーの外交アドバイザー、のちに外務大臣〕の個人秘書ラインハルト・シュピッツィは回顧録のなかで、ダイニングルームに足を踏み入れる瞬間が訪れると、集まった招待客のあいだに電流が走ったと書いている。ヒトラーの口から、自分と一緒にテーブルに着くメンバーの名前が発表されるからだ。「信に篤い騎士たちは皆、スッと背伸びをして体をできる限り大きく、幅広く見せることで、なんとか王子の目に自分の姿を映そうとしていた。ヒトラーはあきらかにこの状況を楽しんでおり、あえてたっぷりと時間をかけていた。『さて』と彼は言った。『わたしの右側には』——間——『ゲッベルス博士に座っていただこう。左側にはフォン・リッベントロップ氏。右のひとつ先は○○将軍でお願いする。左のひとつ先は××大管区指導者《ガウライター》。そのほかの皆さんはどうぞお好きな席に』」。シュピッツィが主張する通り、この儀式はきわめて政治的なものであり、これによって列席者の地位が確立されていった[44]。メインテーブルのメンバーに選ばれなかった者たちは、部屋のそこかしこに配置された小さめのテーブルに着席した。ダイニングルームの西側には、日差しが注ぐ快適な温室が隣接しており、そこでは朝食が供された。この温室について、ギュンターはこう書いている。「数多くの植物、神話の場面がふんだんに描かれた大きな絨毯、ウィーン工房風の模様が付いた肘掛け椅子カバー、赤い漆塗りの家具などが、この部屋に第三帝国らしからぬ、ある種の新鮮味を与えていた」[45]。

　招待客がダイニングルームにはいるときに感じた高揚感にはあるいは、ようやく食事にありつけるという期待感も混ざっていたのかもしれない。というのもヒトラーは、客をダイニングルームの隣にあるゆったりとした喫

図12　ハインリヒ・ホフマン撮影。ベルリン旧首相官邸2階のヒトラーの個人用の書斎。アトリエ・トローストによる改修後。1934年頃。

煙室（図10）で何時間も待機させ、自分は二階に設けた新たな私用区画からなかなか出てこようとしなかったからだ。(46) この住居スペースは、個人用の書斎、図書室、寝室、着替え室（のちに来客用寝室）、そしてダイニングルームの真上にあたる大きな屋上テラスからなっていた（図4）。夕食後には、ときおり招待客がテラスに招かれてコーヒーやリキュールを飲みながら、官邸公園の木々のこずえを見下ろす景色を楽しんだ。(47)

ヒトラーの書斎は整理整頓が行き届き、家具はひとりで仕事をするのに都合がいいように配置されていた（図12）。壁に掛けられた美術作品には、たんなる装飾以上の意味があった。机のそばの壁にヒトラーが並べていたのは、パウル・トローストが設計したドイツ芸術の家の版画のほか、ビスマルク、フリードリヒ大王、ディートリヒ・エッカートという、ヒトラーが政治的あるいは知的な面で共感を抱いていた人物たちの肖像画だった。美術史家のビルギット・シュヴァルツが、ヒトラーと芸術に関する論文で指摘している通り、ヒトラーは職場や生活空間に飾る絵画を通して、周到に調整を重ねた自らに関する物語を作り上げていた。(48) 歴史家のティモシー・ライバックは、ヒトラーが収集していた書籍にも、これと同様の、自己の人格を証明する役割があったと述べている。(49)

意外なことに、ヒトラーの図書室では、本が目に見える場所に配置されていなかった（図6）。ヒトラーが居間としても使用していたこの広々とした部屋には、ソファや椅子がそばに置かれた暖炉、木造りの天井、パウル・トローストが一九三三年にデザインし、のちにヒトラーの仕事場のトレードマークとなった巨大なテーブル、そして以前のオープンな本棚の代わりに導入された、カーテンの付いたガラス扉の本棚があった。ギュンターは、この本棚のカーテンの向こうには本は一冊もはいっておらず、中身の見えない本棚は、この部屋の主には学がないことを示していたのではないかと推測している。(50) 改築直後に首相官邸を訪ねたリヒャルト・ヴァーグナーの孫娘フリーデリント・ヴァーグナーは、本棚にカーテンが付けられた理由について、本のさまざまな色や大きさを、ヒトラーが目障りだと感じていたからだと述べている。(51) オーバーザルツベルクやミュンヘンの図書室にはオープンな本棚があったことを考えると、この説明には無理があるように思える。図書室に置かれていた本はあるいは、ヒトラーではなく官邸が所有していたもので、彼はほかの首相が持っていた本を目にしたり、そうした本と関係付けられたりすることを嫌ったのかもしれない。いずれにせよ、新しい本棚は以前のものよりもシンプルな形状で、元は贅沢な造りの部屋に、穏やかで均一的な印象を与えていた。このほか、過剰な装飾と大きな戸枠を取り除き、花柄の絨毯を無地のものに替えたことも、部屋の現代的な雰囲気に寄与していた。

ヒトラーの寝室は、知られている限り写真は現存しないが、ヴァーグナーはこの部屋をきわめて簡素だったと評し、「独裁者の寝室というよりも、住み込みの女性家庭教師の部屋のようだった」と述べている。鋳鉄製のベッド、テーブル、ナイトテーブル、シンプルな木の椅子は、すべてが白く塗られ、そのほかには彼の母親を描いた油絵が一枚あるだけだったとヴァーグナーは言う。(52) アトリエ・トローストが描いた平面図では、家具はヴァーグナーの説明よりもいくらか多かったように見える（図4）。ヒトラーの寝室が飾り気のないものだったというの

図13　ハインリヒ・ホフマン撮影。ベルリン旧首相官邸2階の閣議室（元の会議室）。アトリエ・トローストによる改修後。パウル・トローストがデザインした家具が置かれている。1934年頃。1933年1月30日、ヒトラーはこの部屋でヒンデンブルク大統領から首相に任命された。

は、いまも昔もよく言及されるエピソードであり、私人としての「本当の」ヒトラーの素朴さやつつましさを示す証拠であると解釈されてきた。ヒトラーが暮らした各部屋のデザインが、彼が簡素な寝室を好んだことを示唆しているのは確かだ。しかしながらこの事実は、ヒトラーの私室があったのは豪奢な住宅の内部だという、より大きな文脈のなかで捉えるべきであり、そうした住宅もまた、私室と同様に彼の個性や趣味について多くを物語っている。ヒトラーの寝室は、隣に位置するかなり大きめの着替え室とつながっていた。のちの改修で、ヒトラーはこの着替え室をエーファ・ブラウンのための寝室、居間、浴室に作り変えるよう命じている。ヒトラーは彼女を、文字通り「クローゼットのなかに〔秘密に、ひっそりとの意〕」隠していたわけだ。[53]

官邸のそのほかの部分の改修は、一九三四年五月にヒトラーが新たな居住区画に移ってからも続けられた。[54] ヒトラー個人の書斎に隣接していた会議室は閣議室に作り変えられたものの、パウル・トローストがデザインした家具を導入した以外、大きな変更は加えられなかった（図13）。椅子の背張りにあしらわれたワシと鉤十字、テーブルランナー〔テーブル中央にかける帯状の布〕の鉤十字、そして幅約二メートル、長さ約一〇メートルという巨大なクルミ材のテーブルそのものが、この部屋がナチスの権力を象徴する場所であることを如実に物語っていた。[55] こうしたイデオロギーの主張のために費やされた金額は決して小さいものではなく、椅子三〇脚に刺繍入りの背張りを施すだけでも一万ライヒスマルク近いコストがかけられていた。[56] 一九三九年の記事でヒトラーが手ひどくけなした照明器具はそのまま残されており、この事実からは、彼のそうした批評がたんに言葉の上だけの、政治的な性質のものだったことがよくわかる。ヒトラーは一九三八年までは、この閣議室に大臣を一同に集めていたものの、その後は自分が通常の行政手続きを踏んでいるというふりをすることさえいっさいやめてしまった。部屋の家具は一九三九年に新首相官邸に移され、からっぽになったスペースは、ヒトラーの誕生日プレゼントをディスプレイするために使われた。戦争が始まると、この閣議室は政治的な機能を取り戻し、ヒトラーと将軍たちはここで軍事ブリーフィングを行なった。[57]

一九三五年春、アトリエ・トローストはヒトラーの公務室の家具を調えた。[58] ザイトラーが設計した増築棟の執務室を「企業の営業幹部向き」だとして拒否したヒトラーは、同じ建物の二階にある、元は「赤の間」と呼ばれていた広い接見の間を自分の執務室に改築させた。隣接する旧首相官邸と続き部屋を通してつながっていたこの新たな執務室は、ヒトラーの私用区画からも容易にアクセスすることができた。輝くような一九三〇年のアールデコの装飾が施された部屋は、ヒトラーの希望通りのスケールと劇的な印象を備えていた。そうした効果を一層高めていたのは、さほど数の多くない家具の大きさで、たとえばヒトラーの机のうしろにあった象眼細工のサイドボード、そして一九三三年にパウル・トローストがデザインした机自体も、横幅が非常に長くとられていた[59]（図14）。国から貸し出されていた絵画の質に不満を漏らしていたにもかかわらず、ヒトラーは部屋に元から掛けられていた一六世紀イタリアの絵画をそのまま残している。そのうちのひとつであるヴェネツィアの画家フランチェスコ・ヴェチェッリオ（一四七五?～一五六〇年）による《玉座の聖母子と聖者たち》という大作についてギ

図14　ハインリヒ・ホフマン撮影。ベルリン旧首相官邸に増築された現代的な建物の2階にあった、ヒトラーの公式の執務室。アトリエ・トローストが元の「赤の間」を改修したあと。1934年頃。

ユンターは、これが部屋に神聖な雰囲気を与えていたと指摘している。この部屋に移ることで、ヒトラーは象徴的にヴァイマール時代の首相の執務室――その狭さは「官僚的な支配や規則による幽閉」を想起させた――をあとにして、自らの手で作り上げた広大なスペースにはいったわけだが、この舞台があってはじめて、自分は己の政治の才を存分に発揮することができるとヒトラーは考えていた。(60)トローストによる改修を機に芽生えはじめた、大きく堂々としたものを重んじる傾向は、シュペーアが設計した新首相官邸の執務室において、不合理なほどのレベルにまで到達することになる。ヒトラーの執務室は、新旧どちらの官邸のものも、儀式的かつイデオロギー的な空間として機能し、彼が実際にそこで仕事をすることはほとんどなかった。(61)

ヒトラーの副官の事務室と、閣議室より南側のエリアを含む旧首相官邸の改築は、一九三五年から一九三六年初頭まで続けられた。(62)この期間にはまた、アトリエ・トローストによる大規模な増築も行なわれている。一九三四年八月のヒンデンブルク大統領の死によって、ヒトラーは権力を掌握し、首相のみならず、大統領と軍の最高責任者も兼任することになった。ヒトラーは拡大した自らの影響力を建築という形で示そうと、アトリエ・トローストのレオンハルト・ガルに、二五〇〇人が食事をすることができ、外交的・国家的な会合も開けるレセプション・ビルを作るよう依頼した。一九三六年春に完成したこの建物は、公園の敷地内に建てられており（隣接する外務省が所有する敷地にまではいり込んでいた）、かつてダイニングルームの脇にあったささやかな温室の代わりに作られた新しいガラス張りの温室を通じて、首相官邸とつながれていた。[63]新しいレセプション・ビルの内装は、ガルとゲルディ・トローストが共同で手がけたもので、茶色い大理石の巨大な円柱、鉤十字のモザイクがあしらわれた天井、古代ローマの軍旗を思わせる、ワシと鉤十字の付いた背の高い壁灯などで彩られていた——美術史家のアンゲラ・シェーンベルガーは、これによってヒンデンブルク亡きあとの党と国の団結が、視覚的に強化されたと評している。[64]建物の雰囲気は、旧接見の間よりもはるかに壮大で格式張ったもので、これに比べれば以前の部屋は、そのスケールも見た目もこぢんまりとして家庭的であった。新たなレセプション・ビルの建設と同時に、その地下には空爆に備えたシェルターが設けられ、のちにこれは総統用の大規模な地下壕と統合された。[65]

ヒトラーが一九三八年に、大ゲルマン帝国の領土拡大によって生まれた対外的・機能的な必要性を満たすためであるとその建造を正当化した（実際には歴史学者が指摘する通り、新官邸の計画はその何年も前に開始されていた）広大な新首相官邸が完成すると、ありまるほどの空間が生まれた。[66]それでもヒトラーは、相変わらず旧官邸で暮らして仕事をし、側近たちもそこに残っていた。彼らは「遠すぎることがわかった」シュペーアの建物に移るよりも、総統の近くにいるほうが便利だと考えたのだ。[67]一九四四年には閣議室に爆弾が落ちたが、ほかの部分は無傷だったため、そのまま使用が続けられた。一九四五年二月三日、アメリカの爆撃機によって「陽気な首相のレストラン」を含む建物の大半が破壊されると、ほどなくヒトラーは恒久的に地下壕へ移った。[68]ヒトラーの秘書だったトラウドゥル・ユンゲは回顧録のなかで、戦争が終わるころには、旧首相官邸にあった貴重な品々は、より安価なものに替えられていたと述べている。[69] そうした美術品や家具が戦争を生き延びているとしても、その所在は現在に至るまで不明のままだ。

第3章　洗練されたインテリア――一九三五年、プリンツレゲンテン広場のアパートの改装

レニ・リーフェンシュタールが製作した一九三五年の映画『意志の勝利』は、アドルフ・ヒトラーを偉大なる統一国家の強大な指導者として讃え上げた。恍惚とした聴衆に演壇の上から語りかけるときも、ニュルンベルクの中世の通りを歩く突撃隊（SA）や親衛隊（SS）の軍隊に敬礼をするときも、戦争の記念碑の前で戦没者に哀悼の意を表するときも、ヒトラーは国家の指導者にふさわしい統率力と威厳を示してみせた。一九三四年のニュルンベルク党大会を記録した、この多分にイデオロギー的なドキュメンタリー映画は、「レーム一揆〔ヒトラーによる突撃隊幕僚長レームらの粛清事件。レームが謀反を企てたことを口実に粛清したためこう呼ばれた。別名「長いナイフの夜」事件〕」が残した汚点を取り除く一助となった。大会のわずか数カ月前に起こったこの残忍な事件は、世界各国の目からは、ヒトラーが抱く流血への欲望と、ドイツの政治の混乱ぶりを決定づけるできごととして見られていた[1]。ところが一九三六年のオリンピックが近づき――ヒトラーはこのイベントを、ナチ体制の優秀さを国際社会に大いに喧伝する機会にしたいと考えていた――、ドイツが領土拡大をめぐる外交交渉を新たな段階に進めようと準備を整えるなか、千の顔を持つこの男は、自らのイメージを再度作り直すことを決意した。ヒトラーの目的は、次なる政治目標の達成を確実にすることであり、そのためには諸外国からの尊敬と信頼が不可欠であった。このときのイメージ・チェンジにおいては、建築が大きな役割をはたすことになるが、その主役となったのは、

アルベルト・シュペーアが設計したニュルンベルク党大会会場のような、きわめて公的かつ巨大な建物ばかりではなかった。外交の現場においては、改築と増築を施された旧首相官邸が、官庁街で自信に満ち溢れた新たなイメージを主張していた。そしてさらに、表向きはヒトラーが生活する私的空間とされていた場所までが、徐々に円熟した落ち着きの感じられる空間へと変化していくことになる。

一九三五年、アトリエ・トロースト は一二万ライヒスマルクという莫大な経費を費やして、ミュンヘンのプリンツレゲンテン広場にあるヒトラーの広々としたアパートの改築・改装を行なった――この金額は、ドイツの医師が同年に稼いだ年収の一〇倍以上にあたる(2)。首相官邸のときとは異なり、ヒトラーはアパートの改装費用を個人で支払った。資金の出どころは出版社が管理していたヒトラーの口座で、そこには当時すでに『わが闘争』の著作権料がたっぷりとはいっていた。それだけの金額と引き換えに、ヒトラーはネヴィル・チェンバレンやベニート・ムッソリーニといった各国首脳を堂々と迎え入れることができる住居を手に入れたわけだ。この仕事がアトリエ・トローストに託されたという事実からは、官邸での彼らの仕事にヒトラーが満足していたこと、またヒトラーの個性や彼が家に求めているものを、建築という形で適切に表現できる彼らの能力に、ヒトラーが信頼を寄せていたことがわかる。このアパートはヒトラーが所有していた複数の住居のなかでも、もっともプライベートな場所であったため、ゲルディ・トローストとレオンハルト・ガルは、官邸やベルクホーフとは異なる、こぢんまりとしたスケールで仕事をすることになった。それでもふたりは、ここが普通の家とは違うことをはっきりと示すための新たな方策を見つけ出した。

アトリエ・トローストが作業に取りかかる前のアパートがどんな状態にあったのかは、はっきりとはわかっていない。一九二九年から改装までのあいだ、この家には住んでいたのは、ヒトラーと姪のゲリ・ラウバル（一九三一年に他界）のほか、ふた組の夫婦だ。ひと組目の夫婦、エルンストとマリア・ライヒャートは、ティールシュ通り時代の九年間、ヒトラーの大家だった人々で、ヒトラーはそこで彼らふたりとその娘と一緒に暮らしていた。娘のアントニー・ライヒャートは、両親がプリンツレゲンテン広場に移った当時は一六歳だったはずだが、彼女が親と一緒に引っ越してきたという記録はない。エルンスト・ライヒャルトはビジネスマンを自称していたものの、その経済状況は、部屋に下宿人を置かざるをえない程度だったのだろう。[3] ヒトラーは、彼ら全員が一緒に暮らしていたティールシュ通りのアパートについて、部屋の数は四つか五つだったと述べている。[4] おそらくこの夫婦は、プリンツレゲンテンに引っ越す際、自分たちの家具を持ち込んだものと思われる。

もうひと組の夫婦は、新婚のゲオルクとアニ・ヴィンターで、彼らもヒトラーと同時にプリンツレゲンテンのアパートに入居した。[5] ゲオルク・ヴィンターは、フランツ・リッター・フォン・エップ将軍の従者をしていた経験があり、ヒトラーと出会ったのもこの将軍を通してであった。一九二九年一〇月、三三歳のヴィンターはエーア出版（ナチ党の出版社）で梱包係として働くようになり、そのほかにもときおり、アパートで開かれる夕食会の給仕などの手伝いをしていた。ゲオルクの妻で二四歳のアニ・ヴィンターは、ヒトラーの料理人兼アパートの管理人となった。[6] 後年、非ナチ化裁判における証言のなかでゲオルク・ヴィンターは、自分は一九三〇年にヒトラーから親衛隊にはいれと言われたが、それはパーティで給仕をしたり、公務で妻の手伝いをしたりする際に、親衛隊の制服を着ることで党のお偉方にいい印象を与えるためだったと主張し、これを認められている。ヴィンターは親衛隊の任務には就かなかったものの、昇進だけはしたことから、彼の服装は徐々に威厳を増していった。ヒトラーの見栄から制服を着せられたせいで、自分は戦後、長い間辛い監禁生活を送るはめになり、やっとのことで生き延びたとヴィンターは述べている。[7]

ヴィンター夫妻がプリンツレゲンテン広場一六番地に引っ越してきたとき、自分たちの家具を持ち込んだかどうかはわかっていない。ヒトラー自身が持参したものは、どうやらごくわずかだったようだ。一九四八年のインタビューでアニ・ヴィンターは、ヒトラーがティールシュ通りから持ってきたものは寝室の家具だけで、あとから新しいものが加えられていったと答えている。後年、ゲルディ・トローストが語ったところによると、アパートには雑多な家具が置かれており、それは主にヒトラーの友人たちが提供したものだったという。一九二九年、ヒトラーの賛美者であった富豪のエルザ・ブルックマンは、王室御用達の高級家具職人モーリッツ・バリンから、

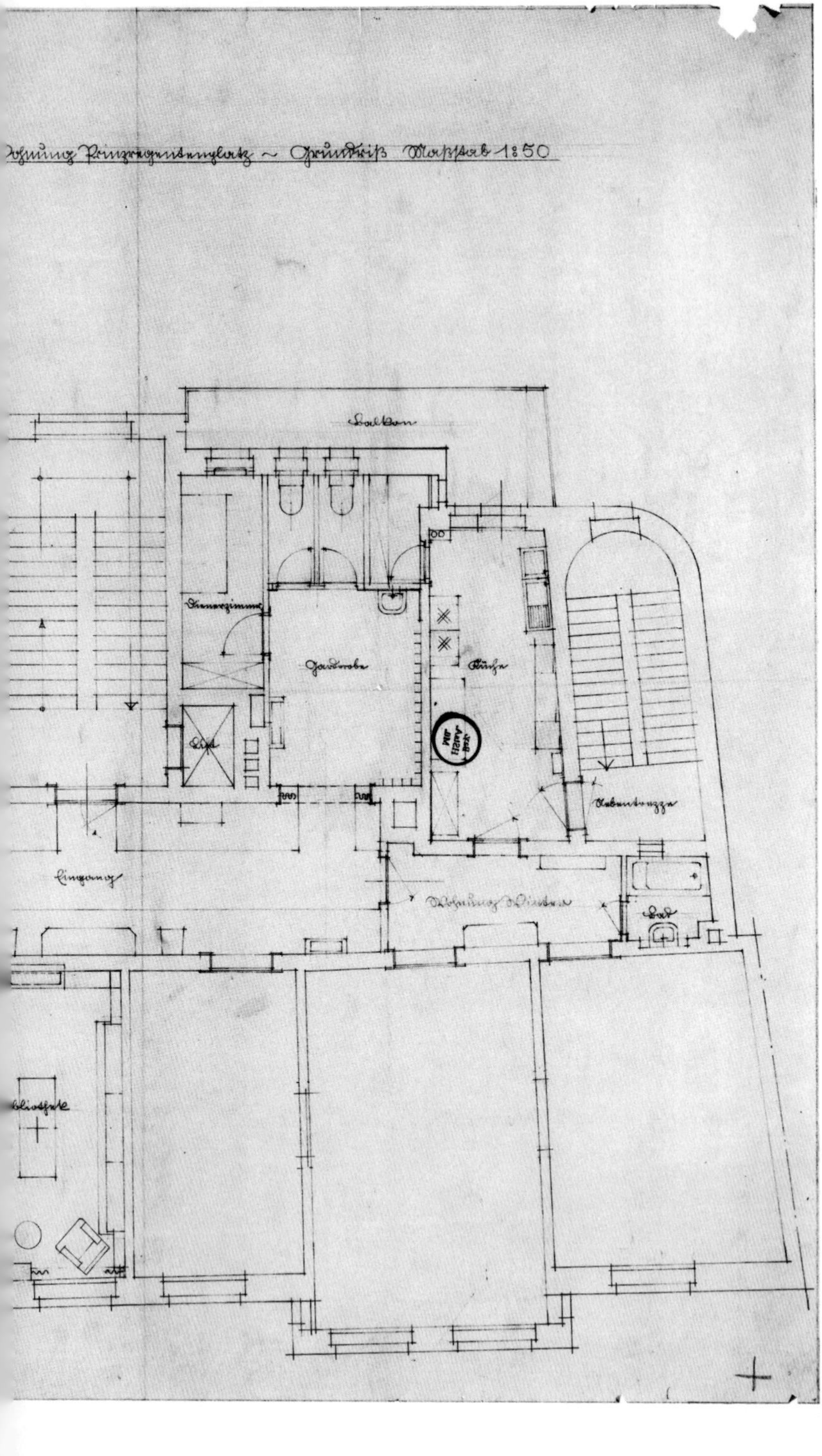
Grundriß Maßstab 1:50
Balkon
Garderobe
Küche
Lift
Eingang
Bad

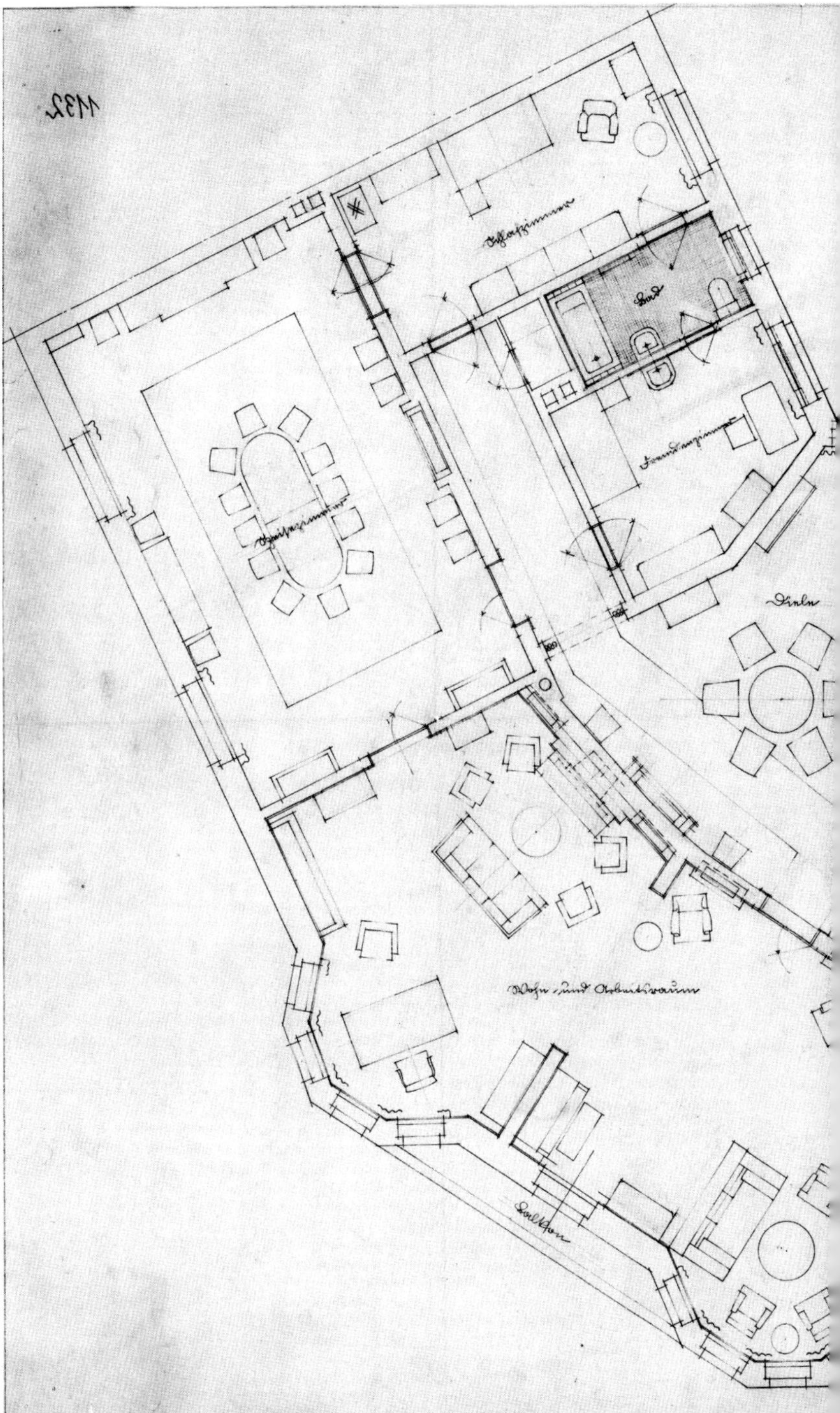

図 15　ミュンヘン、プリンツレゲンテン広場 16 番地にあったヒトラーのアパートの間取り図。アトリエ・トローストによる 1935 年の改築後。日付なし。

ヒトラーのアパート用の家具を数点購入している。当時を知る人々の証言からは、そのほかにもヒトラーがこの時期、パウル・トローストがデザインしたお気に入りの家具数点を手工芸連合工房から入手していることがわかる。それでもアニ・ヴィンターの記憶では、一九三五年の改装以前、全体的にアパートには家具はごくわずかしかなかった。(8)

家具の配置やどの部屋にだれが住んでいたかはわかっておらず、推測が可能なのはゲリ・ラウバルの部屋くらいだ。戦後の証言のなかでアニは、一九三五年の改装前には、自分と夫とヒトラーはアパートの一方の翼《よく》に住み、ゲリ・ラウバルとライヒャート夫妻がもう一方の翼を使っていたと述べている。ヴィンターやそのほかの目撃者によると、ラウバルが死んだとき、ヒトラーは彼女の部屋を閉め切り、まるで霊廟かなにかのようにいっさい手を加えずにおいたという。(9)もしこれが本当であれば、アパートのなかで一九三五年に改装されなかった唯一の部屋――図書室の横の部屋――が、ゲリの部屋だったということになる（図15）。この部屋がゲリのものであったことは、ヒトラーの秘書トラウドゥル・ユンゲも証言している。(10)さらに、プリンツレゲンテン広場に面しているという部屋の位置も、ラウバルが死んだ際に捜査にあたった警察の説明と一致する。(11)改装後の、個人用の浴室が付いていたヒトラーの寝室は、ゲリの部屋とは反対の翼のいちばん奥に位置しており、一九三五年以前にも同じ部屋を使っていた可能性が高い。もしこの推測が正しければ、ヒトラーは姪のゲリと隣り合った部屋で暮らしていたのではないことになる。一部の人々は、ふたりの部屋が互いにすぐ近くにあったと考え、これを親類とは別の種類の親密さの表れであるとみなしてきた。ヒトラーの部屋には、（浴室を介して）直に隣室へつながるドアがあり、その存在が、ふたりが人目を忍んで会っているという噂をさらに煽ってきたが、実のところこのドアは、改装前には存在しなかった。ラウバルの部屋であるとの誤解を受けた隣室は、元は小さなメイド部屋だったもので、一九三五年になってようやく広々として快適な客間に改装された。

アパート全体の改装前の外観は、建物の設計図や、元の内装が手付かずで残されている別フロアの情報をベースに再現することが可能だ。建築家のフランツ・ポップは、一九〇七～八年にこの建物を設計した際、当時ミュ

図16　ミュンヘン、プリンツレゲンテン広場16番地にあった建物1階の現在の様子。当時流行の内装が施されたホワイエには、改装前のヒトラーのアパートにもあったはずのユーゲント様式の装飾が確認できる。

ンヘンで流行していたユーゲント様式を取り入れている。曲線が特徴的な木のモールディング〔壁あるいは天井と壁の継ぎ目などに設置される立体的な装飾〕や、戸口上部の丸みを帯びたアーチは、優美であると同時に歴史的な重みを感じさせた（図16）。ゲルディ・トローストによると、ヒトラーはユーゲント様式を「過剰」だと言って嫌っていたという[12]。一九三五年の改装では、そうしたユーゲント様式の装飾はすべて排除され、代わりに採用されたのは、パウル・トローストが手がけたケーニヒス広場の党本部や、ドイツ芸術の家の内装に見られるような、すっきりとして飾り気のない直線的なフォルムであった（図17）。壁を取り除いたり、縮小したりしたおかげで、室内の広々とした明るい印象はさらに強調された（図2、図15）。こうしてできあがったのが、今日見られる通りの、装飾を省いたきわめてモダンなインテリアだ。ただし、いまでは複数の事務所がはいっているこのアパートが、

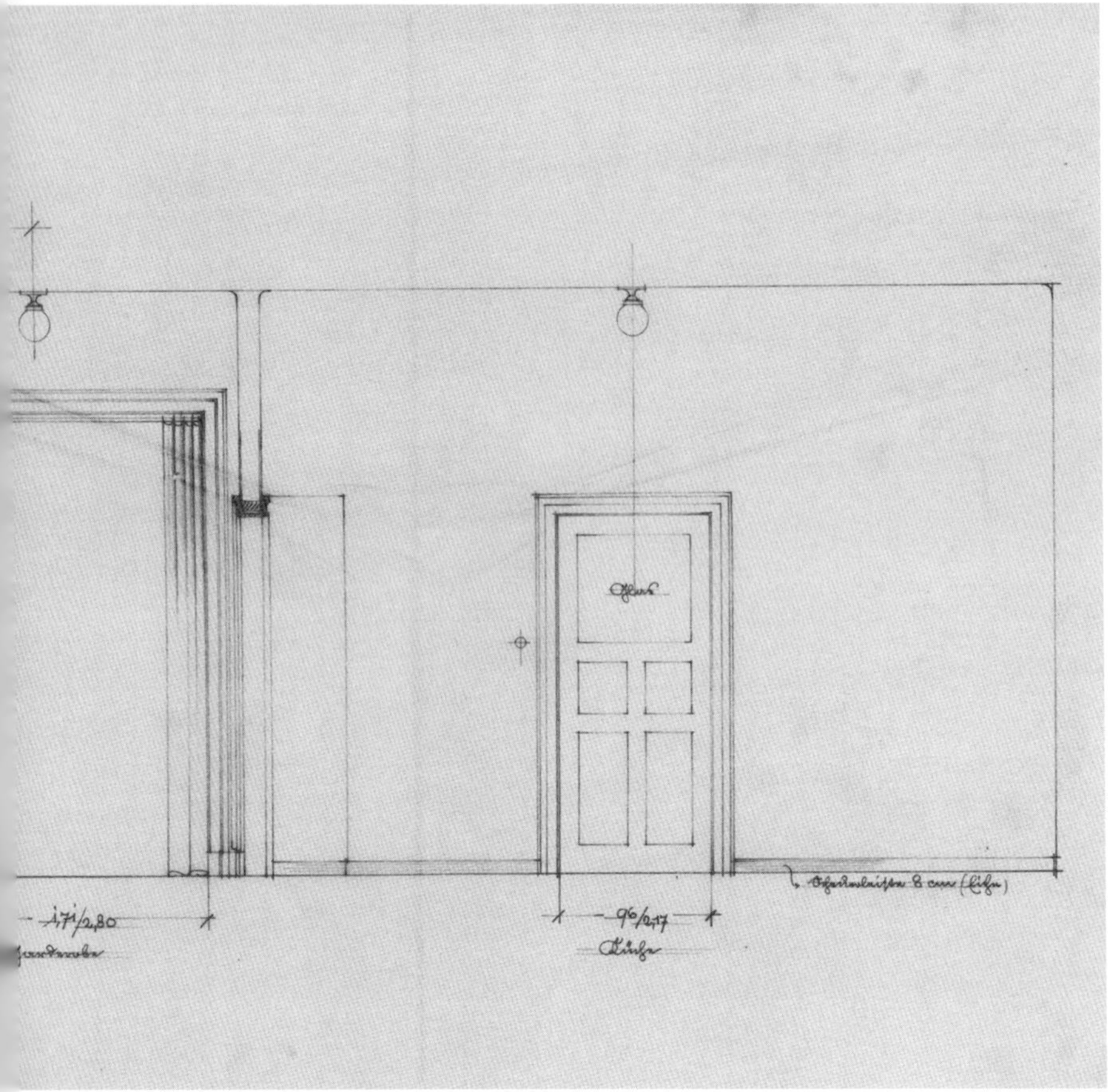

比較的がらんとして物が少ないことも、そうした印象を生む一因ではあるだろう。リー・ミラー〔米のファッション・報道写真家〕は終戦直前にヒトラーのアパートを訪れて内部を撮影しているが、その数時間前にダッハウ強制収容所で死者や飢えに苦しむ人々を目撃していた彼女は、いま述べたような、この部屋が持つ明るさやモダンさといったものをいっさい感じさせない写真を撮っている。目の前の明るい部屋と、彼女がついさっき間近に見てきた光景とは、これ以上ないほどちぐはぐに感じられたに違いない。このとき彼女が撮影した写真はそもそも、建築雑誌の見開きページ向きの華やかな作品ではなく、アメリカ兵たちが独裁者の隠れ家にはいり込んでいる様子を捉えたものであった。一見したところ、写真の大半は夜に、あるいはカーテンを引いた状態で撮影されたようだ。なかには、閉所

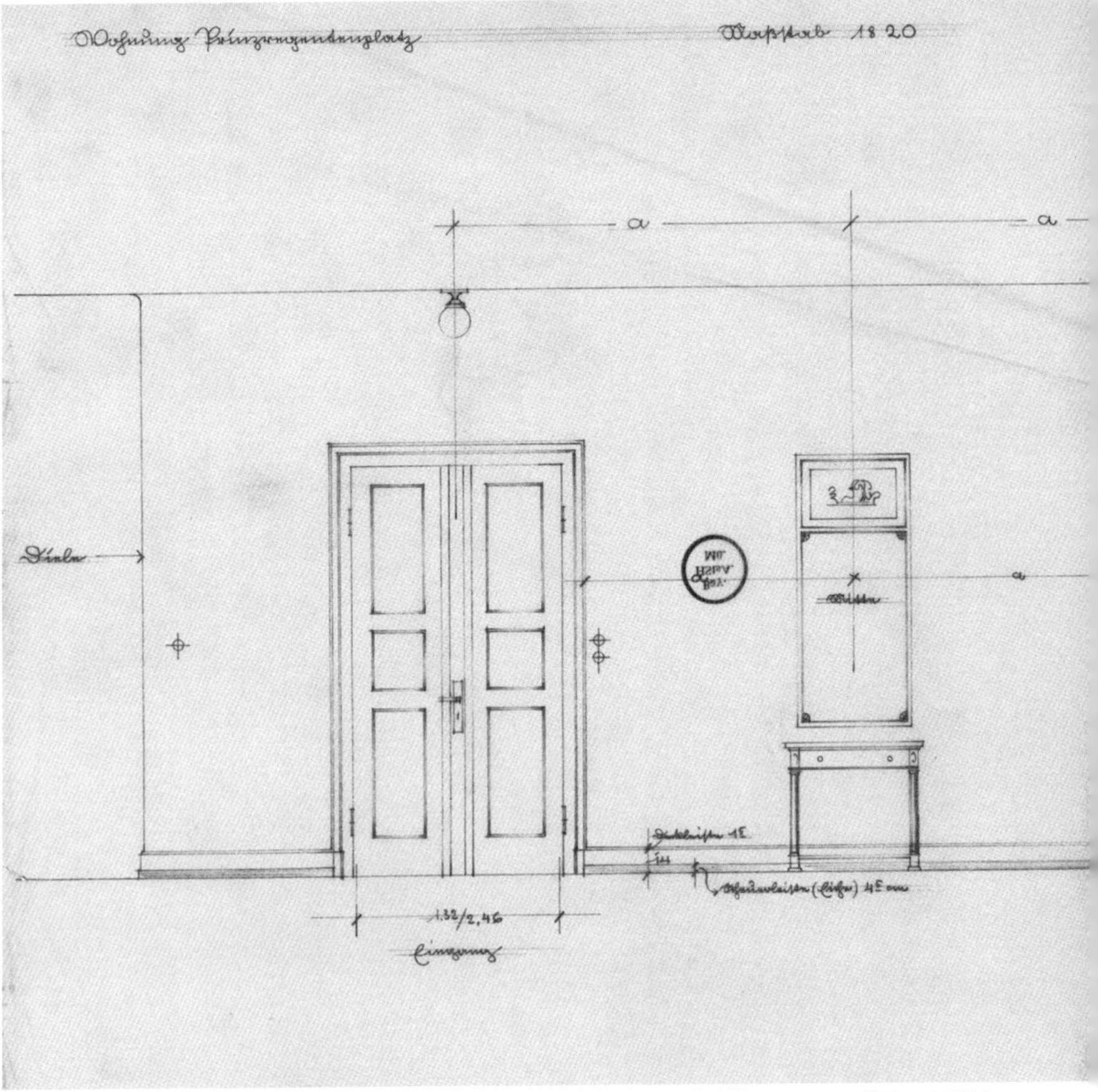

図 17　アトリエ・トロースト作製。ヒトラーがミュンヘンに持っていたアパートの廊下の立面図。メインの入口（左）、衣装収納スペース（中央）、キッチン（右）。1935 年頃。

恐怖的な乱雑さを強調するために、ミラーがあえて物の配置を変えたのではないかと思われる写真もある（ヒトラーの寝室の写真など）。しかし一方でミラーは、アパートは「かなり広々と」して「非常にシンプルなレイアウトだった」とも述べている。英『ヴォーグ』誌の一九四五年七月号に掲載された、暗く狭苦しい部屋の写真は、今日現場を訪れる人々が目にする風通しのよい部屋とはまるで別物に見える。[13]

ヒトラーのアパートを撮影した写真は、残念なことに、このほかにはほとんど存在しない。一九三五年に『ディー・ノイエ・リーニエ』誌が旧首相官邸内におけるヒトラーの居住空間の撮影許可を求めた際、ヨーゼフ・ゲッベルスはこれを明確に禁じている（ただし公務が行なわれる場所や公共のエリアはその限りではなかった[14]）。ゲッベルスはこの決定の理由をあきらかにしていない

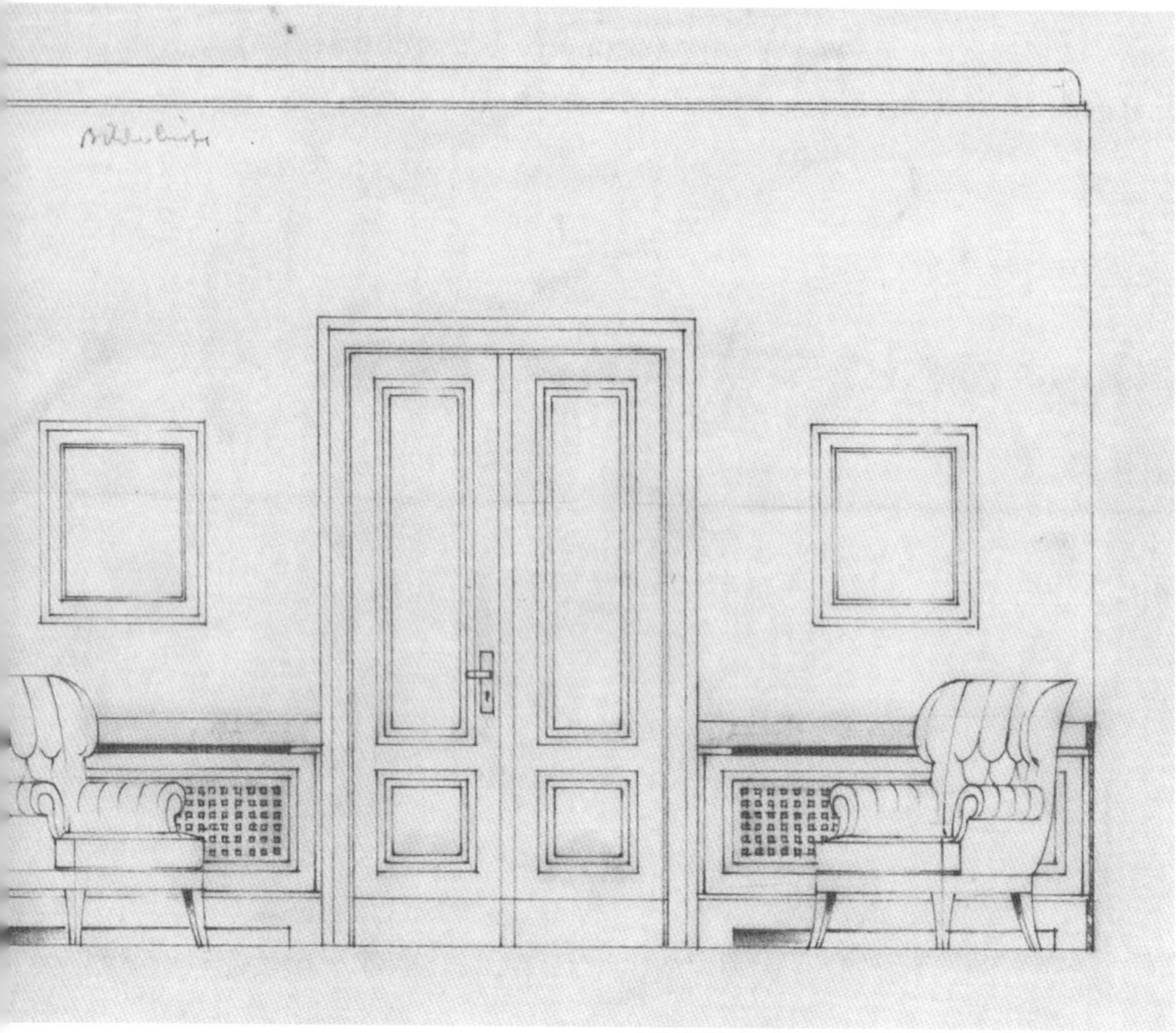

が、彼のこうした対応からは、ヒトラーは写真を撮られることが非常に多かった一方で、一部には立入が許されない空間が存在していたことがわかる。それでも、今日まで残っているアトリエ・トローストが作成した数多くの図面を参照すれば、改築の詳細を確認することができる。改装案を示したアパートの平面図は、代理人の手で建築家であるガルの名前と、一九三五年一月という日付が書かれ、二月初旬に地元の建築当局に提出されている。[15] どうやら改装工事の大半は、一九三五年二月から四月中旬にかけて行なわれたようだ。[16] 大規模な改装であったため、アパートの住人たちはいったん部屋を出たが、工事が完了したあとに戻ってきたのは、ヒトラーとヴィンター夫妻だけであった。四月二九日、ヒトラーは自らの崇拝者である有力な女性三人——ユニティ・ミットフォード〔英貴族の娘でファシズム運動家〕、ブラウンシュヴァイク公爵夫人〔皇帝ヴィルヘルム二世の娘ヴィクトリア・ルイーゼ〕、ヴィニフレート・ヴァーグナー〔ジークフリート・ヴァーグナーの未亡人〕——を夕食に招き、

図18　アトリエ・トロースト作製。プリンツレゲンテン広場16番地のアパートの居間の、改装後の壁を描いた立面図。新しい暖炉（ヒトラーの机の向かいに位置する）と、ホワイエに続く両開きの扉が見える。1935年頃。

得意げに新居を披露している[17]。

こちらのほうが規模こそ小さかったものの、アパートでも首相官邸のケースと同様に、改装によってメインの居住空間が開放的になり、また配置の再構成を通して、部屋の機能の整理が行なわれた（図2、図15）。アパートにはいってまず右に曲がり、くさび形のホワイエを横切ると、元はメイド部屋と玄関用の個室トイレがあった場所にたどり着く。このトイレは取り払われて狭い部屋が拡張され、その後、ヒトラーの寝室からはいれる浴室につなげられた。エーファ・ブラウンがアパートに泊まる際には、この部屋が使われたのかもしれない[18]。ヒトラーの寝室の向かいにあたるアパートの南東端には、元は正方形の部屋があり、隣にはそれ以上に狭い部屋がひとつ配置されていた。このふた部屋のあいだの壁は取り払われて広いダイニングルームとなり、大理石のマントルピース（これはただの飾りで、なかには暖房用のラジエーターが置かれていた）と、一二人が座れるテーブルが置かれた。ダイニングルームからは、ふた組の張り出し窓がある、アパート内でもっとも広い部屋にはいれるようになっていた。ダイニングルームに近いほうの張り出し窓の内側は、ヒトラーが書き物をする場所となっており、その向かいにはソファが置かれたスペースと、新たに設置された暖炉があった（図18）。もう一方の張り出し窓のそばにはソファとテーブルが置かれ、その脇にあった壁は取り除かれて新たな図書室とつなげられていた（図19、口絵12）。このリビングは官邸にある接見の間よりも手狭だったが、それでもアトリエ・トローストは、ひとつのスペースがまた次のスペースへと流れ込んでいくような、広々とした印象の室内を作り上げた。ヘンリエッテ・フォン・シーラッハ［ヒトラーユーゲントの指導者バルドゥーア・フォン・シーラッハの妻］とトラウドゥル・ユンゲはそれぞれの回顧録に、アパート内のこの大きな部屋をヒトラーが気に入っていたことを記している。ヒトラーはシーラッハに、人にはのびのびと生活する空間が必要だと言ったという。もしこの言葉が、その同じ理由から大量虐殺を正当化した人間の口から出たものでなければ、しごく無害に聞こえたことだろう。[19]

改装後はこの区画全体がヒトラーの使用するスペースとなり、ホワイエから左に曲がってはいる西側の翼はサービスエリアとなった。西翼に位置する、広場に面した最後のふた部屋は、ヴィンター夫妻の住居として整備され、寝室、リビング、浴室が設けられた。夫妻の部屋から直結する形で廊下に設置された壁が、ヒトラーのスペースと彼らのそれとをわけていた。夫妻の部屋の向かいにあるキッチンは、アパート全体の食事を賄う場所で、以前よりも広くモダンに改装された。旧キッチンの食料貯蔵室脇にあったメイド部屋とトイレは取り払われた。衣裳収納スペース（キッチンの左）内に以前からあったメイド部屋は、わずかに拡張された。

アトリエ・トローストは、大半の家具と調度品のデザインも担当した。フォルムは伝統的かつシンプルで、装飾を最小限に抑えたものであった。アパートの内装に採り入れられた要素の多くは、後年、同じくガルとゲルディ・トローストが内装を手がけたケーニヒス広場のナチ党本部やドイツ芸術の家でもふたたび登場している。たとえば、図書室に近い方のヌーク［大きな部屋の隅に設けられる、椅子やテーブルを置いたくつろぐためのスペース］は、ヒトラーが来客を迎えるのに使用していた場所だが、ここに置かれた黒い大理石の丸天板が載ったコーヒーテー

図19　ハインリヒ・ホフマン撮影。ミュンヘンのアパートの居間で、図書室に近いほうの張り出し窓のそばに座るネヴィル・チェンバレン、ヒトラー、パウル・シュミット（ヒトラーの通訳官）。チェンバレンはミュンヘン協定に署名した翌日の1938年9月30日にここを訪れた。報道に使われたこの写真には、ヒトラーの本や芸術品のコレクションがこれ見よがしに配置されており、彼の自宅の様子が、戦争屋ではなく文化的な人間であるというイメージを伝えるためにどのように利用されたのかがよくわかる。

ブルは、ヒトラーの執務室がはいっていたケーニヒス広場の総統館《フューラーバウ》で使われていたものと非常によく似ている（図19）。ヒトラーのリビングルームの暖炉に見られる、異なる色の大理石を組み合わせて使う手法——マントルピースには砂色、前の床には赤を使用——は総《フュー》統館《ラーバウ》の、大階段があるアトリウムの内装でも用いられた。さらには何本もの溝が刻み込まれた炉棚の直線的なフォルム（リビングおよびダイニングルーム）もまた、総統館《フューラーバウ》のアトリウムおよびドイツ芸術の家にあるラジエーターカバーと共通している。アパートのリビングルームにあるラジエーターグリルの正方形の格子模様（図18）は、総統館《フューラーバウ》のアトリウムの手すりと屋外のバルコニーにも応用された。このバルコニーは、パウル・トローストが生前に設計図を残していたものだ。円柱に立方体を取り付けたような形状の特徴的なドアノブは、ケーニヒス広場のナチ党関連の建物や、ドイツ芸術の家にも見られる。図書室とリビングをつなぐ印象的な直方体の入り口には、濃い色合いの木枠がはめられていたが、これもケーニヒス広場の建物やドイツ芸術の家の戸枠の、印象的なデザインとよく似ている。こうしてアトリエ・トローストは、公的な建物にも私的な建物にも、また巨大なものにも家庭規模のものにも応用できる、使い勝手のよい装飾スタイルを確立していった。控えめな古典主義という統語法のなかで、彼らは特定のフォルム、色、素材という語彙を用いて、権力を表現する独特の視覚的言語を生み出した。公私どちらの場であろうとも、アトリエ・トローストのインテリアは、そこが総統の空間であることをひと目で認識できるものになっていた。

アパートに関連する数々の図面からはまた、細部へのこだわりが見て取れる。これは、同社がのちに手がける仕事にも見られる特徴だ。新しい家具だけでなく、コーニス〔モールディングの一種。壁と天井の境目に設置される細長い建材〕から羽目板、ドア、ドアノブ、ラジエーターカバー、照明器具、さらには浴室のタイルに至るまで、すべてに手の込んだデザインが施されていた。浴室とキッチンは、清潔さと合理性に重点が置かれており、これはヴァイマール時代のモダニズム建築の特徴でもあった。ケーニヒス広場の建物群やドイツ芸術の家と比べると、このアパートの内装デザインは、全体に統一感を持たせたものにはなっていない。その理由はおそらく、すでにある家具を組み入れることや、ヴィンター夫妻のスペースに本人たちの好みを取り入れること（インボイスに〝アンティーク〟の家具とあることから、彼らの部屋はより伝統的な内装だったものと思われる）、ひとつだけ手を付けられない部屋があったこと（おそらくはゲリ・ラウバルが使っていた部屋）などの事情があったためだ。[20] このように自宅に雑多なデザインが同居している状態は、ヒトラーにとってはあたり前のことだったようだ――彼の住居は、三カ所ともすべて改装や増築が行なわれた、過去にもとづく新しさを表現したものであった。ヒトラーが一から作らせた政府の建物でさえ、過去は、そこに用いられた古典的なフォルムのなかに存在していた。これに対し、ヒトラーが生活する住宅においては、過去は古い建物に実際に残る物理的な痕跡のなかに存在し、手で触れることもできた。こうしたアプローチの方法に対して実際的あるいは象徴的な理由を挙げることは可能だが、ここで特筆すべきは、ヒトラーはその生涯において、一度も自分の家を新しく作らせたことはなく、常に過去を更新・改良すること――同時に過去に愛着を持ち続けること――を選び続けたということだ。新しい家の建築計画は幾度か持ち上がったが、それが現実になることはなかった。[21]

アトリエ・トローストによる仕事のもうひとつの大きな特徴は、使用される素材の質の高さであり、その代表例が良質なドイツの石材と木材、そして大量のイタリア製の絹だ。彼らはしかし、それらをこれ見よがしに使っていたわけではない。ヒトラーと同様、シュペーアはゲルディ・トローストのデザインの才能を高く評価しており、ヒトラーの「公式な嗜好」を決める作業は、ほぼ彼女が担当したと述べている。自身の回顧録のなかでシュペーアは、ゲルディが総統館《フューラーバウ》のために選んだ素材と色についてこう書いている。「繊細で抑制が効いており、正直に言えば、派手好みの傾向があるヒトラーにはおとなしすぎた。しかしヒトラーはこれを気に入った。調和のとれたブルジョワ的な雰囲気は、当時の富裕層のあいだで流行していたもので、それが部屋を控えめかつ豪華に見せ、ヒトラーがそこに魅力を感じていたことは間違いない[22]」。こうしたデザインのクオリティは、アパートの改装にも共通する特徴だったが、控えめなトーンはときとして誤解を生む原因にもなった。ドイツ寄りの新聞『デイリー・メール』紙（当時イギリスで四五〇～六〇〇万の読者を抱えていた）の特派員ジョージ・ウォード・プライスは、総統の慎み深さを讃えるこんな文章を書いている。「ヒトラーがこの飾り気のないアパートに暮らし続けているという事実からは、質素を好む彼の嗜好が、高い地位を得たいまも変わっていないことがわかる。ここは年収一五〇〇ポンドのビジネスマンが住むような部屋だ[23]」。実際には、中間所得層のビジネスマンのなかには、このつつましくも洗練された部屋の費用を賄える者はひとりもいなかっただろう。たとえば、ゲルディ・トローストがヒトラーのために入手した博物館級のペルシア絨毯がある。この商品については、ディーラーがゲルディに送った購入を勧める手紙のなかで、事細かに説明されている。サイズが一二フィート×二六フィート以上（約三・七メートル×八メートル）というこの絨毯は、「パラダイス・カーペット」の名で知られる一六世紀王家の絨毯を元にペルシアで製作された複製品であった。織り手は自然のフォルムを取り入れて、シカ、ヒョウ、ライオン、雄牛のほか、想像上の動物を、イトスギ、ザクロ、花咲くリンゴの樹が茂る景色のなかに描き出していた。ディーラーはまた、絨毯に織り込まれた約一五四〇万個というノットの数は、ひとりの織り手が一四年間毎日作業をして完成するものだと書いている。一万五〇〇〇ライヒスマルクという価格は、平均的なビジネスマンの給与の何倍にも相当した(24)。

元英国上級公務員で内閣書記官代理のトーマス・ジョーンズは、一九三六年五月一七日にヒトラーを訪問し、イギリスの上流階級に馴染みがあり、高級な品にも詳しい人間の目から彼のアパートを観察している。ジョーンズの目的は、ヒトラーが当時の英首相スタンリー・ボールドウィンに対して提案していた訪独について話し合うことであった。ジョーンズの日記にはこうある。「(わたしが)通されたのは広々とした居間で、一方の端には小《アル》部屋《コーブ》があり、本がずらりと並んでいた。その大半は挿絵入りの大きな四つ折り判だった。家具はどっしりとしたヴィクトリア朝。ヴァーグナーの小さなポートレートと、レンバッハが描いたビスマルクの半身像があった。そのほか、フォイエルバッハ、クラナハ、シュヴィント、ツューゲル、ブリューゲルの作品も見られた。モダンなものは皆無。まるでいまが一八八〇年で、われわれはグラスゴーのパークテラスにある船主の応接室にでもいるかのようだった」。ジョーンズにとって、この部屋の様子は親しみと安定を連想させるものであり、危険な急進主義者とはまるで結び付かなかった。そしてまさにそうした印象こそ、ヒトラーとナチ党広報が広めたいと思っているメッセージであった。ミュンヘンへ向かう前日、ジョーンズはほどなく駐英独大使に任命されるヨアヒム・フォン・リッベントロップと面会し、彼から「わたしは保守のなかの保守だ」というヒトラーの言葉を聞かされていた(25)。ジョーンズが、現地に行く前からヒトラーに対して好意的な印象を植え付けられていたのは間違いない。歴史家のゴードン・アレキサンダー・クレイグはジョーンズについて、「のちに宥和主義者《アピーザー》と呼ばれた人たちのなかで、もっとも熱心かつもっともうぶな人物」と形容している。ヒトラーを訪問したことにより、ジョーンズは彼が尊敬すべき人物であるという思いをさらに強くし、クレイグによると、「ヒトラーの招待を受けるようボールドウィンを説得しようと決意してイギリスへ戻った」という(26)。

ジョーンズは、ヒトラーとの会合がベルリンではなくミュンヘンで行なわれた理由について、先方がお抱え運転手の葬儀のためにミュンヘンに戻っていたからだと説明していたが、ヒトラーがジョーンズやウォード・プライスを自宅に招いたのは決して偶然のできごとではない。ヒトラーを訪ねたふたりの人物による解釈はそれぞれ異なっていたものの――ウォード・プライスはジョーンズに比べて、ヒトラーのアパートを質素であるだけでなく、かなりモダンだと感じていた――、両者とも圧倒的に好ましい印象を抱いて帰途についている。ヒトラーはあきらかに外国――とりわけイギリス――のオーディエンスに、自らの姿を家庭的な文脈のなかで見せることを望んでいた。そうした演出を通じて、いっそ退屈なほどにまっとうな印象を相手に与えることで、ヒトラーがかつて自らの私生活と結び付けて語られた道徳的堕落に関するどぎつい噂話の記憶を消し去ることを狙っていたのは間違いない。事実、終戦間際にここへやってきたリー・ミラーをひどく苛つかせたのは、このアパートの凡庸さそのものであった。

ヒトラーにとって、イギリスの外交官やジャーナリストに対して、自分が彼らと同じ価値観を持っていると印象付けることは、一九三〇年代なかばにおいては非常に重要であった。なぜならドイツの急速な再軍備は、イギリスの国益を脅かすものだったからだ。ヒトラーには自国の軍国化を止めるつもりはなかったが、同時に彼は、巧みな外交手段を用いれば、負ける公算が高いイギリスとの軍拡競争を避けられること、そうすることによってより広範な目標の達成に近づけることをよく理解していた。ふたたび戦争が始まることを恐れていた多くのイギリス人は、交渉による協定が軍縮を進め、欧州の平和を保ってくれると強く信じたがっていた。一九三五年六月に結ばれた英独海軍協定は、ヒトラーにとっての大きな勝利であり、これによってドイツはヴェルサイユ条約が課した海軍軍備制限から正式に解放され、またイギリスと組んでフランスやロシアと対峙するという独裁者の野望に向けたステージが調えられた。自分は信頼できる人間であるとヒトラー自らが口にした言葉を信じて、イギリス政府は交渉を続ける道を選んだ。一九三五年五月二一日、ヒトラーが議会で重大な「平和演説」を行ない、自分は交渉を重視すること、英海軍の優位を認めていること、どんな交渉においても自分が言った言葉を守ることを表明すると、イギリスでは「一斉に安堵の言葉が聞かれた」[27]。改装が済んできれいになったミュンヘンの自宅をイギリス人のオーディエンスに公開すれば、家具や家財道具は、相手を安心させる言葉と同じように自らを表現する手段となり、来訪者の心のなかに、その人が見たいと切望するアパートの住人のイメージを巧みに作り上げてくれることを、ヒトラーはよくわかっていた。

保守的な中流層から上流階級までを読者として持つ英『デイリー・テレグラフ』紙は、ヒトラーの平和演説の数週間前に、まさにヒトラーの狙い通りのイメージを紙面に描いてみせた。一九三五年四月二五日、同紙はプリンツレゲンテン広場のアパートの改装に関する記事を掲載し、改装の監督は総統が行ない、「すべての家具や装飾の導入は、ヒトラー氏自らが手がけたデザインに沿って進められている」と書いている。この記事の情報源は、おそらくはナチ党の広報であり、ヒトラーがデザインを請け負ったという誤った情報は故意に発信されたものだろう。記事はさらに、こんなことも伝えている。「総統は一八世紀ドイツの芸術の愛好者」で、つい最近も「アメリカのディーラーから一八世紀ドイツの画家の絵を六枚」購入したばかりだ。記事はヒトラーの音楽への傾倒にも言及し、彼の「アパートの装飾には、ドイツでは英雄を表す色である青、金、白が使われている。こうした配色はヴァーグナーのオペラで有名になったもので、家具もすべて同じスタイルで統一されている」と記している（この記事は『ニューヨーク・タイムズ』紙にも、「ヒトラーの趣味に垣間見えるヴァーグナー・ファンとしてのこだわり」という見出しで掲載された）。つまりヒトラーは家庭空間を一新することを通じて、ひとかどの芸術家・創作家として紹介されるようになったわけだ。記事は、ヒトラーが裕福であることをほのめかしつつも、同時に彼が芸術と文化に大いに情熱を傾け、枕の色でさえもその理想主義を表しているような人物であるとの印象を読者に伝えていた。この記事にはばかげた間違いがあると指摘することはできるだろう——たとえば『テレグラフ』紙の記事の見出しには「バロック」とあり、これはヒトラーの好みのスタイル（であると記事が主張するもの）を指しているとも取れるし、あるいはアパートの手の込んだ装飾のことをそう呼んでいるようにも見える。それでも、この部屋の住人が、内装が示す通りの文化的に洗練された人間であるというイメージは変わらない。(28)

住居と人間性は深く関連しているというこうした印象を強く後押ししたのが、アパートの立地であった。プリンツレゲンテンは荘厳な雰囲気の漂う大きな広場で、ミュンヘンに四本ある王国時代の大通りの一本であるプリンツレゲンテン通りの終点（のように見える場所）に位置している。一八九一年に開始されたこの通りの建造においては、絵画的な美しさに重点が置かれ、その配慮は道端から後退させて建てられた建造物や、カーブ、緑地などに見て取れる。起点は旧バイエルン首相官邸のプリンツ・カール宮殿で、そこから道は東へ街を斜めに横切って、一・六キロ以上先のプリンツレゲンテン広場に到達する（広場の先で道は南へカーブして狭くなり、さらに一・二キロ続く）。王国の道と呼ばれてはいても、この一帯は一九世紀末のブルジョワジーが手にしていた政治力・経済力と深い関連を持っていた――そうした人々こそ、一九二九年にこのアパートを手に入れた際、ヒトラーが自らの主張に賛同してもらうために必要としていたオーディエンスであった(29)。

プリンツレゲンテン広場一六番地から一八〇メートルほど西には、プリンツレゲンテン劇場が立っていた。この劇場は一九〇一年にヴァーグナーのオペラを上演する祝祭劇場としてオープンしたもので、作曲者自身の着想にもとづいて設計されている。こけら落とし公演『ニュルンベルクのマイスタージンガー』の二〇マルクという入場料は、労働者が一週間で稼ぐ平均的な賃金と同程度であった。ヒトラーがミュンヘンではじめてヴァーグナーのオペラを見たのはこの劇場であり、彼は年に一度のヴァーグナー音楽祭に毎回通い、入り口の上に掲げられた「ドイツの芸術へ」という言葉への共感を深めていった。一九三二年には、悲惨な経済状況から劇場は閉鎖となり、演者も職員も解雇された。ヒトラーが政権を掌握してから数カ月後、劇場はヴァーグナーの『パルジファル』の公演で再度幕を上げ、そして失敗に終わったビアホール一揆から一〇年目にあたる一九三三年一一月九日には、劇場の新しい芸術監督が、劇作家フリードリヒ・フォルスター＝ブルクグラーフが手がけたナチ演劇『全員対ひとり、ひとりは全員のために』によって新たな政治時代の幕開けを祝った。その翌年、劇場はナチ党組織「歓喜力行団《かんきりっこうだん》」の所属となり、「ドイツの労働者のための文化の中心地」として活用された。オペラの上演は、「民衆劇場」と名を変えたこの場所で引き続き行なわれたが、演目には徐々にプロパガンダ的な作品が増えていき、その芸術的価値に関しては、ナチ党の広報誌に寄稿している批評家さえ疑問を呈するほどであった。チケットの価格は現在の九〇セントほどと安かったが、劇場の座席は常に半分しか埋まらなかった。[30]
ヴァーグナーやドイツ芸術とのつながりは、劇場以外にも、ヒトラーの住居周辺にふんだんに存在した。彫刻家ハインリヒ・ヴァデレーが手がけ、一九一三年に建立されたヴァーグナーの姿を象った巨大な石碑は、劇場の右側のささやかな木立のなかに鎮座している。石碑に使われた大理石の塊は、採石場から地元駅まで運ぶのに馬三〇頭が必要だったという代物で、ヒトラーが持っていた山荘の向かいに位置する、ベルヒテスガーデンのウンタースベルク山から切り出されたものであった。[31] プリンツレゲンテン通りをさらに西へ行くと、じきに象徴派の芸術家フランツ・フォン・シュトゥックが暮らしたヴィラ・シュトゥックにたどり着く。ヒトラーは彼の作品を高く評価し、収集していた。ヒトラーのミュンヘンのアパートにはシュトゥックの絵が数枚掛けられており、そのなかにはエロティックな女性ヌードを描いた《罪》シリーズの作品もあった（同シリーズの別バージョンは現在、ヴィラ・シュトゥックに展示されている）。[32] 一九三六年五月には、シュトゥックが一九一三年にデザインした、馬の背に乗るアマゾーンを象った巨大なブロンズ像がヴィラの前に飾られ、同年の夏、この建物は美術館として一般に公開された。[33] ヴィラ・シュトゥックという建物は、彼のアトリエや自宅が一九世紀末、広く開かれた社会的・知的議論の場として賑わっていたことを示す好例で、そうした交流はとくにミュンヘンとウィーンで盛んに行なわれていた。これらふたつの都市で野心に燃える芸術家として青年時代を過ごしたヒトラーは、自分も同様のサロンを主宰することを夢見ていたに違いない。ヒトラーが崇拝していた芸術家――ハンス・マカルト、フランツ・フォン・レンバッハ、アルノルト・ベックリン、フランツ・フォン・シュトゥック、リヒャルト・ヴァーグナー――の多くは、現役当時、独創的なサロンの主宰者として名を馳せており、そのなかでも彼がとりわけ深い敬意の念を抱いていたのは、貧困から這い上がって同世代を代表する画家となり、欧州全土に知られるアトリエを持つようになったウィーンの画家、マカルトであった。こうしたサロンの芸術的な内装は、ときとして建築の世界で大きな影響力を発揮した。たとえばマカルトのアトリエの豪華かつ自由奔放なボヘミアン・スタイルの内装は大いに評判を呼び、一九世紀末のブルジョワ層の家庭で、芸術家らしいくだけた雰囲気と無秩序が醸し出すロマ

ンティックな味わいを取り入れた内装が流行するきっかけを作った。(34)

ヴィラ・シュトゥックを出て、プリンツレゲンテン通りを西へ一キロ弱進むと、シャック・ギャラリーの堂々たる新古典主義のファサードが現れる（設計はプリンツレゲンテン劇場を手がけたマックス・リットマン）。ここには、外交官アドルフ・フリードリヒ・フォン・シャック〔一八一五〜一八九四年〕が収集した絵画コレクションが収蔵されている。一九世紀のドイツ人画家の作品だけを集めたこのコレクションは、第一次大戦前のミュンヘンにおいてヒトラーが足繁く通う場所のひとつとなり、彼の芸術の好みと後年の美術品収集に大いに影響を与えた。一九三九年には、シャック・ギャラリーのなかに「総統美術館」を設けて、自らのコレクションを展示するという構想を検討したこともあったほどだ。(35) シャック・ギャラリーから一八〇メートルほど歩いた位置にそびえるのは、壮大なスケールのバイエルン国立博物館で、その内部には中世から二〇世紀初頭までのドイツ南部の芸術品が年代順にたっぷりと展示されている。建物のサイズは大きいものの、建築家のガブリエル・ザイドゥルは、前の通りが圧迫されて小さく見えることのないように、その量感に工夫を凝らしている。一九二九年には、博物館の向かいにあたる通りの南側に、「新コレクション」を収蔵する新たな建物を作る計画が持ち上がったこともあった。これはバイエルン国立博物館の別館として、バウハウスやドイツ工作連盟〔産業製品の品質向上を目指し、一九〇七年に設立された団体。三三年にナチスによって解散させられた〕といったモダンデザインに焦点をあてたものになる予定であった。(36) ヒトラーはイデオロギー的な理由から、こうした博物館が提示するモダニストの美的価値観を断固として認めなかったが、その一方でナチ体制は、工業製品のデザインや生産の分野において、常にさまざまな目標を追求し続けた。(37)

最後に到達するプリンツレゲンテン通りの起点に、ヒトラーは自ら、ドイツ芸術の家を建てた。パウル・トロースト に設計が依頼されたのは一九三三年で、一九三七年にゲルディ・トローストとレオンハルト・ガルが完成させた（図20）。この大規模な美術館は、予定ではガルが一九三九年に設計した「ドイツ建築の家」と対をなす形になるはずだったが、もしこれが実現されていれば、その建物は通りの真向かいに立っていたことだろう。(38) ドイ

図20　ハインリヒ・ホフマン撮影。パウル・トローストが設計し、ゲルディ・トローストとレオンハルト・ガルが完成させたミュンヘンのドイツ芸術の家。1937年7月、ドイツ芸術の日に撮影したもの。この写真は、ハインリヒ・ホフマンとアルベルト・ブルクハルト・ミュラーが作った立体視ができる仕掛けの写真集『ドイツ芸術の日』（ディーセン・アム・アマーゼー、Raumbild社、1937年）に掲載された。元のキャプションは「石の前、鋼鉄の前」。

ツ芸術の家のそばに立つプリンツ・カール宮殿が、プリンツレゲンテン通りの突き当たりとなる。プリンツ・カール宮殿は一八〇三年にカール・フォン・フィッシャーが設計した新古典主義の邸宅で、一九三七年に外国の要人を迎えるゲストハウスとして改装され、その最初の客人となったのはムッソリーニであった。

　こうして見てくるとよくわかる通り、一九二九年にようやくボヘミアン的なイメージを捨てて国家のリーダーにふさわしい安定した家庭生活へとシフトするにあたってヒトラーが選んだのは、自らが抱く、より大きな政治的ビジョンを象徴するものに溢れた界隈だったわけだ。プリンツレゲンテン広場の自宅およびプリンツレゲンテン通り沿いの建築プロジェクトを通じて、ヒトラーはドイツの芸術と文化という軸にぴたりと寄り添いながら自己を作り上げ、自らの立ち位置を定めていった。軸の一方の端には、新ドイツの芸術家および政治家たる総統が暮らし、もう一方の端には、ヒトラーにとってもっとも偉大な神殿たるドイツ芸術の家が立っていた。この軸の傍らには、芸術、音楽、建築に根ざしたライトモチーフ〔繰り返し使われる主題〕がいくつも見つかる。ヒトラーはそれらを折に触れて活用しながら、自らが思い描くアーリア人の超大国という神話的ビジョンを作り上げていった。

　ヒトラーのこうした理想の根底には、凶暴性が暗示的かつ明確に存在し、それは第三帝国時代を通じたプリンツレゲンテン通りの変容に見ることができる。ヒトラーはこの通りでもっとも有名なモニュメントである「平和の天使」には手を付けなかった。この像は一八九九年、プリンツレゲンテン通りがイザール川にぶつかる場所に架けられたルイトポルト橋の東端に建立されたものだ。ベルリンにもこれとよく似た天使のモニュメントがあるが、そちらが一八七一年のドイツ統一へとつながる一連の戦争を記念したものであったのに対し、ミュンヘンの天使像は、その戦争が終わったあとに長く続いた平和を記念するものであった。[39] いくら矛盾しているように見えようとも、ヒトラーにとっては、こうした平和のシンボルでさえ自らの神話に織り込むことができる道具であった。一九三九年のポーランド侵略からずいぶんたってからも、ヒトラーは、自分はできる限り争いたくないというのに、攻撃的な敵に挑発されて行動に出ざるをえないのだと主張し続けていた。第三帝国時代、「平和の天使」

の目の前で、プリンツレゲンテン通りは軍国主義に染まっていった。一九三七〜三八年、ヘルマン・ゲーリングの命により、バイエルン国立博物館の向かい（かつて「新コレクション」の建築が予定されていた土地）に横幅約二三〇メートルのいかめしい第七航空管区司令部が建設された。設計を担当したのは、ナチ党支持者で保守派の建築家ゲルマン・ベシュテルマイヤーであった。彼は窓上の切妻に鉄兜をあしらい、門と鉄格子を鉤十字で飾ったが、これらはすべて現在も見ることができる。(40) 航空管区司令部とドイツ芸術の家のせいで、最初にこの街路を設計した人々が苦心を重ねて消し去った重苦しい圧迫感が醸し出され、また街の北から南へと流れるようにつながっていた緑地は断絶された。一九四二〜四四年にかけて、ナチ体制はプリンツレゲンテン通りと交差するヴィルヘルム・テル通りとブルックナー通りのあいだの区画に、高射砲塔を組み込んだモデル団地を建設した。そこはプリンツレゲンテン広場のすぐ東側にあたり、ヒトラーのアパートからは一四〇メートルほど離れた場所であった。あるモデル団地の場合、部屋はどれも広々として居心地がよく、個別に中央地下壕に続くドアが設けられていた。(41) ナチスの世界観においては、快適なわが家は作り付けの防空壕とセットだったわけだ。

一九三九年末、ヒトラーはプリンツレゲンテン通り一六番地のアパートの裏庭に、五トン近い鋼鉄を使って自分用の地下壕を作らせた。(42) この地下壕はいまもオークの羽目板の内装もそのままに残されている。その一年前の一九三八年一二月二七日、ヒトラーは一四万ライヒスマルクでアパートの建物をまるごと購入し、長い賃借人生活に終止符を打っている。(43) とはいえ、ほかの賃借人たちはその後も変わらずアパートに住み続けた。ウォード・プライスが書いている通り、ほかの住人についてはゲシュタポが入念な身元調査を行なっていたのだとしても、オーバーザルツベルクでの厳しいセキュリティを考えると、このアパートに住人がいたこと自体に驚かされる。ウォード・プライスは政権を批判しないよう気を遣いながら、住人たちにはヒトラーの警備対策の恩恵にあやかれるという「利点」がある一方で、彼らの行動の自由などがどの程度制限を受けているのかについて考えずにはいられないと述べている。建物の外にはふたりの親衛隊員が警備に付き、また別の親衛隊員が通りからはいるドアを管理し、アパートの一階には二四時間、刑事が張り付いていた。(44) ヒトラーが、アパートのなかにいるときは十分に身の安全が保証され、リラックスできると感じていたことはあきらかで、彼はここに政府の要人や外国の首脳まで招待している。なかでも有名なのは、一九三七年の伊首相ムッソリーニ、その翌年の英首相チェンバレンによる訪問だ。[45]

チェンバレン訪問の際、ヒトラーはアパートの撮影と写真の出版を許可しているが、そうした機会が設けられたのは、第三帝国時代を通じてこの一度だけであった（図19）。図版の写真は、一九三八年九月三〇日の午前中、チェンバレンがドイツ首相との個別会談を求めてやってきた折に、ハインリヒ・ホフマンが撮影したものだ。前日の昼から夜にかけて、ヒトラー、チェンバレン、ムッソリーニ、仏首相エドゥアール・ダラディエは会談を持ち、最終的にチェコスロヴァキアの分割を認めるミュンヘン協定に署名をした。翌朝、チェンバレンはヒトラーのアパートを訪問し、ミュンヘン協定と一九三五年に結ばれた英独海軍協定は、「互いに二度と戦争を始めないという、われら二国の国民の願いの象徴」であると書かれた短い共同声明に署名をするよう求めた。チェンバレンは、もしヒトラーがこの声明に同意したあとで約束を破ったなら、彼の正体が世界中に暴露されるだろうと考えていた。ヒトラーは不機嫌で、書面に署名はしたものの、その内容にはほとんど興味を示さなかった。チェンバレンは大いに喜び、自分がヒトラーを難しい状況に追い詰めたと確信していた。[46]

写真のなかのチェンバレン、ヒトラー、ヒトラーの通訳官パウル・シュミットは、居間の図書室脇のアルコーブに置かれた椅子に腰掛けている。中央に陣取るヒトラーの周囲には、彼の教養を示す品々が配置されている。左手にはいかにも立派な書籍が並び、手前にはリヒャルト・ヴァーグナーのデスマスクらしき品や、若い男性の胸像（ルネサンスの彫刻家ルカ・デッラ・ロッビアの作品か）などの美術品、そして背後には、ヒトラーが愛した一九世紀ミュンヘンの画家エドゥアルト・フォン・グリュッツナーの絵が見える。[47] 入念に構成されたこの写真は、ヒトラーを文化的素養のある人物——より具体的には、古典に傾倒しているドイツ人かつバイエルン人として描き出した。会談のなかでチェンバレンが、もしチェコスロヴァキアが拒否した場合でも「プラハを爆撃したり、空爆で女性や子どもを殺したりはしないか」と尋ねると、ヒトラーは「ガス弾で小さな赤ん坊が殺されるなど、考えただけでもゾッとする」と答えた[48]。周到な吟味の末にヒトラーの周囲に配置された品々は、彼のそうした感情を裏打ちしているかのように見え、記事の読み手に、この言葉はヨーロッパ最高の文化的価値観にどっぷりと浸り切った男の口から出たものだという印象を与えた。

一九三五年の改装後も、アトリエ・トローストはアパートに手を入れ続け、必要な品を購入していった。一九四二年五月一九日には、金縁のシャンパン・フルート六脚をプリンツレゲンテン広場一六番地に「至急」届けるようにとのオーダーが出されている[49]。ヒトラーはこのとき、いったいなんのために祝杯を上げるつもりだったのだろうか。そのきっかけを作ったのはおそらく、ドイツ軍の将軍たちからの報告だ。「グラスゴーの船主」としての仮面を捨て去り、戦士の王となったヒトラーは、すでに自らの軍隊を欧州のほぼ全域へと押し進めていた。当時進行中だった第二次ハリコフ攻防戦において、ドイツ国防軍はいまにもソ連軍を撃破せんとしていた。五月一六日、ケルチ半島の戦いで、ドイツ国防軍最高司令部はケルチの町を占領したと発表した。それから数日の内にクリミア戦線は崩壊し、一七万人のソ連軍捕虜のほか、大量の戦車や銃がドイツ軍の手に渡った[50]。

ヒトラーはあるいは、こうした自軍の勝利に祝杯を上げようとしていたのかもしれない。しかしそれから一年後には、シャンパン・フルートは戸棚のなかで埃をかぶっていたことだろう。一九四三年の春から夏にかけて、ゲルディ・トローストは新たな家具、カーテン、絨毯をひと揃い購入したり、追加の改装をしたりして、二万四〇〇〇ライヒスマルクを超える経費を使っている。このときの改装は、スターリングラードのドイツ軍が降伏した直後に開始され、その後、北アフリカで枢軸国軍が敗走し、シチリア島に連合国軍が上陸するころまで継続された[51]。新たなインテリアに関心を向けるというのは、たんに戦場での手ひどい敗北から気を逸らすための必死の方策だったのかもしれないが、ヒトラーが常に政治とデザインとを結び付けていたことを考えると、そこになにかしら重大な意味があったというのもありえない話ではない。一九四三年、ドイツ軍が劣勢に陥るなか、ヒトラーの参謀たちは彼に、ヨシフ・スターリンかウィンストン・チャーチルと交渉して戦線をひとつ減らすべきだと迫った[52]。一九四三年二月にはゲッベルスが「総力戦演説」を行ない、ヒトラー本人は敵軍との交渉を頑なに拒否しているという状況のなか、彼が自宅を改めて磨き上げようとしていたという事実——連合国軍の爆弾がミュンヘンに降り注ぎはじめているときに部屋の改装をするという考えは、大半の市民の目には狂気と映ったことだろう——からは、彼が実際には、新たな外交交渉の準備を進めていたという可能性が浮上する。少なくともヒトラーは、いい印象を与えたい相手が訪ねてくることを予想していたように思える。

第4章　ヴァッヘンフェルト・ハウスからベルクホーフへ——帝国を代表する家庭

一九二八年一〇月にある急進派政治グループの代表が借り受けた、そのアルプスの山荘《シャレー》は、それから四年がたつころにはかなり手狭になっていた。いまやそこの住人が、ドイツ最大の政党のリーダーとなっていたからだ。ヒトラーが政界で出世を続け、彼と連れ立って移動する人間の数が増えたことで、山荘のキャパシティは限界を迎えていた。一九三二年秋、ヒトラーはその後幾度か繰り返されることになる改築の、最初の工事を発注した。そうした改築を重ねるうちに、この山荘は徐々に要塞へと変貌していく。

一九一六～一七年に建てられたこの小屋は、元はシンプルな二階建ての建物であった。一階には木造のポーチを通ってはいれるようになっている居間、食料貯蔵室付きのキッチン、メイド部屋、トイレがあり、二階には表側に大きな寝室がふたつ、裏側に小さな寝室がふたつとフルバスルーム〔トイレ、洗面台、シャワー、浴槽が揃った浴室〕があった。一九三三年春には、前年の九月に完成した図面をもとに、山荘のすぐ下の傾斜地にガレージが建てられ、その上面はテラスとなった。テラスの上に突き出す形で温室が作られたことで、元のポーチは取り払われた。温室の上面は、二階の表側にあるふたつの寝室から出られる以前よりも広いバルコニーになった。スタッフや警備員が使用する細長い別棟が、山荘の右手に作られた。加えて、小屋に通じる私道《ドライブウェイ》は場所が移され、幅も広くなった[1]（図21）。ナチ党の報道局長オットー・ディートリヒによると、小屋の設計を担当したのはヒトラー

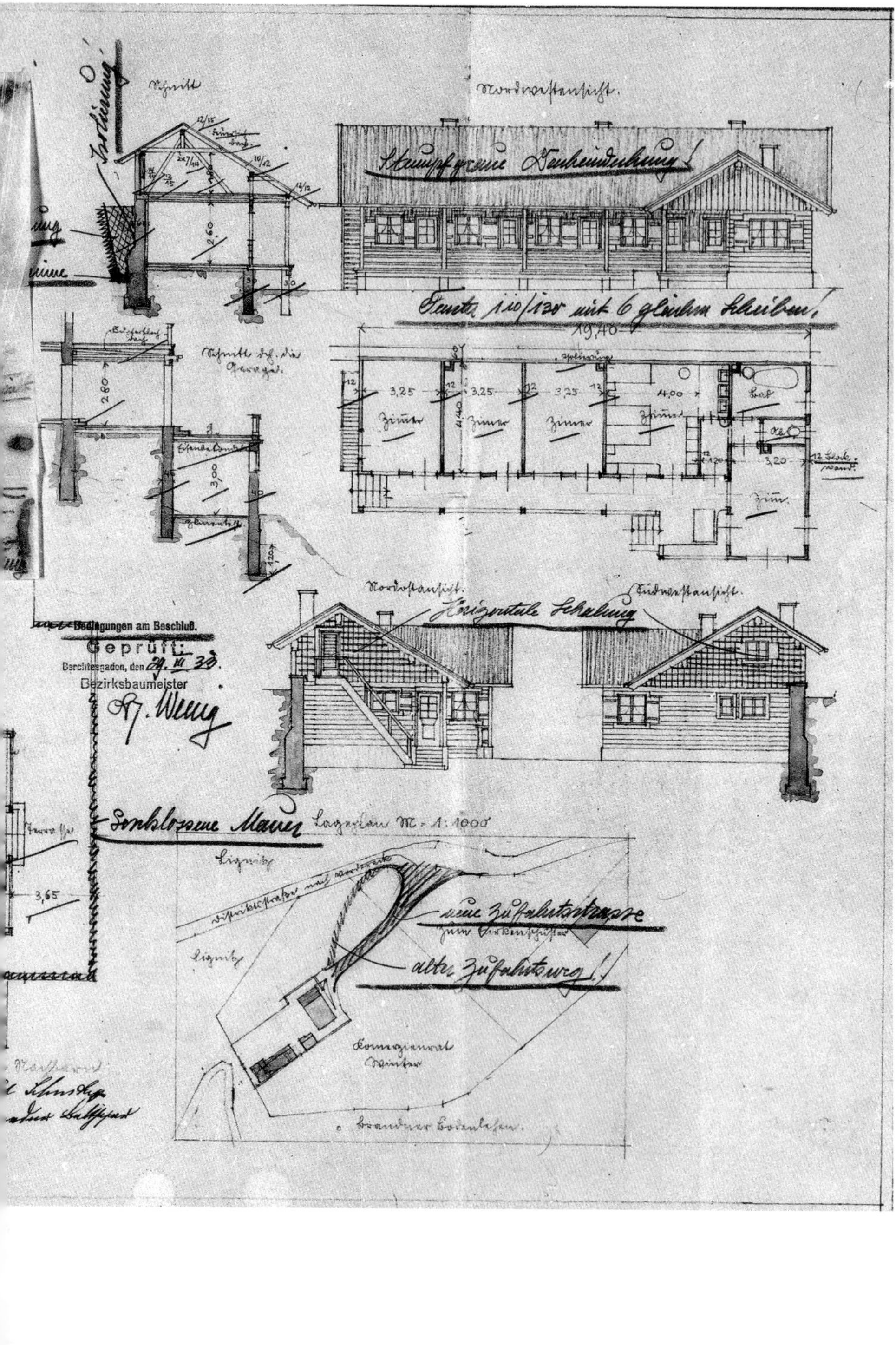

Nordwestansicht
Stumpfgrüne Dacheindeckung!
Fenster 110/130 mit 6 gleichen Scheiben!
19,40
3,25
4,00
3,20
2,60
2,80
3,00
3,65
Bad
Nordostansicht
Horizontale Schalung
Südwestansicht
Bedingungen am Beschluß.
Geprüft:
Berchtesgaden, den 29. III 33.
Bezirksbaumeister
Geschlossene Mauer
Lageplan M = 1:1000
neue Zufahrtsstraße
alter Zufahrtsweg!

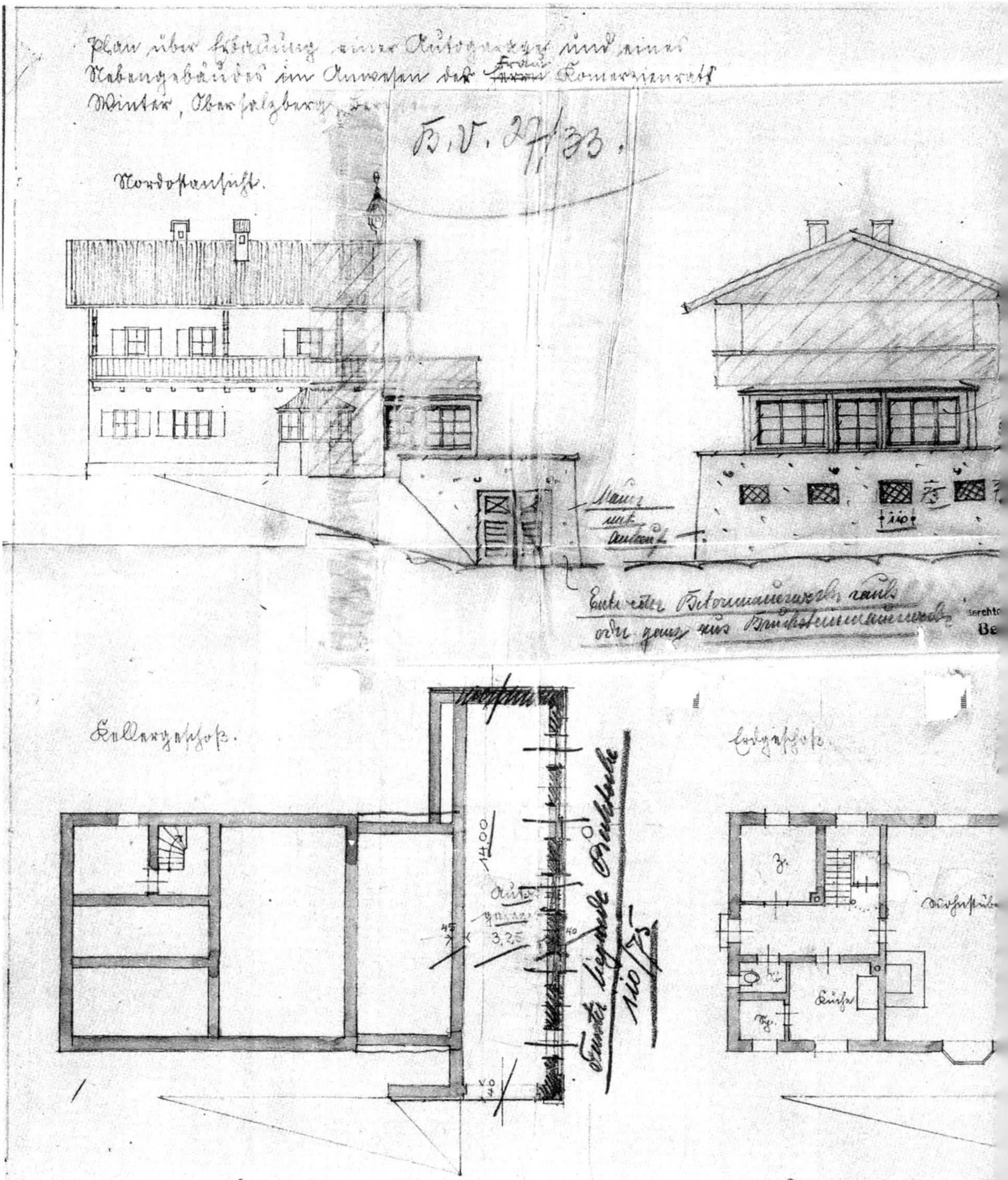

図 21　ヨーゼフ・ノイマイヤーが書いた、オーバーザルツベルクに立つヴァッヘンフェルト・ハウスの増築図面。図面の日付は 1932 年 9 月 8 日で、1933 年 3 月 29 日に地元の建築当局から認可を受けている。所有者であるアンゲラ・ラウバルとマルガレーテ・ヴィンターの署名がある。右下に、私道［ドライブウェイ］の変更が指示されている。

だということだったが、図面には、ナチ党の初期メンバーであり、ヒトラーとも旧知の仲だったミュンヘンの建築家ヨーゼフ・ノイマイヤーの署名がある。[2]

一九二八年にヴァッヘンフェルト・ハウスを借上げた時点で、ヒトラーは所有者のマルガレーテ・ヴィンターから優先買取権を確保していた。初老の未亡人で、当時はブクステフーデに住んでいたヴィンターは、山荘を売ることに乗り気ではなかったが、ヒトラーが自ら彼女のもとに出向いて説き伏せた。一九三二年九月一七日、ヴィンターは四万金マルク（およそ一七万五〇〇〇ライヒスマルク）という価格で売却同意書に署名し、そして首相就任から約五カ月後となる一九三三年六月二六日、ヒトラーは山荘をその中身ごと購入した。ヴィンターは、売却価格を金価値のほか、米ドルやその他の欧州通貨に対して保証するよう要求していた。これは大恐慌後にドイツを襲った不況の煽りを受けないようにするための措置であったが、ヒトラーはじきにその不況をきっかけとして、一気に政権の座に就くことになった。[3]

図22　ヴァッヘンフェルト・ハウス増築にあたり、アロイス・デガノが書いた北西側ファサードの立面図。図面の日付は1935年11月16日で、1936年1月22日に地元建築当局から認可を受けている。

一九三三年の増築が済んだあとも、増え続ける訪問者のせいで、ヴァッヘンフェルト・ハウスの部屋と設備の不足が解消されることはなかった。『ニューヨーク・タイムズ・マガジン』誌に掲載されたある記事には、当時の状況を振り返ったこんな記述がある。「訪問客が宿泊する際には、それがナチ党副総統のルドルフ・ヘスのような要人であっても、屋外かガレージ上のテントで眠らなければならなかった」(4)。ヒトラーの従者ハインツ・リンゲは自身の回顧録に、温室では「食事が供されたが、あまりに混雑しているせいで、食べ終わった客は食器を重ねて、狭い場所で働く当番兵の手助けをしなければならなかった」と記している(5)。

一九三三年一月三〇日のヒトラーの首相任命以降、アンゲラ・ラウバルは、この家に新たに課されることになった数々の要求に応えようと奮闘を重ねた。その年の春と夏に発行されたインボイスをまとめた分厚いファイルを見れば、アンゲラが新しい皿、ガラス食器、調理・給仕用具、耐熱皿、ランプ、装飾品などを買い入れて、家財道具の拡

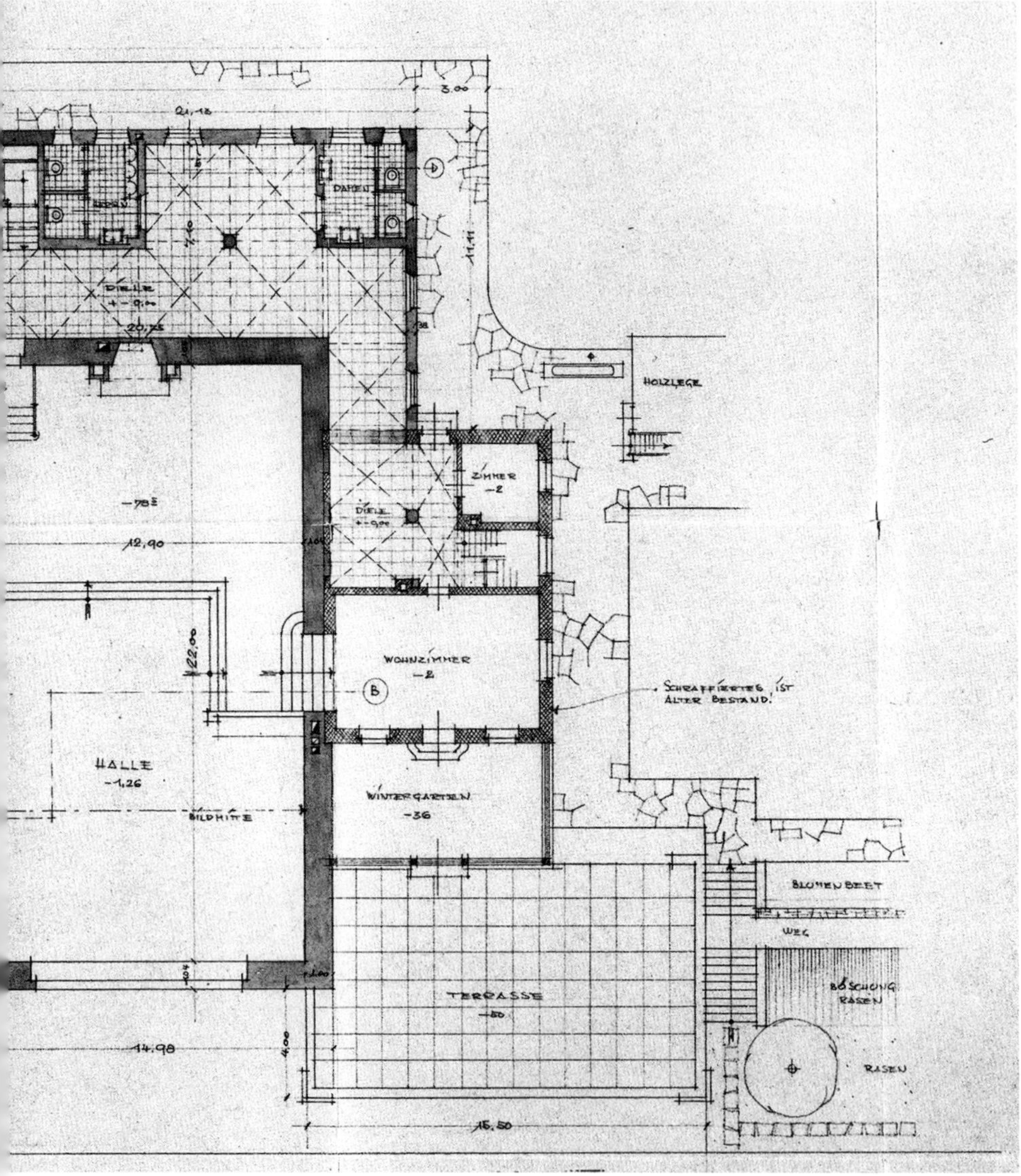

DAMEN
DIELE
+-9.00
ZIMMER
-2
WOHNZIMMER
-2
HALLE
-1,26
BILDHITTE
WINTERGARTEN
-36
HOLZLEGE
SCHRAFFIERTES IST
ALTER BESTAND.
BLUMENBEET
WEG
BÖSCHUNG
RASEN
TERRASSE
-50
RASEN

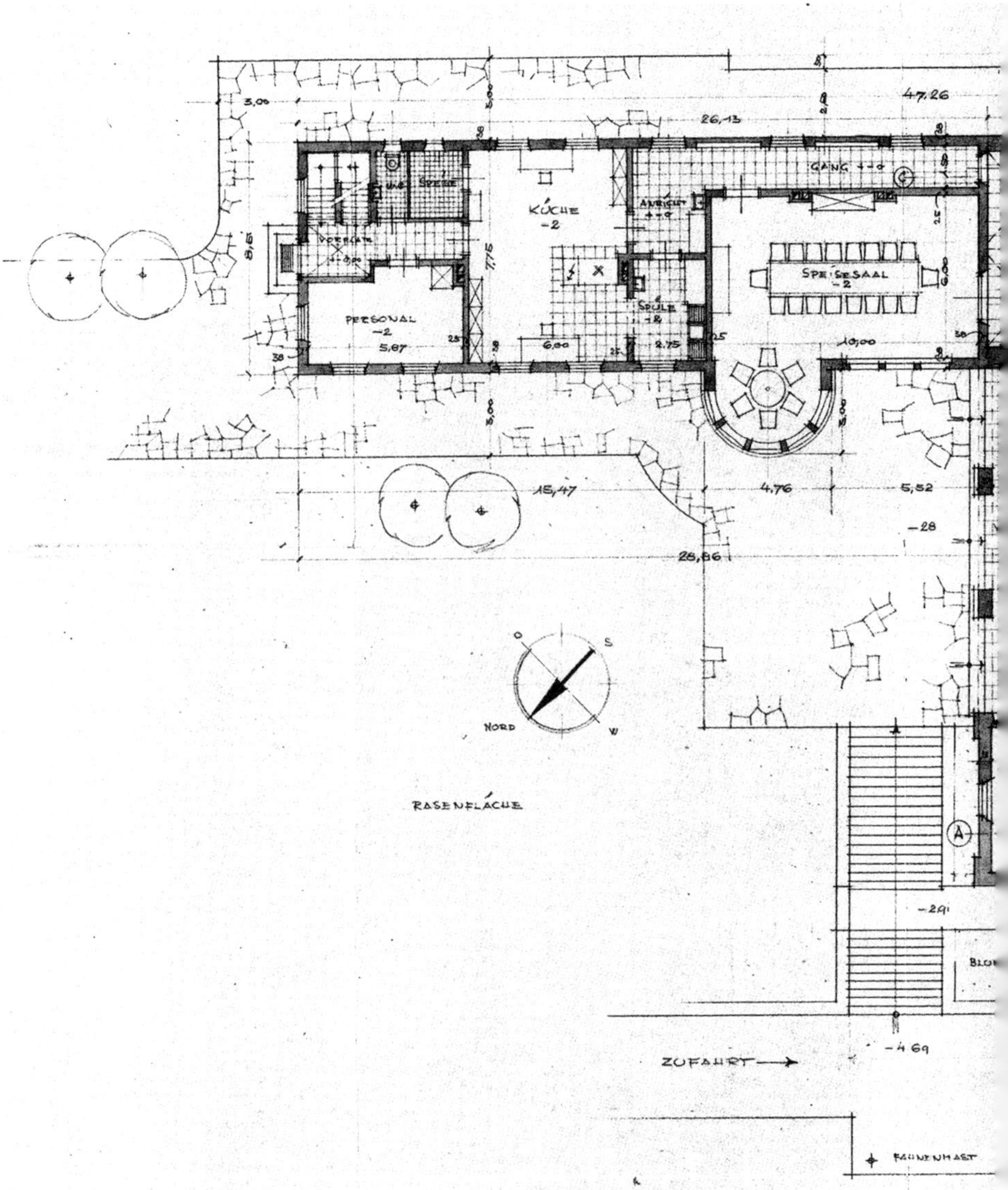

図23　ヴァッヘンフェルト・ハウス増築にあたり、アロイス・デガノが書いた 1 階の平面図。日付は 1935 年 11 月 16 日。1936 年 1 月 22 日に地元建築当局から認可を受けている。

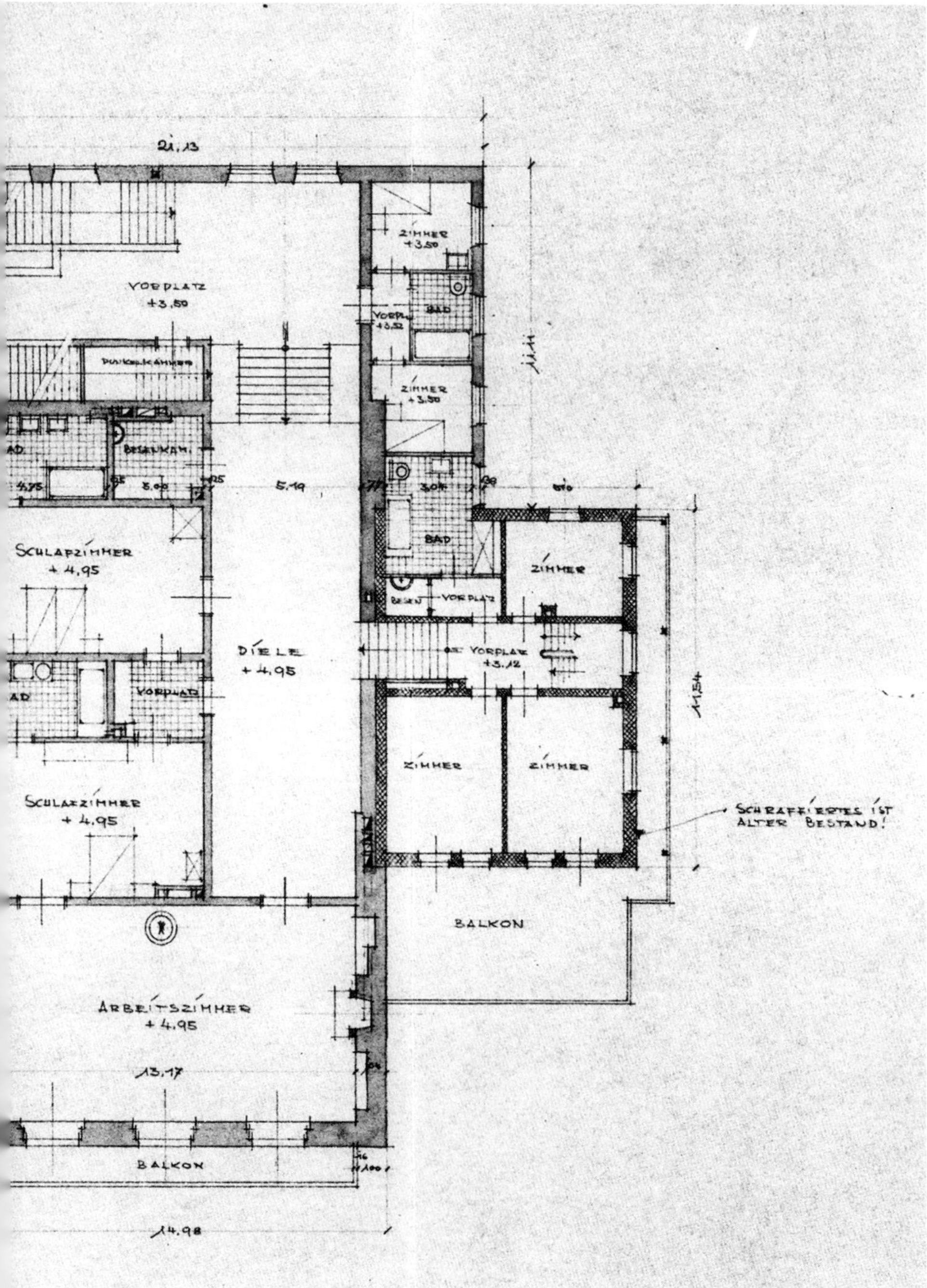
21,13
VORPLATZ
+3,50
ZIMMER
+3,50
BAD
ZIMMER
+3,50
DUNKELKAMMER
BESENKAM.
5,19
BAD
SCHLAFZIMMER
+ 4,95
ZIMMER
DIELE
+ 4,95
VORPLATZ
+3,12
VORPLATZ
ZIMMER
ZIMMER
SCHLAFZIMMER
+ 4,95
SCHRAFFIERTES IST
ALTER BESTAND!
BALKON
ARBEITSZIMMER
+ 4,95
13,17
BALKON
14,98

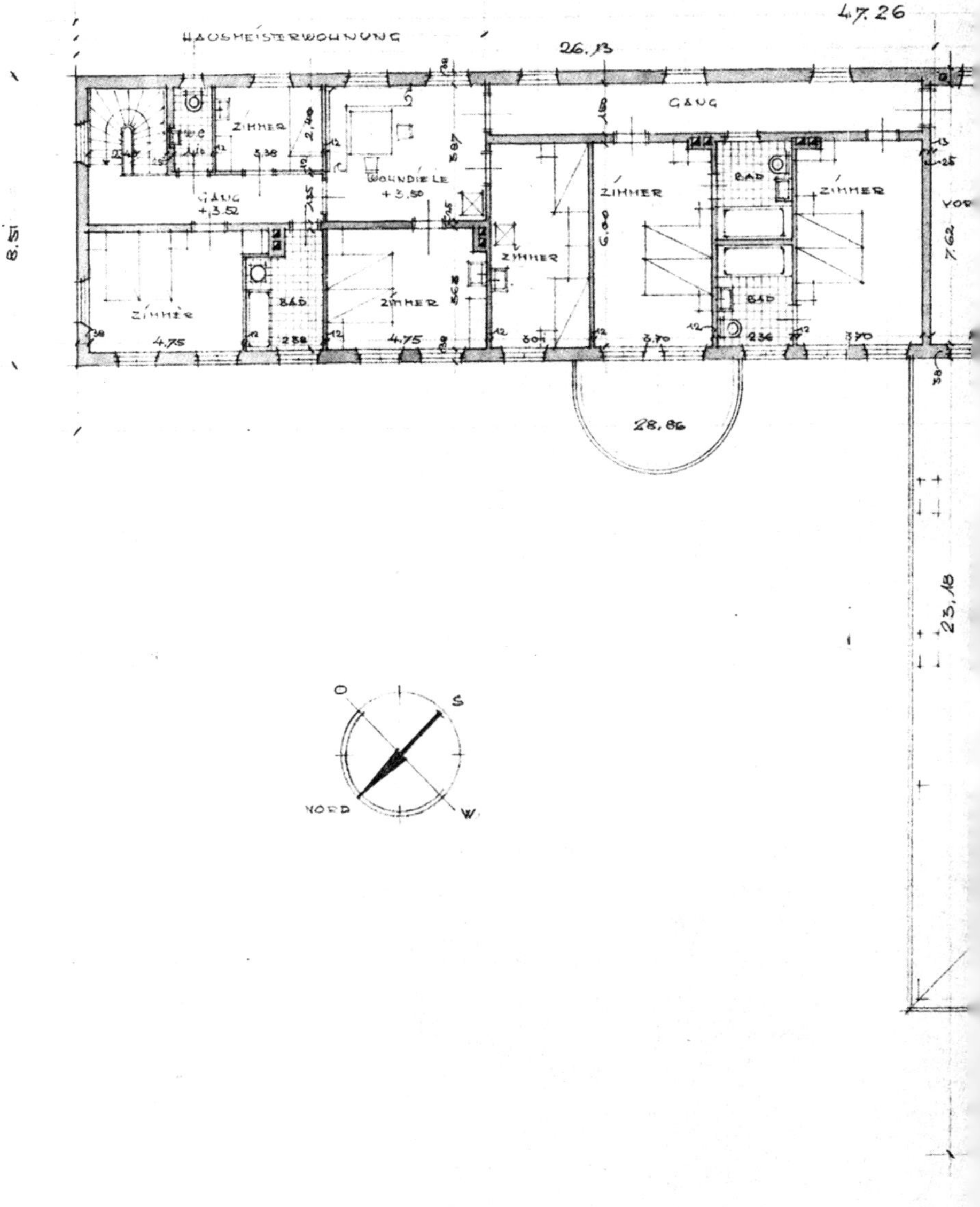

図 24　ヴァッヘンフェルト・ハウス増築にあたり、アロイス・デガノが書いた 2 階の増築プラン。
日付は 1935 年 11 月 16 日。1936 年 1 月 22 日に地元建築当局から認可を受けている。

充を図っていたことがわかる（デザートを作るための道具がたくさんあるのは、ヒトラーが甘党であったことの証だ。彼は上質なボンブ〔アイスクリーム菓子の一種〕をとりわけ好んだ）。興味深いのは、アンゲラが六月に室内用便器を五つ購入していることで、これはおそらく完成したばかりの別棟用のものだろうと思われる。別棟では、五つの部屋に対して共有のトイレと浴室がひとつあるだけだったからだ。花、ツル植物、低木、芝生、園芸用具の購入記録からは、造園に力が入れられるようになったことが見てとれる。こうした領収書類が示しているのは、首相を目当てに新たに押し寄せてくる来客用の備品を調える必要があったということのみならず、家庭人としてのヒトラーのイメージが重要視されるようになったという事実だ。(6)

一九三五年夏、ヒトラーはヴァッヘンフェルト・ハウスの大々的な増築を決め、一九三六年七月に工事がすべて完了すると、この家に改めて「ベルクホーフ」という名前を付けた。アルベルト・シュペーアは自らの回顧録でこの増築計画の経緯に触れ、家の設計は、それを担当した直情的で自信過剰な人間によって、そもそものはじめから台無しにされていたと不満を漏らしている。「ヒトラーは、ただたんにベルクホーフの設計の下絵を描いたわけではない。彼は製図板、T定規などの用具をわたしから借りたうえで、縮尺を合わせた平面図、完成予想図、建物の断面図を描き、その間、いっさいの手助けを拒み続けた」。ヒトラーが設計を入念に進めていたのは確かだが、彼には経験豊富な建築家ならだれもが持っているはずの、修正を重ねるという習慣が欠けていたとシュペーアは述べている。「建築家ならだれしも、さまざまなアイデアを紙に描き出したうえで、デザインをさらに発展させるには、そのうちのどれが最善かを検討するものだ。ヒトラーの特徴は、常に最初に思い浮かんだアイデアを直感的に正しいとみなし、ほとんど躊躇なくそれを紙に描いていくことだった」。シュペーアは「実現不可能な」平面図に見られる数々の不備を指摘しつつ、「工科大学の教授ならだれであれ、D評価を付けただろう」と書いている。「しかし一方では、そうした不器用さこそが、ベルクホーフに強い個性を与えていた。この時点では、ベルクホーフはかつての週末用の別荘と変わらない、単純な用途を想定した構造になっており、たんに規模だけが巨大化した状態であった」。(7)

シュペーアの回顧録には「アロイス・デガノ」という名の建築家は登場しないが、州の公文書館に保存されているベルクホーフの下絵や設計図には、彼の署名がある（図22‐図24）。アロイス・デガノはバイエルン州の町グムント・アム・テーガンゼーを拠点に活動していた建築家で、アルプス様式の定番となっていたキッチュさを排除して、現代風にアレンジしたデザインで知られていた。デガノがヒトラーと出会ったのは一九三三年六月、彼がナチ党全国財政指導者フランツ・クサーヴァー・シュヴァルツのために、ザンクト・クヴィリーン・アム・テーガンゼーに建てた新居をヒトラーがいたく気に入ったことがきっかけであった。その年の後半、デガノはオーバーザルツベルクのヘルマン・ゲーリングの家を設計し、また近隣のホテル・ツム・テュルケン〔親衛隊の宿舎として利用するため〕と、プラッターホーフ・ホテルの改装を行なっている。デガノはその後、フィリップ・ボウラー〔ナチ党総統官房長〕、ハインリヒ・ヒムラー〔親衛隊長官〕、マックス・アマン〔ナチ党全国出版指導者〕の家や、首相官邸ベルヒテスガーデン支部、さらにはバート・テルツの親衛隊士官学校とフェルダフィングのナチ党幹部学校という、ふたつのエリート養成校の設計も手がけている。大手事務所に所属し、二〇年以上の経験とそれなりの知名度もある建築家が、素人が作った設計図に唯々諾々と署名をして、そのまま建築当局に提出させたというのは、いかにも不自然に思える。たとえその素人が、アドルフ・ヒトラーであったとしてもだ(8)。当時の新聞記事には、ヒトラーは下敷きとなるアイデアを提供し、それをデガノが練り上げて設計図を完成させたと書かれている。一方で、ヒトラーがたんなるクライアントではなく、設計にも深く関わっていたことを示す証拠もある。一九三六年九月、ミュンヘンとオーバーバイエルンの大管区指導者《ガウライター》だったアドルフ・ヴァーグナーは、首相官房長官のハンス・ラマースに手紙を書き、首相官邸ベルヒテスガーデン支部のデガノ案に関して意見を具申している。そのなかでヴァーグナーは、デガノに対しては監視の目を強める必要があると警告し、これまでに彼に依頼した設計にヒトラーの影響があることは「あきらか」だと書いている。さらに彼は「設計は実質的に総統自身のものであり、デガノはいわば総統のアイデアを形にしているだけ」だとまで言い切っている(9)。実際にどの程度の影響があったのかは、シュペーアが回顧録のなかでヒトラーが描いたものだと証言している、ベルクホーフの新たな母屋周りの見取り図で確かめることができる。完成した建物とこの見取り図とでは、若干異なる部分はあるものの、プロポーションや基本的な特徴は互いによく似ている。具体的な類似点としては、元の山荘を残して、それを傾斜した長いルーフラインの下に配置している点や、一階の非常に大きい窓、二階の三つの窓と広いバルコニー、屋根の下の柱廊などが挙げられる(10)。

元のヴァッヘンフェルト・ハウスは地元の農園家屋のスタイルを模した造りになっており、ヒトラーがやろうとしていたのは、そうした地域色を受け継ぎながら、全体の規模を拡大する試みであった。大きな窓など、いくつかの目立った例外を除き、このときの増築はおおむね地域独自の外観や慣習を生かしたものとなっていた。たとえば庇《ひさし》の張り出した傾斜のゆるい屋根は、同地域の人々には馴染み深いデザインで、雨の多いアルプスの気候から家を守る工夫であった(図22)。上階のバルコニーと屋根の下の柱廊は、オーバーバイエルンの農家によく見られるものだ。増築に使われたのは主に工業素材だったが、外装には伝統的な木材と石膏が用いられた。母屋の東側に設けられた背の低い棟もまた、農家の住居に隣接して作られることの多かった家畜小屋を模している。さらにはヴァッヘンフェルト・ハウスの建物を残したこと自体が、小さな建物を内部に組み込む形で増築を行なうという、この土地でよく見られた慣習を想起させる。ただしこうした手段が採られるのは、たいていの場合は金銭的な余裕がないためであった(11)。おそらくヒトラーは、元の家屋を気に入っており、感情的な理由からこれを残したのだろうと思われる。ヒトラーの場合、そうしなければならない金銭的な理由はなかったからだ。一方で、この建物を残すことにはイデオロギー的な理由も存在した。一九三五年の時点で、ヴァッヘンフェルト・ハウスは多くのドイツ人の崇拝と憧れの対象となっていた。そのためヒトラーは、市民とのそうした強力なつながりを保ち、また自分が過去とはまるで違う人間になってしまったと思われることを避けたいと考えていたのだ。

ヴァッヘンフェルト・ハウスの改築が開始された一九三三〜三四年頃にヒトラーが購入した書籍のインボイスを見れば、住宅や地域の建築に関する本のなかに一冊、ドイツの農園家屋を扱ったものが含まれているのがわかる。この事実は、ヒトラーがベルヒテスガーデン地域の農園建築のみならず、そうした類の建築について、その歴史や文化史に関する書籍をより広範に読んでいたことを示している。[12] ヒトラーがこの家の名称を「山の農園」を意味する「ベルクホーフ」に変更したという事実にはまた、模範的な農園を連想させようという狙いが読み取れる。政治的な面から言えば、これは貧しい出自や、生産性およびドイツ人の民族性などとの関連を想起させるための、戦略的な選択であった。この総統の新しい家について、当時のドイツのマスコミは、「故国の土に根差した真正な山地農園」というイメージを盛んに喧伝した。[13]

いったん家のなかにはいれば、そうしたイメージは瞬時に消え去ったものの、いくつかの部屋は、地域の伝統的なフォルムや機能を思い起こさせる造りになっていた。内装を任されたアトリエ・トローストは、一九三五年の晩秋、建築工事が行なわれている最中に作業を開始した。デガノの仕事は建造物自体に限定され、アトリエ・トローストは内装一式のデザインを受け持ち、天井、壁、ドア、床の仕上げから、照明、家具、セラミックストーブ〔カッフェルオーフェンと呼ばれる、周囲にタイルをあしらった暖房器具〕、暖炉、カーテン、敷物、装飾品、美術品まですべてを担当した。とはいえ、ときには両者の作業範囲の境界があやふやになり、少なくとも一度、ゲルディ・トローストは建築設計自体に口を出そうとしている。

改装前から存在する住居部分において、アトリエ・トローストがまず対峙することになった課題は、都会の実業家が抱く素朴な山荘のイメージそのままの、ゴテゴテとした派手な内装であった（口絵2）。そこには元からある俗っぽさを上塗りするかのように、ヒトラーやその取り巻きたちが持ち込んだ、支持者からの贈り物である多種多様なナチ党関連のアイテムが付け加えられていた。ヴァッヘンフェルト・ハウスの部屋を撮影した写真を見ると、そうした品々が至るところに置かれていることに驚かされる――ランプの上には敬礼する突撃隊員の人形があり、そのほか、鉤十字が刺繍されたクッションや、側面に鉤十字が織り込まれた籐椅子も確認できる。アトリエ・トローストは、こうしたナチ党関連のアイテムを排除し、この家屋全体を新たな帝国のシンボルとして作り変えた。ヒトラーにこれらの品々を手放すよう説得するのは、容易なことではなかったはずだ。ヴァッヘンフェルト・ハウスを訪れ、そこがナチ党関連のアイテムで溢れ返っているのを目にしたときのことを、シュペーアはこんな風に書いている。「ヒトラーはいささか決まり悪そうにこう言った。『これが美しいものでないことはわかっているが、大半は人からの贈り物なのだ。これを手放したいなどと考えるべきではない』(14)。それでも一九三三年以降は、ヒトラー政権自体が鉤十字などの「国民的」シンボルの不適切な使用を禁止しており、おそらくはそれがこの問題の解決を後押ししたものと思われる。ヒトラーは自らが作った法律に常に従ったわけではないが、もしそうした品々を山荘の写真に登場させながら、一方で当局が低俗なナチ党関連商品を一掃しようとしたなら、間違いなく問題が起こっていただろう。

ヴァッヘンフェルト・ハウスに元からある素朴な「居間《シュトゥーベ》」の改装前後の写真を見れば、アトリエ・トローストが、この部屋の内装を、地域色を取り入れつつモダンに変貌させていることがよくわかる（口絵2、口絵3）。改装されたあとも、部屋の角に設けられたバイエルン風のヌークはそのまま残されたが、ペイントが施された華奢な家具類は排除され、重厚かつシンプルな、縁が直線で構成されたフォルムが採用された。昔ながらの深緑色のセラミックストーブ（カッフェルオーフェン）は、まわりに配置されたベンチとともに姿を消し、青磁色のものに取って代わられた。この新しい暖炉の表面を彩っていたのは、ミュンヘンの作家ゾフィ・シュトルクが手がけた、地域の民族衣装を着た人々の姿をレリーフにしたタイルであった。ペンキで彩色された木のドアと、その上の棚に置かれていたこまごまとした装飾品もなくなり、上部がアーチ型で、ガラス窓の付いたシンプルなドアが入れられた。同じくペイントが施された木のモールディング〔この部屋の場合は、壁の下半分に取り付けられていた腰板〕は、シンプルでダークな色合いのものに変更された。てっぺんに敬礼する突撃隊員が乗っていた派手な吊り下げ照明は取り外され、すっきりとした形のものが採用された。部屋の配色に関しては、強い色をごくわずかな数に抑え（赤、緑、クリーム）、また花柄の代わりに幾何学模様が主役に据えられた。こうした変更のあとも、部屋が視覚的な豊かさを失うことはなく、暖かな暖炉の存在も相まって、いかにも快適そうな空間を作り出していた。部屋はその役割を居間から控えの間へと変え、来客たちが隣接する大広間にはいるか、あるいは大広間から総統が出てくるのを待つための場所となった。

図25　ベルクホーフの大広間。暖炉が見える角度から。1936年頃。

居間《シュトゥーベ》のくつろいだ雰囲気やそのサイズ感は、圧縮されたような狭い場所から広い空間へと移動するという行為を通じて、さらに強く意識されることになった。移動した先の大広間は、異常なほど大きな長方形の部屋で、床は段差によって二層にわかれていた。アトリエ・トローストにとって最大の難関となったのが、この部屋の改装であった（口絵4、図23）。大広間は寸法が奥行き七四フィート×幅四二フィート×高さ一八フィート超（約二二・五メートル×約一三メートル×約五・五メートル）と、小さな体育館ほどの大きさがあり、ヒトラーが国内外の客人を迎えたり、大臣や将軍と会議を持ったり、公式行事を執り行なったり、娯楽を提供したり、社交の機会を持ったりといった、多様な機能を兼ね備えた公的な空間だった。部屋の南端には大きな大理石の暖炉が据えられ、その向かい側には、見事なパノラマが望める幅約二八フィート×高さ一二フィート超（約八・五メートル×約三・七メートル）の窓があった（口絵5、図25）。ヒトラーは、在宅勤務というものが世間に広まるより前にこれを実践していたと言われているが、この大広間こそ、居間のソファにゆったりと座ったまま帝国を支配するという彼の狙いの核となる場所であった[15]。

これと似たような部屋の例は、中世の大広間に見ることができる。中世の大広間は多目的の共有スペースであり、部屋の奥行きや天井の高さ、中央の炉床の大きさといったデザイン要素を通じて、その家の主人の地位の高さを公に示す役割を有していた。ヒトラーが封建領主の権力を想起させるこうした中世の広間を手本としたことにはあるいは、自分はある地元の伝説に深い関わりがある存在だと強調する狙いがあったのかもしれない。その伝説とは、見上げるほど大きな大広間の窓から見えるウンタースベルク山にまつわる民話だ。これによると、ウンタースベルク山の奥にはカール大帝（バルバロッサ〔皇帝フリードリヒ一世〕という説もある）の宮殿があり、王と騎士たちを目覚めさせる合図が現れるのを待っている。目覚めた王は大きな変革をもたらす戦いに赴き、栄光に満ちた新たな帝国をもたらすのだという。たとえばヒトラーはシュペーアに向かって、こんな発言をしている。「あそこにウンタースベルク山が見えるだろう。わたしの住まいがあの山の向かいにあるのは偶然ではない[16]」。窓から見える山は、この部屋の内部に、戦士を従えた中世の王の姿を象徴的に存在させるという効果を発揮したが、あるいは大広間それ自体が、ヒトラーの想像のなかにある、山奥深くに埋められた王宮を映し出す鏡像だったのかもしれない。こうした文脈においては、ヒトラーがこの家に与えた名称はまるで違った意味合いを帯びてくる。「ベルクホーフ」という言葉は、通常は「山の農園」という意味に解釈されるが、実のところこれには「山の宮廷」という意味合いもあるのだ。

また一方では、ヒトラーがこの大広間の手本として、山の宮廷とは異なる、より現代的な建築を想定していた可能性もある。それはヒトラーが、自らを芸術家兼政治家と認識していたことと深く関わっている。ヒトラーは一九世紀末から二〇世紀にかけての、偉大な芸術家たちのアトリエを模倣しようとしていたのではないだろうか。芸術家のアトリエとはつまり、仕事、家庭、社会的な活動のすべてを網羅する広々とした空間だ。ヒトラーは、ハンス・マカルトがウィーンに構えていた有名なアトリエと、そこに幾重にも蓄積された過去の「記憶」を賞賛していた。ただし彼自身が実行したことといえば、自らを神格化する空間を即席ででっちあげることであった[17]。ルドルフ・フォン・アルトが、売却前のマカルトのアトリエの様子を描いた一八八五年の傑作絵画には、マカルトが得意とした大きな歴史画が描かれている。政治は芸術であると信じていたヒトラーはあるいは、「ドイツの」

図26　ハインリヒ・ホフマン撮影。1935年のクリスマスのころ、ベルクホーフの建築現場を訪れる建築家とヒトラー。左から右へ、レオンハルト・ガル、ゲルディ・トロースト、ヒトラー、ヴィルヘルム・ブリュックナー（ヒトラーの副官）。

自然をもっとも揺るぎない、不朽の存在として映し出す大広間の巨大な窓を、自分自身のキャンバスであると考えていたのかもしれない。そしてその下に置かれた、ウンタースベルク産の大理石とオークで作られた幅一四フィート（約四・三メートル）のテーブルで、ヒトラーは将軍たちと一緒に地図を吟味したのだが、それは彼のイーゼルだったのではないだろうか[18]（このテーブルもまた、中世の大広間にあった、主人が食事をとったり、仕事をしたり、裁断を下したりする背の高いテーブルを想起させる）。

この不格好な大広間にある程度の調和をもたらすために、アトリエ・トローストがどれほどの難題に直面したかを理解するには、米国立公文書館に保存されている、ハインリヒ・ホフマンが工事中に撮影した写真を見るのがいちばんだろう。これらの写真からは、巨大な洞窟のようにがらんとした部屋のなかでは、人間のみならず、この空間のために特注された通常よりも大きめの家具でさえ、とても小さく見えているのがわかる。そうした効果をいっそう高めていたのが、ひどく大きな窓だった[19]。一九三五年のクリスマス前後、ヒトラーはデザイナーたちと連れ立って工事現場を訪れている（図26）。この時点か、あるいはそれ以降に、トローストはなんとかして巨大な窓をやめさせようと、ヒトラーの説得を試みている。彼女は後年、このときヒトラーと一緒に現地を訪問するまで、自分は建築計画を見ていなかったと証言している。建物は当時、フレームを組む段階にはいっていた。ヒトラーは一九三八年七月、自らの熱狂的なファンであるイギリス人女性ユニティ・ミットフォードがベルクホーフを訪れた際、トローストとは窓をめぐって意見が対立したと述べている。ユニティの姉ダイアナは、イギリス・ファシスト連合のリーダー、オズワルド・モズレーの妻であったが、ユニティはそのダイアナ宛てに、すっかり興奮した調子でベルクホーフの様子を伝える手紙を送り、なかでもいちばんすばらしいのは、大広間のとんでもなく大きな窓だと書いている。「その効果にはただ驚かされるばかりです。窓――過去に作られたなかで最大のガラス板が使われています――は、昨日実演してもらったのですが、車の窓のように巻き下げて、広く開け放つことができます。窓から見えるのは巨大な山々の連なりばかりで、それは現実というよりも、とてつもなく大きな映画館のスクリーンを見ているかのようです。言うまでもなく、このジェニアルな［すばらしい］アイデアは総統ご自身のもので、また総統がおっしゃるには、トロースト夫人は窓を三つ作るべきだと言い張ったそうです」[20]。後年、ゲルディ・トローストは、ヒトラーはおおむねデザインに関する彼女の助言を受け入れていたが、このときは窓を小さく三つに分割する案は却下され、ひとつのままにされたと述べている[21]。

ヒトラーは、自らのデザイナーを負かしたことにご満悦で、その事実は、彼が何年もたったあとにまだその話をしていることからもよくわかる。このエピソードはまた、ヒトラーとトローストにとって優先させるべき事柄が、互いに食い違っていたことを示している。ゲルディ・トローストは、洗練された抑制によって強烈な印象を生み出そうとしていた一方で、ヒトラーのデザインはこれみよがしな効果を狙うものであった。ミットフォードの手紙にある通り、窓が消える仕組みは、窓そのものに負けず劣らず、客人たちを心底驚かせた。一九三六年五月にミュンヘンのヒトラーのアパートに招かれたトーマス・ジョーンズは、ベルクホーフの改築から間もないその年の九月、ヒトラーを崇拝していた元英首相デヴィッド・ロイド・ジョージが私人という建前で現地を訪れた際、これに同行している。ジョーンズはそのときのことを、こんな風に書いている。大広間は非常に印象的だったが、「われわれがもっとも魅了されたのは、北側の壁にある巨大な窓、いやむしろそこに窓がないことであった。なぜなら、窓は巻き上げられたのか、あるいは溝のなかに下げられているのか、いずれにせよわれわれと、戸外、空、山、はるかザルツブルクの景色とのあいだにはなにもなかった」[22]。ロイド・ジョージはこれにいたく感銘を受け、サリー州チャートにある自らのカントリーハウスの図書室の壁を壊して、ヒトラーのものと同じような、パノラマが望める窓に取り替えている[23]（ロイド・ジョージのベルクホーフ訪問によってもたらされた最大の被害はしかし、彼がイギリスの新聞でヒトラーを褒めちぎったことであった。ロイド・ジョージはヒトラーという人物について、「ドイツのジョージ・ワシントン」であり、平和を愛する国に自由と富をもたらした「生まれながらの男たちのリーダー」だと述べている[24]）。

ヒトラーは、ベルクホーフを訪れる人々が、すばらしい眺望が望めるこの仕掛けに驚嘆することを期待しており、そうした姿勢はどんな状況下であろうと変わらなかった。一九三七年一一月、ネヴィル・チェンバレン内閣の枢密院議長であったハリファックス卿が、悪化していた英独関係について話し合うためにベルクホーフを訪れた。当時はすでに、ヒトラーが望んでいたイギリスとの同盟への望みは薄れ、拡張主義的なドイツの動きのせいで、ナチ体制に対するイギリスの忍耐も限界に達している状況であった。緊張感の漂う話し合いの最中、ヒトラーはイギリス首相の代理人であるハリファックス卿のために、窓が消え去る例のパフォーマンスをやりたいと「言い張った」。会議に参加していた在ベルリン英国大使館政治部長のアイヴォーン・カークパトリックは後年、当時のことをこう述懐している。「がっしりとした体格の親衛隊員がふたり、駆け足で部屋にはいってくると、自動車をスタートさせるハンドルのようなものをソケットに取り付け、激しく回転させはじめた。構造物全体が音もなく床のなかへ沈むと、部屋はまるで屋根付きのテラスのような状態になった」。カークパトリックはとくに感銘も受けることもなく、ベルクホーフを去る彼の心にはただ、甘やかされ、すねた子どものように振る舞うヒトラーの姿だけが残っていた[25]。

窓をめぐる対立でヒトラーに敗北したゲルディ・トローストはどうやら、パノラマが望めるというアイデアを、この大広間でしかできない体験として生かすことにしたようだ。作家のマシュー・スタッドラーは、「ヒトラーはパノラマを愛していた」と述べている。「彼のお気に入りの部屋の数々は、広々とした眺望を中心に構成されていた。[……]外に眺望が見えない場合、ヒトラーは部屋の内部に眺望を作り上げた——部屋は総統が演じるドラマの舞台セットとなった。部屋の広大さは、来客たちにそこに触れたり、社交上の親密さを感じたりすることよりも、ただ見ることを強いた。この傍観の論理こそ、ヒトラーが唯一理解していたものだ」。アトリエ・トローストが手がけた大広間の内装の立面図や、当時撮影された写真からは、長い壁がこの部屋独自のパノラマを作り出していたことが見て取れる（口絵4、口絵6）。家具を壁沿いあるいはその近くに配置することによって、部屋の中央には、視線を遮る（あるいは目を引く）ものがいっさいない、長く引き伸ばされた視界が形成された。その狙いは、注意を集中させることではなく、むしろそれを拡散させることであり、来客の視線を、窓の向こうに見える山々や、家具や芸術品が形作る眺めなど、いくつもの広大な景色のあいだを彷徨わせることであった。この部屋のために特注で作られた家具のなかには、それ自体がパノラマといえるほど大きなものもあり、たとえばアトリエ・トローストは横幅一六・五フィート（約五メートル）のソファをデザインし、これを窓のそばに掛けられたゴブラン織のタペストリーの前に配置していた（図27）。スタッドラーによると、ヒトラーが使っていた長いテーブルの数々もまた、「室内にパノラマを持ち込む効果を持っていた」という。「ヒトラーはテーブル上に地図を広げて上から見下ろし、その広漠たる広がりを見渡していたのだ」と彼は書いている。[26]

視界に重点を置くという部屋の作り方、すなわちスタッドラーが言うところの「傍観の論理」はまた、寓話の世界から現実の映像までさまざまなものを映し出すスクリーンやキャンバスが多用されていた点にも見ることができる。先述のゴブラン織は、それ自体が織り上げられたキャンバスであった。この織物は大広間から突き出すように設けられた映写室への入り口を塞いでおり、また向かい側の壁に掛けられたもう一枚のタペストリーも、そのうしろにスクリーンを隠していた。戦争が始まる前、ヒトラーはここで毎晩のように客人や家の使用人たちと一緒に映画を見ていたが、この習慣は、本人以外の人々にとっては非常にストレスの溜まるものだったに違い

図27　Foto-Technik Kaminski、ミュンヘン。ベルクホーフの小さな居間［シュトゥーベ］から大広間のほうを見たところ。1936年頃。

ない。なぜなら「ヒトラーは映画が気に入らないと、手を叩いて自分のお気に入りのものと交換させるのが常だった」からだ。[27] パノラマが望める窓は、それ自体が、見る者に映画のスクリーンのような印象を与え、これについてはこのオープンエアの景色が持つ映画的な非現実感に言及したミットフォードの言葉の通りだ。部屋の南側の壁を占拠していた絵画や彫刻もまた、総統の「最良の」部屋であるこの大広間を、まるで美術館にいるかのように注意深く、敬意を持って眺めるよう促す効果を持っていた。

一般的な美術館においてもよく見られる傾向だが、大広間の視覚を優先した造りは、人間の身体への注意の欠如という結果をもたらした。事実、この空間における身体的な居心地の悪さに言及している回顧録は少なくない。「ヒトラージョーンズは、ヒトラーがロイド・ジョージをベルクホーフに迎えたときのことをこう記している。「ヒトラーは安楽椅子に腰掛け、L・Gは背もたれのないカウチに落ち着かなげに座っていた」。[28] 実際には、大広間のカウチには背もたれが付いていたのだが、座部の奥行きが非常に深かったせいで、客人はその端に腰掛けるしかないのだった。シュペーアもまた、座り心地の悪いソファと「家具の不適切な配置」を酷評している。そのせいで普通の会話がしにくくなり、各人が「隣の人と低い声で」話すようになったという。さらにシュペーアは、大広間の窓はガレージの真上に位置しており、これが開いているときにはガソリンの煙が室内にはいってきたと指摘している。来客の鼻を犠牲にしたヒトラーのデザイン能力の低さをシュペーアは批判しているが、これは同時に、ヒトラーが視覚効果に重きを置いていたことの証左でもある。[29] ベルクホーフのその他の公共部分にも、同様の傾向が見て取れる。たとえば細長いダイニングルーム（図30）やヒトラーが望遠鏡を設置した屋外のテラスなどに組み込まれた屋内および屋外の景色なども、その例と言えるだろう。

いずれにせよ、大広間においては快適さは二の次であり、主要な目的は別のところにあった。その目的とはすなわち「感銘を与える」ことだ。この部屋でヒトラーは、王、王子、首相、軍の司令官、宗教指導者、外務大臣、大使などを出迎えた。[30] この場所で彼は、自分と、自らが思い描く大ゲルマン帝国とのあいだに立ちはだかる欧州列強と交渉を行なった。ベルクホーフの改装自体がそうであったように、大広間の目的は「新たな」ヒトラーを

図28　Foto-Technik Kaminski、ミュンヘン。ベルクホーフの大広間にある大きな戸棚にあしらわれた、オイゲン・ヘンケ作の頭像ふたつ（ヒトラーユーゲントの少年と突撃隊隊員）。1936年頃。

印象づけることであった——それはつまり、ビアホールで謀反を起こした元伍長でも、敵対者を冷酷に切り捨てた独裁者でもなく、力強く、教養があり、そしてなにより信頼のおける政治家としての姿だ。この部屋は、ヒトラーがそうした新たな役割を演じ、他者を招いてそれに見合った反応を引き出すためのステージだった。ロイド・ジョージとヒトラーとの面会について記したジョーンズの日記からは、大広間がまさにそうした狙い通りの効果を発揮していたことがわかる。（大広間は）「訪れた者に即座に強烈な印象を与え、そこで展開される一連のできごとがたいそう価値のあるものであるという雰囲気を作り出した[31]」。

大広間の印象的なプロポーションや目を引くパノラマに加えて、部屋の中身もまた、権力・洞察力・資産のある人物というイメージを強化する役割をはたした。ヒトラーのそのほかの住居と比較して、ベルクホーフの家具は目立って大きかったが、その理由は部屋の大きさに合わせたというだけではなかっただろう。広大な空間を作るということは、大きめの家具を揃えることを要求しただけでなく、そうした家具を揃えることを可能にしていた。大広間の南端には、男性がなかに立てるほど背の高い暖炉があり、これは中世の炉床を豪華にしたような雰囲気を持っていた。炉棚はテューリンゲン産の赤大理石製で、高さが約七・五フィート、幅は約八・五フィート（約二・三メートル、約二・六メートル）あった。[32]東側の壁沿いには、レオンハルト・ガルがデザインした高さ一〇フィート、幅一五フィート（約三メートル、約四・六メートル）という巨大な戸棚があり、そのなかにはヒトラーが授与された数々の名誉市民証が飾られていた——自国の指導者に対するドイツ国民の献身ぶりを強烈に象徴する品々だ。[33]そうした国民の「献身」がどのように獲得されたものだったのか、そのヒントは、この戸棚のデザインのなかでもとりわけ風変わりな部分に示されている——それはオイゲン・ヘンケによって制作された、大きなブロンズ製の取っ手だ。五つの取っ手は人の頭部を象っており、（左から右へ）ドイツ国防軍の兵士、ドイツ女子青年団の少女、総統自身、ヒトラーユーゲントの少年、突撃隊員を模していた（図28）。この頭部型の取っ手は、ヒトラーが思い描くアーリア人国家における理想の人々を具現化し、その中心に総統を配したものであった。トローストはこれを、フィレンツェにあるサンタ・マリア・デル・フィオーレ大聖堂の北側の聖具室の扉に施された、ルカ・デッラ・ロッビア作の突き出した頭部のような、イタリア・ルネサンスのブロンズ像の伝統を受け継ぐものだと述べている。[34]

地図テーブルのすぐ脇の、窓のそばには、チャーリー・チャップリンによる一九四〇年の映画『独裁者』のなかでパロディに使われて有名になった特大の地球儀が立っていた（口絵7）。トローストは大広間の窓に関しては縮小することを望んでいたが、地球儀をここまで大きくしたのは、これを力の象徴にしようという彼女の発案であった。トローストはベルリンのコルンブス地球儀社に発注し、一般に流通している製品の二倍の大きさのものを作らせている。台座自体はガルのデザインだった。地球儀は高さが五フィート三インチ（約一六〇センチ）で、ヒトラー自身の身長よりも四インチ（約一〇センチ）ほど低かった（これから征服しようとしている地球に物理的な大きさで負けることは、ヒトラーにとって受け入れがたいことだっただろう）。噂によると、ヒトラーはこの地球儀の上に、バルバロッサ作戦における軍事行動の最終目標であるアルハンゲリスク＝アストラハン線を引いたと言われている。バルバロッサという名称は、ウンタースベルク山で眠っているとされる中世の皇帝から取ったものだ。この地球儀をヒトラーはあきらかに気に入っていたようで、ケーニヒス広場のナチ関連施設やベルリンの首相官邸にも類似の品を置かせている。[35]

　大広間に威厳と親しみやすさの両方を持たせようという、一見矛盾する目標を成し遂げるために、ヒトラーは床を二層にするよう命じた。これは「部屋のなかにある部屋」という印象を作り出すためで、腰を下ろせるエリアを二カ所にわけることによって、その効果はさらに高められていた。大広間の壁に一定の高さまでぐるりと貼られたクルミの羽目板は、ふたつの層の一体感を下から演出し、一方、クルミ材の天井に設置された深く大きな格間《ごうま》は、これと同様の効果を上から発揮しつつ、部屋にさらなる重厚感を与えていた[36]（口絵4）。トローストは戦後、この天井は自分の発案であり、これをヒトラーに提案したのは、部屋の寸法を考慮したためだと書いている。彼女によると、これは亡くなった夫の仕事（ミュンヘンの褐色館の白い格間天井など）[37]にヒントを得たものだという。イタリア・ルネサンスの宮殿のような雰囲気を持つこの天井はまた、ベルリン旧首相官邸の図書室と喫煙室の、二〇世紀初頭に作られたマツ材の天井を想起させる（図6、図10）。大広間のものよりも小さなスケールで作られたその天井は、社交にも用いられたこれらの部屋に威厳と温かみを与えていた。一方、ベルクホーフの大広間は規模が大きかったことから、巨大な格間天井は居心地のよさよりもむしろ威圧感を与えるものとなっていた。

　ゲルディ・トローストが用いた色の反復と調和により、大広間の見た目の統一感はさらに強化された。トローストはタペストリーがある部屋では決まって採用していた手法に沿って、この部屋の配色を決める際、映写機器を隠すために窓に向かって右手と左手に掛けられていた、二枚の大きなフランドル産のゴブラン織をベースとしていた。より正確に言えば、ベースとなったのは長いソファの上にかけられていた《行進》のほうであり、二枚のタペストリーのうち本当に古いものは、一七世紀に作られたこちらの作品だけだった。トローストは、専門家を雇ってタペストリーの真贋を評価させているが、そのきっかけとなったのは、ピアノのそばに掛かっていた

《戦闘》と題された作品の、けばけばしい色彩が気にかかったためであった。専門家は《戦闘》は現代に作られた模倣品であると判断し、日光にあてて派手な色調を薄れさせたほうがよいと進言している[38]。

ゲルディ・トローストが大広間をはじめとするベルクホーフの各部屋に用いた色彩と布は、この時代のものとしては非常に珍しいことに、いまも直接観察することができる。彼女が使っていた布のサンプル帳が、バイエルン州立図書館に保管されたトロースト関連の資料とともに残っているためだ[39]（口絵8）。行方不明になったものも少なくないが、サンプル帳に収められた布見本は保存状態がよく、まるで新品のような新しさには大いに驚かされる。とくに、戦後ベルヒテスガーデンで観光客に売られていた絵葉書の色彩と比べると、その差は歴然としている。一九七三年に書いた手紙のなかで、トローストは絵葉書が作り出した歪んだイメージについて不満を漏らしている。「あれはけばけばしく醜悪なだけでなく、当時わたしが手がけた色彩設計とはまるで共通点がありません[40]」。

大広間に使われていたベロアとブロケードの布は、トスカーナ〔麦わらのような黄金色〕、ストロベリーレッド、テラコッタ、シルバーブルー、濃淡のモスグリーンをミックスした色合いで、そこにゴールドのハイライトが入れられており、この色彩がリッチかつフォーマルな雰囲気を醸し出した。小さな居間と客間に使われていた布は、比較的シンプルかつモダンで、様式化された植物や民族的なモチーフがあしらわれていた。トローストの布サンプル帳には、ほとんど登場しないせいで逆に目立っている色がひとつだけある。褐色《ブラウン》だ。褐色は大広間用のサンプルのうちのふたつに、ごくわずかな要素として使われているだけだ。これ以外で褐色にもっとも近いのは、居間に置かれたクッションに用いられた赤銅色で、しかもそれは赤銅色、クリーム色、卵色で構成された布地の一部であった。戦後、米アリゾナ州の画家カレン・カイケンダルが行なったゲルディ・トローストの未発表のインタビューを読むと、その理由がよくわかる。ヒトラーがどんな色を好んだかと聞かれたトローストは、彼は温かみのある素朴な色が好きだったと答え、さらにこう続けた。「彼は褐色が好きではありませんでした[41]」。この意外な答え――ヒトラーといえば、褐色革命を扇動し、ミュンヘンに褐色館を建て、褐色シャツ隊のリーダーを務めた人物だ——が真実であったことは、ベルリンやミュンヘンにあるヒトラーの家の内装を撮影したカラー写真が証明している。木造部分を除けば、そこには褐色はほとんど見られない。ジョン・トーランドはヒトラーの伝記のなかで、突撃隊の制服が褐色だったのは「まったくの偶然であった。東アフリカのドイツ軍用に作られた大量の褐色シャツが、卸売価格で手にはいったからだ」と書いている。(42) つまり「褐色の運動」を率い、象徴的かつ実務的な理由から褐色と結び付けて考えられてきたことと、ヒトラーがそれを本当に好きだったかどうかは別問題であるというわけだ。

総統関連のその他のプロジェクトと同様、アトリエ・トローストは、ベルクホーフの内装デザインにおいても最上級の素材しか使わなかった。ある歴史家は、ナチスが労働者に呼びかけた標語をもじって、自分の住居に関することとなると、ヒトラーにとって「十分と言えるのは最高のものだけ」だったと述べている。(43) 当時、ベルクホーフを取り上げたドイツのデザイン誌がとくに注目していたのは、ウンタースベルクおよびテューリンゲン産の赤大理石や、クルミ材、オーク材といった天然材料だった。(44) 実際には、家の大半は工業素材で作られていたのだが、細部に用いられた天然素材がそれを覆い隠していた。こうした処理には高い費用がかかり、「その見積もりは予算を大幅に超過した」という。ヒトラーはこの改装費用について、自分が『わが闘争』の収入から支払ったと主張しており、シュペーアに向かって、おかげですっかり財産を使い果たし、出版社に多額の印税を前借りしなければならなかったと不満を漏らしている。(45) ところが現存する財務記録には、一部抜けているところもあるとはいえ、(ミュンヘンのアパートの改装のときとは逆に) エーア出版が関わったという証拠は見当たらない。実業家らの「自主的な」寄付で成り立っていた私設の「アドルフ・ヒトラー基金」からは、改装費用の少なくとも一部が支払われた可能性がある。一九三三年から一九四五年までのあいだに、同基金には七億ライヒスマルクを超えるお金が集まっていた。これは現在の三〇億米ドルを軽く超える金額だ。(46) この資産の運用を一手に引き受けていたのはマルティン・ボルマンで、彼はオーバーザルツベルク一帯に建てられた建造物の監督も行なっていた。自分は貧しいというヒトラーの常套句を愚直に信じていたゲルディ・トローストは、戦後、「彼は自分自身のためには決して多くのお金を使わず」、篤志家に頼って、ベルクホーフの家具や調度品を総統への贈り物として購入してもらっていたと述べている。そうした品々のなかには、六〇〇ライヒスマルクの中国宋代の鉢もあったが、この金額は一九三六年にアウトバーンの建設現場で働いていた作業員の半年分の賃金に相当した(47)。

外観的には伝統の素材や職人の技を強調していたヒトラーだったが、一方では自分の家に最新のテクノロジーの恩恵である快適さや便利さを取り入れようとしていた。大広間の映写機を設置したのは、ドイツの大手映画会社ウーファであった。映写スクリーンの下に配置されていた、上にリヒャルト・ヴァーグナーの鏡像が飾られた横幅一一フィート（約三・四メートル）のサイドボードの内部には、作り付けの立体音響スピーカー、ラジオ、ヒトラーのレコードコレクションがひっそりと仕舞われていた(48)（口絵4）。しかしいくら最新のテクノロジーを取り入れようとも、それがすべてスムーズに機能してくれるわけではなかった。ヒトラーはデガノの勧めにより、ゲーリングのオーバーザルツベルクの家にも導入されていたアメリカ式のオイル・ヒーティング・システムを発注した。デガノの説明によると、この暖房システムなら家屋に積もる灰を出さず、またサーモスタットによって制御されているため、家中が一定の温度に保たれ、ヒトラーが嫌う部屋の温めすぎを避けられるということであった。ところが、ボイラーがしょっちゅう故障を繰り返すうえ、修理を依頼しても業者はなかなかやってこなかった。一九三六年の冬が近づくころ、寒さに震えるヒトラーはデガノに向かって、「あの役立たずを、まるごと剥がして捨ててしまえ」と不満をぶつけた(49)。

デザイナーとの意見の食い違い、予算超過、作業を請け負う業者の不在といった問題は、これだけの規模の改築プロジェクトにおいては決して珍しいものではない。それでも、こうした事実を指摘しておくことは、ヒトラーの建築プロジェクトが行なわれていた当時、世間に広まっていた、そして現在に至るまで忘れられていない神話を否定するうえでは意味のあることだろう。その神話とは、たとえば超人的な偉業が行なわれた、あるいは工事はなんの障害もなく進んだという内容で、とくに有名なのは、新首相官邸が一年以下で完成したというものだ。ナチスの宣伝係《プロパガンディスト》は、総統の建築は彼の意思を純粋に別の形に変換させたものであり、それらがまるで魔法のように（労働争議も、予算超過も、材料不足も、作業の遅延もなしに）完成することは、ドイツ国民がその意思の実現のために力を合わせたときにどれほどのことができるかを示すものだと喧伝していた。大広間の開け放たれた窓いっぱいに広がるドラマチックな山景色や、白手袋をはめた親衛隊員がダイニングルームのテーブルを寸分の狂いもなく整えていく姿などは、現在もベルクホーフを扱う書籍のなかでなんの批判もなく、あったとしてもごくわずかな言及だけで掲載されている。こうした本の目的は、当時流された血ではなく、そこに存在したとされる驚異的な技術や規律正しさといったものによって定義される、過ぎ去りし時代への懐旧の念を起こさせることにある。[50]

同様の完璧さのオーラは、ここを訪れる著名人に対しても発揮され、私道《ドライブウェイ》から大広間へと彼らを導く過程は、入念に計算された演出の上に成り立っていた。訪問客は建物の北側に車で到着し、外階段でこの家の主人に迎えられる。ヒトラーと来客はドラムロールが響くなか、幅の広い階段を上ってテラス（ウンタースベルク産の赤大理石が敷き詰められていた）まで上がり、ヒトラーの護衛である黒づくめの親衛隊員が捧げ銃をしている脇を通り過ぎる。右へ曲がって屋根付きの通路にはいる。重厚なオーク材の扉を通ると、そこには玄関ロビーがあった（図23）。天井が低く照明の薄暗いロビーには、テューリンゲン産の赤大理石の円柱とヴォールト天井（アーチで支えられた曲面天井）のアーチがあり、ある訪問客はまるで「大聖堂の地下室」のようだったと証言している。[51] 玄関ロビーにはまた、トイレとコート掛けも設置されていた。ここから大広間にはいるには、ふたつの方法があった。ロビーの突き当たりまで歩き、右に曲がってさらに廊下を進み、また別の小さなロビーに出たら、そこから居間にはいる。居間に設けられた大きな長方形の入り口は、じきに大広間で披露されるヒトラーのパフォーマンスを予感させる、劇場のそれのような重たいカーテンで覆われており、来客はこれを開いて大広間へとはいった（図27）。あるいは、もといた玄関ホールから直接大広間にはいることもできた。この場合は、屋内にはいってすぐ右手にあるドアをくぐる。どちらのケースにおいても、先述した通り、天井の低い狭くて暗い空間から、窓からの明かりがたっぷりと差し込む広々とした大広間への移動は、この部屋が与える心理的な衝撃を一層高める効果を持っていた。

天候が荒れ模様の日には大広間でお茶が供されることもあり、一九三八年九月一五日にチェンバレン英首相がここを訪れたときも例外ではなかった。チェンバレンがオーバーザルツベルクにやってきた目的は、ヒトラーによるチェコスロヴァキア侵攻の脅威を軽減するための条件を話し合うことであった。この二週間後には、ドイツに譲歩したミュンヘン協定が締結されることになる。「英独間の深い理解と協力」を育み、またナチ政府は平和を望んでいるというメッセージを伝えることを目的としたイギリスの雑誌『アングロ＝ジャーマン・レビュー』は、一九三八年九月号の表紙に「総統の有名な山荘」で開かれた歴史的な茶会の写真を掲載した。つまりこの雑誌は、戦争をなんとしても回避したいと願う六九歳のチェンバレンをアルプスの山の上まで出向かせたヒトラーによる威嚇戦術よりも、彼が客人をもてなす姿を強調することを選んだわけだ[52]（図29）。

総統から昼食に同席するよう誘われた場合、客人はいったん玄関ロビーに戻り、そこから東に進んで、家の主要部分に隣接して作られた新たな翼《よく》にあるダイニングルームにはいった（図30、図23）。細長いダイニングルームは、大広間から見て垂直方向に延びており、メインテーブルに一八人、半円形のアルコーブに六人分の席が設けられていた。このアルコーブは、早起きをした客人が気楽に朝食をとれる場所としても使われていた（ヒトラーは朝食を書斎でとっていた）。ダイニングの内部は、全面がスイス製のマツ材で覆われていた。ナチスの公共の建造物に使われた素材は圧倒的に石材が多かったが、ヒトラーのお気に入りは木材だったとゲルディ・トローストは述べている。椅子はテラコッタ色の革で覆われ、これは大広間の配色を意識したものだ。作り付けのディスプレイ・キャビネットと花が生けられた花瓶のほかに装飾はなく、節くれだった木材自体が強烈な視覚効果を生み出していた。ヒトラーはテーブル中央のウンタースベルクが見える位置に席を占めた。彼と客人の給仕をする白い制服を着た親衛隊員が、フォーマルな印象を醸し出した。シュペーアはダイニングについてこう述べている。「ダイニングはアーティスティックな田舎らしさと、ある種の都会的エレガンスが混ざり合った、富裕層のカントリーハウスによく見られる類のものだった[53]」。調理が行なわれる場所は、新しい翼の東端にある、ダイニングに隣接したキッチンだった。

SEPTEMBER 24, 1938

NUREMBERG
PICTURE SUPPLEMENT

ANGLO-GERMAN REVIEW

VOL. II. No. 10　SEPTEMBER 1938　PRICE SIXPENCE

Photo: International Graphic Press

THE MEETING AT BERCHTESGADEN: MR. CHAMBERLAIN WITH THE FÜHRER, HERR von RIBBENTROP, SIR NEVILE HENDERSON AND OTHERS, AT TEA IN THE FÜHRER'S FAMOUS CHALET

NEVILLE CHAMBERLAIN

A BIOGRAPHICAL SKETCH

ALAS, THE PRESS . . .
By ADMIRAL SIR BARRY DOMVILE

★

THE CZECHS IN HISTORY
By PROFESSOR SIR RAYMOND BEAZLEY

THE GERMAN LABOUR SERVICE : By E. K. MILLIKEN

CURRENT OPINION ★ PRESS REVIEW ★ TOPICAL ARTICLES ★ ANGLO-GERMAN NEWS ★ THE LINK ★ BOOKS, Etc.

図29 『アングロ＝ジャーマン・レビュー』誌1938年9月24日号の表紙に掲載された、ベルクホーフの大広間でヒトラーとお茶を飲む英首相ネヴィル・チェンバレン（ヒトラーの左）と来客たち。1938年9月15日、ヒトラーのチェコスロヴァキア侵攻に対する意向をめぐる国際危機について話し合うため、チェンバレンはオーバーザルツベルクを訪れた。

公式の訪問客は、必要に応じてロビーの階段から二階へ上がり、美術作品がずらりと並ぶ幅一七フィート（約五・二メートル）の荘厳な廊下を進み、その先にあるヒトラーの個人用の書斎にはいって、内密の話し合いをした（口絵9、図24）。かなり広々としたヒトラーの書斎は大広間の真上に位置しており、バルコニーに出られる三つのフランス窓と、両側の壁に作り付けの書棚があった。部屋の中央に置かれていたのはヒトラーの机で、そのうしろの壁には彼の両親を描いた油絵（写真をもとに制作されたもの）が見えた。机の向かいにはクリーム色のタイル張りストーブがあり、ゾフィ・シュトルクがほぼ緑一色で描いた人物像があしらわれていた。部屋の西端には暖炉の前に椅子が配置され、壁にはアントワーヌ・ペスヌが描いた若き日のフリードリヒ大王の肖像画が掛かっていた。(54) 壁は磨き上げられたトウヒ材に覆われ、ゲルディ・トローストは「灰緑色《かいりょくしょく》の基本色調」をカーテン、カーペット、椅子の布張り地に採用し、そこに再度、大広間の配色から取り入れたテラコッタとベージュをアクセントとして加えていた（この家全体に多用されているテラコッタは、パウル・トローストが好んだ色でもあり、彼の作品とのつながりを示す役割を持っていた。ヒトラーがその内装に非常に感銘を受けたエウロパ号の色彩設計においても、軸となる色はテラコッタであった）。(55) 当時のドイツのデザイン誌は、この部屋が醸し出す雰囲気を「暖かく家庭的な印象」と表現したが、当然ながら、オーストリア首相クルト・シュシュニックが受けた印象は、これとはまるで違っていたことだろう。彼は一九三八年二月一二日、この場所でヒトラーから何時間にもわたって、彼自身の祖国の主権を侵害することに同意せよとの脅しを受けたのだ。(56)

特筆すべきは、ベルクホーフで要人を迎えるために使われていた三つの公共、半公共空間——大広間、ダイニングルーム、書斎——がすべて、伝統的な住宅建築において男らしさともっとも強く関連付けられる場所だったことだ。これらの部屋は、一般的に家を象徴・代表する空間であり、仕事が遂行され、家主の富や権力が示される場であった。ベルクホーフが完成したのは一九三六年七月初旬で、「レーム一揆（長いナイフの夜、一九三四年六月三〇日～七月二日）」からはまだ二年しかたっていなかった。レーム一揆はヒトラーが自らの政敵や宿敵を殺害させた事件であり、被害者のなかには大勢の突撃隊幹部や、突撃隊のリーダーであり、一揆を目論んだと糾弾さ

図30　Foto-Technik Kaminski、ミュンヘン。ベルクホーフのダイニングルーム。1936年頃。

れたエルンスト・レームも含まれていた。レームが同性愛者であったことも、彼らの殺害を正当化する理由として繰り返しほのめかされており、そして虐殺から一年がたった一九三五年六月二八日、ヒトラー政権は刑罰の対象となる同性愛罪の法的な定義を拡大し、いわゆる「性的退廃者」の迫害強化に踏み切った。こうした一連の行動は、ヒトラーがレームと同じ性的指向を持っているとの噂を完全に消し去るには至らなかったものの、その疑いをある程度軽減する役割をはたした。[57]つまりヒトラーは、とくに好印象を与えたい相手に対して自らの姿を見せつける場所として選んだこれらの部屋のなかで、権力と教養のみならず、自身の「正しい」男らしさを伝えようとしていたのだ。そうした男らしさは、ヒトラーが一九三〇年代なかばに演じていた「正常性」という外観の重要な一要素であった。この家に女性の伴侶が存在しないことは広く知られていたが、マスコミの写真にもよく登場する、大広間の暖炉脇の目立つ場所には、女性の官能的な姿を描いた作品が配置されていた。イタリア・ルネサンスの画家で、ティツィアーノの弟子パリス・ボルドーネが描いた《ヴィーナスとキューピッド》には、横たわる裸の女神が描かれており、またアンゼルム・フォイエルバッハが一八六二年に描いた、彼のモデルであり創作意欲の源だった女性《ナンナ》の肖像画は、ヒトラーのお気に入りだったと言われている。こうした作品は、ヒトラーが送っているいかにもヘテロセクシャルの独身男性らしい家庭生活の様子と、彼の文化的洗練をさらに強調する役割を持っていた(58)。

大広間以外で、ベルクホーフのなかでとくに有名だったエリアといえば、アルプスの絶景が望める屋外のテラスだ。このテラスは、テーブルや色鮮やかなパラソルが置かれたリラックスした雰囲気のスペースで、ヒトラーはここで党の役人、青年団体、側近のほか、あまり堅苦しくない話をしたい相手と会っていた。ヒトラーの周りの人間は、大広間よりもこうしたくだけた場所での会合を好んだ。ヒトラーの秘書を務めていた若い女性トラウドゥル・ユンゲは、小さな居間は暖かいタイル張りストーブ、温室の美しい花々、やわらかな肘掛け椅子などがある落ち着いた空間で、またテラスはすばらしい景色が望めたと回想しているが、一方で大広間については「分厚いカーペットが敷かれ、立派なタペストリーがあり、貴重な品々が壁にも家具の上にも飾られていたにもかかわらず、冷え冷えとしていた」と述べている(59)。夜になると、スタッフたちは新しい東翼の地下に設けられたレーンでボウリングをすることもあった。ヒトラー自身「ボウリングが大好きだった」と、彼の従者ハインツ・リンゲは証言している。ボウリングはヒトラーにとって唯一とも言える運動であり、これ以外には「ベッドの下にエキスパンダーが置いてあるくらいだった」という。米国立公文書館に所蔵されているハインリヒ・ホフマンのアルバムには、ボウリングの玉を投げている最中のヒトラーの写真もある(60)。

ベルクホーフの二階と三階は、この家の住人と来客専用のエリアだった(図24)。ヒトラーの寝室は二階の執務室の脇に配置されていた。セキュリティのためかプライバシーのためか(あるいはその両方か)はわからないが、寝室にはメインの廊下に直接出られる戸口が設けられておらず、隣接する控えの間か、執務室を通って外に出るようになっていた。エーファ・ブラウンの寝室はヒトラーの寝室の隣で、ふたりの部屋は控えの間とバルコニーでつながれていた。部屋にはそれぞれ専用の浴室が付いていた。寝室の向かいには階段があり、これを下りるとそこは旧ヴァッヘンフェルト・ハウスの二階で、部屋が三つと共用の浴室があった。ここを使っていたのは当番の従者と運転手だ[61]。東翼の二階と主棟の三階にはそれぞれ客人とスタッフのための寝室があったが、このふたつの空間のあいだには明確な区別は設けられていなかった。シュペーアはこうしたレイアウトに批判的で、階段の配置のせいで、公的な会議が一階で行なわれているときには、二階の客は公共空間を横切って行かなければならず、行動の自由が妨げられると主張していた[62]。

秘書や副官の執務室は西の旧翼に残された。スタッフの階級の差は、それぞれの部屋の差に反映されていた。ユンゲによると、首席副官の執務室は「田園風スタイルの魅力的な部屋」で、これとは対照的に、秘書の執務室は暗くて「簡素な醜い部屋で、家具もほとんどなかった」そうだ。「どうしてもわからなかったのは、この部屋がなぜこれほどまでに粗雑な扱いを受けていたのかということだ。もしかするとそれは、ヒトラー自身がそこへ一度も足を踏み入れたことがなかったせいなのかもしれない」と彼女は書いている。秘書の執務室の横には、設備一式が整った歯科治療の部屋があり、ベルリンのフーゴー・ブラシュケ教授が、歯科助手一名とアシスタント数名とともに、必要に応じてここで診療を行なった（戦後、ブラシュケ教授の歯科記録は復元されて、彼が診療したことのあるナチ党高官の遺体の確認に利用された）。この翼には床屋と警備担当者の共同寝室も置かれていた[63]。

要人をもてなしたり、政務を行なったりする場所であると同時に、ベルクホーフはプライベートな住居でもあった。この家に関する情報が広く報道され、ヒトラーゆかりの地をめぐる観光客が増加し、著名人もここを訪れるようになってくると、今度はベルヒテスガーデンはだれもが気軽に訪れていい場所ではないと告知をする必要が出てきた。一九三八年一〇月五日、マルティン・ボルマンは一般の人々に向けて、丁重な言葉づかいで「近寄るな」と命じるチラシを発行した。「ベルクホーフは総統の私的な住宅、個人の家庭であり、彼がここに滞在するのは、なによりもまず、邪魔をされることなく平穏に仕事に取り組めるようにするためである。こうした理由から総統は、総統ご自身からの明確な招待がない限り、いっさいの訪問を控えていただけるよう望んでおられる」[64]。自己犠牲的なリーダー像は、ナチ体制によるプロパガンダの典型であり、ボルマンはヒトラーのプライバシーの必要性を正当化する言い訳として、仕事を持ち出したわけだ。ヒトラーがいまでは姉ではない女性と一緒に暮らしていることは、ドイツ国民には秘密にされていた。アンゲラ・ラウバルがブラウンを嫌っていたせいで、当初はブラウンがオーバーザルツベルクを訪れることはまれだったが、一九三五年にヒトラーが突然姉を追い出したことから、彼女がここの住人となる道が開けた[65]。第三帝国時代にブラウンの存在が隠されていたこと、またヒトラーの個人的な書類が終戦時に廃棄されたことから、ベルクホーフにおける彼女の生活、またより広い意味でのヒトラーとの生活に関しては、いまも多くがわからないままになっている。リンゲは回顧録のなかで、ベルクホーフのスタッフはブラウンのことを「金めっきの檻に入れられた女の子」と呼んでいたと書いているが、ハイケ・ゲルテマーカーが書いたブラウンの伝記には、彼女はベルクホーフの女主人として、ある程度の力を持っていたとある[66]。

戦後、ブラウンが所有していたアルバムと、そこに貼られていたベルクホーフの写真を米国立公文書館で閲覧したカレン・カイケンダルが、トローストとの会話のなかでこれに言及すると、彼女は、自分が総統と仕事の話をしているとき、そこにブラウンがいたことは一度もなかったとコメントしている[67]。それでもトローストの布見本帳を見ると、「来客用寝室」と記された布サンプルの向かい側のページに、彼女の手書き文字で「E・B」というイニシャルが書かれており、つまりはトローストも、その寝室がだれのためのものなのかを知っていたことになる。寝室用の布には、様式化された動物のパターンがプリントされ、色はテラコッタとクリーム色のものと、テラコッタ、クリーム、フォレストグリーンのものがあった。ブラウンのアルバムのなかには、鳥柄の布にくるまれたソファベッドのある部屋を写した白黒写真がある[68]。ソファベッドの上には、裸婦を描いた官能的な絵画がかかっている。この写真の下に貼ったラベルに、ブラウンは「トルコ風の部屋――わたしの部屋」と記している。部屋の名称がなにを意味するのか、またそれがブラウンの発案だったのかはいまもわかっていない――ブラウンの伝記作者たちはこれについて、彼女が「ハーレムの夜」を夢見ていたからだとか、部屋のカーペットの模様に由来するのだとか、さまざまな仮説を立てている[69]。

もうひとつ不思議なのは、彼女のアルバムにはこの部屋以外にも、「ベルクホーフでのエーファの新しい部屋」というラベルが付けられた一連の部屋が登場することだ。この部屋の空間と家具類は、トルコ風の部屋と呼ばれていた部屋とはあきらかに異なる。写真とラベルは、これらの部屋が居間と寝室だったことを示しており、この情報はヒトラーの首席副官だったユリウス・シャウプの回顧録とも一致する。シャウプはそのなかで、ブラウンはほかの客人とは異なり、居間、寝室、浴室からなるこぢんまりとした住居を持っていたと書いているが、それがベルクホーフのどこにあったのかについては言及していない[70]。ところが建築当局に提出された一九三六年の計画書を見ると、ヒトラーの寝室に隣接する部屋はひとつしかなかったことがわかる（おそらくはアルバムでトルコ風の部屋と呼ばれている部屋）。計画書が正確であることは、一九五五年にリンゲが書いた文章によって裏付けられており、そのなかにはヒトラーの書斎と寝室に加え、すぐ隣にあったブラウンが使っていた部屋への言及がある。部屋のレイアウトと、部屋のあいだをつなぐスペースに関する彼の記述は、一九三六年の計画とぴたりと一致する[71]。とはいえ、ブラウンがヒトラーの隣にある部屋以外に、ベルクホーフ内の別の場所に部屋を持っていたというのもありえない話ではない。母屋三階の、ヒトラーの執務室の真上にあたる場所には、開廊に出られる居間、個人用の浴室が付いた寝室、入り口兼用のウォークイン・クローゼットが揃った居住区画があった。この区画があるいは、ブラウンのものだったのかもしれない。同区画付近に設置された階段は、ヒトラーの寝室の外にあるホワイエに続いていたため、あまり目立たずに互いの部屋を行き来することができただろう[72]。

アルバムのなかの、ブラウンが自分の居間の一部とコメントを付けている写真には、チェストと、その上の壁に掛けられたテオドーア・ボーネンベルガー作のヒトラーの肖像画が見える（図31）。ボーネンベルガーは、プロパガンダ用書籍『アドルフ・ヒトラー――ひとりの男と彼の国民』の口絵に使われた、ハインリヒ・ホフマン撮影によるヒトラーの写真を模写している。この絵の構図は、一九三二年の選挙用ポスターを真似たものであり、

図31　ベルクホーフのエーファ・ブラウンの部屋。テオドーア・ボーネンベルガー作の額装されたヒトラーの肖像画が壁に掛かっている。この写真は、ブラウンが作っていたアルバムに貼られているもの。

そこでもやはりヒトラーの顔だけが切り取られて、漆黒の背景に浮かぶように配置されていた。暗闇のなかからヒトラーの顔が浮かび上がるその写真からは、強烈でこの世ならぬパワーが伝わってくる——その不気味さは、これがデスマスクの写真をもとにしたのではないかと思えるほどだ。[73] アルバムのなかの、トルコ風の部屋の窓辺を写したまた別の写真では、ブラウンの机の上の壁に、突撃隊の制服を着て立つヒトラーの公式ポートレートを入れた小さな額が掛かっているのが見える——この写真は、ドイツ中の人々が職場の壁に掛けていたのと同じものだ。[74] どうやらブラウンが部屋に飾っていた恋人の肖像は、こうした改まった写真だけだったようだ。ブラウンが、プライベートな空間でもプラトニックな関係を装うことを強制されていたのか、それとも彼女が本当にヒトラーという存在を恋人である前に総統であると認識していたのかは、だれにもわからない。

ブラウンは完成したベルクホーフ内外の空間を写真に収めながら、カメラのレンズを通して新しい家を自分の居場所にしようと努めていた。その写真からは、彼女がこの家に対して感じていた疎外感と親近感の両方が伝わってくる。たとえば、だれもいないがらんとした大広間を写した写真が複数あるが、そのなかでも低いアングルから撮られたものは、大きな家具がこちらを威嚇しているかのように見える。こうした大広間の写し方は広報用写真を真似たもので、いかにもここは総統の領域だといった雰囲気が伝わってくる。一方で、ヒトラーがブラウンの犬や、彼女の友人ヘルタ・シュナイダーの幼い子どもたちと遊ぶ姿を間近に捉えた写真のなかでは、大広間は家族の部屋へと変貌する。とくに数が多いのは屋外のテラスを写した写真で、ブラウンはこの空間をたいそう気に入っていたようだ。テラスはブラウンにとって、友人たちとの語らいを楽しんだり、日光浴をしたりする場所であると同時に、ヒトラーとその取り巻きたちを撮影するためのステージでもあった。ブラウンがテラスで社交を楽しむ人々を撮影したカラー動画は、米兵によって発見され、一九七三年にカンヌ映画祭ではじめて一般に公開された。まるで絶え間なく日差しが降り注ぐ怪物たちの遊び場といった印象のこの動画は、いまでは戦後の人々が想像するベルクホーフの文化と切っても切り離せないものとなっている。[75]

ベルクホーフでの生活の明るい側面を捉えたブラウンの写真としてはこのほか、モースラーナーコプフにあるティーハウスまでの、午後の散歩の様子を撮影したものもある。モースラーナーコプフとはベルヒテスガーデン渓谷を見下ろす丘のことで、ベルクホーフからは一・六キロほどの距離にあった。一九三七年に、ヒトラーが贔屓にしていたもうひとりの建築家ローデリヒ・フィックによって建てられたこのティーハウスの円筒形をした主棟は、シンプルで飾り気がなかった。ブラウンや親しい客人たちと連れ立って歩くティーハウスまでの散策は、ヒトラーにとって毎日欠かせない習慣の一部となっていた。ベルクホーフから離れた場所にあった、この伝統的な意味での女性らしさを感じさせる建物のなかで、ブラウンは女主人として振る舞っていた。ティーハウスを作るというアイデアをヒトラーが思いつくきっかけとなったと思われるのが、一八世紀なかばにフリードリヒ大王がポツダムのサンスーシ宮殿のそばに建てさせた「中国風」の円形のティーハウスだ。一九三三年の旧首相官邸改装の際、パウル・トローストがヒトラーのために設計したダイニングルームは、サンスーシ宮殿からその形状やイメージのヒントを得ていた。ただし今回のケースでは、ふたつの建物の構造と精神は、互いにこれ以上ないほどかけ離れていた。サンスーシ宮殿にある中国風の別棟は空想の世界のような建物で、東方様式とロココ様式の特徴をミックスした装飾によってきらびやかに彩られ、また食事をし、音楽を奏で、お茶を飲む「中国人の」男女を象った、金メッキの実物大彫刻が散りばめられていた。これらの装飾には、茶の地理的な起源を想起させ、また客人に、まるで伝説の東洋の国に連れてこられたかのような錯覚を起こさせるという狙いがあった。ヒトラーのティーハウスには、そうした白昼夢を見させるような要素は皆無だったが、本人はケーキを食べたあとで、よくここで昼寝をしていたという。

テラスやティーハウスを写したこれらの写真には、本来の彼女自身に近いブラウンの姿が表れているが、彼女のアルバムには同時に、ベルクホーフでの生活で彼女がどんな制約を受けていたのかも垣間見ることができる。一九三九年八月に撮影された数枚の写真はとくに印象的だ。そこには、イタリアのガレアッツォ・チャーノ外相がベルクホーフに到着し、正面の階段でヒトラーの挨拶を受ける姿が写っている。公式な来客があるときの常として、ブラウンは上階に隠れているよう言いつけられていた。リンゲによると、ブラウンはハンサムなチャーノ

図32　エーファ・ブラウンのアルバムの一ページ。1939年8月、ガレアッツォ・チャーノ伊外相がベルクホールに到着するところを撮影したもの。

外相のスマートさに感嘆し、いかにも残念そうにこう言ったという。「総統がチャーノ伯爵みたいに粋な着こなしをする人だったらよかったのに」。チャーノ外相に会うことを禁じられたブラウンは、カメラを通した反逆を企て、二階の窓から彼の来訪を撮影したのだった（図32）。このときの写真には、窓枠と格子がはっきりと写っており、これを撮影した人物が、まるで塔のなかの囚人のように束縛されている状況がよくわかる。写真の下に貼られているタイプ文字のラベルには、こんな挑戦的な文句が記されている。「……窓からはなんだって見える！」続いてブラウンは大胆にも窓を開けて、さらに撮影を続けた。チャーノはこれに気づいたようで、ある写真では興味深げに上を見上げており、ブラウンはそこにこんなラベルを付けている。「その上には、見ることを禁じられたなにかがある……それはわたし！」ヒトラーは親衛隊員をブラウンのところに行かせて撮影をやめるよう伝え、ブラウンはそのこともラベルに記

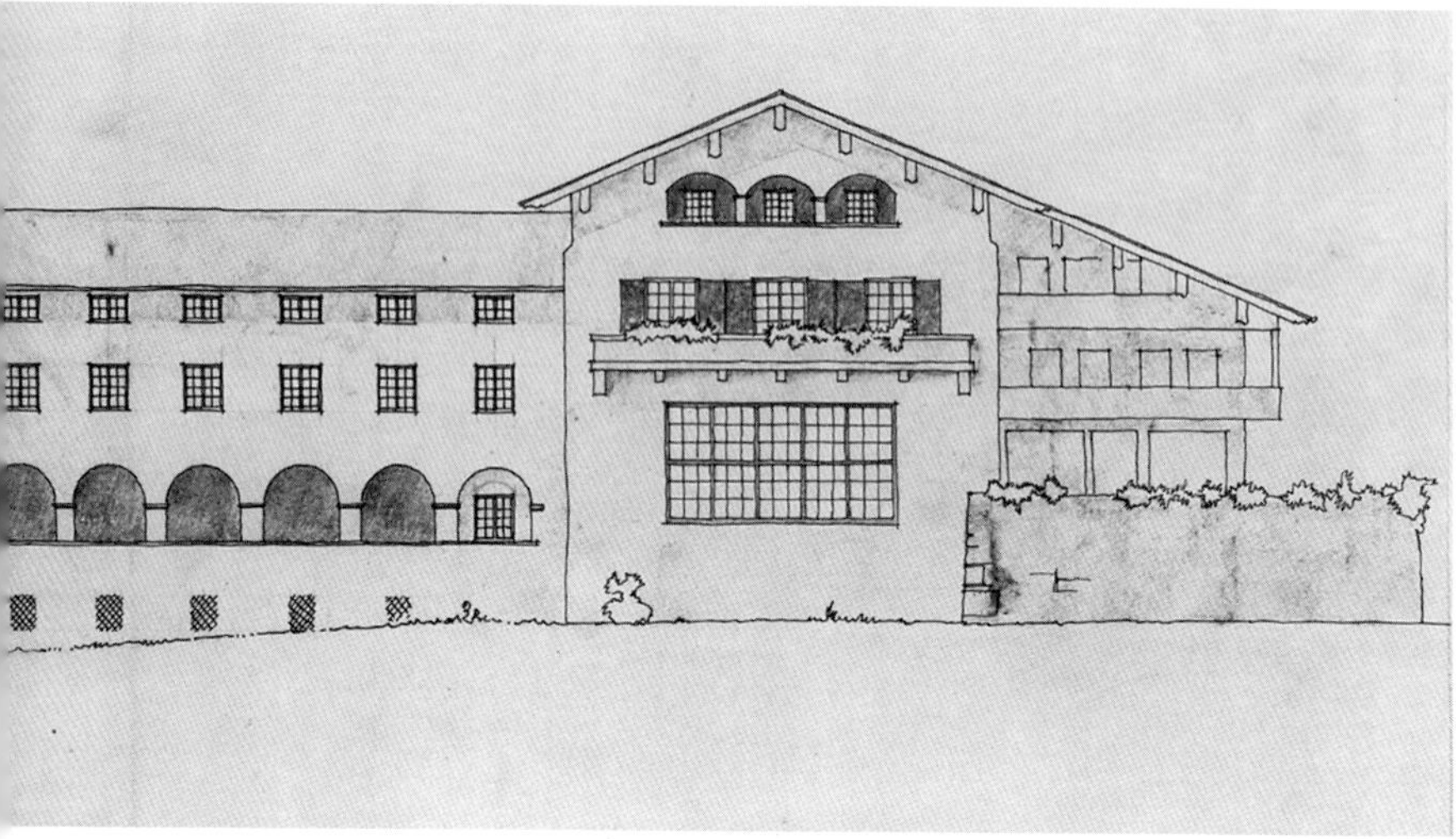

している。[76]

一九三六年にベルクホーフが完成したとき、ここには三〇以上の部屋があり、そのうち少なくとも二〇部屋に寝室用の家具が入れられていた。ヒトラーの滞在中、部屋は彼のスタッフ、ブラウン、ときおりの来客、一部は住み込みだった三〇人の家事従業員でいっぱいになった。[77] ヒトラーにとってはしかし、この家はまだ大きさも威厳も十分ではなかったようだ。一九三九年、彼は新しい翼をさらに東へ延ばすよう増築を依頼し、新しい出窓、独立した私道《ドライブウェイ》、荷物配達用のエントランスを追加した。[78] 実のところヒトラーが当初考えていたのは、これよりもずっと大規模な計画で、家の東側にふたつ目の巨大な翼を増築しようというものだった。ミュンヘンのバイエルン中央州立文書館には、その存在をあまり世間に知られておらず、ほぼ出版もされていない図面のポートフォリオが所蔵されており、そこには実現に至らなかった増築計画の設計図も含まれている。[79] 机上の空論に終わった計画ではあるが、この設計図は、ヒトラーが家庭における自己というものをどのように思い描いていたのか、また彼がそうした自己像を他人からどのように見られたいと思っていたのかを知るうえで、重要な手がかりを提供してくれる。

図33　ベルクホーフに増築される翼の、新しい北西側ファサードの一案を示した立面図。実際に建造はされていない。署名と日付なし。

　一連の設計図のなかには、立面図、断面図、間取図が多数含まれており、新たに計画されていた翼の多様な案が示されている（図33‐図35）。署名や日付はないが、これらはおそらくヒトラーが東翼を増築した一九三九年頃に制作されたものと思われる。仕事の量と質から判断するに、大規模増築というアイデアは一時的な気まぐれではなく、慎重に検討されたプロジェクトで、そのコンセプト立案と計画に多くのリソースが割かれていることがわかる。もし実現していれば、この家の建造物としての形状と、滞在する人々が受ける印象は大きく変わっていたはずだ。

　計画されていたふたつ目の翼は、ベルクホーフの母屋から東方へ突き出し、かつ正面の壁の位置を母屋のファサードとぴったり揃えるよう想定されていた（図33）。新翼は一九三六年に完成した東翼の目の前に、それと平行に立ち、東翼からの山の景色を遮って中庭《コートヤード》を形成することで、「ベルクホーフ」という名のもうひとつの意味である「山の宮廷《コート》」を体現する、という構想であった。またこのレイアウトが実現した場合、新翼の東端に新しく大きなエントランスが作られることになり、訪問客が到着した際の状況も変わっていたはずだ。エントランスのそばにはまた、ロータリーあるいは円形の駐車スペースが設けられることにな

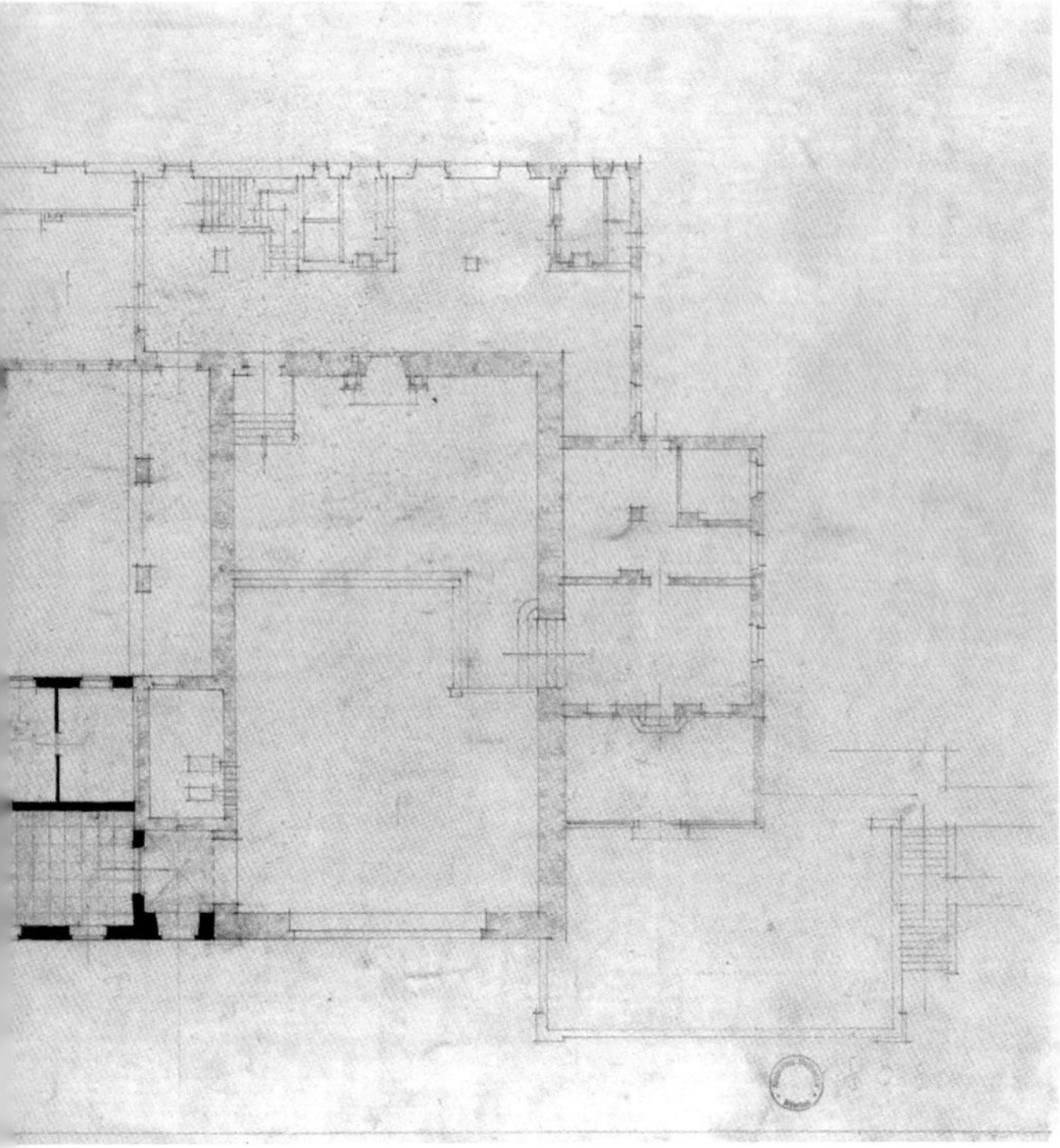

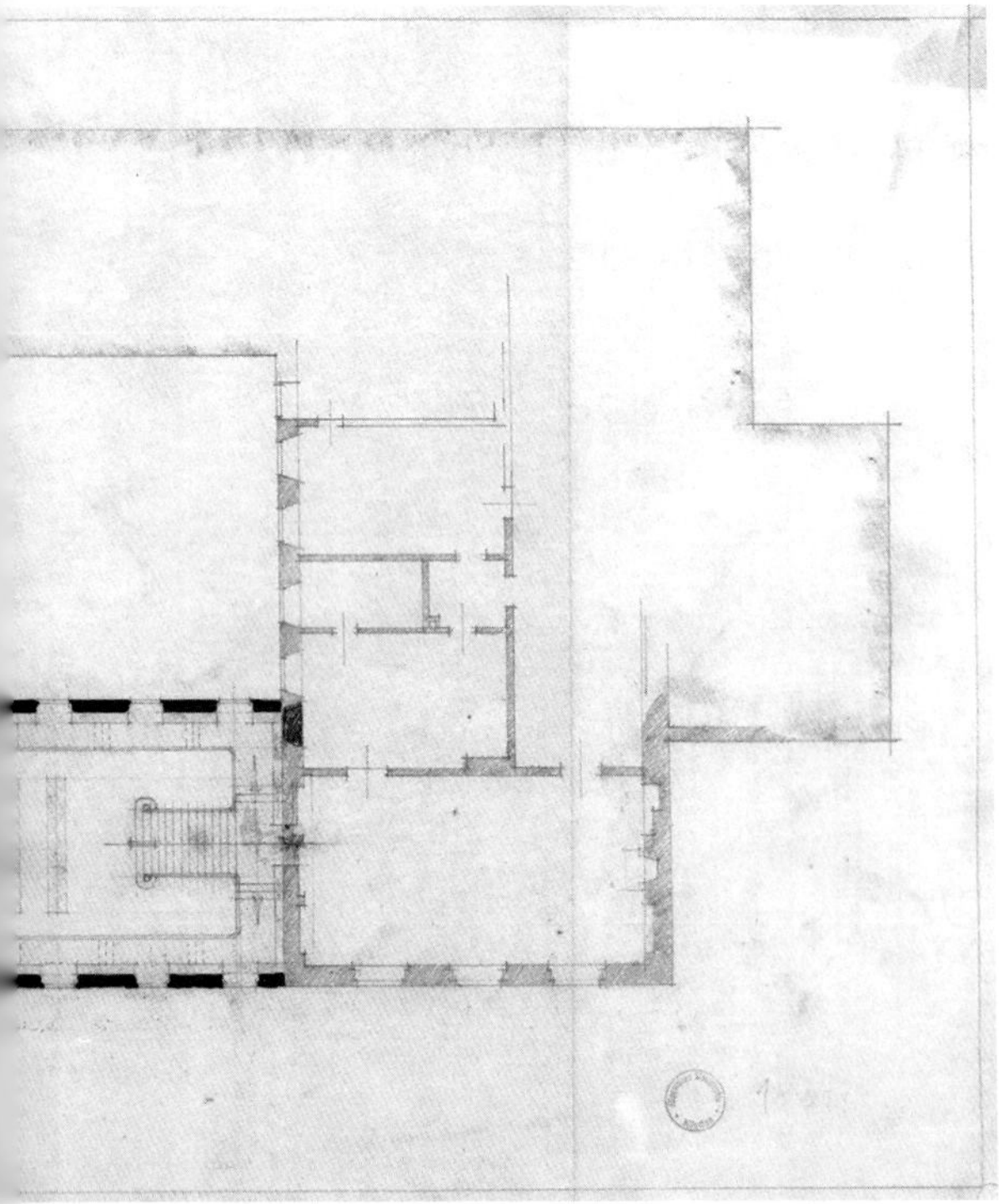

図 34　ベルクホーフに増築される翼の 1 階の平面図。実際に建造はされていない。署名と日付なし。

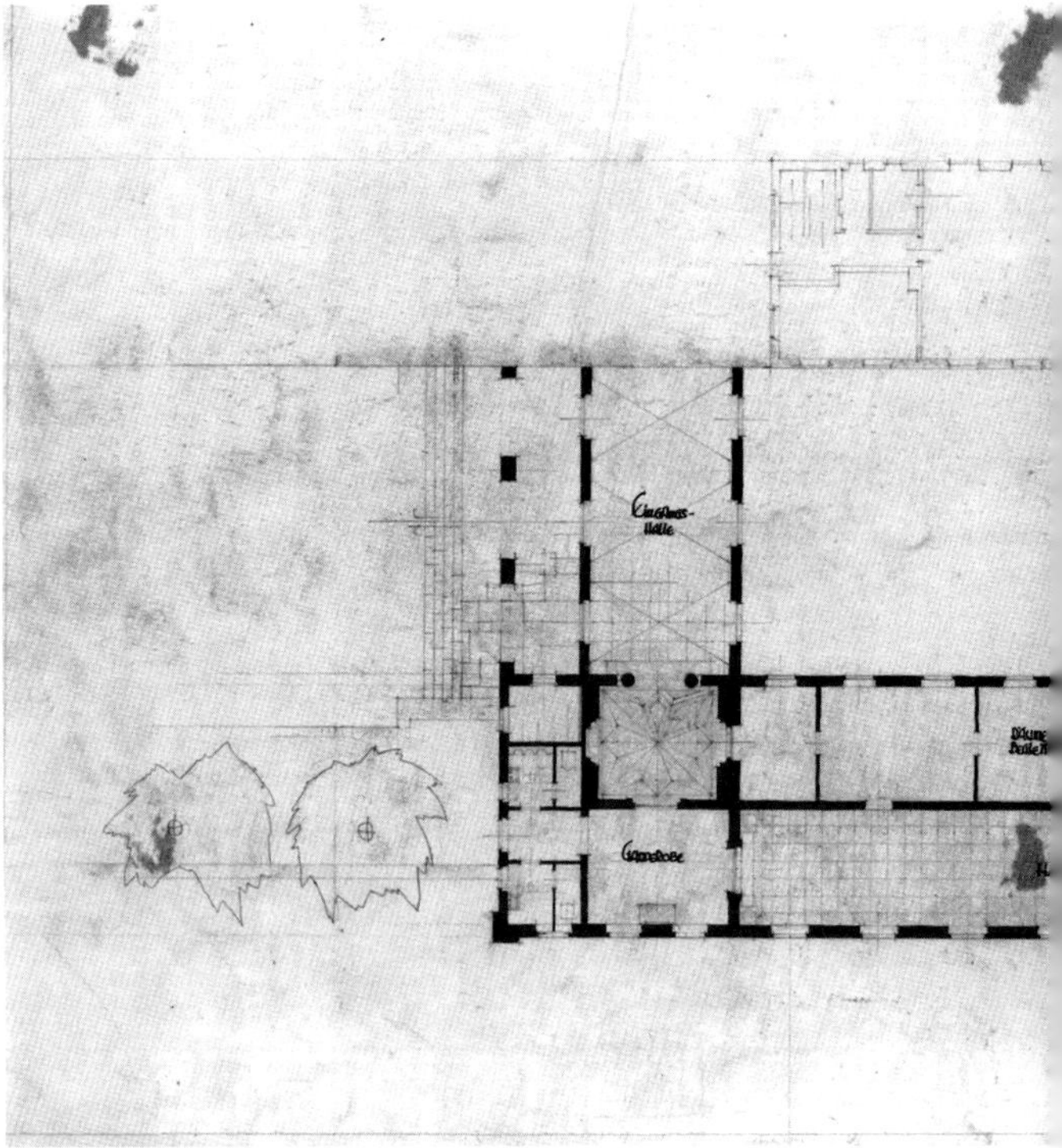

図 35　ベルクホーフに増築される翼の 2 階の平面図。図書室があるのがわかる。実際に建造はされていない。署名と日付なし。

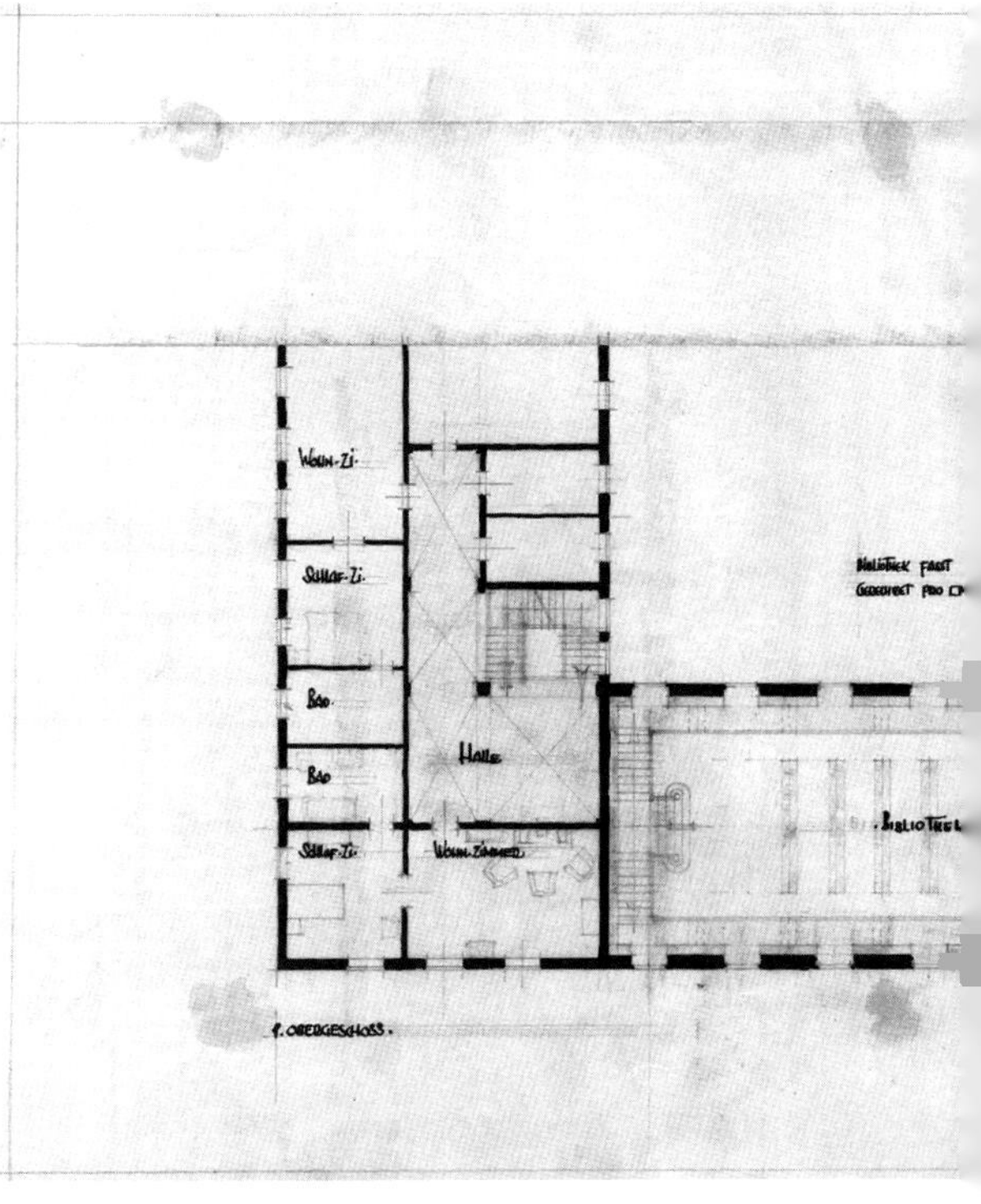

っていた。[80] たとえばある設計案は、訪問客が幅の広い階段を上って広々としたエントランスホールにはいるというものであった（図34）。そこから右に曲がり、アーチが複雑に入り組んだ天井のある部屋を通り抜け、トイレと隣接したクロークルームにはいる。ここから翼の端まで歩いたところが大広間で、大きな窓のすぐ隣に新しく設けられたドアを通ってなかにはいる（図面には明確な記述がないが、家の住人はエントランスホールから左に曲がれば、私室が並ぶ二階へ続く階段まで行くことができ、使用人や配達人もまた、キッチンに容易にアクセスできるようになっていたものと思われる）。エントランスから総統がいる部屋までをつなぐこの長い通路は、あえて不安を煽る効果を狙ったものだろう。これはある意味、シュペーアが新首相官邸に設けた来客を長々と歩かせるルートにも似ているが、ただしこちらの通路の場合、歩いている最中に見られるのは見事な建築ではなかった。訪問客は、雄大な山々のパノラマを、ずらりと並んだいくつもの窓を通してチラチラと横目に見ながら歩いていき、やがて大広間にたどり着くと、そこには一段と大きなパノラマが待っているという仕掛けだった。廊下の脇には客人の側近用の部屋が五つ、縦列配置《アンフィラード》（部屋の出入り口を向かい合わせの位置に設け、ドアを開けておくとすべての部屋を見通せるように並べる手法）に並んで（もうひとつの室内のパノラマを形成して）いた。ふたつ目の翼の一階はつまり、訪問客のためにだけに設けられる空間であり、その目的はなにより、到着時の体験をいっそう劇的に盛り上げることであった。また新しい翼は家のほかの部分とは隔離されていたため、シュペーアが懸念していた人の流れの問題もおおむね解決されるはずだった。[81]

結局は実現に至らなかった図面を収めたこのポートフォリオにはしかし、これよりもさらに大きな驚きが隠されている。ベルクホーフに関する戦前の報道においては、いちばんの注目を浴びていたのは大広間だった。それを考えると、ヒトラーがその主役の座を奪いかねない呼び物を用意しようとしていたというのは、かなり意外に感じられる。その呼び物とは、二階の恐ろしく大きな図書室だ（図35）。図面によると、この図書室は上下二層からなる巨大な空間――奥行きは大広間よりもずっと長かった――で、六万一〇〇〇冊という膨大な冊数を所蔵するキャパシティを持ち、その規模は大学や公共の図書館に匹敵するほどであった。図書室への入り口は、ヒトラーの書斎の東端に設けられていた。ドアは図書室の上層に位置し、そこには下層に続く巨大な階段があった（部屋の反対側には小さな階段も設置されることになっていた）[82]。家のアイデンティティとして図書室を中心に据えるというこのアイデアはあるいは、リヒャルト・ヴァーグナーの家であるヴァーンフリート館と、その見事な蔵書に着想を得たものだったのかもしれない[83]。一般に男性的な力や創造性と関連付けられる図書室は、ヒトラーの男らしいイメージを演出する役割をはたしたことだろう。しかしそれ以上にこの施設は、彼が力強い指導者であるのみならず、教養ある人物であるという認識を広めたはずだ。大広間に芸術作品や音楽への興味を提示することもこれと同様の効果を上げてはいたが、大規模な図書室を家のなかに作れば、知的な男性としての総統のイメージはいっそう強化されたに違いない。

残念なことに、ポートフォリオには、ヒトラーがなぜ東側にふたつ目の翼を作ることをあきらめたのかを明確に説明する内容は含まれていない。北側のファサードを描いた何枚もの図面からは、設計者が増築部分のフォルムとプロポーションのバランスに苦心を重ねたことが伝わってくる。ある案では、西側にある構造物を忠実に真似て、翼の東端に普通の家屋のようなファサードとテラスを作ることが提案されている[84]。このほか、翼の巨大さが必要以上の注目を浴びることのないよう、ファサードにバルコニー、出窓、ペンキで彩色したバイエルン風の装飾を取り入れるという案もあった[85]。しかしいくら多様な案を出そうとも、建物が要塞然とした雰囲気を帯びるのは避けようのないことであり、そして当然ながらヒトラーは、オーバーザルツベルクからそう遠くない場所にそびえる、専制支配の象徴たるザルツブルク城と似たような印象を与えることは好ましくないと考えていたはずだ。ヒトラーは一九四二年、ベルクホーフの建造に関する話のなかで、一九三五年に建設現場を訪れたときのことをこんな風に語っている。「家の大きさが景色と調和しないのではないかというのが、やや気がかりだった。実際に目にすると、そんな心配とは逆にすばらしく馴染んでいたのはたいそううれしかった。わたしはそうした懸念から、すでに自分の欲求を抑えていたのだ——つまり、わたしの好みとしては、建物はあれよりもさらに大きくしたいと思っていたからだ[86]」。ヒトラーはどうやら最初に慎重を期したことを後悔していたようだが、一九三九年に家を増築する際にも、結局はさほど大げさでない選択肢を採ることになった。おそらくは山腹のスロープも、計画の破棄を決定する要素のひとつになったものと思われる。(87) どちらにせよ、こうして反故にされた設計図の存在から見えてくるのは、ベルクホーフの成り立ちに関するシュペーアの説明とは逆に、ヒトラーが、家庭における自己のイメージを世界に対してもっとも効果的に見せる方策について苦心を重ねていたという事実だ。

一九三九年九月一日の開戦時には、ベルリンを離れてオーバーザルツベルクに長期間滞在するというヒトラーの習慣はすでにすっかり定着していた。一九三〇年代なかば、ヒトラーは一年の三分の一以上を山で過ごしていた――一九三七年にはその長さは半年近くになり、彼が改装の成果に満足していたことが窺える。どうやら戦争はそうした快適さを放棄するに足る理由にはならなかったと見え、やがてベルクホーフは軍司令部となり、ヒトラーはこの場所で戦闘の指示を出し、戦略を練っていた。戦時中、ヒトラーが山に滞在する時間が短くなったのは確かだが、彼の不在が目立ったのはわずか二年のことであった――一度目は前線を東へ大きく押していった一九四二年、二度目は前線が国内に押し戻されてきた一九四五年だ。(88) ヒトラーはベルクホーフを離れるのをひどく嫌った。一九四二年初頭、東プロイセンに設置された総統本営「狼の巣」にやってきたときには、数百万もの人々を家から追い出したこの男は、自分が家にいられないことについて散々嘆いてみせた。「あの山の上にいられたらどんなにいいか！　もう一度あそこに登ることができたなら、どんなにすばらしいだろう。だがあそこは遠い、恐ろしく遠いのだ！(89)」

一九四四年には、ヒトラーはその年の三分の一をベルクホーフで過ごすことができた。そして一九四四年七月一四日、彼はベルクホーフをあとにし、二度と戻ってはこなかった。その直前、ヒトラーは「留守にしているあいだ、わたしの持ち物には手を触れるな」という指示を出していたようだ。一九四五年二月四日、マルティン・ボルマンの妻ゲルダは、ベルリンにいる夫にこんな手紙を書いている。「昨日と今日、トロースト夫人から電話がありました。彼女は何時間でもおしゃべりが続けられるし、こちらがなにかひと言言えば、それが新たな会話の種になるんですよ！　彼女は、ベルクホーフの大広間を、経年と光で変化した色で塗り直したほうがいいと考えているそうです——さもないと、絵画を取り外したときにひどい見た目になると、彼女は言っています。総統がなにもしなくていいとおっしゃっていることは、彼女も知っているそうです。それでももし塗り直さなければ壁はだめになってしまうし、作業は簡単なもので数日あれば終わるので、おそらく総統はお気づきにならないだろうとのことです」[90]（ボルマンはこの要請を却下している）。国民の半数が爆撃にさらされて家を追われているときに、トローストがペンキの色褪せを気にかけることができたという事実は、あまりに信じがたい。しかしそれよりも信じがたいのはおそらく、そこら中で大惨事が巻き起こっているにもかかわらず、ヒトラーがあきらかに、自分はなにも変わらないわが家に戻れると信じていたことだろう。

第5章　ゲルディ・トロースト――ヒトラーが選んだもうひとりの建築家

一九四五年五月二日、目を覚ましたドイツ国民を待っていたのは、彼らの敬愛する総統が戦争に「倒れ」、この先は彼なしで敵に立ち向かうことになるというニュースであった。翌日、ゲルディ・トローストは病床に臥し、そのまま一週間起き上がらなかった(1)。ゲルディはヒトラーに協力した芸術家のなかでも、いちばんの理想主義者かつもっとも長く仕えた人物であり、一九三〇年から終戦に至るまで彼のそばで働き続けた。ゲルディはまた、ヒトラーに対する忠誠心においても飛び抜けており、戦後の非ナチ化裁判においてさえ彼を否定することを拒否したため、最終的には過去の行ないのみならず、非協力的な態度とそのプライドに対しても罰を受けることになった。その一方で、彼女は多くの意味で、ヒトラーの取り巻き集団のイメージにはそぐわない異分子的なパートナーであった。その理由は彼女の性別や、激しいまでの独立心の強さ、ときとしてヒトラーと意見が対立したこと、そしてそれを心のなかに仕舞っておくことがほとんどなかったことだ。

一九〇四年三月三日、シュトゥットガルトの町で、ゾフィ・ゲルハルディーネ・ヴィルヘルミーネ・アンドレゼンとして生まれたこの女性は、一九二三年に父親のアトリエでパウル・トローストと知り合って結婚したが、もしこの結婚がなければヒトラーと出会うこともなかったかもしれない（図36）。インテリア・デコレーターのヨハネス・アンドレゼンは、ブレーメンにあるドイツ木工工房のオーナー兼所長だった。この工房は、パウル・トローストが北ドイツ・ロイド汽船の「シエラ」シリーズ汽船向けにデザインした内装の製作を請け負っていた。ゲルディ・アンドレゼンは一六歳でデュッセルドルフの女子高等学校での勉強を終えたあと、仕事の力量は不明ながら、父親の会社で働いていた。一九二四年、彼女は建築と美術史を勉強するという名目でミュンヘン――パウル・トローストはここに住んでいた――に居を移した。彼女は（当時の多くの女性と同じく）必要な資格を有していなかったために大学には入学しなかったが、代わりに授業を聴講してドローイングのレッスンを受けた。(2) 一九二五年八月五日、二一歳のゲルディは、あと二週間で四七歳になるトローストと結婚し、この時期から夫との共同作業を開始した。最初はトローストの船の内装、そしてのちには、彼がナチ党から依頼された仕事を手伝うようになった。トロースト夫妻は年に一度、研究のためにイタリアやフランスなど欧州各国を旅しており、一九二六年にはアメリカにも足を伸ばしている。これは北ドイツ・ロイド汽船が、最新の技術やデザインを学ばせようとパウル・トローストを派遣したもので、その目的は、アメリカ人が多数を占める乗客たちのあいだで高まる快適さへの要求に応えるためであった。アメリカでは、アトランティックシティ、バッファロー、シカゴ、ナイアガラフォールズ、フィラデルフィア、ワシントンDCのホテルと住宅の開発を視察したほか、デトロイトのフォード工場、ニューヨーク港に停泊している船などをまわった。(3) パウル・トローストが他界したあとも、未亡人となったゲルディは――彼から受け継いだ遺産をなにがなんでも守ろうという姿勢を貫きつつ――、自分たち夫婦は一九二五年から一九三四年まで、真の芸術家同士のパートナーとして活動してきたと主張していた。パウルの死から一年になろうとするころに書かれた手紙のなかで、ゲルディは夫との思い出をこんな風に書いている。「わたしたちには子どもがいませんでした。それは事実ですが、それでもふたりは真の意味で人生のパートナーでした。わたしたちは建築、芸術、音楽の王国で、とても濃密な時間を、互いを強く意識しながら過ごしていたのです。わたしたちはまた、高邁な理想をともに追求し、最近ではそれがふたりの人生のすべてになっていました。ふたりは朝から夜までを一緒に過ごし、それは午前六時に鉛筆とスケッチブックを持って朝食の席に着くこ

図36　ゲルディ・トローストとパウル・トロースト。1933年5月。

とに始まり、夜に芸術における政治の役割について議論を交わすことで終わりました。わたし自身の考えを、彼に話さないでおくことはほとんどありませんでした」[4]。

ゲルディとパウルが芸術家として追い求めた、また彼らを夫婦として結び付けていた「高邁な理想」はやがて、ふたりにとってもっとも重要なパトロンとなる人物、ヒトラーとのつながりをもたらした。この三人は全員が例外なく、芸術は神聖なる義務かつ使命であると考えていた。彼らは古典的伝統を尊び、インターナショナル・モダニズムの「コンクリートの時代精神《ツァイトガイスト》」を否定していた。ただし若い世代に属するゲルディ・トローストは、男性ふたりに比べると、同時代のデザインや芸術的トレンドに対してオープンであった。ヒトラーは、パウル・トローストこそ、自らの国民革命の精神に建築物としての形を与える能力のある人物であると信じており、一方のパウル・トローストは、自分が心の奥底に抱いてきた価値観と野心を共有する熱心なパトロンを見つけたと信じていた[5]。つまり彼ら三人を結び付けていたのは、理想を追求する姿勢だけでなく、その達成のためには互いの存在が必要だという認識であった。

それでも、三人がパートナーとして手を組むまでには、それなりの紆余曲折があった。ゲルディ・トローストが戦後に書いた未発表の文章には、彼ら夫婦がヒトラーとはじめて出会ったときのことが記されている。一九三〇年、彼女の夫は、エルザ・ブルックマンから九月二四日にわが家に来て政治家と会ってほしいとの招待を受けたが、最初はこれを嫌がっていたという。その理由は政治的な意見の相違というよりも、パウル・トローストがそうした社交的な行事を苦手としていたためであった。夫妻は静かな暮らしを送っており、トローストは社交の集まりを時間の無駄とみなして、めったに出席しようとはしなかった。しかしブルックマンはぜひにと言ってトローストを呼び出し、一方、その「紳士たちの夕べ」に出席しなかったゲルディ・トローストは、ピアノでブラームスを弾いたり、セザンヌの書簡集を読んだりして時を過ごしつつ、夫の帰りを待っていた（文章にこうした細かい情報を入れ込んでいるところをみると、ゲルディは周囲から、音楽と芸術の世界に詳しい教養高い女性であるとみなされたがっていたのだろう。また共通の趣味を通じた夫婦のつながりを強調している点には、自分が集まりに出席しなかったことに大きな意味はないという主張が垣間見える）。午前二時に帰宅したトローストは、ヒトラーについて夢中で話し続けた。彼が言うには、ヒトラーは選挙ポスターの厳格なイメージとはまるで違い、芸術や音楽に対してきわめて好意的かつその知識も豊富な人物であり、自分は彼の野心的な建築計画に参加するよう熱心に誘われたとのことだった。(6)

ゲルディ・トローストは、夫がすっかり夢中になっている様子を見て、疑わしい気持ちを抱いていたが、九月三〇日の午後、はじめてふたりのアパートを訪れたヒトラーと直接顔を会わせると、今度は彼女自身が魅了されてしまった。一九三〇年一一月、母親宛ての手紙にゲルディはこう書いている。「あまり魅力的とは言えない激しい叫び声や公の場での印象とは逆に、じかに目にするヒトラーはパウルス〔パウル〕に対しても実に立派で、真面目で、教養のある、謙虚な男性として振る舞っています。その姿はとても感動的です。それにヒトラーは、建築に対して深い思い入れがあり、感受性が高いのです――パウルスは、あれほどの人物には生まれてこのかた会ったことがないと言っています！　ここミュンヘンでは、言うまでもなく彼はヒーローです。それでもわたしは、彼の政治や考え方にはさほど感心しません。そうした面においては、わたしはまずなにをおいても永遠にひとりの人間であり、その次にはじめてドイツ人なのです――つまりわたしは平和主義者で、これは彼の教義とは相容れません！　それでも、彼と仕事をすることは大変な喜びです。彼は建築のことについてはたいそう感性豊かで――そしてなによりパウルスに夢中なのですから」[7]。ゲルディが戦後に書いた未発表の文章にも、ヒトラーに強く惹かれる気持ちはあっても、彼が行なう政治に対する違和感のせいでどこか躊躇を感じていたという説明がある。たとえば、この午後の訪問からしばらくののち、ヒトラーが夕食に訪れたときのことだ。「彼はなにも食べず、なにも飲まず、煙草も吸わなかったが、ただひたすらに話し続けた」。内容は自らの大規模な建築計画や、ドイツの政治的ビジョンについてであった。真夜中近くにヒトラーは帰宅し、夫婦はそのまま遅くまで話をした。興奮して眠れなかったせいもあるが、もうひとつの理由は、「ナチズム（国民社会主義）」における「ナショナリズム（国民主義）」の意味が気にかかったためだった。ゲルディは、それは平和主義的かつコスモポリタン的な彼らの世界観とは相容れないものだったと述べている。それでも、ヒトラーには「天賦の才」があり、彼はドイツのためを思っているのだと自分たちを納得させたふたりは、朝早い時間にベッドにはいり、不安な気持ちにも蓋をしてしまった[8]。

パウル・トローストの仕事をめぐる当時の状況が、ふたりがヒトラーを信頼するに至る動機となったのは確実だ。一八年間にわたり、北ドイツ・ロイド汽船と有利な条件で契約を結んでいたトローストだったが、船の内装デザインの仕事は一九三〇年の夏にすべて完了していた。大恐慌により悪化を続ける経済状況のせいで、豪華な遠洋定期船の建造は無期限に延期となり、トローストに新しい仕事がはいる望みはまずなかった。トローストはまた、ドイツにインターナショナル・モダニズムが広がったことで、自分のデザインが一部のパトロン企業の目には時代遅れと映り、業界の第一線に返り咲くチャンスは失われつつあることにも気づいていた。ヒトラーに会った当時、彼は絵を描いて日々を過ごしていた[9]。ロイド汽船との仕事のおかげで、引退後を悠々自適に暮らすだけの余裕はあったものの、五二歳のトローストが、このまましぼんでしまうよりも、ヒトラーという熱狂的な信奉者によって、自分のキャリアがそれまで想像もしなかった新たな高みに到達し、大規模な建物のみならず、都市計画も手がけることができるようになるという可能性に惹かれていたことは間違いない。

そして、自らの才能をヒトラーに託したトローストのもとには、実際に実入りのよい仕事が、とくに一九三三年以降には山ほど押し寄せた。それはドイツの建築家たちが、失業者が作る長い列に次々と加わっていた時代であった。褐色館の内装の仕事を終えたトローストに、ヒトラーは第一級の仕事を次々に依頼した。そのなかにはミュンヘンの総統館《フューラーバウ》やナチ党本部、ドイツ芸術の家、ケーニヒス広場の再設計、栄誉神殿、さらにはベルリンの首相官邸の改装もあった。これ以外にも彼は、ユリウス・シュトライヒャー〔反ユダヤ新聞『シュテュルマー（突撃者）』発行人〕、アドルフ・ヴァーグナー、フランツ・リッター・フォン・エップら、ナチ運動の重要人物のためのさまざまなプロジェクトを引き受けている。トローストはこれらの仕事をこなすことがほとんどできず、一九三四年一月に彼が亡くなった時点で、プロジェクトの大半はまだ計画段階のまま残されていた。もし未亡人となったゲルディが、自らの人生の使命として夫の建築を完成させ、ひいてはナチズムの神殿に彼の居場所を確保しなかったなら、第三帝国史におけるトローストの存在は、ごくささいなものにとどまった可能性は大いにある。

ゲルディ・トローストとヒトラーが一緒に仕事をするようになったきっかけは、彼女が夫のプロジェクトに関わっていたことであった。このときの彼女の仕事内容については詳しくはわかっていないが、少なくともそのなかには色や布地の選択に関するデザイン的な助言や、事務所の運営の手助けなどが含まれていた。ヒトラーの首席副官ユリウス・シャウプは自身の回顧録に、「夫のデザインの多くにおいて、彼女はひらめきを与えて」おり、彼女の影響力はパウル・トローストのアイデアのみならず、ヒトラーのそれにまで及んでいたと書いている。(10) ゲルディ・トローストによると、ヒトラーは非常に熱心なクライアントで、ごくささいなディテールにも多大な興味を示した。政権をとる前にもとったあとにも、ヒトラーはトロースト夫妻の家を定期的に訪れており、週に一度という頻度で通った時期もあった。首相就任後には、ミュンヘンに戻ってきた際、どこよりも先にトローストのスタジオに立ち寄ることもしょっちゅうだった。ゲルディ・トローストによると、パウルがヒトラーに紹介された「紳士たちの夕べ」を除き、彼女はその後行なわれた会合すべてに同席しており、これについてはシャウプも事実であることを認めている。[11] 一九三三年四月一三日、ゲルディ・トローストははじめて単独でヒトラーと顔を合わせた。それはふたりが、一九二三年のビアホール一揆で亡くなったナチ党員一六名を讃える記念碑を制作している彫刻家のアトリエを訪ねたときのことだった。パウル・トローストがデザインを手がけたこの記念碑を、ヒトラーはミュンヘンのオデオンス広場にある一九世紀の軍事モニュメント、フェルトヘルンハレ（将軍廟）の東面に設置することを計画していた。一九三三年一一月九日、ビアホール一揆の行進のドラマチックな再現とともに一般に公開された記念碑は、やがてナチ信奉者にとっての聖地となっていった。

　ヒトラーとふたりきりで会った翌日、ゲルディはそのときのことを友人のアリス・ヘス宛ての長い手紙に綴っており、これを読むと彼女が当初抱いていた疑念が、すでに熱烈な献身へと変貌していることがよくわかる。ゲルディによると、ヒトラーは「活気に満ち、いつもの通りはつらつとしていて、〔記念碑の〕デザインに大いに感動して」いたという。制作中の記念碑を笑顔で見つめながら、彼は「そうだ、まさにこのプロポーション、このハーモニー、この内面的、外面的なフォルム〔ゲシュタルトゥング〕。これを作れるのはトローストだけだ」と言っていた。ヒトラーは続いてパルテノン神殿とベルリンのペルガモン博物館について話しはじめ、ゲルディはそれにうっとりと耳を傾けた。「それから、これについてはどうしても繰り返し言いたくなってしまうのですが、それというのもこの体験が、わたしの心をいつもしっかりと捉えて離さないからなのです。ひたすらに見つめ、耳を傾けるあの時間は、わたしをどれだけ豊かで深みのある人間にしてくれることでしょう。この湧き上がる情熱、この活力、この人の心を虜にする、ヒトラーのすばらしい思いやり。彼は常にその激しさ、思考の力、説得力に満ちたすぐれたロジックで、疑問、思考、主題、難題を評価し、合成し、具体化し、解決してみせます。それが文化、経済、政治など、どんな分野であろうとも同じことです。それでも彼は決して大半の学者や哲学者のように、頑固だったり、無味乾燥だったり、尊大だったりはしないのです」[12]。手紙はこういった調子でさらに続き、ヒトラーの知識、表現手法、洞察力を褒め称える言葉が奔流のようにページを埋め尽くしていた。

ゲルディは、総統との出会いがもたらした影響を存分に伝えようと、歴史や宗教上の偉人の名前を持ち出している。「時間？　いいえそれは瞬間であり――永遠でもあります。それは豊かさ、深遠さ、知恵、宗教で満たされています。そしてわたしにはいつも、まるでもうひとりのプラトンが、世界の新たな概念を創造しているかのように感じられるのです。まるでカントがもう一度『純粋理性批判』を論じているかのように。まるでマイスター・エックハルトやルターが、強靭かつ信心深い心を持って、もう一度神の声を聞き、全世界に逆らって、あらゆる危険や悪魔にも負けずに、彼に従い、仕えているかのように」。そこでゲルディは友人へと意識を戻し、「以前にももう何度も言っていることを、わたしがまたこの手紙で繰り返しているので、きっと驚かれたでしょうね」と書き、「心が感情で溢れていると、舌もペンもじっとしていてくれない」ことをどうかわかってほしいと続けている。しかし、これほど情熱的に語りながらも、ゲルディはまだこんな言葉ではまるで足りないこと、この先も決して足りることなどないことを、友人に伝えたいと考えたようだ。「人はこの唯一無二の人物を存分に愛し、崇拝することができますが、彼の偉大さと深遠さの真の限界を、正確に推し量ることはできません。未来だけがその真実を知るでしょう。わたしは言葉にできないほど幸せで、感謝と誇りでいっぱいです。来るべき世界観《ヴェルトアンシャウウング》と来るべき信仰が誕生するまさにその瞬間を目撃することができるのですから[13]」。

後年、非ナチ化裁判での証言に呼び出された際、ヒトラーと近しい関係にあったゲルディには、彼が女性に対して発揮した影響力についての質問が投げかけられた。一九四七年一月二一日には、裁判長を務めていたヨーゼフ・シュライファーという名の法律家が、ゲルディにこう尋ねている。「女性たちはいったいあの人物のなにに惹かれて彼のあとを追い、あれほど夢中になったのだろうか――あの男のなにがそれほどの力を持っていたのか、それを教えてほしい」（こうした質問が出たのはあるいは、裁判の二日前、ヒトラーの主治医だったカール・ブラントによる特別記事が『ワシントン・ポスト』紙に掲載され、話題を呼んだためだったのかもしれない。そのなかでブラント医師は、ゲルディ・トロースト――非常に理知的だが魅力に欠け、冷酷な人物と書かれている――について、ヒトラーの権力によって利益を得る一方で、それをさらに強化させていた、彼を取り巻く「婦人軍団」のひとりと説明している[14]）。ゲルディは答えた。「わかりません――彼はとても温かくやさしい人で――それにひとこと言わせていただければ、男性も彼に夢中になっていました。いいえ、わたしは彼に恋愛感情を持っていたわけではありません」[15]。しかしヘスに宛てた手紙が示す通り、ゲルディは、たとえヒトラー自身にではないにせよ、「偉大なる天才」――プラトン、カント、ルターをまとめてひとりにしたような人物――という概念に夢中になっていた。彼は人類の新たな黄金時代をもたらす存在であり、ゲルディと夫はその目撃者となるだけでなく、そこで中心的な役割をはたしていくというわけだ。

一方、ヒトラーのほうはパウル・トローストのことを、ドイツの地を美しく彩るために生まれた、カール・フリードリヒ・シンケル〔一七八一～一八四一年。新古典主義を代表する独の建築家〕以来の偉大な建築家として崇拝していた。トローストのキャリアの晩年にその才能を見出して救済したのは自分であり、彼はそのおかげで死ぬ前に数々の傑作を生み出すことができたのだとヒトラーは公言し、自らを現代のルートヴィヒ二世、トローストを自分にとってのヴァーグナーになぞらえていた[16]〔バイエルン王ルートヴィヒ二世は苦境にあったヴァーグナーを招聘し、積極的な援助を行なった〕。王とその作曲家のように、ヒトラーは自らが残す遺産がトローストという建築家のそれと、互いにわかちがたく結び付いていると考えていた。トローストの死から一〇年目となる一九四四年一月二一日付けで、ヒトラーが軍司令部からゲルディ・トロースト宛てに送った手紙にはこうある。「わたし個人にとってかつて教授がどのような存在だったかというのは、わたしがどのような思いでわが芸術計画の実現を待ち望んでいたかを理解できない人間が推し量れるものではない」。ロシアがドイツ軍をバルト諸国から追い出しつつあり、英米がイタリアで戦っているという状況のなか、ヒトラーはこう書くことによって自分自身を鼓舞しようとしていたのかもしれない。「もし新帝国が一過性の現象以上のものとなるなら、それは権力政治だけでなく、のちの世に残す文化的価値を備えたものでなければならない。しかしながら政治的秩序をもっとも美しい形で不朽の存在に変えることができるのは唯一、建築芸術だけなのだ」。ヒトラーはさらにこう続けている。「神の摂理があなたの夫を誕生させ、彼をわたしに出会わせてくれたことを、わたしは常にこのうえない幸運だと考えてきた[17]」。

戦後の非ナチ化裁判においてゲルディ・トローストは、パウルの死後、ヒトラーは「わたしの夫に対する崇拝を、わたしに対して向けるようになった」と述べている。シャウプによるとヒトラーは、「彼女はトロースト教授の仕事を継続できる唯一の人物だ。なぜなら彼女は、その内部に深く根を下ろしているからだ」と言っていたという。[18]現存するアトリエ・トローストの書類からは、ヒトラーがゲルディとその仕事をサポートしていた証拠がたっぷりと見つかる。一九七三年、アリゾナ州の画家カレン・カイケンダルが、ゲルディに行なったインタビューのなかで、第三帝国で専門職に従事した女性として難題にぶつかったことはあるかと尋ねたとき、彼女はこう答えている。この「メナーシュタート」――ハインリヒ・ヒムラーが男性国家を表す意味で使った言葉で、そこでは女性と同性愛者はなんの役割も持たないとされていた――のなかでは、ほかの人たちにとってそれは「当然ながら」簡単なことではなかったが、ヒトラーからの賞賛が自分を守ってくれた。[19]アルベルト・シュペーア、ヨーゼフ・ゲッベルス、ヒムラーらナチ党幹部は、ヒトラーがゲルディを尊重していることをよくわかっており、彼女とはよい関係を保とうと最善を尽くしていた。ゲルディと直接言い争う場面では、彼らのほうが負けるのが常だった。

ヒトラーのサポートが重大な意味をもっていたのは確かだが、ゲルディがメナーシュタートで自らの地位を守ることができた理由はそれだけではなかった。ゲルディ・トローストは、簡単に怖気づいたり、物事をあきらめたりしない人物であり、夫が遺したものを守るという明確な使命を持っていた。シャウプによると、アトリエ・トローストでは、「彼女はデザインの方向性、とくに繊細な配色を決定する立場にあり、ヒトラーが色の調和を強く意識するようになったのも彼女の影響だった」という。[20]シャウプのこの言葉を裏付ける内容が、パウル・トローストのナチ党建築にガラス工芸品を納入していたベルリンの企業、アウグスト・ヴァーグナー社の商用文書に記されている。これによると、デザインはすべてパウル・トローストの未亡人が承認してはじめて決定され、彼女が会議に出席していないときにはなにも決まらなかったという。ゲルディはまた、簡単には納得しない仕事相手だったようで、ヴァーグナー社から第三者に宛てられた手紙には、彼らがトローストを満足させるために払った「膨大な努力」についての不満が書かれている。[21]

第三帝国時代から戦後にかけて囁かれていた噂によると、ゲルディは夫の遺産を守ることを堅く決意しており、その過激さは、デザインのクオリティ管理や彼のプロジェクトを形にするという行為をはるかに超える域に達していたという。ナチ党の報道局長だったオットー・ディートリヒは、戦後の回顧録のなかで、一九四三年八月に『フランクフルター・ツァイトゥング（フランクフルト新聞）』紙が廃刊となった原因はゲルディにあると書いている。一八五六年に創設され、一九三四年にI・G・ファルベン――のちに強制収容所で使用された毒ガスを製造する化学会社――に買い取られたリベラル系の『フランクフルター・ツァイトゥング』紙は当時、外国向けのアピールのために保護され、例外的にかなりの自由を保証されている状態だった。同紙がトローストの怒りを買ったきっかけは、ゲルディの夫の建築に対する批判的な記事を掲載したことだったと言われている。ゲルディはそれ以来、同紙を熱心に読み込み、切り抜きをファイリングして、そこに書かれるナチズムへの批判を記録していった。ディートリヒによると、ミュンヘンの行きつけの店のひとつであるオステリア・ババリアでの昼食の席で、トローストから『フランクフルター・ツァイトゥング』が自由を濫用していると聞かされたヒトラーは、ゲッベルスとディートリヒの反対を押し切って、同紙の発行停止を命じたという。ただしこの話は、ディートリヒが言うほど単純なものではない。同紙は以前から党幹部による攻撃の対象となっており、ヒトラー自身もこれを忌み嫌い、ユダヤ人の抵抗であり、帝国の敵であるとみなしていた。加えて、一九四三年にはすでに、欧州のなかには占領されていない、あるいは中立の国がほとんどなかったことから、帝国内の「客観的な」声として、この新聞の存在を外国向けにアピールする価値もほとんどなくなっていた。しかしそうした事情を考慮したとしても、ヒトラーを実際に同紙の発行停止という行動に移させたのは、トローストの抗議だったように思える。[22]

ゲルディはまた、夫のライバルだった建築家たちのキャリアを妨害し、さらには破滅させたこともあると言われている。シュペーアは、ゲルディはパウル・トローストの競争相手には「飛びかかって」「猛烈な攻撃を仕掛けた」と書いている。彼女は「断固とした決意、ときには激しい熱意を持って夫の仕事を守ろうとしたため、非常に恐れられる存在となっていた」[23]。一方、フリーデリント・ヴァーグナーは、トローストの動機は、ヒトラーの心のなかにいる夫に取って代わるかもしれない新参者に対する嫉妬だったのだろうと述べている。フリーデリントの回顧録にはこうある。「この邪悪な女性は、夫の思い出を色褪せさせないために、ヒトラーがその作品を気に入った作家がいれば、それがだれであれ、彼が偏見を持つよう仕向けていた」[24]。

ヴァーグナーはその一例として、一九二〇年代、モダニズムに対する抵抗運動をリードしたきわめて保守的な建築家、パウル・シュルツェ＝ナウムブルクを挙げている。シュルツェ＝ナウムブルクは苛烈な人種差別主義者で、「病的な」モダニズムと混血の芸術家をひとつのものとして論じ、「北方」人種の「血と土」にもとづく「健全な」ドイツの建築こそ正しいものだと主張していた。シュルツェ＝ナウムブルクにとっては残念なことに、彼の理想とする人種差別国家が誕生したとき、彼のもとには政府からの仕事の依頼はほとんど来なかった。彼の政治運動とのつながりはゲッベルスに敬遠され、またヒトラーは彼の建築は田舎じみているとして気にも留めなかった。シュルツェ＝ナウムブルク本人はしかし、自分とヒトラーとのあいだに修復不可能な亀裂をもたらしたのはゲルディ・トローストだったと述べている。一九三四年、ヒトラーはパウル・シュルツェ＝ナウムブルクに、ニュルンベルク・オペラハウスの内装の改装を依頼したが、この仕事は結局シュルツェ＝ナウムブルクにとって、総統のために手がけた最初で最後のプロジェクトとなった。内装工事が完了する直前、ヒトラーはトローストら数人の建築家とともに、オペラハウスの視察に訪れている。シュルツェ＝ナウムブルクによると、このときの訪問は滞りなく進行し、ヒトラーは改装のできばえに満足そうだったという（現場にいたほかの人々はしかし、ヒトラーは最初から不機嫌だったと証言している）。ところがそのとき、トローストが「彼に小声で囁きはじめ」、やがて彼女が口をつぐむとヒトラーは堰を切ったように酷評を並べ立て、大勢が見ている前でシュルツェ＝ナウムブルクを叱責した。ヒトラーは彼に、現場の監督はトローストと協力して行なうよう指示し、ひどく傷つけられた建築家は、この時点でプロジェクトから身を引いた。ニュルンベルクでのこの屈辱の一件のあと、シュルツェ＝ナウムブルクはヒトラーやナチ党とはほとんど接触を持たなかった[25]。

一九六二年、ヴィニフレート・ヴァーグナーは、友人であるゲルディ・トロースト宛ての手紙のなかで、シュルツェ＝ナウムブルクの未亡人のロッテがしつこく支援を求めてくると訴えている。「あのとき彼女の夫が解雇されたのは、あなたのせいだと何度も繰り返すのですよ!!!!」　経済的に困窮し、子どもを三人抱えていたロッテ・シュルツェ＝ナウムブルクは、ヴァーグナーに自分の話が正しいことを証言してほしいと求めていた。それが叶えば、夫は加害者から犠牲者という立場に変わり、彼女は政府からの社会保障を要求できるようになるというのだった。トローストはヴァーグナーの手紙に、なぜシュルツェ＝ナウムブルク夫人がそうした「ばかげた」言いがかりをつけるのかまるでわからない、あるいはその根底には、パウル・シュルツェ＝ナウムブルクがわたしの夫の成功に対して抱いていた積年の恨みがあるのかもしれないと返している。これに対してヴァーグナーは、自分はこの問題を熟知しているわけではないと断ったうえでこう書いている。「わたしが覚えているのは、あの夫婦がある夏、すっかり気落ちしてここに来たことだけです。当時、ＵＳＡ［Unser Seliger Adolf（わたしたちの祝福されたアドルフ）の略。ヴァーグナーが手紙のなかでヒトラーに言及する際に使っていた呼び名］がニュルンベルク・オペラハウスの改築だか、内装の家具のしつらえだかを視察して、その途中で激しい意見の衝突があったようで、それをあの夫婦はあなたのせいにしたのです！」[26]

　トローストはこの話をそこで終わらせているが、一九九九年、九〇代なかばになった彼女は、歴史家のマルタ・シャートに宛てた手紙のなかで、自分の側から見たこの一件について記している。ヒトラーは彼女に、オペラハウスの視察に同行するようにと言った。彼に意見を求められたとき、彼女はこう言った。「とてもいい仕上がりです。過剰だと思われる点は、シュルツェ＝ナウムブルクがボックス席の前に、非常に大きい――大きすぎるくらいの――鉤十字を、エンブレムとして取り付けたことでしょう」。ゲルディは自分の行動をプロとして当然のもののように語っているが（ただし人種差別主義者のシュルツェ＝ナウムブルクが巨大な鉤十字を用いるということのなかに、なにか嘲笑できるような要素があるかどうかは疑問だ）、歴史家のなかには、彼女の行動は悪意を含んでおり、その原因はフリーデリント・ヴァーグナーが言うような嫉妬ではなく、復讐だったと言う者もいる。シュルツェ＝ナウムブルクの友人ハンス・F・K・ギュンター〔独の文献学者、人種理論家〕は自身の回顧録のなかで、一九三四年にトローストが夫のアトリエを引き継ぐ予定であることを知ったとき、シュルツェ＝ナウムブルクが彼女の能力を見下して、「おい頼むよ。わたしは外科医の未亡人に虫垂炎の手術をしてもらうのはごめんだぞ」と言ったと書いている。ギュンターは、おそらくシュルツェ＝ナウムブルクがこうした侮辱の言葉をほかの場所でも披露しており、それがやがてトローストにも伝わって彼女の恨みを買うことになったのではないかと推測している。(27)

ヒトラーが作り上げたパトロン制度においては、恨み、ゴシップ、猜疑心が芸術家たちの日常の一部となっていた。そのため、トローストが権力を濫用していたという戦後の批判が正当な苦情なのか、それとも彼女が過去に行使した力に対するやり場のない憤りなのかについては、証拠となる当時の資料がない以上、正確に判断するのは難しい。ただし夫の死後、ゲルディが彼の評判を維持し、守り抜くために手を尽くしていたことについては、多くの証拠が示している通りだ。一九三八年、ゲルディは、新ドイツにおけるナチ党公認建築を網羅した書籍『新帝国の建築』を出版した。写真がふんだんに盛り込まれたこの本に掲載されていたのは、党関連の建物、記念碑、ナチ党の学校、ユースホステル、行政・政府関連の庁舎、兵舎、劇場、競技場、レクリエーション・社交施設、工場、研究所、高速道路、橋、空港、コミュニティホール、農業関連施設、住宅などであった。写真に添えられた文章には、これら堂々たる建築の数々がイデオロギーによって貫かれた統一体であることを示すために、以下のような定番かつ陳腐なスローガンが並んでいた。民族の「血と土」と建物とのあいだの「有機的な」つながり。ドイツに足がかりを持たない外国人の「放浪生活」。現代ドイツ人と古代「ギリシア人」のあいだにある、文化と血のつながり。自由主義、マルクス主義、ユダヤ人、産業主義によってもたらされた被害。新即物主義《ノイエザッハリヒカイト》の文化ボルシェヴィズム。芸術に対するテクノロジーの従属。「覚醒し、人種を自覚した人々」にとっての最上の文化的表現としての建築の重要性。同書で紹介されている建築家のなかにシュルツェ＝ナウムブルクの名前はないものの、そこには彼が唱えていた人種論からの影響がはっきりと認められる。(28)

本はパウル・トローストの作品から始まり、彼は新たなドイツの世界観《ヴェルトアンシャウウング》を建築として最初に表現した天才として賞賛されている。一枚目の写真は「栄誉神殿」で、劇的な構図で撮影された厳格な新古典主義のフォルムが、儀仗兵の姿と相まって、いかにも新秩序にふさわしい雰囲気を醸し出している。ケーニヒス広場、総統館《フューラーバウ》、ナチ党本部、ドイツ芸術の家などについても同様に、写真と解説がたっぷりと掲載されていた。[29]パウル・トローストが手がけたプロジェクトの写真がとくに多いこと、また本のなかでのそれらの位置づけが、彼がそのあとに続くすべてのナチ建築のための基盤づくりを成し遂げたというストーリーに説得力をもたせている。文章を執筆したのはゲルディ・トローストではないが、彼女は念入りに編集を行なった。この本を彼女と一緒に制作したのはクルト・トランプラーだ。熱烈な国家主義者であるトランプラーは、ドイツ人にとっての生存圏《レーベンスラウム》の必要性と権利に関する本を出版した実績があった。彼は本の企画を持ってゲルディに接近し、自分がテキストを書いて写真を収集する仕事を引き受けることを提案した。ゲルディは本の主題構成を決め、本で取り上げる建築家を選定し、写真を選び、テキストを修正した。ふたりの間で結ばれた合意の通り、テキストと写真に関してはゲルディがすべての決定権を握っていた。[30]こうしてできあがった、ゲルディの名前だけがクレジットされた本は、第三帝国の建築のあり方を強く決定づけるものとなった。この本は大いに売れて、何度も版を重ねた（ドイツのオランダ占領後はオランダ語版も出版されている）。トローストは一九四三年に第二巻を出版し、今度は主に士官学校、高射砲塔、空軍基地、兵舎、軍病院、防空施設、記念碑など、戦争関連の建築を取り上げた。このあとにも二冊、ナチ建築の内装デザインと家具に関する巻の出版が予定されていたが、こちらは実現を見ずに終わっている。[31]

『新帝国の建築』の狙いは、ドイツ芸術の家で一九三八年一月二八日～四月一八日に開催された第一回ドイツ建築・応用美術展における、パウル・トローストを賛美する展示内容に追随し、そのメッセージを強化することであった。展示の大半を占めていたのは、会場の一階部分をすべて使った建築部門で、一方の工芸美術の展示は二階に限定されていた。各部門にはそれぞれ数人で構成される審査員団が存在したが、ゲルディはその両方に加わっていた。彼女のほか、レオンハルト・ガルやアルベルト・シュペーアが名を連ねた建築部門の審査員団が最高位に選んだのは、パウル・トローストの作品であった。[32]会場を訪れた人々はまず、パウル・トローストの作品専用の展示室に足を踏み入れる。そこにはケーニヒス広場のナチ党建築を写した大判写真の数々と、模型が一点飾られていた。この部屋で唯一、トローストの作品でないものは、ミュンヘンの彫刻家リヒャルト・クラインがドイツ芸術の家のシンボルとして制作したパラス・アテナ〔女神アテネ〕の石膏レリーフで、この作品がトローストの建築の古典的な世界観をさらに濃密なものにしていた。二番目の部屋では、トローストが設計したドイツ芸術の家の巨大模型が中央に配置されていたほか、その他の建築家の模型や写真も見ることができた。大判の写真のなかでもとくに目立つように飾られていたのは、ガルとゲルディ・トローストがベルリンとミュンヘンで手がけたプロジェクトのものであった（シュペーアが設計したニュルンベルクの党大会会場の模型、図面、ドローイング、写真は、第Ⅱ部の最初の二部屋全体を使って展示されていた。そこはパウル・トローストの作品が展示されていた場所から「栄誉の展示室」を挟んだ真向かいにあたっていた。こうした配置は、ヒトラーにとっての「最上の」建築家ふたりが、この展覧会を両側からひとつにまとめ上げることを意図したものであった）。この展覧会はつまり、のちに出版される書籍と同様、トローストの建築が最初の入り口を形成し、そこを通ってナチ建築が出現することで、来場者に直接的な系統を意識させる構成になっていたわけだ。二階に展示されていた家具や装飾美術のなかにも、パウル・トローストが手がけたテーブル、キャビネット、椅子、ランプ、その他の家具類のデザインが数多く含まれていた。[33]

シュペーアは当時すでに、総統お気に入りの建築家としての地位を引き継いではいたものの、パウル・トローストの未亡人と一緒に仕事をするときには、自分のほうがパウルよりも目立つようなことがあってはならないことを理解していた（図37）。彼はかなり早い段階でゲルディの影響力に気づき、彼女に気に入られるよう努めていた。戦後、ゲルディ・トローストが語ったところによると、シュペーアは一九三五年、首相官邸の建築現場をうろついては、どうにかして彼女に取り入ろうと懸命だったという。年上と言ってもひとつしか違わなかったが、トローストはシュペーアにとってメンターのような存在となり、彼を頻繁にディナーに招いた（トローストは後年、その年に彼女の弟がバイク事故で他界したことで、自分は「たいそう情にもろく」なっていたのだと語っている）。彼らは互いに親しくなり、だからこそふたりが知り合ってから二年後、レセプションの席でシュペーア夫人を紹介されたことに、トローストはたいへんな衝撃を受けた――それほど長いあいだ、シュペーアは自分に妻がいるとはひと言も

図37　ハインリヒ・ホフマン撮影。ドイツ芸術の家の建設現場に視察に訪れたアルベルト・シュペーア（いちばん左）、ゲルディ・トロースト、ヒトラー。1935年6月29日の棟上げ式。

口にしなかったのだ。トローストはこれは「不自然」なことであり、彼の野心の表れだと感じていた。おそらくシュペーアは、独身のふりをしていたほうが、こちらの歓心を引けると計算したのだろうとトローストは述べている。それでもふたりは、第三帝国時代を通じて親しい付き合いを続けた。一九四四年八月、シュペーアはトロースト宛ての手紙にこう書いている。「もうお互いに会うこともないというのは残念なことだ[34]」。

シュペーアが一九六九年に回顧録を出版し、ヒトラーやナチズムとは距離を置く姿勢を見せたことで、トローストは彼に対して異常なまでの憎しみを抱くようになり、彼を嘘つきの裏切り者と断じた。バイエルン州立図書館に残る彼女の個人的な書類のなかには、シュペーア関連の資料をまとめた分厚いファイルがある。そこには新聞の切り抜きやメモ類のなかに混じって、彼女が書いた「アルベルト・シュペーアの問題について」と題された短い文章も残されている。かつてのヒトラーの取り巻き集団のなかには、トローストと同じ気持ちを抱いていた者も少なからず存在し、実際、多くの人間がシュペーアを嫌っているという事実が、彼らの結束を強くしている側面もあったようだ。[35] トローストは、こうした仲間内だけでシュペーアに関する自分の考えを話していたわけではなく、インタビューにおいても堂々と彼を批判していた。一九七一年、作家のジョン・トーランドとの会話のなかで、トローストはシュペーアが出版した自伝に対して痛烈な批判を展開している。[36] このとき彼女は、シュペーアが自伝で取り上げ、彼女も「シュペーアの問題について」のメモに書き残していたあるエピソードについて語っている。このトローストのメモには、トーランドが出版した本には書かれていない興味深いディテールが含まれているため、以下に引用しておこう。

首相官邸のアドルフ・ヒトラーの私室で彼と昼食をとっている最中——あれは一九三五年の夏でした——、ゲッベルス博士がわたしに尋ねました。「あなたはずいぶん前からシュペーアを知っているだろう。彼についてどう思うね」。わたし「その質問に答えるには、比較をしてみるのがいちばんでしょう」。ヒトラーのほうに向き直り——わたしは彼とゲーリングのあいだに座っていました。さほど大人数ではなく、ほかには副官のシャウプとブリュックナーがいただけでした——、「さて、ヒトラーさん」——当時はまだ彼のことを名前で呼んでいました——「あなたがわたしの夫に『栄誉ある教授、わたしに高さ一〇〇メートルの建物を建ててほしい』と言ったとします。夫はこう答えるでしょう。『よく考えてみなければなりませんが、明日には結論を出してお返事します』。翌日彼はこう言います。『構造的・美学的理由から、建物は九六メートルにしかできません』。次にあなたはシュペーア氏に向かってこう言います。『親愛なるシュペーア、わたしに一〇〇メートルの建物を建ててほしい』。シュペーアは即座に叫ぶでしょう。『かしこまりました《ヤヴォール》、わが総統——二〇〇メートルにしましょう！』そしてあなたは彼の背中を叩いて言うのです。『シュペーア、さすがわたしの見込んだ男だ』」。ふたりを比較したこのジョークに、わたしたちは皆大いに笑い、ヒトラーはだれよりも笑っていました。しかし当時のわたしたちは、そこに潜む悲しい真実が、いずれ自分たちにひどい災難をもたらすことにはまるで気づいていなかったのです。[37]

最後の一文にある通り、トローストは、シュペーアの性格を揶揄したこの軽口が、彼が建築に対して抱いていたはてしない自尊心よりもはるかに暗いなにかを露わにしていると感じていた。戦後、ナチスによる大量虐殺の罪という事実を突きつけられても、トローストはヒトラーへの献身を翻すことを拒んだ。ドイツの不名誉の責任がヒトラーにあることを認めない彼女が非難の矛先を向けたのはシュペーアであった。「彼の野心、彼の権力への妄執」が、ヒトラーが持つ最悪の性向を助長し、「われわれを大惨事へと向かわせたのです」[38]。トローストは、歴史家のマティアス・シュミットにこう語っている。トローストの怒りにはあるいは、シュペーアが回顧録のなかで、ナチ建築における自身の貢献を、いかにも大きなものだったかのように描写したことも含まれていたのかもしれない。本のなかでシュペーアは、パウル・トローストが自分の師であったとして敬意を払い、ミュンヘンの彼のスタジオを幾度も訪ねて親しくなったと書いてはいるが――この記述は、シュペーアが夫に会ったことは一度もないと主張するゲルディ・トローストを激怒させた――、彼が自分はこれ以上脇役を演じる必要はないと感じていたことはあきらかだ。トローストはまた、シュペーアが彼女のことを、死んだ夫を守る冷酷で好戦的な人間として描写したことにも憤慨していた[39]。

ゲルディ・トローストが、夫が遺したものを維持するために大きな役割をはたしたのは確かだが、それと同じくらい重要なのは、シャウプも言っている通り、夫の死後、彼女が自身の実力で有力者としての立場を確立していったことだ。ヒトラーが徐々にゲルディの才能への信頼を深めていくにつれ、彼女は重要な仕事を任されるようになったが、そのうちのひとつがプリンツ・カール宮殿の改装であった。この新古典様式の邸宅は、一八〇三年にカール・フォン・フィッシャーが設計したもので、ミュンヘンのプリンツレゲンテン通りの突き当たりに位置し、すぐ近くにはドイツ芸術の家が立っていた。一九二四年以降はバイエルン州首相官邸として使われていたが、ヒトラーはルートヴィヒ・ジーベルト首相にこれを明け渡すよう命じ、国賓のためのゲストハウスとして改

図38　ゲルディ・トローストがミュンヘン・ヒンメルライヒ通り4番地に持っていたアパートの居間。彼女は夫の死後、ここに移った。1935年頃。

装した。そしてその最初の客人となることが決まっていたのが、ベニート・ムッソリーニであった。イタリア首相ムッソリーニをなんとしても感心させずにはおかないと考えていたヒトラーは、予算を惜しまなかった。家の改築を手がけた国家建築家のフリッツ・ガブロンスキーは、過去の増築で付け加えられた北翼を排除し、背面（西側）に新たに拡張部分を付け加えた。トローストは内装の家具のしつらえや道具類を、磁器製品に至るまですべて担当した。同プロジェクトに費やされた一三〇万ライヒスマルクというのは、一戸の住宅にかける経費としては桁外れであり、ミュンヘンの高級アパートがはいったビルをいくつも購入できるほどの金額であった。[40]

　プリンツ・カール宮殿は、夫が依頼された仕事でもなく、またヒトラーが使う建物でもなかったため、ゲルデ

図39　ハインリヒ・ホフマン撮影。ゲルディ・トローストがデザインしたミュンヘンのプリンツ・カール宮殿のサロン。1937年。

ィ・トローストは自分独自のスタイルに近いやり方で自由にデザインをすることができた。モダンと伝統両方からの影響を混ぜ合わせたそのスタイルは、彼女自身がミュンヘンに所有していた広いアパートにも見ることができる（図38）。家具に関しては、手工芸連合工房の製品（パウル・トロースト作のものを含む）と、ミュンヘンやヴュルツブルクの邸宅から借り受けたアンティークを組み合わせて使用していた。絵画はバイエルン州のコレクションから貸与されたものだった。トローストはペルシア絨毯だけに一二万五〇〇〇ライヒスマルクの経費を費やしている[41]。新たなレセプション・ルームを見れば、トローストが当時のデザイン・トレンドを意識していたことがよくわかる。この部屋を撮影した大判の写真は、一九三八年に開催されたドイツ建築・応用美術展にも展示されていた。トレンドへの意識がとくに強く表れているのは、水平ラインの強調、間接照明、豊かな色彩、ソファやアームチェアに使われている赤いベロアなどの官能的な素材だ。この赤い布は、ソファの上に掛けられていた、ミュンヘンの美術館アルテ・ピナコテークから借り受けたピーテル・パウル・ルーベンスによる一六一八年の作品《レウキッポスの娘たちの略奪》のなかの、娘を襲う神々のうちのひとりがまとっている赤いマントに合わせたものであった（図39）。官能的な素材はムッソリーニの浴室にまで使われており、ここでは黒い大理石でできた埋込み式のバスタブの周囲を、黒い大理石の壁が取り囲んでいた。この屋敷には、賓客をもてなすための考えうる限りの快適さと贅沢が用意されており、使用人には「部屋にはフルーツ、ロビーのテーブルにはファッヒンゲンの水〔ミネラルウォーター〕、エスプレッソ・マシン、コニャック、ベルモット、葉巻、煙草」を絶やさないことという詳細な指示が出されていた。図書室には、今回の訪問のために特別に革と金で装丁が施された本が置かれた。一九三七年九月二五日の朝、ムッソリーニは屋敷に四〇分間立ち寄り、その後、正午前後に戻ってきて一〇分間過ごし、そして最後は午後遅く、一時間四〇分ここに滞在したあと、ベルリン行きの列車に乗り込んだ。彼は一九三八年にもう一度ここへやってくるが、そのときも宿泊はしなかった。それ以降、プリンツ・カール宮殿は一九四五年までほとんど使われなかった[42]。

ヒトラーのデザイナーたちにとっては、予算を気にかける必要こそなかったものの、悩みの種はほかのところにあった。一九三六年、ヒトラーは経済改革のための四カ年計画を発表したが、これは外国からの輸入を減らし、再軍備に必要な資源の使用を縮小するというもので、その影響によって生じた物資の不足は数々の建築計画に支障を及ぼしており、総統関連のものも例外ではなかった。一九三五年にはすでに、綿やウールといった自然素材の布の生産は停止され、一九三六年以降は、徐々に劣悪な品質の合成繊維のものが増えていった[43]。国民に過酷な制限を課す一方で、ヒトラーは自らが使用する建物のためには、最高級の自然素材を確保しろと言って譲らなかった――総統はレーヨンの上を歩くことも、そこに座ることもしないというわけだ。一九三六年一二月、ヒトラーは四カ年計画の原料配分部門長に対し、自分の建物には優遇措置を適用するようにと命じている[44]。一九三七年に、トローストがミュンヘンのヒトラーの建物に使うイタリア製シルクを入手できずにいたときには、経済省にアトリエ・トローストへの提供を優先させたこともあった[45]。ヒトラーが関わるプロジェクトの規模の大きさも、デザイナーたちを悩ませる在庫問題をさらに深刻化させる要因であった。建築史家のポール・ジャスコットが指摘している通り、アルベルト・シュペーアは、ベルリンの再開発計画に莫大な量の建築資材が必要になったとき、ヒトラーの主任建築家として、その「機略の才」を発揮している。彼は親衛隊と契約を交わして、強制収容所の囚人を労働力として提供させ、レンガづくりや石材の切り出しをさせたのだ(46)。

開戦後は、職人や建設作業員を確保することもまた、ヒトラーに仕える建築家たちにとって喫緊の課題となっていった。ますます多くの若者たちが前線に駆り出されるようになったからだ。自身が重用している芸術家やデザイナー、ひいては自分の建築プロジェクトを守るために、ヒトラーはゲッベルスと協力して、「神に与えられし」才能という美徳によって兵役を免除される人物のリストを作成した（リストにはそのほか、作曲家、パフォーマー、作家、映画製作者も含まれていた）(47)。しかしながらこの方策は、そうした芸術家たちのために働く人間を確保するという問題の解消にはつながらなかった。一九四〇年以降、トローストは何年にもわたり、徴兵された働き手を解放させ、戦場からアトリエのデスクへと引き戻すために、高級将校らと繰り返し衝突することになった(48)。

一九三九年一月一日、トローストとガルは正式に協力関係を解消したが、それは実際には、一九三七年秋にパウル・トローストの作品がすべて完成した時点で終わっていたようなものであった。それでも彼らは、その後もアトリエ・トローストの建物と名称、事務員を共有して使っていた。ガルはトローストの建築スタッフを動員して、自分が依頼された仕事や、そして後年には、空爆を受けたパウル・トローストの建物の修繕も行なっている(49)。一九三七年、ゲルディ・トローストは新たなデザイン分野に取り組みはじめた。それは、第三帝国が授与する各種褒賞のための証書や、式典用のフォルダーやボックスなどの製作だ(50)。開戦後、ゲルディは主にこうした類の作品の製作に集中し、これはやがてアトリエ・トロースト独自の家内産業となっていった。ゲルディ自身の説明によると、彼女の役割はひとりかふたりのアーティストと密接に協力しながらデザインを起こし、製作の監督をすることであった(51)。彼女はまた、プロジェクトに関するクライアントとの打ち合わせや、数多くのサプライヤーの管理もこなしていた。ナチ党発行の美術誌にも掲載されている、とくに重要な賞のための証書や式典用フォルダーは、最高級の素材と芸術的技巧が用いられた高価な工芸品であった。証書は金箔入りの羊皮紙に手書きされており、それを入れる容器のデザインには、まるで中世の遺物箱や豪華な本の装丁のように、金をふんだんに使い、ダイヤ、ルビーなどの宝石を散りばめたものもあった。[52] トローストの手紙類からは、ヒトラーがこうした証書やその容器類に大いに興味を示し、自らアイデアまで提供していたことがわかる。賞の種類には、軍関連の高位の賞から市民の名誉賞までさまざまなものがあった。賞や免状の種類や数は、戦時中、ヒトラーが人々の忠誠心を華美な装飾や紙の月桂冠で買おうとしたことによって、急速に膨れ上がった。一九四〇年一一月上旬——イギリス空軍がはじめてベルリン空襲を行ない、市民を守るというゲーリングの言葉を信じていた人々に衝撃を与えてから約二カ月後——トローストは、新首相官邸の掩蔽壕《えんぺいごう》で生まれた子どもたちの後見人証書のデザインを行なっている。ヒトラーが名誉後見人となることで、赤ん坊にとってこのできごとは恐怖などではまるでなく、むしろ幸先のいいスタートであるかのような体裁が整えられた。[53]

　ドイツがほかの国を占領すると、資材と労働力の新たな供給源が生まれた。一九四三年一二月から開始されたミュンヘンの褐色館の通信壕の建設に、ガルは一〇〇人以上の「オストアルバイター」を動員した。オストアルバイターとは、占領された東部地域から強制的に連れてこられた人々のことだ。ガルと事務所を共有していたトローストが、彼が使っている労働力がどういう性質のものであるかを知らなかったはずはない。そのうちの二名が銃で撃たれるという事件まで起きているのだからなおさらだ。[54] しかもゲルディのビジネス関連の書状のなかには、証書用紙を納入していた業者が首相官邸に宛てた一九四四年の手紙の写しが残っており、そこには、総統の証書に使う紙の注文に応えることができないが、その原因は継続的な労働力不足であり、オストアルバイターも足りなくなりつつあると書かれている。業者は手紙のなかで、自社の作業員宿舎の貯蔵小屋を拡張するための建築資材入手の許可を得る手助けをしてほしいと要請していた。小屋を拡張すれば、そこに追加の労働力として「次の移送」で送られてくる予定のオストアルバイターを二家族、住まわせることができるからだ。この手紙がゲルディのファイルにはいっていたのは、首相官邸が、自分たちが介入すべきかを問い合わせるために、これを彼女に送ったからであった。[55] 一九四二年末以降、トローストのもとには現代の通貨で数百万米ドルの価値があるダイヤ、エメラルド、サファイヤといった大量の宝石が、占領下にあるフランスから送られてきた。[56] 終戦後トローストは、オランダのユダヤ人から盗まれたダイヤを、軍事関連の褒賞の仕事に使ったとして告発された。そのダイヤは、占領国で略奪を行なうという目的のためだけに組織された特別なナチ党組織、ローゼンベルク特捜隊が入手してきたものであった。[57] トローストは後年、ヒトラーに協力したほかの芸術家たちと同じく、自分は体制の非道な行ないについてはなにも知らなかったと主張しているが、彼女のビジネス関連の記録は、総統から依頼された仕事を完遂することは、体制の政治的・経済的システムのなかで動き、そうすることによってナチ党が犯した罪に加担しない限りは不可能であったことを示している。

トローストは、決してこうした共謀関係に無理やり巻き込まれたわけではない。彼女はむしろヒトラーの仕事を積極的に引き受け、新たなプロジェクトを提案していたくらいだ（証書や式典用ケースのデザインを引き受けるというのは、トローストが発案したことであった）。[58] ゲルディがアリス・ヘス宛てに出した手紙からは、彼女がヒトラーとの仕事を大切にしており、ヒトラーも同じ気持ちでいたらしいことが窺える。シャウプはこう書いている。「ヒトラーにとって、彼女は理想の話し相手であった。彼女にならば、彼は自身の建築計画についていくらでも話し続けることができたし、彼女は彼を理解し、デザインを通じて彼のアイデアに実用的な形を与えていた」。[59] トローストもまた戦後の裁判において、ヒトラーは「建築に取り憑かれており、それについてだれかと話ができることをとても喜んでいた」と述べている。[60] トローストが重きを置いていたのは自分と総統との関係と、自身の理想の追求であり、あるいはそのせいで仕事における財政面を軽視していた面があったのかもしれない。一九三四年にはすでに、トローストは弁護士の助言に反して、アトリエ・トローストの法人化を拒絶している。その理由とは、名称に「GmbH（有限責任会社）」の文字を加えることは、「独特の『ユダヤ人的』な後味」を残すから、というものであった。[61] トローストの胸の内にあったのは、夫の遺産に対する芸術家としての自身の「純粋な」献身が、ナチ党のプロパガンダにおいてユダヤ人的なものだと喧伝されている、魂のない商業的な動機によって貶められるのは避けたいという思いであった。戦後、彼女はナチ体制から財政的な利益を受けていたことを強く否定し、現在の通貨で数百万ドルにものぼる自分の財産は、夫が遺してくれたものだと主張した。[62] 彼女の財政記録はしかし、富裕な未亡人であったトローストが第三帝国時代、以前よりもはるかに多大な財産を所有するようになったことを示している。一九三四年から四五年にかけて仕事によって得た数十万ライヒスマルクに加えて、彼女はヒトラーから四〇年、四二年、四三年の三回、非課税の一〇万ライヒスマルクを受け取っている。[63] ヒトラーは、自分が近くに置いておきたい人間に対しては、そうした気前のいい態度を見せるのが常であり、現金の報奨を受け取った人々のなかには、軍の首脳、大臣、芸術家などがいた。[64] 裁判でこれらの資金についての説明をするよう求められたトローストは、ヒトラーはもともと、首相官邸とオーバーザルツベルクで彼女が担当した無償の仕事（彼女はこれらについてヒトラーに報酬を請求していない）に対する埋め合わせのつもりで、これを贈ってくれたのだと述べている（検察官は贈られた現金三回分のうち一回分しか発見していない）。トローストは現金を受け取るのを断るつもりで、ヒトラーに「わたしたちの個人的なつながりにお金を関わらせたくない」と伝え、その結果ふたりは、建設が予定されていた現代歴史博物館のなかに、パウル・トローストの記録保管所を設立するためにその金を使うことで同意したのだという。裁判官らはこの話に納得はしなかった。[65]

ヒトラーお気に入りの建築家たちは、（国家が認定した）芸術を礼賛する体制から、金銭的な利益だけでなく、高い社会的地位も与えられていた。トローストは賞関連のデザインを手がけるにとどまらず、自分自身も賞を受け取っていた。ヒトラーは一九三七年四月の自身の誕生日に、トローストに「教授」の称号を授けている。その年の夏には、ドイツ芸術の家の開館に先立って開催されたドイツ芸術の日の祝典の折に、バイエルン芸術アカデミーからトローストへ銀の名誉勲章が授与された。さらに一九四三年、ヒトラーは彼女に黄金名誉バッジを与えた。これはヒトラーが年に一度、ナチ党や国に特別な貢献をした人物に与える貴重な賞であった[66]（より多く流通していた黄金党員バッジは、ナチ党に初期から加入していた党員番号一〇万番以内のメンバーのなかでも、とくに党に忠実に仕えた者だけに与えられた。ゲルディ・トローストが入党したのは一九三二年八月一日で、党員番号は一二七万四七二二番であったため、彼女はこちらのバッジは受け取っていない）。[67] こうした数々の賞、とりわけ黄金名誉バッジを所有しているという事実が、戦後の裁判において彼女をさらに不利な状況に追い込んだ。検察官らはこれを、体制に対する彼女の貢献と価値を示す証拠とみなした。裁判に提出された証拠のなかには、彼女がバッジ授与式の翌日にヒトラーに送った手紙が含まれており、その内容は検察官のそうした疑いを完全に裏付けるものであった。

わが総統《マイン・フューラー》、どのようにお礼を申し上げればよいのか、言葉が見つかりません。わたしはいまもまだ、このどこまでも深く、どこまでも美しい恩義の気持ちと喜びですっかり高ぶったままでおります。こうした感情はあなたがこのような――あなたがこれを理解してくださるかわかりませんが、わたしにはそう思えるのです――、その手から与えうるもののなかでもっとも神聖なシンボルを贈ってくださったおかげで、わたしのなかに溢れているのです。

いまではかつての苦闘の象徴となったあの黄金時代との、また最初にあなたの戦友に加わった者たちの永久に輝き続ける精神とのつながりである、この誇らしく栄誉に満ちた絆はいま、これまで以上に、わたしの人生とあなたのための仕事に、精一杯の努力と献身を尽くせと命じるでしょう。[68]

他界した夫パウルと同じく、トローストは第三帝国のエリートたちが開く華やかなパーティには関心がなく、ヒトラーからの社交的な行事への招待も断り続けていたが、ヒトラーは彼女に、常に誘いを断るのは侮蔑に等しいと言っていたという。一九三六年にベルクホーフの内装の仕事を終えたあとは、トローストはオーバーザルツベルクに集まる社交グループとの関わりを避けていた。後年、本人はこれについて「ヒトラーの取り巻きのなかでも、あのあたりの人たちは好みではなかったし、わたしは仕事に時間を割く必要があった」と述べている。[69] それでも彼女は、ヒトラーが開く展覧会の公式のオープニングや文化関連の式典には決まって顔を出した。トローストは当時、大ドイツ芸術展の視察、ドイツ芸術の日の祝典の観覧席、パウル・トローストが手がけたミュンヘンの建築関連の式典など、いくつもの公式行事の場で、ヒトラー、ゲーリング、ゲッベルス、ヒムラーといったナチ党高官と一緒に写真に収まっている（口絵10）。ほっそりとして背の高い女性であるトローストは非常に目立つ存在で、当然ながら本人も自分がどう見られるかを意識していた。こうした行事の際、彼女は全身を白で統一するのを好んだが、これは褐色や黒の制服に囲まれたなかで、自分の姿を際立たせる効果を狙ったものであった。

トローストがヒトラーのそばにいるところが繰り返し目撃されるようになると、やがてドイツ市民やメディアの注目が彼女に集まりはじめた。一九三七年七月、『ミュンヒナー・ノイエステ・ナッハリヒテン（ミュンヘン最新通信）』紙は、ジャーナリストのゾフィ・リュツォウによるトローストに焦点をあてた記事を掲載した。「何千人もの人々が、祝祭の期間中やドイツ芸術の家の開館式典で、この女性を目撃している。白い女性用のスーツを身にまとった彼女は、式典の最中、来賓席最前列の、総統から近い席に座っていた。なぜならこの祝祭は、彼女にとっての栄光の時でもあったからだ。この祝祭でドイツ国民のもとに届けられ、捧げられようとしていた建物もまた、彼女の作品であった」。若き未亡人トローストは、それまでも無名の存在というわけではなかったが、このドイツ芸術の家の落成式をきっかけにスポットライトを浴びるようになった。開館日である一九三七年七月一八日、ベルリンの写真入り週刊誌『ヴェルト＝シュピーゲル（世界の鏡）』の表紙には、ドイツ芸術の家にいるトローストが、隣に立つ総統をうっとりと眺めている写真が掲載された（図40）。その数日前には、ナチ党機関紙『フェルキッシャー・ベオバハター（民族の観察者）』がトローストを取り上げた記事を掲載し、彼女のことを他界した夫の芸術遺産を管理する高潔な人物として賞賛している。この記事では、創作面でのトロースト個人の貢献については、内装の装飾、とくに色使いという「女性的な」分野にとどまるとされている。リュツォウの記事はこれとは対照的に、トローストのことを、夫の完全な共同制作者で、彼の建築計画を推進する能力がある人物として紹介し、その理由として、彼女は各プロジェクトの開始当初からこれに深く関わっており、夫婦で交わした会話の記憶を仕事に生かすことができるからだと説明している。『フェルキッシャー・ベオバハター』紙がトロースト夫人のことを、事務所の切り盛り役、建物ができあがるまでの見張り役に仕立てたのに対し、リュツォウ

図40　『ヴェルト＝シュピーゲル』誌1937年7月18日号の表紙。キャプションには「ドイツ芸術の家にいる総統。アドルフ・ヒトラーの隣はドイツ芸術の新たな家を創造した人物の未亡人であるトロースト教授夫人」とある。ハインリヒ・ホフマン撮影。

は彼女のことを、建築現場や会議における中心人物として描いてみせた。リュツォウはまた、トローストが応用美術に与えた衝撃を強調しつつ、彼女自身が有能で影響力のあるアーティストであると主張した[70]。

それ以降何年にもわたって、トローストは大衆向けのヒトラー本、写真入りタブロイド紙、新聞、女性誌、デザイン専門誌などに登場している。エレガントなライフスタイル雑誌『ディー・ノイエ・リーニエ』の一九三九年四月号は、ヒトラーお気に入りの建築家九人の特集を組み、その冒頭に彼女の写真と経歴を配置している（その次にレオンハルト・ガル、アルベルト・シュペーアが続き、パウル・トローストは四番目であった[71]）。トローストが遺した文書類のなかには、メディアからのインタビューの申込みが数多く含まれているが、彼女にはこれらすべてに応えるだけの時間はなかった。ドイツ国内のメディアでの扱いは一貫して好意的なもので、少なくともそれは戦争が終わるまで変わらなかった。同時期のアメリカのメディアの反応はやや冷めた雰囲気ではあったものの、あからさまな批判もまだ見られなかった。一九三八年、数々の媒体に掲載された、ヒトラー周辺の女性に関する記事のなかで、筆者であるＡＰ通信ベルリン特派員ルイス・ロックナーは、「ヒトラーの取り巻き」のひとりとしてトローストが持つ影響力に言及している。ロックナーはまず、トローストの外見的な特徴を描写しているが、その書きぶりからは、周りの人間を不安にさせる力を持つ人物像が浮かんでくる。彼女は「三〇代後半といった見た目で、深くくぼんだ狂信者的な暗い瞳、好奇心の強そうな尖った鼻、ふっくらとした唇と耳、頑固そうな顎を持ち、黒いボブヘアは、額からうしろへ真っ直ぐに櫛が入れられている」。その翌年、『シカゴ・デイリー・トリビューン』紙のベルリン特派員で、ナチ党高官と強いコネクションを持っていたシグリッド・シュルツは、トローストのことをヒトラーのデザイン・アシスタントだと紹介している。「［彼女は］ヒトラーの提案をインテリア・デコレーションに取り入れたり、インテリアのスケッチを彼に見せたりしている。はるか遠い未来に、帝政様式やチッペンデール様式などと並び称される、彼らの時代特有の新たなスタイルを作り出すために、ここでは多大な努力が払われている。それはヒトラーが目指すゴールであり、高官の妻たちは熱心にその真似をしたり、新たな提案をしたりすることで、彼の寵愛を得ようとしている」。シュルツはしかしこの記事で、トローストの名前を、おそらくは意図的に「フロスト教授夫人」と誤記している。[72]

メディアから注目され、顔が広く知られるようになったトローストは、そうしたことにはある厄介な役割がついてくることに気づかされた。その役割とは「仲介者」だ。ひとりの人間の欲望と意志を中心として政府が成り立っていたドイツにおいては、総統とつながりを持ち、彼に影響力を及ぼしうる人物は非常に強い力を有していた。ヒトラーの周辺は側近たちによって固められており、大臣でさえ、話を聞いてもらう機会を得るのは難しかった。トローストはしかし、ミュンヘンにある自身のスタジオで頻繁にヒトラーと顔を合わせていた。そのため古参の政治家たちでさえ、ヒトラーがトローストの話には耳を貸すことを知っていて、彼女に仲介を頼むことがあった。[73]トローストが遺した文書類のなかには大量の手紙も含まれているが、その大半は見ず知らずの人たちが助けを求めて送ってきたものであり、そこにはナチ体制が人々を追い込んだ悲惨な状況の縮図を垣間見ることができる。手紙の送り主はたとえば、商売を続けるのが難しくなった書店経営者の混血女性、自身の性的アイデンティティが原因で大学の仕事と自由を失い、拘束された美術史家、水晶の夜《クリスタルナハト》に強制収容所に連れて行かれたユダヤ人の親類の解放を望む実業家、最後のひとりになった息子の兵役をなんとしても免除してほしいと願う未亡人などであった。[74]そのうち多くの人々が、トローストがいつもヒトラーに会っていることを知ったうえで、この手紙を総統に渡してほしいと頼んでいた。トローストが介入することも皆無というわけではなかったが、たいていの場合、彼女は丁寧な断りの手紙を送り、首相官邸に問い合わせてほしい旨を伝えていた。

　トローストがしかるべき筋に話をすれば、他人の人生を変えるだけの力を発揮できたことは、ラクナー・ベルクのケースを見ればよくわかる。ベルクはスウェーデン生まれの生化学者・栄養学者で、一九三六年に支援金の支給がなくなるまでは、ドレスデンのルドルフ・ヘス病院で働いていた。トローストは栄養学に非常に強い関心を寄せていたが、これはおそらく自身が健康に問題を抱えていたためだと思われる。二〇代になったばかりのころ、彼女は自動車事故で危うく命を落としかけており、そのときに負った怪我に長いあいだ苦しめられていた。加えて、ストレスとオーバーワークからくる狭心症の発作にも悩んでいた。一九四二年秋、健康状態の悪化から、トローストはベルヒテスガーデンにあるヴェルナー・ツァーベル博士の療養所で三カ月間、体力の回復に努めることになった。ツァーベル医師は、ヒトラーの主治医であるテオドーア・モレルに総統の菜食に関する助言を行なった人物だ[75]（トローストが倒れたのは、ヒトラーからの軍関連証明書のオーダーが急増したことによるプレッシャーが原因であると思われる。この病気のあと、ヒトラーはパウル・トローストに続いてその妻ゲルディも失ってしまうことを恐れて、彼女に黄金名誉バッジを与えたのだろう）。トローストは療養所でベルクと出会い、ベルクは自分の研究が行き詰まっていることを打ち明けた。トローストがベルクの話をヒトラーに伝えると、彼の支援金の支給は瞬く間に再開され、ベルクは驚くと同時に大いに喜んだ。[76]

トローストは事実、ナチ・ドイツの反ユダヤ的な法律と政策によって迫害された人々を助けるために何度も口を利いており、その対象は（毎回ではないにせよ）多くの場合、彼女が社交上あるいは仕事上の付き合いで知り合った人物であった。そうした人物のひとりがカール・ヴェッセリーだ。彼は世界的に有名なミュンヘンの眼科医・大学教授で、優秀な臨床医・外科医として広く尊敬を集めていた。ヴェッセリーはまたユダヤの家系の出身でもあったため、一九三五年、ニュルンベルク人種法の可決によって地位を失い、年金の支給も拒否されていた。それから数年間、ヴェッセリーは自宅のアパートで個人的に診療を続けていたが、一九三八年九月には、新たな法律により、すべてのユダヤ人医師の免許が取り消された。パウル・トローストは生前、ヴェッセリー医師の診察を受けたことがあり、妻のゲルディは当時、夫の苦しみを和らげるために尽力してくれた彼に感謝の意を伝えていた。やがてゲルディはその感謝の気持ちを、より具体的な形で示すだけの力を持つようになった。ヴェッセリーの免許が剝奪されたあと、トローストは彼の人柄と医師としての実力をヒトラーに訴え、彼にヴェッセリーの子どもたちの写真まで見せている。彼の子どもたちはユダヤ人を祖先に持つことが原因で、きちんとした教育が受けられない状況にあった。ヒトラーは当初、トローストの懇願に耳を貸さなかった。『フェルキッシャー・ベオバハター』紙は、一九三〇年にヴェッセリーが大学診療所の所長に任命された際、彼を中傷する記事を掲載しており、ナチスのあいだには彼に対する強い反感があった。それでもトローストは引き下がらず、また別の機会にヴェッセリーの妻からの手紙をヒトラーに手渡し、それを（いつものように副官に渡してしまわずに）自分の目の前で読んでほしいと言い張った。どうやらこのできごとがヒトラーの心を動かしたようで、ヒトラー個人の命により、ヴェッセリーの免許は一九三九年に復活され、個人での診療を続けることが許された。トローストがヴェッセリーを助けたのは、これがはじめてではなかった。それは一九三七年一一月、科学・技術史を専門に扱うミュンヘンのドイツ博物館で、反ユダヤ的な企画展「永遠のユダヤ人」が開催されたときのことであった。ある展示室の壁に掲げられた「科学を装って、おまえはドイツ人に毒を飲ませた」という一文の下に、ヴェッセリーの写真が掛けられていたのだ。ヴェッセリーの妻の友人から知らせを受けたトローストは、バイエルンの大管区指《ガウライ》導《ター》者であるアドルフ・ヴァーグナーに苦情を入れ、最終的に写真を撤去させることに成功した。[77]

　トローストのこうした介入が勇敢な行為であったことには疑いの余地がなく、彼女の行動は一度ならず人の命を救っている。しかしながら、こうした個別のケースをすべて集めたとしても、彼女がこれとは反対のスタンスをとっていたことの影響のほうがはるかに大きい。トローストの家族ぐるみの友人で、芸術家のマリア・ナハティガルは戦後、トローストはユダヤ人に対するナチ党の姿勢に反対しており、おそらくはヒトラーをはじめ、彼女と意見の異なる人たちとの対立から、幾度も「不愉快な時間」を経験したはずだと証言している。[78] しかし一方でトローストは、当時の全般的な反ユダヤの潮流に同調していたばかりか、それを扇動していたようにも見える。歴史家のヴォルフラム・ゼーリヒは、トローストがミュンヘンに拠点を置くバイエルンの伝統的な民族衣装・民芸品の製造大手ヴァラッハ・ハウス社のアーリア化を支持していたと述べている。また、彼女の役割としてもうひとつ見逃せないのは、ヒトラーが計画していたリンツの美術館向けの作品の購入だ。彼女はミュンヘンの画商から七〇枚の絵画を入手しているが、その大半はユダヤ人から押収された作品であった。彼女がこの事実を知らなかったはずがない。[79] トローストはまた、ユリウス・シュトライヒャーを助けようとしたこともあった。シュトライヒャーは、自身が管轄するニュルンベルクの大管区指導者《ガウライター》本部の改装をパウル・トローストに依頼した人物で、彼のユダヤ人に対するおおっぴらな攻撃は、ナチ党においてさえ苛烈すぎると言われており、そのせいで彼が解任されたあとも、トロースト は変わらず友人関係を続けていた。つまり、ヒトラーの反ユダヤ政策による犠牲者を救うためのトローストの努力は、自らが全面的に支持することを選択した体制によるユダヤ人迫害の事実を、彼女が認識していたことと合わせて評価されるべきなのだ——なんと言っても彼女は、ヒトラーへの手紙に「精一杯の努力と献身を尽くす」とまで書いているのだから。

トローストはきわめて忠実にヒトラーに仕え、純粋芸術・応用美術の世界において、その大きな影響力を存分に行使していた。仕事場での彼女は、夫の建築の完成に努め、ナチズム特有のインテリア・スタイルを作り上げたほか、最上級の素材を用いる文化を体制に根付かせるという功績を残している。そうした方針は証明書や式典用のフォルダーやボックスのみならず、ヒトラーが使う磁器や銀器などの道具類、さらにはヒトラーが彼女にデザインを依頼した数多くの贈り物においても貫かれており、たとえばヒトラーは、自らのサイン入りポートレートを入れる銀のフレームを数百個単位でオーダーしている。(80) トローストはまた、いわば「文化の判定人」のような役割を受け持ち、審査員を務め、アカデミックな役職に就き、自らの芸術家としての仕事を精力的に進めていった。(81) 戦後の裁判で、彼女は「ヒトラーの親しい友人として、ナチ時代、芸術関連の分野においてほぼ独裁的な地位を占めていた」との批判を受けている。(82) 多少の誇張があるとはいえ、こうした評価からは、彼女が現実に力を有していたこと、また周囲の人間から力を有していると認識されていたことがわかる。トローストがドイツ芸術の家の審査員を務めていたという事実は、とくに重要だった。なぜならドイツ芸術の家は国家機関であり、絵画から建築まで、第三帝国における新しい芸術表現の形を認定する場であったからだ。トローストは戦後、自分はヒトラーによるモダンアーティストの排除に抵抗したと強く主張している。そのせいで、一九三七年の第一回大ドイツ芸術展にどの作品を展示するかをめぐって、彼女が言うところの、彼女とヒトラーとの唯一の深刻な口論が勃発したのは有名な話だ。

トローストは当時、彼女以外はすべて男性の芸術家や芸術団体の長からなる一二人の審査員団の一員で、彼女らに課された役割は、この第一回展覧会に応募があった一万五〇〇〇点の絵画、素描、彫刻のなかから、予選通過作品を選ぶことであった。ドイツ人アーティスト（当時、すでにこの言葉にユダヤ人は含まれていなかった。一九三五年のニュルンベルク法により、ユダヤ人の市民権は剝奪されていた）に対しては、自身の「最上の」作品を送るようにとの言葉で参加が促されていたが、この指示からは、どのような質が求められているのかについてはほとんど判断がつかなかった。混乱にさらに拍車をかけたのは、一見したところナチ体制のなかには、前衛的な作品と保守的な作品のどちらにも支持者がいるように思われたことであった。そのうえ、ヒトラー自身がモダンアートを毛嫌いしていることは、このころはまだ広く知られていなかった。審査員が選んだ作品の一部をヒトラーは、国家を破壊するものであり、「退廃芸術展」に出品すべきものだと断じた。退廃芸術展とは、大ドイツ芸術展の翌日から、ドイツ芸術の家にほど近い会場で開催された展覧会で、ナチ体制が育む新たな芸術とは正反対にある作品の例を示すという役割を持っていた。ナチ体制下で重用されていた審査員たちが、あえてヒトラーを怒らせたと考える理由はない。トローストは、審査員団は作品の質にもとづいて、応募作全体を代表するような作品を選んだと述べている。(83)

一九三七年六月五日、ヒトラーはゲッベルスとともにベルリンを出て、ドイツ芸術の家を訪れた。審査員によって選ばれた作品を精査し、以前より自らの役割と決めていた最終選考を行なうためだ。はじめのうち、審査員はヒトラーについて部屋を回っていたが、彼が徐々に不機嫌になり、やがてトローストと議論を始めたのを見ると（自分が口を開いたのは、ほかの者が黙っていたからだとトローストは述べている）、選考の責任を彼女ひとりに押しつけてそっと姿を消した。ヒトラーが選考に残らなかった作品にも文句をつけると、トローストはこう尋ねた。「なぜあなたは、脳卒中を二度起こしたような画家しか認めないのです」。そしてさらに「わたしたちの祖母でも、あんな茶色くて古臭い作品は却下したでしょう」と言い放った。ゲッベルスによると、ヒトラーは「激怒」し、トローストが「獅子のごとき勇気を持って戦った」にもかかわらず、モダンアーティストについての彼の考えを変えさせることはできなかった。トローストはその場で審査員を降りた。ヒトラーはのちにその他の審査員も解雇し、自らの専属カメラマンで、情感溢れる作品を好む彼の傾向を理解しているハインリヒ・ホフマンに選考の監督を任せた（トローストはそれでも、二回目以降も審査を依頼されている。審査員は彼女のほか、ホフマンと、ドイツ芸術の家の館長カール・コルプだけであった）[84]。

このときのふたりの口論は大きな噂となり、国際的な新聞にも取り上げられた。ドイツの美術評論家パウル・ヴェストハイムが亡命先のパリで書いた記事にはこうある。ヒトラーがトローストに、「あなたは文化ボルシェヴィズムにも寄生されている」と告げると、トローストは気絶しそうになりながら別室に退かなければならなかった――この記事を読んだトローストは大いに憤慨した[85]。一方、トロースト自身の戦後の証言からわかるのは、議論が非常に白熱したということだ（しかしそのせいで気絶するようなことはなかったと、彼女は主張している）。トローストによると、ヒトラーは「モスクワは新古典主義のままだというのに、あなたはヨーロッパでボルシェヴィズムを擁護している」と言い、それに対して彼女はこう答えた。「わたしを勾留するならお好きなように。でもわたしはこれからも自分の芸術的信念を貫きます。これは芸術、そしてあれは低俗な駄作《キッチュ》です」[86]。ふたりの関係はどうやら、この口論のあとも変わることはなかったようだ。ヒトラーが次にトローストのスタジオにやってきたとき、彼女はもう一度同じ件を話し合うべきだと主張した。このときは長い時間をかけ、美術史の本を参照し、またプライベートの場だったこともあって、ヒトラーは前回よりも彼女の主張に理があることを認める姿勢を見せたという。いまにしてみれば、トローストをもっとも苛つかせたのは、ほかの審査員の態度だったのではないだろうか。戦後の裁判で自身が証言したところによると、彼女は審査団のメンバーに対し、全員で協力して抗議をしようと提案したが、彼らはなにもしようとせず、ただ翌日「とても大きな赤いバラの花束と感謝の手紙」を送ってきて、彼女をがっかりさせたという。ヒトラーを非難したくないトローストは、ほかの審査員が「それぞれ勇気」を持ってヒトラーに立ち向かえば、ドイツの「不名誉」は避けることができ、またヒトラーの気持ちを変えられる可能性はあったと信じていた。真相がどうあれ、裁判長は、トローストは展覧会に関するヒトラーの見解を覆すのに失敗しており、権力の座がすべてヒトラー腹心の部下によって占められている状況においては、彼女の抵抗は無意味なうえに危険だったと述べている[87]。

論争の当日から数十年後、トローストは、自分にとってゲッベルスが総統の側についたことは衝撃的で、大いに失望したと述べている。「きわめてモダンなアーティスト」の擁護者だった人間が「一八〇度の転換」を見せたことで、トローストの味方はひとりもいなくなった。[88] ゲッベルスはしかし、トローストが自分のせいで孤立したことを気に病んではいなかったようだ。彼はトローストの知性と才能を高く評価していた一方で、彼女のことを目障りで脅威的とも感じていた。一九三六年一月二一日、ヒトラーとトローストとの昼食のあとで、ゲッベルスは日記にこう記している。「トロースト夫人が痛烈な意見を述べる。いつも通り。わたしは彼女が嫌いだ」[89]（トロースト自身が話していた、昼食の席でのシュペーアに関するジョークのエピソードに鑑みると、ウィットに富んだ発言に自負があったゲッベルスは、場の主役を取られて憤慨していたのではないかとも思えてくる）。トローストによると、彼女とゲッベルスの関係が完全に断絶されるきっかけとなったのは、一九三八年に、ミュンヘンの映画会社バヴァリア・フィルムクンスト社が設立されたことであった。ゲッベルスは、ベルリン郊外のノイバーベルスベルクにスタジオを構えるウニヴェルズム・フィルム株式会社（ウーファ）と競合するとして、これに強硬に反対していた。トローストはバヴァリア・フィルムクンスト社の芸術顧問委員に就任し（ゲッベルスにはこれも気に入らなかった）、また後年、自分の使命はガイゼルガスタイクにあるスタジオ・コンプレックスの規模を拡大することだったと述べている。建設に着手するための初期費用は彼女が寄付し、さらには残りの資金を賄うために、ミュンヘンの裕福な篤志家を個人的に見つけてきたのも彼女だったという。[90] ゲッベルスは日記に、トローストが委員会の場で彼に対する「策謀」をめぐらせたと記している。[91]

一九四〇年一一月二一日、ゲッベルスは、トローストに関してさらに個人的かつ辛辣な意見を書き加えた。「トロースト夫人は賢い女性だが、ブルーストッキング的なところがある」[92]〔ブルーストッキングは、一八世紀イギリスで文芸サロンを開いていた女性たちに与えられた、学問かぶれを意味する蔑称。正装ではない青い靴下を履いていたことに由来する〕」。英語の「ブルーストッキング（bluestocking）」にあたるドイツ語は「ブラウシュトゥルンプフ（Blaustrumpf）」で、教養ある女性を男性的だとして貶める言葉であったが、同時にこれは、その女性がレズビアンであるという強いニュアンスを持っていた――実際にレズビアンの同義語として使われることもあったほどだ。競争相手の弱点には常に目を光らせていたゲッベルスは、あるいはこのとき、トローストがカメラマンで映画製作者のハンニ・ウムラウフという女性と親しくしていることを知っていたのかもしれない。一九三〇年代初頭、ウムラウフは自身の映画会社ウムラウフ・フィルムズを設立した。この会社にはのちに、彼女の弟のヴァルターがパートナーとして加わっている。ふたりは少なくとも三二本の短編教育映画を、政府やナチ党団体のために製作しており、そのなかには女性団体も含まれていた。彼女らが作った映画には、ゴミのリサイクル法といった実用的なものもあれば（『廃棄物――資源』、一九三八年）、プロパガンダ用のものもあった。たとえばナチ党の全国女性指導部のために製作された『女性の戦争動員』（一九四〇年）という作品は、ナチ党の各女性団体が戦時中、女性を動員したり、支援したりしている姿を描いたものだ。映画のなかでは、明るく機能的な銃後の家庭が描かれており、そこには男性はほとんど登場しない。[93] ウムラウフはまた、一九三七年に着手したカラー写真の分野でも、かなりの成功を収めていた。彼女が撮影したドイツの風景や民族誌的な肖像写真は、展覧会に出品されて賞を受賞したほか、ナチ党公認の女性誌『NSフラウエンヴァルテ（ナチ女性視点）』に掲載されたこともあった。[94]

　トローストとウムラウフが出会ったのは、おそらく一九三〇年代のなかばだと思われる。ウムラウフが一九五一年三月にトローストに送った誕生日を祝う手紙には、誕生日を離れて過ごすのは一五年間ではじめてだと書かれている。一九三九年九月には、ふたりはすでにミュンヘンで同居をしており、その後は生涯を通じてともに暮らした。ふたりの関係が実際にどういう性質のものだったのかは謎のままだ。家族でさえ、本当のところは知らなかったものの、彼らはふたりのことをカップルだと考えていた（こうした問題は、この世代の親類の女性に対して尋ねられる類のものではなかったし、またトローストが自ら話すような内容でもなかった）。[95] ヴィニフレート・ヴァーグナーは、親しい友人であるゲルディ・トローストに宛てた手紙のなかで、トローストとウムラウフの愛で結ばれた関係と、ふたりの「同居《ツザンメンレーベン》」について言及し、これに対する返信においてトローストは、ウムラウフのことを「わたしのハンニ」と呼んでいる。[96] 友人たちは、ふたりに頻繁に手紙を書き送った。バイエルン州立図書館に保管されているゲルディ・トローストの個人的な文書類のなかには、小さな封筒に入れられた障害者証明がある。これは八〇代後半になった彼女に発行されたもので、財布に入れて持ち歩く類のカードだ。同じ封筒のなかにはこのほかに、六枚の小さな写真がはいっている。一枚はパウル・トローストの写真だ。夫婦が結婚する前の冬に撮影されたもので、パウルは雪が積もった野原に、セーターとプラスフォーズ〔長めのニッカーボッカー〕を着て立っている。また別の一枚は葦と水辺の風景で、背景にはうっすらと山が見える。これはおそらくバイエルン州にある大きな湖、キーム湖だろう。トローストは一九三六年、週末用の別荘としてこの湖のそばにログキャビンを建てている。このほか、水際に浮かぶボートに乗るトローストとウムラウフが写っている写真も三枚ある。ふたりが三〇代後半に見えることから、これらの写真もログキャビンを建てて間もないころ、キーム湖で撮られたものと思われる。この日はいい天気で、ふたりは水着を着ており、自分たちのことに夢中になって、撮影者の存在にはまるで気づいていないかのように見える。最後の写真は同じ日にウムラウフを写したもので、こちらは彼女がひとりでボートに乗っている。これらの写真からは、トローストは人生の最後に、自分がいちばん愛した人たちや場所の写真をそばに置いておきたかったのだろうという印象を受ける。

ふたりの関係が恋愛だったかどうかはともかく、トローストとウムラウフが互いに深く有意義な絆で結ばれていたことは確かだ。彼女らの生活は、ナチズムが理想とするドイツ人の女性らしさとはほど遠いものであった——ふたりの若い女性が、男性の配偶者や子どもに妨げられることなく、職業人としての輝かしいキャリアを追求していたのだから。わずか二九歳で未亡人となったにもかかわらず、彼女は再婚することも、またわかっている限り、男性と関係を持つことも選ばなかった。世間からは、彼女はずっと、亡くなった夫の思い出にすべてを捧げているかのように見えていた。ウムラウフの存在を知っていた人たちのなかにはしかし、彼女の私生活に眉をひそめる者もいたかもしれない。ナチスがとくに迫害の対象としていたのは男性の同性愛者であったが、レズビアンたちもまた、露見を恐れながら生きていた。同居している女性カップルは、近隣の人々や家主による密告、ゲシュタポによる訪問という危険にさらされていた。[97] ヒトラーが、トローストとウムラウフの関係を知っていたかどうかはわからない。それでも、独身男性たるヒトラーが送る家庭生活のイメージの大半が、同じくナチスの理想とはかけ離れた私生活を送る女性の手によって作り上げられていたというのは、驚くべき事実だ。

　戦争が始まったことは、トローストにとって大きな衝撃であった。戦争にはならないし、わたしは平和を望んでいるというヒトラーの言葉を、自分は信じていたのだとトローストは述べている。まるで心配をしていなかった彼女は、一九三九年八月なかばに、ある高額な土地を売却している。このときの買い手は彼女に、戦争が間近に迫っているときに土地を売るのは賢い選択ではないと言っていたという。それでもトローストは、過去に警告してくれた人々の場合と同様、彼の言葉も意に介さなかった。[98] 一九三九年九月一日、ドイツ軍は東の隣国へと侵攻した。それから一週間後、トローストはポーランドの地図を購入している。[99] そのときの領収書が、ほかの数多くの領収書のあいだから見つかっているが、これはそれまでの生活が変わろうとしていることに彼女が気づいた最初の兆候だ。

　一九四四年末には、トロースト自身が東へと向かった。彼女はヒトラーを「狼の巣」に訪ねることが許されていた、わずかふたりの女性のうちのひとりであった。狼の巣とは、東プロイセン州の小さな町ラステンブルク（現在はポーランド領）近郊の森に設けられた総統本営だ。一九九九年にマルタ・シャートがこのときの旅について尋ねた際、トローストは、狼の巣に行ったのは、準備が整った証明書にヒトラーの署名が必要だったためと、「非常に個人的な理由」があったためだと答え、その具体的な内容については話そうとしなかった。実はこの訪問の真の目的は、ふたりが飼っていたジャーマン・シェパード同士を交配させたいという、ヒトラーの願いを叶えることであった。ジャーマン・シェパードという犬種を、ふたりは溺愛していた。トローストが飼っていたシエパードは、マルティン・ボルマンを通じて手に入れたもので、ヒトラーもまたボルマンから愛犬のブロンディを貰い受けていた[100]（ネオナチや民族主義者のウェブサイトではいまも、ヒトラーとトローストのシェパードから生まれた子犬の子孫たちがどうなったのかについて、熱い議論が交わされている）。トローストはヒトラーの健康状態に心を痛めた。「彼はひどく前かがみになって歩き、右腕は震えていた。一方でドイツ軍が勝利することについては、堅く信じて疑わなかった」。トローストは、ヒトラーの揺るぎない信念のおかげで、自分も心を強く持てたと述べている。このときが、彼女がヒトラーに会った最後となった。[101]

一九四四年四月二四日の夜、アトリエ・トローストがはいっていた建物が空襲を受けると、ヒトラーはトローストに総統館《フューラーバウ》内の作業スペースを提供した。アトリエの文書類は、トローストが安全だと判断した防空対策済みの地下室に保管されることになった。[102]トローストは一九四五年四月末までミュンヘンのアパートにとどまり、米軍が到着するわずか八日前になってキーミングの町へと逃れている。[103]総統館《フューラーバウ》に残されたアトリエ・トローストの資料は米兵に押収され、隣の元ナチ党本部に設けられた中央収集所に預けられた。その後、押収戦争資料としてワシントンDCに送られ、数十年間そこに保管されることになる。

トローストはキーミングで、電気も水道もない一部屋のキャビンで暮らしていた。[104]のちに検察官に語ったところによると、アトリエ・トローストは米軍がミュンヘンに進駐した日に閉鎖し、彼女のデザイン関係の仕事はそこで終了したということだった。[105]そのため、トローストは必要に迫られて農民となった。ウムラウフは一九四二年から、このキャビンに付随した湖畔の土地で、ささやかな有機農場を始めていた。一九四八年の通貨改革前、物は不足し、物々交換で回る経済のなかで、ふたりの女性は農作物を育てて売ることでなんとか生計を立てることができたが、これはトローストの体には大きな負担となった。トローストの主治医によると、手作業による労働と寒くて湿気の多い家のせいで、彼女はリウマチを発症し、また裁判によるストレスが狭心症を悪化させた。そのうえ、トローストは栄養不足で体重も軽かった。トローストの裁判に関する一九四九年の新聞記事に添えられた写真のなかの彼女は、神経を張り詰め、やせ細っているように見える。[106]それでも、当時ドイツに溢れていた空腹で家もない多くの人々は、頭上に屋根があり、庭もある彼女のことを羨ましく思ったことだろう。

米軍占領地域にいたすべての成人のドイツ人民間人と同じく、トローストは非ナチ化措置を受けた。措置の対象者は、第三帝国時代の自らの行動や所属団体に関する質問票に記入したあと、ナチ体制においてどの程度の犯罪に加担していたかに応じて五つのランクにわけられ（一、重犯罪者。二、犯罪者。三、軽犯罪者。四、支持者。五、無罪の市民)、必要があれば一般の裁判所で宣誓証言をし、裁定を受けた。トロ一ストによると、彼女は自宅監禁の状態にもあり、これがたまらなく嫌だったという。その理由は行動が制限されることだけではなく——外出が許可されたのは歯医者か米軍当局に行くときだけだったと、彼女はのちに語っている——、四人の「アメリカ黒人」、つまりはアフリカ系アメリカ人の兵士が、彼女の警備にあたっていたことであった。[107]トロ一ストの非ナチ化措置には長い時間がかかり、一九四六年秋にトラウンシュタインで開始され、終了したのはそれから三年以上がたった一九五〇年の春、場所はミュンヘンの法廷であった。裁判がこれほど長引いた原因としては、戦後の混乱期に関係各所から情報を集めるのが困難だったこと(ファイルは焼かれ、目撃者は死んだか散り散りになっていた)、裁判地の変更、一九四九年にアトリエ・トロ一ストの資料が中央収集所で発見されたこと、トロ一ストの欠席や弁護人の交代、トロ一ストの健康状態の悪化、第三帝国時代にどれほどの財政支援を受けていたかなどに関する事実をトロ一スト自身がごまかそうとしていたことなどが挙げられる。

一方でトロ一ストが隠すことができなかった、あるいは隠すつもりがなかったこととは、総統に対する彼女の献身だ。ヒトラ一のそばにいる姿を幾度も目撃され、それをメディアに撮影されていたことが、いまやトロ一ストにとって不利に働いた。人々は、彼女が強力かつ忠実なヒトラ一支持者だったことをよく知っていた。一九四五年七月一一日にキ一ミング市長が提出したトロ一ストに関する報告書にはこうある。「彼女がヒトラ一の親しい友人たちのなかでも特別な地位にあったことは、だれもが知っている。ヒトラ一は身分を隠して、頻繁に彼女の家を訪ねていた。ついこのあいだも、彼女は管区指導者《クライスライター》が招集した地元の集会で、ヒトラ一の揺るぎない力について語っていた。[……]当然ながら、彼女はいまもこの先も、熱狂的なナチス支持者である」。[108]トロ一ストの財政顧問だったヴィルヘルム・コルステンは、彼女の最初の弁護人が裁判を欠席した際に代理を務めた人物で(弁護人のハンス・ラテルンザ一は、空軍元帥アルベルト・ケッセルリングの弁護にかかりきりだった)、一九四七年一月二一日にトラウンシュタインで行なわれた最初の審問の前に、彼女にこう助言している。「裁判長が万が一あなたから間違った印象を受けて、そのせいで陪席裁判官たちの誤った認識を修正しなくなるというのは避けたい。わたしが見たところ裁判長は、周りの人間から吹き込まれた、完全に誤った見解を持っており、あなたがいまも第三帝国のイデオロギーを擁護していると思っている。直接顔を合わせるこの機会であれば、あなたがナチ体制の悪党たちの仲間ではないと裁判長を納得させられるだろう」[109]。トローストは、彼がほのめかす内容を顧慮などしなかった。最初の審問でも、その後の出廷に際しても、トローストはナチスのプロパガンダを滔々と弁じ、ヒトラーを擁護することによって、彼女があるいはいまも以前とまるで変わらない頑な信念を持ち続けているのではないかとの疑念を、揺るぎない事実に変えた。

　証人席に立ったトローストは、第三帝国における自らの生活を、内に向かって閉じた穏やかな球体であったと表現した。彼女はそこで生き、呼吸をし、芸術のことだけを考えていた。自分とヒトラーとの関係については、完全に芸術的な面でのつながりであったと断言した。裁判長のシュライファーが、あなたはあの独裁者に向かって「外の世界の現状」についてなにか言うことはできなかったのかと尋ねると、自分はなにも知らなかったのだとトローストは答えた。「しかしあなたは、スタジオの四方の壁しか見ていなかったわけではないでしょう」とシュライファーは聞いた。「部屋の壁は目隠しというわけではなかったのですから」。これに対してトローストは、詩的な言い回しでこう答えている。「スタジオの静寂から抜け出して、建設現場や作業場にはいるとき、わたしが見たのはただ明るく輝く瞳であり、経験したのはただこのうえなく感動的かつ圧倒的なシーンだけです。そこには小さな老婦人から若い建設作業員まで、さまざまな人がいました。それも至極当然なことです。彼らは皆、あの恐ろしい失業時代のあとでふたたび仕事を手に入れ、希望に満ちていたのですから」。シュライファーはトローストをきつくたしなめた。「あなたの言葉を信じることはできないし、いくら神妙な態度をとったからといって、あなたがなにも知らなかったなどということは、信じられるものではない。とくにあなたは外国での経験があるのだから、あちらからは物事がどんな風に見えるかを知らなかったはずがない」。トローストは自分はなにも知らなかったという主張を譲らなかった。彼女の芸術の球体のなかには、炎上するシナゴーグも、ゲシュタポの拷問部屋も存在しなかった。一九四八年二月一三日にミュンヘンで行なわれた二度目の審問では、トローストは、自分には仕事や社交上での広い付き合いがあったが、そのなかで強制収容所に送られた人はひとりもいないとまで断言した。一九五〇年二月二三〜二四日にミュンヘンで行なわれた最後の審問でも、トローストはそれまでと同じような質問や疑念にさらされ、同じようにこれを否定している。[110] 一連の審問のあいだにトローストはしかし、ナチ体制によって迫害された人々の力を借りて、自らの防御体制を築いている。彼女は、自分が助け出した何十人もの人々からの証言を提出したのだ。彼らは体制の犠牲者と恐怖が広範囲に及んでいたことを体現する存在であり、これによって彼女がスタジオの四方の壁の向こう側で起こっていることを十分に認識していたことが証明された。

トローストはときとして公然と嘘をついたが——たとえば彼女は、第三帝国における自らの地位を家族の利益のために利用したことは一度もないと主張したが、彼女の個人的な書類からは、一九三二年に破産した父親の事業が彼女の介入によって復活し、大きな成功を収めていたことがわかる——、彼女の証言に見られるこうした矛盾もまた、ナチスのプロパガンダによって生まれ、育まれた自己否定と認知的不協和に根ざしていた。[111] トローストはシュライファーに言った。「あれほどやさしく、あれほど飼い犬に愛着を持ち、あれほど子どもに愛情ある眼差しを向け、あれほどの情熱を込めて芸術作品を見つめることができる、そんな人間がどうやったら殺人者になれるというのですか？　これをどう受け入れろというのでしょう。わたしには思いもよらないことです。わたしにはその辻褄を合わせることはできません」[112]。トローストはまた、ヒトラーが自らの名のもとに行なわれた残虐行為について認識していたと信じるのを断固拒否した。これが事実であることは、その二年弱前に行なわれたニュルンベルク裁判の場で、すでに完全にあきらかになっていた。心のなかの総統を美しいままに保ち、彼を「温かくやさしい心を持つ」人物として語ることは、彼女にとっては自己防衛の手段でもあった。もし彼女のよき友人たる総統に責めを負うべきところがなければ、自分にもないはずだというわけだ。

周りの人間を取り仕切ることに慣れていたトローストは、人の話を遮り、質問をし、記録の訂正を要求して裁判官たちを苛立たせた。一九四八年、ミュンヘンで行なわれた審問でトローストは、彼女と夫がヒトラーと持った会合のことと、そうした場で政治問題が話題に上ったかどうかを尋ねられた。トローストは、自分たちの会話は建築や芸術に関するものに限られていたと主張した。裁判長は議事録をつけている秘書に向かって、彼らの会話は「建築や、ナチ・イデオロギーには沿わないその他の問題」に関するものだったと書くよう命じた。トローストが口を挟んだ。「ちょっとよろしいでしょうか。ひと言言わせていただきますが、まずはあなたがナチ・イデオロギーをどう理解されているのかを明確にする必要があります。もしあなたがＫＺ［強制収容所］の活動など、われわれ全員を深く恥じ入らせた事柄のことを言っているのだとすれば、当然ながら、わたしもわたしの夫も、そうしたこととはなんの関わりもございませんでした。しかしもしナチ・イデオロギーとは社会的な人間であることと理解されているなら、つまりベートーヴェンやカントの国の人間として、自国民に恩義を感じ、それによって人類に奉仕しているということならば、当然ながら、われわれの胸にはナチ・イデオロギーが滲み込んでおりました」。裁判官は「ここで問題にしているのは圧政、独裁、拷問、ＫＺなどです。ですから」と言ってから秘書のほうを向き、「ナチ・イデオロギー、と書いてください」と結んだ。(113)

トローストの二番目の（しかし最後のではない）弁護人クルト・フォン・シュタッケルベルクは、弁護の筋書きを変更して、トローストがナチスの信条を捨てようとしないのは、芸術家である彼女が政治に無知で、物事をロマンティックに考えているせいだと主張することにした。裁判所に提出された答弁書において、シュタッケルベルクはこう主張している。「芸術家というものは、概して公的領域における政治・社会・経済秩序の外で暮らし、代わりに夢のなかの、時間を超越した芸術の世界で、自分だけの瞑想的な生活を送っている［……］それが日常であるのだから、創造的な人物の政治生活に関しては、異なる基準が適用されるべきである」(114)。しかしながら、ナチ体制は、おそらく現代史におけるほかのどの国よりも強烈に、芸術と政治とを融合させていた。この体制は、もとより芸術家の役割は根本的にイデオロギー的なものであるとし、だからこそ芸術家の行動を抜け目なくコントロールしていた。それでも戦後、トローストをはじめとするナチズムにくみした芸術家たちは、自分たちが手がけた国家プロジェクトは政治とはなんの関係もなかったと口を揃えた。『ズュートドイチェ・ツァイトゥング

（南ドイツ新聞）』紙に掲載された、一九五〇年のトロースト の裁判に関する記事によれば、ドイツ芸術の家を建造したことにはナチズムの圧政に拍車をかけた側面があると思うかという質問を受けたとき、彼女は「すっかり当惑していた」という。[115] バイエルン州教育文化省の創造芸術家委員会会長アルベルト・シュテンツェルは、レオンハルト・ガル（トローストと同じく、政治に無関心な芸術家という論法で裁判を切り抜けていた）の非ナチ化裁判のための専門家報告書を書いた人物だが、そのなかで彼は、こうした立ち位置をとることの本質的な不誠実さを指摘している。しかしながら、強固な反ナチ派だったシュテンツェルは客観的でないと判断され、その意見は黙殺されてしまった。[116] 歴史家たちはその後数十年をかけて、芸術家たちがイデオロギーに対して担っていた重大な役割についての研究を続け、彼らが体制に捧げた美の輝き――ポスター、映画、パレード、記念碑のほか、ラジオから軍事関連の賞に至るまでの無数の作品群――がどのように機能して、その腐敗した核を覆い隠していたのかを立証していった。[117]

黄金名誉バッジの所有者であるトローストは、自動的に五つの等級のなかで最高の「重犯罪者」に分類された。このカテゴリーの人々に科される刑罰としては、死刑、収監、重労働などがあった。裁判において自分はどの等級にあてはまると思うかと尋ねられたとき、トローストは、自分であれば新たに「信じることを貫いた、まっとうなナチ党員」という分類を作ると答えている。[118] トローストが、自分はなにも悪いことなどしていないと感じていたことはあきらかだ。一九五〇年二月二四日に行なわれた裁判の終わりに、彼女はこう述べている。「自分は常に人間的な思いやりと道徳的感受性を持って行動して参りました。ですから今日も、以前の行ないに関しては、良心に恥じるところはまったくないと主張いたします」。[119] 一九五〇年三月二日に評決を下した裁判官らは、トローストが未だにヒトラーとの絆から抜け出せていないと記している。[120] 連合国による非ナチ化措置には、処罰だけでなく更生という目的もあったのだが、ゲルディ・トローストの場合、これは完全なる失敗に終わった。

トローストは最終的に「重犯罪者」より二階級下の「軽犯罪者」に分類された。もしヒトラーから幾度か贈られた一〇万ライヒスマルクの存在がなければ、それよりもさらに下の階級になっていた可能性もある。彼女に科された処罰は、二年間の保護観察（評決の日から起算）と、五〇〇〇ドイツマルクの罰金であった。保護観察期間中、彼女の所得にはひと月二〇〇ドイツマルクという上限が定められ、彼女は公民権と教授の肩書を使用する権利を失い、自動車の所有を禁じられるなどの制限を受けた（自動車の所有禁止はかなりの痛手であった。彼女のキャビンは孤立した場所にあり、戦後はトローストもウムラウフも車を押収されていた。ふたりはその後何年にもわたり、自家製の野菜の配達にも、自身の移動にも自転車を使っていた）。トローストはこのほか、多額の裁判費用のうちのごく一部（六五〇〇ドイツマルク、全体の五パーセント）を支払っている[121]。

彼女に比べると、仕事仲間であったレオンハルト・ガルははるかにうまく立ち回った。ガルは一九四八年に「重犯罪者」として裁判にかけられたが、最終的には、下から二番目でトローストよりひとつ下の「支持者」に分類された。彼に科された刑罰もまた、トローストに比べるとはるかに軽かった。ガルの罰金はわずか二五〇ドイツマルクで、それ以外に支払う必要があるのは裁判費用の五パーセント（三二五〇ドイツマルク）だけであった。ふたりの裁判結果にこれほど大きな差があったというのは、彼らがパートナーとして仕事をしていたことを考えると意外な印象を受ける。しかもガルは、ナチ体制下で数々の栄誉に浴していた人物で、帝国文化院の評議員および帝国芸術院の名誉副総裁を務め、一九三五年には教授の肩書を、一九四四年には黄金名誉バッジを授けられている。またトローストの評決には、彼女がヒトラーの眼差しが持つ力に対してとりわけ影響を受けやすかったとする心理査定など、その正当性を証明する内容が含まれていたのに対し、ガルの短い評決は、まるで被告人を擁護しているかのようにも読める（法廷にとって、トローストはあきらかに扱いの厄介な難物であり、ガルはその正反対であった）。ガルは法廷でも、提出した書類のなかでも、自らを素朴で偉ぶったところのない人物として演出しており、検察官に異議を申し立てたり、またトローストがやったように、ナチズムの意味やヒトラーの長所を論じて反感を買ったりするようなこともしなかった。ガルの罰金が少なかったのは、彼が自発的に六〇日間の瓦礫撤去作業に参加していたことも考慮されていたためで、裁判所はこれを信頼性の表れと判断していた[122]。ガルは証人をだれひとりとして呼ばなかったし、また彼が裁判所に提出した、自分の口利きによって助けた人たちからの証言の数も、トローストのそれに比べればはるかに少なかった。トローストがそうした口利きに深く関与していたことを示す証言は一方で、彼女がヒトラーに対して大きな影響力を持っていたことを示しており、最終的に彼女はその事実と、自らのイデオロギーに固執したことに対して代償を支払うことになったのだった。

トローストは（ガルと同じく）、財産を失ったことを引き合いに出して罰金の減額を受けている。[123] トローストは一九三四年に、亡くなった夫の株式ポートフォリオをスイスで現金化し、その資金をドイツに移している。トローストの投資戦略を見ると、彼女が新帝国に信頼を置き、これを支持していたこと、また彼女の平和主義が影を潜めつつあったことがよくわかる。彼女は財産の大半を国債に投資し、戦況悪化のニュースが聞こえてきても、終戦直前の一九四四年まで購入を続けていた。トローストはこのほか、デュナミート・ノーベル社（ドイツ軍のための弾薬を生産していた）やI・G・ファルベン社など、ヒトラーにとくに積極的に協力した武器製造会社の株も所有していた。[124] トローストの投資の大半は戦後、紙クズ同然となるか、ひどく価値が下がることになった。美術品や宝飾品といった個人で所有していた貴重品は、没収されるか、盗まれてしまった。最終的にトローストは、第三帝国時代に手に入れた財産だけでなく、夫や家族から引き継いだものまで、そのほぼすべてを失った。こうした苦しい財政状況に加えて、ミュンヘン税務署は、第三帝国時代の納税申告書の監査を行なったうえで、彼女に追徴課税を命じた。[125]

二年間の保護観察期間の開始から半年がたったころ、バイエルン州議会が比較的罪の軽いナチ犯罪者に対する雇用制限を撤廃する法律を通過させると、トローストはすぐにインテリア・デザインの仕事に戻り、個人業者として働きはじめた。[126] 彼女は高級家具の製作を専門とするふたつの企業から、定期的に仕事を依頼されていた。ひとつは以前、彼女の父親が所有していたブレーメンのドイツ木工工房、もうひとつはヴァインハイムのP・フォーグラー商会だ。トローストはクライアント候補に会ったり、仕事上の所用をこなしたりするために、ルール地方を中心にかなりの広範囲を動き回った。西ドイツに財政的・政治的安定が戻りつつあるなか、爆撃を受けた町は再建に向けた建設需要に沸いていた。一九五〇年代なかばには、トローストとドイツ木工工房は、銀行、産業用建築、ホテル、企業用オフィス、イベント設備など、多数の共同プロジェクトを抱えるようになっていた。[127] 加えてトローストはこの時期、中東という新たな活動の場を得ようとしていた。一九六二年、彼女はヨルダンのアンマンにあるホテルの家具・内装の仕事を請け負った。このほかにも、あるエジプトの実業家グループから、カイロに新しくできた六〇〇部屋のホテルのデコレーションをぜひとも担当してほしいと、熱心な勧誘を受けている。[128]

しかしいくら忙しく働いてはいても、トローストにとって生活の立て直しは容易ではなかった。一九六〇年代初頭、トローストの健康状態は徐々に悪化していった。ひどいストレスのなかで戦後を過ごしたせいだと本人が述べているこの体調のせいで、やがて大規模なデザインの仕事を引き受けることは難しくなった。また、過去の「政治的怨恨」を思い起こさせるトローストという名前も、彼女の足かせとなった。トローストは深刻な金銭的挫折を幾度も味わった。父親がかつて所有していた会社に対する彼女の忠誠心は、きわめて高いものについた。ドイツ木工工房は一九五〇年代に二度倒産し、トローストはそのたびに多額の負債を背負うことになった（そのせいで彼女は、五〇年代末にはキーム湖の別荘を売却している）。トローストはまた、第三帝国時代に彼女を一躍有名にした豪奢なスタイルが、当時の輝きをすでに失っていることに気づいていた。クライアントは職人による手作りの家具に高い金額を払いたがらなかったし、良質な木材を使った内装は時代遅れになっていた。人々が好むのは価格が安くてモダンな、鋼鉄やガラスなどの工業素材であり、それはかつてナチ党の幹部が、自分たちの代表的なインテリアと比べて見下していた、バウハウスのデザインを思い起こさせた。[129]

一九六〇年代末には、トローストのインテリア・デザインの仕事は少しずつ減っていたが、それでも七〇代なかばになる一九七〇年代末までは、ときおり依頼を引き受けていた。[130] こうした晩年の仕事の内容は、個人住宅向けの小規模なインテリア・デザインであった。自分の仕事がないときには、トローストはウムラウフの手伝いをした。ウムラウフは広告写真やリトグラフの事業で徐々に成功を収めていた。一九三九年に、ウムラウフはミュンヘンで絵画の複製を行なう小さな出版社を立ち上げており、古い時代から現代までの名匠による子どもの肖像画や風景画を専門に扱っていた。[131] 戦後になってこの事業を再開した彼女は、一九五二年には産業景観や工場の内装を集めたカラー写真集『ライン川とルール川のはざま』を出版している。[132] 彼女はこのほか、スライドやポストカードも製造した。ウムラウフとトロースト は頻繁に撮影旅行に出かけており、行き先の大半は西ドイツ国内だったが、フランスやオーストリア、イタリアへ行くこともあった。ヴィニフレート・ヴァーグナーに宛てた一九七〇年の手紙のなかで、トローストはウムラウフの仕事には需要があり、軌道に乗っていると書いている。[133]

トローストとヴァーグナーが交わしていた書簡からは、第三帝国のエリートだった人間たちが戦後も交際を続け、互いを支え合っていた様子が見て取れる。一九六二年のトロースト宛ての手紙でヴァーグナーは、ヒトラーが「軽蔑していた貴族たち」が集まったパーティがあったが、「とにかくおもしろかったのは、［タシロ・］フュルステンベルクが公共のレストランの真ん中で、わざと声を張り上げて最高に笑えるユダヤ人ジョークを言ったこと」だと書いている。[134] 元ナチ党員の画家アドルフ・ツィーグラーが苦境に陥ったとき、ヴァーグナーは寄付金を集める役割を引き受け、これにはトローストも（彼の作品をひどく嫌っていたにもかかわらず）協力している。[135]

一九七〇年代なかばには、トロースト自身が友人たちからの援助なしにはやっていけない状況に陥った。一九七五年四月、トローストは大いに悩みながらも、ヴァーグナーからの融資を受け入れている。その返済のために、彼女はオイゲン・ヘンケ作のブロンズ彫刻《ヘッドスカーフを結ぶ少女》を売ることを決めた。裸の若い女性が、頭にスカーフを巻いている姿を象った作品だ。ヒトラーはこの題材を自らヘンケに提案し、仕上がりもいたく気に入って、ベルクホーフの大広間の目立つ場所に飾っていたため、この作品は当時の写真によく写り込んでいた。ヘンケを自分に紹介したトローストへの贈り物として、ヒトラーは同じ彫刻の複製を作らせており、彼女はこれをミュンヘンのアパートに保管していた。あるいはこれがヒトラーが所有していたものではなかったせいで、《ヘッドスカーフを結ぶ少女》にはなかなか買い手がつかなかったのかもしれない。その夏、ヴァーグナーがトローストに送った手紙には、ロッテ・プファイファー＝ベヒシュタイン（初期のナチ党に財政的支援をしていた富豪でピアノ製造業者のエドヴィンとヘレーネのベヒシュタイン夫妻の娘）からの提案が綴られている。ナチス関連の旧友たちとの茶会の席で、プファイファー＝ベヒシュタインがトローストの経済的困窮について相談すると、客のひとりがこう言ったという。その彫刻は「ウガンダ大統領の［イディ・］アミンに買ってもらってはどうだろうか。彼はいま、カンパラにヒトラーの記念碑を建てようと計画している。アミンは黒人だが、ヒトラーの熱狂的な崇拝者だし、財産がなくて困っているときにニグロに物を売ったからといって、なにも恥じるところはないだろう」。手紙には、さらに続けてこうある。「皆、これはとてもいいアイデアだと思いましたし、やってみても損はありません」[136]。トローストが彫刻をアミンに売ったことを示す直接の証拠はないものの、彼女が保管していた彫刻に関するファイルのなかには、かつてのヒトラー付き陸軍副官で国防軍中将だったゲアハルト・エンゲルの名刺があった。エンゲルは当時、ドイツ製の武器を外国へ販売する会社の責任者を務めていた。販売先にはアフリカも含まれていたため、トローストが彼を通じて問い合わせをしようとした可能性はある[137]。トローストはその後も数々の第三帝国時代の遺物を売却しており、そのなかにはヒトラーやゲーリングからの手紙といった品もあった[138]。

第三帝国の上層部で活動していたトローストのような女性は、歴史家に対して一筋縄ではいかない難題を突きつける存在だ。根本的にエリート主義、人種差別主義、性差別主義的な政権に加担していたとしても、彼女たちのことをフェミニストと呼ぶことは可能だろうか[139]。ナチ党広報が作り上げたトロースト像は、夫の作品の実現に取り組む忠実な妻というものだったが、トロースト自身は理想とされるジェンダー規範を平然と無視して、国内最大級の建築会社を運営し、大きな影響力と権力を持つ地位に就き、独立した暮らしを営み、子どもを持つこともなかった。トローストはまた、女性芸術家とコラボレートすることも多く、自らが依頼されたデザインの仕事を通じて彼女たちの作品を支援していた。しかし、いくらトローストが仕事やライフスタイルを通じてジェンダー規範を破り、個々の女性芸術家を応援していたとはいっても、彼女は女性たちが置かれている地位に疑問を呈することも、女性全体のために自らの影響力を行使することもなかった。これが事実であることは、一九三九年、トローストとモダニスト建築家ハンナ・レーヴとのあいだに交わされた、短いが多くの示唆に富んだ手紙のやりとりにはっきりと表れている。ヴァイマール時代にはミュンヘンで活躍していたレーヴは、第三帝国になって仕事を見つけるのに苦労していた。レーヴの手紙にはこうある。「総統と親しく仕事をされているあなたには、きっと基本的な方針に関する疑問にお答えいただけることと存じます。この状況は本当に総統のご意向に沿ったものなのでしょうか。第三帝国では多くの女性が、常に男性に従う助手としてのみ存在を認められています。その男性は知性も芸術的才能も、また組織をまとめる能力においても女性よりすぐれているわけではなく、しかも女性の側には、いつでも自らの能力を証明する用意があるというのにです。それとも教育、適正、能力があるなら、女性たちも、それぞれの専門分野において高い地位を望むことができるのでしょうか？」トローストの答えはにべもない。「そうしたご質問には驚きを禁じえません。総統は心から女性の力を認め、指導的地位にふさわしいと考えていらっしゃるという事実を指摘させていただくだけで（たとえば［ゲアトルート・］ショルツ＝クリンク〔ナチ女性同盟のリーダー〕や、ヴィニフレート・ヴァーグナー夫人、レニ・リーフェンシュタール夫人もいらっしゃいます）、わたしのほうからこれ以上のお答えは不要かと存じます」。レーヴはこれに対し、かなり期間を置いたあとでこう返事を返している。「大変遺憾ながら、わたしはこれまであらゆる局面において、女性に関してこの見解を持つのはほぼあなたひとりであるとの確信を深めて参りました。そうした概念は残念なことに、人事権を握る男性たちのあいだにはかけらも浸透しておりませんし、女性を対等に遇することが戦争に行く男性の埋め合わせになるということをだれもが理解しているはずの今日においても、状況はまるで変わりません」。トローストはこれに対する返事を書いていない。先述の通り、一九七〇年代のトローストは、ヒトラーが支配する男性国家《メナーシュタート》において働く女性が直面した困難を積極的に認めていたが、第三帝国時代にはこれを頑なに否定していたのだ。[140]

今日、トローストの名前が第三帝国の歴史に登場することはほとんどない。生前、トローストにインタビューをした学者やジャーナリストの多くは、彼女自身の人生や仕事よりも、彼女の夫やシュペーア、ヒトラーに強い関心を持っていた。一九四〇年に映画『低地』の撮影セットに彼女を招待したレニ・リーフェンシュタールとは違い、トローストはマスコミの注目を集める存在ではなかった。時がたつにつれ、ドイツの人々は、ヒトラーのそばにいるところを繰り返し目撃されていた白い服の女性のことを忘れていった。二〇〇三年一月三〇日にトローストが亡くなったとき、ドイツの主要メディアはこれにまったく言及しなかった。一方で彼女の死亡記事を掲載したのは、ドイツのネオナチからの支持を集める右翼系ニュース・ポータルサイト『オルターメディア・ジャーマニー』であった。記事の最後はこう結ばれている。「ゲルディ・トローストは死ぬまで自身の信念に忠実であり続けた。われわれはひとりの高潔なドイツ人、尊敬すべき芸術家に別れを告げる」。この死亡記事はその後、英訳されたものを添えて白人優越主義のオンライン・フォーラム『ストームフロント・コム』に掲載された。[141]

トローストはまた、彼女の作品を熱心に収集している第三帝国のグッズ・コレクターからも忘れられてはいなかった。トローストがデザインした軍関連の証明書には、付属の装飾品よりもはるかに高い値が付く。[142]そして、彼女自身は公の場で注目を浴びることを好まなかったにもかかわらず、トローストはあきらかに、自分の存在を人々の記憶に残したいと感じていた。一九八〇年代以降、バイエルン州立図書館はトローストの許可を得て、彼女の夫の生涯と仕事、またアトリエ・トローストの活動を記録する膨大な保存用資料をまとめている。同図書館ではまた、ゲルディ・トローストの戦後の仕事の記録や、彼女が七〇年超の歳月のあいだに交わした書簡を含む個人的な書類の収集も行なわれた。これらの資料の一部は、トローストの死後一五年間は非公開とすることが決められている。二〇一九年初頭にすべての資料が公開されれば、歴史家たちはその後何年ものあいだ、忙しく過ごすことになるだろう。

第II部

第6章　選挙政治と「私人ヒトラー」の発明

それは一九三二年春の大統領選挙中のことであった。ナチ党は、ヒトラーの私生活を世間に広く公表することの価値に気がついた。当時ドイツで二番目に大きな政党のリーダーであったヒトラーはこの大統領選において、タンネンベルクの戦い〔第一次大戦初期の独露間の戦闘〕の英雄として国民の尊敬を集めていた、高齢で現職のパウル・フォン・ヒンデンブルクと、共産党党首エルンスト・テールマンを相手取って戦っていた。三月一三日、ドイツの選挙民はヒンデンブルクに七〇〇万票以上という大差の勝利を与え、ヒトラーが圧勝で大統領になることを期待していたナチ党員は大いに落胆した。[1] しかしヒンデンブルクが過半数を得られなかったため、翌月に決選投票が行なわれることになり、ナチスが新たなアピール戦略に着手したのは、まさにこの二度の大統領選挙のはざまの時期であった。[2] 最終的にヒトラーは決選投票でも敗北を喫するが、選挙運動と悪化する経済危機のおかげで得票数を二〇〇万以上伸ばし、選挙民全体の三分の一の支持を得ることに成功した。[3] 広い層へのアピール効果が確認されたことで、「私人としてのヒトラー」のイメージはその後長きにわたって、ナチ党のプロパガンダにおける主要なテーマとなっていく。

総統の私生活を広く公表するというこの戦略は、ナチ党がそれまで行なってきた、大衆の扇動者あるいは過激な政治運動のリーダーとしてのヒトラーの役割を強調する広報とは、あきらかに一線を画するものであった。一九三二年の決選投票において、より広い層の人々にアピールする必要にかられたことをきっかけに、ナチ党のプロパガンダは、ヒトラー個人の性質を賞賛する方向へと舵を切った。飛行機でドイツ全土を飛び回る選挙運動を大々的に喧伝するなど、彼らはヒトラーの若さと力強さを重要なセールスポイントと位置づけていた。国民にとって遠い存在である八四歳のヒンデンブルクが有する貴族としての名声と威厳に対抗するためにナチ党が用意したのは、ドイツ国民と直接顔を合わせるために空を飛んでやってくる、現代的で魅力的な候補者だった。ナチ党広報による作戦のなかでもとりわけ大胆だったのは、ヒトラーの私生活にスポットライトをあてたことだろう。彼らはヒトラーの高潔で思いやりのある性格を強調し、それによって第一回投票でヒンデンブルクを圧倒的に支持したブルジョワ層や女性の票を勝ち取ることを狙っていた。(4)

当時のヒトラーがどんな私生活を送っていたかを考えると、これは実に無謀な一手であった。ヒトラーは中年の独身男性で、親しい家族もほとんどおらず、わかっている限り恋人関係にある相手もいなかった。一九三一年九月には、姪のゲリ・ラウバルがミュンヘンにあるヒトラーのアパートで拳銃自殺をしたことをきっかけに、彼の家庭生活と性生活に関する芳しくない噂が世間を駆け巡った。一九三二年の方針転換以前、ナチ党の広報はむしろ、ヒトラーの個人的な生活に関する話には世間の注意が向かないようにするか、もみ消すという対応をとっていた。ヒトラーの評判を貶めるような記事に対しては抗議を続ける一方で、ナチ党は独自に、一般市民に知ってもらうための、私人としてのヒトラー像を作り上げる仕事に着手した。「私人としてのヒトラー」のイメージはこのとき、党にとっての厄介事から財産へと変わったのだった。

ハインリヒ・ホフマンが撮影した写真集のタイトル『だれも知らないヒトラー』(一九三二年)が、総統のイメージの転換を象徴している。この本は一度目の大統領選直後にあたる三月中旬に店頭に並んだ。おそらくはホフマン個人のアイデアをもとに、もっと早い時期に作られていたものだったが、結果としてこれは、新たなイメージである「私人ヒトラー」を通じてより広い層にアピールするというナチ党の新戦略にふさわしいツールとなった。(5)ヒトラーの公式写真家であるホフマンは、彼と接する機会がふんだんにあり、自身が撮影した数千枚の写真のなかから、総統の私生活がよくわかるものを一〇〇枚選んでいた。

本の表紙には、ヒトラーがバイエルン風の上着を着て、つばが波打った帽子をかぶり、山中の草原で飼い犬と一緒に寝転んでいる写真が採用された（図3）。この写真と本のタイトルが読者に向かって訴えていたのは、カメラのレンズがいままでとは違うヒトラーの姿をあかし、表紙に書かれた紹介文の通りに、ヒトラーの「無数の支持者たち」が抱いている、彼の私生活や「広範な趣味や才能」についてもっと知りたいという「渇望」を満たすだろうというメッセージであった。表紙の紹介文には、これは「ありのままを記録した真実」であるとも記されており、そこには私人としてのヒトラーの姿を紹介する内容への自信と同時に、ヒトラーの批判者たちが発表する、あまり好意的とは言えない記事への反駁の意味も含まれていた。実際のところ、ドイツ国民が戦後知ることになる通り、ホフマンの手によって大きく改竄・編集されたヒトラーの私生活は、現実のそれとは似ても似つかぬものであった。たとえばエーファ・ブラウンは、一九三六年にはヒトラーの取り巻き集団の常連となっていたにもかかわらず、第三帝国時代に撮影されたこの手のポートレートからは完全に排除されている。

表紙の文言にはこのほか、同書はヒトラーの『わが闘争』を視覚的に補完するものであるとも書かれていた。本の冒頭は確かに伝記風になっており、まるで家族のアルバムのように赤ん坊のころのヒトラーの写真から始まり（写真の隅には、その上から赤ちゃんの誕生を知らせるカードが「糊で貼られて」いるかのような演出が施されている）、生家、両親、学校と軍隊の生活、そして演説家・政治家として台頭する様子へと続いていた。日々の生活を記録した写真については、ホフマンはヒトラーがプライベートな活動をしているものや、政治家としての仕事の合間の、くつろいだ表情を見せているものを中心に選んでいた――たとえばそれは演説会場へ向かう途中で、野外で軽いピクニック・ランチをとっているところや、彼の車に近づいてきた労働者と話をしているところなどだ。現代的な風景が写っている写真はあまりなく、ヒトラーのいわゆる「個人的な生活」は、その大半が牧歌的な田舎の風景のなかで描かれていた。リラックスした様子のヒトラーを写した何枚もの写真は、主にオーバーザルツベルクで撮影されたものだが、ヴァッヘンフェルト・ハウスについては言及はされているものの、実物の写真は登場しない。写真のなかのヒトラーは山道を犬と歩いたり、戸外で読書をしたり、散歩をしたり、近隣の子どもと話をしたりしており、また服装はレーダーホーゼン〔革の半ズボン〕などのカジュアルなものであった。写真のキャプションには、「都会の喧騒と慌ただしさ」から逃れて体を休めることで、ヒトラーは政治の世界における苦闘の「ストレスと緊張」から回復することができると書かれている。プライベートなものであると断り書きが入れられてはいても、リラックスして、笑顔も頻繁に見せているヒトラーのこうした写真の数々は、決して政治的な意味合いを持たないものではなかった。たとえば、ヒトラーが草の上に座って新聞を読みながら、満面の笑みを見せている写真に添えられたキャプションには、彼が愉快そうにしているのは、敵対的な新聞社が書いた彼に関する「作り話」がおもしろいからだと書かれている――「シャンパンを飲みながらのごちそう、ユダヤ人の恋人たち、贅沢な別荘、フランスに確保してある財産〔……〕」[6]。ヒトラーの視線の先にいる読者たちは、さあ、この親密な瞬間を共有し、彼と一緒に笑おうと誘われる。

　そうした表層的な仕掛けにとどまらず、『だれも知らないヒトラー』は、それ自体が政治的な目的を有していた。その目的とは、私生活という手段を通じて、ヒトラーのイメージを「善良な」人間として作り変えることだ。ヒトラーユーゲントの指導者で、ホフマンの義理の息子であったバルドゥーア・フォン・シーラッハが書いた序文には、ナチ党によるそうした狙いがはっきりと示されている。ドイツ国民は、彼らの選ばれし指導者に対し、その私生活においても、公の仕事の際と同等の高い倫理観を求めていると、シーラッハは書いている。ヒトラーはまさにこの命題を具現化した存在であることによって、ドイツでもっとも尊敬を集めるゲーテやフリードリヒ大王と同じ高みにいるのだと彼は言う。「わたしはここに、わたしがもっとも衝撃を受けたアドルフ・ヒトラーの特徴をふたつ記しておきたい。それは強さと善良さだ。そして、この本の写真にはっきりと表れているのは、そうした彼の性質そのものなのだ」。シーラッハは、ヒトラーの「個人的な体験」の一端が垣間見えるこれらの写真が、ナチ党の支持層とはかけ離れたところにいる読者にも届き、ヒトラーの下で長年働き、「その結果、彼を崇拝し、愛するようになった」人々が心に抱く感情が伝わることを願っていると書いている。シーラッハは宗教を想起させる言葉を持ち出して、ヒトラーの「秘密」は、「これらの写真を、懺悔を聞くかのように心を開いて読むすべての人々に」あかされるだろうと説き、「ここにいるのは活気溢れるリーダーであるのみならず、偉大かつ善良な男性である」と続ける。(7)

ドイツ国民には、ヒトラーが苛烈な反ユダヤ主義者で、有罪判決を受けた反逆者であり、街で暴れる過激な武装集団のリーダーであることはよく知られていた。それではシーラッハやホフマンはどのようにして、彼を「善良な男」として再定義したのだろうか？　その手段はひと言で言えば、イデオロギーよりも価値観に訴えるというものだ。まず手始めに、ヒトラーは質素な習慣と強い克己心を持つ人間であるとされた。「ヒトラーが飲酒をせず、煙草を吸わず、菜食主義者であることはあまり知られていない」。シーラッハの序文にはそうある。「自分のやり方を、ごく身近にいる側近も含めた他人に押し付けるようなことはいっさいせずに、彼は自らの生活の規範を固く守っている」(8)。シーラッハは写真に添えたキャプションのなかにも、こうした類のメッセージを加えていった。「これが『太ったネコ』の生活だ！」　疲れた様子のヒトラーが、さほど豪華には見えない食事を終えたところを写した写真には、こんな皮肉を込めた一文が添えられている。キャプションはこう続く。「嘘つきのマルクス主義者は労働者に向かって、ヒトラーはシャンパンと美女に溺れていると訴える。現実のヒトラーは、一滴のアルコールも飲みはしない！（ヒトラーは煙草も吸わない）(9)」。

ヒトラーの克己心は、彼の恐ろしいほどの勤勉さと仕事の能力にも表れているとシーラッハは記している。彼は党を率いる責任を引き受けているのみならず、「非常に精力的に旅に出かけ」、「今日はケーニヒスベルク、明日はベルリン、その次の日はミュンヘン」で演説をするために飛び回り、「その間、最低限しか眠らない。総統はいつも深夜まで仕事をしているからだ(10)」。シーラッハの言葉を裏付ける写真もたくさんあった。ヒトラーが旅の途中、支持者からの挨拶を受けたり、短い休憩をとったりしているものもあれば、また別の写真では、彼は「大規模な集会で奮闘してくたくたになり」、運転手の脇で前かがみになって眠っていた(11)。全国を駆け回るこうしたヒトラーのイメージの数々はあきらかに、彼の職業倫理の高さに対する賞賛と、それによって私人としてのヒトラーが払う犠牲に対する同情の両方を感じさせることを狙ったものであった。また、その後実践された飛行機を利用した選挙運動と同様、この本は、ヒトラーとドイツ国民とを個人的かつ直接的な絆で結び付けるという効果を持っていた。

次にシーラッハは話題を仕事からヒトラーのプライベートな趣味へと移し、これについてはゴシップや嘘が広まっているため、ぜひとも言及しなければならないと書いている。「ヒトラーがもっとも大きな喜びとしているものは、六〇〇〇冊の蔵書がある図書室であり、彼はこれらすべての本をパラパラとめくるだけでなく、きちんと読破している。建築と歴史に関する本が、この図書室ではとくに大きな存在感を示している。ヒトラーは、これらふたつの分野における揺るぎない権威でもある。芸術、とりわけ音楽は、彼の人生にとって欠かすことのできないものだ。『もし芸術家たちが、わたしがこれからドイツの芸術のためになにをするつもりであるかを知ったなら、彼らのなかでわたしに敵対するものはひとりもいなくなるだろう』という彼の言葉は、文化活動に対する彼の思いの深さを示している」[12]。「建築家ヒトラー」と題された、中世の回廊で撮影された写真には、熱心に耳を傾けている突撃隊員たちに向かって、建築に関する知識を披露する総統の姿が写っている[13]。同書にはこのほか、第一次大戦中、兵士だったヒトラーが描いた二枚の水彩画の写真も掲載されており、キャプションには、この絵には建築の「すばらしい才能」が現れているとある。専門的な勉強をすることは叶わなかったが、ヒトラーは「新たな民族《フォルク》の建築家となったのだ」——この文が過去形で書かれているのは、これがすでに起こった事実であることを示唆するためだ[14]。

ヒトラーの趣味に関する記述のなかで、彼の図書室にある本の数を細かく記載したり、彼がそれらをすべて読んだとわざわざ断ったりしていることからは、ヒトラーは一六歳で学校を離れてはいるが、実は教養ある洗練された男性であるとアピールしたいという意図が感じられる。教養《ビルドゥング》、自己鍛錬、克己心、強い職業倫理、つつましさといったものは、ドイツの中流層が持つ倫理観の核を成す要素であった。つまり「善良な」ヒトラーを構成する要素はある意味、ヒンデンブルクへの忠誠心を捨ててほしいとナチ党が願っていた、こうした中流層選挙民へのアピールを念頭に置いて考案されたものだったと言える。

同書におけるヒトラーに関するその他の記述は、社会的・政治的な区別にかかわらず、すべての人にアピールすることを狙っていた。ヒトラーが窓辺で山を眺めている写真のキャプションにはこうある。彼の「自然への渇望」はめったに満たされることがなく、それは「彼の人生が困難と仕事」で成り立っているためである。ヒトラーと、アルプスの景色やそこでの活動との接点を描くことは、活発なイメージの演出につながり、これはドイツにおけるネイチャー・スポーツの人気の高さともうまくマッチしていた。しかもヒトラーのこうしたスタンスは、なにかと物議を醸してきた彼のイデオロギー基盤とは、想像できないほどの隔たりがあるという（誤った）印象を人々に与えた――多くの市民が、ヒトラーの差別主義は不快であり、革命に関する言及は恐ろしいと感じていたが、ハイキングや自然といったものに反感を抱くのは難しかった。同様に、ヒトラーが犬と一緒に写っている写真は彼の動物への愛情を感じさせ、シーラッハはキャプションでそれをさらに強調してみせた。「ヒトラーは、犬が彼を愛するのとほとんど同じくらい犬を愛している」（ある批評家はのちに、こんな辛辣なコメントをしている。「親しいという割には、互いの愛情の微妙な差異が、主人と動物とのあいだの距離をしっかりと保っている」[15]）。読者の同情を誘うことを狙い、シーラッハはこんなことも書いている。「ヒトラーを徹底的に痛めつけようとする邪悪な人間たちが、彼のお気に入りの犬に毒を盛ったこともある。これが臆病者が善良な男と戦う手口なのだ」[16]。一九三三年以降も、ホフマンは「動物好きなヒトラー」というテーマを追求し続け、これは私人ヒトラーを象徴する非常に人気の高いモチーフとなっていった。こうした写真が伝えるヒトラーの善良さというメッセージは、彼が動物をやさしく世話する様子だけでなく、逆に動物が彼に信頼を寄せている姿にも込められており、むしろ後者のほうが重要な意味を持っていた。

子ども好きというヒトラー像もまた、ホフマンが追求する主要なテーマとなっていくが、動物の場合と同様、ホフマンは総統の善良さを伝えるうえで、彼が子どもに対して示す愛情と関心だけでなく、子どもたちからの彼に対する信頼を描いていった。「子どもたちは彼のことが大好きだ」。小さな子どもに囲まれたヒトラーの写真のキャプションにはそうある。「どこへ行っても、子どもたちは花を手渡すためにヒトラーの周りに集まってくる」。ヒトラーが、ヒトラーユーゲントのメンバーであるふたりの子どもたちと話をしている写真がある。そのうちのひとりはピンプフ（少年）部門に所属する幼い少年で、シーラッハのキャプションには、「これほど小さな少年も、ヒトラーの戦士なのだ」と書かれている。[17] 無邪気な子どもであるヒトラーユーゲントのメンバーが示す忠誠が示唆していたのは、彼らは動物たちと同様、信頼すべき人間に本能的に惹かれるというメッセージであった。子どもと一緒にポーズを取ることで選挙民の心をつかもうとした政治家は、ヒトラー以前にもいなかったわけではない。しかしヒトラーはホフマンとともに、このＰＲ戦略を前例のないレベルまで徹底的に活用していった。愛らしい子どもたちと一緒にいる姿というのは、女性選挙民に対する効果的なアピールとなり、攻撃的かつ男性的というナチ党のイメージを和らげる必要のある独身の政治家にとっては、とりわけ大きな意味を持っていた。

決選投票に向けた選挙運動が公式に開始される一九三二年四月四日、ヨーゼフ・ゲッベルスはナチ党の機関紙『デア・アングリフ（攻撃）』に、私人ヒトラーを善良な人間としてアピールするという新たな選挙戦略の見本となるような記事を寄稿している。記事のなかでゲッベルスは、ホフマンの写真集で示されたテーマを繰り返し登場させ、そのメッセージを強調してみせた。真実のヒトラーは芸術の才に恵まれているが、ドイツの人々を率いて現在の窮状から抜け出させるために建築や絵画をあきらめたのだと、ゲッベルスは書いている。「アドルフ・ヒトラーは生まれつき善良な人間だ。彼が子どもたちにとくに大きな愛情を注いでいるのはだれもが知るところであり、子どもたちにとって彼は常によき友人、かつ父親のように自分たちに寄り添う仲間なのである」。ゲッベルスはさらに、ドイツの子どもたちの福祉こそがヒトラーを政治活動に駆り立てた原動力であり、彼は子どもたちに親世代よりもよい人生を与えたいと願っているとまで主張している。ゲッベルスはまたヒトラーの仲間との絆、同僚に示す理解、知的な審美眼、芸術的感性、シンプルなライフスタイル、慎み深さ、仕事への大いなる献身を褒め称えた。「これこそがアドルフ・ヒトラーの真の姿だ。政治家としてだけでなく、人間として彼のことをよく知るすべての者たちからの、惜しみない愛情と献身を受けている人間だ[18]」。ヒトラーを賞賛するこの記事はつまり、彼の善良さはその性格だけでなく、彼のそばにいて、この「信頼すべき」人間のことをよく知る者たちが彼に寄せる愛情によって証明されていると訴えていた。

ヒトラー個人に焦点をあて、人々の感情に訴えようというこうしたナチ党の選挙戦略に対し、左派の新聞がとった対抗策は、皮肉によってこれを受け流すことであった。一九三二年三月一九日、社会民主党の主要機関紙『フォアヴェルツ（前進）』は、その前日に『デア・アングリフ』紙に掲載されたホフマンの写真集の広告をまるごと再掲載した。この広告には、本の表紙にあった文言そのままに、「無数のヒトラー支持者」の熱い要望に応え、ヒトラーのそばで一〇年間仕えてきたホフマンが撮影した「何千枚もの写真」から、彼の個人的な生活の一端を紹介すると書かれていた。『フォアヴェルツ』紙はこの広告の下に、本の宣伝文句をもじった文章を入れ込んだ。

> 聞きたまえ、何百万もの人々よ、あなた方の望みはたされる！　あなたは偉大なるアドルフがパジャマを着た朝の姿、夜会服を着た夜の姿を目にするだろう。彼が爪を塗っているところ、彼が頭の脇にポマードをつけているところ、食べているところ、飲んでいるところ、しゃべっているところ、書いているところを見るだろう！　過去一〇年間——具体的には、彼が三三歳になって以来——偉大なるアドルフは、その人生の大半を写真を撮られながら過ごしてきており、つまりは四〇〇〇日足らずのうちに「何千枚もの写真」が生産されたわけだが、これはあきらかに一日数枚という計算になる。
>
> これがアドルフが国民のために黙々と働き、その望みを叶えてきた姿だ。国民はもう長いあいだ、満腹を感じるほど食べていないが、いまやアドルフ・ヒトラーを眺めることで腹を満たすことができるだろう！
>
> 万歳《ハイル》[19]！

これは慎み深く謙虚な人間というヒトラー像の矛盾を指摘する、痛烈な批評であった。シーラッハはこうした批判が来ることを見越しており、その対策として序文のなかで、ヒトラーが写真を撮られるのを非常に嫌っていること、それを我慢しているのは党のためにほかならないことを長々と説明している――実のところ序文の大半は、皮肉なことに、ヒトラーが写真のモデルを嫌々ながら務めているという弁明に費やされていた。[20]『フォアヴェルツ』紙はこれに対し、簡単な計算をしてみせることで、ヒトラーというのは、カメラに撮影されるために生きている、自分のことで頭がいっぱいの自惚れた人間であり、彼が支持者に差し出せるものはからっぽの幻影だけであると訴えたわけだ。

一九三二年五月末、ベルリンの週刊紙『ダス・ターゲブーフ（日刊紙）』のクルト・ラインホルトは同様の皮肉を用いて、ホフマンの「ドキュメンタリー」本に見られる矛盾、誇張、偽善を批判している。ヒトラーの敵が彼の犬を殺したというシーラッハの主張に対し、ラインホルトはこう書いている。「どうりで、ナチスはなにかとリボルバー、ナイフ、ブラスナックルを持ち出すはずだ」。シーラッハが「気取らない男」とタイトルを付けたヒトラーの写真には、ラインホルトはこんな解説を付けている。「田舎の風景のなかでヒトラーが、旅行用毛布を尻（総統のためにはあるいは、尻よりもふさわしい用語があるのかもしれない）に敷いて腰を下ろし、リンゴを剥いている。ホフマンが『できるだけ控えめにお願いします！』と懇願すると、その場にいる全員が、彼が言っているのはこの写真のことではなく、カイザーホフの請求書のことだと考える」（ラインホルトの記事が出た前の月、ベルリンのリベラル系週刊紙『ディー・ヴェルト・アム・モンターク（月曜日の世界）』は、ヒトラーがカイザーホフ・ホテルに宿泊した際の請求書を掲載している。カイザーホフは一九三三年以前、ヒトラーがベルリンにおける住居兼党本部として利用していた高級ホテルで、請求書には彼と彼の側近たちの宿泊と食事に費やされた法外な金額が記されていた）。[21]ラインホルトは、ホフマンが撮影したスナップ写真の自然さに疑いの目を向け、そこには自身の姿を目論見通りの瞬間に捉えた写真を作り上げるための、ヒトラーの「冷徹な」計算が見えると指摘している。ラインホルトの狙いは、この本には嘘がなく、私人ヒトラーの姿を垣間見ることができるという幻想を打ち破ることであった。この本に示されているのは以前と変わらぬ、得体の知れない「総統の仮面」だけであり、しかもその仮面は時とともに厚みを増していると彼は考えていた。[22]

こうした批判にもかかわらず、『だれも知らないヒトラー』は売れに売れ、一九四二年までに幾度も版を重ねて四〇万部以上が刷られた。写真集が成功し、またヒトラーの政権初期には、ドイツ国民からの支持をさらに固める必要があったことから、ホフマンはこの写真集と同じフォーマットの本を、その後も繰り返し出版していくことになる。ヒトラーが政権の座に就いたあとには、総統の私生活に焦点をあてた本をさらに三冊出版している。一冊目は『ヒトラーを囲む若者たち』（一九三四年）、二冊目は『山で暮らすヒトラー』（一九三五年）（図41）、三冊目は『日常を離れたヒトラー』（一九三七年）（図42）だ。これらはすべて二〇万部以上を売上げており、ドイツの人々がヒトラーに変わらぬ興味を持ち続けていたことがわかる。[23]ホフマンは本以外にも、休日のヒトラーをモチーフにした絵葉書を作成してかなりの枚数を売上げ、またそうした写真をドイツ内外のマスコミ向けにも販売していた（図43）。たとえば一九三七年には米『ライフ』誌が、ホフマンが撮影した、子どもと一緒にいるヒトラーの写真を取り上げた三ページの特集記事を組み、これらの写真はプロパガンダ用のものだと断りながらもそのまま掲載したうえ、感傷的なコメントまで添えている。[24]歴史家のトニ・マクダニエルが指摘している通り、一九三八年以前のアメリカのメディアは、ナチ・ドイツに関する「偏りのない」報道を維持することを優先しており、これがヒトラーの誤解に満ちたイメージを生む原因となった。とくに新聞や雑誌が繰り返し掲載していた、私人ヒトラーに関して「いいことばかりを並べた」記事の影響は大きく、アメリカの大衆はこれを夢中になって読んでいた。[25]ホフマンが撮影した写真の人気の凄まじさはしかし、もはや編集者の思惑を超えており、そこからはヒトラーの政権初期、ドイツ国内外の読者が彼にどのような人間であってほしいと期待していたかが窺える。全国ドイツ報道協会『ドイチェ・プレッセ（ドイツの報道）』紙に一九三四年に掲載された、国内外市場におけるドイツ報道写真需要に関する記事には、「総統が子どもたちと親しそうにしている写真と、ヴァッヘンフェルト・ハウスで二匹のジャーマン・シェパードと遊んでいる様子を写した写真が、もっとも人気が高い」とある。アメリカの新聞でさえ、ヒトラーが「子どもを抱きしめている」姿など、「大衆の共感」を呼びそうなアングルの写真

図41　ハインリヒ・ホフマンの写真集『山で暮らすヒトラー』（ベルリン、Zeitgeschichte 社、1935 年）の表紙。

図42　ハインリヒ・ホフマンの写真集『日常を離れたヒトラー』（ベルリン、Zeitgeschichte社、1937年）の表紙。

図43　ハインリヒ・ホフマン撮影の絵葉書。タイトルは「動物好きの総統」。

を好んで購入していた[26]。一九三四年にはついに、もっとも需要のあるヒトラーの写真は、新指導者が演説をしているところでも、軍を視察しているところでもなく、彼のより穏やかな側面を伝えることを意図したものとなっていた。一九三二年の大統領選のために作り上げられた私人ヒトラーは、世界のセレブリティとなったのだ。

『だれも知らないヒトラー』によって、私人としての総統はどういう人間かという特徴が確立されたあと、一九三三年以降は、パフォーマンスの舞台はオーバーザルツベルクのヴァッヘンフェルト・ハウスに独占されていくことになる。ホフマンや党の広報が描いた筋書き通りに、ヴァッヘンフェルト・ハウスという山荘は、ドイツ国民に対してナチ党が約束したよき人生の実現という仕組まれた願いを体現する空間となった。太陽が常に輝き、金髪の子どもたちが戯れているこの広々とした生存圏《レーベンスラウム》ときれいな山の空気のなかに、ナチスはドイツ全体を象徴する地上の「ユートピア」を描き出し、それを広く喧伝した。党が公式に認定した絵葉書や雑誌、本、展覧会、さらにはその後何年ものあいだ黙認されていたオーバーザルツベルクへの「自発的な」巡礼者たちの姿を通じて、ドイツ国民はそれぞれの心のなかで、将来手にする大きな恩恵の象徴であるその小さな家に思いを馳せるよう促されていった。それは『ヘンゼルとグレーテル』に登場する魔女の家となんら変わるところのない、魅惑的かつ危険な嘘であった。

第7章　アルプスの誘惑——プロパガンダと「山の男」

アドルフ・ヒトラーが首相になった一九三三年、彼がわが家と呼ぶことを選んだ場所のすばらしさを謳う本が出版された。その場所とはベルリンではなく、ベルヒテスガーデン近郊のオーバーザルツベルクであった。この本に描かれた世界においては、首都ベルリンとアルプスとのあいだには、これ以上ないほどの隔たりがあった。『アドルフ・ヒトラーの第二の故郷』（一九三三年）と題された同書には、カール・シュースター＝ヴィンケルホーフが描いた絵が二二枚掲載されており、その題材は手付かずの自然の風景、素朴な丸太小屋、伝統的な衣装に身を包んだ村人、居心地のよさそうな家の内装、ゆったりとした山の生活などであった。(1)あとがきを担当したベテランの登山家で、登山やスキーに関する一般向け書籍も手がけていたヴァルター・シュミットクンツは、一帯の山々を「永遠の台座」という言葉で表現し、オーバーザルツベルクは時間を超越した場所であるというイメージを強調してみせた。(2)本自体の造りは、民族調のグラフィック・デザインと分厚いクリーム色の紙が採用されていることにより、どこかベルヒテスガーデン名物の工芸品を思わせるものになっていた。小型の長方形という判型は、画家が使うスケッチブックや、土産屋で売っている絵葉書のアルバムにも似ていた。本の内容は旅行記とプロパガンダを混ぜ合わせたようなもので、絵と文の主な題材は、誕生したばかりの第三帝国においてもっとも

図44　カール・シュースター＝ヴィンケルホーフが描いたヴァッヘンフェルト・ハウスのヒトラーの寝室の窓からの景色。『アドルフ・ヒトラーの第二の故郷』（ミュンヘン、Münchner 社、1933年）、図10。

有名な家であるヴァッヘンフェルト・ハウスであった。

一九三三年の時点では、ドイツ人はまだ、たった一〇年間で無名の存在から国のリーダーにまで成り上がったこの男のことをよく知らなかった。一九三二年のハインリヒ・ホフマンの本『だれも知らないヒトラー』は、さまざまな場面での総統の個人的な側面を取り上げたもので、そのなかにはオーバーザルツベルクで休息を取る総統の姿も含まれていた。シュースター＝ヴィンケルホーフの本は、ヒトラーの家庭生活のなかでも、アルプスを背景としたものだけに焦点をあて、風景を紹介すると同時に、ヴァッヘンフェルト・ハウス自体にも親しみが感じられるような作品を掲載していた。シュースター＝ヴィンケルホーフは、そうした視点からの絵を描ける特別な立場にいた。彼はヒトラーの隣人だったのだ。彼の父親は、ヴァッヘンフェルト・ハウスの真うしろに立つホテル・ツム・テュルケンのオーナーであった。はじめてオーバーザルツベルクに滞在した一九二三年以来、ヒトラーはこのホテルを頻繁に利用しており、一説には宿泊客に向かって演説をしたこともあると言われている(3)。シュミットクンツによると、ヒトラーは登山と絵画に熱心に取り組む若者シュースター＝ヴィンケルホーフにとってメンターのような存在であり、彼に荷物をまとめて東へ旅するよう勧めたという(4)。シュースター＝ヴィンケルホーフの最初の本『白い山、黒いテント——ペルシアへの旅』は、一九三二年に出版された(5)。オーバーザルツベルクに戻ってきたとき、彼はまた別の旅行記を、今度は自宅に近い場所で描くことを思い

図45　カール・シュースター＝ヴィンケルホーフ作《民衆の首相の寝室》。ヴァッヘンフェルト・ハウスのヒトラーの寝室を描いた作品。『アドルフ・ヒトラーの第二の故郷』（1933年）、図11。

立ち、ヴァッヘンフェルト・ハウスに出入りして部屋をスケッチする許可を得た。そしてそのなかには、首相の寝室という、家のなかでもとくに私的な場所も含まれていた。

本の冒頭は、ベルヒテスガーデンの渓谷と周囲の山々の景観から始まり、読者がこの家がどのような地形に立っているのかを理解し、ヒトラー自身が見るであろう景色を体感できるような構成になっている。たとえばある風景画にはベルヒテスガーデンの町が描かれており、その解説文では、これは実は首相が家から徒歩一時間ほどの距離にあるホッホレンツアーという眺めのいい山荘に通う道から見える場面を描いたものだとあかされている。(6) シュースター＝ヴィンケルホーフはヴァッヘンフェルト・ハウスの内部を描くにあたっても、読者が画家と同じ位置に立ち、首相がもっとも個人的な瞬間に目にする景色をそのまま体験しているかのような印象を与える構図を作り上げた。その効果は、ヒトラーの寝室の窓とバルコニーからの眺めを描いた一枚にも見て取れる（図44）。同書が醸し出す親しみやすい雰囲気は、以下のような

図46　カール・シュースター＝ヴィンケルホーフが描いたヴァッヘンフェルト・ハウスのヴォーンシュトゥーベ（居間）。『アドルフ・ヒトラーの第二の故郷』（1933年）、図14。

複数の仕掛けを積み重ねることによって生み出されていた。まずひとつ目は本の判型が小さいことで、これは思わず手で持ってみたいという気持ちを起こさせた。ふたつ目はイラストの題材で、家の内装を描いたものはとくに効果的だった。そして三つ目は視点を想像させる描き方で、これによって読者と首相とは、画家を通じて直線的に結び付けられた。

おそらくはシュースター＝ヴィンケルホーフの作品が写真ではなく絵だったことから、彼は二階にあるヒトラーの寝室という、この家においてもっとも個人的な空間の様子を公に発表することを許されたのだろう。こうした空間がドイツ国民の目に触れたのは、このときだけであった。短いキャプションにはこうある。「民衆の首相の寝室」。絵のなかには、金属フレームのシングルベッド、ランプと花瓶が置かれたナイトテーブル、小ぶりのラグ、壁に掛けられた二枚の額、そしてガラスドアの向こうのバルコニーと、遠い山々の景色が見える（図45）。額に入れられた絵についてシュミットクンツは、総統の「愛する母親」と、ミュンヘン派の重鎮ルートヴィヒ・フォン・ヘルタリヒによる磔刑図だと説明している。このふたつの絵の選択には、戦略的なものが感じられる。カトリック教徒の多いバイエルンにおいては、独身男性の寝室の壁に飾る絵として、この二枚以上にふさわしいものは考えにくいからだ。非常にシンプルで質素ではあっても、装飾的なディテールや、ベッドに置かれた分厚い上掛けの心地よさそうな質感のおかげで、部屋は禁欲的な雰囲気になるのを免れていた。こうした寝室の簡素さを補完し、バランスを保つ役割をはたしていたのが、シュースター＝ヴィンケルホーフが描いた一階の居間だ。この居間には、いかにも暖かそうなバイエルン流の心地よさ《ゲミュートリヒカイト》が溢れており、大きなタイル張りストーブ、素朴な木製家具、奥行きのある窓台に置かれた室内用の鉢植え、セキセイインコの籠などが配置されていた（図46）。シュースター＝ヴィンケルホーフは動物を描くのが好きだったと見え、ヒトラーの犬と鳥のためにそれぞれ一ページを費やしている（図47）。

図47　カール・シュースター＝ヴィンケルホーフが描いた、ヴァッヘンフェルト・ハウスとヒトラーの犬たち。「猛犬！　立入禁止！」と書かれた看板が立っている。『アドルフ・ヒトラーの第二の故郷』（1933年）、図4。

　自分の視点から見たヒトラーの家の様子のほかにも、シュースター＝ヴィンケルホーフは、《近隣の人々と、彼らが「偉大なる隣人」の家に向ける視線》と題した絵を掲載している（図48）。そこに描かれているのはヴァッヘンフェルト・ハウスの近くに住んでいた四人の男性だ。ひとり目はホテル・ツム・テュルケンの主人カール・シュースター（シュースター＝ヴィンケルホーフの父親）で、彼はベストと長いエプロンを着けてシャベルにもたれかかっている。ふたり目は牛の荷運びで生計を立てていたボーデン農園の小作人、三人目はフライディング農園の老人ヨーゼフ・ラスプ、そして四人目は地元の森林監督官だ。こちらに背を向けている森林監督官を除き、男たちは画家（そして読者）のほうをまっすぐに見て立っており、画家自身はこの絵のタイトルが示す通り、ヒトラーの家やヒトラー自身が立っているはずの位置にいることがわかる。つまり読者は、ヒトラーの隣人たちと目で会話を交わす立ち位置に置かれること

図48　カール・シュースター＝ヴィンケルホーフ作。タイトルには《近隣の人々と、彼らが「偉大なる隣人」の家に向ける視線》とある。『アドルフ・ヒトラーの第二の故郷』（1933年）、図13。

によって、かの「偉大な」人物と一般の隣人とのあいだに存在する絆を実感できるようになっていたわけだ。特定の個人の名前が出されてはいても、この男たちの肖像画が表しているのは、ヒトラーが自分のそばに置くことを選んだ、土地と親しく付き合いながら暮らしている地元住民の典型的な姿であり、彼らの土に根ざした民族としての存在感が、「民衆の首相」たるヒトラー像に真実味を与える役割をはたしていた。シュミットクンツはあとがきで、隣人とヒトラーと土地のあいだをつなぐ、自然かつ決して断つことのできない絆を強調している。「ヒトラーの家は、選ばれし故郷にその存在を埋め込み、古くからあるボーデンとフライディングの地所のあいだに、友愛に満ちた帰属意識を持って立っている。そのあまりの絆の強さから、この家がそこにないことは想像もできず、近隣の人々は首相を『ザルツベルクの住民』、つまりは彼らの仲間であり、彼らと同じように、自由なドイツの土にわかちがたく、永遠につながれている存在とみなしている」[7]。

本に掲載された絵の最後の一枚には、一九三三年五月から六月にかけて行なわれた、ガレージと客間の増築の様子が描かれている。この題材は一見したところ、伝統的な生活に焦点をあてた本の締めくくりとしては、あまりふさわしくないようにも思える。ところがシュースター＝ヴィンケルホーフがそこに描いてみせたのは、現代的な建築設備やトラックではなく、たくましい雄牛や馬が、大きな石がいっぱいに積まれた、木の車輪の荷馬車を引いているところであった。そばでは石工や作業員がつるはしやシャベルを手にしたり、手桶を運んだりしている。そこには車庫に置かれているはずの黒いメルセデスも、どこかよそからやって来て来客用の部屋を占領しているナチスの人間も見当たらない。『アドルフ・ヒトラーの第二の故郷』の絵物語はこうして、たくましい人間と動物に象徴される、田舎暮らしの永続性と力強さが醸し出す安心感とともに幕を閉じる。多少の変化はあろうとも――ヴァッヘンフェルト・ハウスの増築はヒトラーの政権獲得と時を同じくして行なわれており、政治の新時代の幕開けを象徴するものとなっていた――、本のなかのオーバーザルツベルクの生活は、ほぼ時が止まっているかのように見える。たとえばシュミットクンツは、家には若干手が加えられたものの「ここを家、そして避難場所として選び、家具を調えた者の精神はいまも汚れを知らず、そのありようはまさしく周辺の山々のようでも、草原や森や土のようでもある」と書いている。彼はつまり、ヴァッヘンフェルト・ハウスの外観は昔とは違うかもしれないが、ヒトラーと土地はなにも変わっていないと言いたいわけだ。(8)

シュミットクンツが、ヒトラーを風景のなかにある永遠に変わらない事物と結び付けてみせたのは、たとえシュースター＝ヴィンケルホーフの絵にヒトラーの姿が描かれていなくとも――彼の訪問時、「偉大なる隣人」は留守にしていた――、同時に彼はあらゆる場所に存在すると主張するためであった。シュミットクンツは、ヒトラーとオーバーザルツベルク――「休む間もない彼の心が錨を下ろす岸辺」――との特別なつながりは、一九二三年に生まれたもので、彼は当時ディートリヒ・エッカート、アントン・ドレクスラー〔ナチ党の前身、ドイツ労働者党の共同創始者〕、ヘルマン・エッサー〔ナチ党の初代宣伝全国指導者〕らナチズムの「主唱者や先駆者たち」とともに、はじめてここを訪れたと書いている。「あのベルヒテスガーデンの日々はアドルフ・ヒトラーにとって、やがて彼の第二の故郷となる山々、そして土地とを、わかちがたく結び付けた」。ヒトラーにとって、この土地の静けさや、そびえたつ山々、はるかオーストリアを望む景色は、激動する世界からの逃避ではなく、むしろ自らの考えを成長・熟成させる土壌であるとシュミットクンツは言う。こうしてこの土地は、まるで第三帝国への道を作り上げるのに手を貸した「主唱者や先駆者たち」のもうひとりの仲間のような、積極的な協力者に仕立て上げられ

た。(9)

総統と土地との調和をさらに強調するために、シュミットクンツは、山に残る神話と第三帝国の到来との関連をほのめかしている。彼がとくに焦点をあてたのは、ヒトラーの家の正面にそびえる(そしてのちには、大広間の窓からの景色を占領することになる)荘厳な山、ウンタースベルクにまつわるふたつの伝説であった。ひとつ目は第4章でも紹介した、西暦八〇〇年頃に西欧と中欧の大半を征服・統一し、西ローマ皇帝を復活させたカール大帝にまつわる話だ。伝説によると、カール大帝はウンタースベルクの奥深くで、従者たちに囲まれながら、魔法にかけられて眠っている。太古からのドイツの敵が現れ、国が大いなる危機に瀕したときに彼は目覚める。これが現実となるのは、カラスが山の頂を飛び回るのをやめ、王の髭が、自分が座したまま眠っている大理石のテーブルの周りを三周するほど伸びたときだ。目覚めた王が人類最後の大戦を繰り広げると、流れ出る多くの血が戦士たちの靴に溢れ、死者の体で丘ができるという。この伝説はドイツ全土に知られており、これ以外にも、眠れる王を一二世紀の神聖ローマ皇帝で赤髭王と呼ばれたフリードリヒ一世、彼がいる場所をテューリンゲン地方のキフホイザー山とした形でも伝わっている(ただし先述の通り、赤髭王がウンタースベルク山に眠っているとするバージョンもある)。ふたつ目の伝説は、ひとつ目の伝説の続きであり、こちらもやはり自然と深い関わりがある。人類最後の大戦は、ウンタースベルク山が影を落とす、ザルツブルク近郊の村ヴァルスのはずれにある野原で行なわれる。皇帝が枯れかけた大きな桃の老木に自分の盾を吊るすと、枝から葉が伸びてくる。この盾の紋章のもとに、「ドイツ人は団結してあらゆる敵を打ち破り、千年帝国では、勝者の上にドイツ中の大聖堂の鐘が鳴り響くだろう」とシュミットクンツは書いている。最後の大仰な一文からは、こうしたドイツの伝説が、ナチズムのレトリックにどのように織り込まれていたのか、またヒトラーの政権掌握が、民話が提示する予言の実現としてどのように演出されていたのかがよくわかる。(10)

ヴァッヘンフェルト・ハウスは、総統をアルプスの地形が持つ物理的・象徴的パワーと結び付けるこうした物語における係留点として存在していた。ここは総統の家としてだけでなく、彼が窓の外を眺めて瞑想することを通じて自然のパワーを吸収する場所として描かれた。シュミットクンツはこの家についての解説のなかで、窓やバルコニーから見える景色を描写し、それによって読み手とこの家の住人との一体感を高めるだけでなく、視線を通じてこの家と、周囲に広がるすばらしい自然とを結び付けてみせた。一方で、同時に彼は、中世の王が眠り、終末の戦いが繰り広げられる屋外を離れて、家のなかへと焦点を移し、家庭生活の素朴なやすらぎにも言及している。シュミットクンツは、この家の居心地のよさはヒトラーの姉アンゲラの努力の賜物であり、一度ならず彼女の「分厚いバター・ブレッド」に言及しつつ、これはヒトラーと子どもたちの大好物だと書いている。ヒトラーがきわめて健全な家庭生活を送っているというメッセージは、彼が山では（ベルリンにいるときとは違って）よく眠れること、総統のことが大好きな子どもたちの存在（彼らの愛情に、総統も愛情で応えている）、彼の愛する忠実な犬たちから得られるやすらぎなどに関する話からも伝わってくる。ここでシュミットクンツが駆使しているこうした家庭生活の描写には、一九三三年にはすでに以下に示すような定番ができあがっていた。菜食主義、飲酒も喫煙もしないこと、蔵書が示す教養の高さ、余暇の少なさと強い職業倫理、自然から得られるインスピレーションと力、子どもと犬への愛情などだ。たいしてバリエーションがあるわけではないこうした要素は、一九三〇代を通じて、公に発表されるヒトラーの家庭生活の描写における中心テーマを形成していた。そのなかでも主要なものは、一九三二年にはすでにヨーゼフ・ゲッベルス、バルドゥーア・フォン・シーラッハ、ハインリヒ・ホフマンによって確立されていた。[11]

　シュミットクンツにとって、ヒトラーの家庭生活の驚くべき点とは、まさに驚くべき点がないという点であった。「冷笑家たちがかつて、豪華な『宮殿』という偽の姿を広めようとしていたヒトラーの家には、秘密も注目すべき光景もない」。それでも、このごくありふれた佇まいこそが、巡礼者をヒトラーの家に引き付けるのだとシュミットクンツは主張する。オーバーザルツベルクへの巡礼は、ヒトラーが一九三三年一月にドイツの首相になってからまもなく始まり、総統をその目で見たり、さらには彼と握手をしたりする人々が歓喜に震える様子は、ホフマンの写真に収められ、それまで以上に売れ行きのいい商品へと姿を変えた。こうした有名な写真ばかりが注目されるせいであまり知られていない事実だが、シュミットクンツが指摘している通り、人々はヒトラーが滞在していないときでも、その家に熱心に足を運んでいた。ヴァッヘンフェルト・ハウスは私人としての総統の象徴となっており、彼に直接会いたいと望む人々は、代わりに彼の家のそばまで行くことにしようと考えたのだった。

そして彼らはいま、ここが彼の住んでいる場所であり、ここが彼がひとりの人間となる場所であることを知る。彼はあの二階に見える南西の窓の向こうで眠る。彼の机はあそこ、一階の出窓の向こうだ。そう、それからあれはドイツ首相が深い愛情を注いでいる三匹のジャーマン・シェパードだ！　黒いのはムック、獰猛で、よく訓練されていて、まるで自分が守っているのがだれなのかをよく承知しているかのように、主の家を警護している。ヴォルフは遊び好きの愉快な子で、ブロンダは毛色の明るい雌だ。なにひとつ見逃さない見物人たちは、水がサラサラと流れる、ひょうきんな顔の彫刻の付いた噴水を見、窓辺やバルコニーで咲き誇る花を見、そして知る。このすばらしく見晴らしのよい場所から、総統は喜びに満ちた眼差しで景色を眺め、山々の荘厳さの本質を理解する。そして見物人のなかには、そうした想像をめぐらせることによって、初めてその輝くような美しさに目覚める者もいるだろう(12)。

シュミットクンツは、ヴァッヘンフェルト・ハウスへの巡礼は精神の高揚をもたらし、その体験は究極的にはヒトラーを見ることではなく、むしろヒトラーのように見ることにあると断言した。彼がシュースター＝ヴィンケルホーフの絵に添えた解説もこれと同様に、読者をそうしたプロセスへと導き、なにを見、なにを感じるべきなのかを伝えていた。読者の代理人として現地にいるヴァッヘンフェルト・ハウスの巡礼者は、感情移入をして見ることを通じて、私人ヒトラーの主観を獲得し、彼の家庭内の空間を占拠し、彼のバター・ブレッドを食べ、彼のペットを愛し、そして遠くの山々を眺めながら、その威厳と力強さを吸収していた。『アドルフ・ヒトラーの第二の故郷』の読者が体験する、ヴァッヘンフェルト・ハウスとの、また同書の言葉や絵、さらには親しみを感じさせる装丁に表現されているこの家の家庭的な美との出会いは、スーザン・ソンタグが、大反響を読んだエッセイ「ファシズムの魅力」において分析したものとは、大きく異なる体験であった。ソンタグがとくに焦点をあてたのは、ニュルンベルクでのナチ党党大会を記録したレニ・リーフェンシュタールによる一九三五年の映画『意志の勝利』のファシスト美学が、歓喜に浸りつつも統制の取れた群衆をどのように美化しているかということであった。党大会の参加者たちはエロティックなエネルギーに突き動かされるかのように、総統の意志に自らを従属させていた。(13)これとは対照的に、『アドルフ・ヒトラーの第二の故郷』が提供するヴァッヘンフェルト・ハウスの体験は、より個人的な、知性に訴えかける類のものであった――それは彼の家という形で体現・媒介される私人ヒトラーへの自己投影と、投影による一体化を通じて、彼の卓越した洞察力を理解することから成り立っていた。たとえて言うなら、これはヴァッヘンフェルト・ハウスの見物人と、ニュルンベルクの党大会参加者とが、総統のすばらしさという点においては同じ結論に達したものの、一方はヒトラーの靴を履いてみる〔同じ立場で考えるという比喩表現〕感覚を通じて、もう一方はその靴に喜んで踏まれることによってそこにたどり着いたということだ。

ヴァッヘンフェルト・ハウスの巡礼者たちは、この旅で大いに啓蒙されたと感じていたのかもしれないが、一方、この家の住人と近隣の人々にとっては、彼らの存在は、次第に苛立たしいものとなっていった。巡礼が大流行となったせいで、ヴァッヘンフェルト・ハウスの私道《ドライブウェイ》には一日に五〇〇〇人もの人々が押し寄せて近隣の道を塞ぎ、地元の商売の妨げとなっていた。ヒトラーが滞在しているときには、群衆は何時間も待ち続けて「われらの総統に会わせて下さい！」とシュプレヒコールを繰り返した。感情が高ぶった人々のなかには、総統の家のフェンスの木の杭を引き抜いて「記念品」として持ち帰る者までいた。(14)騒がしい見物人とのあいだに距離を置き、また護衛兵を住まわせるスペースを確保するために、ヒトラーはホテル・ツム・テュルケンのオーナーで隣人のカール・シュースターに、ベルクホーフと隣接した地所の一部を売ってほしいと依頼した（図48）。シュースターは、六人の子どもの将来を考えなければならないことを理由にこれを断りつつも、ヒトラーには土地を無料で使ってても構わないと申し出た。ナチ党を初期のころから支持し、一九三〇年には入党して、ヒトラーとも一〇年におよぶ個人的な付き合いがあったにもかかわらず、やがてシュースターは、総統にとってはだれかが自分の邪魔をしたときには、古い忠誠心などほとんど意味をなさないと思い知ることになった。(15)

シュースターがヒトラーの頼みを断った一カ月後、彼は自分のホテルの常連だった突撃隊員、親衛隊員たちを、彼らが酒に酔った際に侮辱したという非難を受けた。このできごとをきっかけに、ナチ党のベルヒテスガーデン支部による排斥運動が始まり、彼らはホテルの入り口を封鎖して、家族だけをなかに残して客も従業員も追い出してしまった。シュースター家の人々が外に出ようとすれば、ヴァッヘンフェルト・ハウスの近くで待機している巡礼者たちが彼らに石を投げつけ、つばを吐きかけた。表向きには身の安全を確保するという名目で、カール・シュースターは「保護拘置」処分となり、二週間にわたって監禁された。ヒトラーはその間、隣人とはいっさい接触しようとせず、やがてホテルの財政は赤字になり、シュースターは必死になって買い手を探した。ところが、地元の役人によって、ホテルの経営許可証が更新されないことがあかされると、買い取りのオファーもすべて消えてしまった。最終的には、ヒトラーの世話を焼いていた姉のアンゲラ・ラウバル――彼女は隣人の窮状に同情していたわけではなかったが、事のなりゆきによって生じる不便を煩わしく思っていた――が、マルティン・ボルマンに対応を求めたことをきっかけに、ボルマンがシュースターにホテルを売るよう迫り、そして一九三三年一一月に一家がここを離れると、建物はヒトラーの護衛を務める親衛隊員たちの兵舎に改造された。シュースター一家はベルヒテスガーデン一帯に住むことを禁じられ、また家族のなかで成人していた者たちは、ヒトラーの隣人であったことや、家を追い出されたことについて他言しないことに同意する書類に署名をさせられた。シュースターが、新たな隣人たちから過去についてロをつぐんでいることを怪しまれ、仕方なく事の経緯を告白すると、彼はふたたび監禁された。一方、ベルヒテスガーデン周辺では一家の扱いに関する噂が広がりつつあり、ナチ党のベルヒテスガーデン支部は一九三四年一月、地元紙に「シュースター家の件」についてはこれ以上の議論を禁ずるという通達文を掲載した。これを守らなかった者たちは、国家の敵とみなされてダッハウ強制収容所に送られるとの警告を受けた。失意のどん底に陥ったカール・シュースターは、一家を破滅させたことで自分を責め、一九三四年、五八歳のときに心臓発作によって命を落とした。[16]『アドルフ・ヒトラーの第二の故郷』をこぞって購入した読者たちは、「偉大なる隣人」を描いたこの本が、これほど早く悲劇の物語に変わろうとは想像もしなかったことだろう。

ホテル・ツム・テュルケンを手に入れたあとも、増え続けるヒトラーの側近たちの宿泊場所を確保し、政府関連の業務をこなし、国賓を迎えるために、オーバーザルツベルク一帯により多くのスペースを確保しなければならないというナチ党の事情はほとんど改善されなかった。ナチ体制の抑圧機構が大量の犠牲者を生み出しつつあるなか――一九三三年前半だけで、約四万五〇〇〇人のドイツ人が強制収容所や非公式の拷問所に送られていた――、ヒトラーの身を守るという課題も緊急性を増していた。[17] シュースターが立ち退いてから数年のうちに、ボルマンはこの山の徹底的かつ暴力的な変貌計画を実行に移し、以前からここに住んでいた住人たちを追い出して、一帯を厳重な警備に守られたナチ党エリートのための領地へと変貌させた。たとえヒトラーの隣人たちが、シュミットクンツが本に書いた通りに、彼を自分たちの仲間だと考えていたのが事実だとしても、ヒトラーのほうがそう感じていなかったことはあきらかだ。ごく一部の村人は、受け取った賠償金に満足して自発的にここを離れたが、大半は立ち退きを拒絶した。そのなかには観光客が増加したことで、商売が軌道に乗りはじめたところだという者もいれば、ボルマンが提示した賠償金の金額が恐ろしく少ないと感じた者もいた。さらにはただ純粋に、何世代にもわたって家族に引き継がれてきた家と農場を離れたくないという人々も多くいた。ナチ党の要求を飲まなかった者たちはやがて、ボルマンによる残忍な策略の矛先が、自分たちに向けられたのを思い知ることとなった。冬のあいだに用いられる立ち退きを急かすための常套手段は、人がまだ住んでいる家の屋根を剝がすというものであった――身も凍るように寒く、大雪が降っている状況では、住人たちはじきに降参するしかなかった。このほか、家の売却を拒絶している人々が、ダッハウ強制収容所へ移送すると脅迫を受けることもあった。これは口先だけの脅しではなかった。事実、ヨハン・ブラントナーという名の若い写真家は、自分の店を失ったことについて、無謀にもヒトラーに直談判を行ない、ダッハウに二年間収容されている。一九三七年には、元の住民の大半は追い出され、彼らの家はヒトラーの目に映る景色をよりよくするため、また新たなエリート集団の宿泊場所を確保するために取り壊された。[18] 没収と立ち退きが断行されていたこの時期にも、ナチ党のプロパガンダは、自分たちが組織的な破壊を進めているオーバーザルツベルクの人々とその生活を讃え続けた。

一九三五年、ホフマンはヒトラーが送る山の生活のすばらしさをテーマとした写真集を出版した。『山で暮らすヒトラー』というそのタイトルには、ナチ党がこの土地を自分たちのものと認識していたことが如実に表れている〔同書の原題は『Hitler in seinen Bergen』で、直訳では「彼の山にいるヒトラー」となる〕(図41)。写真は全部で八六枚掲載されており、ヒトラーがオーバーザルツベルクの家をはじめ、バイエルン州南部各地で余暇を過ごしたり、仕事をしたりしている姿が記録されている。シーラッハが担当した序文にはこうある。いまや「世界的に有名」なヴァッヘンフェルト・ハウスは、「総統の揺るぎない安定を象徴する存在」となった。今日のこの日まで変えられていない「昔ながらの〔家の〕切妻は、この家の住人がこれまで歩んできた道程の始まりに立ったときと同じように、ウンタースベルクに挨拶を送っている」。シーラッハは、家には若干の改良が加えられ、仕事部屋も追加されているのは確かだと認めたうえで、それでもアルプスの魅惑的なパワーは昔のままで、秘書のタイプライターのカタカタという音や、電話のベルが鳴り止んだときには、いまもそれを感じることができると書いている。「そして夜には、この山荘は無数の星の下に佇み、総統は月の光が照らし出す景色にうっとりと見とれて佇む。その景色の隅々までを、彼は何十年も前から知り尽くしている」。[19] シーラッハは感傷的なイメージをあえて織り込み、シュミットクンツの例に倣って、この家が絶え間なく変化していることや、一九三五～三六年の増築後には、ヒトラーの膨大な富と権力の証そのものになっているという事実にはあえて言及せずに黙殺していた。

ヴァッヘンフェルト・ハウスへの巡礼者たちの存在は、本のなかで大々的に取り上げられた。ホフマンは、ヒトラーが家のフェンスの外に集まった群衆に手を振り、握手をし、たくさんの腕が伸ばされるなかを歩いている様子をカメラに収めている。レニ・リーフェンシュタールが映像に記録した、統率のとれた群衆とは違い、巡礼者たちは総統の周りに群がり、彼に近づくために互いに押し合いながら、なんとか彼に触れようとしていた。そのうえ彼らは、リーフェンシュタールが好んだ、理想を具現化したような若く壮健なタイプでもなかった。ある写真には、恰幅のよい中年女性が片腕を上げて総統に敬礼を送り、もう一方の腕の下にしっかりとハンドバッグを抱えている姿が写っている。また別の写真では、ヒトラーが、にっこりと笑った口からボロボロになった歯が見える高齢の女性と握手をしている（巡礼者のページの後半では、ホフマンは若いブロンドの少女たちを集中的に取り上げている）[20]。この写真に写っている大衆と、リーフェンシュタールが理想とし、映像に残した人々との最大の違いはしかし、大勢のなかからひとりが選ばれるという可能性であった。ホフマンの写真のなかには、総統がその手を握る人間や、特別な注意を払う子どもが存在した。シーラッハは書いている。「ときおり、だれかが群衆のなかから抜け出してくることがある。たいていの場合、それは心配事を抱えた小さな男の子だ。父親が失業しているのか、あるいは母親が病気なのか、彼は総統に助けを求める以外の手段を知らない。そして総統は事実、彼に手を差し伸べる。総統の澄み切った瞳は、目の前にある少年のはつらつとした顔の裏側に、このささやかで勇敢な一家を脅かす過酷な運命を見る。そして彼は、これまで何千回となくやってきた通り、彼の愛する忠実な国民の父親として、行動といくつかの言葉によって、少年の苦しみを取り除いてやるのだ」[21]。

これとは逆に、喜ばしい状況で群衆のなかから抜け出す例もあった。ホフマンが一九三四年に出版した書籍『ヒトラーを囲む若者たち』は、ヒトラーとドイツの若者との関係をテーマとしたもので、そのなかには総統によって群衆のなかから選び出されたある子どものシリーズ写真がある。序文においてシーラッハは、一九三三年のある夏の日、家の前に集まった巡礼者にヒトラーが挨拶をしていると、今日は自分の誕生日なのだと訴える少女の高い声が聞こえたと書いている。ぎゅう詰めになった群衆のなかから、総統は「輝く青い目」をした「ブロンドの小さな少女を見つけ」、彼女をお茶に招待した。実のところ、ブロンドの少女の訪問は前もって準備されていたものだったが、シーラッハはこの「おとぎ話」（彼自身の言葉）を、写真に記録された通りの事実——ヴァツヘンフェルト・ハウスの巡礼者たちにも起こりうる、数多くの魔法のような幸運のひとつ——として語っている。一枚目の写真にはニコニコと笑う小さな少女が写っており、添えられたキャプションには「特別扱いの誕生日の少女」とある。二枚目の写真には、ヒトラーが少女の手を引きながら、群衆を離れて、私道《ドライブウェイ》をヴァッヘンフェルト・ハウスに向かって歩いて行く様子が写っている（図49）。添えられた「群衆のなかから選ばれて」というキャプションが、少女が特別な立場にあることをことさらに強調していた。その後は、少女が屋内でデザート（〝誕生日のごちそう〟）を食べているところ、ヒトラーと一緒にテラスに立ち、ヒトラーが彼女の顔に両手をあてているところの写真が続く。最後の一枚である五枚目の写真では、少女がつま先立ちになって、ヒトラーにお礼の「長いキス」をしている。(22)

こうした類のことは、リーフェンシュタールの映画『意志の勝利』のなかではいっさい起こらない。カメラは群衆のなかにいる個人の顔や声を記録するが、だれかが集団のなかから引き出され、総統から特別扱いを受ける瞬間は決して訪れない。この映画が受け手に及ぼす影響力はむしろ、統一された新国家を象徴する団結した群衆に、自分自身を重ね合わせることによって発揮されていた。群衆とそのパフォーマンスを映像に捉えるうえでは、スケールの大きさとスペクタクルを強調するために設計された建築が不可欠であり、行進を行なう無個性で巨大な広場、観客席、スタジアムを備えたニュルンベルクの党大会会場は、まさにうってつけの条件を備えていた。リーフェンシュタールの映画とは対照的に、ホフマンの写真集は、シュースター＝ヴィンケルホーフの本と同じく、読者に向かって、自分が選ばれたひとりになれたときのスリル——群衆に溶け込まず、（少なくとも一時的に）そこから飛び出す人間になれるという興奮——を想像せよと促した。そして総統が暮らしている、人間味と温かみを感じさせるこぢんまりとした建物こそが、集団の一員としては味わえない、この特別な体験のためのステージとして機能した。一体化した群衆の一部として、あるいは個人として総統に対峙するという二種類の想像、そして巨大な建築、あるいは家庭的な建築という二種類の空間は、それぞれが互いに補完し合いながら、ドイツの指導者に対する異なる感情の扉を開いた——ひとつはソンタグが論じた通りの、喜びのなかでの服従と自己喪失、

図49　ハインリヒ・ホフマン撮影。ヒトラーが「特別扱いの誕生日の少女」をオーバーザルツベルクの自宅へエスコートするところ。ハインリヒ・ホフマン『ヒトラーを囲む若者たち』（ベルリン、Zeitgeschichte社、1934年）より。

そしてもうひとつは、たとえ一時のことであろうとも、総統に認識され、親しく言葉を交わすというファンタジーだ。

シーラッハはそこからさらに論点を広げ、ヴァッヘンフェルト・ハウスへの巡礼は、国民の恨みを買ったヴァイマール共和国の民主制度の打倒によってヒトラーが成し遂げた国家統一が、また別の形を取って顕現したものであると主張した。「アドルフ・ヒトラーと国民とのあいだで日常的に起こっているこの出会いは、新たなドイツ統一のまばゆいほどの発露だ。なぜなら歓喜に満ちて彼に挨拶を送る群衆は、それ自体がすでに新たな民族共同体のイメージを表しているからだ。ここには西からやってきた工員がいるが、彼がここまで来られたのは歓喜力行団のおかげであり、そして彼の隣には東プロイセンからの少年が、オーバーバイエルンからの農民が、市役所の役人が、教師が、生徒が、兵士がいる。総統に会うために、彼らは早朝に家を出発して、オーバーザルツベルクのうだるような暑さのなかで七時間以上も立ち続け、午後になってついに待ち焦がれた時間が訪れると、ようやくその人物、一部の者たちにとっては、過去一〇年間、自らの苦闘の象徴であった人物の目を見ることが叶うのだ」[23]。シーラッハがほのめかしているのはつまり、ここオーバーザルツベルクでは、国民と指導者とが、過去の議会制度の時代よりも誠実かつ直接的な形で顔を合わせることができるということであった。ホフマンが出版した何冊もの本に掲載された巡礼者の写真は、マリー・アントワネットが言ったとされる有名な言葉をもじって言うなら、まるでこんな風に問いかけているかのようだった。「総統とケーキが食べられるというのに、デモクラシーなんていらないでしょう?」

『山で暮らすヒトラー』は、一九三三年以前にすでに精巧に作り上げられていた子ども好きの総統という神話を、さらに大きく膨らませていった。ホフマンは写真のなかで、ヒトラーの子どもに対する愛情を、その笑顔だけでなく、身体的な接触によっても表現していた――ヒトラーは子どもの顔を撫で、手を子どもの肩に置き、子どもを固く抱擁している。ヒトラーはまた、子どもたちにサインやお菓子を与え、おしゃべりで楽しませていた(図50)。巡礼者のケースと同様、ヴァッヘンフェルト・ハウスは、ヒトラーとドイツの子どもたちの出会いのステ

図50　ハインリヒ・ホフマン撮影。ヴァッヘンフェルト・ハウスのテラスでサインをするヒトラー（手前にはバールセンのクッキーの箱が見える）。ハインリヒ・ホフマン『山で暮らすヒトラー』（1935年）より。

ージとしても中心的な役割をはたした。そのロケーションとしては、家のなかよりも、アルプスの山々がホフマンの写真にすばらしい背景を提供してくれるテラスが選ばれることが多かった。

ヒトラーの親族たちの精神疾患を研究している歴史家たちは、彼が自分の子どもを持たないことを選んだのは、家族の遺伝的欠陥が引き継がれること(とその結果これが暴露されること)を恐れたためだという可能性を指摘している。[24] 神話を生み出すホフマンのレンズはしかし、そうした懸念を排除して、ヒトラーを理想化されたアーリア人の象徴的な祖先に仕立て上げた。「君たちはわれらの血の血、われらの肉の肉、われらの精神の精神である」。一九三三年のニュルンベルク党大会に集まったヒトラーユーゲントの少年たちに向かってヒトラーはそう呼びかけたが、ホフマンの写真はその主張を繰り返してみせたわけだ。[25]『ヒトラーを囲む若者たち』はまさしく、完璧な人間の標本を集めたカタログであった。さまざまな少年少女の写真をコラージュしたページのキャプションにはこうある。「多くのドイツ民族、しかし人種はただひとつ」。一部の写真では、ホフマンは子どもたちをより美しく見せるために、大幅に修正を加えている。一九三四年以降は、自然な雰囲気の写真が好まれるようになり、時代にそぐわないそうした処理を控えるようになったものの、彼はその後も変わらず、政権の人種イデオロギーを体現する外見を持つ子どもたちがヒトラーと一緒にいる姿を撮り続けた。大切なのは外見であり、それがすべてだった。ヴァッヘンフェルト・ハウスでデザートを楽しんでいるところを撮影されたブロンドで青い目の誕生日の少女は、その写真が絵葉書として最初に発売された一九三三年に、ユダヤ人の血がはいっているとして、バイエルン州政治警察に告発された。この事実は公表されなかったが、少女は二度とオーバーザルツベルクを訪問することを許されなかった。しかしヒトラーは一方で、『ヒトラーを囲む若者たち』をはじめとするナチ党のプロパガンダにこの少女の写真を使うことを認めており、皮肉なことに彼女はそのなかで、ヒトラーが愛情を注ぐ典型的なアーリア人として紹介されることになった。[26]

ヒトラーが登場するずっと前から、そして登場したあとも、政治家たちは子どもと一緒にいる姿を公の場で披露したり、自身を国家の父としてアピールしたりすることの利点を認識していた。それでも、ヒトラーとその宣《プロパ》伝係《ガンディスト》ほど、子どもたちとの特別な絆についての神話を作り上げるために多大な労力を費やした例はほかにない。一九三〇年代においてさえ、その熱心さは――少なくとも外国のマスコミの目には――異例なものとして映っていた。(27) 子どもたちは、優生学から健康、教育まで、アーリア人種を進歩させるためのナチズムの計画の中心に置かれていた。(28) 人々はヒトラーが子どもたちのことを心から大切に思っていると信じており、その思い込みが、子どもの幸福は国に委ねよと促される親たちのあいだに、徐々に信頼感を浸透させていった。一九三六年、あるミュンヘンの新聞は、ヒトラーが幼い少女とヴァッヘンフェルト・ハウスのテラスでおしゃべりをしている写真を掲載し、「子どもが彼を賞賛し、彼に信頼を置いているということ以上に、その人を正しく判断する基準があるだろうか?」と問いかけた。(29) ヒトラーは未婚であったため、「変わり者」の独身者というあてこすりを避けるためにも、こうしたアピールはとくに重要であった。第三帝国時代、ヒトラーの写真のなかでも、子どもと一緒に写っているものがとりわけ人気が高かったという事実からは、ドイツ国民がこの神話をいかに歓迎し、喜ばしく思っていたかがわかる。(30)

ヒトラーと子どもたちとの絆という概念は、あまりに広く世間に浸透していたため、現在でも数々の歴史書で言及されている。ヒトラー政権下では、安楽死計画、強制収容所、労働収容所、さらには戦争や飢餓によって、何百万人もの子どもたちが殺されたことはだれもが知っている事実であるにもかかわらずだ。しかし当時のプロパガンダを除けば、事の信憑性を示す証拠はほとんどない。リヒャルト・ライターは、一九二〇年代末にヒトラーから求愛を受けていた、ベルヒテスガーデン在住の一六歳の少女マリア(ミッツィ)・ライターの甥で、ヴァッヘンフェルト・ハウスによく招待されていた地元の子どもたちのひとりであった。ライターの場合、ヒトラーの副官であるユリウス・シャウプとつながりがあり、彼がそうした訪問をアレンジしていた。ヒトラーは当時、子どもたちとの時間を心から楽しんでいたように見えたかと質問されると、ライターは、「(非公式の場では)彼はややぎこちない態度になり、わたしたちをどう扱ったらいいのかわからないようだった」と答えている。一方カメラの前に立つと、「彼の演技は真に迫っていて、本当に子どもたちのことが好きであるかのように」見えたという。[31]

『山で暮らすヒトラー』で大きく取り上げられていた、ヒトラーとその隣人や地元の人々との遭遇もまた、入念に演出されたものだったことは間違いない。しかしこの件においてもっとも衝撃的なのは、ホフマンが撮影したよき隣人としてのヒトラーの写真が、瞬く間に現実にそぐわないものとなったことであった。たとえば、同書にはヒトラーが近隣の農民ヨーゼフ・ラスプと握手をしている写真が掲載されており、キャプションには、総統が「お年寄りに寄せる深い思いやりと理解」という文言が見える。一九三五年、ヒトラーは七八歳のラスプの農場を買い取ったが、契約上では、ラスプ自身を含む指定された家族構成員は、生涯そこに暮らす権利が保証されていた。しかし一九三七年夏、ラスプとその家族は、契約に反して強制的に立ち退かされ、農園の家は取り壊された。その後まもなく、ラスプは亡くなっている。それでもホフマンは、一九四〇年代にはいってからも、ヒトラーの「思いやりと理解」を示す証拠として、ラスプの写真を延々と使い続けた。ヒトラーの子どもたちへの愛情という神話と同様、ヒトラーと隣人たちとの良好な関係という作り話も当時広く拡散され、いまも一部の歴史書に残されている。[32]

ヒトラーの山荘は、総統が若者から老人まで、数多くの支持者たちと交流する場の象徴であったが、ナチ党は同時にここを、ヒトラーが自然の力と対峙する場所として喧伝していた。『山で暮らすヒトラー』には、総統がアルプスを背景にハイキングする様子や、荘厳な夕日やそびえ立つ山々を前に深い思索に沈んでいる姿を写した写真が掲載されている（図51）。ホフマンが一九三二年に出版した『だれも知らないヒトラー』のなかの、オーバーザルツベルクで撮影されたヒトラーの写真は、リラックスして機嫌のいい総統の姿を捉えているが、一九三五年の本に使われている写真は、より緊迫感のある、決然たる意志の元での自然との関わりを感じさせるものであった。ナチ党の報道局長オットー・ディートリヒは、一九三四年に出版されたヒトラーの政権獲得に関する本のなかで、山はやすらぎとインスピレーションの場であると述べている。「オーバーザルツベルクの静けさのなかで、われわれの指導者はいつも、彼のもっとも重要な計画を立案し、もっとも偉大な決断を下し、もっとも重大

図51　ハインリヒ・ホフマン撮影。ベルヒテスガーデン近くのオーバー湖のほとりで。『山で暮らすヒトラー』（1935年）より。

な示威運動のための計画を完成させてきた」[33]。山にいるとくに仕事がはかどるというのはヒトラー自身の言葉だったが、そこには夜よく眠れるという以上の意味があった[34]。ナチ党のプロパガンダでは、ヒトラーは彼を取り囲む原初のエネルギーに触れ、そのエネルギーとつながっているのだと言われていた。『山で暮らすヒトラー』の序文で、シーラッハはこう書いている。「ここで彼は『わが闘争』の第二部を口述しており、まるでその山景色の堂々たる威容が、何十万もの人々に支えと希望をもたらした文章の構造に再現されているかのように思える」[35]。シーラッハはつまり、総統が山のなかにいると同時に、山もまた彼のなかにいて、言葉と行動のパワーを彼に注ぎ込み、形作っていたと主張しているのだ。

　ナチ党は、ヒトラーとオーバーザルツベルクとの想像上の絆を演出するうえで、近代のドイツ文化のなかから、山と人間との関わりを描いたさまざまな作品を利用している。一八世紀ロマン派の画家や作家たちは、恐ろしくかつ崇高な山の本質と人間との出会いを探求・定義した最初の人々であった。ドイツ人画家カスパー・ダーヴィト・フリードリヒは、風景画のなかにうしろ姿《リュッケンフィグア》――背後から見た、無名で単独の人物――を登場させ、鑑賞者に、この人物と一体化することを通じて、崇高なものとの出会いによって引き起こされる圧倒的な感情を想像させることを試みた。フリードリヒはヒトラーお気に入りの画家のひとりであり、ホフマンの写真に見られる、彼がひとりきりで座り、あるいは佇みながら、堂々たる山景色に囲まれて山と対話しているようなポーズは、どこかフリードリヒが描く孤独なうしろ姿を思わせる[36]。とはいえ、絵のなかの人物とは違い、ヒトラーは無名とは程遠い存在であり、たとえわれわれがその景色によって掻き立てられる感情を想像するよう促されているのだとしても、媒介となるのは常にヒトラーその人であった。

　もしこうした一八世紀の絵に馴染みがない場合でも、ドイツの人々には、ヒトラーのメッセージを理解するうえで助けとなる身近な作品が数多く存在した。山の魅力、とりわけアルプスの山々のそれは、一九二〇年代から三〇年代にかけて、アーノルト・ファンク、レニ・リーフェンシュタール、ルイス・トレンカーらが製作した映画のなかで描かれている。これらの作品は、ヒトラーの宣伝係《プロパガンディスト》たちが、アルプスに暮らしていることをヒトラーの個性として打ち出すために必要としていた、ポジティブな意味での山と人間との関わりという概念を広めるうえで、おあつらえ向きの土台を提供してくれた。彼らドイツおよびティロル出身の監督たちは、アルプスを退廃的な文明への解毒剤として、また原初的なエネルギー・身体的活力・英雄的な苦闘を生み出す場所として描いていた。息を呑むような絶景のなかでは、感傷的なラブストーリーが繰り広げられ、人間の感情はそうした景色によって反響・増幅された。景色を記録する映像には、フリードリヒらロマン派の絵画が挿入され、それが崇高な山の神秘的かつ圧倒的な美しさをさらに引き立てた。力強く謎めいた山々は、自然秩序に君臨し、服従のみならず死までを要求した。ジークフリート・クラカウアーは一九四七年に、そしてのちにはスーザン・ソンタグも、そうした要素のなかにファシスト的な思想の萌芽を感じ取っている。より近年の研究は、そうした見方は山岳映画というジャンルに対する偏見であると論じてきたが、そのロマンティックな理想主義、感傷的なペーソス、人知を超えたパワーへの関心は、アルプスの山荘に暮らすヒトラーを喧伝するナチ党プロパガンダにおける決定的な特徴だ[37]。

とはいえ、ナチ党員の場合、そうした映画における解釈とは対照的に、自然の前で恐れを抱くことはなく、むしろ自然を自分たちが支配下に置くべきもののひとつとして扱っていた――アルプスではなく総統こそが、〝山のヒトラー〟という物語における究極の力であるというわけだった。ゴツゴツとした寂しい岩山の上に傲然と立つケールシュタインハウス〔本書第9章で詳述〕の建造には、これが一般の人々に公開する建物でなかったとはいえ、そうしたナチ党の態度が如実に表れている。幾多の写真に収められてきたベルクホーフの大広間の巨大な窓は、ウンタースベルクをヒトラーの家庭空間の背景に変え、かつそれを自らの所有物であると主張した。これは封じ込められた自然を表現した、この時代におけるもっとも象徴的なイメージだ（口絵5）。公表されている窓の写真には、どれも人間の姿は見えないが、もし写っていたなら、窓枠とその向こうに見える山々のせいで、さぞ小さく見えたに違いない[38]。ロマン派の風景画には、ときおりごく小さな人影が登場するが、ホフマンはこれとは逆に、オーバーザルツベルクの屋外でヒトラーを撮影する際にはほぼ例外なく、その姿が周囲の山々の大きさと釣り合うよう、ごく近いアングルから狙っている。『山で暮らすヒトラー』に掲載されている、ヒトラーが帝国の技術責任者フリッツ・トートとともにアルプスの道路建設を視察している写真は、総統の意志が風景に新たな秩序をもたらすという概念を強く主張していた。これらの写真はまた、山に現代性をもたらすヒトラーの姿を描いたものでもあり、技術が伝統的な生活を壊すのではなく、むしろその役に立ち、質を高めることができるということを示している。また、自然を手なずけるヒトラーの能力のなかでも、より穏やかで人間的な温かみを感じさせる類のものを表現したのが、彼が手でノロジカにエサをやっている様子を写した人気の写真で、ホフマンが撮影したこの作品は、一九三三年の本『ドイツは目覚める』に掲載されたほか、絵葉書も作られている[39](図43)。こうした写真は、ヒトラーを子どもと一緒に写した写真と同様に、彼が生来有している信頼に足る人間性を、無邪気な生きものたちが本能的に感じ取っているのだと示唆していた。

オーバーザルツベルクの山荘にいるヒトラーを取り上げたナチスのプロパガンダが、あきらかに特定の地域を扱うものであったにもかかわらず、ヒトラーと山のつながりには、ドイツの空間に関するより広義のメッセージが込められていた。『山で暮らすヒトラー』の冒頭は、ベルヒテスガーデン渓谷を遠景に捉えた美しい写真で幕を開け、キャプションには「ベルヒテスガーデン。何週間も仕事に忙殺された総統が目指す目的地《ツィール》」とある[40]。この写真は、読み手のために本の舞台設定をあきらかにすると同時に、この広大な空間を帰りたいわが家、苦労のあとの休息と報いの場として紹介する役割を持っていた――「ツィール」というドイツ語には、「目的地」のほか、「ゴール」、「目標」、「終わり」という意味もある。その後のページで登場する数々の写真には、ヒトラーがヴァッヘンフェルト・ハウスのバルコニーやテラスなどから、広々とした自然空間を眺めている姿が捉えられている(図52)。ヒトラーの家庭生活のイメージはこれらの写真を通じて、アルプスにあるとされた想像上の広大な空間と結び付き、ひいてはアルプスを、あらゆる善なるものの源として提示していた。善なるものとはつまり、肉体と精神の回復、健やかな金髪の子どもたちと忠実なペットに囲まれた、命を育む家庭生活、気取らない隣人たちとの温かい関係、そして栄養のある食べものや清らかな水や新鮮な空気のなかにある、自然の恵みそのものなど

図52　ハインリヒ・ホフマン撮影。ヒトラーがヴァッヘンフェルト・ハウスのバルコニーから巡礼者たちを見下ろしているところ。『山で暮らすヒトラー』（1935年）より。

だ。つまりナチ党のプロパガンダは、ヒトラーの山の家を、ナチスが提唱していた生存圏《レーベンスラウム》という概念の中心に据えたのだった。彼らにとってそこは、戦争と大量虐殺が正当化される民族のユートピアだ。この広大な自然のなかでヒトラーが送る天国のような生活を描いたホフマンの本や絵葉書を購入するとき、ドイツ国民は自覚的あるいは無自覚的に、ヴァッヘンフェルト・ハウスによって体現された約束の地の夢を買っていた。こうした観点から見ると、ヴァッヘンフェルト・ハウスへの巡礼は、たんに総統に敬意を表するための行為ではなく、約束の地を目指す旅への欲求であると解釈することができる。そこは犠牲と苦難の究極の見返りとしてヒトラーが差し出した豊穣の地だ。もっとも「ドイツらしい」景色であるアルプスに立つヴァッヘンフェルト・ハウスは、生存圏に明確な形を与え、これを具体的で実現可能な目標として提示した。ヒトラーの家庭生活はつまり、自然の豊かさに囲まれた絵のように美しい小さな家という理想の生存圏への渇望をドイツ人に抱かせるうえで、ナチ党のプロパガンダにおいて中心的な役割を担っていたわけだ。

『だれも知らないヒトラー』に対しては、左寄りのマスコミから辛辣な反応があったことがわかっているが、一九三三年以降はナチスによって表現の自由が激しく弾圧されたため、『山で暮らすヒトラー』に対するドイツ人読者の反応を確認できる当時の出版物はほとんど残されていない。ゲッベルスの統制のもと、ドイツの新聞や雑誌は、オーバーザルツベルクの神話創生に力を貸していた。ヴァッヘンフェルト・ハウスを褒め称える内容の記事は、ヒトラーが政権を握ってしばらくたったころから現れはじめ、多くの場合、そこにはホフマンの写真が添えられていた。一九三〇年代なかばには、外国のマスコミもこうしたナチ党プロパガンダを継続・拡大させるうえで大きな役割をはたすようになっていた。一方で国外に逃れたドイツの新聞による記事には、当然ながら、大きく異なる視点が見られた。当時、チェコスロヴァキアで発行されていたドイツ社会民主党機関紙『ノイアー・フォアヴェルツ（新たな前進）』は一九三七年四月、「有刺鉄線の向こうの総統」と見出しの付いた記事を掲載し、ヒトラーとドイツ国民との親しさや、国民が彼に寄せる愛情といった神話に真っ向から異を唱えた。記事は改装されたばかりのベルクホーフ周辺には大規模なセキュリティ対策が施されていると指摘し、拡大されたオーバーザルツベルクの「立入禁止」区域、一般の車の排除、監視塔、有刺鉄線のフェンス、パトロール、ヒトラーを守る一五〇人の親衛隊員による二四時間の警護に言及している。記事にある通り、政権に同調する記者たちが書いた、ヒトラーの山荘に関する極端に理想化された物語は、こうした現実や、それがなにを意味するのかをあえて見過ごしていた。[41]

　国外に逃れたドイツの新聞はまた、山荘自体が大きく変貌を遂げていることを指摘したが、これについてナチ党広報は、さほど重要でないという態度を取りつつ、むしろ変わることのない山の自然や、ヒトラーの精神を強調してみせた。一九三七年六月、左派リベラル系の亡命新聞『パリーザー・ターゲスツァイトゥング（パリ日刊紙）』紙に掲載された記事には、ベルクホーフは「宮殿のような家」で、「四〇人以上」の来客を迎えられる宿泊設備を備えており、まるで「高級ホテル」のような「上等の家具」がはいった「広いベッドルーム」が揃っているとある。こぢんまりとした家庭というイメージを覆すため、記者はさらに、かつてはヒトラーの姉が家を切り盛りしていたが、いまでは家事は「熟練のホテル従業員」の手に委ねられていると書いている。大規模なセキュリティ対策にも触れており、周辺の山々には対空防衛設備が、オーバーザルツベルク自体にもその奥深くには防空・毒ガスシェルターがあるとあかしている。記者はまた、総統がいかに隔離された状態にいるかを指摘し、ベルヒテスガーデンの子どもたちは、ヒトラーに「頭を撫でられているところ」を写真に撮られるためにベルクホーフまで連れて行かれるが、ヒトラー自身が市民に会うために街へ降りてきたことは一度もないと訴えている。記事の最後は、こんな風に結ばれている。「バイエルンの山の上からドイツを支配しているとき、ヒトラーは、ヒマラヤの山頂にいるダライ・ラマのように遠く、無敵の存在だ」[42]。

ドイツ国内では客観的な報道が欠如していたが、それでもヴァッヘンフェルト・ハウスと、そこの住人として理想化された家庭人ヒトラーが、この国の人々のあいだで凄まじい人気を誇っていたことは、さまざまな証拠が示している。先述の通り、『山で暮らすヒトラー』をはじめとする、「私人」ヒトラーをテーマとしたホフマンの本は商業的に大成功を収め、幾度も版を重ねて数十万部を売り上げた。そのうえホフマンは、自社商品のマーケティングにヒトラーの写真を使用したいという企業と契約を結ぶことによって、かなりの収入を得ていた。たとえばレームツマ煙草会社は、ホフマンの写真を入れるためのナチ党コレクター・アルバムを売り出した。アルバムにはゲッベルスやディートリヒら、ナチ党スポークスマンによるエッセイが掲載され、ページには写真を貼る場所が指定されており、そこをレームツマの煙草のパッケージにはいっているクーポンで入手できる写真で埋めていくという仕掛けになっていた[43]。一九三六年版のアルバム『アドルフ・ヒトラー――総統の生活の写真』には、ヴァッヘンフェルト・ハウスの章もあり、これは約二三〇万部が生産された[44]。色とりどりの装丁と、写真や金文字の装飾が駆使されたこの大判のアルバムは、「家族や旅行のアルバムのように、家庭内に飾ってもらえることを意図」して作られていた[45]。消費者がアルバムを完成させるまでのプロセスは、まずクーポンを提出し、写真がはいった包みが郵送されてきたら、それを指定のページに貼っていくというもので、この作業自体も、（システマティックであるにもかかわらず）アルバムが自分だけのものであるという感覚を高めるうえでひと役買っていた。こうした商品のほかにも、ホフマンは本に掲載された写真や、それよりもはるかに数が多い未掲載の写真を使った絵葉書を何百万枚と販売していた。総統の家の写真は、ここがベルクホーフになる前のものも、なったあとのものも、需要がよほど多かったようで、その事実は、ホフマンやその他の地元カメラマンによって売り出された絵葉書に数え切れないほどの種類が存在することからも見て取れる（口絵1、口絵11）。

あまりの人気ぶりに、ヒトラーの家庭人としてのイメージや、ナチ党プロパガンダのモチーフの商業利用は、じきに政府の憂慮するところとなった。一九三三年一月のナチ党による政権獲得後、ヒトラーに対する国民からの支持が一気に高まったことで、多くの国内企業が、自社商品のアピールにナチス関連のモチーフを利用したいと考えるようになった。ゲッベルスは、市場に溢れるナチ党をテーマとした商品に規制をかけるため、一九三三年五月一九日には、早くも「国民的シンボル保護法」を可決させた。地方自治体には、ナチ党の「品位」を「貶める」と判断される商品を押収し、またそれを販売する製造者や商人を起訴する権限が与えられた。[46]販売が禁止された商品のリストは、製造会社の名称や所在地とともに、定期的に『ドイチャー・ライヒスアンツァイガー（ドイツ帝国官報）』に掲載された。やがてこうした禁制品のリストには、「突撃隊ジンジャーブレッド」から、鉤十字の装飾が施されたワインボトルや灰皿、模造ダイヤで「ハイル・ヒトラー」の文字が入れられた女性用ブローチ、さらにはナチ党党歌『旗を高く掲げよ』が鳴る目覚まし時計までが加わっていった。[47]法的措置として始まったものは、瞬く間に大規模な文化の規制運動に発展した。新聞や雑誌には、低俗な商品《キッチュ》がドイツの人々にもたらす害について警告する記事が山ほど掲載された。そこに書いてある内容はまさしく、二〇世紀初頭にドイツ工作連盟が、そのデザイン革命運動のなかで展開してきた主張そのものであった。[48]一九三三年以降、政府と文化関連当局は、消費者を教育するという目的のもと、規制対象となったナチ党商品や、それに類似する「悪趣味な」商品の展覧会を開催するようになり、これには何十万人もの入場者と外国からの注目が集まった。[49]ドイツの芸術を取り巻く当時の論調に迎合する批評家たちは、低俗《キッチュ》な商品がもたらす脅威は医療で対処すべきものだと論じ――ナチ党のある広報担当者は「低俗《キッチュ》な商品はわれらが国家の魂にとって、精神的なコカインである」と発言している――、市場動向に対する文化の従属を激しく非難した。(50)

ヴァッヘンフェルト・ハウス（のちにはベルクホーフ）は総統とわかちがたく結び付いた存在であったことから、その商業利用もまた、適用範囲の広いこの新法の対象となった。興味深いのは、いったいどんなものがこの家の「品位」を貶めると判断されていたのかということだ。たとえば鉤十字の柄が付いたボールを蹴ったり、鉤十字柄の紙ナプキンで口をぬぐったりすること――これらの商品も禁止対象とされていた――をゲッベルスが問題視するというのは、容易に想像できる。(51)ヴァッヘンフェルト・ハウスの場合はしかし、商用デザインとしての認否の決め手となったのは、その商品のクオリティだったようだ。つまり、ヴァッヘンフェルト・ハウスが描かれた磁器の絵皿は認可される傾向にあったが、素焼きの絵皿は不認可とされたのだ。(52)同様に、「われらが総統の別荘」の絵が付いたビロードのクッションカバーのデザインは、典型的な「悪趣味な商品」として却下された。(53)低品質なナチ党関連商品に対する警戒網は、ヴァッヘンフェルト・ハウス以外にも及んでいた。法解釈のガイドラインでは、デザインは着想にも仕上げにも高水準が求められることが強調され、すべての「芸術的に粗悪な」ナチ党シンボルの複製は不認可となるとされていた。(54)それでも、認可された製品の数は少なくなかった。なぜならナチ党が、そうした一般向けの消費財が、大衆の心をつかむうえで強い影響力を発揮することを知っていたためだ。消費者が商品に付いているナチ党のシンボルを自宅というプライベートな空間に持ち帰れば、それらは彼らの日常生活の一部となる。(55)子どもたちはヴァッヘンフェルト・ハウスを模した木の家で遊び、ヴァッヘンフェルト・ハウス型の貯金箱で小銭を貯めた。ヴァッヘンフェルト・ハウスのカラー写真を入れた額が居間の壁に掛けられた。コーヒーテーブルにはホフマンの本が置かれた。そして郵便局員は、バイエルン南部で休暇中の友人から、あるいはたんなる時候の挨拶として送られるヴァッヘンフェルト・ハウスの絵葉書を配達した。

より富裕な層の顧客に対しては、ヴァッヘンフェルト・ハウスは市場においてまた別の役割を担った。

〇年に創刊された、インテリア・デザインの新動向を扱う雑誌『イネン＝デコラッツィオン（室内装飾）』は、一九三八年二月、ベルクホーフを表紙に採用し、その建築に関する記事を二本掲載した。一九三九年四月には、ホーム・デコレーション、ファッション、レジャーなどを扱うライフスタイル誌『エレガンテ・ヴェルト（エレガントな世界）』が、これらの記事に若干修正を加え、ベルクホーフの内装のカラー写真を数多く追加したうえで再掲載した。これらふたつの雑誌の読者層は異なっていたものの、ベルクホーフの記事は、その両方に重なるグループをターゲットとしていた。具体的には、教養のある都会暮らしの中流層で、デザインや、自宅の新築・改装のためにプロを雇う際の情報に興味を持っている人々だ。そのためこの記事では、ヒトラーと彼が採用しているデザイナーとの関係に焦点があてられ、なかでもインテリア・デコレーターであるゲルディ・トローストの仕事が大きく取り上げられた[56]。

ヒトラーはクライアントとして、改装計画の中心に位置していたと記事にはある。ヒトラーの望みは、古い家を増築して「驚くほど広々とした空間でありながら、家庭的なやすらぎという魅力を失わない大広間」を設けたいというものであり、それこそがデザインにおける最重要課題であった。「総統の発想」を物質として具現化する「困難でやりがいのある仕事」はまず、建築家のアロイス・デガノの手に託され、彼は互いに連結し合った建造物全体において、古さと新しさを見事にブレンドしてみせた。家の各部分を結び付ける要素としてもっとも目を引くのは、地元の伝統である広々とした傾斜屋根だったが、記事はこのほかにも、窓と壁の表面処理、細部の装飾に同じ素材を繰り返し使用していること、床と天井の高さのダイナミックなバランスなどが、全体の調和を生み出していると指摘していた。その結果誕生したのは「力強くも落ち着きのある建物」で、それは「自然のなかに宮殿のような豪華さをいっさい持ち込まないことによって、この土地ならではの本物の山の農園《ベルクホーフ》らしさ」を保っていた[57]。

しかし「家庭的なやすらぎ」という総統の望みを叶えるうえで最大の貢献者とされたのは、ゲルディ・トローストであった。彼女は装飾、色の選択、布に関するすべてを担当していたと記事にはある。『イネン＝デコラッィオン』誌の記者は、感嘆した調子でこう書いている。「どれほど確かな美意識を持って、彼女は各部屋の表現と雰囲気、旋律と住みやすさを形にしていったのだろうか」。色の調和を生み出すトロースの手法には詳しい解説が付けられ、とくに室内にある品々のなかから、色のテーマ、対比、バリエーションの基準となるものを、彼女がどのように選んでいるかが語られていた。ベルクホーフの小さな居間の場合、基準となった品は青磁色のタイル張りストーブで、大広間の場合は一七世紀のゴブラン織のタペストリーだった。同じ配色は複数の部屋に繰り返し登場し、これによって色の調和が家中に広く適用されていた。そのほか、家具のフォルムが本質的にシンプルであることも、家に統一感を持たせる視覚的言語に貢献していると記事にはある。総統の夢の家を実現するために、トローストが色とフォルムをいかに絶妙に組み合わせているかを学んだ読者たちが、彼女の手腕に対する賞賛の念を抱き、同時にインテリア・デコレーションという作業の複雑さを実感したことは間違いない。トローストとデガノがこのプロジェクトにおいて建築的・美学的な難題をどのように解決したかに焦点をあてたこれらふたつの記事は、読み手に対し、家の改装に専門家を雇いたいと思わせる効果を持っており、またふたりが協力して進めるデザイン・プロセスに関するポジティブな描写は、信頼感を抱かせた。(58)

デガノとトローストのふたりがどのように作業を進めたのかを詳しく紹介しつつ、この記事はまた、ベルクホーフで重要視されるデザイン・クオリティにも注目している。記事のなかでとくに賞賛されていたのは、住みやすい空間、本物の素材の使用、フォルムのシンプルさと明快さ、仕上げのクオリティなどであった。このほか、家の内装と自然豊かな戸外とを、バルコニー、窓、テラスを通じて織り交ぜていることも、大きな魅力として受け止められた――『エレガンテ・ヴェルト』誌では色鮮やかなカラー写真によって、この点が視覚的にも強く印象づけられていた。これらの原則はどれも、一九二〇年代に起こったいわゆるインターナショナル・スタイルをはじめとする、一九世紀末以降のデザイン改革運動のなかで提唱されてきたものであった。しかしながら、デザイン改革において多用されたのがコンクリートや鋼鉄といった現代の工業素材だったのに対し、ベルクホーフの記事では、外階段とテラスに使われていた、近郊のウンタースベルク山から産出される赤い石をはじめとする、伝統的な地元産の素材の使用が強調されていた。ベルクホーフの建築には、最新のテクノロジーや工業製品が用いられていたが、記事はこの事実を無視して、自然で「本物志向《オーセンティック》」な細部の仕上げに焦点をあてていた。[59] ベルクホーフの複雑な色彩設計、織り布や豪華な布の使用、内装における木材の多用への言及からは、視覚的に豊かで「温かな」家庭環境への憧れが感じられる。こうした傾向にはある意味、バウハウスに代表される工業的美学やハイ・モダニズムに対する、ナチ・ドイツにおける反動が表れている。しかし同時に、この記事が肯定しているデザインの価値観には、欧米における広範なトレンドであった、商業的に受け入れられやすい、「よりソフトな」形のモダンデザインの影響も見られる。こうしたスタイルを得意とするデザイナーたちは、クライアントからの、伝統的・現代的な要素をブレンドさせたい、快適さを優先させたい、装飾的な造形で遊びたいといったさまざまな要望に進んで対応していった。[60] すなわち、このふたつの雑誌が富裕層の読者に向けて発信した、ベルクホーフというレンズを通して見た「本格的」かつ趣味のよい家作りについてのメッセージは、たんなるハイ・モダニズムに対するイデオロギー的な反応として片付けることはできない。なぜならこれは、過去の改革運動との、またドイツ国内にとどまらない広範な様式のトレンドとの連続性の上に成り立っていたものだからだ。

　ナチ党は、ドイツ国民に美学や審美眼の教育を施すためにさまざまな方策を講じていたが、なかでももっとも多くの注目を集めたのが、ミュンヘンのドイツ芸術の家で行なわれていたある催しだった。一九三七年に始まった年に一度の大ドイツ芸術展は、イデオロギー的に正しいと国家が認定した彫刻、絵画、ドローイング作品を集めた展覧会で、マスコミに大々的に取り上げられ、毎年数十万人の人々が来場した。また現在ではさほど知られていないドイツ建築・応用美術展は、ドイツ芸術の家で毎年冬に開催されていたもので、純粋芸術を集めた夏の大ドイツ展の補足的な意味合いを持っていた。デザインを展示対象としていたこの展覧会は、一般国民や専門家に対し、国による建築および都市計画プロジェクトについて、また装飾芸術やインテリア・デザインにおける、国が認定する新たな方向性について知らしめる場であった。個々の作品を展示する棚のほかに、工芸部門では、居間やダイニングから仕事部屋、子ども部屋まで、さまざまな部屋をまるごとコーディネートした展示が行なわれていた。展示作品は、その大半が高価な素材を使用して手作業で作られたハイ・クオリティなもので、相応に高い値札が付けられていた。それでもこの展覧会は非常な人気を博した。一九三八年一月から四月にかけて行なわれた第一回には二六万人の来場者があり、販売対象の展示品のうち三分の一が売約済みとなった。一九三八年一二月から一九三九年四月にかけての第二回では、入場者の数はさらに増え、二九万五〇〇〇人に達した。それ以降の展覧会は、戦争が始まったことと、非戦略建造物に使用制限がかけられたことによってお蔵入りとなったが、一方の大ドイツ芸術展は一九四四年まで続けられた。(61)

一九三二年にバウハウス・デッサウ校がナチスの弾圧によって閉鎖されたことは、マスコミでも広く報道された。とはいえ、第三帝国時代においても、モダンデザインがドイツの住宅から姿を消したというわけではなかった。政府の住宅当局は、ヴァイマール時代に作られた住宅のような急進的なモダニティを採用しなくなったものの、民間市場では相変わらずモダニズムの住宅やインテリアの需要があった。また商社や小売業者の側からも、顧客に対して、モダニズム様式をはじめとするさまざまなホーム・デコレーションの選択肢が提供されていた。『イネン＝デコラツィオン』誌、『ディー・ノイエ・リーニエ』誌、『シェーネ・ハイム（美しい家）』誌などのデザイン雑誌は、戦争の直前まで、女性を含むモダニスト・デザイナーたちの作品を紹介し続けた。それどころか、バウハウスの商品が第三帝国の公式刊行物に掲載された例さえある。(62)それでも一九三〇年代なかばになると、ガイドブックやデザイン雑誌に掲載される住宅の内装写真には顕著な変化が現れるようになった。その原因のひとつは、ナチ党の政権初期、パウル・トローストが手がけた一連の建築プロジェクトによって、政府の好みが機能的な古典主義であることが知れ渡ったことだ。またナチ党の「血と土」というイデオロギーの影響で、地域の伝統に根ざしたハイマート様式が重要視されるようになったということもある。木材も以前よりも好んで使われるようになったが、こちらの原因は政治的なものとばかりは言えなかった。国家主義者にとってドイツの木材は、インターナショナル・モダニズムで多用される外国産工業材料との戦いにおける、国産の「英雄」であった。また一方では、ヒトラーがドイツの再武装に着手した影響により、一九三五〜三六年頃には、金属が不足しはじめたという事情もあった。[63]ドイツの消費者たちはあるいは、本心では、三〇年代初頭に大きな人気を博した金属製のパイプ家具のほうを買いたいと思っていたのかもしれない。しかし一九三五～三六年頃には、再軍備経済によってデザイナーが使える素材が減少し、また政権がイデオロギー的・審美的にどんなものを作るのが望ましいかをより明確に示したことによって、ドイツにおける住宅の様相は変わりはじめた。

ドイツ芸術の家で開催された第一回の建築・応用美術展を訪れた人々は、二階の工芸部門の展示において、家庭用デザインがいま述べたような保守的な方向へシフトした例を目にしたはずだ。アール・デコからの影響を受けたモダンなデザインもいくらかあったものの、会場には民族的な手織りの布、素朴な陶器、重厚な木の家具、象嵌《ぞうがん》細工、中世風の装飾などがたっぷりと展示されていた。来場者たちを迎えたのはこのほか、パウル・トローストによる、歴史を感じさせる古典主義作品の数々だった。亡くなってからすでに四年がたっていたにもかかわらず、トローストの作品は会場全体に散りばめられていた。一階の建築部門における一番目と二番目の部屋では、トローストが手がけたナチ建築のプロジェクトがもっとも目立つ位置に展示され、ナチ党に協力する建築家のなかでも、彼が特別な地位を占めていることが改めて示された。二階の工芸部門――ゲルディ・トローストによって、住宅の室内を思わせるオープンなセッティングが採用されていた――には、パウル・トローストの家具や装飾品が置かれたダイニングや居間があった。[64]会場内にはトローストの妻ゲルディによるデザインも展示されており、また展覧会のなかでもっとも入場者の注目を集めたのは間違いなく、このふたりの作品を組み合わせたディスプレイだったはずだ――それはパウル・トローストがデザインした暗い色味のダイニングテーブルの上に、未亡人であるゲルディが総統のために考案したテーブルセッティングが施されているという作品であった[65](図53)。

そこにあるのは、総統の家庭生活の一部を手に触れられる形で切り取った断片であり、この展示には、家庭内デザインにおける上質な趣味――総統お気に入りのふたりのデザイナーによって定義され、総統自身がそれを実践している趣味――について、一般市民を啓発しようという意図が込められていた。磁器はゲルディ・トローストがデザインし、ドイツでもとくに長い歴史と知名度の高さを誇る磁器メーカー、ニュンフェンブルク磁器製作

図53　ハインリヒ・ホフマン撮影。ゲルディ・トローストによる総統のテーブルセッティングのデザイン。1939年、ミュンヘンのドイツ芸術の家で開催されたドイツ建築・応用美術展の展示。

所が製作した。食器類には籠細工のような布の織り目模様が描かれ、「オレンジとゴールド」で彩色されていた。様式化された民族的なモチーフと配色からは、この模様がベルクホーフのためにデザインされたものであることがわかる。同じ模様は、ヴァルター・フレンツ〔ナチ党でプロパガンダ写真などを担当していたカメラマン〕が撮影したダイニングルームのフォーマルなテーブルセッティングのカラー写真にも確認できる。(66) F・H・ヴァンディンガーという企業が製作した銀器には、ヒトラーのモノグラムと、ワシが鉤十字をつかんでいるドイツの国章が刻まれていた。ガラス製品はフランツ・シュタイガーヴァルツ・ネッフェ社とツヴィーゼルのガラス学校で手作りされたもので、ボビンレースのテーブルマットは手工芸連合工房の製品であった。(67) こうした製造元はどれもミュンヘンかバイエルンに拠点を持っており、バイエルンのアーティストや企業を重用するトローストの傾向がよく表れている。

展示されていたヒトラーのテーブルウェアは、

当然ながら販売対象にはなっていなかった。しかしたとえ家に持ち帰ることができなくとも、それを想像することはできただろう。ダイニングルームの家具と磁器は、大半の来場者にとって手の届かないものだったはずだが、こぢんまりとしたセッティング――テーブルに用意されていた席はわずか四人分だった――は、ヒトラーの家庭生活を模したこの作品を親しみやすいものに感じさせた。そこに置かれたテーブルは、王族や派手好きの億万長者のもののようには見えず、むしろナチ党の宣伝係《プロパガンディスト》が繰り返し強調していた通りの、「あなたやわたしと同じような」ひとりの人間のものに思えた。[68] ゲルディ・トローストがシンプルかつ美しく仕上げたディスプレイは、「私人ヒトラーは洗練されていると同時に慎み深いものを好む人間である」というメッセージを裏付けるものであった。こうした品々からヒトラーの性格を読み取ろうとした来場者たちは、子どもたちをお茶に招き、隣人のために心を砕き、わずかな余暇を芸術の本を読んで過ごすと言われている、あの伝説の山に暮らす人物が現存するという物的証拠を見つけたと思ったに違いない。このテーブルが、誇大妄想の独裁者のものであるはずがないではないか。

しかしもしそこに置かれた食器たちが言葉を話せたなら、展覧会の来場者たちは、まったく別の話を聞くことになったことだろう。一九三八年当時、ニュンフェンブルク磁器製作所を経営していたのは、一〇年前に父親のアルベルト・ボイムルの跡を継いだボイムル兄弟であった。アルベルト・ボイムルが一八八八年、リース契約でこの製作所を手に入れたとき、会社は長い衰退の時期にあった。彼は同社がかつて有していた高い芸術的水準を復活させ、その失われた名声を取り戻した。ボイムルが一緒に仕事をしたアーティストのひとりがパウル・トローストで、彼は一九〇八年から他界するまで、同社とのつながりを保っていた。三人兄弟――彼らは同社の製品を新たな分野にまで拡大し、手頃な「民衆のための食器類」なども手がけるようになっていた――による経営も、きわめて好調だと思われた。ところが一九三八年、ボイムル兄弟の人生は難局を迎えた。彼らの父親はユダヤ人として生まれ、のちにカトリックに改宗していたのだ。一九三四年にはすでに、三人兄弟は会社の乗っ取りを目論む日和見主義者たちから、人種に関する密告を受けるようになっていた。ゲルディ・トローストの戦後の裁判のために書かれた証言書のなかで、長兄のフリッツ・ボイムルは、トローストとは一九二五年のパウル・トローストとの結婚以来の知人であり、彼女は自分たち兄弟のために、バイエルン州首相ルートヴィヒ・ジーベルトを強く説得してくれたと書いている。彼らにとってのもうひとつの脅威となったのがハインリヒ・ヒムラーで、彼はニュンフェンブルク磁器製作所を、ダッハウにある、自分が管理する親衛隊の磁器工場に併合したいと考えていた。そこでは強制収容所に収容された労働者を使って、ナチ党モチーフの高価な磁器製品が作られていた。ところがヒムラーは、ゲルディ・トローストが同席しているときにヒトラーにこの件を持ちかけるという失態を犯し、ボイムルの証言によると、彼女の「熱心な介入」により、この案は却下されたのだという。ボイムルはさらに、彼らのユダヤ人としてのバックグラウンドを知っていたにもかかわらず、トローストは「自ら多大なリスクを冒して」、自分たちの会社との仕事を継続してくれたと述べている。(69) 皮肉なことに、そうした仕事のひとつが、ヒトラーのテーブルセッティングに使われる食器だったわけだ。

ボイムル兄弟を最大の脅威が襲ったのは一九四四年一〇月、彼らがブーヘンヴァルト強制収容所付属のテューリンゲン炭鉱に緊急移送されるという知らせを受けたときのことだ。テューリンゲンに行ってしまえば、彼らは過酷な環境下で強制労働に従事することになる。テューリンゲンには、囚人が地下で寝起きし、労働させられる地獄のようなミッテルバウ＝ドーラ強制収容所もあり、同地域の強制労働収容所に入れられた人々は、極度の消耗、病気、飢えのためにその多くが死んでいった。フリッツ・ボイムルの証言書には、さまざまな省に何度訴え出てもなんの成果も得られず、彼ら兄弟は「最後の最後に」ゲルディ・トローストに頼ったとある。「長い話し合い」の末、トローストはミュンヘン＝オーバーバイエルン大管区の大管区指導者代理《ガウライター》パウル・ギースラーを説得し、移送命令を撤回させた。「こうしてトロースト夫人は、われわれを強制収容所から救ってくれたのです」とボイムルは書いている。(70)

こうした裁判関連の書類が示す通り、ゲルディ・トローストは事実、彼女や彼女の亡くなった夫と仕事をしたり、個人的な関係を持っていたりした人たちを守るために、一度ならず勇気ある行動をとっている。しかしながら、ナチ・ドイツで暮らしていたその他無数の人々には、政府高官とコネクションがある友人などいなかった。人々がドイツ芸術の家でヒトラーの美しい磁器やガラス製品をうっとりと眺めた七カ月後、国内のあらゆる通りは、ユダヤ人のシナゴーグ、店舗、住宅のガラスが粉々に砕かれた欠片で埋め尽くされた。一九三八年一一月九日の夜、組織的に扇動された暴動のなかで、突撃隊員たちは国中のユダヤ人に対する憎しみを爆発させ、シナゴーグを焼き払い、自宅にいる男女を殺害し、通りで彼らを打ちのめして強制収容所に三万人を送り込み、何千軒にも及ぶユダヤ人の商店と住宅を破壊した。それでも、のちに水晶の夜《クリスタルナハト》と呼ばれるようになるこの一一月の虐殺が起こったあとでさえ、ヒトラーの宣伝係《プロパガンディスト》が彼の身に纏わせた礼儀正しい高貴な人間というオーラが消え去ることはなかった。多くのドイツ人は、自分たちのあいだに存在する暴力について総統の責任を問おうとせず、いずれヒトラーが秩序を取り戻し、自分たちの目の前で起こっている、日に日に激しさを増す野蛮な迫害に終止符を打ってくれると信じていた。[71] そうした人々のひとりが、ゲルディ・トローストであった。彼女は友人を襲った悪夢のために戦っているときでさえ、自分自身がその創作に手を貸した、礼儀正しく上品なヒトラーというイメージを信じることを、決してやめようとはしなかった。

第8章　ベルヒテスガーデンの名士——外国報道における神話の形成

ジャーナリストで作家のウィリアム・ジョージ・フィッツ゠ジェラルドは、三〇年以上にわたって世界各地をめぐり、訪れた国の政治情勢や人々についての記事を書き続けた。ペルー高地の新しい道路の開通から、エチオピア皇帝ハイレ・セラシエ〔エチオピア帝国最後の皇帝〕の軍隊、海外市場における日本の影響力の増大まで、フィッツ゠ジェラルドが関心を向け、解説をつける話題は分野を問わなかった。[1] 彼がイグナティウス・フェイヤーというペンネームのもとに綴る現場からのレポートは、正確な情報と深い洞察にもとづいているとの評判で、政治関連の編集者や読者からの信頼を得ていた。[2] 彼が執筆した数々の記事は、いまではその大半が忘れられているが、唯一注目に値するものがあるとすれば、彼が自らの「個人的な友人」であるアドルフ・ヒトラーの山荘を訪問したときのことを記した一連の提灯記事だろう。一九三六年から三八年にかけて、フィッツ゠ジェラルドが書いたヒトラーに関する記事は、少なくとも以下に挙げる国内外の七媒体に買い上げられている。英『カントリー・ライフ』誌（一九三六年）、米『カレント・ヒストリー』誌（一九三六年）、加『ナショナル・ホーム・マンスリー』誌（一九三六年）、米『サタデー・レビュー』誌（一九三六年）、英『ウインザー・マガジン』誌（一九三六年）、米『アメリカン・ケネル・ガゼット』誌（一九三七年）、英『ホームズ・アンド・ガーデンズ』誌（一九三八年）。[3] 記事はこのほか、オーストラリアの複数の新聞にも掲載された。[4] リーズの『ホームズ・アンド・ガーデンズ』誌の読者から、ボストンの『カレント・ヒストリー』誌、ウィニペグの『ナショナル・ホーム・マンスリー』誌、シドニーの『サンデー・ピクトリアル』紙の読者まで、世界中の英語圏の人々は皆、フィッツ＝ジェラルドが「ヴァッヘンフェルトの名士」と呼んだヒトラーの自宅訪問記に夢中になった。

世界の国々を股にかけた経験と強い好奇心を持つフィッツ＝ジェラルドは、一見したところ、アドルフ・ヒトラーの擁護者としてはめずらしいタイプの人間のように思える。フィッツ＝ジェラルドは、抑圧された人々のために、情熱と共感を込めた文章を書く能力に恵まれていた。たとえば「合衆国での人種的憎悪」と題された一九一九年の記事では、彼はアフリカ系アメリカ人に対するリンチ事件を糾弾し、無実の人々をターゲットにする犯罪の残虐さを伝えている。彼はまた、アフリカ系アメリカ人の囚人に対する虐待や拷問、黒人投票権の制限、人種差別の根拠のなさについての記事も手がけている。[5] その一五年後には、彼は世界各地で続けられている奴隷制度の話題を取り上げ、女性、男性、子どもが取引きされる市場の実態を訴えた。奴隷制度がなくならないのは、「家庭、農園、工場での」奴隷労働力の需要と、人身売買が生み出す利益が原因だとフィッツ＝ジェラルドは主張した。植民地の宗主国については、自らの経済的利益を優先し、国内外で起こっているこうした現実を見て見ぬふりをしていると批判している。[6]

それでもフィッツ＝ジェラルドという人間をより詳しく観察してみると、世界各地でのさまざまな経験は彼にとって、人類は深い溝によって隔てられているという自らの信条をさらに強める方向へ働いていたことがわかってくる。フィッツ＝ジェラルドは一八七三年、ロンドンのアイルランド移民の家に生まれた。末の弟のデズモンドは革命論者の詩人で、一九一六年、ダブリンのイースター蜂起に参加し、イギリス人によって収監された。デズモンドは後年、アイルランド自由国政府で出世をはたし、最終的に国防大臣にまでなっている——この弟とのつながりが、兄ウィリアムがアドルフ・ヒトラーとの個人的なインタビューを取り付ける際に役立ったことは間違いない。[7] アイルランド自由国設立の翌年にあたる一九二三年、ウィリアム・フィッツ＝ジェラルドは『アイルランドの声――その人種と国家に関する全方面からの概説』と題した評論集を出版した。[8] ダブリンの主席ラビをはじめ、多様な寄稿者を集めたにもかかわらず、フィッツ＝ジェラルドが採用した副題〔副題の原題は A Survey of the Race and Nation from All Angles〕は、アイルランドは多民族国家ではないという彼の考えを明確に示すものであった。[9] こうした排他的な考え方は、彼のそのほかの文章にもはっきりと見て取れる。フィッツ＝ジェラルドは、人種および領土が統合されている国が、世界での競争にもっとも向いていると主張する。たとえば彼は日本の対外貿易での成功を挙げ、彼らは「排他的な国民だ。〔……〕バークが定義する国家性における真の『家族』であり、この特殊な戦いに対する武装を調えている人々だ。西洋の国家は決してこれを真似できない」と書いている。[10] 一九三三年に出版した自著『アメリカは存続できるか?』には、合衆国は決して政治的に「安定した、永続性のある基礎の上に」地歩を固めることはできない、なぜならこの国は「古い国々」が持つ統一を欠いており、そうした国々こそ「同一の人種と一定の境界線からなる真の『国家』なのだ」とある。[11] さらに注目すべきは、フィッツ＝ジェラルドが、強力な国家性は国民の人種が同一であることのみならず、彼らがどのような人種であるかにも関わっていると考えていたことだ。翌年、リベリア〔西アフリカの共和制国家、一八四七年に独立〕について書いた醜悪な記事のなかで彼は、「黒人《ニグロ》『国家』」という概念そのものを「あきらかな矛盾」であると断じている。[12] ヒトラーが唱えるドイツ人の民族自決権は、フィッツ＝ジェラルド自身の国家観・人種観と、さぞ相性がよかったに違いない。

　フィッツ＝ジェラルドの考え方はまた、きわめて反民主主義的でもあった。この時代の多くの人々と同じく、彼は「長いあいだ待たれていた指導者」の出現を願っていた。[13] 一九三三年に出版したアメリカに関する本の最後に、彼はこう書いている。「銀行員からギャングまで、あらゆる階級の人々が、民主主義が崩壊したこと、そして厳格なτύραννος《テュランノス》、つまりは君主《マスター》だけが、合衆国をその破滅と腐敗の轍から解放することができることを、はっきりと認識している」[14]。南米に赴いた際、フィッツ＝ジェラルドは、独裁を敷いたペルーのアウグスト・レギーア大統領について、「わたしの賞賛の気持ちには、かすかに崇拝の念のようなものが混ざっている」とコメントしている。レギーアが国の近代化に成功した理由としてフィッツ＝ジェラルドは、彼が「社会的秩序」を強く求めたことを挙げている一方で、政治的な自由が失われたことについてはいっさい触れていない[15]。一九三〇年代なかばにヒトラーについての記事に取りかかった当時、フィッツ＝ジェラルドは彼のことも、レギーアの同類と見ていたのではないだろうか。

一九三六年三月のラインラント再武装と八月のベルリン・オリンピックによって、世界の視線はドイツとその指導者に集まっており、フィッツ＝ジェラルドは同年、この機を利用して、ヒトラーの山荘訪問についての記事を何本も書いている。記事の書き手と取材対象が個人的なつながりを持っていることは、大きなセールスポイントとなった。「ヒトラーと一緒の休日——個人的な友人が語る総統《デア・フューラー》への個人的な訪問——個人的な先入観は最小限」。『カレント・ヒストリー』誌一九三六年七月号に掲載された、フィッツ＝ジェラルドによる記事の大文字の見出しにはそうある。トビラの写真には、屋外で笑顔を見せるヒトラーが写っており、着ている服こそスーツだったが、山景色を背景にリラックスしている様子が窺える。キャプションの「アドルフ・ヒトラー——普段とは〝違う〟ポーズ」という一文が、この記事の目的を端的に表している。あわや再度の戦争かと国際社会を身構えさせたラインラントの事件から数カ月のうちに現地を訪れたフィッツ＝ジェラルドは、記事のなかで、イギリスのスタンリー・ボールドウィン首相が「欧州から恐怖の黒い影」を消し去る力を握っていると評した独裁者と、自分を乗せた飛行機がオーバーザルツベルクに着陸するとき、駆け寄って出迎えた人物との違いを指摘してみせた。「しかしその人物は、本当にそれほどの全能者なのだろうか。わたしがよく知る軽快な足取りで、あの温かい歓迎の笑みを浮かべながら、ぽっちゃりとした手を挙げて例の挨拶をするこの人物が？　わたしにはとてもそうは見えなかった[16]」。

帽子もかぶらず、「言うことをきかない〝眉にかかる髪《ブロウロック》〟を乱した」まま近づいてきたヒトラーを、フィッツ＝ジェラルドはこんな風に描写している。「ヒトラーはまるで、どこかの雇われ庭師のような格好だった。ボタンをしっかりと締めた短すぎるツイードのコートと、それとは合わない着古したズボンに身を包み、サクラの木から拝借したねじくれた枝を振っていた」。フィッツ＝ジェラルドがここで言おうとしているのは、ヒトラーの外見が、ヨーロッパの命運をその手に握る全能の独裁者には見えなかったということではない。彼の狙いはむしろ、ヒトラーはそうした人物にふさわしい振る舞いさえもしなかった――少なくとも、彼の「唯一無二の〝家〟」であるオーバーザルツベルクにおいては――ということを、読者に納得させることであった。(17) フィッツ＝ジェラルドの記事はこうした描写を通じて、自分を賞賛する群衆や首都のストレスから離れることで、ヒトラーはようやく普段とは「違うポーズ」を見せ、「ヴァッヘンフェルトの名士」としての、もうひとりの自分の姿をさらけだすことができるのだと伝えていた。

家庭でのヒトラーを取り上げた一連の記事のなかでフィッツ＝ジェラルドは、偉大で「救世主然とした」総統の、恐ろしくて近寄りがたいというイメージを読者の目の前から取り去り、代わりにひとりの名士あるいは田舎紳士のポートレートを提示してみせた。そうした存在は、とりわけイギリスや英連邦の人々にとっては、馴染み深く、安心感を覚えるものであった。フィッツ＝ジェラルドによると、「ヴァッヘンフェルトの名士」は「シャイで慎み深い男性」であり、「非常に謙虚で、素朴と言ってもいいほどの地味な人物」だった。(18) 総統の「個人的な友人」である自分は、こうした普段とは違う私人としてのヒトラーを読者に紹介するために不可欠な、洞察力とコネクションを持っていると、フィッツ＝ジェラルドは主張した。掲載される媒体によって、フィッツ＝ジェラルドは読み手の好みに合わせて記事のディテールに手を加えていた。たとえば『ホームズ・アンド・ガーデンズ』誌の記事では、総統のカーテンや、客人に提供される食事を解説し、『カレント・ヒストリー』誌であれば、ヒトラーが人格形成期を過ごしたオーストリアでの話を付け加えた。こうしたささいな違いはあっても、彼の記事は概して同じ題材を扱い、共通のテーマを論じながら、読み手の心にあるヒトラーのイメージを変えることを目指していた。

フィッツ＝ジェラルドはまず、ヒトラーの服装を描写してみせた。ベルリンの政界や大規模な党大会から遠く離れた山のなかでは、ヒトラーは一般市民の装いに身を包んでいた。先ほどの引用の通り、フィッツ＝ジェラルドは読み手の注意をヒトラーの古いツイードに引き寄せることによって、だらしのない独身男性と地主階級というふたつのイメージを同時に喚起している。[19] イギリス風の服装との類似点をさらに強調するために、彼はヒトラーの「きめの粗いツイード」のスーツは、ミュンヘンにある「〝ロンドンの〟テイラーが仕立てたもの」だとわざわざ付け加えている。[20] ヒトラーが「プラスフォーズ」でハイキングに出かけたという描写は、快活な印象を醸し出した。プラスフォーズとは一九二〇年代に登場したスポーツ用の丈の短いズボンで、プリンス・オブ・ウェールズ〔のちの英エドワード八世〕が履いたことで人気を博したものだ。[21]

こうした服装は、山での活動にはうってつけだった。山にやってきた総統は、のんびりとした趣味にいそしむだけでなく、（フィッツ＝ジェラルドによると）農園で作業もするということだった。フィッツ＝ジェラルドは、すでにヒトラーのものとなっていたヴァッヘンフェルト・ハウス周辺の土地を「地所」と呼んでいた。[22] 彼の記事にはこうある。「ここでは血統のよい家畜で小さな農園が営まれている。指導者はほかにも、小麦とアルファルファも育てており、彼のサクランボの果樹園は、オーストリア・ドイツ地方全土に知れ渡っている」。[23] 家の周辺には「複数の庭園がごくシンプルに配置されている。高さもさまざまな芝地には花の咲く低木が植えられ、季節ごとにバラなどの花も咲く。総統は、家では切り花に情熱を注いでいることも付け加えておきたい」。ヒトラーはまた、家で雇っている庭師たちの仕事にもよく通じており、彼らとは「毎朝九時」に、その日予定されている仕事について話をした。[24]

農業や庭仕事への興味に加え、フィッツ＝ジェラルドは、ヒトラーが地所内で行なっているという犬の繁殖にも言及している。『ホームズ・アンド・ガーデンズ』誌に掲載されたエッセイにはこうある。「ここを訪れる人々は例外なく、この家のホストが見事なシェパード犬を繁殖させている理想的な犬舎に案内された」（図54）。記事には、ヒトラーが芝生の上で彼の「純血種のペット」と一緒にくつろいでいる写真も添えられていた。[25] ヒトラーは狩りをいっさいしなかったが、フィッツ＝ジェラルドは犬に関するくだりのなかに、猟銃を使った狩りをほのめかす記述を入れ込んでいる。ヒトラーが飼っている犬のうちの一四（ムック）が、記事中では実際とは異なる

HITLER'S MOUNTAIN HOME

A Visit to "Haus Wachenfeld," in the Bavarian Alps, written and illustrated by Ignatius Phayre

A closer view of the house, showing the umbrella-shaded terrace.

It is over twelve years since Herr Hitler fixed on the site of his one and only home. It *had* to be close to the Austrian border, barely ten miles from Mozart's own mediæval Salzburg. At first no more than a hunter's shack, "Haus Wachenfeld" has grown, until it is to-day quite a handsome Bavarian chalet, 2,000 feet up on the Obersalzburg amid pinewoods and cherry orchards. Here, in the early days, Hitler's widowed sister, Frau Angela Raubal, kept house for him on a "peasant" scale. Then, as his famous book, *Mein Kampf* ("My Struggle") became a best-seller of astonishing power (4,500,000 copies of it have been sold), Hitler began to think of replacing that humble shack by a house and garden of suitable scope. In this matter he has throughout been his own architect.

There is nothing pretentious about the Führer's little estate. It is one that any merchant of Munich or Nuremburg might possess in these lovely hills.

The entrance hall is filled with a curious display of cactus plants in majolica pots. Herr Hitler's study is fitted as a modern office, and leading out of this is a telephone exchange. From here it is possible for the Führer to invite his friends or Ministers to fly over to Berchtesgaden, landing on his own aerodrome just below the chalet lawns.

This view shows the chalet's lovely setting. In the foreground are Hitler (back to camera) with Field-Marshals Göring (left) and von Blomberg (centre).

193

図54　『ホームズ・アンド・ガーデンズ』誌1938年11月号に掲載されたイグナティウス・フェイヤーによる記事のタイトルページ。

レトリーバー種――イギリスの貴族階級と深い関わりがある猟犬――とされているのだ。[26] フィッツ＝ジェラルドはさらに、ヒトラーにとって「ハンターたちとのおしゃべりほど、心を満たしてくれるものはない」とまで書いている。[27]

ヒトラーが手がける犬の繁殖活動と、彼と犬との関係については、『アメリカン・ケネル・ガゼット』誌の一九三七年一月号に掲載された特集記事「ヒトラー、犬は真の友達と語る」にさらに詳しい。犬のブリーダーや愛犬家に広く読まれていたこの雑誌には、不定期に「偉大な人物」とその飼い犬に関しての記事が掲載されていた。ヒトラーはこの記事のおかげで、エイブラハム・リンカーンを始めとする犬好きの偉人たちの仲間入りをはたすことになったわけだ。同誌のために執筆した記事でフィッツ＝ジェラルドが強調したのは、ヒトラーが、自身が飼うジャーマン・シェパードの純血をいかに厳格に守っているかということであった。「帝国各地のシェパードを愛する人々が、自分のところで生まれたもっとも優秀な血統の犬を、栄誉ある贈り物としてヒトラーに差し出している。しかし彼は自らの好みに従い、自身で犬を買うことを好む。さもなければヴァッヘンフェルト・ハウスは、まるでセオドア・ローズヴェルト大統領時代のホワイトハウスの庭のように、雑種の収容所になってしまうだろう。ローズヴェルト大統領は、外遊で海から海へと渡るあいだに、何百匹もの犬を贈り物として受け取っていた」。[28] ローズヴェルト大統領が、ホワイトハウスにペットが溢れるほどいる状態を好み、純血や雑種の犬を含めたさまざまな動物を飼っていたのは事実だが、この記事において提示された比較には、多様な人種が住む国である合衆国の弱さをあてこする、差別的な含みがあることはあきらかだ。

農作業、庭造り、狩り、犬の繁殖などは、一般にイギリスの地主階級と関連付けられる活動や趣味であった。こうした戸外での活動以外にも、フィッツ＝ジェラルドは、地主階級における、自らが所有し、そこで働いている土地に根ざしたアイデンティティと、ヒトラー自身の、オーバーザルツベルクの地所との深いつながりには、複数の類似点が見られると指摘している。まずひとつ目は、ヒトラーの故郷であるオーストリアとの距離的な近さだ。ヒトラーは見晴らしのきく自分の山荘から、故国を（憧憬を込めて）見つめることができた。革命の日々の記憶や、ディートリヒ・エッカートといった旧友たちもまた、ヒトラーとこの土地とを結び付ける要素だった。そしてなにより、ヒトラーはこの土地と心でつながっているのだと、フィッツ＝ジェラルドは主張する。ここではヒトラーは、ありのままの自分でいることができた。「きみはこの場所が好きかい？」とフィッツ＝ジェラルドは尋ねた。「わたしはそのとき、この普段とはまるで〝違う〟男を、驚きの目で見つめていた。それは夕食後、月明かりのバルコニーで、彼が友人たちに向かって、いかにも愉快そうに長々とおしゃべりをしているときのことだった」。ヒトラーは答えた。「わたしはここにいると幸せだ。［……］あの陽の当たる斜面の高いところにいると、わたしは呼吸ができ、考えることができ——そして生きているのだと実感する！　都会のひどい臭いや騒がしさは、思い出すだけで嫌気がさすこともしょっちゅうだ。官庁や公の生活の退屈なルーティンの慌ただしさや、大げさな警護、喝采、花を投げられることにも、本当にうんざりさせられる。それにわたしは、わたしを尊重してくれる庶民が好きなのだ。いいかね、わたしはたんなる『彼らのなかのひとり』でしかない！　わたしも彼らと一緒に喜びや悲しみに浸れることを、彼らはよく知っている」[29]。

　山が自分を「庶民」に近づけてくれるというヒトラーの考え方は、総統を名士に仕立て上げようというフィッツ＝ジェラルドの狙いにまさにぴったりだった。ナチ党のプロパガンダにおいては、オーバーザルツベルクは指導者と国民との出会いの場とされていた。フィッツ＝ジェラルドはこの概念を利用し、さらにそれをイギリスに置き換えることによって、名士とその借地人という図式を描いてみせた。『カレント・ヒストリー』誌の記事のなかで、フィッツ＝ジェラルドは「名士」が村人たちの元を訪れる様子をこんな風に描写している。「笑顔の総統が、開け放ったドアをコンコンと叩く。なかにはいりながら——おそらくは食事時に——、彼は赤ん坊たちはなにを食べたんだいと尋ねる（彼が好んで訪ねるのは、少なくとも家族が四人いる家だ）。そしてもちろん、彼は自分が考案したミルクスープ、シナモンライス、ポテトパンケーキ［どれも赤ん坊向けのメニュー］などに含まれるビタミン価についても、あれこれと話さずにはいられない[30]」。ヒトラーはこのように、穏やかで、世話好きで、少しだけ風変わりな人物として描かれ、フィッツ＝ジェラルドの手によって、借地人のことに心を砕く、一九世紀の心やさしく思いやり深い名士へと変貌を遂げた(31)。

この名士は村の子どもたちのために、特別な楽しみまで用意していた。夕食の席でヒトラーはフィッツ＝ジェラルドにこう告げた。「明日［……］ここで子どもたちのパーティを開こうと思う。高地の村を回って子どもたちを募り、そのあとベルヒテスガーデンまで下って招待客のリストを完成させるつもりだ」。翌日の「四時頃、たいそうな数の彼の小さな友人たちが、あちこちから高原の牧草地を懸命に登ってやってきた。ヒトラーは大いに興奮していた。子どもたちと一緒にいて、これほどうれしそうにしている中年の独身男性というのは見たことがない(32)」。一九三八年の『ホームズ・アンド・ガーデンズ』誌の記事では、フィッツ＝ジェラルドはおそらく子どもたちの「お楽しみ会《ファンフェア》」の健全性を強調するために、こんな風に書いている。「かわいらしいバイエルン風のドレスを着たゲッベルス夫人とゲーリング夫人が、ダンスと民謡の準備をする(33)」。『カントリー・ライフ』誌に掲載された記事のほうには、女性監視役に任命されたのは「（ナチ女性同盟の）ショルツ・クリンク夫人」で、彼女が「子どもたちの集団を〝名士〟に挨拶するためにエスコートする予定だ」とある(34)。

フィッツ＝ジェラルドによると、ヒトラーは大人のゲストに対しても、同じように寛大で礼儀正しかったという。富豪たちが好む料理についての記事を読み慣れている『ホームズ・アンド・ガーデンズ』誌の読者向けに書かれた記事には、ヒトラーは「生涯を通じた菜食主義者」であるにもかかわらず「ちょっとしたグルメ」でもあり、「普通の食事をする客人のために、いつも気前よく料理をふるまう」とある。「ここでは［ヘルマン・］ゲーリング元帥や［ヴェルナー・］フォン・ブロンベルク元帥、ヨアヒム・フォン・リッベントロップなどの美食家たちが夕食に集う。「カネトン・ア・ラ・プレッセ［鴨料理の一種］」、「トリュイット・ソーモネ・ア・ラ・モンセニョール［魚料理の一種］」といった凝った料理が供され、フォン・リッベントロップが専門家の目で選んだ上質なワインとリキュールも添えられる。このテラスでの食事の席では当然、葉巻や煙草にも火がつけられる――ただしヒトラー自身は決して手を出さず、彼はまたアルコールもいっさい口にしない(35)」。フィッツ＝ジェラルドはこの記事でもまた、そこに記す内容を慎重に選択している。鴨肉を専用の機器でプレスして作る料理と、ワインで煮込んだ鱒というメニューは、総統が暮らす家の洗練された趣味と高い技術を示しており、同時にこれは、地所内にある池や川で射撃や釣りを嗜む田舎紳士をイメージさせる類の食事であった。(36) アルコールや葉巻についての言及は、ヴァッヘンフェルト・ハウスという舞台に、贅沢で男性的なオーラを漂わせる効果を狙ったもので、これはおそらく「あのナチの女戦士《アマゾーン》と呼ばれるショルツ＝クリンク夫人」や、子どもたちの「お楽しみ会《ファンフェア》」の描写とのバランスをとるためだと思われる。(37)

ヒトラーのテーブルに並ぶごちそうに続いて、記事は「名士」たる彼の上流階級的なイメージをさらに印象づけるため、その芸術の趣味や才能にも言及している。フィッツ＝ジェラルドによると、ヒトラーは「自分自身のデコレーター、デザイナー、家具のコーディネーターであり、さらには建築家」でもあった。(38) ヴァッヘンフェルト・ハウスの初期の増築はヒトラーが手がけたもので、「元の家が持つ素朴な木のラインと調和するように」仕上げられている。ヒトラーの「一八世紀ドイツの家具と絵画を好む上質な趣味」をフィッツ＝ジェラルドは褒め称え、(39) 彼が滞在した客間には「総統自身が描いた水彩画」があり、総統は「いまでも空いた時間には絵筆を握り――主に建築物をモチーフに描いている」と記している。(40) ヒトラーの巨大な図書館に案内された際の描写には（フィッツ＝ジェラルドによると、本の数はおよそ六〇〇〇冊）、「本のほぼ半数が歴史、絵画、建築、音楽に関するものであった」とある。(41)

ヒトラーの活動や所有物についてのこうした言及が繰り返されるうち、読者のなかには、次第に教養ある人物としてのヒトラーのイメージが浸透していく。そのイメージをさらに強固なものとする役割をはたしたのが、ヒトラーがヴァッヘンフェルト・ハウスに招いた友人たちの存在であった――「ヒトラーは才能ある外国人、とりわけ画家、歌手、音楽家との付き合いを大いに楽しんでいる」。(42) 夜には音楽が家中に溢れる。ヒトラーの友人で、海外広報部長も務めていた米ハーヴァード大学出身のエルンスト・〝プッツィ〟・ハンフシュテングル（フィッツ＝ジェラルドは、ふたりは親しく「du《ドゥー》［あなた。親しい間柄の相手を呼ぶときに使うドイツ語］」で呼び合う仲だと書いている）がピアノの前に座り、ホストのために、名人級とは言わないまでも、情熱的な演奏を披露した。「ハンフシュテングル氏はモーツァルトの繊細なフレーズを弾きながら、その合間に叩きつけるような大音量のリストを挟み込んだ。最後の狂詩曲が終わり、ホッとしたような空気が流れると、近くにある桜の果樹園から、ガイドや猟師の一団が彼らの指導者のために演奏する悲しげなフルートと弦楽器の音が聞こえてきた[43]」。

しかしながら、ある特定の面においては、地主階級になぞらえることがマイナスのイメージを喚起する場合もあり、フィッツ＝ジェラルドはヒトラーがこの例にあてはまらないことを示しておくのも忘れなかった。フィッツ＝ジェラルドは記事のなかで、ヒトラーは家族の遺産を引き継ぐどころか、むしろ自力で生き抜いてきた人物であり、「ウィーンでは五年間の困窮生活」を経験したと強調している[44]。ヴァッヘンフェルト・ハウスは相続したものではなく、『わが闘争』の印税で購入されたものだとフィッツ＝ジェラルドは言い、こんな風に書いている。「『この場所はわたしのものだ』。ヒトラーはそう簡潔に言う。『わたしはここを、自分で稼いだ金で建てたのだ[45]』」。ヒトラーの家は堂々たるマナーハウスではなく、「居心地はいいが、質素な『山小屋《シャレー》』」であり、そこには「マヨリカ焼きの鉢に植えられたサボテン」、声を震わせて歌う「金のケージに入ったハルツ・カナリア」、そして崇拝者たちからのプレゼント――「家具、磁器、銀製品、絨毯」――が、いかにも独身男性らしく雑然と置かれていた[46]。フィッツ＝ジェラルドが手がけた何本もの記事のなかに、ヒトラーの山荘が一九三五年一一月から一九三六年七月にかけて大々的に増築され、ベルクホーフへと変貌したことに触れているものはひとつもない。一九三八年の『ホームズ・アンド・ガーデンズ』誌の記事には、ヒトラーは「来客用の新たな別館を建て増すことで絶えずこの家を拡大して」いるとあり、新たな内装（ヒトラーの書斎）の写真を一枚掲載しているが、それを除けば、この記事でもほかの媒体でも、写真や説明はすべて一九三五～三六年の改装以前の旧ヴァッヘンフェルト・ハウスのものであった[47]。

ヒトラーの家にひと晩滞在したときのことを書いた記事では、ヒトラーが家で行なう政治関連の活動にも言及されているが、フィッツ＝ジェラルドはそうした内容を、自分が作り上げようとしている名士のイメージにふさわしい形に改竄していた。たとえばそれはこんな具合だ。ヒトラーが家を出るのは「夜が明けた直後で、プラスフォーズを履いて歩いていくと、レトリーバーのムックか、よく訓練されたシェパードのブロンダが、踵のそばを早足で駆けていく。二匹の犬のどちらかは背中に小さなバスケットを乗せており、そのなかにはトマトサンド、フルーツ、ミネラルウォーターの瓶が何本かはいっている。やがて松林のなかか、どこか見晴らしのいい丘の上の路傍に立つ十字架と小さな聖堂のそばで、ヒトラー氏は腰を下ろし、彼が抱えている目下の問題やスピーチについて思いをめぐらせる」(48)。こうして政治は抽象的なものへと矮小化され、物語的な描写のなかに沈められて、読み手の注意は「問題やスピーチ」の中身から、ピクニックバスケットの中身へと逸らされていった。フィッツ＝ジェラルドには、政治家や外交官の動きを探る仕事において数十年の経験があったにもかかわらず、ヴァッヘンフェルト・ハウスでのできごとを語る彼の頭のなかからは、そうした分析的な思考は完全に抜け落ちており、ゲッベルスはたんなるひょうきんな話し上手、リッベントロップはワインの目利き、ハンフシュテングルはピアノ演奏家へと成り下がってしまった(49)。ヒトラーが嫌いだと言った政治に関わるごたごたは、フィッツ＝ジェラルドの手腕によって、読者からも総統自身からもはるか遠い場所に置き去りにされ、彼らはともにフィッツ＝ジェラルドが語る物語のなかで、山の美しさと寂しさを味わっていた。

フィッツ＝ジェラルドは、細心の注意を払い、技巧を駆使することによって、独裁者を名士へと変貌させ、読者の不安を煽るどころかむしろ和らげるような、魅力的で穏やかな人物像を作り出していった。しかしながら、それがどれだけ耳障りのいい内容だったとしても、フィッツ＝ジェラルドがこしらえた物語には、不正確な記述が山ほどあった。そのうちのいくつかは、いわゆる〝創作上の特権〟を駆使したものであった。自身が描いた伝統的な肖像画に現代的なエッセンスを加えるために、フィッツ＝ジェラルドは、ヒトラーの地所内に架空の滑走路を作り出し、総統はこれをベルリンとオーバーザルツベルクのあいだを行き来するために使っていると書いている(50)。これより若干控えめな嘘もある。ヒトラーのジャーマン・シェパード贔屓は本当だったが、彼はイギリスの地主階級のように犬を繁殖はさせたりはしなかった。イギリスとドイツの人々がどちらも王族好きであるとほのめかすためなのか、フィッツ＝ジェラルドはときおり、ヒトラーの犬の名前を英独の君主のそれに変えている。

オットー、フリッツ、ヴィクトリアといった具合だ(51)（犬の本当の名前はそれほど威厳に満ちたものではなく、ムック、ヴォルフ、ブロンダであった）。またフィッツ＝ジェラルドが言及しているヒトラーのサクランボの果樹園や、小麦、アルファルファといった収穫物は、名士らしい雰囲気を演出する効果を狙ったものなのかもしれないが、実際の土地はそうしたものを作るには痩せすぎていたうえ、標高も高すぎた。(52)夜明けのハイキングや庭師との早朝のおしゃべりは、はつらつとしたヒトラーの姿を連想させるが、彼の山での一日は昼頃からスタートするのが普通で、日々の習慣には上記のどちらも含まれていなかった。ここに挙げたものは、〝詩人の特権〟が事実よりも優先された、数多くの例のほんの一部にすぎない。

しかしこうした例よりもさらに露骨な間違いとなると、黙って見過ごすことも難しくなってくる。とくにあきらかなものは、先ほども言及した、ヴァッヘンフェルト・ハウスが一九三五年一一月以降、ベルクホーフの建築によってその内部に呑み込まれているという事実にそぐわない記述だ。フィッツ＝ジェラルドの記事が雑誌に掲載されるころには、彼があれほど熱心な言葉を並べて描写した家はすでに存在しなかった。しかも、オーバーザルツベルクが大規模な要塞と化し、同時期に住民の強制退去も行なわれていたことを考えると、「名士」が訪ねていくことのできる隣人など、ほとんど残っていなかったことになる。(53)ヒトラーが一九三六年に、厳重な警備が敷かれた敷地を離れて村人の家の扉をノックし、ミルクスープに含まれるビタミンについておしゃべりをしたという記述も、まるで可能性がないとは言えないにせよ、相当に信じがたい話だ。またハンフシュテングルはヒトラーと「du《ドゥー》」で呼び合う仲だったどころか、一九三四年秋には総統の寵愛を失っており、それ以降、ヴァッヘンフェルト・ハウスでもそのほかの場所でも、二度と彼と顔を合わせていない。(54)一九三八年に『ホームズ・アンド・ガーデンズ』誌に記事が掲載され、オーバーザルツベルクで総統のためにハンフシュテングルがピアノでセレナーデを弾いたという内容が読者の目に触れるころには、現実のハンフシュテングルは、すでにその前年に命の危険を感じてドイツを離れたあと、イギリスで暮らしていた。ハンフシュテングルが不興を買ったという事実は、フィッツ＝ジェラルドが一連の記事を発表しはじめた一九三六年にはドイツ国外にも広まっており、彼が命を狙われたことをきっかけに一九三七年にイギリスに亡命したことも新聞で報道されていた。[55] つまりフィッツ＝ジェラルドは、広く知られている事実を無視して、すでに過去のものとなった、現実よりも魅力的な物語に固執していたことになる――それはいわば、時を超越したおとぎ話のようなものだ。数ある不正確な記述のなかでもとりわけずさんな嘘は、フィッツ＝ジェラルドが『カレント・ヒストリー』誌に書いていた、自分は一九三六年春にヴァッヘンフェルト・ハウスを訪問したという主張だ。当時あの山荘は、住むことなどまるで不可能な巨大な建築現場と化しており、ヒトラーもそこで暮らしてはいなかった。彼が現場にいたと主張している時期には、フィッツ＝ジェラルドはヒトラーを訪ねたり、オーバーザルツベルクでその家に泊まったりすることは、とうていできなかったはずなのだ。

より詳しく調べてみると、彼の文章のディテールは、その多くがほかのソースからの引用――ときには一言一句違わない丸写し――だったことがわかってくる。フィッツ＝ジェラルドは、ヒトラーが一九三六年にヴァッヘンフェルト・ハウスの夕食の席で語った話として、その日の日中にあったというできごとについて書いている。しかし実際には、この話は一九三四年の米『タイム』誌に掲載されたふたつの記事から盗用したものであった。[56] 彼が訪問したことがあると主張していた、ヒトラーのミュンヘンのアパートに関する短い描写は、一九三五年の英『デイリー・テレグラフ』紙の記事を元にしたものだ。[57] しかしなかでもとりわけ厄介だったのは、ハインリヒ・ホフマンが出版した数々のプロパガンダ的な書籍からの盗用、とくに一九三五年の写真集『山で暮らすヒトラー』からのそれであった。[58] ホフマンの本は、ドイツ人読者をターゲットにしてはいたものの、外国でもよく知られていた。『山で暮らすヒトラー』に至っては、英『オブザーバー』紙に好意的な書評まで掲載されている。そのなかには、同書は「ナチ党リーダーの、素朴な田舎紳士としての姿を見せてくれる」という記述があり、あるいはフィッツ＝ジェラルドはこの言葉にヒントを得て、ああした記事を書くことを思い立ったのかもしれない。[59]

フィッツ＝ジェラルドはホフマンの本から逸話のネタを探したり、ディテールや関係性などを拾い出したりしては、それらを脚色してストーリーに仕立て上げていた。その結果、ホフマンとフィッツ＝ジェラルドの本を同時に読むと、読者の頭のなかでは、一方では画像で描かれていることが、もう一方から言葉で描写されて戻ってくるという、奇妙なエコー現象が引き起こされることになった。たとえば『山で暮らすヒトラー』には、六歳くらいの少女が、椅子に腰掛けたヒトラーの脇に立っている写真が掲載されている（図50）。ヒトラーは片手にペンを持ち、もう片方の手にはカードを持っており、少女はそのカードを彼に渡すか、彼からもらおうとしているところのように見える。キャプションにはこうある。「そしてまたもや――『お願い、お願い、サインをちょうだい！』[60]」この写真と、フィッツ＝ジェラルドが出席したというヴァッヘンフェルト・ハウスでの子どもたちのパーティの話を比較してみてほしい。フィッツ＝ジェラルドの文章は、ベルリンで仕事をしているヒトラーは、ひどく陰気で不機嫌に見えたという説明から始まっている。

しかしこの高い山の上にある家では、ヒトラーはまるで別人のように穏やかになった。彼は心底楽しそうに声を立てて笑いながら、小さな女の子を抱き上げると、飛行場へ連れていって、そこで待っているおもしろいものをなんでも見せてやる。またあるときにはいつものように、六人か八人ほどの素朴な少女たちが勇気を振り絞って近づいてきて、「サインをちょうだい《アイネ・アウトグラム》、わが総統！」と叫ぶ。すると瞬く間にあの金色のペンが取り出され、一瞬でヒトラーの名前が、筆跡の鑑定家が頭を悩ませるような走り書きで記される。ヒトラーのサインは、帝国中どこでも一〇マルクほどで売れると言われている。「A. Hitler」の文字が書かれた紙のおかげで、すでにこの周辺から遠く東プロイセンの国境まで、いくつもの孤児院や病院が建てられているのは間違いない[61]。

こうした文章は、フィッツ＝ジェラルドが写真にあったヒトラーと少女のやり取りを直接目撃し、総統の親切な行ないを自ら証言しているかのように読める。筆者はさらにそのできごとの続きをひねり出し、ヒトラーの走り書きのサインのおかげで、いくつもの慈善施設が作られたとまで書いているが、彼はつまり、総統の宣伝係《プロパガンディスト》も顔負けの作り話をしていたわけだ。

フィッツ＝ジェラルドが自分の記事に載せていた写真は、ほぼすべてが一九三五年のホフマンの本から取られたものであった。ホフマンの本を利用するというのは、当時のジャーナリストとしてはめずしいことではなかった。ホフマンは事実上、総統を撮影する仕事を独占していたからだ。しかしながら、『カントリー・ライフ』誌と『ホームズ・アンド・ガーデンズ』誌には、写真の撮影者としてフィッツ＝ジェラルドの名前がクレジットされており、それが「ヒトラーと親しい関係にある観察者」という彼の役割に信憑性を与えていた。フィッツ＝ジェラルドはときおり、自分の記事の内容に合わせるために、オリジナルの本にはいっているキャプションを、いかにも誤解を招きそうなものに書き換えていた。たとえば「名士」と村人の親しい間柄を演出するために、ホフマンの本では（オーバーザルツベルクを訪問した）カール・リッツマン大将に挨拶するヒトラーだと説明されている写真に、以下のようなキャプションをつけたこともある。「隣人たち——ヒトラーは〝ハロー〟と挨拶」(62)。フィッツ＝ジェラルドが語り手としての信頼性を欠いていたことは、『タイムズ文芸付録』誌〔英の文芸誌〕が、彼の一九三三年の書籍『アメリカは存続できるか？』の書評において、以下のような批判をしていることからも見て取れる。「フェイヤー氏の名前、引用、日付の扱い方は、実にいい加減だ(63)」。

彼の記事においては、創作上の特権が存分に行使されていることを考慮したとしても、オーバーザルツベルク訪問に関するフィッツ＝ジェラルドの説明に見られる間違いや盗用の規模や範囲の大きさに鑑みれば、そもそもこの訪問自体が本当のことなのかという疑問を抱かざるをえない。フィッツ＝ジェラルドは、元は小説家としてキャリアをスタートさせた人物であったが、あるいは彼は、ヒトラーのヴァッヘンフェルト・ハウスに招待されたことなど一度もなかったのだろうか？　あの記事は一から十まで、手の込んだ作り話なのだろうか？　元アイルランド首相ガレット・フィッツジェラルドは、伯父のウィリアム・ジョージ〔・フィッツ＝ジェラルド〕について、「彼は人生の後半をロンドンで病人として過ごし、一九四二年にそこで亡くなった」と書いている(64)。フィッツ＝ジェラルドには、一九三〇年代なかばにドイツに旅行できるだけの体力があっただろうか。もしかすると彼はロンドンの病床で、ヒトラーとともに過ごす田舎での休暇を夢想していたのかもしれない。いずれにせよ、フィッツ＝ジェラルドがナチ党のプロパガンダなどの情報源から内容を盗んで記事を書き、それを自分が実際に体験したこととして売り込んだという事実は変わらない。そして高い信頼と尊敬を得ている出版物の編集者たちが、その嘘を本格的な取材記事として何万人もの読者に伝えたのだ。

これほど数多くのまっとうな新聞や雑誌が、怪しい兆候を見逃したのはなぜだろうか。たとえ編集者が間違いや盗用に気づかなかったとしても、滑稽なほどヒトラーに媚びへつらったような逸話には、警戒心を抱いてしかるべきではないのか。一九三〇年代なかばには、ナチ体制による病的な暴力は広く知れ渡っており、フィッツ＝ジェラルドがきれいごとを並べていることを、編集者が見咎めなかったというのは信じがたい。事実、『カレント・ヒストリー』誌の記事では、副題に「個人的な先入観」という言葉を入れたうえで、それを筆者がヒトラーと友人関係にあるためだとしている。まるでそう書いておけばすべてが許されると言わんばかりだ。フィッツ＝ジェラルドはジャーナリストとして三〇年間のキャリアがあり、あるいはその事実が、彼が記事のなかで提示する意見やその正確さに対して疑問を抱きにくくしていたのかもしれない。先述の通り、政治に関する彼の報道は、その鋭い洞察力によって賞賛を受けることも多かった。とはいえ、彼の評判が肯定的なものばかりだったというわけでもない。ガレット・フィッツジェラルドは、彼の伯父についてこう書いている。「（伯父は）『ワイド・ワールド』誌〔一九六五年まで出版されていた英の月刊誌〕の編集をしていた。この雑誌は旅に関する真実のみを報道するという建前だったが、イルカの背に乗って太平洋を横断したという勇敢な冒険家の記事を掲載したことで読者の信頼を失い、その結果、『パンチ』誌〔英の風刺漫画週刊誌〕に伯父の風刺画が掲載された。絵のなかの伯父は、船が難破したためにイカダで漂流しており、遠くに船を見つけて、大声で『特売！　特売だよ！』と叫んでいる」(65)。

このほか一部のケースにおいては、フィッツ＝ジェラルドの記事を掲載した編集者の政治的な見解に原因があったということも考えられる。たとえばきわめて保守的なレディ・ヒューストンが出版していた『サタデー・レビュー』誌は当時、極右の代弁者としてファシズムをサポートしていた。フィッツ＝ジェラルドが書いたヒトラー寄りの記事の内容の正確さについて、イギリスにも独裁者が必要だと公言する雑誌の編集者が疑いを持つことはまず考えられない。[66] それでも、フィッツ＝ジェラルドの記事を掲載した編集者全員が、彼と同じ政治的思考を持っていたわけではない。おそらくこの件においてもっとも重要な事実は、フィッツ＝ジェラルドが売れ筋の商品を持っていたということだろう――その商品とは要するに、ヨーロッパに「恐怖の黒い影」を落とし、ドイツ国外にいる人々を恐怖させると同時に魅了している独裁者の家庭生活を、内部の事情に通じている人間の目で覗き見た記事のことだ。たとえ疑いを抱いたとしても、編集者たちはその気持ちをさっさと脇に押しやって、フィッツ＝ジェラルドの「特ダネ」を掲載したのだろう。[67]

もうひとつ検証すべき疑問としては、英語圏の読者はなぜフィッツ＝ジェラルドが書く「ヴァッヘンフェルトの名士」の物語に興味を抱いたのかというものがある。フィッツ＝ジェラルドの記事が与えてくれる安心感を求める人が多かったことは間違いない――彼らは、穏やかそうに見える山上のヒトラーなら、首相官邸で戦争を挑発している総統のことをコントロールできるのではないかと期待していたのだ。こうした願いは、ドイツ内外の人々に共通したものであった。また、少なからぬ数の外国の読者がヒトラーに共感を抱いており、彼らは、フィッツ＝ジェラルドが描き出すヒトラー像が、自分たちの肯定的な見方を裏打ちしてくれたことに満足感を覚えたことだろう。事実、フィッツ＝ジェラルドの記事の大半が出版された一九三六年は、イギリスでのヒトラー人気がもっとも高まった年であった。[68] とはいえ、ドイツとそれ以外の国の読者のあいだには、総じて非常に大きな違い――文化的、政治的、歴史的な違い――があった。ナチ党の宣伝係《プロパガンディスト》は、現存するドイツの神話を利用したり、新たな神話を作ったりすることによってヒトラーと山との強い絆を生み出し、それをドイツ国民に向かってアピールしていた。しかし眠れる赤髭王の伝説も、総統と民族《フォルク》の団結も、広い世界の人々にとってはほとんどなんの魅力もなかった。それではなぜリーズ、ボストン、ウィニペグ、シドニーの読者たちは、フィッツ＝ジェラルドがヒトラーと過ごした休暇の話に興味を抱いたのだろうか。

フィッツ＝ジェラルドが記事の売り込みに成功したひとつの要因として、一九二〇年代から一九三〇年代にかけて、セレブリティ文化が発達したことが挙げられる。放送、記録、映画といった分野における新技術の出現は、芸能人や政治家たちを、人々の日々の暮らしのなかに連れてきた。セレブリティは超人的な存在であると同時に家族の一員となり、その〝親しい他人〟がどのような生活を送っているかという情報に対する、飽くなき欲求に満ちた市場を生み出した。[69] 一九三〇年代なかばの時点では、ヒトラーは確かに欧州に「恐怖の黒い影」を落としている独裁者だったかもしれないが、同時にセレブリティでもあった。レニ・リーフェンシュタールをはじめとする、彼のイメージ作りにいそしむ人々は、セレブリティ文化の仕組みを巧みに利用して、彼らが擁する「スター」の人気と露出度を高めていった。

英語圏の人々は、ヒトラーの私生活に多大な興味を抱いていた。ヒトラーの姉アンゲラ・ラウバルが一九三六年二月に再婚すると、そのニュースは『デイリー・エクスプレス』紙〔英のタブロイド紙〕の一面を飾った。さまざまなゴシップに満ちたその記事には、結婚式や新婚旅行の詳細とともに、こんなことが書かれていた。「ヒトラー氏は姉を失った。［……］彼女はアルプスにある彼の別荘ヴァッヘンフェルト・ハウスで長いあいだ、母親として彼の世話を焼き、彼を〝監督〟し、彼の食事を作り、彼の靴下を繕ってきた。彼女はヒトラーの元を去り、ドレスデン在住の背が高く、目や髪が黒く、ハンサムな〔マルティン・〕ハミッチュ教授に嫁いだ。［……］ヴァッヘンフェルト・ハウス［……］は現在、すっかりがらんとしている。この先、独裁者を出迎えるのは、彼お気に入りの忠実なるブロンダになるだろう。ブロンダとは牧羊犬のジャーマン・シェパードだ」。[70] このほかにも、独身男性であるヒトラーが、魅惑的な女性たちと関係を持っていることをほのめかす記事も複数出版され、なかには相手を既婚者としているものもあった。たとえば新聞事業協会のロンドン特派員ミルトン・ブロナーは、「美しいゲッベルス夫人」と「独身主義者」ヒトラーとの、信頼で結ばれた親しい関係を賛美する記事を書いている。[71]

セレブリティの家庭に対する好奇心は、有名人の仮面の下を覗き、その内側にいる「本当の」人間を見たいという大衆の欲求のなかでも、とりわけ強いものであった。一九世紀以降、欧米の中流階級文化においては、真実の自己がいる場所としての家庭環境の重要性が注目されるようになった。[72] ハリウッドのファン雑誌や新聞のゴシップ欄は、有名人が家でなにをしているか――「彼らがなにを食べたのか、彼らの美の秘密はなんだったのか、彼らがかわいがっていたペットはなにか、彼らはどんな車を運転していたのか、彼らはなにを着ていたか」といった記事で溢れていた。[73] 映画スターの家を取り上げた記事は一般に、建築およびインテリア・デコレーションの詳細な解説と、その家の住人のパーソナリティとを組み合わせて書かれており、俳優本人との距離が縮まったと感じる読者たちを大いに喜ばせた。[74] セレブリティが住む家の人気に乗じた記事は、ファン雑誌やゴシップ欄にとどまらず、主流メディアにも掲載されていた。たとえば一九三〇年代、『アーキテクチュラル・ダイジェスト』誌〔米のインテリア雑誌〕は、ハリウッドの映画スターと監督の家を特集する連載を開始している。

セレブリティの家の写真の出版は、彼らの私生活を見てみたいという欲求に応えると同時に、その欲求をさらに刺激した。ドイツの場合、そうした写真は、一九三二年に開始された、ヒトラーの魅力をアピールするという政治戦略において欠かせないものとなっていた。一九三五年には、英語圏の新聞や雑誌もまた、ヒトラーの家庭生活を好意的に捉えた「気取らない」スナップ写真を読者に提供しはじめた。一九三五年三月の『ニューズウィーク』誌には、こんな文章がある。「アドルフ・ヒトラーのありのままの姿を捉えたスクープ写真の、アメリカで初となる出版権を獲得。これらの写真は、全国指導者の私生活における飾らない姿を捉えた唯一の記録だ」。[75] 二ページにわたる記事では、ヒトラーがヴァッヘンフェルト・ハウスに滞在中、雪のなかでハイキングをしたり、犬のムックと遊んだり、サンルームで読書をしたり、「近隣の人たちと一杯のシチュー」をわけ合ったりしている「気取らない」姿が紹介されている。これらの写真はホフマンが撮影したもので、その大半は同年、ドイツの読者向けに出版された『山で暮らすヒトラー』にも掲載されていた。一九三六年には、フィッツ＝ジェラルドが自ら売り込んだ記事の効果もあり、英語圏でもさまざまな出版物が、そうした気取らない、舞台裏のものだとされる写真を掲載して、ヒトラーの家庭生活を紹介するようになっていた。

富豪や有名人の家庭空間を見てみたいという欲求の高まりはやがて、物理的な次元にも広がりを見せていった。その現場となったのが、一九二〇年代から三〇年代にかけて大いに人気を博したハウスミュージアム〔著名人が暮らした住宅を、本人ゆかりの品々を展示する博物館として改装した施設〕で、こうした施設では、来場者が歴史上の「偉人」の家を直に体験することができた。[76] ヴァージニア・ウルフが一九三二年に書いたエッセイにはこうある。「ロンドンは、うれしいことに、偉人たちの家で溢れかえった場所になりつつある。そうした家は国のために買い上げられたもので、彼らが座った椅子、彼らが飲み物を飲んだカップ、彼らの傘、彼らのチェストまでがまるごと保存されている」。彼女はさらに、こうした家の主たちは、装飾に関してはさほど芸術的センスに恵まれなかったかもしれないが、「彼らは例外なく、それよりもずっと希少で、興味深い才能に恵まれていたように思える――それは自身にふさわしい家に暮らす才能、テーブル、椅子、カーテン、絨毯を、自分にぴったりのイメージに作り上げる才能だ」と続けている。ここで彼らの持ち物に囲まれていると、どんな伝記を読むよりも歴史上の偉人を深く知ることができると、ウルフは主張する。[77]

一九三六年八月、米『ヴォーグ』誌は、ファッションやスタイルの世界の流行に敏感な同誌の読者たちを、「外交政策の策定者」である三人の家のヴァーチャル・ツアーへと連れ出した。その三人とは、アドルフ・ヒトラー、ベニート・ムッソリーニ、英外務大臣アンソニー・イーデンだ（図55）。「どの部屋にも、その人物と国の特色がはっきりと表れている――アンソニー・イーデンのロンドンの家は、いかにもイギリスらしく控えめで、イギリスの外交のように没個性的。ヒトラーの山荘《シャレー》はドイツ的で、雑然としていて、心地いい《ゲミュートリヒ》。ムッソリーニの邸宅は、暴力的なほどの装飾が施された、堂々たる大きさを誇る、国家の強烈な自尊心が感じられる家だ」。人はその家の環境に自分自身を映し出すというウルフの主張のさらに上をいき、『ヴォーグ』誌は、その国の「偉人」の家の内装には、国家の心理を読み取ることができると言っているわけだ。[78]

記事では三人の家の内装を、部屋の写真と、家の住人がその部屋でなにをするかに関する短いキャプションで紹介していた――「ヒトラーが食事をする場所」、「ムッソリーニがバイオリンを弾く場所」、「イーデンが寝る場所」といった具合だ。ヒトラーの家庭空間として登場したのは、ヴァッヘンフェルト・ハウス一階の居間《シュトゥーベ》にある食事用のヌークで、写真は一九三五～三六年の改装前の様子を写したものであった。「山の斜面に立つこの山荘《シャレー》は、いかにも郊外らしいシンプルな造りで、サンルームがあり、カナリアがいて、そしてそのなかにある部屋は、たとえばこの写真のように、時計、こびと、鉤十字のクッションなどが雑然と置かれたごたまぜ感が心地いい」。この解説の通り、添えられた写真（ホフマン撮影）には、隅にこびとの人形がひっそりと立ち、振り子時計があり、鉤十字模様のクッションが目立つ場所に置かれているのが確認できる。これを見ると、ユダヤ人の読者たちは、鉤十字のアクセントが付いた装飾のあるこの部屋の内装が「あきらかにこの国とその男性の特徴を表している」とする『ヴォーグ』誌の説明を、いったいどう受け止めただろうかと考えずにはいられない。この主張は、そうした人種差別的な家の定義にあてはまらない人々を、異邦人であり、「典型的でない」ドイツ人とするものだ。[79]

ドイツの指導者の家の「心地よさ《ゲミュートリヒカイト》」とは対照的に、ムッソリーニが住むヴィッラ・トルロニアの「けばけばしい部屋」を『ヴォーグ』誌は、「皇帝のような華麗さ」と表現した。誌面では、ムッソリーニの「巨大な楕円形のダイニングルーム」と、そこに置かれた「有名な古代ローマ彫刻のコレクション」、そして「堂々たる終着駅のようなスケールで、全体が曲線と輝く金に彩られた」彼の寝室について解説していた。イーデンの部屋は「ホテルのような寒々しさと、刈り込まれた上品さ」があり、ヒトラーの部屋の居心地のよさとも、ムッソリーニの部屋の威厳とも異なる第三の家庭の姿を示していた。この部屋の「輝くチンツ〔光沢のある平織りの綿布〕からは、一八世紀が緻密な計算のもとに解釈されていることがわかる。それはやや表情に乏しくはあるが、貴族的な上品さ」であると、『ヴォーグ』誌は書いていた。添えられた写真には、イーデンの居間と寝室が写っている。記事に使われている写真は総じて、国柄のステレオタイプを強調するために選択されているように見える。だからこそ、簡素であることが特徴で、「雑然としている」、あるいは「心地よい《ゲミュートリヒ》」といった言葉では形容しにくいヒトラーの寝室は、ムッソリーニやイーデンのものと並べて掲載されなかったのだろう（ただし、同誌が写真の入手に失敗したという可能性も捨て切れない）[80]。

『ヴォーグ』誌は、彼ら「外交政策の策定者」たちに見られる、その国なりのスタイル分析を行なうという名目のもと、有名人の隠された生活を覗き見るという悪趣味な喜びを正当化していた。あまりに空想的で、その意図をほとんど隠そうともしていないフィッツ＝ジェラルドのプロパガンダ記事に比べると、『ヴォーグ』誌による

VERA AND HUMPHREY JOEL

Where Eden sleeps

Where Mussolini sleeps

Home, sweet home—the exceedingly reticent refuges of three men involved in Europe's public policies

GLOBE

Where Mussolini plays his violin

Where Eden entertains

MUSSOLINI, HITLER, AND EDEN—IN RETREAT

When these makers of foreign policies go home, they go mildly to these places. All of these rooms are obviously characteristic of man and country—Anthony Eden's London house, British and reticent, impersonal as British diplomacy; Hitler's chalet, German, jumbled, and *gemütlich;* and Mussolini's villa, decoratively violent, magnificently proportioned, the home for a nation's impressive pride.

Just below is a corner of Hitler's dining-room at Haus Wachenfeld, his hiding spot at little Berchtesgaden in southern Bavaria.

HOFFMANN

Where Hitler dines

Where Mussolini dines

On the side of a mountain, the chalet has a suburban neatness, with a sun porch and canaries, and its rooms, like this one, a cozy podge of clocks, dwarfs, and swastika cushions. Nothing at Wachenfeld suggests the "agitated simplicity" of his Berlin home, the constant exercise of his power as governmental art dictator. (He is the author of the classic comment: "There exists no art except Nordic-Grecian.")

Quite different are the flamboyant rooms of Mussolini at his Villa Torlonia. There, for instance, he has this enormous oval dining-room, of such elaborate proportions that it holds, like a drop in the bucket, this scanty dining-table. (He never entertains there.) In the niches stand his famous collection of Roman statues. Perhaps because of his rumoured claustrophobia, Mussolini prefers his bedroom on a grand terminal scale, all curves and the splendour of gold.

Unlike the imperial floridity of Mussolini's rooms are those of Eden. With a hotel's bleakness and a shorn good taste, they show none of the charming unorthodoxies of Britain's Foreign Secretary. (He reads Persian, refuses to shoot stags, and is a pacifist.) They reveal with their bright chintzes, their careful translations of the eighteenth century, only an oddly expressionless, but aristocratic good taste.

70

図55　米『ヴォーグ』誌1936年8月15日号に掲載されたヒトラー、ムッソリーニ、イーデンの自宅を取り上げた特集記事。

政治家の家庭空間の扱いは、さほど有害なものではないようにも思える。しかしながら、プロパガンダという点においても、『ヴォーグ』誌は危険な領域に踏み込んでいる。同誌が記事を掲載した一九三六年八月、世界各国がボイコットの動きを見せていたベルリン・オリンピックが開催された。諸外国が自国に対して抱くイメージに敏感で、観光客が落とす外貨の確保を望んでいたナチ体制は、人種差別があるとの指摘への対応として、ユダヤ人アスリートをひとりだけドイツチームに参加させたり、首都の街路や公共空間から、一時的に反ユダヤ的なものを取り除いたりといった措置を講じていた。(81) 比較という手法を用いた『ヴォーグ』誌の記事は、ファシストの独裁者二名と、選挙で選ばれた国会議員とを同じ立場に並べることによって、両者のあいだにある政治的な違いを曖昧にしつつ、代わりに読者の注意をインテリア・デザインの問題へと逸らしながら、ナチスによるこうした正常化の活動を後押ししていた。この記事においては、欧州のライバル国同士の違いは、直接関連のある政治的イデオロギーをめぐる争いよりも、むしろどんなスタイルを好むかという、その国の気質に根ざすものとされていた。また、居心地のよさや美しさに重点を置いた文章には、ムッソリーニやヒトラーが率いる政権による、度を超えた残忍性から目を逸らせる働きがあった。終戦時、『ヴォーグ』誌はリー・ミラーが撮影した強制収容所の写真を掲載することになるが、そのときの同誌は、これらのイデオロギーによってもたらされた結末を、読者に余すところなく伝えようという気概に満ちていた。しかし一九三六年の時点では、この雑誌にとって鉤十字とは、たんなるクッションの模様でしかなかった。

『ニューヨーク・タイムズ・マガジン』誌〔日刊紙『ニューヨーク・タイムズ』の日曜版の付録雑誌〕は一九三五年から四一年にかけて、ヒトラーの家庭生活をどのように表現するかという課題に繰り返し取り組んでいる。ヒトラーの山の家は同誌において再三取り上げられており、それぞれ別の記者の目を通して見た彼の家庭生活とその空間についての記事は、全部で四本存在する。最初の一本は一九三五年一〇月に掲載された、短いが好意的な内容の記事だ。「ヒトラーの建築家は自分自身――素朴な山荘《シャレー》で自らの芸術を実践」。記事はヒトラーがかつて建築家を目指していたことに言及しつつ、家の改装（この時点ではまだ小規模なものだった）は彼が自ら手がけたと説明し、そのつつましさと趣味のよさを褒めちぎっている。「ヴァッヘンフェルト・ハウスは［……］バイエルンに山ほどあるその他の山荘《シャレー》とほとんど変わらないが、ただし増築されていることと、平均的なバイエルンの農民の家よりも、シンプルでかなり趣味のよい家具が入れられている点だけは異なる」。読者にはさらに、内装に使われている緑を中心とした配色、「趣味のよい」家具類、ヒトラーの崇拝者からの贈り物だという風変わりな品々の情報が披露される。「ヒトラーの寝室には、彼が一八歳のときに亡くなった彼の母親の肖像画、無名の支持者から贈られた、宝石のはめ込まれた狩猟用ラッパ、アルゼンチンにいる友人が送ってきたギンギツネの皮を使った見事なラグがある」。加えて記事は、周囲の自然の美しさを情感たっぷりに描写しつつ、ナチ党とこの山との関わりの歴史を紐解いてみせた。ヒトラーの家を取り上げた一本目の記事は要するに、あきらかに肯定的で、詩的とすら言える印象を読み手に与えるものであった。[82]

一九三七年五月三〇日、『ニューヨーク・タイムズ・マガジン』誌の表紙には、ベルヒテスガーデンの町を写した美しい写真が大きく掲載され、その下にはこんな文字が添えられていた。「ヒトラーが夢を見、計画を練る場所」（図56）。同誌のベルリン特派員オットー・トリシュースは、三ページの写真入り記事を寄稿している。彼の記事はまず、ヒトラーの山荘が持つ意義についての現実的な評価から始まっていた。

> ドイツという国を運営しているのは第三帝国の首都であるベルリンだ。ドイツに前進する活力と刺激を与えているのは、ナチ運動の中心地であるミュンヘンだ。しかしながらドイツを統治しているのは、ある山の頂上だ――その山の上に、総統兼帝国首相アドルフ・ヒトラーは、見上げるように巨大な別荘を建てた。そこは彼が時間の大半を過ごす場所であり、彼はいつもそこに引きこもっては、諸々の事柄について熟考し、また世界を常に驚愕させてきたあの重大な決定の数々を下してきた。
>
> いまでは「ベルクホーフ」と呼ばれているその住居は、急速にドイツの運命を握る場所となりつつある。

トリシュースはヴァッヘンフェルト・ハウスをベルクホーフへと変貌させた経緯についてさらに解説を続けつつ、その先でドイツを待ち受ける運命とは、明るいものではないかもしれないとほのめかしていた[83]。

絵のように美しい小さな町ベルヒテスガーデンは、「またたく間に国の首都のミニチュア版に変貌しようとしている」とトリシュースは書いている。交通システムの改善のおかげで、現地には自動車や飛行機を使って短時間でアクセスすることが可能となり、新しい建物には、首相官邸のベルヒテスガーデン支部をはじめとする、多くの政府の機能がはいりつつあった。こうした支部の必要性について、官房長官のハンス・ラマースはその落成式において、「総統は常に勤務中であるからだ。それはたとえ休暇中であろうとも変わらない」と述べている。建物のみならず、町の雰囲気も変わろうとしていた。トリシュースは書いている。「強大な国家の長の存在は、すでにこの場所のいかにも田舎らしい、洗練とは無縁の素朴さを変容させつつあり、また一帯に――目に見えるというよりは、肌で感じられる――ゾッとするような戦争の空気をもたらしている[84]」。

オーバーザルツベルクでは、ヒトラーの護衛にあたる親衛隊員用の新たな兵舎が建設され、そうした変化が目に見える形で表れていた。また、ヒトラーの住居を守るための対策として、素朴なコテージが「難攻不落の要塞」へと変貌したことも、だれの目にもあきらかだった。ベルクホーフは謎に包まれていた。「この建物に関して話をする権限を持った人間は存在しない。これについての出版物を出すことは許されておらず、あるのは公式の写真数枚と、それに関する叙情的だが漠然とした説明だけだ。ここの建設に携わった作業員でさえ、沈黙を守ることを誓約させられている」。噂によるとベルクホーフは、いまでは毒ガスにも耐えられる防空施設を備えており、「周囲を囲む高射砲」は、「航空隊を、相手が攻撃に出るよりもずっと早い段階で」撃墜することができると言われていた。樹木が茂る地所の周辺には、「ロマンティックな雰囲気を醸し出す小塔」が立っているが、実のところこれらは監視塔であり、また「山の斜面全体、数平方マイルの範囲」は、高い有刺鉄線のフェンスに囲まれていた。ナチ党高官は防護区域内に住居を持っていたが、「その他のものはすべて、子ども用の療養所も、たくさんあった農民の家も撤去されてしまった」。ベルヒテスガーデン自体から「あらゆる〝不確かな〟要素が

The New York Times Magazine

MAY 30
1937

Section 8

Copyright, 1937, by The New York Times Company

WHERE HITLER DREAMS AND PLANS

At the Berghof on a Bavarian Peak He Lives Simply, Yet His Retreat Is Closely Guarded

"Here, amid gorgeous mountain scenery, not in set conferences but in informal walks and talks, Hitler mulls over new ideas for the application of his ideology."

The photograph at top shows Berchtesgaden. Times Wide World and Nesmith.

By OTTO D. TOLISCHUS

BERLIN.

GERMANY is administered from Berlin, capital of the Third Reich. It is inspired and spurred onward from Munich, capital of the National Socialist movement. But it is ruled from a mountain top—the mountain on which Fuehrer and Reich Chancellor Adolf Hitler has built himself a lofty country residence where he spends the larger part of his time and to which he always retires to ponder events and to make those fateful decisions that so often startle the world.

Der Berghof, as this residence is now called, is rapidly becoming a place of German destiny. Here, more than 3,000 feet above sea level and 1,400 feet above Berchtesgaden, in the southeasternmost tip of Bavaria and only two miles away from his native Austria, Hitler takes refuge from the clamor of Berlin that irritates him and from the daily grist of routine paper work that stifles him. Here, amid the most gorgeous mountain acenery to be found in Germany, not in set conferences, but in informal walks and talks with his closest collaborators and with chosen representatives from all walks of German life, he mulls over new ideas for the practical application of his National Socialist ideology that later find expression in pontifical speeches and pronouncements at National Socialist festivals or party gatherings.

And here, in the solemn solitude of a higher region, where frozen mountain peaks symbolize the eternal pattern of this world that yet changes in appearance with the constant change of atmospheric moods, and where the little things of everyday life below seem to drop away to let the essentials come out in all the clearer relief, the man who has assumed sole responsibility for a nation of 67,000,000 finds the strength to continue on his self-imposed mission.

However, the presence of the head of a mighty nation is already transforming the rustic and unsophisticated simplicity of the place and is giving it—more sensed than seen—a formidable and a martial air.

BERCHTESGADEN — which means mansion of the Goddess Berchta—was once a little-known spa of less than 4,000 inhabitants. Because of its beauty it was always patronized by the Bavarian royal family and Hitler likewise selected it as a place of recreation while still a struggling party leader. With a company of friends to which belonged his early mentor, the poet, Dietrich Eckart; his erstwhile foreign press chief, Dr. Ernst Hanfstaengl, and Max Amann, his publisher and now head of the Reich Press Chamber, Hitler used to spend many pleasant hours in Berchtesgaden, especially in the Platterhof Inn which has now been absorbed as part of the Berghof estate; and the time had by all was so pleasant that some of his more puritanical followers protested. But here also he wrote the second and more substantial part of his book, "Mein Kampf," following his release from imprisonment after the Munich putsch.

Now Berchtesgaden is rapidly turning into a miniature national capital. A speedy motor road has been built to it from Munich and a private airport is being constructed on the Rossfeld, near Hitler's residence. A special building has been erected to house a branch of the Reich Chancellery, because, as State Secretary Dr. Hans Heinrich Lammers explained at its dedication early this year, "the Fuehrer is always on duty, even when on vacation." New homes are being built for the staff of officials and new barracks have gone up for the guarding garrison. This garrison, incidentally, consists not of army troops but of Hitler's own body guard, recruited from the "SS," from which is also recruited the Gestapo, or secret State police. Despite efforts of the army generals to abolish the body guard as a semi-independent military unit, Hitler insists on keeping it.

IN the same way the Berghof has grown from a little mountain chalet into a stately manor house on a large estate. Originally it was little more than a mountain cottage, furnished in the rustic but

図56　『ニューヨーク・タイムズ・マガジン』誌1937年5月30日号の表紙。

排除されたと言われており」、旅行者は警察官による数多くの質問に答えることが要求された。こうした対策はどれも「非常に入念に準備されており［……］地元の住民でさえ、有事の際にはベルヒテスガーデンはこの国の真の首都となることが決まっているのだと信じているほど」であった(85)。

トリシュースの記事は、入手できる情報が少なかった割には驚くほど正確で、彼はベルヒテスガーデン周辺で起きている異変について、英語圏の読者に向かってごく早い時期に警告を発した記者のひとりとなった。ヒトラーの住居の拡張に関しては、トリシュースは「小さな山荘《シャレー》から、堂々たるマナーハウス」に変わったと表現している。デザインについてはとくに感心した様子もなく、ここは「なんとも定義しがたい造りの現代的な邸宅」だとしているが、一方でディテールの解説には熱がはいっており、たとえば「〝総統〟というラベルが貼られたボタンのある自動接続の家庭内電話を見た客人の興奮」に言及している。「客人は、家の主人と話をするにはこのボタンを押すだけでいいのだという気分を好きなだけ味わえる。とはいえ当然ながら、これを実行に移す人間はいない(86)」。

総じてトリシュースは、ヒトラーの家庭生活を、かねてから言われてきたような読者を安心させるタイプのイメージで描くことはしなかったが――彼は事実をありのままに、現代的な交通システム、軍事防御、通信テクノロジーというコンテクストのなかで解説していた――、ただしそれも、話題がこの家の主人のことに及ぶまでであった。トーンが変化するのは、こんな一文からだ。この文は二ページ目の終わり近く、軍備が整えられた新たなオーバーザルツベルク地域についての長い解説のあとに登場する。「こうして安全とプライバシーが確保されたことによって、ヒトラーはようやくリラックスでき、また客人たちに対しては、彼はここでそのもっとも魅力的な一面を見せてくれる」。家のなかでだけあかされる、ヒトラーのこの魅力的な一面を追求しつつ、記事はがらりと様相を変え、フィッツ＝ジェラルドの記事にも似た物語風のトーンへと近づいていく。ほかの記者たちと同じように、しかもベルヒテスガーデンの開発に関する解説のなかで自らが提示した事実に反するにもかかわらず、トリシュースは、ヒトラーは家では「仕事関係の作業や心配事」を可能な限り減らそうとしていると主張する。その結果、読者は政治とはほぼ関係のないヒトラーの日課について詳しく知らされることになった。ヒトラーが送る生活の「ボヘミアン的な」側面は、むしろフィッツ＝ジェラルドの記事よりも細かく描写されていたほどであった。「牛乳、パン、オートミール、ハチミツ、チーズ」ののんびりとした朝食のあとは、山への散策が待っていた。その後、ようやく正式な就労時間が始まり、これは昼時にはすぐに終了となった。フィッツ＝ジェラルドと同じく、トリシュースも総統の菜食主義に言及している。彼はまた、ヒトラーが甘いもの好きであることを紹介し、とくにチョコレートが好物だと書いている。昼食後、ヒトラーは「ベルクホーフに設けられた特別な仕事部屋」にこもり、そこで「お気に入りの趣味――建築」にふけるのだと、トリシュースは書いている。夜は「大広間の暖炉のそばで客人たちと一緒に」過ごし、音楽が演奏されることもあるが、それよりもむしろ時事問題に関する気楽な議論が行なわれることが多かった。こうした議論は、ヒトラーがさまざまな決定を下すにあたり、世間の雰囲気を推し量るための助けとなった。(87)

家庭における総統の「魅力的な」一面を探るトリシュースは、ベルクホーフでヒトラー本人に会った人たちが、その経験によって受けた影響に強く興味を引かれたようだ。「多少の警戒心を抱いてやってきた人であっても、この場所にいる総統のあまりに気取りのない姿に、すっかり魅了されてしまう」と彼は書いている。トリシュースは、ヒトラーに会ったあとで心変わりをしたという、あるチェコ人批評家が書いた文章を、その証拠として長々と引用している。ヒトラーは気さくな人物で、まるで「仲間のように」接してくれたと彼は言う。「彼はわたしたちと一緒に座っていた。わたしは、まるで自分が少なくとも二年間は、彼と一緒に塹壕のなかで過ごしたかのように感じていた。彼は自分が『独裁者』と呼ばれることを決してよしとしなかった」。トリシュースは、ベルクホーフへやってくる人たちの大半は、そこまで劇的な変節を経験するわけではないと断りつつも、ベルリンの首相官邸ではなく、彼の家でヒトラーに会うことは、まったく違った印象を残すのだと主張した。(88)

トリシュースはこの記事を、タイトルでも言及されている「夢」にまつわる、以下のようなエピソードで締めくくっている。

ヒトラーと［マックス・］アマンが、まだそのキャリアの初期、次の食事の調達先に頭を悩ませずに済むようになる前のこと、このあたりの山で登山をしているときに、アマンが冗談交じりにこう言った。「金持ちになったら、ここにわたしたちの家を建てよう」。

ヒトラーはこう答えたと言われている。「わたしは金持ちになど決してならない。しかしいつの日か、もしかするとわたしの国民が、ここにわたしの家を建ててくれるかもしれない」。

この夢は、ヒトラーが抱いた多くの夢と同じく、夢をはるかに超える規模で現実となった。(89)

トリシュースが語るこのベルクホーフ・ツアーのなかでは、読者は戦争への準備が着々と進む不穏な要塞を離れて、夢や贈り物が溢れるのどかな場所へと導かれる。読者が経験する、こうした家庭でのヒトラー像に対する見解の変化は、トリシュースが描写してみせたヒトラーによる魅惑のプロセスの再現であり、結果として、曖昧かつ紛らわしいメッセージを残した。トリシュースはヒトラーの家庭生活に対してふたつの正反対の見解を提示している。外側から見れば、そこには要塞があり、自由の抑圧と軍事機密の存在が感じられる。内側から見れば、そこには家庭があり、「仲間のような」暖かさと暖炉のそばでのおしゃべりがある。われわれは要塞を恐れるべきなのか、それともその家庭に招待されることを願うべきなのだろうか。トリシュースは、ベルクホーフの内と外の世界の不一致を解決することなく放置している。その不一致とはつまり、公の世界でのヒトラーによる非人道的な政治と、彼が家庭で見せる、思いやりのある人間という印象から生じる混乱を反映したものなのだ。

それでもトリシュースの記事が、そのメッセージこそ曖昧ではあったものの、『ニューヨーク・タイムズ・マガジン』誌におけるヒトラーの家庭空間の取り上げ方を、一九三五年の一本目のような無批判なスタンスから、別の方向に向かわせるきっかけを作ったことは確かだ。だからこそ、家庭でのヒトラーの姿を扱った同誌の三本目の記事が、完全に逆方向へ舵を切ったのは意外であった。「雲のなかに立つ家で暮らすヒトラー氏」と題されたこの記事は、一九三九年八月二〇日に掲載された。執筆したのはミュンヘンの記者ヘドウィグ・マウアー・シンプソンだ。[90]

記事は冒頭、ヒトラーの山荘の来歴を簡単に解説し、ヴァッヘンフェルト・ハウスからベルクホーフへの変貌は、総統の「強化された」権力の反映であり、政府および外交機能がここにはいったことで、この家は事実上「さほど私的でない」場所に変わったと指摘している。「とはいえ、これはヒトラーが自分の好きなときにここに引きこもる特権をあきらめたという意味ではない」とシンプソンは断言する。そして、あたかも総統に導かれるかのように、彼女は視線を外の世界から、ベルクホーフ内部の空間と、この場所で営まれている「普段の生活」のルーティンへと移していく。[91]

シンプソンは家の内装を褒めちぎっている。「家具類は調和が取れており、ドイツの伝統が最上の形で表現」されている。また「美しい談話室《コモンルーム》」がいくつもあり、そのうちのひとつである「西側に面した居間からは、情緒ある古い市場町ベルヒテスガーデンが位置する、アルプス高地の只中にある深い盆地が見下ろせる」。こうした情景のなかで、総統の日々のルーティンは展開される。それは、同誌の読者にはすでにおなじみの光景だ――遅い朝食、山中の散策、菜食主義の食事。内容の独自性の欠如を、シンプソンは、ヒトラーのテーブルに乗せられるトマトの質や、彼がチョコレートだけではなくグーズベリーパイも好きだといったディテールで補っていた。加えて彼女は、ヒトラーの公式な職務の一端も紹介している――その内容は「殉教した党員の未亡人や孤児」からの、個人的な嘆願に耳を傾けるというものだ。こうした仕事には午前中の「二〜三時間」が費やされ、次にヒトラーは訪問客を迎え入れる。主と客人は「のんびりとした」昼食をともにし、その後、昼寝を済ませたヒトラーが、客人を近くのティーハウスへの散策に誘うこともある。午後には日によって、自分たちの指導者に会いにきた巡礼者のために、家の門が開かれる。シンプソンは、こうした場面での総統と民衆《フォルク》との典型的な出会いの光景を描写している。「髪の毛がもじゃもじゃとカールした、特別愛らしい子どもが彼の目を引き、するとハインリヒ・ホフマンがおなじみの写真を撮る。小さな子どもに向かって腰をかがめる総統の姿を捉えた、ナチス支持者たちの心の琴線に触れるあの写真だ」(92)（実際には、ヒトラーが〝通りがかり〟に声をかけるこうしたイベントは、何年も前に行なわれなくなっていた）。

優雅なディナーには、イブニングドレス姿の淑女たちと「黒いラウンジスーツ」を着たヒトラーが出席し、食後は「燃え盛る暖炉の前で」コーヒーが供される。ヒトラーの客人のなかには「ドイツ国内の多種多様な業界や団体のほか、外国からやってきた」人たちもいる。コーヒーが配られると、この時間をヒトラーは周りの人々の話を聞き出すのに利用する。「ヒトラーはよい聞き手になることができ、アメリカのソロダンサーやドイツの映画スターに話をさせながら、多くの情報を集めているようだ。政治とは関わりのない人々は、ついうっかり、あるいはそれとなく、訓練の行き届いたヒトラーの参謀たちが普段は本人の耳に入れないようにしている事柄を口にすることが少なくない」。暖炉の脇でダンサーや映画スターと会話を楽しむこのヒトラーの描写で、シンプソンは記事を締めくくっている。(93)

こうしたベルクホーフ生活の牧歌的な光景は、シンプソンの記事が雑誌に掲載された当日にあたる、一九三九年八月二〇日号の『ニューヨーク・タイムズ』本紙の一面で解説されていた世界とは、控えめに言っても、まるでかけ離れたものであった。そこに掲載されている記事の三分の一は、ヨーロッパで高まる不穏な動きを取り上げていた。およそ一〇万人のドイツ軍はポーランド国境に集結し、ヒトラーへの協力を約束していたスロヴァキア軍も独自に動員を開始していた。ブラティスラヴァ〔スロヴァキアの首都〕のユダヤ人ゲットーには、少数派であるドイツ人住民によるたび重なる暴力や破壊行為から住民を守るために「警察分隊」が送り込まれていた。ブラティスラヴァで発行されていたドイツ語新聞『グレンツボーテ（国境の使者）』紙は一面で、「ユダヤ人はその邪悪なる挑発の報いとして、今度こそ直ちに、完全に罰されるべきだ」と呼びかけていた。教皇ピウス一二世はイタリアの巡礼者に向かって「平和を求める熱のこもった訴え」を行ない、ヨーロッパの政治家たちが戦争回避に成功することを望むと表明した。当時イギリスの外務大臣だったハリファックス卿が休暇を中断してロンドンの外務省に戻ると、同国の人々の不安はいっそう煽られた。スイスはドイツとイタリアとの国境沿いの守備隊の強

化に着手した。(94)

『ニューヨーク・タイムズ』紙の読者が新聞を前からめくっていき、やがて雑誌に載っているシンプソンの記事を読んだとき、どんな感想を抱いたのかを想像するのは難しい。彼女が綴った幸せで平和な物語には、新聞の一面にあるリアリティはまるで反映されていない。シンプソンの記事には、ベルクホーフの風景と、ハイキングをするヒトラーの使い回しの写真のほか、ロンドンのアーティストであるデヴィッド・ロウが描いた時事漫画も添えられていた。漫画の内容は、物思いに沈むヒトラーが、ベルクホーフのテーブルで、平和を象徴する魅力的な女性と、戦争を象徴する埋葬布に身を包んだ不気味な人物のあいだに座っている、というものであった。編集者が付け足したと思われるこの漫画は、新聞の一面の内容には即しているものの、シンプソンの記事とはなんの関係もない。

シンプソンがどのような人物だったのかがわからない以上、ヒトラーとオーバーザルツベルクでの「普通の生活」に関して、大きな誤解を招きかねない記事を執筆した彼女の意図については推測するしかない。この記事はどうやら、彼女が『ニューヨーク・タイムズ』を含むあらゆる新聞・雑誌にシンプソン名義で書いた唯一のものだと思われる。疑問に思えるのはしかし、彼女の人物像やその意図だけではない。きわめて緊張が高まっているこの時期に、ベルクホーフの生活を好意的に描く抒情詩のような記事を掲載することを決めた『ニューヨーク・タイムズ』の意図もまた、不思議議に思わずにはいられない。ヒトラーを孤児やグーズベリーパイが大好きな人物として描くことにはあるいは、新聞の一面にある記事はきっと誇張なのだという願いに、少しだけ現実味を与えてくれる効果はあったかもしれない。一二日後、ドイツ軍はポーランドに侵攻し、『ニューヨーク・タイムズ』の読者も世界中の人々も、新聞記事が決して誇張ではなかったことを知った。

第9章　戦争と英語圏メディアにおける私人ヒトラーの扱いの変化

アメリカの人々が、ドイツのポーランドに対する勝利と、欧州での戦火の拡大を不安げに見守っていた一九三九年一〇月末、『ライフ』誌の最新号を開いた読者の目に飛び込んできたのは、アドルフ・ヒトラーが描いた絵画と彼の山荘を取り上げた、鮮やかなカラーの特集ページであった（図57）。いかにも『ライフ』誌らしく、この一〇月三〇日号には、政治関連の記事と気楽に読める一般記事とがごちゃまぜに掲載されており、Uボートによる英戦艦ロイヤルオークの撃沈から魅惑的なテキサスのカウガールの妙技まで、その話題もさまざまだった。「アドルフ・ヒトラーが描いた絵──政治家は芸術家になることを望み、山荘のデザインに手を貸す」と題された記事は、これら二種類のいかにも報道然としたアプローチで書かれた記事のあいだに、居心地悪そうに収まっていた。当時のアメリカにはまだヒトラーの擁護者がいたとはいえ、数週間前に欧州を破壊的な秘密兵器で恐怖に陥れた独裁者を好意的に描写したなら、大半の読者は眉をひそめたことだろう。(1) 戦争屋ヒトラーが胸に抱く芸術とインテリア・デコレーションに対する情熱について書くというこの難しい所業を、『ライフ』誌は、同誌なりの新たな秘密兵器でさばいてみせた──その秘密兵器とは「皮肉」だ。(2)

記事はまず、ヒトラーが駐独イギリス大使サー・ネヴィル・ヘンダーソンに対して口にした、いつか政治家をやめて、若いころのように芸術を追求したいという言葉への言及から始まる。『ライフ』誌の編集者は、もしこれが現実となっていれば、「世界はきわめて狡猾な政治家を失い、きわめてお粗末な画家を得たことであろう」と書いている。美術学校への入学は叶わなかったものの、ヒトラーの「芸術家になりたいという野望は、その才能の欠如によっても決してくじかれることはなかった」。この若きオーストリア人は、「生活のために絵葉書に色を付け、家のペンキ塗りをし」、ミュンヘンのカフェに足繁く通っては、著名な画家に見出されることを夢見ていた。ヒトラーがそうした著名画家の目に止まらなかった理由を明確に示すために、同誌は彼が若いころに描いた絵を数点、二ページにわたってフルカラーで掲載し、これらはドイツから秘密裏に運ばれ、弊誌がはじめて報道するものだと説明した。記事はヒトラーの作品の長所と短所——主に短所——を読者に向かってわかりやすく解説し、技術の粗さや、「からっぽで荒涼とした空間」への執着などを指摘している。一九一七年に水雷で撃沈されたオーストリア船を描いた《戦艦ウィーン》については、ヒトラーが「船尾を黒っぽい煙のなか」に隠しているのは、彼が「あまりに疲れていたか、怠けていたせいでディテールを仕上げなかった」ためだと批判した。[3]

ドイツの指導者たるヒトラーの画家としての技量を大胆に切り捨てたあと、記事はその矛先を、同国の芸術作品に彼が及ぼした影響へと移していく。「ドイツの芸術の擁護者である彼は、そこからモダニズムを一掃して学者たちの手に委ねた」。記事には、ヒトラーが同月、ゲルディ・トロースト（彼女の名前は書かれていない）やナチ党幹部と一緒に大ドイツ芸術展を訪れた際の写真が二枚添えられている。記事はまた、ナチ党員たちは「現実に忠実で露骨」な裸婦画を見るのを楽しんでいると指摘し、その実例として、一九三七年の大ドイツ芸術展ではじめて展示された際、アーリア人の陰毛をきわめて詳細に描写したことで悪い意味で評判になったアドルフ・ツィーグラーの作品《四元素》の写真を掲載している。[4] つまり記事は、その擁護者たちの好色さを指摘することによって、ドイツ芸術の純血を守るというナチスの主張を切り崩してみせたわけだ。

やがて記事の内容が、ヒトラーのパトロン兼クリエイターとしての建築への関わりにはいっていくと、その辛辣な調子は影を潜めはじめる。ヒトラーの芸術に対する衝動は、現在ではほぼ建築に注がれており、山の家で彼

HITLER OPENS THE BIG MUNICH ART SHOW. NOTE GOEBBELS (LEFT), NUDES (RIGHT)

HITLER APPROVES HONEST GERMAN ART WHILE GÖRING (RIGHT) ADMIRES STATUE

PAINTINGS BY ADOLF HITLER

The artist who turned statesman wants to pick up his brush again

LATER HITLER WORK SHOWS SOME SKETCHING SKILL

The last important conqueror in Europe to be greatly interested in art was Napoleon. His interest was largely acquisitive. It consisted of swiping Italy's art treasures and putting them in the Louvre. Adolf Hitler has a deeper personal interest in art. He himself was a painter whose struggles with art brought him no success and little satisfaction. But Hitler has never stopped wanting to be a painter. In his famous pre-War conversations with Sir Nevile Henderson, published in the Blue Book, he told the British Ambassador: "I am an artist and not a politician. Once the Polish question is settled, I want to end my life as an artist."

If Hitler were really to give up public life for art, which Sir Nevile Henderson doubts, the world would lose a very shrewd politician and gain a very poor painter. Hitler's ambition to be an artist was never dimmed by his lack of talent. When he was a jobless youth in Vienna, he was denied admission to the Vienna Art Institute because his work "showed more talent for architecture than for painting." Later the young Austrian, who tinted postcards and painted houses for a living, used to hang wistfully around the artists' cafes in Munich, trying to get established artists to look at the paintings he carried in his portfolio. If the artists had encouraged him instead of ignoring him, Adolf Hitler might never have become the bitter frustrated leader of a bitter frustrated nation.

Hitler probably completed hundreds of paintings. Most of them have by now been gathered in, supposedly by the Führer. The ones on the following pages, smuggled out of Germany and here published for the first time, are reputed to be his very early work. They are the crude daubs any amateur produces when he first puts brush to canvas. These paintings show Hitler's preoccupation with architecture and with empty, desolate places. Hitler rarely put people in his paintings, perhaps because he thought people not worth painting, perhaps because he found them too difficult to do. As he practiced Hitler grew in skill, and his later work, like the farmhouse sketched at left, reveals a fair amount of adroitness. Through much of the War, Hitler carried his painter's kit, did water colors of War-ruined buildings.

Today Hitler's artistic impulse has a grandiose outlet. As the defender of German art, he has purged it of modernism, handed it over to the academics. On the walls of his "Berghof" near Berchtesgaden, he hangs classic paintings, some taken from German museums. He owns a large collection of works of Vienna artists, is supposed to have bought the famous Vermeer self-portrait for $200,000. Every spring, he personally opens and approves the most important art exhibit in Germany, "The Day of German Art."

But most of Hitler's artistic urge is released through architecture. At night when the rest of his work is done, Hitler sits in one of his rooms at the Berghof (*below*) and works furiously over architects' designs. Plans for all important German public buildings and monuments must be personally approved by Hitler, whose suggestions are religiously followed. As a result, most German public buildings are being frozen into the decent but uninspired modernized-classic architecture that Hitler insists on.

GREAT HALL AT HITLER'S BERCHTESGADEN HOME, WHICH HITLER HELPED DESIGN, LOOKS OUT ON BAVARIAN ALPS. CONCEALED BEHIND TAPESTRY IS MOTION-PICTURE PROJECTOR

52

図57　『ライフ』誌1939年10月30日号、芸術家・デザイナーとしてのヒトラーを紹介する特集のタイトルページ。目次にある見出しは以下のようなもので、実際のページにあるものとはやや異なる。「アドルフ・ヒトラーが描いた絵——政治家は芸術家になることを望み、山の家のデザインに手を貸す」。

は深夜まで「精力的に」建築設計の研究に勤しんでいると、記事にはある。重要な公共建築物については、すべて総統本人が直接承認を与えており、それらは「ヒトラーが執着している、立派ではあっても独創性に欠けた、現代版古典建築の範疇に収まるものばかりだ」(5)。

ベルクホーフに対しては、より率直な賞賛の言葉が向けられ、そこは「巨大な山の邸宅」で、デザインにはヒトラーが手を貸したと書かれていた(6)。二ページをまるごと使って掲載されたカラー写真の数々には、虹のように強烈な色彩に彩られた部屋が写っていた。大半のアメリカ人読者にとって、ベルクホーフの内装をカラーで見るのはこれがはじめてであった。とくに際立っているのはワインレッドとヒスイ色で、読み手の視線は、エントランスホールにある階段の、赤い大理石でできた手すりの豊かな色合いや、ヒトラーの書斎の磨き上げられた木の暖かみに引き寄せられた。ヒトラーはシンプルで「軍人らしい」ものを好むという話を散々聞かされていた当時の読者は、複雑かつ鮮やかな配色に驚かされたに違いない(7)。

記事はまず建築自体に言及し、「現代的な山荘《シャレー》とバイエルン風のそれとを組み合わせた」スタイルを、「不格好だがおもしろい」と評している。「ヒトラーの積極的な協力によってデザインとデコレーションが行なわれた」家の内部には、「男性好みのゆったりとくつろげるタイプの部屋が揃っており、家具はシンプル、セミモダンに加え、一部にはドラマチックなスタイルのものも見られる。家具類はとびきりセンスがよく、帝国随一の職人たちによって、贅沢な素材と上質の木材で作られている」。大広間に掛けられたゴブラン織りのタペストリーの色を、部屋の家具にも取り入れるという独創的なアイデアについても、記事は忘れずに言及している。一階から上階へ続くメイン階段については、「ここにだけ取り入れられたモダン建築が強烈な印象を与える」と絶賛した。ヒトラーのデザインの才へのこうした賞賛とバランスを取るかのように、壁に掛けられている絵画の傾向に対しては揶揄の言葉が向けられた。「ほかのナチ党幹部と同様、ヒトラーはヌードや廃墟の絵を好んでいる」。それでも『ライフ』誌は、この家のデザインのできばえからわかるのは、「ドイツがもっと安定した状況にあったなら、アドルフ・ヒトラーはインテリア・デコレーターとしてかなりの成功を収めたかもしれない」ということだと結論づけている。[8]こうした回りくどい褒め言葉によって編集者らは、欧州の地図を並べ替えようとしているこの男は、家具を並べ替えるという、彼にとっての真の天職に就くことができなかったと皮肉を言っているわけだ。『ライフ』誌の読者のなかにはしかし、これをおもしろく思わなかった者たちもいた。同誌の一一月二〇日号には、編集部に送られてきたという、ヒトラーの芸術的センスを擁護する手紙が数多く掲載されている。オハイオ州カントンのある読者グループは、「個人的な意見と美術評論とを混同するのはやめていただきたい！」と、同誌のスノッブぶりを糾弾している。ヒトラーが「あまりに疲れていたか、怠けていたせいで」《戦艦ウィーン》の船尾を仕上げなかったとする記事の内容に対しては、彼らは、絵のそのほかの部分は十分によく描けており、記事で批評されていた「黒っぽい煙」には「かなりの思考錯誤と作業の跡が見える」と反論した。ミシガン州ポンティアックのシーフリード夫人はこう書いている。「アドルフはあきらかに、家の装飾に関してはローズヴェルト家よりも一段上を行っています。おそらくローズヴェルトの家庭には、女性が多すぎるのでしょう」。女性による支配がホワイトハウスをダメにしている（この言及は具体的には、歯に衣を着せない発言で知られる大統領の妻エレノアと、母親のサラを指している）というシーフリード夫人の言葉を聞いたなら、独身のアドルフは喜んだに違いない。またシカゴの読者からは、こんな苦情が寄せられていた。「ヌードや廃墟を好むというのは、しごくまっとうな、男性のロマンティシズムの表れです。［……］建築への好みが示唆しているのは、その対象が手の込んだものにせよシンプルなものにせよ、創作し、なにかを引き起こし、感動させ、所有するという、正常な性向以上のなにものでもありません」。この読者にとってはどうやら、ヒトラーの芸術や装飾のセンスからその精神を分析してみようという『ライフ』誌の試みは、たいして目新しくもない「それがなにか？」程度のことだったようだ。[9]

これとは逆に、同誌の分析をさらに進めて考察した読者も存在した。ヒトラーの絵画をじっくりと観察し、「彼の絵のラインはすべて、はっきりと右に傾いており」、これは彼のイデオロギーと彼の筆使いのあいだの相関関係を意味しているという意見も複数聞かれた。オレゴン州ポートランドのある読者は、もしフロイトがベルクホーフを見たなら「ヒトラーは閉所恐怖症だけでなく、他人とのいっさいの身体的接触を嫌う症状を患っている」と診断し、「それは仲のいい椅子のグループを、テーブルをあいだに入れて引き離すほどにまでに進んでいる」と言うだろうと述べている。このほかにも、《戦艦ウィーン》の絵のなかにあるごく小さなぼんやりとした描き込みが、自由の女神に見えると主張し、当時アメリカに忍び寄っていた不安を無意識のうちに露呈する者たちもいた。数十年前に描かれたはずの絵のなかに彼らは、ヒトラーがニューヨーク港への侵略計画を練っているという不吉な前兆を読み取ったのだ。[10] こうした恐怖はおそらく、ヒトラーの書斎の写真によっていっそう煽られたことだろう。この写真に添えられたキャプションのなかで編集者は、彼の机に堂々と広げられている世界地図を見るよう促している。その地図の上には、すぐにでも協議を始められるように拡大鏡が置かれていた。[11]

ヒトラーの家庭空間を、批判的なだけでなく、あきらかな悪意を込めて紹介することによって『ライフ』誌は、それまでのポジティブな取り上げ方とは異なる方向へと舵を切るきっかけを作った。英語圏の主流な新聞・雑誌においては、一九三〇年代なかば以降、そうした肯定的な論調が続いており、そのわずか数カ月前にも、『ホームズ・アンド・ガーデンズ』誌と『ニューヨーク・タイムズ・マガジン』誌に、媚びへつらうようなヒトラーの描写が掲載されたばかりであった。ヒトラーを褒め称える従来の記事は、彼が芸術に対して払う努力を、アマチュア紳士の魅力と才能と解釈していたが、このまったく同じ行為が今度は、才能のない気取った素人愛好家の恥ずべき欠点とみなされるようになった——彼は絵葉書に色を付け、家のペンキ塗りをしながら、自分はフェルメールだと妄想をしている人間に過ぎないというわけだ。ただし、好意的な意見はいまでは、認めたくはないがと前置きがされていたり、あるいはできるだけ批判を受けないよう工夫した書き方をされるようにはなったものの、論調が変化したことによってヒトラーに対するそうした評価が完全に消え去ったわけではなかった。また、写真を報道の核とする『ライフ』誌の読者は、その写真からとくに強い影響を受ける傾向にあるため、ヒトラーの家の魅力的なカラー写真を掲載することはある意味、それを好意的に紹介していることと同義であることも忘れてはならない。文章は（そこには写っていない）家主を揶揄していたとしても、エレガントなインテリアがその男の代わりに、彼の洗練とセンスのよさを大声で主張していた。

『ライフ』誌がヒトラーの芸術への野心とセンスを淡々と皮肉ったのに対し、『ニューヨーク・タイムズ』が採用したのは、より中立的なトーンであった。一九四一年三月中旬、同紙は日曜日に発効される雑誌版〔『ニューヨーク・タイムズ・マガジン』〕に、ベルクホーフの舞台裏を紹介する二ページの写真入り特集記事を掲載した。同誌特派員のC・ブルックス・ピーターズが執筆したその記事「ヒトラーの山荘《シャレー》にて」は、新たなハイブリッド施設の仕組みを解説すると謳っていた。ハイブリッド施設とは、住居でありながら同時に仕事場――この場合は軍事施設――として機能する場所という意味だ。つまりピーターズはこの記事によって、一九三七年にオットー・トリシュースが『ニューヨーク・タイムズ・マガジン』誌で先鞭をつけたものの、その後、本紙の記事では採用されずに消えていった路線を復活させたわけだ(12)。ベルクホーフに関する初期の報道は、その大半がこの山荘を、ヒトラーが政治生活のあわただしさから逃れるための隠遁所として紹介していたのに対し、ピーターズは『ニューヨーク・タイムズ』の読者に向かって、ここでは穏やかな、しかし大きな変化が起こっていると警告した。「なぜなら、かつてはまどろむように静かだったこのバイエルンの村からほど近い斜面に立つ山荘《シャレー》では、公表されるものも秘密裏のものも含めていくつもの会議が行なわれており、これが欧州と世界の将来的な政治的協調にとって、このうえなく重大な意味を持つ可能性があるからだ(13)」。

ピーターズの文章からは、民主的でオープンな形式の政治対話を当然と考えている彼と同時代の人々が、世間から孤立した山の山荘《シャレー》で起こっていることの重大性に気づかないのではないかという懸念が感じられる。「しかし将来の歴史家たちが、この時代のできごとを記録するにあたり、ベルヒテスガーデン、オーバーザルツベルク、ベルクホーフで起こっていたことのなりゆきを精査することは間違いない。ここは総統の私的かつ個人的な領域であり、彼は前線からも帝国首都のあわただしい外交からも遠く離れたこの場所で、三匹の牧羊犬を連れて雄大な景色に囲まれた山道を散策したり、親しい助言者と一緒に暖炉の火の前に座って、夜遅くまで諸々の情勢について議論を交わしたりしているのだ(14)」。この記事は、ピーターズがごく早い時期に、ベルクホーフにおける政治活動を、総統が昼食前に適当に済ませる事柄としてではなく、この家自体の描写のなかで正面から取り上げた記者のひとりであったことを示している。

しかしながら、こうした興味深い導入――犬と将軍の両方が日々のルーティンに組み込まれている、ベルクホーフにおけるヒトラーの二重生活――からはいったにもかかわらず、ピーターズの記事はそこから、この家に関するごくありきたりな描写へと変わってしまう。彼はまず、ヒトラーの報道局長だったオットー・ディートリヒが一九三四年に発表した情報にもとづき、ヴァッヘンフェルト・ハウスの簡単な来歴を説明する。(15) 続いて彼は家の改装に話題を転じ、ヒトラーがそのデザインを担当したことを伝えつつ、増築されたベルクホーフの内装を描写してみせる。話の内容は家の空間から、やがてその住人へと移っていく――ただし不思議なことに、ヒトラー自身はまるで話に出てこない。その代わりに紹介されるのは、ヒトラーが好んでそばにおいていた副官の若い男性や、秘書の若い女性たちだ。さらにはヒトラーの執事で美食家のアルトゥーア・カネンベルクも登場する。カネンベルクはこの山荘の管理人で、夜にはアコーディオンの演奏や歌で総統を楽しませていた。記事の最後は、ベルクホーフの常連たちのリストで締めくくられており、そのなかにはヒトラーの専属写真家ハインリヒ・ホフマン、アルベルト・シュペーア、そしてヒトラーの主治医であるテオドーア・モレルとカール・ブラントなどの名前が並んでいる。記事はこれといった結論もないまま結ばれているが、これを読んだ人々は胸のなかで、ペット、将校、使用人で溢れかえったヒトラーの家に「本当の」家庭生活が欠如していることについて、それぞれの結論を導き出したことだろう。(16)

ピーターズの記事にはとりたてて新鮮味もなく、まだだれも書いたことがないという内容もほとんどなかった。(17) ヒトラーと彼の家を、必要以上に好意的に写した写真も使い回しだった。ベルクホーフに秘密めいたところがあるというのは、一九三七年にはすでに、トリシュースが『ニューヨーク・タイムズ・マガジン』誌の記事であかしていた事実であり、一九四一年には当然ながら、状況は悪化していたはずだ。ピーターズの記事が精彩を欠いているのはしかし、情報の少なさというよりも（同じく情報が不足していたはずのウィリアム・ジョージ・フィッツ＝ジェラルドは、誇張をたっぷりと加えて生き生きとした記事を仕上げてみせた）、ヒトラーを過剰に褒める、あるいはけなすことを避けたいという思いがあったためだろう。また、家自体を好ましいものとして描写する一方で、努めて控えめな表現を使っていることも要因のひとつだ。ベルクホーフの主その人ではなく、その周囲にいる人間を描写したこともあるいは、中立性を確保し、またトリシュースの記事にはあきらかに見て取ることができる、読者がヒトラーに魅惑されることとの危険を避けるための戦略だったのかもしれない。結果として記事のトーンは、『ライフ』誌に比べればはるかにお行儀よくはあるが、二年前にヘドウィグ・マウアー・シンプソンが『ニューヨーク・タイムズ・マガジン』誌に書いた熱のこもった記事よりもはるかにおもしろみのない（また一九四一年においては、反駁を招く恐れの少ない）ものとなった。[18] ピーターズが機嫌を損ねたくないと考えた相手が、『ニューヨーク・タイムズ』の読者だったのか、それともドイツの指導者だったのかははっきりとはわからない。記事のなかでは、外国人特派員の記事にはナチスの検閲がはいっており、記者は政権を刺激して報復を受ける危険を冒していることがほのめかされている。[19] それでもピーターズが、丘の斜面に立つベルクホーフの写真に添えられたキャプションに記したこの言葉からは、彼の本心の一端が窺える――「電撃戦が誕生した平和な土地」。[20]

『ライフ』誌のやんわりとした皮肉、そして『ニューヨーク・タイムズ』の控えめな中立性は、そのどちらも、一九三九年の戦争勃発以降、ヒトラーの家庭生活に言及する報道関係者には、自分たちが危険な題材を扱っているという自覚があったことを示している。以前よりもはるかに減ったとはいえ、アメリカにおける報道で相変わらずこうした記事が出ていたという事実からは、編集者たちが、ヒトラーの家庭生活を覗き見ることは、まだ読者の興味を引けると考えていたことが窺える。それでも、同種の記事がどんな反応を引き起こすかについては、いまでは彼らもさほど確信が持てなくなっていた――『ライフ』誌に掲載された読者からの手紙を見れば、その多様さは容易に見て取れる。マスコミは、ヒトラーの家庭生活を好意的に描くことを通じて総統の人間的な面を強調したり、またドイツの軍事力を正常なものに見せたりすることに対して、以前よりもはるかに慎重になっていた。

ヒトラーの家庭生活という題材に対する第三のアプローチは、結論をあえて限定しない書き方を採用し、洞察力のある読み手に向けて、根底に仕込まれた批判を読み取らせるというものであった。一九四〇年一二月から一九四一年一月にかけて、米『ワシントン・ポスト』紙は、全四本のシリーズ記事「直接目撃した、敵対する指導者たちの素顔」を掲載した。その指導者とはつまり、ウィンストン・チャーチルとアドルフ・ヒトラーだ。このシリーズの内容は、ふたりの指導者それぞれの一日を描写しつつ、彼らのあまり知られていない性格や生活習慣を探っていくというものであった。シリーズの冒頭を飾ったのは、ロンドンのAP通信従軍記者ヒュー・ウォグノンが執筆した、わずか七カ月前に英首相に就任したばかりのチャーチルに関する二本の記事だ。一本目の記事の見出しに採用された「チャーチルは唯一の趣味『戦争』に一七時間かける」という言葉が、このシリーズの論調を示している。ウォグノンは「頑健な六六歳の首相」が、物事のあらゆる展開を注視しつつ、自身の「並外れたエネルギー」と長い一日を戦争の遂行のみに費やしている様子を描写していく。「彼は現在進行中のあらゆることを知ろうとしている」。「平時には貪欲な読書家」だが、いまはニュースと報告書しか読まない。彼は「普段のような家族との生活にはほとんど時間を割けないが、チャーチル夫人とは毎日、そのほかの家族とは〝できる限り〟顔を合わせている。家族揃って食事をとることも多い」。運動に関しては、「ホワイトホール〔ロンドンの国会議事堂近くの大通り〕を大股で歩き、また戦闘中の司令部、防御地域、被弾した地域の視察の折には疲れを知らずに歩いている」と書かれている。葉巻の数は仕事のためにやむなく減らしたものの、いまも「長いハバナ葉巻を一日に六本」吸っている。夜には「昔ながらのイングランドのローストビーフ」あるいは「分厚いステーキをレアで」味わう。(21)

イギリスの指導者を、たくましい肉体を持つパワフルな人物として描いた一本目の記事に続き、二番目の記事は、その肉体にふさわしい、いかにも男らしいチャーチルの考え方を取り上げている。たとえばそれはこんな内容だ。チャーチルは女性解放に断固として反対しているため、「犬の鞭で武装した怒れる婦人参政権論者《サフラジェット》」に二度、襲撃を受けている。伝統的な性別秩序を求める一方で、彼は自身の立場をわきまえた女性のことを高く評価していたようで、自分の「過去最高の功績」は、妻を自分と結婚するよう説き伏せたことだと語っている。記事はここでもう一度、身体的な要素に言及し、チャーチルは「大きな葉巻」を好み、それを「片手全体を使って、いかにも大切そうに持つ」と書いている。「恰幅のよいずんぐりとした体格」で、「がっしりとした肩を丸め」、「大きな頭を前にかしげながら、彼は突進するサッカー選手のように歩いていく」。記事はさらにもうひとつ別の比喩を持ち出して、「固い決意で口をぎゅっと結ぶ」と、チャーチルはイギリス産のブルドッグによく似ていると書いている。ロンドンにいるとき、彼は「乱れた正装」を好み、「気取った蝶ネクタイを曲がったまま」で放っておく。ただし服にまつわることに疎いわけではなく、帽子を愛用しており、なかには自分でデザインを手がけたものもある。このあたりの描写で、チャーチルの男らしさに若干の疑問を抱いた読者もいたかもしれないが、記事はさらにこんなことにも言及している。「いまではもうめったに行くことはないものの、彼は田舎ではよくオーバーオールを着てレンガ積みをするのだそうだ」。チャーチルのブルドッグのようなタフさは、彼が口にする「政治についての、棍棒で叩き潰すような破壊力のある」ジョークにも表れていた。数週間前の下院の議事録には、彼が、アドルフ・ヒトラーをナポレオンとは比較したくない、なぜなら「死者を侮辱したくはないからな」と言ったと書かれていたという(22)。

続いて同紙に掲載されたヒトラーに関する二本の記事は、ベルリンのAP通信従軍記者、プレストン・グローヴァーが寄稿したものであった。一本目の記事の見出しはこうだ。「ヒトラーは眠らないスパルタ人のような生活を送る」。ドイツの指導者の毎日は「大量のハードワーク」からなるが、「規則に縛られないバイエルン人」であるヒトラーは、プロイセン風の規律を嫌っている。宮殿のように豪奢な新首相官邸のなかで、ヒトラーは「簡素で飾り気のない」自分専用の区画で暮らしており、夜は「軍隊式のベッド」で四〜六時間眠る。朝になると、まずは新聞に素早く目を通し、「スポーツや演劇のコラムも見逃さない」。山の別荘にいるときにはこれとは対照的に、ヒトラーは「火急の案件がないときには気ままに振る舞い、好きなだけ眠る」。食べものの好みにはうるさくないが、ヒトラーは肉もアルコールも摂取しない。小動物が好きで、彼らが殺されるところを見るのを嫌っており、政権の座に就いたときに生体実験を禁じている。グローヴァーによると、ヒトラーは噂とは異なり「非常に優秀な聞き手で、恐ろしいほどの記憶力を持っている」という。夜には、戦闘の記録や地図の類を、一〇〇〇年前まで遡って研究する。オペラや映画を好むが、スポーツはやらず、運動といえば散歩か、仕事でエネルギーを使い切ることくらいだ。結婚の経験はないものの、ヒトラーを知る人たちは、彼が子ども好きだと主張している。「その真相はともかく、〝広報用写真〟に見られる、子どもたちと一緒に写っている彼の姿は、ぎこちなく凝り固まっているように見える」と、グローヴァーは書いている。(23)

二番目の記事の冒頭は、強烈に目を引く見出しから始まる。「軍司令官ヒトラー、余暇に銀器をデザインする」。「欧州に痛々しい美容整形を施している男」のイメージと、その彼が銀器のデザインに何時間も没頭するほど夢中になっている姿は、うまく重ね合わせるのが難しいとグローヴァーは書いている。グローヴァーの情報源だというヒトラーに親しい人物でさえ、「アドルフ・ヒトラーが暇な時間に、テーブルの前にじっと座って、結婚のお祝いに送るナイフやフォーク、スプーンの重さやバランスを確かめている」という事実を意外に感じていたという。グローヴァーはまた、ベルクホーフとベルリンの新首相官邸の銀器をデザインしたのもヒトラーだとしたうえで、ただしデザインのディテールにはこだわっても、彼は日常の細かいことはさほど気にかけず、首相官邸に詰めている「部下」の「プロイセン風の時間厳守」には苛立っていると書いている。(24)

続いて記事は、ヒトラーの公的および私的な住居についてある程度詳しく解説し、長年所有しているミュンヘンのアパートや、ホテルに確保されている贅沢な部屋にも言及している。読者には、ヒトラーがミュンヘンで足を運ぶ数々の「シュタムティッシュ」(常連客用テーブル)がどこにあるかという情報も提供された。ヒトラーの「親しい友人」によると、彼は「人付き合いがうまく」、「おもしろい話を生き生きと語る」ということだった。ヒトラーは好んだ。しかし他人と一緒に楽しく過ごせる一方で、ヒトラーはたいていは自分のごく親しい仲間と一緒にいるのを好んだ。ヒトラーを知る人たちは、私生活における彼の特徴である「親切な行ない」や寛大さについて語り、「これについては、多くの人が、軍事作戦遂行のために街をまるごと破壊せよと命じることができる男とは結び付けにくいと感じている」という。グローヴァーは記事の最後で、ヒトラーが戦争初期に行なった演説に言及している。

そのなかで彼は、「自分の能力は、人々に対して巨大な磁石のような効果を発揮し、彼らの最大限の努力を引き出すことだ」と語ったという。[25]

一読したところ、このヒトラーの「素顔」を取り上げた記事には、あからさまに相手を貶めるような記述はない――それどころかこれは驚くほど寛大で、まるで検閲をしているゲッベルスを喜ばせるために書かれたかのように思えるほどだ。このシリーズ記事が掲載されるころにはすでに、ドイツ軍は欧州の半分を侵略しつつ、街に爆弾を投下して何百万人という人々を殺し、彼らの住む場所を奪っていた。ヒトラーの「親切な行ない」や、彼が客人に提供するもてなしについて書くことは、グローヴァーがいくらこの情報は知人から聞いたものだと断っていたとしても、一部の読者には、ジャーナリストの客観性というものを都合よく解釈しすぎていると受け取られたに違いない。

しかしながら、彼の記事をチャーチルについての記事と比較しつつ、言及されている内容のジェンダーに関するニュアンスに注目して読んでみると、そこには言外の意味が浮かび上がってくる。読者はチャーチルがオーバーオールを履いてレンガを積み上げ、キューバの葉巻をふかしている姿を想像するよう促される一方で、ヒトラーのほうは、豪奢な首相官邸で、銀のフォークの重さを繊細な手つきで確かめている姿で描かれている。この内容が不正確だというわけではないが、むしろ問題は、記事に入れ込む情報がどのように選択されたのかということだ。たとえばヒトラーとチャーチルはどちらも絵を描く趣味があるが、記事はその類似点についての言及を避けている。その代わり読者に提示されるのは、生のステーキを食べる人間と小動物が好きな菜食主義者、葉巻を好む喫煙者と禁煙家、疲れ知らずのイギリス人と規則に縛られないバイエルン人、献身的な家庭人と腰の落ち着かない独身男の対比だ。これらの記事は互いにちょうどよいバランスで書かれているという体裁をとってはいても、その行間を読み込めば、チャーチルに比べてヒトラーはどこか奇妙で、弱々しく、女性的な存在として描かれていることがわかる。このシリーズ記事が採用した「比較」という手法は、読者に対して、対立する指導者同士を評価し、また勝者となるために「不可欠な資質」を持っているのはどちらなのかを示す手がかりを探れと促

図58　アーネスト・ハワード・シェパード作の時事漫画「白い壁紙貼り職人」。『パンチ』誌1940年4月10日号掲載、391ページ。

していた。勝つのはブルドッグか、それともスパルタ人だろうか？

　これらの新聞記事から判断するに、欧州の戦争にふたたびコミットすべきかどうかにおいて意見が二分されたアメリカの読者たちはおそらく、ドイツの指導者が優雅な家庭生活を大切にする人物であるという安心感のあるイメージを、まだ完全に手放したくはなかったのだろう。まるで良質なデザインを好む感覚が、残酷さを軽減してくれるとでも思っているかのように。そして万が一そうした感覚のおかげで、ヒトラーが戦争努力を放棄してくれるのであれば、なおのこと好都合というわけだ。一方イギリスでは、一九三九年以降はもう控えめな書き方をしたり、行間に意味を潜ませたりする必要はまるでなかった。戦前にはイギリスのマスコミも、アメリカのそれと同じくらい、ヒトラーの家庭生活を描くことを通じて、嘘で塗り固められた彼のイメージを作り上げるという罪を犯していたが、ドイツ軍の戦闘機が爆弾を落とすようになると、ヒトラー氏がどんな風にお茶を飲んでいるかといった話題への興味は急速に失われた。家庭におけるヒトラーの紳士然としたセンスや趣味を賞賛する記事は、戦争開始とともにイギリスの報道から消え去った。それでもある特定の分野においては、ヒトラーとインテリア・デコレーションは、引き続き熱い注目を集めていた。エレガントな田舎の邸宅をデザインするクリエイターとしてのヒトラーの姿が、政治風刺漫画に登場するようになったのだ。漫画のなかの総統は常に、本物よりも貧しい「家のペンキ塗り職人ヒトラー」や「壁紙貼り職人ヒトラー」として描かれていた。

一九四〇年四月一〇日、イギリスの風刺雑誌『パンチ』は、アーネスト・ハワード・シェパード作の漫画を、こんなキャプションを添えて掲載した。「白い壁紙貼り職人[26]」（図58）。そこに描かれているのは、作業用のスモックを着たヒトラーが、「アメリカの陰謀」、「ポーランド」と書かれた白い壁紙を、「ゲシュタポの蛮行」、「ドイツの暴虐」、「殺人」、「ナチスの残虐行為」などの文字が記されたボロボロの壁に貼りつけている様子だ。壁には血の手形が付いているのも見える。ゲッベルスはヒトラーを手伝って、壁紙に糊を塗っている。この漫画がほのめかしているのは、ポーランド侵攻後にドイツ政府が発行したいくつもの「白書」であり、そのなかでは、戦争の責任はポーランド、フランス、イギリスにあるとされていた。一九四〇年三月末には、ナチスは戦争を挑発していると糾弾する相手をさらに増やし、在英米大使（ジョセフ・P・ケネディ）や在仏米大使（ウィリアム・C・ブリット）も槍玉に挙げた——漫画に書かれている「アメリカの陰謀」はこのことを指している[27]。英米の政府は、そうした白書はゲッベルスによる捏造であり、ポーランドにいるナチスが犯した罪を覆い隠すための企てであると非難した。この批判の内容を、漫画家は「壁紙貼り職人ヒトラー」として巧みに絵のなかに取り入れたわけだ。

図59　ジョージ・バターワース作「粗悪なデコレーション」。『デイリー・ディスパッチ』紙 1941 年 8 月 6 日号掲載の時事漫画。

一九四一年八月六日、英マンチェスターの

新聞『デイリー・ディスパッチ』の漫画家ジョージ・バターワースは、ヒトラーがアール・デコ様式の肘掛け椅子に座り、自分の周りを囲む「仕事」をじっくりと点検しているという漫画を発表した。ヒトラー政権が残酷なやり方でナチスの支配下に置いた国々を表す壁には、鉤十字模様の壁紙が、「新秩序糊」や「ゲシュタポ接着剤」を使って、適当かつ乱暴に貼り付けられている(28)（図59）。漫画のタイトル「粗悪なデコレーション」が意味するところは、ヒトラーが作る家はまともに立たないが、その理由は、地面から上へと家を作っていく建築家とは違い、壁紙貼りがやる仕事には上っ面程度の深さしかないからだ、というものだ。

ヒトラーがまだミュンヘンのビアホールで演説をする扇動者《アジテーター》だったナチ党初期のころ、新聞記事は、彼が過去に経験した職業として看板描き、石工、建築の製図技師、機械工、壁紙貼り職人、家のペンキ塗り職人などさまざまなものを挙げ、ときにはそのうちのいくつかを兼業していると紹介することもあった(29)。一九二五年に出版された自伝的著書『わが闘争』のなかでは、ヒトラーは曖昧な説明しかしていない。ウィーン時代、大志を抱く若い建築家だったころ、自分は建築現場で働く未熟な作業員として生計を立てていたとヒトラーは書いているが、歴史家たちはこの主張について証拠がないと切り捨てている(30)。その真偽はともかくとして、ヒトラーがかつて真摯に働く労働者だったというイメージは、彼を庶民の味方として喧伝したいナチ党の宣伝係《プロパガンディスト》にとっては都合がよく、彼らはそうした設定を積極的に広めていった。

一九三〇年代初頭、ヒトラーが政治家として首相官邸への道を登りはじめると、彼の敵対者たちは、ドイツの知的・支配階級が抱く社会的偏見を刺激する目的で、ヒトラーは思い上がった職工であるとのイメージを復活させる作戦に出た。一九三二年四月八日、オーストリアの左派リベラル系新聞『ヴィーナー・ゾン＝ウント・モンタークス＝ツァイトゥング（ウィーン日曜・月曜新聞）』紙が、ヒトラーの過去についてのセンセーショナルな暴露記事を掲載すると、これは『ニューヨーク・タイムズ』紙の一面を飾るなど、諸外国の新聞にも転載された。記事にはこうある。「アドルフ・ヒトラーの生まれ故郷であるオーバーエスターライヒ州ブラウナウ・アム・インに向かった特派員が教区簿冊で確認したところ、もし税関職員だった彼の父親が相続権を得るために改名していなかったなら、ヒトラー氏の支持者たちは『ハイル・シックルグルーバー！』と叫ぶことになっていたことがわかった」。記事ではさらに、こんなことも暴露された。「ヒトラー氏は、ブラウナウで平凡な成績で学校を終えたあと、ウィーンで壁紙貼り職人、ペンキ塗り職人として働き、また一九一四年二月に徴兵を受けたときには、『虚弱なため兵役に就くには不適当』として不合格となっている」[31]。この屈辱的なエピソードは、ヒトラーが立候補していたドイツ大統領選投票日のわずか二日前に披露されたもので、その目的はナチ党が新たに打ち出した「私人」ヒトラーのイメージに泥を塗ることであった。

ヒトラーに対する「壁紙貼り職人」あるいは「家のペンキ塗り職人」といった卑下のニュアンスを含む呼称は、彼が政治家としての名声を高めていった一九三〇年代なかばには、外国の主流紙ではほとんど見られなくなった。一方で、ドイツから逃れたベルトルト・ブレヒトなどの作家や、ヒトラーを批判していた外国人のあいだでは、そうした呼称は引き続きよく使われていた[32]。一九三七年には、シカゴのローマ・カトリック教会大司教であるマンデライン枢機卿が、ナチ体制を激怒させ、ナチスとバチカンの関係を悪化させるという事件が起こった。彼は五〇〇〇人の高位聖職者と司祭を前に行なったスピーチのなかで、ドイツのカトリック教会に対するナチ党の「悪意ある」プロパガンダと行動を糾弾し、ヒトラーについて「オーストリアの壁紙貼り職人で、しかも大した腕前でもない」と発言したのだ[33]。ナチ体制は、この総統への「侮辱」に対して抗議をし、一方、米国塗装・室内装飾・壁装職組合もまた、自分たちの仕事への侮辱だとして怒りの声を上げた。「あの自己中心的で、労働者に敵対する独裁者が、かつて壁紙を貼ったことがあるのだとしても、だからといって彼が『壁紙貼り職人』という名誉ある称号を名乗る資格があるとは言えない。[……]ヒトラーが過去一〇年のあいだに貼り付けて動けないようにしたものがあるとすれば、それはドイツの人々の自由だけだ」[34]。

マンデラインの言葉によって引き起こされた国際的な論争のあと、アメリカの風刺漫画家たちはさまざまな手法を駆使して、「壁紙貼り職人ヒトラー」という存在を、時事問題を批判する自分たちの作品に入れ込んでいった。たとえばオーストリア首相クルト・フォン・シュシュニックが侵略を目論むナチスをなんとか撃退しようとしていた一九三八年三月初旬には、『ロサンゼルス・タイムズ』紙に、「壁紙貼り職人の帰還」とキャプションが付いた作品が掲載された。そこに描かれているのは、オーバーオールを履いたヒトラーが、オーストリアを表す壁に、鉤十字模様が付いた壁紙を貼っている様子だ。(35) 一九四一年六月のソ連侵攻後にドイツの犠牲者数が急増すると、アメリカの漫画家たちは、ヒトラーを死の壁紙貼り職人に仕立て上げ、彼が自らの帝国の壁を長い死傷者リストで覆っていく様子を描いた。(36) 一九四二年二月には、広く報道されたあるニュースが、漫画家たちに新たなインスピレーションを提供した。ニューヨークの壁紙貼り職人で、ドイツからの亡命者であったベニー・ヌスバウムが、自分はヒトラーが「ただの壁紙貼り職人のシックルグルーバーだったころ」を知っているとあかしたのだ。ヌスバウムはこう語っている。「彼はたんに変わり者というだけでなく［……］壁紙をまっすぐに貼ることもできなかった。あの仕事のできばえはひどいものだった。わたしなら片腕だけであの男よりいい仕事ができた。彼があの職をあきらめたのも無理はない(37)」。ニューヨーク市民は同年、ヌスバウムの元同僚だというこの男に対する感情を、こんな行動によって表現した。「ヒトラーに見立てたグロテスクな人形に壁紙貼り職人の衣装を着せ、顔には糊を塗りつけ、服には壁紙の切れ端を貼り、右手にアメリカの旗を持たせた」ものを、マンハッタンの一地区であり、ドイツ、中欧、ユダヤ人の移民が数多く住んでいるヨークヴィルの街灯から吊り下げたのだ。(38)

戦争のなりゆきがヒトラーにとって不利に転じたあとで、ヌスバウムがこの話を公表したのはおそらく偶然ではない。一九四一年末、ドイツ軍のソ連侵攻は過酷な天候によって頓挫しはじめたが、これはドイツ人にとって予想外のことであった。一二月一一日にはヒトラーはアメリカに宣戦布告して、戦いをさらに拡大した。ヌスバウムによって提示された無能な壁紙貼り職人のイメージをユーモア作品のネタにするには、当時はまさに最適の時期だったわけだ。一九四二年、アメリカの新聞には、ヒトラーが前線から前線へと大急ぎで駆け回り、そこら中に広がりつつ崩れていく紙の帝国を、なんとかして持ちこたえさせようとしている漫画が次々に登場した（図60）。悲惨な戦いが繰り広げられたスターリングラード攻防戦を終えた一九四三年には、アメリカの漫画家たちは、自暴自棄になり、かつての壁紙貼り職人の仕事に戻ろうとしている総統の姿を描いた。一九四四年一月、ドイツ軍が東部戦線で急速に後退したことで、連合国軍は敵国の士気の低下を感じ取っていた。ウィリアム・シャイラーは、ドイツ国民はソ連での大敗についてヒトラーを非難しており、ナチ党最高指導部のあいだにも悲観論の兆候が感じられると伝えている。シャイラーによると、ゲッベルスでさえ「気が抜けている」ように見えたという[39]。その数週間後に発表された漫画のなかでは、ゲッベルスがヒトラーの肖像画の下に立ち、ゲーリングにこんなことを囁いていた。「ヘルマン、ここだけの話だが——わたしは彼が壁紙貼りでさえうまくできるのかどうか疑問に思いはじめているよ[40]」。

図60　ヴォーン・シューメイカー作「いつも忙しい壁紙貼り職人」。『シカゴ・デイリー・ニュース』紙の時事漫画。『ニューヨーク・タイムズ』紙1942年5月10日号に転載されたもの。

戦線がドイツに近づくにつれ、英米の時事漫画にはベルクホーフ自体が登場するようになった。ヒトラーが首相になった当時は、何万人ものドイツ人がベルクホーフに巡礼に訪れた。連合国軍の爆撃が激しくなると、市民はふたたびベルヒテスガーデンに集まりはじめたが、彼らは荒廃したドイツの都市から逃げてきた難民であり、ナチ体制はこの事態を受けて、一帯に近寄ることを禁ずる命令を出した[41]。一九四三年八月二七日、ロンドンで活動する漫画家デヴィッド・ロウは、同禁止令に関する作品を発表した。絵のなかのヒトラーの足元には、爆撃を受けた都市について報じる新聞が散らばっており、彼はかの有名な窓からこち

図61　デヴィッド・ロウ作「窓の顔（爆撃地からの避難民がベルヒテスガーデンに近づくことは固く禁じられています――ドイツのニュース）」。1943年8月27日に発表された時事漫画。

らを覗き見る家を追われた人々の顔を、不安げに見つめている（図61）。一九四三年、『アリゾナ・リパブリック』紙に掲載されたレッグ・マニングの作品は、人里離れた山の頂上に立つ、ヒトラーの顔が付いた不気味な城の周りを、幽霊のような人影が囲んでいる様子を描いている（図62）。タイトルには短く「世界一多くの幽霊に取り憑かれた家」とある。(42)

　マニングが描く最果ての地にぽつんと立つ家――ヒトラーの犠牲になった人々の幽霊は近くにいるが、ドイツ国民にとっては遠く離れた場所――は、英語圏のマスコミにおいて、ヒトラーの山荘に関する記事の重点が、人々の心がヒトラーから離れつつあることに置かれはじめたことを明確に示していた。戦争末期におけるこうした視点の変化は、遅きに失したとはいえ、マスコミが急速に、ドイツ政府が発表するベルクホーフの公式情報への信頼を失いつつあったことの証左であった。ヒトラーがオーバーザルツベルクに滞在する期間が非常に長かったこともあり、ナチ党の宣《プロパ》伝係《ガンディスト》は、山にいることを孤立と結び付けて解釈されないよう、さまざまな方策を講じていた。そして彼らが過去の伝説を利用したことから、オーバーザルツベルクの山々は孤独というよりもむしろ、ドイツという国と、ドイツ人の意識を象徴するシンボルとなっていった。ヒトラーがアルプスに「引きこもった」とき、宣伝係《プロパガンディスト》たちは、彼は実際には民族精神《フォルクスガイスト》により近づいているのだと主張した。ヒトラーが山のなかにいながら人々のそばにいるという概念は、巡礼に訪れる支持者の存在によってさらなる信憑性を得た。この現象はそもそも、だれもがヒトラーのそばに行くことができることの証として宣伝係《プロパガンディスト》によって推奨され、宣伝に利用されたものであった。ヒトラーの山荘はこうして、ドイツの指導者と国民とのあいだを媒介する場所として仕立て上げられ、かつてのヴァイマール共和国による民主主義制度よりもさらに「確かな」コミュニケーションの形を示すものとなった。

一九三〇年代の大半を通じて、英語圏の主要報道機関は、ベルクホーフが民族と総統とを結ぶ場所であるという神話を補強する作業に加担していた。ヒトラーのことを、借地人とともに暮らす田舎の名士として神話化したとき、フィッツ＝ジェラルドは、ナチ党による作り話を、英語圏の人々にも馴染み深い言葉で書き換えていたわけだ。しかし戦争が始まったあと、とくに戦争の末期には、報道でのベルクホーフの扱いは方向性が逆転し、その存在は山荘の住人と彼を支持する市民との近さを強調するのではなく、両者のあいだがいかに離れているかを示すものとなった——それは他国へ亡命したドイツ人作家たちが、すでに何年も前から言い続けてきたことであった。一九四二年に『ニューヨーク・タイムズ・マガジン』誌に掲載されたヒトラーの性格と政治生命を検証する記事で、ワシントン駐在記者ウォルター・ブラウンは、彼が送

図 62　レッグ・マニング作「世界一多くの幽霊に取り憑かれた家」。『アリゾナ・リパブリック』紙掲載の時事漫画。1943 年。

る私生活の「にわか成金」的な派手さと、「これ見よがしで、ほぼ病的に思えるほど豪華な環境」で暮らすことへのこだわりに焦点をあてている。彼はヒトラーの「建築とデコレーションにおける贅沢な好み」を表すうえでヴェルサイユを引き合いに出してみせたが、これは運の尽きた「頽廃的な」政権を表すものとしては、実に的を射た選択であった。この記事に添えられた絵には、血塗られた手で地球儀を握りしめたヒトラーが、ベルクホーフの大きな窓の前に立ち、窓の外からは、ボロボロになった彼の犠牲者たちが近づいてくる様子が描かれている。(43)ヒトラーの山荘は、彼が桁外れの富豪であるということ以上に、彼が感情的にも肉体的にもドイツ国民から遠く離れていることや、国民からも、また敵である連合国軍からも身を隠したいという彼の願望を表すものとして語られるようになっていった。「隠れ家」、「要塞宮殿」、「城」、「山塞」といった言葉がこの家の描写に使われることも、もはやあたりまえになった。(44)かつては親善の場所として喧伝されたベルクホーフはいまでは、孤立と報いの場所に変わっていた。

しかしながら開戦後、総統による浪費を象徴する建築としてベルクホーフ以上に注目を集めたのは、ケールシュタインハウスであった。ベルクホーフからわずか数キロという距離にそびえるケールシュタイン山の頂上にあるこの建物は、マルティン・ボルマンの発注によってローデリヒ・フィックが設計し、ナチ党の象徴として建てられた。また一説には、総統の五〇歳の誕生日プレゼントであったとも言われている。豪華な家の内部は、木材と石材で装飾が施され、イタリア製大理石の暖炉（ベニート・ムッソリーニからの誕生日プレゼントと言われる）がある広々とした八角形のレセプションホール、三〇人が食事をとれるダイニング、パノラマを望む格納式の窓がある小さな居間、ヒトラー用の書斎、キッチン、警備員の部屋からなっていた。このほか、屋外には日光浴と散策のためのテラスもあった。ドイツとオーストリアの一流技師によって進められた建築工事は、何千人という作業員が二四時間、あらゆる天候のなかで働き続け、わずか一年強で完遂された。家を作るにあたっては、いくつものトンネルを含む危険な山道の建設工事も必要となり、また海抜一八〇〇メートル超の露頭の上にぽつんと立つ建物に直結させたエレベーター・シャフトを作るために、硬い岩盤を数百メートルにわたって掘削しなければならなかった。荒々しい自然に対する、ナチ体制の優越性を示すものとして喧伝されたこのプロジェクトは、完成までに莫大な資金が費やされ、一〇人の作業員の命が犠牲となった。ヒトラーはわかっている限り、この建物をわずか一四回しか利用しておらず、一九四〇年にイタリア王妃マリア・ジョゼを伴って訪れたのを最後に、二度と戻ってこなかった。(45) 物資不足と緊縮政策の時期に実施されたこの贅沢な建築プロジェクトについては、ドイツ国内では公にされず、あまり知られてもいなかった。しかし一九三九年一月には、前年の秋にケールシュタインハウスに招待された数名の外国人からの情報を元に、ドイツ国外の新聞に記事が出はじめた。

戦前の米英の報道においては、記者たちはこの家を通称「鷹の巣」と呼んで賞賛して――さらに言えば、この家に魅了されて――いた。ラルフ・バーンズは一九三九年一月の『ワシントン・ポスト』紙の記事のなかで、この家について、ドイツの神話やアラビアン・ナイトから出てきた屋敷のようだと書いている。ヒトラーは「ここに何時間もじっと座ったまま、吹雪に包まれた山頂や、眼下に見える故郷オーストリアの渓谷といった雄大な景色を眺めている」(46)。参照できる写真がなかったせいで、記事に書かれたディテールには不正確なものもあった――たとえば、この屋敷は鉄鋼とガラスでできていると書いた記事もあったが、実際の家は昔ながらのレンガ造りに近く、外壁には花崗岩が貼られていた。また、こちらもおそらくは写真がなかったことが原因となって、毎日太陽が降り注ぐ、雲よりも高いところに立つ水晶の別荘、山の奥深くに開いた洞窟へと続く巨大な銅製の扉、岩を貫いて滑るエレベーターなどを描写するいかにも大げさな文章が、読者の心のなかに、この世の物とも思えない魔法のような場所というイメージをさらに強烈に印象づけた。(47)

ドイツがポーランドに侵攻したあとは、ケールシュタインハウスをおとぎ話のなかの建物のように描写する記事は影を潜めた。一九三九年一二月、フランス政府は、ミュンヘン会談から開戦に至る期間のドイツとの関係を記録した外交文書をまとめた黄書を発行した。この黄書には、アンドレ・フランソワ＝ポンセが駐独フランス大使としての在任中にまとめた報告書が含まれているが、そのなかに一九三八年一〇月一八日のケールシュタインハウス訪問に関する長い文章がある。ヒトラーは、フランソワ＝ポンセが駐伊大使としてローマでの任に就くためにドイツを離れる前に、ミュンヘン会談の成果について話し合うため、彼をこの家に招待している。フランソワ＝ポンセは格調高い文語体で、この建築プロジェクトをヒトラーという謎の一部であると分析している。

訪問者は、自らが夢を見ているのではないことに確信が持てない。彼は自分で自分をつねって、これが幻覚ではないことを確かめずにはいられない。

ここは聖杯の騎士が暮らしたモンサルヴァート城か、修道士の瞑想のために作られたアトス山か、それともアトラス山脈の中心にそびえるアンティネアの宮殿だろうか。ここはヴィクトル・ユーゴーが『城主』の原稿の余白に描き込んだ、あの幻想的な絵の具現化か、大富豪の空想か、それとも山賊が体を休め、財宝を溜め込んでいるねぐらにすぎないのだろうか。これはまともな人物のなせるわざか、誇大妄想にさいなまれ、支配と孤独の欲求に取り憑かれた男の仕事か、それともたんに恐怖に圧し潰された人間のものだろうか。[48]

AP通信の記事は、フランソワ＝ポンセが受けた印象を、これほど雄弁ではないものの、より簡潔な言葉でまとめている。ヒトラーの鷹の巣を訪問した大使が「ゾッとしたことは間違いない」[49]。ヒトラーがもしフランソワ＝ポンセの報告書を読んだなら、彼を親切にもてなしたことを後悔したかもしれない。いやヒトラーはむしろ、自分の野望と行動が、敵対者を後々まで動揺させていたことを知って喜んだのではないだろうか。

それから数年がたつころには、外国人ジャーナリストたちはもはやケールシュタインハウスが象徴するものの正体に疑問を抱いてはいなかった。一九四二年、フレデリック・オクスナーは『ニューヨーク・タイムズ』紙に寄稿した記事のなかで、ヒトラーのことを「現存するなかで、もっとも危険かつとりわけ狡猾な政治的ギャングのひとり」と評している。オクスナーは現地の事情をよく知る立場にあった。彼は元UP通信ベルリン支局のチーフで、当時はドイツでの半年間の抑留生活のあとにアメリカに帰ってきたばかりだったのだ。オクスナーの目から見れば、鷹の巣と呼ばれる屋敷はヒトラーの「はなはだしいエゴイズム」と「途方もない気まぐれ」の具現化であった。「あのそびえ立つ別荘では、歴史的に重要な協議、歴史を作った口論、恋愛絡みの自殺があり、またときおりヒトラーが羽目をはずして騒ぐこともあり、つまりこの場所は大まかに言えば、疲れたビジネスマンが座るバーレスク・ショーのかぶりつき席のようなものとなっている」。ケールシュタインハウスで起こっていることに関するオクスナーのどぎつい（そして大いに誇張された）説明により、この屋敷が退廃の場所――不道徳な怪物がすむねぐら――であるというイメージはさらに強化された。彼はまた記事のなかで、ケールシュタインハウスは危険な場所だと書いている。ここは「強力な無線送受信機」を備えた要塞、「ナチスのもっとも重要な秘密」を守るための保管庫、さらには「ダイナマイトの火薬庫」でもあり、もしこれを爆発させたなら、あの山の頂上に近づくことは不可能になるだろう。そしてまさにこのケールシュタインハウスにおいて、「邪悪な天才」ヒトラーは、世界を彼の「支配民族」に服従させるという計画を立ち上げ、それを実行に移そうとしていると、オクスナーは警告していた。[50] 一九四四年六月に『デイリー・メール』紙に掲載されたある記事によって、ケールシュタインハウスがヒトラー最後の砦であるという印象はいっそう強められた。この記事には「ヒトラーが何年も暮らしていく」のに十分な「補給物資を積んだ大きなトラックが何台も」到着しているという情報があると書かれていた。[51] こうした噂は、ナチスには長期の抵抗が可能なだけの力があるという恐怖を煽るだけでなく、ベルクホーフとケールシュタインハウスの関係性についての混乱の原因となった。これらふたつの建物はある意味、融合してひとつの幻想的な創造物になってしまっていた（たとえば先述のマニングの漫画〔図62〕には、まさしくそうした混同が起こっていることが見て取れる。ただしこの作品においては、総統の家の正確な描写よりも、象徴的な意味合いが重要視されていることはあきらかだ）。[52]

一九四四年には、もはや新聞はケールシュタインハウスを「鷹の巣《イーグルズ・ネスト》」とは呼ばなくなった。『ニューヨーク・タイムズ』紙はこれを「人食い鬼の巣《オーガーズ・ネスト》」と名付け、ここは「残忍なおとぎ話」が展開される場所であり、そこにいるヒトラーには「自らが欧州全土にもたらした焼け焦げた廃墟も、死体の山も見えない」と書いた。現実の人間というよりもむしろグリム童話の登場人物に近いこの男は、「自分自身を山の頂上という、世界の上、人類の上、さらに各国内の、また国と国とのあいだの平和を可能にする法・慣習・制限の上に据えている」。Dデイ〔一九四四年六月六日。連合国側の勝利を決定づけたノルマンディー上陸作戦決行日〕まであと数週間という時期に書かれたこの記事は、ケールシュタインハウスを、ヒトラーに掌握された欧州大陸の解放という目の前の大仕事と関連性のあるものとしてあえて位置づけ、アメリカの読者に提示してみせた。「彼の本拠地に大々的な攻勢を仕掛けようというこの緊迫のときに、われわれが戦う悪、われわれが勇気を持って破壊する危険のシンボルを掲げるのは大切なことだ」。善と悪との最後の戦いが近づくなか、ケールシュタインハウスは、この戦争全体のシンボルとなっていた。(53)

ドイツ国内においては、戦争の始まりと同時にヒトラーのイメージも変化していった。ホフマンが相変わらず、『山で暮らすヒトラー』などの、ヒトラーが自然を謳歌したり、首相になりたてのころに近隣の人々や友人たちと家でくつろいだりしている姿を紹介した本の再発行を続けていた一方で、総統をめぐる広報は、国民の軍事指導者としての役割に焦点をあてたものへと変わっていった。(54)ドイツの兵士たちが国民の望まない戦争に出かけ、銃後の守りにあたる人々にはますます重い負担がのしかかろうというときに、快適な家で暮らすヒトラーの写真を公表すれば、総統には自身の身を削る覚悟がないというマイナスのメッセージとなったことだろう。またヒトラーは、自分がどれだけ長くオーバーザルツベルクに滞在し、ドイツの首都を留守にしているかを国民に知らしめたいとも思っていなかったはずだ。

おそらくはそういった懸念を払拭したいという理由から、ヒトラーは一九四〇年代に数回、ベルクホーフで撮影されたニュース映画『ドイチェ・ヴォッヘンシャウ〈ドイツ週間ニュース〉』に出演している。ベルクホーフが一般公開用の映像に登場するのは非常にめずらしいことであった。ウーファ映画会社によって一九四〇〜四五年にかけて製作され、広く配給された戦時プロパガンダであるこうした白黒のニュース映画は、ドイツの公共の映画館では、映画本編スタート前の上映が義務付けられていた。ベルクホーフが登場する場面は、たいていは一〜二分程度の長さで、軍服姿のヒトラーが仕事をしている様子が映し出されていた。そのなかで彼は、ゲーリングと打ち合わせをしたり、日本の大使である大島浩から書類を受け取ったり、将官らとともに地図を眺めたり、クロアチアの独裁者アンテ・パヴェリッチやムッソリーニといった親しい関係にある国家元首と会合を持ったりしていた。ニュース映画のなかで視聴者に公開される場所は、訪問者が到着し、ときにそこでヒトラーと挨拶を交わした屋外のメイン・エントランスと、ヒトラーが会合を開く大広間だ。大きな黒いメルセデスの到着がドラマチックな雰囲気を醸し出す。不動の姿勢で立つ儀仗兵、戦勝ムードを盛り上げるBGMや、総統と訪問客が家を出入りする際に聞こえるドラムロール、軍服と勲章の力強さ、そして大広間の巨大な窓からはいる明かりに照らされてシルエットになった人影と、その向こうに見える壮大なアルプスのパノラマ。家の裏手のテラスも一度だけ登場し、そこではパヴェリッチがヒトラーに、フリードリヒ大王が七年戦争〔一七五六〜六三年、プロイセンが多くの欧州諸国を敵に回して勝利を収めた戦い〕で使った旗と、フリードリヒ大王のチェスセット（どちらもザグレブにあったクロアチア国立博物館から持ってきたもの）を手渡していた――こうした贈り物に、軍事戦略と勝利を連想させる意図があったことは間違いない。(55) このように、戦時中のニュース映画に登場するベルクホーフは、厳粛かつ活気に満ちた外交と公務の場所であり、その描かれ方は、ホフマンが過去に出版したヒトラーの山の生活に関する本におけるそれとは著しく異なっていた。

一方でナチスは、もはやドイツ国民に向けてヒトラーの「温和」で家庭的な側面を強調することに戦略上の意義を見出していなかったにもかかわらず、国外におけるそのプロパガンダ効果はまだかなり強力であると見込んでいた。一九四一年に出版された写真集『ある指導者と彼の国民――人々のなかのひとりの男』は、ヒトラーのカリスマ性がどの程度のものであるかについて、ナチ体制とその支持者たちがいかに大きな勘違いをしていたかを証明するものだ。同書はフランスの読者向けに、ほぼ間違いなくドイツ人の資金提供によって制作されたもので、これを作った人間は、占領下にある人々を、自分たちを征服した人間を賞賛・尊敬するよう説得できると信じていた。その背景には、戦争に至るまでの数年間に、独仏間における友好回復に向けた努力や、フランスの報道――これは当時、すでに大きく右へ傾いていた――に対するドイツの直接的な介入を通じて、ヒトラーとナチ文化を好意的に描くための基盤が整えられていたという事情もある。熱狂的な協力者にとって、一九四〇年のドイツによるフランス侵攻は、ナチスの善意を否定するものでも、両国の良好な関係の可能性を打ち消すものでもなかった。ゲッベルスやホフマンがドイツで実践したのと同じように、彼らは「善良な」ヒトラーを喧伝し続ければ、同胞たるフランス国民にも、ドイツによる占領は自国のためになると納得してもらえると考えていた。(56)

熱烈な親ナチのフランス人作家アルフォンス・ド・シャトーブリアンは、『ある指導者と彼の国民』の序文で、この写真集は「ドイツ国民と親しく交わっている瞬間の総統アドルフ・ヒトラーの魅力を生き生きと描き、フランス人に実感してもらう」ことを意図したものだと書いている。この本はまた、抵抗勢力からヒトラーに向けられる悪意に満ちた「歪んだ中傷」を矯正する役割も持っているとシャトーブリアンは続ける。その抵抗勢力とはたとえば、物分りの悪い過去の支配層、彼に敗北して嫉妬に燃える敵対者、彼が積み上げつつある業績の前に萎縮している諸外国などだ。シャトーブリアンによると、本に掲載された写真は「興味、理解、知的共感」を促すために選び抜かれたものだという。ヒトラーを新たなタイプの指導者の「模範」として崇拝し、その多大な影響力はドイツ国民以外にも及んでいると考えていたシャトーブリアンは、すでに自らが所有するフランスの親ナチ週刊紙『ラ・ジェルブ（束）』のページを割いて、占領軍に協力せよとの呼びかけも行なっていた。フランス人向けに特別に編集された写真集である『ある指導者と彼の国民』への序文を頼まれたとき、彼は「当然」これを快諾している。(57)

フランスの読者に披露するために「慎重に」選択されたという写真は、ホフマンがドイツや諸外国の読者向けに何年も前から売りさばいてきたものを寄せ集めた使い回しであった。ここで注目すべきはしかし、まさにそのオリジナリティの欠如だ。この事実は本の制作者たちが、平時にあれほどの効果を上げたプロパガンダが、戦争時にも同じだけの働きをしてくれると信じていたことを物語っている。写真の大半は、ヒトラーがドイツ国内で国民と交流している姿を写したものだったが、そのほかにも、彼がチェコスロヴァキアにいる民族ドイツ人や、オーストリア人の「解放者」として歓迎されている場面もあった。フランスにいるヒトラーを写したわずか数枚の写真は、その脇に添えられた、フランス人の勇敢さを褒め称える彼の言葉通りの文脈のなかにはめ込まれていた。シャトーブリアンは、同書の写真には、ヒトラーが体現している新たなタイプのリーダーシップが表現されているると主張した。だからこそ、ここに表現されている民衆と指導者との関係のありように比べれば、国籍はさほど重要ではないと彼は言い、フランスの読者に向かって、そうしたいま起こっている変化を考慮に入れたうえでこの写真をじっくりと見てほしいと訴えていた(58)。

支持者たちとの親密かつ精神的な絆を共有する新たなタイプの指導者の姿を写真で紹介したこの本において、ベルクホーフは最上の位置を占めていた。冒頭の数ページは、家の内外から見たさまざまなベルクホーフの写真で埋め尽くされており、そのなかには「国の元首というよりも、むしろ民衆のために生きる人物に挨拶をするために、毎日ベルクホーフにやってくる何千人もの人々」の写真もあった(59)。そのあとに続くページでは、オーバーザルツベルクの隣人たちとおしゃべりをし、ベルクホーフで子どもたちと触れ合い、山景色のなかで物思いに沈んでいるヒトラーの姿が描かれている――これはつまり、戦前期にドイツ内外のオーディエンスを魅了するために使われ、あれほどの効果を発揮したものとまったく同じ手法であった。ヒトラーの宣伝係《プロパガンディスト》たちは、ドイツの占領に苦しめられている国においてさえ、ベルヒテスガーデンにいる男の写真によって人々の心をつかめると信じていたのだ。

第10章　地下室の秘密——爆撃、略奪、ヒトラーの家庭生活の再解釈

一九四五年四月なかばの時点では、オーバーザルツベルクが連合国軍の爆撃や地上戦に巻き込まれずに戦争を終える可能性もあるのではないかと思われた。ドイツ軍の抵抗が総崩れになるなか、米軍、仏軍は猛スピードで南下しつつ、オーバーザルツベルクへと接近していた。四月一六日、連合国空軍は、ヘルマン・ゲーリング率いるドイツ空軍のわずかな生き残りを撃滅した。彼らが攻撃を加えた九〇〇機のうちの大半は、燃料もパイロットも足りないせいで地面に置かれた状態だった。その夜、在欧州アメリカ戦略航空軍司令官カール・スパーツ大将は、ドイツ軍に対する戦略的航空戦に勝利を収めたと宣言した。英米の重爆撃機はいまや、「究極の目標——ドイツへの完全勝利」のため、地上部隊の戦術的サポートに集中できるようになった。[1] だからこそ、終戦間近の四月二五日に行なわれたベルクホーフへの空爆は、多くの人にとって意外なできごとであり、この家を破壊することがドイツへの「完全勝利」にどうつながるのかという疑問の声も聞かれた。

一九四四年の春以降、連合国空軍がオーバーザルツベルクの空爆を目論んだことは幾度かあったが、そのたびに反対意見が出されたり、中止になったりを繰り返していた。空爆支持派の意見は主に、ヒトラーを殺害できる可能性があることと、それによってナチ・ドイツの解体と戦争の終結を早めることができるというものであった。

しかしながらオーバーザルツベルクの防御は厳重で、攻撃を加えたとしてもヒトラーが生き残り、それを契機にドイツ国民が奮起する可能性は高いと思われた。そのほかにも、ヒトラーの軍事指導者としての無能さが連合国軍の助けになっている側面もあるというのに、事ここに至って彼を殺すことは賢明ではないという意見もあった。アメリカ陸軍航空軍司令官ヘンリー・〝ハップ〟・アーノルドは、一九四四年六月二〇日の日記にこう記している。「連合国空軍の高官たちが抱いている全般的な印象は以下のようなものだ。［……］『われわれの秘密兵器はヒトラーだ、だから彼の城を爆撃してはならない。彼に怪我をさせるな。彼にはどんどんミスをしてもらいたい』[2]」。連合国軍にはまた、攻撃の際にヒトラーがベルクホーフに滞在しているかどうかを確認する手段もなかった。ヒトラーがいないのであれば、ベルクホーフには軍事目標としての重要性はほとんどなく、また雲に覆われることの多い山岳地帯を飛行することの危険性や、予想される激しい対空砲火なども、象徴的な意思表示としての攻撃の正当化を難しくしていた[3]。

それでも、ヒトラーがもたらした恐怖と苦難の年月にうんざりしていた連合国軍の兵士たち、さらには本国にいる市民たちは、それが現実となるのを見てみたいと強く感じていた。一九四五年二月二一日、イタリアでの任務遂行を断念した米陸軍航空軍の戦闘機サンダーボルトの一団が、方向を変えてベルヒテスガーデンへ向かい、車両基地を爆撃した。飛行隊のリーダーは当初、自分たちがヒトラーの家の上空を通過していることに気づいておらず、あとになって、カラになったガソリンタンクをその周辺に落としたと報告しているが、これが原因で、ベルクホーフに爆弾が落とされたという憶測記事が出された。ベルクホーフ爆撃のニュースが伝えられた翌日、これに対する人々の反応について『ニューヨーク・タイムズ』紙は、「世界中で凄まじい政治的歓声が聞かれた」と表現した[4]。ベルクホーフが無傷であることがあきらかになったときの世間の反応は、たんなる落胆以上のものであった。三月一日の『ワシントン・ポスト』紙に掲載された編集部への手紙のなかで、ある読者は、なぜ「連合国軍は相も変わらず、あれほどまでの気遣いを発揮して、オーバーザルツベルクのヒトラーの別荘を爆撃するのを避けている」のだろうかと書いている。「わが国とイギリスの飛行機が、イタリアから飛び立ってオーストリアのどこかの地方に爆弾を落としてきた何カ月ものあいだには、ヒトラーの家に名刺を置いてくるのにちょうどいい機会くらいはあったはずだ。ヒトラーはあの家をよほど気に入っているようだし、あそこは連合国軍を苦しめる数々の計画がひそかに企てられてきた場所だ。あの運命の九月〔一九四〇年九月に開始されたロンドン大空襲を指す〕、ドイツ空軍はロンドンの公共の建物であろうと個人の建物であろうと、そこに爆弾を落とすことをためらわなかった。それではなぜ連合国軍は、これほどまでに徹底してベルヒテスガーデンのヒトラーの住居を破壊するのを避けているのだろうか」[5]。ヒトラーでさえ、機は熟し切っていると感じていたようだ。ベルヒテスガーデン車両基地への爆撃から三日後の二月二四日に出した声明で、彼はこう述べている。「イギリスの新聞で、わたしのベルクホーフを破壊する計画があるという記事を読んだ。これがまだ実行に移されていないことを、わたしは残念に思っているほどだ」。なぜならほかの人々にのしかかる重荷を、自分は「喜んで」背負うつもりだからだという彼の言葉は、戦争で家を失った数百万人のドイツ人を意識したものであった[6]。家を追われた人々の多くが、「残念」だという総統の気持ちに心の底から共感したことは間違いない。ベルクホーフが実際に炎に包まれたとき、ヨハンナ・シュタンガッシンガーという名の若い女性は、家族と一緒に渓谷の向かい側からこれを見ていた。その八年前、オーバーザルツベルクにあった自宅をマルティン・ボルマンに強制的に取り上げられたときの痛みをまだ覚えていた彼女は、父親に向かってこう言った。「これほど美しい光景を見たことがないわ。ヒトラーの家が燃えているなんて。わたしたちの家が燃えたのと同じように」[7]。

　ついに空爆が実行に移された一九四五年四月二五日、連合国軍はまるでその遅れを取り戻すかのように、恐ろしいほどの火力を見せつけた。ヨーロッパでの空爆が、すでに残り少なくなった戦術目標に集中していたため、この作戦には爆撃機をたっぷりと投入することができた。よく晴れた朝、空を飛ぶには理想的なコンディションのなかで、米陸軍航空軍のP - 51マスタング戦闘機八八機に先導された英国空軍（RAF）のランカスター爆撃機三五九機、モスキート爆撃機一六機からなる航空隊が、オーバーザルツベルク上空に二波にわたって飛来した。RAFの作戦記録によると、第一波は午前九時五一分から一〇時一一分にかけて、第二波は午前一〇時四二分から一一時〇〇分にかけて飛来し、もっとも爆撃が激しかった時間帯は一〇時前後と、一〇時四八分から一〇時五八分（現地時間）にかけてであった。[8]ときおり激しさを増す対空砲火のなか、飛行隊はベルクホーフの建物とその周辺地域に一二三二トンの爆弾を投下した。この爆弾のなかには、堅牢なコンクリートの目標物を破壊するために地下で爆発するよう設計された、一万二〇〇〇ポンドの「地震爆弾」トールボーイの最後の数発も含まれていた。一万二〇〇〇ポンドというのはとんでもない重量であり、小さな町を完全に破壊するほどの威力があった。連合国軍諜報部は、地下に巨大な掩蔽壕網が建設されているという情報をつかんでおり、爆弾のサイズとタイプは、地上の目標と同時に、こうした施設を貫通・破壊することを目的に選択されたものであった。それでもベルクホーフの掩蔽壕は十分に持ちこたえ、地下に避難した約三〇〇〇人の命を守った。攻撃の規模の割に報告された死者数は多くなかったが、そのなかには屋外で空爆にあった子どもたちも含まれていた。[9]

翌日、世界中の新聞に、「ヒトラーの隠れ家」が「復讐に燃える英国空軍のランカスター」によって消し去られたという大見出しが踊った。ある英国空軍曹長は、「まさにヒトラーの家があるその場所で巨大な閃光」が光り、それが「地表にあるものをすべて消し去った」のを見たと証言している。主要な攻撃目標のひとつであった「ケールシュタイン要塞」つまり「鷹の巣」にも爆弾が落とされたはずだったが、建物自体が被害を受けたかどうかは定かではなかった。親衛隊の兵舎は第一波、第二波の爆撃で「粉砕」された。[10]二機のランカスターが行方不明になったとの報告があり、のちにどちらの機体も対空砲火によって撃ち落とされていたことが判明した。これによって四人の搭乗員が亡くなり、生き残った者は捕虜となったが、彼らは前進を続ける連合国軍によってまもなく解放された。[11]オーバーザルツベルクの空爆は、英国空軍によるドイツへの最後の大規模攻撃となった。作戦から帰還した航空士は記者に向かって、「このミッションはわれわれが戦争の間中、ずっと待ち望んできたものだった」と語った。[12]

地上の様子を見ると、空爆は英国空軍司令部が言うほど大成功というわけではなかったことがわかる。建物と周辺地域が雪に覆われていたせいで、目標は確認しづらくなっており、爆撃地点を特定する手がかりとなったは

図63　リー・ミラー撮影「神話の終わり」。炎に包まれるベルクホーフ。英『ヴォーグ』誌1945年7月号掲載。

ずの無線信号は山で遮られていた。[13]一部の搭乗員は、高い山と、指定されたアプローチの方角が原因で、目標の目視が遅れてしまったと述べている。[14]英国空軍省は、攻撃目標はすべて問題なく確認できたと発表したが、第六一七飛行中隊による作戦記録には、同隊所属のランカスター搭乗員一六人のうち、一〇人が第一目標を発見できずに任務を中止するか、別の場所に爆弾を落としていたことが記されている。大きな被害を受けた建物の多く――マルティン・ボルマンとヘルマン・ゲーリングの家、チェコ人労働者の収容所、疎開した子どもたちの居住地――は、二次的な目標、あるいは偶然のなりゆきから目標とされたもののようにも思われた。主要目標であった親衛隊の兵舎は、その大きさと四角い形状からはっきりと視認できたため、トールボーイがもっとも正確に着弾し、建物は木っ端微塵に砕け散った。ケールシュタインハウスは、その周辺には爆弾がばらまかれたものの、無傷のまま残っていた。建物の面積は爆撃前、わずか一七平方ヤード（一四平方メートル）ほどと見積もられており、この数字は正確ではなかったものの、小ささが幸いして直撃は避けられたようだった。もうひとつの主要目標であったベルクホーフの場合、雪のせいで建物の視認が難しかったため、あるランカスターの搭乗員が見たところ、「爆撃は非常に広範囲に散らばっていた」という。[15]イギリスとドイツの報告書、航空写真、目撃者の証言からは、小型爆弾三発が目標を捉えていたことがわかる。爆撃終了後まもなくベルクホーフに到着したある人物は、東翼と西翼が高性能爆弾の直撃を受けて煙を上げ、主棟（大広間とヒトラーの居住区画がある建物）の屋根が、おそらくは焼夷弾のせいで燃えているのを目撃している。[16]ヒトラーの秘書クリスタ・シュレーダーによると、家の古い部分――元のヴァッヘンフェルト・ハウス――は、隣に爆弾が落ちたときに「はじけ飛び」、新しい区画の屋内では「床に分厚く瓦礫が積もり、家具の大半は壊されて」いたという。[17]こうした被害はあったものの、ベルクホーフは報道で言われていたような、跡形もなくなった状態からは程遠く、東翼の大部分と大広間を含む多くの区画が倒れずに残っていた（ただし屋根と三階部分はダメージを受け、大広間の大きな窓ガラスは粉々になって地面に落下していた）。[18]五月四日、親衛隊員が現地を離れる前に建物にガソリンをかけて火をつけたため、内装の大半は破壊され、空爆によって傷付いた建物もさらなるダメージを受けた[19]（図63、図64）。

図64　Photo Marburg。1946年10月末に撮影された爆撃を受けて黒焦げになったベルクホーフ。メインの階段と東翼が見える（左手奥に見えるのはホテル・ツム・テュルケン）。

オーバーザルツベルクへのこうした大規模な空爆は、大きな危険とコストを伴うものであった。当時はドイツに対する勝利も間近と思われていたのだからなおさらだ。爆撃後の報道はこのニュースを歓迎したが、同作戦の明確な根拠について解説した記事は見当たらなかった。ロンドンのAP通信記者チャールズ・チェンバレンは、空爆は「あきらかに総統の命を狙った行為」だと主張しつつ、一方でヒトラーの居場所はわかっていないとも書いている。「ドイツのラジオ・プロパガンダは、ヒトラーは包囲されたベルリンのなかにおり、ドイツ軍の強固な防衛を指揮していると主張していたが、ヨーロッパ各地からの情報は、彼がベルヒテスガーデンに逃げ込んだという話を裏付けている。ヒトラーは何年にもわたり、この別荘に各国首脳を呼びつけ、選り抜きのカモたる彼らを言いなりにしてきた」。しかし、この任務の目的が実際に暗殺だったとして、それではなぜ「これほど目立つ目標がこれまで一度も爆撃を受けなかったのか」という疑問は残り、これについては「公式からも説明がないままになっている」とチェンバレンは書いている。[20]

その答えを探るチェンバレンは、ヒトラー個人を狙った攻撃とは異なる可能性も考察している。一九四四年頃から、ナチスがアルプス南部に、ヒトラーの熱狂的な支持者たちが立てこもる最後の砦たる「国家要塞」を建設しているという話がまことしやかに囁かれていた。オーバーザルツベルクとケールシュタインには、さまざまな設備や掩蔽壕を備えた巨大な地下網があると噂されており、これがその砦の中枢となる可能性が高いと考えられていた。ベルリンの陥落後、国家要塞は架空の存在だったことがあきらかになったものの、米軍のドワイト・D・アイゼンハワー大将ら西欧連合国軍のリーダーたちは、ナチスが南へ逃れ、アルプスに立てこもって長期ゲリラ戦に突入することを恐れていた。[21] チェンバレンは書いている。「ある英国空軍の参謀将校は今日、非公式にこう語った。『ベルリン陥落が近づいたいま、ベルヒテスガーデンはある意味、ナチスの首都とみなされている——鉤十字が空を飛ぶ最後の場所だ。だからこそ、この時点での空爆は心理的効果があり、またドイツ人が最後の抵抗のためにあの場所に集結しないとも限らない。よってベルヒテスガーデンは、以前よりも重要な軍事目標となっている』」。つまり非公式には、あの攻撃はしつこく抵抗を続けるナチスに対し、その希望を打ち砕き、アルプスの最後の抵抗拠点を消し去ることによって戦意を失わせるための作戦だったという説明がされていたわけだ。[22] 最高司令部で取材をした『クリスチャン・サイエンス・モニター』紙の特派員もまた、この攻撃の規模の大きさは、山の要塞からの激しい抵抗が予想されたこと、そしてその脅威を徹底的に消し去ることを目指していたのでなければ説明がつかないと述べている。「そうでもなければ、昨日、あれほど大量の重爆撃機がこの狭いエリアに集中したというのは納得しがたい。たとえそこがたまたまヒトラーの司令部だったとしてもだ」。[23]

一九四五年の時点でアメリカの戦時動員再転換局に勤めていたジョン・W・スナイダーは、一九六八年、オーバーザルツベルクへの攻撃について、アメリカ陸軍航空軍の協力は棚に上げつつ、イギリスが爆撃にこだわったと主張している。「イギリス人は戦争が終わったあとにやってきて、おかしな言い訳をしながら、明確な理由もなしにあの一帯に激しい爆撃を加えた。戦争は終わっていたが、彼らはおかまいなしに押しかけて、ヒトラーの別荘を爆撃して喜んでいた」。スナイダーによるこの証言は、元国家公務員としての立場から行なわれたものだ。彼は一九四五年九月、ハリー・S・トルーマン大統領のために、余剰物資の廃棄に関する調査をしながらドイツ国内を回っていたが、戦略爆撃の目的を支持しながらも、視察先で目撃した破壊の大きさには衝撃を受けたという。[24]彼の場合はこうした経験から、オーバーザルツベルクへの攻撃に対して否定的な見方をするようになったのかもしれない。しかし意外なのは、空爆に参加した搭乗員のなかにも、彼と意見を同じくする者がいたことだ。作戦記録の内容と、後年になってからの搭乗員の証言からは、このミッションのお粗末な計画のせいで空中では混乱が起こり、飛行機が四方八方に飛び回ってあやうく互いに衝突しそうになったり、相手の上に爆弾を落としたりしかねない事態に陥っていたことがわかる。こうした状況に、戦争末期になってランカスターを二機失ったことが重なり、このミッションを宣伝活動のための策略ではないかと考えていた一部の搭乗員を怒らせたのだ。それでも作戦の「帰還途中、そして帰り着いた基地では、お祝いムードが漂っていた」という。[25]

その後のなりゆきを考慮したうえで、一部の歴史家もまた、この空爆の戦術的価値に疑問を呈している。いずれにせよ、チャールズ・チェンバレンが空爆の当日、英国空軍の将校から聞いた説明は、その九日前に米軍司令官スパーツが口にしていた、この先行なわれる空爆は「ドイツへの完全勝利」に焦点をあてたものになるという主張を裏付けるものであった。連合国軍が考えるその勝利とは、物理的なものであると同時に心理的なものでもあり、オーバーザルツベルク爆撃が狙っていたのは、山に掘った穴に隠れていると思われる狂信的なナチスのみにとどまらなかった。連合国軍も十分に承知していた通り、ベルクホーフはシンボルとして非常に重要な意味を持っていた。ハインリヒ・ホフマンの写真やナチ党のプロパガンダを通じて、この家はドイツ人の心のなかでヒトラー自身と強く結び付いた存在となり、本人の代理のようなものとして認識されるようになっていた。ベルクホーフを破壊することで連合国軍は、身を隠しているヒトラーを儀式的に殺害し、それによって政権の終焉が早まることを期待していた。空爆が及ぼす心理的効果はつまり、アルプスのみならず、ドイツ全体にそのメッセージを行き渡らせるほど大きいと見込まれていたわけだ――英国空軍の将校による発言の意図も、おそらくはそこにあったのだろう。

戦争をただ終わらせるだけでなく、これを決定的に、華々しい勝利によって終わらせることを望んでいた連合国側はまた、ベルクホーフの爆撃によって、軍の士気を高めるという成果を得た。アイゼンハワー大将にとって、オーバーザルツベルクは「ナチスの傲慢さの象徴」であり、「われわれの爆撃機がそこを壊滅させる」様子を目撃した連合国軍司令部が「大いに喜び、満足感を覚えるのも無理からぬこと」であった。[26]また一説には、英国空軍爆撃機軍団司令官アーサー・〝ボマー〟・ハリスは、一九四五年二月にドイツ諸都市で行なわれた「恐怖爆撃」に対して英米国内で批判の声が上がったことから、第三帝国を敗北させるうえで空中戦が担う重要な役割を政治家や一般市民に印象づけるために、最後にもうひとつ英雄的なミッションをこなすことを望んでいたとも言われている。[27]一方、チャールズ・チェンバレンはその記事のなかで、終戦間近のこの時期、連合国側には共通の居心地の悪さを感じている人間が多く存在し、そのせいで彼らは、オーバーザルツベルクを爆撃によって忘却の彼方へ消し去りたいと望んだのではないだろうかと示唆している。デヴィッド・ロイド・ジョージ元英首相、ハリファックス卿、英の新聞王ロザミア卿、ネヴィル・チェンバレン英首相、英大使サー・ネヴィル・ヘンダーソン、ウィンザー公爵夫妻、仏大使アンドレ・フランソワ＝ポンセ、元駐ベルギー米大使ジョン・カダヒーらは、ヒトラーからベルクホーフに招かれた「選り抜きのカモ」であり、その招待に応じることによって、自分は尊敬されるべき世界的な政治家であるというヒトラーの主張の正当化に手を貸していた。一九三八年に、チェコスロヴァキア分割をめぐってベルクホーフで行なわれたチェンバレンとヒトラーとの会談の記憶はとくに鮮烈だった。これによってヒトラーは、ヨーロッパ最強の国々であろうとも、ドイツ帝国の計画の妨げにはならないという自らの信念をさらに強固なものとした。オーバーザルツベルクの爆撃を取り上げた記事のなかでは、このベルクホーフ訪問と、「われらの時代の平和」を成し遂げたという悲惨な思い違いを自信ありげに口にしたチェンバレンのことが繰り返し語られた。[28]一九四五年には、ベルクホーフという建物はすでに、連合国諸国が否定と宥和政策によってヨーロッパの破滅に加担したことを思い出させる屈辱的な存在となっており、この場所を壊滅させるべくて見える。

出撃した英国空軍爆撃機の恐るべき威力からは、その屈服という汚点を記憶から消し去りたいという願いが透けて見える。

連合国空軍はベルクホーフの痕跡を徹底的に消滅させることを望んでいたのかもしれないが、その思惑を台無しにしたのが、爆撃後に発生した大規模な略奪であった。略奪が起こったことで、ヒトラーが暮らした家の名残は物理的に保存されて世界各地へと散らばり、そこで地下室、居間、屋根裏部屋などにコレクションとして保管されることによって、ベルクホーフの存在を長らえさせることに貢献した。『ヴォーグ』誌の戦時特派員リー・ミラーは、五月四日の夜、まだ家が燃えている最中にベルクホーフに到着した（図63）。「朝には火はほぼ消えており、略奪者たちが大挙して押し寄せていた」と彼女は書いている[29]。ヒトラーの山荘への一番乗りを競い合ってやってきた――そしてあやうく殴り合いの喧嘩に発展しそうになった――フランス軍とアメリカ軍の兵士たちは、いまでは一緒になって家に持ち帰るための記念品を探し回っていた[30]。ボロボロになった廃墟で酒を飲み、戦利品をあさる「乱痴気騒ぎ」を眺めながら、ミラーは冷笑的にこう書いている。「偉大なる戦犯ヒトラーに関して博物館に収蔵されるべきものはなにひとつとして残っておらず、人々はこの先永遠に、世界中に散らばった、ヒトラーが使ったとおぼしきナプキン・リングやピクルス・フォークを見せられることになるのだろう[31]」。しばらくののち、彼女のこの言葉が正しかったことが証明された。

オーバーザルツベルクの爆撃は、現実とは思えないほどのナチスの贅沢ぶりを白日のもとにさらした。四月二五日の朝、親衛隊の伝書使で、子どものころにヒトラーの家を訪れて、彼の犬と遊んだこともある一七歳のリヒャルト・ライターは、ベルヒテスガーデンの北に位置するバイエルンの村ピディング郊外に置かれたドイツ軍臨時司令部に呼び出された。彼に下された指示は、ベルリンの首相官邸から届いた書類ケースを、オーバーザルツベルクの親衛隊分遣隊指揮官ベルンハルト・フランクのところへ届けることであった。フランクは当時、ゲーリングの身柄を確保し、本人の自宅で軟禁状態に置いていた。ライターがこの任務を任されたのは、彼が一帯をよく知っており、当時ベルヒテスガーデンから一五〇キロ弱のところまで迫っていた敵軍を避けるために裏道を使うことができたからであった。ライターが指揮官に書類ケースを渡したとき、空襲のサイレンが鳴り響いた。フランクはライターに、ゲーリングの家のプール脇にあるひとり用の防空シェルターに行くよう指示し、屋内へと消えた。爆撃が収まってから外へ出たライターがゲーリングの家を見ると、そこはまるで海賊の洞窟のように、文字通り財宝で溢れかえっていた。地下に広い掩蔽壕があることを知らなかったライターは、破壊された家にいた人たちは全員死んだのだろうと考えた。彼は美しいペルシア製の銀の皿と、宝石のはめられたペルシアの狩猟ナイフを瓦礫のなかから拾い上げると、それらをジャケットの内側に押し込み、ベルクホーフに向かってバイクを飛ばした。私道《ドライブウェイ》でいったんバイクを止めたライターは、絵を入れた紙挟みが何冊も、ヒトラーの家から吹き飛ばされ、黒焦げになったままあたりに散らばっているのに気がついた。彼はごくわずかしか焦げていないものを手に取り、それをサドルバッグに入れてから、自分が所属する大隊に合流するためにまたバイクを走らせた。のちに彼は、この紙挟みには、ミケランジェロがシスティーナ礼拝堂の天井に描いた人物六人を模写した版画がはいっていたことを知った。そのなかのひとりは、エルサレムの破壊を嘆く旧約聖書の預言者エレミヤであった。(32)

第三帝国の崩壊と同時に、オーバーザルツベルクにあったナチ党高官の家や、そこに保管されていた財宝の数々は、兵士や一般市民にとって格好の獲物となった。ヒトラーの死後、ベルクホーフで最初に略奪を行なったのは、かつての彼のもっとも忠実な支持者――ヒトラー個人の護衛を担当する親衛隊の一機関、帝国保安部の者たち――であった。(33) ベルクホーフの使用人たちは、トラックを持ってきて部屋のなかのものをありったけ持ち出した。(34) 次にやってきたのは近隣の住人で、彼らは「帝国のほかの場所ではとっくの昔に姿を消していた品々」を驚愕の目で見つめた。掩蔽壕の貯蔵室には、砂糖、バター、小麦粉、ハチミツ、コーヒー豆が溢れていた――配給とギリギリ消化できる程度の代用食品で何年もしのいできた人々にとっては、信じられない贅沢品であった。地下壕に並ぶ部屋には、衣服、石鹸、靴、皿、家具が蓄えられていた。驚きで開いた口が塞がらない状態の略奪者たちは、ボルマンの掩蔽壕の近くで「大量のフランス産のシャンパン、ワイン、コニャックに出くわした」。一帯には略奪の嵐が吹き荒れ、地元の住人たちは、連合国軍がやってくる前に、手押し車、荷車、自転車、荷馬

図65 「ベルヒテスガーデンの上にそびえる山の斜面に立つヒトラーの山荘ベルクホーフで、解放されたワインを飲む第3師団の面々。1945年5月」。このキャプションと写真は、デヴィッド・ケニヨン・ウェブスターが『サタデー・イブニング・ポスト』誌1952年5月3日号（25ページ）に寄稿した体験記「われらはヒトラーのシャンパンを飲んだ」に掲載されたもの。

車などを使って、できる限り多くの品々を運び去った[35]。

五月初旬、米仏の兵士がベルクホーフに到着すると、熱狂的な略奪が再開された。第五〇六パラシュート歩兵連隊E中隊所属の一等兵で、のちに記者となったデヴィッド・ケニヨン・ウェブスターは『サタデー・イブニング・ポスト』誌に、彼が「ヒトラーのシャンパン」を飲むに至った経緯を綴っている（図65）。彼の話は、遠回りをしながらベルヒテスガーデンにたどり着くまでの長い道のりの描写から始まる。その途上には「のんびりと穏やかな」田園風景もあれば、死臭漂うドイツの都市もあった。バイエルン・アルプスが近づくにつれ、兵士たちの不安は高まった。「われわれは皆、いわゆる国家要塞についていろいろな話を聞きすぎていた。国家要塞ではヒトラーが、親衛隊に最後の必死の抵抗――彼がいつも言っていた、最後のひとりになるまで戦うという例のあれだ――を命じていると言われていたし、戦争ももう終わろうというときに、アルプスから敵を一掃するというのは気が進む作業ではなかった。ミュンヘン＝ザルツブルク間のアウトバーンにはいり、右手に黒くて巨大なサメの歯のような山々を見上げながら、われわれは、あそこに最後の狂信者たちがいるのだろうかと考えていた」。連合国軍は、組織的な抵抗こそ受けなかったものの、孤立した数名の親衛隊員が山中で第三大隊に攻撃を仕掛け、「最初から連隊にいた数名が、この最後の悲惨な奇襲によって命を落とした」という。[36]

　ウェブスターが所属する第二大隊は幸いそうした攻撃を受けることもなく、五月五日にベルヒテスガーデンにはいってからは、リラックスしてのんびりと過ごすことができた。彼らは町のすぐ北側に「地元の親衛隊所属の警察官とその家族のために美しく整えられた」こぢんまりとした住宅街があるのを発見し、住人たちに荷造りの時間を三〇分与えて、「M-1〔ライフル〕で自分たちのすみかを借り受けた」。その「非常にモダンなアルプス風の住居」のなかで、ウェブスターと隊の仲間たちは満腹になるまで食べ、「アパートに残っている酒を飲み、バスタブにしばらく浸かったあとは、上質なシーツの敷かれた極上のベッドで寝転び、ラジオを聴いた」。その後、彼らはヒトラーの家から持ち出したシャンパンのケースを運ぶ兵士たちに出くわし、こんなチャンスは「絶対に見逃せない」とオーバーザルツベルクへと出発した。現場に向かう途中で、どうやら「町のだれもが、自分たちと同じことを考えている」らしいことがわかった。「偵察車、半装軌車、六輪駆動車、DUKW〔米軍の水陸両用車〕、フォルクスワーゲン、シュヴィムワーゲン〔ドイツ軍の水陸両用車〕——そのどれもが宝の山を求めて、曲がりくねった山道をわれ先にと登っていた」。現場に到着すると、彼らはそこで「この先決して忘れないであろう凄まじい光景を見た。ヒトラーの家で、真夜中に略奪行為が行なわれているのだ。〔……〕前庭は木材、割れたガラス、モルタル、レンガが散乱し、その上を飢えた兵士たちが、雨の降る闇のなかで狂ったようにうろついていた」[37]。

　米兵たちが死んだこの家の主人のために乾杯しているあいだに（『ハイル・ヒトラー、あの糞野郎《ザ・バスタード》』）、『ヤンク』誌の特派員ハリー・サイオンズ軍曹は、元の住人たちの痕跡という、別の獲物を求めて家のなかへと足を踏み入れた。かつてヒトラーが「一国の運命を決定する仕事を終えたあとで」外国の元首たちをもてなした大広間は、

図66　L・アモン撮影。ベルクホーフの大広間の窓と、その向こうに見えるウンタースベルク山の絵葉書。連合国軍による爆撃後。

「からっぽで、焼け焦げており、こぼれたワインと焼けた木の臭いが漂い、天井からは大きな木材が急な角度で垂れ下がっている」（図66）。二階のヒトラーの執務室には、金庫のほかはなにもなく、そのなかには『わが闘争』のサイン本が数冊残されているだけ」だった。[38] サイオンズが次に訪れたヒトラーの寝室と浴室は「荒らされてはいたが、家具類が簡素なものだったことを示す痕跡は残っていた。ただしヒトラーのベッド兼デイ・カウチは燃やされ、そのほかの家具はなくなっていた。浴室はシンプルで、ニューヨークのさほど高級でないアパートに付いているものに似ていた。着座式の便器、洗面台、浴槽はプレーンな白い磁器製だった。シャワーはない。総統はときおり、浴槽の蛇口に取り付けるゴム製のシャワーを使っていた。アメリカの安売りドラッグストアならどこでも一・九八ドルで売っていたものと同じような品だ。薬品戸棚には、ひまし油の瓶、リウマチ用の塗布薬の瓶、ドイツ語で『非売品』と書かれたうがい薬のサンプルが並んでいた」[39]。このもっとも私的な空間のなかでサイオンズは、親近感、凡庸さ、喪失感が奇妙に混ざりあった感覚を味わっていた。そこから浮かび上がる質素な男の肖像は、かつてのナチ党によるプロパガンダに不気味なほどよく似ていた。そうしたプロパガンダがあるいは、総統の痕跡を探して廃墟を隅々まで観察している訪問者が受ける印象に影響を与えていたのかもしれない。バルドゥーア・フォン・シーラッハのひどく興奮した、こびへつらったような調子の声が、いまにも聴こえてきそうなほどだ。「いいか、ヒトラーはわたしたちとなにも変わらない。彼は無料サンプルも好きなんだ！」しかし、ヒトラーを民衆の味方として持ち上げるために彼の平凡な日課を引き合いに出したシーラッハとは違い、サイオンズがひまし油やリウマチに言及したのはまず間違いなく、ドイツ国民以外の人々が抱いていた、ほぼ無敵の力を持つ恐ろしい人間という総統のイメージを卑小なものに変えるためであった。一方、リー・ミラーに恐ろしさを感じさせたのは、卑小化されたイメージそのものであった。

その数日前、ミラーもまた、ここから約一六〇キロ離れたミュンヘンにおいて、ヒトラーの家庭空間の調査を敢行していた。彼女はプリンツレゲンテン広場一六番地のヒトラーのアパートに、第四五師団第一七九連隊の兵士らとともに滞在していた。このアパートにやってくる前には、四月二九日に開放されたダッハウ強制収容所で、骸骨のような遺体の山と、歩く死人のような人々を目撃し、写真に収めていた。アパートの建物は戦争の被害を受けておらず、部屋のなかはおおむね無傷であったため、ミラーは、まるでたったいま人が立ち退いたばかりの家に足を踏み入れたような印象を受けた――これは実際にその通りで、ヒトラーの家政婦だったアニ・ヴィンターは、そのわずか数時間前にここを出ていったばかりだった。(40) ミラーが感じていた恐怖は、ミュンヘンに到着して、ヒトラーとより個人的に向き合うことによってさらに大きくなった。「今日まで、彼はわたしにとって本当に生きている人間ではなかった。彼は何年も前からずっと、邪悪な機械仕掛けの怪物だった。ただしそれはわたしが、彼によって有名になった場所を訪ね、彼を知っていた人と話をし、噂話の真相を調べ、彼の家で食事をし、眠ってみるまでの話だ。彼がまるで人間のような習慣を持っていたというささやかな証拠を見るにつけ、彼は以前ほど架空の存在のようには思えず、それが恐ろしさをさらに増幅させた。その存在はまるで、人間の仕草を不器用に真似て、こちらを困惑させ、恥じ入らせるサルのようだ。『神の恩寵なくば、わたしも同じ道を歩んでいる[41]〔明日はわが身、同じことは自分にも起こるの意〕』」。

怪物を追跡し、その巣のなかにはいり込んだミラーは、ダッハウからの道の終点に、ごくありふれた平凡なものを見つけて狼狽していた。イギリス版『ヴォーグ』誌の一九四五年七月号に、彼女はこう書いている。「一見したところ、中程度の所得があって世襲財産のない人であれば、だれがこのフラットの持ち主であってもおかしくないように見えた。そこには気品も魅力もなく、親しみやすさもなく、かといって部屋が豪奢なわけでもなかった。そこは現状のまま〝転貸し〟できるほど物がないとは言えなかったが、一五分ほど戸棚類（とくに薬品戸棚）のなかを片付ければ、すぐにでも、リネンや銀器にA・Hの文字が刻まれていることを気にしない新たなテナントにはいってもらえる状態になっただろう」。ミラーはこうした総統の痕跡――モノグラムがはいったグラスや磁器――をあえて美化するようなことはせず、それらを彼の平凡なセンスと家庭生活というより大きな文脈のなかにあてはめてみせた。驚くほどいいものも、驚くほど悪いものもそこにはなかった――「凡庸な」芸術作品、寝室に使われているチンツ布（図67）、調子の狂ったベヒシュタインのピアノ、廊下にはゴムの木まであった。歴史的なできごとも同様に、この家庭空間の凡庸さの渦に紛れ込んでいた。『ヴォーグ』誌の記事には、ミラーが撮影した、机の上に英国王ジョージ六世の頭部の形をしたビアマグが置かれている写真も掲載されている。ミラーによると、持ち上げると『国王陛下万歳《ゴッド・セーブ・ザ・キング》』の曲が流れるようになっているこのマグは、一九三八年にチェンバレンがミュンヘン協定をめぐる交渉のためにこのアパートを訪れた際、ヒトラーに贈ったもので、総統は警報が鳴り響くなか、これを防空シェルターに降ろしておくよう命じたという[42]。こうしたディテールを通じてミラーは、彼女をひどく戸惑わせた「まるで人間のような習慣」の正体を徐々にあきらかにしていった――このマグに関するくだりではしかし、彼女はややユーモラスな味わいを加えている。読者は『国王陛下万歳』の曲を演奏するマグが、ヒトラーの防空シェルターまでわざわざ階段を降りて運ばれていくところを想像せずにはいられない。

ミラーにとって、これらはすべて耐えがたいほどに平凡かつ馴染み深いものであった――そのたまらない居心地のよさは、彼女を魅了すると同時に不快にさせた。ミラーがドイツから寄稿した記事には、凡庸さと邪悪さが

図67　リー・ミラー撮影。1945年、ミュンヘンにあるアパートのヒトラーの寝室に置かれたベッドで『わが闘争』を読むアーサー・ピーターズ軍曹。この写真は英『ヴォーグ』誌1945年7月号に掲載された。

醸し出すこのちぐはぐな緊張感が滲み込んでいる。同じ『ヴォーグ』誌の記事に掲載され、いまではすっかり有名になった、ミラーがヒトラーの浴槽にはいっている写真には、そうした感覚が見事に写し取られている。撮影したのは『ライフ』誌の専属カメラマンで、ミラーの恋人だったデヴィッド・シャーマンだ[43]（図68）。写真のなかでは、裸になったミラーが、体を隠すように片腕を上げて肩を洗おうとしており、周りには総統ゆかりの品々が並んでいる。軍服姿で厳しい表情をしたヒトラーの額入りポートレートと、彼の古典趣味を示す理想化された女性のトルソーは、どちらもミラーがそこに置いたものだ。浴槽の前には、かつては清潔だったはずのマットの上に、ダッハウの泥で汚れたミラーのブーツが置かれており、まるで彼女がたったいまそれを脱いでお湯のなかにはいったかのように見える。アパートにはもうひとつ、反対側の端に使用人用のフルバスルームがあったことを考えると、ミラーがこの清めの儀式を執り行なう場所として、あえてヒトラーの生活領域を選んだことはあきらかであり、彼女はそれによって、自分が目撃してきたものを洗い流すことはとうていできないという事実を痛烈に表現してみせた。

『ヴォーグ』誌の担当編集者オードリー・ウィザーズへの手紙にミラーは、ヒトラーのミュンヘンのアパートにはまだほかの記者は来ておらず、「これは完全な独占記事です」と書いている[44]。これを読んだウィザーズは大喜びしたに違いないが、彼女をもっと驚かせたのはあるいは、もうひとつの特ダネのほうだったかもしれない。その特ダネとは、ヒトラーのアパートからほど近いヴァッサーブルガー通り一二番地にあったエーファ・ブラウンの家の訪問記だ。ヒトラーの宣伝係《プロパガンディスト》はブラウンの存在をドイツ国民から隠しており、人々は彼が死んでからようやく、総統が結婚していた相手は、自らが長年主張していたドイツ国ではなく、現実にいる生身の女性だったことを知った。連合国軍と一緒にバイエルン南部にやってきて、ヒトラーやブラウンの家庭空間に足を踏み入れた記者たちが、この秘密の生活と、ヒトラーが国という花嫁を捨てて選んだ女性について調査をしたはじめての外国人であった。オーバーザルツベルクに行ったサイオンズと、ミュンヘンで取材をしたミラーは両者とも、ブラウンが家庭で使用していた品々を丹念に調べながら、彼女の本質を表すなにかをつかもうとしていた。彼らが

図68　リー・ミラーとデヴィッド・E・シャーマン撮影。1945年、ミュンヘンのヒトラーのアパートで浴槽にはいるリー・ミラー。この写真は英『ヴォーグ』誌1945年7月号に掲載された。

そこで発見したものをきっかけに、ヒトラーの家庭生活に関して語られる噂話は、彼の孤独な独身生活というナチ党公式のものから、彼の性生活に対する興味を反映したものへと切り替わっていった——それはヴァイマール共和国の崩壊以降、この国では口にすることを禁じられ、厳しい報道規制の対象となってきた話題であった。とはいえ、サイオンズとミラーによる家の取材から見えてくるのは、どちらかといえば凡庸でごくありふれた個人の生活であり、そうしたトーンの記事は、すぐによりセンセーショナルな話題を求めるジャーナリストたちが書きたてるものに取って代わられることになった。

ミラーがブラウンの家に到着したとき、そこは略奪を受けて散らかってはいたものの、破壊の跡はほとんど見られなかった。略奪者たちはどうやら、主に食料とアルコールを探していたようで、家具や個人的な持ち物の一部はそのまま残っていた。あくまで観察者の視点を保っていたサイオンズとは違い、ミラーは自らの体を使って取材対象に迫ろうとした。ヒトラーのアパートでは、彼女は裸になって彼の浴槽にはいった。ブラウンの家では、ミラーは彼女のベッドに横たわって昼寝をした。自分の体を通して、こうしたもっとも私的な空間と関わることによって、ミラーはヒトラーやブラウンが（入浴や昼寝によって）無防備になった瞬間を再現してみせた。それはまるで、彼らの人間性を共有しようとする行為であると同時に、それを共有しまいと必死に抵抗しているかのようでもあった。このときの体験について、彼女は『ヴォーグ』誌にこう書いている。「それは心地よく、それでいてゾッとするような感覚だった。［……］いまはもう死んでいる男女の枕でまどろみ、しかもそのふたりの死を喜ばしいと感じているのだ」。ミラーはこうした私的空間の侵害行為について描写する際には、扇情的なトーンにならないよう気を遣っており、またブラウンの家を実際よりも美化するようなこともなかった。たとえばブラウンのベッドに掛かっていた「淡青色をしたセルフストライプト〔糸の色で縞を織り出した布〕のサテン」のシーツ（この「セルフストライプト」という言葉は、ダッハウの囚人にあてがわれていた縞の服との対比として使われている）などの贅沢品に言及しつつも、ミラーが強調したのは「デパートで買ったような」家具や、彼女が残していった雑多な品々の平凡さであった。たとえばそれは、寝室の戸棚に残っていたもの（「ベルト数本、ツイードのベレー帽、膣洗浄器」)、鏡台の上に載っていたもの(「毛抜き、エリザベス・アーデンの口紅のリフィル」)、寝室の机の上のもの(文房具、クリップ、鉛筆、「田舎での卵の取引」に関する書きかけの手紙)などの品々だ。浴室については、ミラーは「すこぶる普通」だと表現している。ただしふたつの薬品戸棚は多種多様な薬でいっぱいで、彼女が心気症を患っていることを示唆していた。(45) こうしたありふれたディテールを積み重ね、しかもそれを淡々としたトーンで綴っているにもかかわらず(あるいはそうしているからこそ)、ミラーの文章は「すこぶる普通」であることと非現実的であることの境界をあやふやにした。怪物とその連れ合いの「まるで人間のような」家庭生活を想像することは、大いに心を掻き乱される体験であり、そうした感情こそミラーが追い求め、同時に追い払おうとしていたものであった。

ベルクホーフのブラウンの部屋でサイオンズ軍曹が感じたのは、ヒトラーの宗教的と言ってもいいほどの厳格な禁欲主義や、彼のひまし油、一・九八ドルのシャワーホースなどとの対比であったが、それでもミラーによるミュンヘンの自宅の描写にもある通り、ごく一部に見られる華やかさを除けば、全体に凡庸な印象であることが伝わってくる。「彼女の寝室は横幅一八フィート、奥行き二七フィート(約五・五メートル×八・二メートル)ほどの大きさだった。暖炉とシンプルなカエデ材の家具があり、その大半は壊されるか、持ち去られていた。床に散らばっているのはエーファ・ブラウンの便箋で、色はライトブルー、香りはついておらず、隅にEBと〔イニシャルが〕はいっていた。そのほか、彼女の名刺が数枚、アマチュア用の映画撮影技術の小冊子二〜三冊、一九四〇年六月八日の日付が付いた、仕立て屋からのワンピースの請求書もあった。このワンピースにヒトラーは五〇〇マルク、約一二五ドルを支払っている」。サイオンズは次に、さらに私的な空間を覗いている。「クローゼットのなかには、大量のハンガーと靴型、それからパリのファッション誌『ラ・ファム・シック』の一九四二年一一月号があった」。ブラウンが使っていた居間の隅には、「裏に買い物リストが走り書きされた封筒」が落ちていた。最後に、家庭空間のなかでもっとも私的な空間に足を踏み入れたサイオンズは目を見張った。「エーファ・ブラウンの浴室はシンプルで、ハリウッドで描かれる独裁者の愛人の浴室とはまるで違っていた。洗面台、ビデ、浴槽はすべてプレーンな白い磁器製だ。洗面台の上の薬品戸棚には、ベルリンとニューヨークのエリザベス・アーデン社製のアーデナ・スキンクリーム、アスリートの足用の殺菌剤がひと瓶入っていた」。サイオンズの説明は、ブラウンがあきらかに大半のドイツ人の財力をはるかに超える特権を享受していたことを示唆しているが――五〇〇マルクのワンピースは、熟練労働者の一カ月の賃金よりも高価なものだ――、走り書きされた食料品の買い物リストや、シンプルな浴室設備、アスリート用の殺菌剤などを見ると、彼女はさほど異質でも、一般人からかけ離れた存在でもなかったように思えてくる。(46) ミラーの記事と同様、サイオンズの記事でも、これを読んだ人たちが、ヒトラーとブラウンの家庭生活について感じる全般的な印象は、圧倒されるというよりも、がっかりさせられるといったほうが近いものであった。やがてヨーロッパを襲った恐怖の全貌があきらかになるにつれ、ミラーやサイオンズのような解釈は、自分たちと犯罪者とのあいだにはもっと大きな隔たりがあるはずだと考えたい人たちにとって、きわめて不快なものとなっていった。戦争が始まる前の時点では、ドイツ人もそれ以外の人たちも、自分たちの質素な生活と、ナチ党の宣伝係《プロパガンディスト》が喧伝するヒトラーのそれとの外面的な共通点を好ましいものと感じていた。そしてヒトラーが大量殺人犯であることが知れ渡ったとき、そうした類似点は慰めではなく脅威となった。

ウェブスター一等兵がエッセイで描写したあの略奪に参加した米兵たちには、ベルクホーフの部屋を調べてヒトラーとブラウンの心の内を探ろうという気持ちはほとんどなかった。彼らが求めていたのは酒と財宝だった。そして自分たちの欲望を追求する彼らの行為は、ヒトラーの家庭生活に関して、サイオンズやミラーの話とは異なる、またときには相反する物語を生み出すことになった。暗闇のなかでベルクホーフに到着したウェブスターとパラシュート部隊の仲間たちは、瓦礫を踏み越えて階段を降り、対爆仕様になっている広いワインセラーにはいった。そこには破壊の跡はまるでなく、「天井まで届く」ボトルラックには「世界中のありとあらゆる、少なくともそう思えるくらいのブランドとブレンドの」ワインが詰まっており、「勝者たちは略奪品を飲んで陽気に騒いでいた。猛者たちが数人ずつ固まって、揺らめいて消えそうなマッチ、ろうそく、懐中電灯のあかりのなかで、片手で酒を飲み、もう片方の手で必死に箱詰め作業をしていた。ボトルは床の上で粉々になっていた。男たちは悪態をつき、互いに抱擁し合っていた。あかりはゆらめき、消えていった。そしてだれもが、最高のひとときを楽しんでいた(47)」。喜び、大いに浮かれる米兵たちは、彼らが「略奪品を飲んで陽気に騒いだ」というエピソードのみならず、ここで行なわれていた略奪行為そのものを広く知らしめる役割をはたした。イギリスの爆撃機がヒトラーの家を破壊したことと同じように、ベルクホーフで開かれたこの戦勝パーティについての話は広く報道され、ナチ党の宣伝係《プロパガンディスト》が長いあいだ口にしていた、総統の質素で自己犠牲的な家庭生活という神話を木っ端微塵に打ち砕いた。ここにあるのは、ドイツ国民が苦しんでいるときに、ヒトラーが贅沢品に囲まれて過ごしていたという動かぬ証拠だった。国家要塞があるはずの場所に連合国が発見したのは、世界一の品揃えを誇るワインセラーであった。ある歩兵連隊大佐はハリー・サイオンズにこう言った。「やつらはあの場所を、ワインボトルで守ろうとしていたんじゃないのか(48)」。

ウェブスターと隊の仲間たちが、略奪したヒトラーのシャンパンを持ち帰ろうとしていたときのことだった。「われわれは奇妙なことに気がついた。フランス人が、トラックに酒をまるで積み込んでいないのだ。実利を優先する国民である彼らは、酒よりも長持ちする記念品を運び去ろうとしていた。彼らが見つけた、道路を挟んだ山の斜面に開いたトンネルのなかには、アドルフの家にあった家具類が詰まっていた。われわれは、彼らがヒトラーの銀器、ヒトラーのリネン、ヒトラーの家具を持ち出していくのを眺めていたが、最終的には不本意ながら、その遺産の残りを処分する仕事は手伝わないことにした」。しかしほかの米兵たちは実際に略奪に加わり、ヒトラーの家から「解放された」多種多様な物品をわが家へと運び去っていった。フランス兵の多くは、第三帝国との関係によって深い苦しみを味わった祖国に帰ったあと、持ち帰った戦利品を隠しておいたようだが、一方、アメリカ兵は自分たちが手に入れたものを大喜びで友人、家族、報道関係者に見せてまわった。略奪は軍規で違法とされていたが、彼らはそうした行為に関わって少しも悪びれるところがなかった——これを厳しく取り締まることがはばかられたのは、とくに悪質な違反者のなかに高級将校がいたためだ(49)。たとえば一九四五年八月、ＡＰ通信はこんな話を伝えている。テキサス州の「オースティンに住むウィラード・ホワイト中佐とその夫人が戦後に開いた催しのひとつ」は、アドルフ・ヒトラーのテーブルリネンと、彼の紋章が付いた一〇〇点以上の銀器を使った夕食会だった。これらの品は、第一二六九戦闘工兵大隊の指揮官で、ベルヒテスガーデンに最初に到着したメンバーのひとりだったホワイトが「戦利品」として回収したものであった[50]（この記事では、夕食会に使われた品々が、ホワイトが貯め込んでいたもののほんの一部だったことには言及されていない。彼は手に入れた「略奪品の豪華さ」から「ベルヒテスガーデンでのトップ記念品コレクターの有力候補」と呼ばれ、それらを売却したおかげで、アメリカに帰国後、「豪勢な」暮らしを送っている）[51]。同年夏、ホワイト家のパーティが開かれる少し前、新聞各紙のページを飾ったのは、イリノイ州スプリングフィールド在住のフランク・モリス少佐の妻、アイリーン・ドーラン・モリスの写真であった。彼女の元には夫から、ミュンヘンのヒトラーのアパートから持ち出した銀器やテーブルクロス、皿などが送られてきていた。写真のなかのモリス夫人は、まだ幼い娘のマーガレットと一緒に、これらのアイテムを広げたテーブルの脇でポーズを取っている。テーブルの上方には、少佐が送ってきたもうひとつの戦利品である大きなナチ党の旗が飾られていた[52]。

テキサス州の人々は、ヴィクトリー・ローン〔戦時公債〕の列車が地元にやってきた一九四五年末、ヒトラーの家庭生活を偲ばせる品々をじっくりと鑑賞する機会に恵まれた。この展覧会は、ヴィクトリー・ローンが購入したものを公開しつつ、公債の買い入れを促進する目的で一九四五年一一月から一二月にかけて行なわれたもので、先の戦争にゆかりの品を満載した六台の列車が、全四〇州の五〇〇都市を巡回した[53]。勲章持ちの退役軍人が同行した展覧会の内容は、各列車によって異なってはいたものの、ドイツと日本の降伏文書、アメリカの兵器類のほか、日本とドイツの武器や軍服などの各種「戦利品」が含まれていた。新たな開催地に到着するたび、何千人にも上る群衆が列車を出迎えた。アトランタに向かう列車については、「おそらくいちばんの目玉だと思われるのは、ナチ党のナンバー2であるヘルマン・ゲーリングから取り上げた宝石を散りばめた元帥杖」だったという[54]。テキサスに到着した列車には、また別の「呼び物」が乗っていた。ミュンヘンのヒトラーのアパートにあった銀器だ[55]。テクサーカナの町では数名の記者たちが、ヒトラーの銀器を使って食事をするために列車内へと招かれた。美しく整えられたテーブルの上に、警備員が慎重に銀器を置き、そこへシェフがステーキののった大きな皿を持ってきた。「それからカメラマンたちがはいってきた。二〇分間、彼らはわれわれが件の銀器を眺めている様子を写真に収めていた。ステーキは冷めてしまった。もちろんコーヒーも」。その後ステーキは、口をつけられないまま運び去られ、続いて銀器も持っていかれた。AP通信の特派員ウィリアム・バーナードは、この奇妙なイベントの最中に、コーヒースプーンを使って自分のコーヒーをかき混ぜても構わないはずだと主張したという。そして警備員が躊躇している隙に、「なんとかスプーンを一本、冷えたコーヒーのなかに突っ込んだが、それはすぐにわたしの手から奪い去られ、丁寧に磨かれ、厳重に鍵のかかった場所へしまい込まれてしまった」と書いている(56)。

ヴィクトリー・ローンの列車が、広大なアメリカの風景のなかを駆け巡るよりもずっと前に、ミダス王〔ギリシア神話の王。触れるものすべてを黄金に変える力を授かったと言われる〕もかくやと思うほどの、背徳的かつ教訓的な魅力を持つナチスの財宝は、世界中の新聞の一面を賑わせていた。ドイツが占領した国々から、ナチスが黄金や芸術品などの貴重品を略奪していると警鐘を鳴らす記事は、一九四〇年から出はじめていた。たとえば英『マンチェスター・ガーディアン』紙の一九四〇年三月二日号には、ポーランド人が「一八五〇年以前に作られた貴重品をすべて」提出するよう強制されていると書かれている。「(具体的には)油絵、エッチング、素描、家具、ガラス製品、木版画、銀と金の製品すべて、歴史的価値のある肉筆文書、写本、細密画、額、硬貨、勲章、指輪などだ。補償金はいっさい支払われる予定はなく、すべての品はドイツへ運ばれることになっている。博物館も例外ではなく、この命令に従わなかった者には、重い罰金と最長一五年の禁固刑が科される」。ポーランドにいるドイツ国民だけはこの義務を免除されたため、ドイツ人がポーランド人の隣人から大急ぎで買えるだけのものを買いまくるという現象が起こった(57)。

それでも一九四五年春、ドイツ中心部まで侵攻してきた連合国軍が発見したナチスによる略奪の規模は、あらゆる想像を絶していた。四月四日、テューリンゲン地方のメルカース村は、ジョージ・パットン大将率いる第三軍第九〇歩兵師団に占領されたが、それが数日後、のちに世界に広く報道されることになる驚きの大発見へとつながった。軍の工兵たちが村の岩塩坑内にある人工の壁を爆破したところ、幅およそ七五フィート、奥行き一五〇フィート（約二三メートル×四六メートル）の巨大な空間が現れ、そのなかには重さ一〇〇トンの金塊、金貨、銀や白金の延べ棒のほか、二〇〇万米ドルを含む大量の外貨が詰まっていたのだ。(58) 歩兵師団が偶然発見したこのお宝は、ドイツ帝国銀行が蓄えていた金塊で、その大半はナチスが欧州諸国の中央銀行や親衛隊の犠牲者から奪ったものであった。

五月初旬には、米軍によるベルヒテスガーデンの占領とともに、ナチ党高官たちが享受していた想像を超える富と贅沢を暴く発見が相次いだ。炎がくすぶるベルクホーフの廃墟で兵士たちが発見した財宝や酒は、ほんの手始めにしか過ぎなかったわけだ。ケールシュタインハウスがまだ少数のナチ党高官しかはいることを許されていなかった一九三九年にこの家に関する記事を書いたルイス・ロックナーは、連合国軍がベルヒテスガーデンに到着した数日後、自分の目で現場を見ようと、謎に包まれた鷹の巣に向かった。エレベーターは動いていなかったため、兵士の一団に同行した彼とその他ふたりの記者たちは、雪山の急な斜面を苦労しながら上っていった。ロックナーが「豪勢な城」になぞらえた鷹の巣に到着すると、彼らは「ヒトラーの巣の宮殿のような規模」と「高価な設備」に「目を見張った」。ロックナーはひとつひとつの部屋を丁寧に描写していった。彼を驚かせたのはたとえば、巨大な「藤色の砂岩」の壁があるメインホールで、中世の砦を思い起こさせるその部屋には「直径一二フィート（約三・七メートル）」の丸テーブルなどの重厚なオーク材の家具が置かれ、「チョコレート色に白い筋が走る大理石でできた大きな暖炉」は、内側に「馬の背に乗った中世の騎士」の文様がはいっていた。ダイニングルームでは、赤い「中国の竜のモチーフ」があしらわれた高価なマイセンの磁器、高級なリネンとガラス製品が使われており、「すべてに〝A・H〟のモノグラムがはいっていた」。部屋自体の豪華さのほか、ロックナーは「最高級の品がストックされた、広大なワインと酒類のセラー」にも言及しており、そこには「一八三二年のコニャックや、きわめて希少なフランスのシャンパンが詰まっているだけでなく、食料も大量に貯蔵されていた」。

こうした発見について書くことによってロックナーは、「総統の質素さという神話」を暴くことを目指していた。[59]彼はしかし、そこからさらに一歩踏み込んでいる。この場所を城や中世の要塞になぞらえながら、ロックナーはヒトラーの家庭生活を、ミラーやサイオンズが書いたものよりも、読者が満足感と安心感を得られるものとして描いている。つまりは邪悪な権力者に、それに似つかわしい奇っ怪で傲慢な建築を与えたわけだ。そうすることによってロックナーの記事は、ナチ党のプロパガンダの欺瞞を暴くのみならず、読者が安心して「ほらやっぱり、ヒトラーはわれわれとは違うじゃないか」と思えるよう仕向けていた。ロックナー個人にとってはこの記事は、一九三九年三月に、自らがドイツの厳しい検閲のもとで書いた鷹の巣についての好意的な記事の内容を修正する機会となった。[60]

ロックナーは一九四五年に、ヒトラーの家庭空間についての記事を数本執筆している。彼は一九二四年からAP通信ベルリン特派員として働いてきた経験を持ち、このテーマを取り上げた記者たちのなかでも、ヒトラーを個人的に知っていた数人のうちのひとりであった。一九三二年八月には、オーバーザルツベルクを訪ねてヒトラーにインタビューまで行なっている。ナチ党がかつて繰り返していた、ヒトラーが山の別荘ですぐれた着想を得ているというプロパガンダのこともよく知っていたロックナーは、ベルクホーフはいまや「総統のあらゆる仕事の象徴となった――つまり完全に崩壊してしまったのだ」と書いている。ミラーやサイオンズのように、しかしその普通さよりもむしろ異常さに焦点をあてながら、ロックナーはこの場所の在りし日の様子を描写している。「なくなったものは、かの有名な、巨大な客間にある横三〇フィート、縦二〇フィートの窓だ。ヒトラーはよくここから、深い渓谷の向こうにそびえるバイエルン一の名峰、ヴァッツマンをながめていた。なくなったものは、ヒトラーがヨーロッパの重鎮たちを歓待した広いダイニングルームだ。なくなったものは、ここを訪れる友人たちを迎えたレセプションホールと個人用の居住区画だ。なくなったものはまた、ヴァッヘンフェルト・ハウスを真の美術館たらしめていた、高価な絵画や彫刻の数々だ」。ロックナーは、美術品は「ヒトラーの私有地内の、どこか山の奥にでも隠されているのかもしれない」と推測している。彼はまた地元の住人に取材をし、連合国軍がやってくる二日前、親衛隊が「山のなかにあるたくさんの貯蔵庫を分厚い岩で封印していた。これが見つかればきっと大騒ぎになる」という話を聞き出している。ロックナーが描き出したベルクホーフから感じ取れるのは、過ぎ去った輝きの記憶と、いつか見つかるかもしれない財宝への期待感だ。言い換えるなら、ヒトラーの家庭空間にあった数々の財宝はこのとき、伝説の領域にはいろうと（あるいは強制的に押し込まれようと）していたわけだ。(61)

ロックナーはその後、ミラーのあとを追うようにヒトラーのミュンヘンのアパートを訪れているが、彼が描写するこの「豪華な」住居の様子は、ミラーによるそれとはまるで違っていた。ロックナーは「ぜいたくな家具、広い部屋、モダンな設備、高価な絵画」と書いている。開戦後にヒトラーのために作られた掩蔽壕にも足を踏み入れ、これについては「ドイツ国中でもっともモダンで、もっとも備蓄が豊富な防空壕」と表現した。掩蔽壕の天井は「厚さ七インチ（約一八センチ）の鋼鉄板で、厚さ四フィート（約一・二メートル）のコンクリートに埋め込まれていた」。また「部屋はすべて、隣の部屋と鋼鉄の扉で仕切られていた。最新型の小さな電化キッチン、狭いが快適な寝室、小さな地下の居間が数部屋」あった。ミラーの受け取り方とは逆に、ロックナーにとってこうした家庭空間は、ヒトラーと普通の人たちとの類似点を示すものというよりも、むしろヒトラーを彼らから遠ざけるものであった。「ヒトラーの数々の隠れ家を見るにつけ、彼のことを素朴な民衆の味方として祭り上げつつ、彼の個人的な欲求はこれ以上ないほど控えめであり、彼の時間はすべてドイツの繁栄のために費やされており、私的な生活のための時間はまったくないと喧伝していた公式のプロパガンダが、いかに欺瞞に満ちたものだったかがわかってくる(62)」。

ロックナーは自身もまた騙されていたことを認めつつ、読者に向かって、これまで言われてきたヒトラーの独身主義については改めて検証する必要があると呼びかけている。しかしながら、ミラーがそうした面でもおおむね一般人に近い生活を描いてみせたのに対し、ロックナーは、また別の形を取ったヒトラーの異常性を指摘している。ヒトラーの姪ゲリ・ラウバルの絵と胸像を見たロックナーは、こんな風に書いている。「ゲリは、ヒトラーの政界での躍進からしばらくののち、このアパートの自分の寝室で自殺しており、その原因は彼女が叔父であるヒトラーに振られたせいだと言われている。しかしながら、ヒトラーがカッとなって彼女を絞殺したという噂も消えてはいない」。ミラーが平凡だと感じたヒトラーの寝室についてロックナーは、「カウチのようなベッドが恐ろしく堅いこと以外は、やけに女らしい」という印象を受け、「カウチや椅子に張られた布は、繊細な明るい色合いのものだ」と記している。一方、ブラウンの家に対しては、ロックナーはミラーとかなり似通った印象を持ったようだ。そこは平凡と言ってもいい場所で、「総統と、元カメラマン助手とのあいだの絆のようなもの」が感じられた。彼がこの記述の根拠としているのは、ブラウンの蔵書だけだ。そこにある本からは、芸術や建築といったヒトラーと共通の趣味が窺え、またなかにはヒトラーやその友人たちから個人的に贈られたものもあった。それでもブラウン自身はロックナーにとって、相変わらず抽象的な存在でしかなかった。ブラウンの油絵の肖像画を見たロックナーは、彼女のことを「目が青く、ブロンドで、グレートヒェン〔ゲーテ作『ファウスト』で主人公が恋する少女〕のようなゲルマン人女性」と描写している。(63)

こうした記事の数々や、その後のヴィクトリー・ローンの列車上展覧会などを通じて、ドイツを新秩序へと導くとうそぶいていた男が、実際にはどんな私生活を送っていたかに関する認識は改められていった。五月中旬、ベルヒテスガーデンでは、大々的な宣伝のもと、ある展覧会が開催された。そこで展示されたのは、ゲーリングが個人的に所有していた貴重な美術品の数々で、ナチ党高官たちの強欲ぶりはこれによってさらにあきらかになった。この展覧会が、美術品をナチスから解放した人々にとって、作品を心ゆくまで鑑賞する機会となったのは確かだが、一方でこのイベントの宣伝や報道は、来場者や読者たちに向かって、これらを美術品としてよりも、むしろ略奪品として鑑賞することを促していた。広く報道されていた通り、ゲーリングのコレクションには絵画、彫刻、タペストリー、絨毯、金細工、銀細工などが含まれ、一九四五年の時点で二億ドルの価値があったが、これは実に天文学的な数字だった――たとえばニューヨークのパーク・アヴェニューに立つ一四階建てのペントハウス付きマンションをまるごと購入するのに必要な金額は、当時一〇〇万ドルにもはるかに満たなかった。(64) こうした品々は、略奪や、〝追い剝ぎ的〟に安く売却させるといった手口で、ヨーロッパ各地からゲーリングの元に集められ、ベルヒテスガーデンとその周辺の鉄道車両、家屋、掩蔽壕などから発見されたものであった。[65] 解放された宝の数々を展示する、この「歴史上、もっとも奇妙な展覧会のひとつ」は、ベルヒテスガーデン南端の小さな町ウンターシュタインにある、元は「素朴な三階建ての宿」として営業していたバイエルン・ホテルの建物を使って開催された。[66] 展覧会の警備は、ゲーリングの財宝を発見したのは自分たちだと主張する米軍第一〇一空挺師団が自信満々で担当したが、その体制は完璧とは言いがたく、展示されていた絵画の小品が数点行方不明となっており、米兵による略奪が深刻化しつつあったことが窺える。[67]

「松材の壁に囲まれた狭い部屋」の数々からなるこの即席ギャラリーには、レンブラント、クラナハ、ルーベンス、ブーシェ、フラゴナール、メムリンク、ホルバイン、ファン・デル・ウェイデン、ブリューゲル、ファン・ダイク、ベッリーニ、アンドレア・デル・サルト、ルノワールなどの作品が並んでいた。展示作品の量と質に、来場者は目を見張った。「ひとつの部屋だけで、レンブラントが二枚――そのうちの一枚はこれまで知られていない肖像画だ――、二四万ドルのメムリンク作の聖母マリア、そしてクラナハが三枚」もあった。展示総数はおよそ一〇〇〇点にのぼり、そのすべてが「元はゲーリングの屋敷の壁に飾られる予定だった」と、ある記者は記している。『ニューヨーク・タイムズ』紙の記者リチャード・J・H・ジョンストンはベルヒテスガーデンから、この展覧会は「ヘルマン・ゲーリングが世界でも有数の大金持ち、あるいは世界でも有数の目の肥えた泥棒であることを証明した」と書き送った。[68]

同展覧会は大きな評判を呼び、「見物にやってきた大勢の米兵や将校が、芸術作品や『喫煙厳禁』の表示が並ぶ迷路のなかを縫うように歩き回った」。第一〇一空挺師団所属で美術史家のハリー・アンダーソン大尉は、ゲーリングのコレクションの保管と警備を任されていた人物で、展覧会の開催を発案したのも彼だった。展覧会の会場は狭く、安全性にも問題はあったものの、そこには専門的な情報も用意されていた。たとえば会場にはガイドがおり、「自分が見ているものについて詳しく知りたい人たちには、丁寧な講義をしていた。そのガイドは名前をヴァルター・アンドレアス・ホーファーといい、ゲーリング付きの学芸員の責任者だった人物だ」。ホーフアーはゲーリングのために作品の購入を代行する責任者でもあり、つまりはヨーロッパ中で行なわれた作品の略奪にも深く関わっていたことになる。しかし本人は、作品はすべて正規の手続きを経て購入したものであり、それに自分はナチ党員ではないと主張しており、彼のガイドツアーに参加していた米兵たちは、これを聞いて訳知り顔にニヤニヤと笑っていた。多くの新聞にも掲載された発言のなかで、ホーファーは、自分は非常に高価な名作の獲得競争でヒトラーの代理人に勝ったことがあると自慢げにあかしており、結果的に総統も略奪に関与していたことを暴露している。一九四五年五月中旬には、バイエルン州のノイシュヴァンシュタイン城で、ゲーリングとヒトラーが「恐ろしく大規模な［美術品の］窃盗に関与していたという動かぬ証拠」が発見された。さらにはベルクホーフでも、ヒトラーの所持品から彼の関与を示す証拠である、略奪された美術品を記録した一二冊のアルバムが見つかった。アルバムには「ヒトラーが目を通した形跡があり、これはおそらく山中の潜伏場所に飾る作品を選ぶため」だったと思われる。ナチ党高官によるこうした貪欲な美術品収集について、ある記者は皮肉を込めて「彼らは皆、文化の追い剝ぎ紳士」だったと書いている。(69)

美術品や黄金などの、ナチスが所有していた大量の財宝に関するセンセーショナルなニュースは、連合国軍がドイツに進軍してから数週間のうちに瞬く間に広がり、ある場所で隠し財宝が見つかったという話を詳しく聞く暇もないうちに、また次の財宝が見つかるという状態であった。一九四五年六月には、メルカース村のものを上回る、五〇億ドル分のナチスの財宝が米軍によって発見されたというニュースが流れた。財宝の中身は主に国内外の有価証券で、その額はオーストリアとバイエルンの正味資産に相当した。さらには盗品の宝石類、金塊のほか、プラハの教会から持ち出された純銀の聖櫃《せいひつ》など、教会関連の品々もあった。大半の人々にとって、五〇億ドルというのは現実味のない、想像上の数字とも思えるような額であり、そのほかのナチスによる略奪品の多くもまた、同様に非現実的な額の価値があると言われていた。『シカゴ・デイリー・トリビューン』紙の一九四五年五月二九日号に掲載されている、米陸軍のジョージ・マーフィー軍曹に関するエピソードからは、一般の人々にとってこうした数字がどの程度のものだったのかがよくわかる。マーフィーは、メルカース村の岩塩坑からヒトラーの金塊が発見されたときに爆薬を仕掛けた人物だ。メルカース村で見つかった金、銀、現金の詳細を記した仮目録によると、その総額は五億二〇〇〇万ドルにのぼった。一方、重病の母親を訪ねるために緊急で一時休暇をとったマーフィーが、ワシントン州シアトルの家に帰り着いたときの所持金は、「ポケットにはいっていた一五セント」だけだったという。(70)

一九四五年七月、連合国軍が発見した略奪財宝はすべて、目録を作成するためにフランクフルト・アム・マインのドイツ帝国銀行に集められたというニュースが伝えられた。この作業は困難を極めた。『シカゴ・デイリー・トリビューン』紙には、「キャンバス地のバッグに詰め込まれた紙幣が、床から天井まで積み上げられて」おり、金塊は「薪の束のように積まれ」、真珠、ルビー、サファイヤが溢れ返った樽が並んでいると伝える記事が掲載された。金庫室にはいる許可を得た記者のジュディ・バーデンは、「アリババと四〇人の盗賊も、ヒトラーと彼が率いる泥棒と人殺し集団には敵わない」と書いている。(71) こうした架空の物語を引き合いに出したたとえは、物語でもなんでもない現実であった。親衛隊によって略奪され、のちに回収されたもののなかには、「殺された何万人ものユダヤ人の歯から取った金や銀の詰め物」がいっぱいに詰まった木箱もあった。また別の隠し場所からは、「ドイツのほか、ギリシア、ポーランドなど、ドイツの占領下にあった国々でナチスによって殺された女性の指から抜き取られた何千個もの結婚指輪が、田舎風ソーセージのように、紐に通してつながれている」ものが見つかったという。(72) こうした桁外れかつ犯罪的な強欲を前にして、ヒトラーの質素な生活や、ナチ党高官の自己犠牲を語るというのは、ひと言で言えば、忌むべき行為であった。

しかしひとつの神話の死はまた別の神話を生み、その神話もやはり、簡単には消し去ることのできない、独自の強い魅力を持っていた。ハインリヒ・ホフマンが撮影した有名な写真の数々に写っているのは、ベルクホーフの表層だけだ。彼が数え切れないほど数多くの写真に収めた、ヒトラーがテラスで友人、子どもたち、犬と一緒に日差しと新鮮な空気を堪能している場面には、善良さと健全さを、ドイツの人々に向かって目に見える、ごまかしのない形で示すという意図があった——あなたが見ているものが、あなたの手にはいるものですよ、というわけだ。連合国軍の到着後に発覚したさまざまな事実によって、オーバーザルツベルクは、地下に隠された謎、秘密の洞窟、土に埋められた財宝によって語られる場所へと変貌した。そしてヒトラーが暮らした家は、近隣にそびえるウンタースベルクに伝わる、山奥に隠された宮殿と王にまつわる民間伝承によく似た存在となった。オーバーザルツベルクの表層の生活はもはや嘘で塗り固められたものとなり、人々の注目はその下にある、ナチスが穴だらけにした、さらなる財宝が隠されているとも噂される山に向けられていた。

連合国軍がヒトラーの家を接収してから数週間のうちには、それまでとはまったく異なる私人としての総統のイメージがあきらかになっていった。秘密主義、贅沢な暮らし、犯罪などが、親しみやすさ、謙虚さ、倫理性に取って代わった。そうしたプロセスのなかで失われようとしていたのは、ヒトラーの家庭生活のイメージが入念に作り上げられつつあった当時、危機に瀕していたものはなんだったのか、またそうしたイメージがドイツ内外であれほど強烈な魅力を発揮したのはなぜだったのかという問いかけだ。ナチスによる詐欺がいかに大掛かりなものだったかが判明すると、それはドイツ国民、そして世界の人々にとって、かつて自分たちがヒトラーの広報係にまんまと騙されていたことに対する、都合のいい言い訳として使われた。質素で親切な隣人という総統のイメージに一度は好感を抱き、たとえそれを否定する証拠が山ほどあったとしても、進んで受け入れたことによって、自分も共犯者となっていたのではないかという不安な想像をめぐらすよりも、自分もまた彼の「選り抜きのカモ」のひとりだったと考えるほうが、まだ気楽だったのだ。

第11章　「アドルフはもうここには住んでいない」——騒動が絶えないヒトラーの家のその後

戦争が終わったとき、オーバーザルツベルクが二度と昔の姿を取り戻すことがないことは、だれの目にもあきらかだった。ナチ体制はかつて、何世紀も前からこの山の斜面で発展してきた町とその住民を暴力的に土地から引き剝がし、代わりに兵舎、地下壕、防御設備、政府高官のための豪奢な建物からなる複合軍事施設を作り上げた。一九四五年四月二五日の連合国軍による大空襲は、高い木々を引き裂いて低木にし、新しい丘を誕生させ、巨大なクレーターを作ることで、景色そのものを変えてしまった。そして空襲のあとには、粉々になって焼け焦げた建物と、捻じ曲げられて通れなくなった道路が山ほど残された。すっかり荒廃したこのアルプスの避暑地は、わずか数十年前の二〇世紀初頭には、自然の美しさに惹かれて大勢の観光客がやってきた場所であったようにはとうてい見えなかった。ところが一九四五年の夏にオーバーザルツベルクを訪れた『クリスチャン・サイエンス・モニター』紙の記者は、こんなことを書いている。「かつては厳重な警戒態勢が敷かれていたヒトラーの山荘はいまや、まるでコニーアイランド〔米ニューヨークにあるリゾート地で、遊園地や水族館がある〕にある入場無料の見世物小屋かなにかのようになっており、来場者は一〇万人に迫り、壁にはアメリカ中のあらゆる州からやってきた人たちのサインが書かれている。ただし壁とはいっても、正確にはかつて壁だったものの名残だ」(1)。実のところ人々は、この場所に近寄らないどころか、逆に大挙して押し寄せていた。ただし昔と違うのは、その呼び物がきれいな空気や美しい山景色だけではなくなったということであった。オーバーザルツベルクの主な魅力は、ここがヒトラーゆかりの地だということであり、地元住民にとってはビジネス・チャンスを、政府当局にとっては頭の痛い政治問題をもたらし、そうした盛り上がりは容易に鎮まる気配を見せなかった。

一九四五年五月のベルヒテスガーデン占拠をきっかけに開始された米軍の駐留は、その後五〇年間にわたって続けられることになる。その夏、戦闘はなくとも帰国許可も出ないままヨーロッパに残留している隊の士気低下を懸念した米軍欧州戦域特別慰問団は、兵士たちのために、観光ができるエリアや娯楽プログラムを用意した[2]。なかでもとくに人気の高い旅行先のひとつがベルヒテスガーデンで、一九四五年夏、現地には「観光客がひっきりなしに」やってきて、「その大半は米兵と看護師だったが、そのほかにも上院議員、下院議員、大将などの『著名人』もいた[3]」。『クリスチャン・サイエンス・モニター』紙の記者ロナルド・ステッドによると、ベルヒテスガーデンの雰囲気は、彼がこの敗戦国をめぐる旅のなかで通り過ぎてきた、破壊されてすっかり意気消沈したいくつもの町とはまるで違っていたという[4]。車で町にはいったときのことを、彼はこう書いている。「最初は祭りの会場のような空気が感じられ、やがて『ヒトラーの家』という文字と、その所在地の方向を示す矢印が書かれた巨大な看板が目にはいった[5]」。かくして、勝者たちによるベルクホーフへの戦勝パレードは始まった。それはいわば、一九三〇年代、何万人ものドイツ人が全能なる総統に敬意を表するためにやってきた、あの巡礼を真逆にしたような行為であった。勝者たちはヒトラーにとっての安息の家が破壊されたことを大いに喜びつつ、同時にその残骸に感銘を受けていた。

かつてヒトラーのゲストたちが宿泊したホテルに立ち寄ったときには、米軍第一〇一空挺師団の伍長がフロントで地図を差し出しながら、鷹の巣などの周辺の見どころを教えてくれたと、ステッドは書いている。伍長はステッドに、ただし鷹の巣には大雨や霧の日には行かないほうがいい、「すぐ脇が切り立った崖になっているヘアピンカーブから、ジープがあっという間に空に放り出されてしまうから」と警告した。翌日、ステッドは急な山道をたどってケールシュタイン山の頂上にある屋敷にたどり着き、景色のすばらしさに目を見張った。「晴れた日の夕暮れはとくに美しく、ギザギザとしたバイエルンの山々がラベンダー色を深めながら、やがて深紅のまだら模様と漆黒の影へと変わっていく。ある兵士の言葉を借りるなら『これはウォルト・ディズニーの世界そのものだ』」(6)。観光客にとって、壮大な景色以上の鷹の巣の魅力とは、この家が手付かずの状態で残されていることだった——鷹の巣には「戦争の爪あと」がなく、ナチス全盛期とほぼ変わらない姿を保っていた。「唯一の違いは」と、ある将校は述べている。「アドルフがもうここに住んでいないことだ」(7)。

ベルクホーフの地下に広がる掩蔽壕もまた、鷹の巣と同様の感慨をもたらしたが、こちらのほうがより秘密めいた空気に包まれていた。当時、トンネルには兵士が警備に就き、一般人の立ち入りは禁じられていた。爆撃後にあれだけの略奪が行なわれたにもかかわらず、掩蔽壕にはまだかなり多くの品物や家具が残されており、そのせいでまるで生きている遺跡のような、不気味な雰囲気が漂っていた。米『ボルティモア・サン』紙の海外特派員プライス・デイは、一九四五年六月、トンネル内に単独ではいる許可を得た。頭上のベルクホーフでは大勢の人間が歩き回っているというのに、暗いトンネルのなかでデイは「完全に、不気味なほど」ひとりきりになり、まもなく道に迷ってしまった。トンネル内はきれいに整備され、壁の「漆喰もキャビネットも、つい先週用意されたもののよう」に見えた。食器戸棚の大半は、まだなかに物がはいったままになっており、親衛隊のガラス製品や磁器もあったが、デイの目を捉えたのは「松材で作られた新品の本棚に詰められた何千冊もの本で、革表紙の建築史全一五巻から、ケーキの焼き方の小冊子までさまざまなものが並んでいた」(8)。同じくトンネルにはいる機会を得たロナルド・ステッドは、ヒトラーの質素な寝室のベッドに寝転がり、寝心地はよくなかったと書いている(9)。鷹の巣と同様、この地下壕には、ナチ党高官たちの奇妙な考え方がよく表れていた。彼らのなかでは、ごく普通の家庭生活が、人間離れした力という妄想や、戦争末期の戦いへの準備と共存していた。ステッドが見た地下壕の状況はいわば、オリンポス山で出会った凶暴なゼウス神が、快適な肘掛け椅子に腰掛けて、磁器のカップで紅茶を飲みながらレシピ本を読んでおり、一方、壁には巨人族との戦いに備えて稲妻が掛けてあった、というようなものだ。そしてまさしく、このごく普通のものと突飛なものとが混ざり合っているという事実こそが、見物人たちがどうしようもなくここに惹き付けられた理由だった——そこは世界を植民地にしようと狙っていた、幽霊の出る迷路からお化け屋敷までが揃った現実世界のコニーアイランドであった。

ふたたび地上に出てきたステッドは、ベルクホーフのキッチンと、比較的きれいな状態が保たれている部屋を回ってこの探索を終えた。[10] 一方、大半の見物人にとって、ここにやって来る目的は、かの有名な大広間の大きな窓を見て、かつてヒトラーが立っていた場所に立ち、彼が世界支配の着想を得たという景色を眺めることであった。大広間はひどい状態だったと、デイは書いている。「大きなメインルームは、コンクリートの基礎までが焼き尽くされていた。残されているものは驚くほど少なく、あるのは炭になった木材がいくらかと、かつては天井にあったものが床に落ちた黒い［……］骨組み、椅子やカウチのスプリングが数十本、アメリカ製のチューインガムの包み紙が数枚だけだ」[11]。窓ガラスは連合国軍の爆撃で砕け散り、からっぽの長方形が風景を切り取っていた。一九四六年から一九四八年にかけて、ベルヒテスガーデンで特別慰問団のためにガイド兼通訳として働き、米軍の兵士や将校たちを何百回も案内したリヒャルト・ライターは、大半の観光客が必ず訪ねる呼び物はふたつあったと述べている。それはベルクホーフの大きな窓と鷹の巣だ。窓は第三帝国時代からすでに象徴的な存在となっていたが、一方のケールシュタインハウスの見事さに関しては、噂にはなっていたものの、戦争が終わるまでは確かなことは伝わっていなかった。どちらの場所も、特徴はその周囲に広がる大自然の絶景であり、どうやら見物人はヒトラーが見た景色を自分の目で見ることによって、彼の心のなかや、世界を跪かせる寸前まで追い詰めた恐るべき意志と力の一端を垣間見ることができたと感じていたようだ。[12] そうすることによって彼らは、無意識のうちに、第三帝国によるプロパガンダ通りの行為を繰り返していた。ナチスもかつてドイツ国民に対し、ヒトラーの山荘から外を眺める総統のように、自然を支配者の気持ちで眺めてみるよう促していた。[13]

ヒトラーのように景色を眺めるという目的をはたしたベルクホーフの見物人たちは、今度は見られる側になりたいという欲求を満足させるために、何百万人もの人々の記憶に焼き付いているこの家自体に、自分たちの痕跡を刻み付けた。デイが『ボルティモア・サン』紙に寄稿した記事によると、ベルクホーフは「いまや米軍兵士の大半の名前が記載された三次元の人員名簿のようになっており、彼らの氏名、階級、出身地、さらには認識番号までが、黒くなった壁の至るところに刻み込まれている。なにも書かれていないのは、天井近くのわずかな隙間くらいだ」[14]。名前を刻む兵士たちにとってそれは、この家の所有者を倒すまでの長く苦しい戦いの、個人的な、手作りの記念品だった。ステッドはこの廃墟をより大きな視点から捉え、「広い意味でヒトラーが建てた家の、崩壊と破壊を象徴するモニュメント」と表現している[15]。これと似たような表現を使ったのがフィリップ・ハンバーガーで、彼は一九四五年六月の『ニューヨーカー』誌に、ベルクホーフは「グロテスクで教訓に満ちたゴミの山」だと書いている[16]。一年後、『クリスチャン・サイエンス・モニター』紙は、ヒトラーの家は「再建はされず、将来の世代のために、彼がドイツ全土をどんな状態にしたのかを示すシンボルとして廃墟のまま残される」と報じた。記事はさらに、しかし「こんな状態にあってさえ、ここを訪れれば、ナチ党のプロパガンダが『彼の質素な家』と表現したこの場所の豪華さの片鱗を感じることができる」と続いている[17]。廃墟となったベルクホーフはつまり、かつてこの場所から生み出されていた「私人ヒトラー」に関するナチスの嘘を、白日の下にさらす役割をはたしていたわけだ。デイもまたこの家――そして周辺にある親衛隊の兵舎、温室、事務所、作業員宿舎などの関連施設――から、ヒトラーをめぐるカルトの影響力の巨大さを感じ取っており、彼はそうした印象を、「ヒトラーのドア」を警備していた兵士の言葉を借りて、「たったひとりの男のためにしては、たいそうな大騒ぎだ」と表現している[18]。ベルクホーフの廃墟に対峙した人々によるこうした思考に欠けていたものは、犯罪者と、彼らが犯した罪とのあいだのより直接的なつながりだ。この廃墟の意味を、人々が一般的あるいは抽象的な言葉にあてはめようとしていたという事実は、ナチ党によるプロパガンダの影響がまだ消え去っていなかったことを示している。ナチスは常にヒトラーの山荘のことを、彼がその使命や計画を思い描くインスピレーションの源泉であると認めつつ、一方ではそこが仕事や政府の業務からは離れた場所だという主張を続けていた――それが真実でないことを示す証拠は山ほどあったにもかかわらずだ。また、ベルヒテスガーデンの地元住民にしてみれば、山の上にいたナチスとヨーロッパの惨状の関係性を改めて強調したい理由はなにもなかった。

あるいはオーバーザルツベルクが物理的には完全に崩壊し、からっぽになってしまったことも、こうした断絶の感覚を生む一因となったのかもしれない。見物人のなかには、ナチスによる犯罪の本質そのものである強制収容所や労働者収容所、あるいは戦争に負けて恨みを抱いている敵国民が住む、廃墟と化したドイツの諸都市とは違い、オーバーザルツベルクでは、邪悪なものはかつての住人たちがここから逃げ出したり、死んだりしたと同時に去っていったと考える者もいただろう。一九四五年五月に『ロサンゼルス・タイムズ』紙に掲載された記事のなかで、記者のヘンリー・テイラーは、ヒトラーの家を見て回るのにはすぐに飽きてしまったと書いている。「ヒトラーが暮らした渓谷の家の跡地をうろつくことはできるが、そこはまるでぺしゃんこに潰れた山高帽のように活気もおもしろみもなく、そう長く見ていられるものではない」。テイラーはケールシュタイン山に立つヒトラーの「隠れ家」のほうがよほど魅力的だと感じたようで、その理由はひとつには、先述した通り、そこにはまだかつての所有者の気配が感じられたからだ。[19] その数週間後、『ボルティモア・サン』紙の特派員デイは、地下壕のツアーを終えたあとで、ベルクホーフ訪問についてこうまとめている。

この場所にはもうおもしろみもなにもない。そこはいまや邪悪でさえなく、もしここに教訓があるとするなら、それはただありふれた虚栄心についてのそれだろう。この場所はもはや耐えがたいほどに退屈だ。

クリスマスツリーの飾りが詰まった棚にちらりと目をやり、底に古い蠟がこびりついたキャンドルホルダーを見たなら、さっき降りてきた階段を六七段上ってきれいな空気のなかに戻り、山を降りる。[20]

デイの記事を読んだ人の多くが、ベルクホーフは死んだも同然の退屈な場所だという彼の解釈に、ホッと胸をなでおろしたことだろう。世界を人質にとった邪悪な要塞はいまでは、興味深いガレージセールの売りもの程度の存在に成り下がったのだ。どこかのだれかが使っていた中古のガラクタの退屈さ、そしてそこから平気で歩き去ることができるという事実は、まさしく自由そのものに思えたに違いない。
一方で、ただその現場に立ち、ヒトラーの平凡な家庭生活を想像するということに大きな意味を見出した人たちもいた。その一例が、一九四五年夏にベルクホーフを訪れた作家のガートルード・スタインとアリス・B・トクラスだ。作品内では過激な意見を述べていたスタインだが、その政治観は保守的で、ときに反動的でさえあり、フランシスコ・フランコ大元帥やフィリップ・ペタンといった独裁者を崇拝していた。[21]スタインはナチスによる占領のあいだもフランスにとどまり、レズビアンの恋人ときわめて危険な状況下で同棲を続けていた。戦時中、ゲシュタポが彼女のパリのアパートにやってきて、本人が留守だとわかると「リネン、ワンピース、靴、台所用品、ベッドカバー、枕を盗んでいった」が、驚くべきことに、彼女が所有していた非常に価値の高いモダンアートのコレクションには手を付けなかったと、スタインは書いている。[22]ジャネット・マルコムは、この女性ふたりの人生を取り上げた伝記のなかで、こんな疑問を呈している。「高齢のユダヤ人でレズビアンのふたりが、どうやってナチスから逃げ延びたのだろうか？」マルコムら一部の批評家は、ヴィシー政権の役人でゲシュタポの諜報員でもあった、スタインの友人ベルナール・ファイが彼女とトクラスを守ったこと、またスタインが、ペタンと彼の率いるヒトラー寄りの政権を支持していたことが大きかったと考えている。[23]一方で、彼女が枢軸国側の協力者だったという話には誇張があり、スタインとトクラスは近隣の人々にも守られていたと言う人たちもいる。[24]
一九四四年、『ライフ』誌のカール・マイダンス（米第七軍の部隊と行動をともにしていた）は、スタインとトクラスが暮らすフランス東部の村にある家の前でふたりを撮影している。「ガートルード・スタインの解放」という記事のタイトルは、スタインが提案したものだ。[25]ようやく戦争が終わったとき、第四四一兵員輸送軍にいた友人たちからの強い勧めもあって、スタインは「ヒトラーを訪ねる旅に出発した」。[26]
スタインはドイツ旅行の詳細を『ライフ』誌に寄稿しており、これを読むと彼女が——荷物が行方不明になった事件を別にすれば——旅を心から楽しんだ様子が伝わってくる。なかでもベルヒテスガーデン滞在は印象深かったようだ。この記事が『ライフ』に掲載されたのは一九四五年八月のことで、同誌がベルクホーフを大げさに褒め称えた文章を掲載してからほぼ六年がたっていた。一九三九年一〇月、『ライフ』誌を開いた読者の目に映ったのは、「とびきりセンスがいい」家具類や、「男性好みのゆったりとくつろげるタイプの部屋」という解説が添えられた、ヒトラーの家の内装を写した鮮やかなカラー写真だったが、いまその同じ雑誌には、スタインと米兵たちが破壊されたテラスに立ち、黒焦げになったあの大きな窓の窓枠を背に、不謹慎にも（さほど似てはいない）ナチ式の敬礼を模した「ヒトラーのポーズ」をとっている写真が掲載されていた[27]（図69）。ものまねをしてナチスを嘲る彼らの姿は、記事の文章のいかにも勝利者らしい浮かれたトーンにはまさにぴったりだった。

一行はまずゲーリングの美術品コレクションを見に行き、スタインは自身がはるかに現代的な作品のコレクターだったにもかかわらず、これを大いに楽しんだ。彼女はしかし、ゲーリングを褒め称えるようなことはせず、コレクションのすばらしさは彼が「すぐれた助言をもらっていたからに違いない」と書いている。いよいよベルクホーフに向かうときがやってくると、記事はやけにはしゃいだような調子を帯びていく。

そしてわたしたちは皆、それぞれの輸送機関、つまりは車に乗り込んで、ヒトラーの元へと出発した。胸が高鳴った。そこにいることは刺激的で、ほかの建物は爆撃を受けていたが、ヒトラーのそれは燃えただけで倒れてはおらず、わたしたちはついに、ヒトラーが世界を支配したあの大きな窓のなかに立ち、GIたちは皆、ひたすら陽気にはしゃいでいた。あの子たちが心から無邪気に笑っているのを見たのは、このときが本当にはじめてで、彼らは自分たちの責務を全部忘れて、ただのばかな子どもたちになって、あちらこちらに上ったり、あたりを駆け回ったりしており、そのあいだミス・トクラスとわたしは、ヒトラーのバルコニーのガーデンチェアにゆったりと腰を下ろしてくつろいでいた。それは愉快な、本当に愉快な、愉快では足りないくらいの、ばかばかしくて、けれどとても自然なことだった[28]。

「ばかばかしくて、けれどとても自然」というスタインの言葉が、正確にはなにを意味していると解釈するのか

図69 ガートルード・スタインと兵員輸送司令部の米兵が「ベルヒテスガーデンのヒトラーのバルコニーでヒトラーのポーズをとっているところ」。『ライフ』誌1945年8月6日号56ページ。

は読み手に任されているが、彼女がこの終末を思わせる廃墟のなかに存在する普通さ――ばか騒ぎやガーデンチェアでの日光浴――を歓迎していたのは確かだ。(29) そして彼女の多幸感のなかには、勝者の勝ち誇った声だけでなく、その下に潜む生存者の安堵が感じられる。スタインの人生と仕事は、トクラスとの平凡な家庭生活に深く根ざしかつ依存しており、戦争が始まったとき、彼女が恐れたのは自らの重心が錨を失ってしまうことであった。(30) 事実、友人や米政府当局からの要請にもかかわらず、スタインは自分が長年暮らした国を離れて安全な中立国や連合国へ移ることを拒んでいる。(31) スタインはユダヤ人であることを広く世間に知られていたわけではなく、またナチスの迫害にとくに恐怖を感じていた様子もないが、フランスに残ると決めた理由はなにより、彼女が家庭での暮らしと安らぎを必要としていたからのように思える。やがてフランスが解放されたとき、ようやくスタインは、失われていた可能性のあるものを思って恐怖を感じたという。[32] 粉々に破壊されたヒトラーの家をその目で見たことは、自身の安全に確信が持てたという意味で喜ばしいことだったに違いない。

スタインとトクラスがテラスに座っているあいだ、米兵たちは廃墟を探索した。「そして彼らは持ち帰る記念品を探しはじめ、写真のほか、何枚かのX線写真を見つけると、それをヒトラーが自殺未遂をしたあとに撮影された彼の腕だと言い合った。わたしが欲しかったものはラジエーターで、ヒトラーは確かに優秀なラジエーターをいくつも持っており、だれにも気づかれないままぽつんと置かれているものも一台あったのだが、ラジエーター、それも大きなラジエーターを、いったいどうするつもりなのだと彼らは尋ね、テラスに置いてその上で花を育てるとわたしは言ったが、わたしたちの度胸はその重さには敵わず、泣く泣くそれを置いてきたのだった」。ヒトラーの家庭生活を私物化し、作り変えたいというこの欲求は、ダダイスト的な変革を通じて独裁者の牙を抜いてみせた。ベルクホーフに漂うヒトラーの気配は、無害で滑稽なものへと変貌した——あれほど恐れられた暴君は、いまや植物を育てる棚代わりに使われるラジエーターになったのだ。この行為は同時に、お互いが相手から盗んだものの帳尻合わせでもあった。ゲシュタポはスタインのリネンを持っていったのだから、スタインはヒトラーのラジエーターを持っていくというわけだ。実際にはラジエーターを置いて行かざるをえなかったにせよ(代わりに彼女は、ヒトラーの怪我をした腕のX線写真を持ち帰った)、スタインは笑顔でベルクホーフをあとにした。「遅くまではしゃぎまわったあとで、わたしたちは出発し、山道を下るとその日は暮れ、すばらしい一日となった」[33]。ヒトラーの家を訪ねたことを「すばらしい一日」と、まるで本当にコニーアイランドにでも行ってきたかのように表現する気楽な物言いには、なによりスタインの豪胆さが表れている。かつては総統の恐ろしい力の象徴だったものは、彼女の目にはもはや愉快かつ平凡な、勝者の遊び場としか映らなかった。

一九四七年には、占拠されたベルヒテスガーデンは、新聞で「世界一の娯楽エリアのひとつ」と喧伝されるようになっていた。米『デイリー・ボストン・グローブ』紙のヴィクター・ジョーンズは、「ヨーロッパ中から、陸軍省の軍属たちが三日から七日の予定でここにやってくる」と書いている。広さ三九〇平方キロのベルヒテスガーデン一帯には当時、「一四のホテルに計七五〇床のベッドがあり、空きが出ることはほとんどない」状態であった。一九四七年の一年間で一五万人が訪れたこの一大リゾート地は、二〇人の将校、同じく二〇人の婦人陸軍部隊員、一〇〇人の下士官兵によって、「事実上、地元住民全員の協力のもとに」運営されていた。ごくわずかな金額で十分なもてなしが受けられたのだから、これほどの需要があったのも無理はない。「米兵や民間人とその扶養家族は、ここなら一日数ドルで、戦前にはイギリス貴族やアメリカの富裕層しか味わえなかったような豪華な「リゾート暮らし」ができたのだ。どのホテルも宿泊代はひと晩わずか一ドルで、兵士であれば食事は無料、飲み物はたったの三〇セントだった。加えて、無料のレクリエーションもたっぷりと用意されており、「ヨーロッパで最高のインストラクター」によるスキー・レッスンもあれば、ガイド付きでヘラジカやシカの狩りに出かけることもできた。娯楽はほかにもいろいろとあった。「どのホテルでも、食事どきにはオーケストラの演奏があり、ナイトクラブではフロアショーが開かれて、お相手のバイエルン人女性も大勢」いた。勝者たちが享受していた性的な特権について、ジョーンズはさらにこんな風に書いている。「米兵は朝食をベッドでとることもできた。聞くところによると、朝食を持ってくるのはドイツ人のお嬢さん《フロイライン》で、彼女たちはいまでは、トレイをベッドに置かずに兵士が手を伸ばして受け取るように仕向け、彼らの手がまだトレイで塞がっているうちに部屋を立ち去ることを覚えたとのことだ[34]」。

競合する娯楽がこれだけあったにもかかわらず、廃墟となったヒトラーやその仲間の家をめぐるツアーは、アメリカをはじめとする連合国の人々からの高い人気を保ち続けた。記念品を持ち帰りたいと考える人も一向に減る気配はなかったが、その蓄えはひたすら減少を続けていた。そしてベルクホーフの中身がすっかりカラになってしまうと、見物人たちが家の構造物の一部を記念品として持ち帰るようになったことから、今度は家自体が徐々に消え去りはじめた。一九三〇年代初頭の巡礼者たちは、ヒトラーの家の木製フェンスを持ち去った。一方、戦後のこの時期、とくに人気が高かったのは、大広間の大理石でできた暖炉のかけらと、ヒトラーの浴室に貼られた緑色のタイルだった。現地を案内するガイドたちは、石やタイルをひとかけら一ドルで売って大いに懐を潤した。ヒトラーの浴室からタイルがすべて剝がされてしまうと、「ある抜け目のない地元の実業家が、旅行者に売るための新しいタイルを大量に作らせた」[35]。

地元の店では、絵葉書などの正式な認可を受けた土産品の販売も盛況だった。たとえば写真を貼った手作りのアルバムは、いまでは数多くの文書館に収められている。[36]「ベルヒテスガーデンの土産物」や「鷹の巣の土産物」と題されたこの小さなアルバムは、おそらくはベルヒテスガーデンの写真館で作られていたもので、内容はまったく同じではないものの、似たようなフォーマットで統一されている――厚紙に白黒写真が貼られており、英語のキャプションは白いインクを使って、ゴシック様式の手書き文字で書かれている。[37]アルバム冒頭のいちばん目立つ場所に配置されているのはヒトラーの家の外装と内装で、ヴァッヘンフェルト・ハウスとベルクホーフの両方の写真が並んでいる。オーバーザルツベルクのそのほかの建物、つまりプラッターホーフ・ホテル、親衛隊兵舎、ボルマンやゲーリングの家の写真もあり、またケールシュタインの景色やそこからの眺めも数枚含まれている。このアルバムではつまりナチスのアルプスの避暑地の全容が紹介されているわけだが、なかでも重点が置かれているのはヒトラーと縁が深く、大半の観光客がそこを訪れたふたつの建物――ベルクホーフと鷹の巣であった。

写真自体よりも興味深いのはしかし、その配置の仕方だ。アルバムを構成した人物は、ナチス全盛期のオーバーザルツベルクの写真と（ハインリヒ・ホフマンのものを中心に、本物のナチスの絵葉書あるいはその複製が使われていた）、一九四五年の連合国軍による爆撃後の写真を対比させるように並べていた。「ビフォー」つまり爆撃前の写真が最初に登場し、次のページに「アフター」つまり戦後の写真が出てくるようになっていたのだ。たとえば、大広間の大きな窓がウンタースベルクの絶景を見事に切り取っている、あのホフマンの有名な写真のページの次には、一転して、爆撃を受けたボルマンの家から、黒焦げになって垂れ下がる屋根の梁越しに見える廃墟となったベルクホーフの写真が掲載されていた[38]（図70）。またアルプスの真っ白な冬景色のなかの、増築されたばかりのベルクホーフは、そのうしろのページでは、似たようなアングルから撮影された、荒廃した山の斜面に立つ、爆破され

図70　戦後、ベルヒテスガーデンで売られていたアルバム『ベルヒテスガーデンの土産物』の1ページ。

て骨組みだけになった姿として登場し、さらにはシャープな直線で構成された無傷の親衛隊兵舎は、次のページではその廃墟で草をはむ牛になっていた。[39] 写真の大半はしかし、ナチスの建物とオーバーザルツベルクの景色の在りし日の様子を写したものであった。

以上のような写真の選択と並べ方——さらには古風な手書き文字や、家族ゆかりのあるいは個人的な品のような、温かみのある体裁といかにも手作りといった雰囲気——は、強烈な懐古の感情を呼び起こした。失われたナチスの山に関するこうした記念品が、敗者の手によって勝者のために作られていたという事実を考えると、その存在はいっそう奇妙なものに感じられる。いずれにせよ、アメリカの文書館にこのアルバムが数多く保存されていることからは、自らもその破壊に手を貸した土地を見物に訪れたアメリカの兵士や役人たちに、この商品が大いに人気を博していたことがわかる。はたしてアメリカ人の読者は、アルバムを作ったドイツ人が心に抱いていた感傷を感じ取っていただろうか。アルバムをめくった男性や女性たちは、そこに記されたビフォーアフターの物語を、もっと別の意味に解釈していたのではないだろうか——これは倫理の物語であり、正義が行なわれた証拠なのだと。どちらにせよ、このアルバムが提示しているのは、ごく狭い視点から見たナチ体制の盛衰であり、ここでもやはり犠牲者の存在は無視されていた。事実、その内容は純粋に建築に着目したものであって、人の姿は写真のどこにも、いっさい写っていない。

一九五〇年代初頭には、オーバーザルツベルクにまつわるナチスの記憶に対してドイツ人が感じる懐旧の感情は、政治的かつ公的な問題となっていた。終戦から四年のあいだ、ナチスの廃墟には、ドイツ人の立ち入りはアメリカ人の付き添いがない限り禁じられていた。公式のツアーで使われる言語は英語だけで、参加できるのは連合国の人間、あるいは認可を受けた外国人だけだった。こうした状況が変化しはじめたのは一九四九年五月、米軍がはじめて立入禁止措置の解除に向けた手続きをとったときのことであった。これをきっかけに、オーバーザルツベルクの景色が倫理的に有害な影響を及ぼすことを懸念する意見が噴出した。[40] 一九四九年一二月のＡＰ通信の記事は、こんな疑問を呈している。「ヒトラーのかつての山荘はナチスの聖地となるのか？」記事は、ベルヒテスガーデン駐屯地の指揮官で、元米軍広報の責任者スタンリー・グローガン大佐による、そうした結果を招かないための努力に言及しており、たとえばナチスに関連する場所の名称を変更する、あるいは「鷹の巣に飾られていたヒトラーの胸像」を撤去し、地下室に保管するといった措置がとられているとのことだった。[41] ところが実際に問題が起こってみると、その原因となったのはそこにある物体そのものではなく、そうした物体の解釈であった。一九五一年にはすでに、フリーランスのドイツ人ガイド二〇人がオーバーザルツベルクでツアーを提供するようになっており、そのうちの数名は、自らのナチズムへの共感を隠さなかった。それどころか彼らは、ナチ体制の「不幸な」終わりを悼み、さらには「廃墟からの復活」にまで言及した。そのほかにも、自分たちの知識不足を、猟奇的な描写で補おうとする者もいた。あるガイドは、ヒトラーの拷問部屋の話をするのを好んだが、実際にはベルクホーフにそうした部屋は存在しなかった（ただし別の場所にゲシュタポの拷問部屋があったことは、確固とした事実であったが）。一日の見学者が数千人という数になると、歴史への好奇心が動機となっていたかつての「無害な」観光が、扇情主義や巡礼の旅へと一気に変化するのではないかとの懸念が高まっていった。[42]

この時期にはまた、ドイツのネオナチ団体が台頭したことから、ヨーロッパで民主主義がふたたび衰退するのではないかとの危惧が広がると、マスコミはすぐさまオーバーザルツベルクにファシズムが戻ってきたという噂の真相解明に乗り出した。(43) 一九五一年夏、『ミュンヒナー・イルストリールテ（ミュンヘン画報）』誌は、ベテラン記者のユルゲン・ネーヴェン゠ドゥ・モントをドイツ語のガイドツアーに紛れ込ませ、秘密裏にその実態を調査した。ガイドのなかには、元ゲーリングの家の管理人ツュヒスキー氏がおり、彼は空襲で破壊されたゲーリングの山荘《シャレー》内にある自分の居住区画を、いかにも懐かしそうに紹介してみせた。ベルクホーフのテラスに立ったツュヒスキーは、総統がドイツの子どもたちをいかに好きだったか、「かつては赤い傘が立てられていたこの場所」で、子どもたちのために開くパーティをどんなに楽しんでいたかを語った。ネーヴェン゠ドゥ・モントによると、別のガイドはベルクホーフの家具のつつましさを賞賛し、それを聞いた見物人がいかにも感じ入ったように、ここは「簡素だけれど実に美しい家」だったのに、破壊されてしまったのは「本当に嘆かわしい」ことだと語っていたという。ガイドがさらに、総統はボンにいる政治家たちよりも質素な暮らしをしていたと付け加えると、聴衆のあいだからは同意するようなざわめきが聞こえた。大広間で見た光景について、ネーヴェン゠ドゥ・モントはこう書いている。「ガイドたちは皆、『総統の暖炉』のなかの赤い石を指差す。それは人々が記念品としてかけらを取っていくせいで、毎日少しずつ小さくなっているということだった。『総統の火を家に持ち帰りたい人が大勢いるのです』とガイドは言う」。ガイドのこうした解説は、ネーヴェン゠ドゥ・モントには、「ほら、これがヒトラーの使った歯ブラシですよ」といったタイプの、いかにも観光地的な煽り文句とプロパガンダとが混ざったようなものに感じられた。(44)

ドイツ語を解する外国人など、一部の観光客は、ガイドがナチズムへの共感を口にすることに対して嫌悪感を露わにしていたものの、それ以外の人々は大いに勇気づけられたようだった。ある高齢のドイツ人男性は、ネーヴェン゠ドゥ・モントのことを志を同じくする同国人だと思い込み、ベルクホーフの廃墟からかけらを記念に持ち帰るところを写真に撮っていいかという彼の頼みを快諾し、「総統への忠誠が揺らいだことはない。もう二度と、あれほど美しく偉大な時代はやってこないだろう」と語った。その後ネーヴェン＝ドゥ・モントは、立ち並ぶ土産物屋の一軒で、その男性が写真や『オーバーザルツベルク、いまと昔』と題された絵を購入しているのを見かけた。現地では、観光客向けに立入禁止の地下壕にはいれるチケットも販売されていたという。地下壕の壁には、世界中からやってきた人々の名前のほか、鉤十字、親衛隊のルーン文字、さらには「親衛隊よ永遠なれ！」、「偉大なる総統に敬礼」など、書き手の政治思想をあからさまに示すメッセージが書かれていた。記事の最後に掲載されているのは、ベルクホーフと花のイラストが付いたハンカチの写真だ。こうした低俗《キッチュ》な商品は、ゲッベルスでさえ販売禁止にしようとしたに違いない。ネーヴェン＝ドゥ・モントはこの記事の結論として、オーバーザルツベルクで拡大しつつあるヒトラーゆかりの観光業には、多面的な危険が潜んでいると述べている。具体的には、ガイドや観光客からの影響によって、若く多感な世代がナチズムに染まること、国家主義者の巡礼が増えること、恐怖を感傷的なものにすること、バイエルンの外国からの評判や観光業へのダメージなどだ。彼は当局が介入すべきだと訴え、「こうした特殊な観光業が、バイエルン州にとって健全と言えるのか」と問いかけた。(45)

ネーヴェン＝ドゥ・モントの記事は、大手新聞『ズュートドイチェ・ツァイトング〔南ドイツ新聞〕』紙にも掲載され、社会民主党〔西ドイツ〔ドイツ連邦共和国〕二大政党のひとつ〕の政治家たちを大いに怒らせた。同党の党員のなかには、ナチ体制期に強制収容所に入れられたり、亡命を余儀なくされたりした者が少なくなかった。この記事を読んだ社会民主党所属のバイエルン州内務相ヴィルヘルム・ヘグナーは、七月一二日付でベルヒテスガーデンの地区責任者に書簡を送り、オーバーザルツベルクにおけるナチズムの活動の真偽を尋ね、またネーヴェン＝ドゥ・モントの記事が真実であれば「全域を封鎖し、あの土地をシャモアとアイベックス〔どちらも現地にすむヤギの仲間〕に任せるのが賢明だろう」と書いている。(46) 頑迷なナチスを野生のヤギと入れ替えるというのは胸のすくアイデアではあったが、永続的な解決策とはとうてい言えなかった。あの廃墟を封鎖するという策もまた、巡礼者を排除できる一方で、ベルクホーフを保存することを通じて、実質的にこの土地の時間を一九四五年のまま止めてしまうことになるだろう。[47]それでも当面の対策として地元当局は、オーバーザルツベルクの地下壕への入り口を壁で塞ぐ、ケールシュタインハウスへの道路の車の通行を禁止する、廃墟からツアーガイドを排除する、土産物を没収するといった命令を出した。[48]八月二日、ヘグナーとバイエルン州の閣僚たちが現地の視察に訪れ、その後、地元の代議員と顔を合わせて次なる対策についての話し合いを持った。[49]バイエルン州閣僚の大半が望んでいたのは、ケールシュタインハウスも含めて、オーバーザルツベルクのナチス関連の建築をすべて取り壊すことであった。地元の代表者たちが強くこだわったのは、鷹の巣の保存だった。彼らのなかには、この建物は本質的に邪悪なものではない（ヒトラーがここにやってきたのはほんの数回であり、彼の住んでいた家とはあきらかに異なる）と考える者もおり、そうした人々は閣僚たちも実際にあの建物からの絶景を眺め、また建物を解体・撤去するのが技術的にいかに難しいかを認識すれば、意見を変えるのではないかと期待していた。[50]

政治家たちの訪問の翌日、元ナチ党メンバーが所有する地元の保守系新聞『ベルヒテスガーデナー・アンツァイガー（ベルヒテスガーデン新聞）』は、オーバーザルツベルクの将来を決定する「横暴な」やり方についての読者調査の結果を掲載した。同紙の主張は、そうした問題は、もっとも大きな影響を受ける人々、つまりは地元住民によって決定されるべきだというものであった。紙面には、計三〇〇通寄せられたという意見書のなかから代表的なものが取り上げられており、その大半がナチスの廃墟を撤去したり、現存する建物を取り壊したりすることに反対していた。「主婦」だというひとりの読者は、「これが民主主義というものなのでしょうか――ほんのひと握りの男性が命令するなど、まるで一九三三年のようではないですか？」と書いている。「事務員」の男性は、こうしたやり方はリソースの少ない地域にとっては経済的な損失であるし、廃墟にある資材を地元の住宅建設に再利用してはどうかと提案していた。彼はさらに、ケールシュタインハウスの取り壊しは「まったくばかげた話」であり、もしその意図がナチ体制の記念碑的な存在になることを避けるという点にあるのなら、政府はアウトバーンも掘り起こすべきだと付け加えている。ある「精密技術者」は、戦争でたくさんのものが破壊されたのだから、解体に使うお金があるのなら修復可能な建物に回して、戦後の過密状態を解消すべきだと主張した。また別の読者は、ほかの国では歴史上の「重大な政治犯罪者」にゆかりのある建物を保存しているというのに、なぜベルクホーフの廃墟が問題となるのかわからないと訴えていた。ここで彼がいう「政治犯罪者」とは、ナポレオン、イタリアの皇帝ネロ、テュルク人征服者ティムールなどのことだ。ある「従業員」もこれと同様の立場から、ザルツブルク付近にあるヨアヒム・フォン・リッベントロップの夏用の別荘は、オーストリア政府によって高級ホテルに改装され、上流階級の外国人客を呼び込んで国が必要とする外貨をもたらすことで、前政権の遺産を利用して国民のために前向きな利益を生み出していると述べている。ある「カテキスタ〔教理問答者〕」は、ベルクホーフは外部の人間がはいれないよう封鎖して、あの大きな窓があった空間に「現世の栄華はかく移ろいぬ」と記された旗を掲げて、政治家たちに自らの説教や計画のはかなさを知らしめるべきだと書いていた。彼はまた、もしオーバーザルツベルクがファシストの巡礼地になることを回避したいのなら、廃墟を撤去すると同時に、元の第三帝国各地からベルヒテスガーデンにやってきた拠りどころのない人々の雇用と住居を確保すべきであり、新たな暮らしを創造することなく悲惨な過去の痕跡を消し去っても無意味だと警告した。さらに別の読者は、タブロイド紙がヒトラーとその取り巻きたちに関する話題を延々と書き続けることのほうが、どこの廃墟よりもファシズムの宣伝に貢献していると書いている。[51]

一九五一年の時点では、オーバーザルツベルクはまだ米軍の駐屯地だったため、ドイツ当局はこの場所の開発について、バイエルン州の土地問題を担当していたアメリカ人、ジョージ・シュスターと話し合いを持った。八月六日、バイエルン社会民主党委員長ヴァルデマー・フォン・クネーリンゲンは、ベルクホーフとその周辺の廃墟を撤去し、そこに木や草を植え直すという内閣の決定を発表した。この決定についてクネーリンゲンは、ナチ体制の遺産としては、ドイツ各地に残る廃墟と化した広大な土地が十分にその役割をはたしており、オーバーザルツベルクを記念碑的に残してわざわざネオナチを育む必要はないと述べている。[52]ところがシュスターは鷹の巣を保存すると発表し、その理由を、自国民を搾取しながら空の上に城を建てたナチ体制の社会に対する無責任さを、後世に伝えるためだと説明した。[53]米高等弁務官は一一月、ベルヒテスガーデンの住民たちからの反対に鑑みて、取り壊し計画の実施を、オーバーザルツベルクの不動産（ボルマンの家、ゲーリングの家、親衛隊兵舎、ベルクホーフ）をバイエルン州に返還するための条件とすることによって、これを正式に推し進める決定を下した。この計画は具体的には「建物の完全な取り壊しと、その場所を示すすべての建築物の排除」を意味していた。[54]これによってアメリカ当局は、自分たちが何年も疎かにしてきた責務をバイエルン側に引き渡してしまったわけだ。皮肉なことだが、一九四七年に、建物が崩れる危険性などを考慮して米軍が廃墟を撤去しようとした際、これを中止させたのは、敷地内への入場料の徴収で多額の利益を得ていた米軍の特別慰問団であった。[55]

八月の発表から数カ月間にわたって、『アンツァイガー』紙は、撤去計画への活発な反対運動を展開した。同紙は廃墟保存を訴えるうえでいくつもの理由を挙げていたが、なかでもとくに強調していたのは、地元観光の呼び物としての価値の高さと、その外貨を呼び込む力だった。この主張に信憑性を与えていたのは数字だ。一九五一年七月から一〇月にかけて、オーバーザルツベルクの廃墟には一三万六五六〇人が訪れ、そのうちの八〇パーセントは外国人であった。これに対して社会民主党は、観光客を惹き付けたのは自然の美しさだと反論したが、『アンツァイガー』紙は、彼らは廃墟を見に来たのだと主張し、その根拠としてアメリカの新聞記事を挙げてみせた。たとえば同紙は『デンバー・ポスト』紙の記事から、ベルクホーフの廃墟は、外国人旅行者にとってベルヒテスガーデン最大の見どころだと書かれている部分を長々と引用している。また八月中旬にも、最近の記事からの引用として、ベルクホーフの廃墟の購入を申し出た「著名なアメリカ人ホテル経営者」の話を掲載した。その人物はベルクホーフを買い取り、自身がロッキー山脈に所有するホテルに移転・再建することを目指しているのだという。『アンツァイガー』紙の主張はつまり、大物資本家がベルクホーフの廃墟の観光地としての大きな可能性に気づき、アメリカ西部にヒトラーのテーマパークを作ることを提案しているというのに、バイエルンの住民が、自分たちの歴史に関わる、自分たちの土地が提供する経済機会をみすみす失うのはあまりにばかげている、ということであった。[56]

一方、ライバル紙の『ズュートオスト＝クーリア（南東の使者）』――近隣の町バート・ライヒェンハルに拠点を置き、社会民主党員のヨーゼフ・フェルダーが代表を務めていた――は、同紙と同じくらい長く、同じくらい積極的に、オーバーザルツベルクにあるナチスの廃墟の完全撤去を求めて闘った。[57]「旧ダッハウ〔強制収容所〕の元収容者」であるフェルダーは、地元の保守派を敵に回しながら、ナチスに関わる過去とファシズムへの共感の復活と戦うべきだと主張した。[58]地元住民は全員が廃墟の保存を望んでいるという『アンツァイガー』紙の論調に対抗し、彼は撤去に賛成する人々の声を代弁した。廃墟を経済的な問題ではなく、本質的に政治的な問題として扱うというフェルダーの方針は、自身が所属する社会民主党のそれとも一致していた。[59]一一月に掲載された社説において、近隣の町トラウンシュタイン選出のバイエルン州議会議員で、社会民主党員のゼップ・キーネは、廃墟を撤去するという決定は、民主的に選出された代表者によってなされたものであり、議員が考える公共の利益とは、オーバーザルツベルクの土産物店主の個人的な利益にとどまらないと述べた。西ドイツが世界から国として正式に認められるために努力を重ねているいま、この問題には地元商人の利益よりも大きなものがかかっているのだと、彼は主張した。[60]

西ドイツの多くの人々は、戦後、社会や政治をなんとか正常な状態に戻そうと努力するなかで、第三帝国の記憶を自分にとって都合よく修正していた。歴史家たちがさまざまな記録に残している通り、一九五〇年以前にもごく少数の地域で犠牲者の記念碑が建てられてはいたものの、国が犯した罪と真摯に向き合おうという動きが広く出てくるまでには数十年という時を要した。一九六八年には、若い世代がいつまでも過去を忘れたふりを続ける社会に対して反乱を起こし、ナチズムの遺産、とくに親世代のホロコーストへの共犯関係をあきらかにすることを求めた。しかしこれがようやく実現されるのは、一九八九年に冷戦が終結したあとのことだ。[61]国が犠牲者の苦しみに対して罪を償い、追悼することをこれほど長い間避けていたというコンテクストのなかで、オーバーザルツベルクがコミュニティとして非常に早い時期に、ナチズムの物理的な遺産の保存という問題に対峙していたことは特筆に値する。しかしながら、これを本当の意味での過去の精算と解釈できるかは疑わしい。ベルクホーフ一帯と関連があったのは、犠牲者ではなく政権の座にいた犯罪者たちであり、保存賛成派はこの場所をおおむね無害な存在――無法者の避暑地程度のものだと認識していた。廃墟の撤去計画が発表されようとも、保存派のあいだには、大量虐殺を行なった体制を利用して利益を生むことに対する自己批判の意識はほとんど生まれず、むしろ地元に住んでいるわけでもない州の政治家やアメリカの占領軍の手によって経済的自由が失われるという、被害者意識が育まれただけであった。一方の撤去派は、この山はカルト的な力を持つ場所であり、それはヒトラーの家が実際に恐ろしいほど多くの人を惹き付けていることでも証明されていると考えていた。彼らはしかし、ファシストの「細胞」の根絶を目指しながらも、改革された民主的な州というバイエルンのイメージもなんとしても守りたいと考えていた。おそらくはそのせいで彼らは、この土地に実際にヒトラーへの共感がどれだけ残っているのかという諸刃の刃になりかねない問題にまでは踏み込もうとしなかったのだろう――そうした態度はしかし、結局は保存派陣営から、撤去派がそうした共感が残っていると指摘したせいで、少数の腐ったリンゴがまんまと地元住民全体を腐らせてしまったと非難される結果となった。[62] つまり廃墟をどう扱うべきかという議論において重要視されていたのは、過去の犠牲者の記憶に敬意を払うことや、過去の罪への説明責任をはたすことではなく、目下の利益を守ることだったわけだ。どちらの陣営にとっても、この土地に関する相手側の解釈を受け入れることはあまりに多くの問題をはらんでおり、妥協の余地はまったく見当たらなかった。

　クネーリンゲンによる撤去の発表から数週間のうちに、この問題に関しては感情的な意見が山ほど寄せられたため、『アンツァイガー』紙と『クーリア』紙の「オーバーザルツベルク問題」をめぐる議論はその紙面を飛び出し、地元のビアホールに持ち出されることになった。エスカレートする緊迫感と白熱する議論には海外メディアからの注目も集まり、この状況はまるで三〇年前にバイエルンのビアホールで行なわれていたアジテーション演説のようだという声も聞かれた。アメリカの作家ポール・ムーアは『ハーパーズ・マガジン』誌に寄稿した記事のなかで、両紙の議論が怒鳴り合いに発展した経緯を記している。「『アンツァイガー』紙は九月七日号一面の七段を使った社説で、ベルヒテスガーデンにおけるネオナチの存在を断固として否定した。翌日の市民集会の場で、ライバル紙『クーリア』のフェルダー氏はこの社説に言及し、『アンツァイガー』紙を激しく非難した。深夜、『真の、そして唯一の元凶はユダヤ人だ！』という叫び声が空気を裂いて響くと、あたりはすっかり大混乱に陥った」。同月、社会民主党は撤去派の集会を開いたが、数百人の反対派が集まって大声を上げたため、集会はまたもや混乱のうちに終わった[63]。

一〇月には、状況の打開を狙う社会民主党が、クネーリンゲンとハインツ・エーリヒ・クラウゼによる討議を開いたとムーアは書いている。ヘク・ラウという筆名で知られていたクラウゼは、ナチ系非合法月刊誌『ドイチュラント・ブリーフ（ドイツの手紙）』を執筆・編集していたオーストリアの若者で、地元の集会でのトラブルを扇動していた人物だ。一〇月二六日、ベルヒテスガーデン駅（第三帝国時代に作られた巨大建造物）のレストランを埋め尽くした聴衆に向かって、ベテラン政治家で党随一の雄弁家でもあるクネーリンゲンは、憎悪の感情を超えて、目下の問題を客観的に評価しようではないかと訴えた。演台に立ったクラウゼはまた別のアプローチをとり、その場にいる人々を侮辱・扇動する言葉を口にした。たとえば彼はクネーリンゲンに向かって、あなたがいまの地位にいるのはヒトラーのおかげなのに、なぜ彼を悪く言うのかと問いかけた（クネーリンゲンは若いころ、ヒトラー反対派の演説家として大きな影響力を持っていたため、一九三三年には命を守るために国外へ逃れ、それから一二年間、亡命生活を送りながらレジスタンス活動を続けていた）[64]。その夜の終わり、クラウゼは警察の護衛に付き添われて部屋をあとにした。ムーアが書いている通り、こうした集会によって、「この土地におけるナチスの復興という社会民主党の主張には一理あるという可能性が、はじめて公に示された」。保存派が期待していたのは、抗議運動を通じて自分たちの論拠が強化されることであったが、彼らの行為によって、地元にメディアからの不必要な注目が集まったことで、内閣のメンバーの決意はさらに固くなり、一一月中旬、廃墟撤去作業の開始にゴーサインが出された[65]。

連合国軍の空爆で粉砕されたゲーリングとボルマンの家は、もっとも早い時期に取り壊された[66]。ムーアは一九五一年冬にオーバーザルツベルクを訪れ、廃墟のそばにトラックが数台停車し、作業員がシャベルで瓦礫を荷台に積んでいるのを目撃している。「あれほど華々しい歴史を持つものを消し去るにしては、それはやけに盛り上がりにかけるやり方ではないかという気もしたが、実際のところ、廃墟の大部分が、爆薬も必要としないほどに崩れていた。作業の大半はただ押し倒し、それを拾い上げ、運び去ることだった」。解体に先立つ議論のなかでは、どちらの陣営からも、納税者が負担する保存経費の問題は提起されなかった――議題にのぼったのは解体の経費だけだ。しかし建物はかなり危険な状態にあったのだから、観光客の安全を確保するためには、政府はかなりの額の公的資金を費やすことになっただろう。新たに生まれ変わったばかりの民主国家が、悲惨な世界大戦と未だに残るファシズムの傷から立ち直ろうともがいている最中に、ヒトラーとその仲間たちの家を文字通り〝支える〟ことに賛成するというのは、いかにも想像しにくい話だ。どちらにせよ、廃墟の荒廃ぶりは相当なもので、これを保存するなどそもそも可能だったのかと疑問を呈する声も聞かれた。米国務省駐在員エヴェレット・シェーニングはムーアの取材に対し、「廃墟は解体しなければならなかった。[……]あれほど大勢の人間をなかに立ち入らせてきたのは危険なことだった――連合国軍の空爆で崩れなかった部分は、ひどくガタがきていた」と話している。[67]

撤去費用の納税者負担を軽くするため、バイエルン州政府は地元の建設会社に廃品回収の権利を売却した。廃材を記念品として転売することを厳重に禁じるという条件付きの契約であった。[68]建設会社は、廃墟の処理だけでなく、ヒトラーが『わが闘争』の第二巻を執筆したカンプフホイスル（闘争の小屋）と呼ばれる小屋をはじめ、無傷のまま残っていた数多くのナチ体制関連の建造物の撤去も請け負った。[69]こうした作業もすべて含めて、工事は一九五二年五月末までに完了させ、植林はその後、州が約一〇万ドイツマルクをかけて行なうことが決定された。ネオナチによる抗議を警戒して、ヘグナーは撤去現場に警官三〇名を配置し、「民主主義の警護」にあたらせた。[70]作業は冬のあいだは中断され、春になると再開された。四月の末には、作業員はベルクホーフの解体をほぼ終えていた。最後に破壊されるのは、かつてはそこからウンタースベルクを望むことができた、あの大きな一枚ガラスの窓を支えていたファサードだった――ここがこの家をもっとも象徴する場所だったことは間違いない。ヒトラーの自殺からちょうど七年目となる四月三〇日、自殺の時刻までほぼ一時間となったころ、残りの壁がダイナマイトで爆破された。『ベルヒテスガーデナー・アンツァイガー』紙はこのできごとを詳細に報じ、告知があったのは午後三時、爆破予定時刻のわずか二時間前だったと不満げに書いている。記者が大急ぎで現場に駆けつけると、そこには米軍将校とバイエルン州政府の代表者ら数人が、爆破の見学に集まっていた。記者はまるで死刑執行でも見ているかのように、午後五時〇五分の爆破の瞬間に至るまでのベルクホーフ最後のひとときを、一分ごとに解説してみせた。爆破のあとは「茶色い土埃が、数分間にわたって爆破現場を覆っていた」という。現場ではその後、立ち会っていたアメリカとドイツの当局者が検分を行なった。[71] ファサードが爆破される瞬間を捉えた写真は世界中の新聞に掲載され、これを見た多くの人々が胸のすく思いをしたに違いない。『ライフ』誌はその感慨をこんな風に表現した。「ヒトラーの時代とその終焉は、ベルクホーフとともにあった」。同誌はこのできごとを記念して、ベルクホーフの歴史をたどる〝ビフォーアフター〟の写真を掲載し、その全盛期と終焉の様子を振り返っている[72]（図71）。一方、その昔、ベルクホーフのために多くの紙面を割いた『ニューヨーク・タイムズ』紙は、「さまようヒトラーの幽霊は、ほかに取り憑く場所を探さなければならないだろう」と書いている。[73]

ベルクホーフの解体後、ヒトラーの幽霊はあるいはよそへ移ったのかもしれないが、観光客はどこへも去っていかなかった。地元の商店にとっては喜ばしいことに、激しい議論の末に実行に移されたオーバーザルツベルクの廃墟撤去から数十年間、観光客の数は着実に増え続けた。アメリカからの返還の際、ナチス関連の建物の痕跡はすべて排除するとの条件があったにもかかわらず、建設会社は建物の基礎や、ヒトラーのガレージを含む地下の建造物を残していた。こうした過去の痕跡や、広大な地下壕網、レストランとして再出発したケールシュタインハウスなどは、その後も変わらず歴史に興味のある人々をこの地に惹き付けた。実際のところ、オーバーザルツベルクの交通量があまりに増えたため、更地になった土地に草を育ててナチ建築の痕跡を覆い隠す作業が滞ったほどだ。家の大半が撤去されたあとも、なんの宣伝もしていないベルクホーフは、ドイツでも有数の観光名所であり続け、何万人もの旅行者がここを訪れた。[74] 一九六二年、『デア・シュピーゲル（鏡）』誌の特派員ペーター・ブリュッゲは、バスが乗客を降ろしたり、大勢の人々が建物の基礎の周りをうろついたりしている様子は、まるでポンペイの遺跡で見たような光景だと書いている[75]。

ベルクホーフの解体後、オーバーザルツベルクに関する報道は目に見えて減ったが、その後四〇年間にわたり、この場所は折に触れてドイツ内外のメディアで取り上げられ、そのたびに〝記憶と記念碑〟をめぐる問題は、ベルクホーフの爆破とともに消え去ったわけではないことを思い起こさせた。観光客だけでなく、ナチスの同調者もまたここを訪れ、容易には消え去らないその存在の証明を現地に残していった。やがてネオナチが世界的な現象として認識されるようになるにつれ、もはやこうした巡礼者はドイツ人だけではなくなっていった。ブリュッゲによると、彼がオーバーザルツベルクに到着してまもなくヒトラーの地下ガレージにはいると、壁に英語の手書き文字で「ヒトラーは正しかった」と書かれているのを見つけたという。これはおそらく、缶入りのペンキを持参した外国人旅行者の仕業だと思われた[76]。

しかしブリュッゲがより興味を引かれていたのは、オーバーザルツベルクの地上で起こっていること、とりわ

図71　「ヒトラーの家の陥落」。『ライフ』誌1952年6月2日号42ページに掲載された記事「ベルヒテスガーデンの爆破」より。

け、一帯におけるナチスの存在とその物理的な名残を理解するための、批判的なコンテクストが未だに見当たらないことであった。ナチ時代のオーバーザルツベルクに関する本格的な歴史の検証がなされていないという事実、さらには一帯の自然の美しさのせいで、過去の改変は野放し状態になっていた。ケールシュタインハウスのテラスでホフブロイのビールを飲み、青い空と山の景色を堪能している観光客は、無意識のうちに、ヒトラーの審美眼を褒め称える傾向にあった。[77] それはあまりにも心地よい体験で、その場所が人間の苦しみの上に建てられたものだということは容易には想像しがたく、そもそもそうしたことを思い出させるものはなにひとつ存在しなかった。

オーバーザルツベルクの廃墟の名残にもまた、錆びた「立入禁止」の看板を除けば、公式の標識はなにもなく、また政府が見るべきものはなにも残されていないと主張していたことから、公式のツアーも存在しなかった。それでもフリーランスのガイドたちは相変わらずツアーの案内を続け、聴衆が聞きたがっていると自分たちが判断した話題を提供していた。ブリュッゲは、あるツアーガイドに話を聞いた。彼は、自分はヒトラーを批判も賞賛もしないが、ただ事実をありのまま話すだけだと語っていた。「わたしのツアーは客観性を保つ必要がある。『ほらあそこに、あの糞野郎のヒトラーが住んでいたんですよ』などとは言えない。客はそんなことを聞きたがっていないからだ」。こうした姿勢は、地元の土産物店で売られている品物にも見受けられ、たとえばベルヒテスガーデンにおけるナチズムの歴史をすっかり無害化したような内容の、地元で制作された書籍なども売られていた。[78] 一九三〇年代のプロパガンダに依拠し、当時の写真を再利用したこうした本においては、オーバーザルツベルクでのナチスの活動は、まるで健康的な娯楽かなにかのような、ほぼ政治とは無関係なものとして紹介されていた。本のなかには、ヒトラーがベルクホーフのテラスでくつろいだり、ゲーリングが自宅の凍ったプールでカーリングに勤しんだり、エーファ・ブラウンが日光浴をしたりといった、家庭での無害な場面の数々が掲載されていた。[79] 土産物店ではそのほか、一九四五年以前や、解体前のオーバーザルツベルクの絵葉書やカラースライドも売られていた。一九八六年、地元選出のバイエルン州議会議員で社会民主党員のペーター・クルツは、こうした土産物に見られる、昔を懐かしむような傾向に苦言を呈して物議を醸した。[80] もっとあからさまに政治的なものが店頭で売ることを許されている状況のなかで、これはあまりに問題の本質にそぐわない発言として受け止められた。一九七八年にオーバーザルツベルクを訪れたある旅行ライターは、店員がヒトラーやゲッベルスによる演説のレコードを、ピンク・フロイドやプラスティック・ベルトラン〔当時人気の高かったベルギーのミュージシャン〕のアルバムと一緒に店頭に並べているのを見て目を見張ったという。[81]

政府当局は、より攻撃的な土産物はときおり撤去させていたものの、オーバーザルツベルクはおおむね放置状態にあった。ホテル・ツム・テュルケンのオーナー、テレーゼ・パートナーは、こうした当局による管理の甘さを利用して、ベルクホーフの地下壕に勝手に見物人を入れていた。パートナーはカール・シュースターの娘であり、オーバーザルツベルクの元住人のうち、ボルマンに接収された財産を、戦後の申し立てによって取り戻したごく少数の人々のひとりだった。[82] 地下壕網への入り口はすべて米占領軍によって封鎖されたあと、一九五〇年代初頭にはバイエルン当局によって改めて封鎖が行なわれていた。パートナーの主張によると、彼女は一九五四年に、夢に導かれてホテルの下にある封鎖された扉を見つけたのだという。扉を開けるとそこには長いトンネルがあり、隣接するベルクホーフの下に位置するヒトラーとエーファ・ブラウンの個人用地下室につながっていた。パートナーは観光客を地下壕内に案内しはじめ、じきに年間五万人もの人々から入場料を徴収して大金を得るようになった。地下壕の壁は、世界各国の人々が親ナチ感情あるいは反ナチ感情を書きつけるキャンバスと化し、パートナーがときどき漆喰で白く塗り直していた。[83] 一九六六年には、「ベルヒテスガーデンがヒトラーに関連する過去を利用して利益を得ている」との抗議に応える形で、バイエルン州財務大臣がベルクホーフの地下壕の封鎖を命じており、こうした介入は非常に珍しいことだったため、アメリカの大手新聞もこれを大きく報じた。[84] それでもシュースター家はトンネルへの入場券の販売を続け、彼らのホテルからは引き続き地下壕にはいることができた。[85]

一九九五年、米軍がベルヒテスガーデンの米軍レクリエーション・センターの閉鎖を発表すると、この山にまつわる半分忘れられかけていた歴史を無視し続けることは、もはやできなくなった。オーバーザルツベルクにあるナチス関連の不動産は、数十年前にバイエルン州に正式に返還されていたにもかかわらず、米軍はこの山の大部分を引き続きレクリエーション・センターとして独占的に使用しており、一帯には数軒の山荘のほか、ホテル、スキーリゾート、ゴルフコースなどが作られていた。この土地と、その上に立つかつてのナチスの建築物――元は高級ホテルだったプラッターホーフ・ホテル（ジェネラル・ウォーカー・ホテルに改名されていた）やマルティン・ボルマンの試験農場――は、このときようやく、だれもが出入りできる場所になろうとしていた。ネオナチの活動が抑えられているのは、オーバーザルツベルクに米軍がいるおかげだと考えてきたドイツ当局は、彼らが去ったあとの空白をなにが埋めることになるかについての懸念を口にした。[86]ネオナチの巡礼者はすでに以前よりも大胆になりつつあり、ベルクホーフの廃墟のいまでは木が鬱蒼と茂っているエリアに、即席のヒトラーの祭壇を建てるほどになっていた。スティーヴン・キンザーは『ニューヨーク・タイムズ』紙に、米軍の引き上げによって「ベルヒテスガーデンは、そこに取り憑いた幽霊とともに置き去りにされるだろう」と書いている。[87]

オーバーザルツベルクをどう扱うかという議論はその後、冷戦の終結とドイツ再統一という文脈のなかで進められた。この時期、ドイツの血塗られた過去と向き合おうとする動きは常に、経済を再生させるための投資の必要性と対立することになった。[88]それでも、これらふたつの課題はそのどちらもが、一九八九年以降に急速に勢いを増したネオナチの活動と戦ううえで不可欠であることはあきらかだった。第三帝国に関する教育が足りないところへ、雇用や社会的進歩の見通しの悪化が追い打ちをかけると、東ドイツ出身の若者たちは過激な集団へと引き寄せられていった。そのうえ、新たな市場を必死に追い求めるなかで、過去の歴史に対する配慮は、しばしば路端に忘れられがちになった。たとえば一九九一年には、ベルリンに近いかつての東ドイツの町にある、元ラーフェンスブリュック女性強制収容所の脇を走る、同収容所の囚人の手によって舗装された丸石敷の道沿いにショッピングセンターが建設されることになったが、これ対して国際的な非難が巻き起こったことで、ドイツ政府は大いに面目を潰し、計画を中止するというできごともあった。[89]折衷案を探るバイエルン州のクルト・ファルトハウザー財務相は、オーバーザルツベルクの再開発に関する「二本柱の計画」を打ち出した。その内容は具体的には、高級リゾートを建設し、その隣にホテルの宿泊客らにこの土地に残るナチズムの歴史について教える文書センターを作るというものであった。[90]ファルトハウザーはこの二本柱を、両方で平衡を保つ一体化した存在であると説明したが、反対派からは、この計画は矛盾をはらんでおり、片方の手で過去を記念し、もう片方の手でそれを消し去ろうとしているようなものだとの批判を受けた。

ベルヒテスガーデンの住民のうちごく少数が、なにかしら記念となるものを作るべきだと訴えていたが、そのほかの人々は、町の「褐色の（ナチスの）」過去に注目を集めることで、この場所が永遠に邪悪なもので汚されてしまうことを恐れていた。「新たなダッハウをここに作るのはごめんだ」。ベルヒテスガーデン市長ルドルフ・シャウプはそう発言した。「ここでは恐ろしいことはなにも起こっていない。ここはただ、悪党が休暇にやってきた場所に過ぎないのだ」[91]。ベルヒテスガーデン市議会議員マルティン・ザイトルは、「原則として、わたしはその計画に異を唱えるものではないが、そうした施設はここではなく、ベルリンやミュンヘンに造るほうがふさわしいだろう」とコメントした[92]。しかし、同計画のアドバイザーを務めていたベルリンのユダヤ人コミュニティのリーダー、アンドレアス・ナハマは、現地での認識を高めることの必要性を強調し、以前にベルヒテスガーデンを訪れた際には、「なんの情報もないことに強い憤りを感じた――あそこにあるのは土産物だけだ」と述べている[93]。

一九九九年一〇月、ナチスの来客用宿泊施設があった基礎の上に建てられたオーバーザルツベルク文書センターが開館すると、一部にまだ残っていた、ここはたんなるヒトラーの休暇先に過ぎなかったという意見は完全に論破された。念入りな調査にもとづいて構成された展示には、オーバーザルツベルクがナチ政権の中枢であったこと、その指導者たちがここで自らの犯罪について話し合い、計画を立てていたことがはっきりと示されていた。文書センターが提示するこうした視点は、展示を見る者に、この山に暮らした高官たちの日々の生活だけに注目するのではなく、視野を広げて、ヨーロッパ全体で起こっていたできごとをパノラマ的に見るよう促した[94]。同館の展示はこのほか、オーバーザルツベルクを褒め称える広報や宣伝記事が、いかにヒトラーをめぐる個人崇拝を育て、彼の体制を強化していったかについても取り上げていた。さらに文書センターは展示の最後に、ホテル・ツム・テュルケンによる不法侵入とは対照的な、案内付きの地下壕体験を用意していた。(95) 文書センターは、批判者たちがかつて恐れていたように観光業に水を差すどころか、それ自体が大きな観光スポットとなり、入場者は二〇〇七年五月には一〇〇万人を超えた。(96)

　歴史的な記憶に対する責任をはたしたバイエルン州政府は、今度は忘れるほうの仕事に注力し、ゲーリングの住居があった場所に、五つ星ホテルのインターコンチネンタル・ベルヒテスガーデン・リゾートの建設を進めた。「山でひと休み」というキャッチコピーが付けられたこのスパ付きのホテルは、日々の憂さを忘れてリラックスしようとやってくる裕福な顧客に、さまざまな健康関連のサービスを提供するものであった。ナチ建築の名残をそのデザインにあえて目立つように取り入れた文書センターとは異なり、インターコンチネンタル・リゾートは、モダンなファサードと曲線を描くフォルムで、過去との決別をあえて明確に宣言してみせた。ジョナサン・マーゴリスはこのリゾートについて、英『インデペンデント』紙の旅行レビューに、「ソフトウェア企業のコロラド本部」のようだと書いている。(97) 設計を担当したミュンヘンの有名建築家ヘルベルト・コホタは、「世界でも有数のすばらしい自然美のなかで、人間の自信の表現」を追求したと述べている。全一三八室からなるこのホテルの最初のデザインは、並行に並ぶふたつの翼《よく》が、ゆったりと外に向かって弧を描き、中央に設けられた渡り廊下でつながれているというものであった。歴史家のティモシー・ライバックはしかし、このデザインについてこう書いている。「模型が完成すると、飛行機や隣の山の上からは、このホテルは風景のなかに焼きごてで刻まれた巨大な『H』マークのように見えることがあきらかになった。これを見れば、この山にかつて暮らした住人のなかでもっとも悪名高い人物を思い出さずにはいられない」。コホタがデザインを手直しして翼が内側に曲線を描くように変え、渡り廊下を北の端に設けたことで、ようやく現在の馬蹄のような形ができあがった。このデザイン・プロセスからは、モダニズムは決してナチ建築や、その存在が景色に及ぼすとされる「美の汚染」に対する安易な解毒剤ではなかったことがわかる。(98)

二〇〇五年三月一日の開業日を迎える前からすでに、ホテルは散々ネガティブな報道にさらされていた。[99] その大半はドイツのマスコミのものだったが、英語のメディアもかなり批判的な論調であり、その原因はこれが、インターコンチネンタルをはじめ数多くのホテルブランドを所有する、ロンドンのシックス・コンチネンツ・グループが関与する問題だったためだ。二〇〇二年九月、英のタブロイド紙『ザ・サン』はいかにも同紙らしく、このホテルを「ヒトラー・ヒルトン」という挑発的な名前で呼んだ。[100] その後まもなく、英『デイリー・エクスプレス』紙のミッチェル・シモンズもまた、「慎重に扱うべき歴史的な問題をはらむ場所を訪れる人々に罪はないが、彼らはそこで休暇をとるべきではないし、人はそれで金儲けをするべきでもない」と書いている。彼はシックス・コンチネンツの重役たちに向かってこう呼びかけた。「遠慮せずに、ホテルチェーンを作ったらどうだ？ワルシャワ・ゲットー・クラウン・プラザ、アウシュヴィッツ・ホリデイ・イン、トレブリンカ・インターコンチネンタル――あなた方がやっているのはそういうことだ」。[101] バイエルン州のファルトハウザー財務相は、ホテルがきわめて微妙な土地に立っていることを認めつつも、オーバーザルツベルクは、ヒトラーがやってくるずっと前の姿である観光客向けのリゾート地に戻ることを許されるべきだという立場を変えなかった。[102] だがこうした背景を持つ場所に正常さを取り戻すというのは、はたして可能なのだろうか？　ホテルを取材するためにベルヒテスガーデンに押し寄せた大勢のジャーナリストたちにとって、いちばん答えを知りたい疑問とはまさにこれであった。『ガーディアン』紙に寄稿したイアン・ブルマは、現地を訪れたときのことをこんな風に回想している。「健康ホテルの安楽椅子にゆったりと腰を下ろして、極上のワインのグラスを手にヒトラーの眺めた景色を楽しむというのは、ある種の冒瀆だ。いや、本当にそうだろうか？」[103]

ホテルの経営陣は、自分たちが難しい局面を切り抜けていかなければならないことをよく理解しており、無神経な対応や危険な状況を招きかねない行為に対しては十分な注意を怠らなかった。外国人スタッフは全員、警察による経歴のチェックを受け、ドイツが掲げる民主主義の理想への支持を宣言する書類に署名していた。彼らは地元のナチスの歴史に関する教育を受け、宿泊客から問い合わせがあった場合は、近くの文書センターに案内するよう指示されていた。[104] さらに各部屋のベッドサイドテーブルには、ギデオン協会の聖書に加えて、文書センターが作成した「完全な」展示図録である全八〇〇ページの『死のユートピア』が置かれていた。二〇〇五年三月、ホテルを訪れたジャーナリストのマックス・デヴィッドソンは、スパに浸かる合間に自室に戻り、この図録を開いてみた。「ミニバーのビールをすすり、アウシュヴィッツの白黒写真を眺める。なんとも落ち着かない三〇分間だ」[105]（ほかの宿泊客からも休暇用の読書には向かないと判断されたこの図録は、最終的にホテルの図書室に移された）。[106] こういった対策のほかにも、同ホテルは「ネオナチ団体が会議を開くために部屋を予約してしまうという恐ろしい可能性」への防御策として、その使用料を「不満を抱えた無職の若者たち」向けの市場に比べて桁外れに高額に設定した。[107] さらなる用心として彼らは、開業一年目には、ヒトラーの誕生日である四月二〇日はすべての予約を断って一万ユーロの収入をふいにした。[108] こうした措置が可能だったのは、バイエルン州政府が、バイエルン州立銀行を通じてこのリゾートプロジェクトの資金提供と管理を引き受け、名称と予約システムだけをインターコンチネンタル・チェーンが提供するという形を取っていたためであった。[109] おかげでホテルにはかなり自由な運営が可能になったが、一方で負債の支払い義務はバイエルン州の納税者にあり、部屋が埋められないときには、彼らが多額の損失を負担しなければならなかった。[110] こうした財政面での責任感の欠如もまた、オーバーザルツベルクの再開発計画をめぐって、バイエルン政府に向けられた数々の批判に加わることになった。

しかし最終的になにより大きな議論を呼んだのは、歴史的な場所と風景の喪失という問題であった。一九九五年から二〇〇八年にかけて進められた、オーバーザルツベルクを観光客向けの娯楽センターとして生まれ変わらせる再開発のプロセスのなかで、州当局は山をバラバラに解体してしまった。ゲーリングの家が立っていた丘は、第三帝国時代にはアドルフ・ヒトラー山という正式名称で呼ばれ、また一九四五年五月五日には、そこに米軍第三歩兵師団の兵が星条旗を立てたという場所であった。この丘が、ホテル建設用地として平らな土地を確保するために削られると、バイエルン州政府はナチスと似たような「自然の濫用」を行なっているとの批判が巻き起こった。[111] 建設業者はまた、一帯に残っていたナチ体制時代の遺物を、ケールシュタインハウスのほか、ごくわずかな建物だけを残してほぼすべて破壊した。州政府が自ら歴史的と呼んだこの大規模な破壊に対しては、ドイツ国内のみならず、国外からも怒りの声が上がった。ベルクホーフのそばにある、かつてヒトラーが建築模型を保管していた「モデルハウス」と呼ばれる建物の地下室が撤去される現場に立ち会ったライバックは、解体業者はそこに残されている歴史的な遺物のことなどほとんど気にかけることなく、掘削機で壁を破壊していったと書いている。(112) ドイツのユダヤ人中央評議会副会長ミヒェル・フリートマンは、歴史的な建造物を壊して新たな建物に入れ替えることを非難し、このような行為は、一帯で実際になにが起こったのかを曖昧にするものだと述べた。(113) たとえばかつてのプラッターホーフ・ホテルは駐車場になり、親衛隊兵舎の名残は取り壊されてホテルの宿泊客がセグウェイに乗る練習をするためのコースになった。バイエルン州緑の党代表ヨーゼフ・デューアは、こうした史跡は民主主義にとって重要なものであると述べ、保守派のバイエルン州政府が「ナチスに関する過去をできる限り減らそうと」していると非難した。(114) このほか、ナチ時代を知る最後の世代がいなくなれば、残された建物だけがあの歴史との物理的なつながりになると指摘する声もあった。(115)

ヒトラーの地下ガレージとその上のテラスは、一九九五年に、有害なナチスの歴史を一掃する作業の一環として、州が多額の費用を負担して掘り起こしと撤去を行なった。ネオナチの巡礼地が文書センターの建設予定地のすぐそばにあるという状態は、物理的な損傷が加えられる可能性があるうえ（文書センターは建設中、ナチスの落書きの被害にあっていた）、海外向けの広報活動に悪影響を及ぼすことも懸念された。一九九九年には、入り組んだ地下道でつながれた複数の部屋が偶然見つかったことをきっかけに追加で掘削工事が行なわれ、ベルクホーフの地下室も一部撤去された。(116) 作業の担当者には、資材はすべて破壊したうえで、現場から瓦礫をすべて撤去するようにとの指示が出されていた。現在では、目に見える形で残っているベルクホーフの名残は、壁一枚と基礎のごく一部だけだ。こうした数々の努力にもかかわらず、ヒトラーの信奉者たちは相変わらずこの地にやってくるが、それでも文書センターの開館以降、その数はあきらかに減少している。(117) ガレージがなくなったため、彼らは一九五二年の撤去作業後に植えられた背の高い木々に、親衛隊のルーン文字を刻みつけることでその存在を主張している。こうしたマークが発見された場合には、木の皮が剥がされるか、木そのものが切り倒される。ライバックと地元の歴史家フロリアン・バイアールは、木が生い茂る森と苔に覆われた石は、それ自体がロマンティックな雰囲気を盛り上げる要素となっており、この場所から神秘性を排除するには公共の目にさらすのがいちばんだと主張し、「廃墟を史実として扱うことは、現在この場所を取り巻いているカルト的なオーラを取り除くことにつながるだろう」と述べている。[118] 二〇〇八年には、一九四五年に連合国軍がベルクホーフに到着してその所有権を主張して以来はじめて、ヒトラーの家があった場所を示す看板が設置された。英語とドイツ語で書かれたその看板には、来歴が簡潔に記され、ここがたんなる住居であったとの単純な見方は正しくないことを伝えている。「ヒトラーは政権の座にあった期間の三分の一以上をここで過ごした。ここでは重要な政治上の議論や交渉が行なわれ、またここで下されたおぞましい決定は、やがて第二次大戦やホロコーストという大惨事を招き、何百万人もの死者を出した」。もっと詳しく知りたいという人のためには、近くの文書センターの方向を指す矢印が記されている。看板のドイツ語が書かれている面を見ると、「ホロコースト」という言葉が削り取られたあとで、新しく書き直されているのがわかる。[119]

こうした数々の対策を通して、ベルクホーフという場所の有毒性を封じ込められると期待していたであろう州政府当局はあるとき、意外かつ厄介な場所に過去の痕跡が現れるという突然の事態に驚かされることになった。バイエルン州記念物保護局は、オーバーザルツベルクの歴史的建造物を破壊した経緯から、かねてより多くの批判を受けていたが、二〇一〇年、同局の広報担当者リヒャルト・ネメックが、一九九五年にベルクホーフのテラスから撤去された赤い大理石の板石が、ヴェークマッハー礼拝堂の床の舗装に使用されていることを暴露したのだ。この小さなカトリック礼拝堂は、一九九七年にバート・ライヒェンハル付近の路端に建立されたものであった。板石の再利用という行為は、建物から出たものをすべて処分せよという政府の指示に反していたが、実のところ観光客、地元住民、現場の撤去作業員らのなかには、資材や記念品をこっそりと持ち帰っていた者もいた。礼拝堂を設計した建築家のマティアス・フェアヴァグナーは、近隣の町トラウンシュタインに拠点を置く州建築当局の責任者でもあった。一九九五年のベルクホーフの撤去作業と、その後の礼拝堂の建築は、どちらも同局が担当した仕事だった。フェアヴァグナーは、自分が板石の一部を保管していたことを認め、これを壊す気になれなかったのは、板石が職人の手によって作られたものであったことと、資材としての価値を考えたためだったと弁明した。板石はトラックに積み込まれ、建築局の建材置き場に運ばれた。二年後に礼拝堂の床を舗装することになったとき、その板石はちょうど使い勝手がよく、しかも無料だった。[120]

ネメックによる暴露からまもなく、ライバックとバイアールは『ニューヨーク・タイムズ』紙と『インターナショナル・ヘラルド・トリビューン』紙に、再利用された板石に関する記事を寄稿している。

礼拝堂の設計者マティアス・フェアヴァグナーは、保身のために、自分の設計はヒトラー時代の石工技術にあえて取り組んだものだと説明している。板石を十字架の形に配置したのは、この石がユダヤ人奴隷労働者によって切り出されたものであり、十字架という受難と救済のシンボルを通じて石の「罪が贖われる」と考えたからだと、フェアヴァグナーは主張する。またガラスの天井を採用したのは、これを精霊のように石の上に「浮かばせる」ためだったという。「わたしはこれらの石が、なんらかの形で清められ、祝福されることを必要としていると考えたのです」。フェアヴァグナーはそう語り、道沿いに立つこの礼拝堂が、「邪悪な意思」を持った人間が立ち寄り、心を清める場所になることを望んでいたと説明した。[121]

その後のインタビューでフェアヴァグナーは、ベルクホーフの資材が地元の数多くの私的・公的な建築物に使われていると指摘し、こう述べている。「このあたりで、オーバーザルツベルクの柱や石材を保管していない石工はほとんどいない」。国際的な新聞二紙に掲載されたこの暴露記事をきっかけに、バイエルン州政府は、オーバーザルツベルクの管理を怠ったとして、ふたたびマスコミからの批判を受けた。[122]

しかし一部では、この件を公にしたライバックとバイアールの行為をめぐる議論も持ち上がり、批評家のなかには、彼らの記事が新たなスキャンダルの火種となったと批判する者もいた。これに対し『デア・シュピーゲル』誌は、「ヒトラーの板石をめぐる争い」を深刻な問題として受け止めるべきだとして、板石が有する象徴としての価値の高さを指摘した。なんと言っても総統は、この石が敷かれた有名な舞台の上で子どもたちと遊んだり、ヒムラーやゲッベルスらナチ党高官をもてなしたりしているところを写真に撮られたのだ。(123) 地元住民のなかには、礼拝堂の取り壊しを求め、「スキンヘッドにレザージャケットを着た『巡礼者』が大勢やってきて、ヒトラーを賞賛するメモを残し、彼のためにキャンドルに火をつけていく」現状を訴えた。木の屋根梁に、小さな鉤十字が刻まれているのも見つかった。(124) フェアヴァグナーはのちに、板石はベルクホーフではなくプラッターホーフのものだったかもしれないが、もうはっきりとはわからないと述べている。(125) 事実がどうあれ、「汚染された」資材の再利用に関する議論を通じてあきらかになったのは、ヒトラーの幽霊を一帯から追い払う役割を担う州当局における透明性の欠如が、むしろ幽霊を生かし続けているということであった。ネメックによる板石問題の暴露によって、メディアは礼拝堂の基礎も汚染されているのではないかと書き立て、またバイエルン州記念物保護局は、ベルクホーフの名残をはじめ、この土地にわずかに残るナチスの史跡をより厳重に管理するという重圧にさらされることになったが、ライバックとバイアールはネメックについて、彼は公に対する説明責任を向上させるための、最初の一歩を踏み出したと賞賛している。(126)

ビアホールでの口論、警察の非常線、ダイナマイトによる爆破、再森林化、ネオナチ、そして政府のスキャンダルなど、ベルクホーフが戦後にたどった激動の歴史を考えると、ミュンヘンのプリンツレゲンテン広場にあるヒトラーのアパートは、拍子抜けと言ってもいいほどの静けさに包まれていた。アパートがはいる建物は、一九四六年まで米軍によって占拠されていた。同年、バイエルン州資産管理・返還局——連合国に接収されたのちドイツ当局に返還された第三帝国の資産の管理と、ナチス被害者による申し立ての処理を担当していた——がこれを引き継いだ。その後、一九六九年に交通違反局がはいり、一九九八年以降は建物全体を警察署が使用している。(127) 警察がはいっているおかげで建物のセキュリティは万全で、ネオナチの巡礼者や、記念品や刺激を求めてやってくる人々も簡単には近寄らない。通常、一般の人もはいることができるのは、ヒトラーの護衛についていた親衛隊が使用していた一階の応接室だけだ。なかに足を踏み入れると、二〇世紀初頭から残る最初の内装の一部である、流れるような曲線を描くユーゲント様式の装飾が見える。警察に用のない人間の長居は歓迎されない。ここはあくまで現役の警察署であって、博物館ではないのだ。ヒトラーのアパートを見たいという申し入れは、丁重に、しかし断固として却下される。

それでも、このアパートがいまも歴史的・建築的に重要な場所であることに疑問の余地はない。明るく広々としたロビーにはいり、ゲルディ・トローストによる改装の飾り気のなさを目にすると、これが当時、この建物の古い部分と比べてどれだけモダンに見えたか――事実、いまでもモダンな印象がある――がよくわかる。そして雑誌に掲載されたリー・ミラーの写真は、実際にはあったはずの光や空間を排除することで、やぼったい窮屈な空間という印象を作り上げていたことに気づかされる。つまり、建築空間を実際に訪れる体験が一般にそうであるのと同様に、この建物を訪問すると、コンテクスト、文章、さらには写真からも排除されていたものによって形成されていた認識の修正が行なわれるのだ。当時の家具は姿を消し、一部の部屋は戦後になって改装されているが、アパートは驚くほどかつての面影を残している。トローストによる改装の名残は、寄せ木の床、ドア、腰板などの木造部分や、大理石の炉棚のほか、作り付けの家具にも見られ、なかでもとくにすばらしいのは、ヒトラーの図書室を埋め尽くす暗い色味のオーク材の書棚だ。一九三八年、ミュンヘン協定について話し合うためにヒトラーがネヴィル・チェンバレンと会談を行なった居間は現在、会議室として使われている。図書室の棚には、地域名にちなんでボーゲンハウザー・コップスと呼ばれる、警察署のサッカー・チームが獲得したトロフィーが並ぶ（口絵12）。ゲリ・ラウバルとヴィンター夫妻が使っていた部屋は事務所になっている。これらの部屋にはいまも、優美な装飾が施された天井と作り付けの家具が残る。アパートの反対端に位置するヒトラーの寝室は、警察官が制服に着替えるためのロッカールームだ（口絵13）。

外観からは、この建物はたいしておもしろみのない機能的な空間のようにも見える。しかし第三帝国を研究する歴史家にとって、このアパートはかつての住人が犯した罪の気配がたっぷりと滲み込んだ場所であり、ここを実際に訪れるというのは、まるで現実ではないような、心ざわめかせる体験となる。ヒトラーが暖かい安全なベッドで眠った部屋に佇み、空腹を抱えて震えている彼の犠牲者たちのことを想像する。チェンバレンが腰を掛けたヌークを眺め、いまとは違う結果になっていた可能性に思いを馳せる。この建物で長年働いてきたハラルト・フロインドルファー警部にとって、プリンツレゲンテン広場一六番地には、そうした邪悪は存在しない。そこはたんに四つの壁に囲まれた空間であり、彼や彼の一〇〇人の部下たちが毎朝出勤する場所だ——たとえ裏庭に、完璧に保存された豪華な地下壕があるとしてもだ。フロインドルファーは、この建物とヒトラーとの関係が世間から忘れられることを望んでおり、ネオナチがやってきて近隣を危険にさらす可能性を恐れて、それが広く知られるような行為も避けている。[128] 彼の懸念は理解できるものではあるが、一方で、丸見えになっている状態で隠れ続けることなど、本当に可能なのかとも思える。

一九四九年以降、建物が事実上占拠されていたために、オーバーザルツベルクを苦しめたさまざまな問題がここでは起こらずに済んだことは確かだ。ヒトラーのミュンヘンの住居が、第三帝国時代、権力の中枢として機能しておらず、広く周知もされなかったという事実もまた、この建物が注目を浴びずにこられた理由のひとつでもある。またベルクホーフとは違い、ここではチェンバレンとムッソリーニの訪問を除けば、政治的な行事はほとんど行なわれなかった。一九三三年以前、ヒトラーはアパートを党の事務所としても使っており、ここにはゲッベルスやヒムラーといったナチ党幹部が定期的に訪れていた。[129] 警察にしてみれば、この建物はたんなる住居だったのだから、ここを公開する理由はなにもないということになる。それでも、多くの人々をこの場所に惹き付ける歴史とはまさしく、一九二九年から一九四五年まで、ヒトラーがここを家と呼んだという事実そのものだ。保存状態のよさもまた魅力のひとつで、ここ以外のヒトラーゆかりの場所は荒れ果てたり、なくなったりしていることから、その価値はいっそう高まる。ナチ党発祥の地であり、「運動の首都」でもあるミュンヘンに、かつてはいくつも存在したそうした場所は戦後、この町の景色からナチズムの痕跡を排除する大規模な計画のなかで組織的に削除され、それとともに恥ずべき過去の記憶も消えていった。[130] そして、こうした歴史的な場所が消えて行くほど、残された場所にかかる重圧はさらに大きくなる。近年、このアパートの歴史的価値への認識が高まるにつれ、ジャーナリスト、研究者、映画製作者からの、ヒトラーがミュンヘンで暮らしていた空間を記録したいという要望は増加しており、この場所を世間の注目を集めないように保つことは難しくなりつつある。それでも現在の防御的な戦略以外に、どんな対策を取ればいいのだろう。プリンツレゲンテン広場一六番地を、警察署以外のものにすることは可能なのだろうか。この問題についてはまだ広く言及されておらず、バイエルン州もどうやら議論を急いではいないようだ。

ヒトラーが暮らした家の波乱に満ちた余生の影響は、ドイツ国外にも広がっている。他国のオークションハウスや博物館では、終戦時にヒトラーの住居から略奪された品々が現れては世間を騒がせてきた。ナチス関連の品は、英米では合法的に販売できるが、ドイツ、オーストリア、フランス、ハンガリーではそうした行為は非合法、あるいは制限の対象となっている。ヒトラーの家にあった品はとくにコレクターからの人気が高く、高い値が付くため偽物も多い。近年オークションに出品されたプリンツレゲンテン広場一六番地とベルクホーフ関連の品としては、銀器、磁器、テーブルクロス、ナプキン、モノグラムの入ったベッドリネン、ランプ、机、地球儀、大理石のペーパーウェイトなどがある。第三帝国ゆかりの品の取引の大半は、ディーラーか骨董品店を通してひっそりと行なわれており、その動きを追うのは不可能に近い。これとは対照的に、だれにでも見える形で実施されるオークションは、メディアの注目を浴びると同時に、抗議も受けやすい。抗議をするのは主にユダヤ人の団体や生存者で、彼らはそうした販売行為はヒトラーを美化し、ホロコーストの犠牲者の死から利益を得るものであると主張している。[131] 独裁者のベッドシーツやフィッシュナイフと一緒に暮らすことを選ぶ人たちの動機は、彼らの背景と同じくらい複雑であり、ヒトラーの信奉者から、歴史ファン、自分の家族を殺されたユダヤ人までさまざまだ。ナチスの軍需品を集めているあるユダヤ人は、『ニューヨーク・タイムズ』紙の取材に、手に入れるという行為は「おまえはわたしの親戚を殺したかもしれないが、いまはわたしがおまえを所有しているのだ」とい

った勝利の感覚を伴うと答えている。(132)

ヒトラーが自宅で使った品々は、個人コレクターの世界以外ではほとんど目にすることがない。そうした品を収蔵している博物館は少なくないが、展示されることはまずない。二〇一〇年、ベルリンのドイツ歴史博物館が革新的な展覧会を開いた。「ヒトラーとドイツ人――民族共同体と犯罪」と題されたこの展覧会のテーマは、ナチ体制がなぜドイツ社会に広く受け入れられたのか、その理由を探ることであった。これは第三帝国の終焉後、ドイツではじめて開かれたヒトラーに関する大規模な展覧会であり、学芸員らは当然ながら、あの独裁者に対する崇拝が復活することを懸念していた。彼らはヒトラーの「遺物」がまだ危険な磁力を帯びていることを恐れて、彼の個人的な所有物はいっさい展示しなかった。そのうえ、あの時代の品のなかでも非常に強い魅力を持っていると判断されるものは、はっきりと見える形では展示せず、来場者がなんの媒介もなくそれらを目にして魅了される危険性を排除していた。たとえば新首相官邸のヒトラーの執務室にあった、アルベルト・シュペーアがデザインした巨大なサイドボードは、部屋の片隅にひとつだけぽつんと配置され、傾斜した台の上に載せられて、周囲を目隠しの黒いメッシュのスクリーンで覆われていた。いわば博物館用の化学防護服を着せたようなこうした措置は、観覧者の見たいという欲望を阻むことによって機能し、強制的にその物体とのつながりを断つという働きを持っていた。(133)

二〇一二年一月、ニューヨーク歴史協会が、同会が所有する銀器コレクションの展覧会の告知を行ない、そこでかつてヒトラーが所有していたモノグラム入りのフォークとナイフを展示すると発表した。この銀器は一九三九年にヒトラーの五〇歳の誕生日を祝うために作られたものの一部で、ある米兵がベルクホーフから持ち帰ったあと、一九四六年に同会に寄贈したものであった。同会の装飾美術担当学芸員のマーガレット・ホーファーは、このフォークとナイフについて、過去には一度も展示されたことがないが、その理由はいままでは「展示するのにふさわしいコンテクストがなかったから」だと説明した。同会が所有するコレクションのなかから「芸術的・歴史的にもっとも魅力のある」一五〇点を集めたというこの展覧会は、「銀器に秘められた物語――ニューヨークにおける銀器の四世紀」というタイトルが示す通りの、文化を幅広い視点で捉えた内容となっていた。ナチ・ドイツから逃げてきたユダヤ人の親類がいるホーファーにとって、これらの銀器は、圧政に対するアメリカ人の勝利のシンボルであった。一九四五年にヴィクトリー・ローンの列車で展示されたときも、また帰還した古参兵たちが戦利品として誇らしげに見せびらかしたときも、ヒトラーの銀器はこれと同じ役割をはたしていた。(134)

しかし終戦から六六年がたち、あの戦争を戦った世代がほぼいなくなったことで、そうした戦利品の解釈はすでに変化していた。ホロコーストの歴史を研究する大学教授デボラ・ドワークは、ヒトラーの銀器を展示品に含めることは「とんでもなく悪趣味」であり、「目的はセンセーショナルな話題を呼ぶことだけ」だと述べた。(135) ナイフとフォークは「ヒトラーとその同士たちが犯した悪事を矮小化する」ものだとドワークは主張した。事実、第三帝国を研究する歴史家たちは長年のあいだ、美的価値観というものは、それが大規模なイベントであれ、日常に使う品々であれ、ナチ体制が大衆を魅了するために駆使する力のなかで重大な役割を担っていたことを指摘してきた。(136) ヒトラーのフォークとナイフがその内部に、デザインと権力と暴力を結び付ける「銀器に秘められた物語」を有していることは間違いない。いずれにせよ、ドワークの説明は、ニューヨーク歴史協会が正しい物語の提示──より正確に言えば、この品の政治的コンテクストをニューヨークと関連付けること──に失敗したことを示している。ヒトラーの銀器が展示されたのは「エレガントなダイニング」と題された区画であったが、そこはアメリカのダイニングに関する慣習を中心に展示しているエリアだった。この配置に論理的な理由はなく、しかも図録に添えられた説明文の内容は銀器のデザインと米兵による発見に終始し、ベルヒテスガーデンのダイニングとニューヨークのそれとの関連性を示す情報はいっさいなかった。(137) 戦前のアメリカ人がヒトラーの家庭生活に魅力を感じていたこと、そのために兵士たちが持ち帰ったヒトラーの私物に夢中になったことを書いたなら、より説得力のある解説になったかもしれない。当時、『ニューヨーク・タイムズ』紙（をはじめとするその他の一流新聞や雑誌）に掲載された、ベルクホーフでの生活を褒め称える記事は、総統の優雅な生活や、彼がグーズベリーパイが好きだといった描写によって読者を惹き付けた。こうした記事にはあるいは、ガラスの展示ケースのなかにある品物と、かつてアメリカの読者のために作り上げられた総統のイメージとの関連性を見出すことができるのではないだろうか。[138] しかしヒトラーのフォークとナイフは倉庫から出てきたというのに、そうした品々と、アメリカにおける有名人を対象としたゴシップ報道とを関連付ける話は、いまもまだ埋もれたままだ。

二〇〇三年一一月、『ガーディアン』紙はある記事のなかで、イギリスのメディアは戦前、ヒトラーの家庭生活を褒めちぎることによって彼の名声を高めることに貢献したが、メディア自身がその共犯性を認めようとしていないと指摘した。同紙の記者サイモン・ウォルドマンによると、同年春のある夜、彼の義父が、家宝にしている『ホームズ・アンド・ガーデンズ』誌の一九三八年一一月号を自慢気に取り出し、義父の父親が設計したモダニズム様式のバンガローを取り上げた記事を広げてみせたという。雑誌をパラパラとめくっていたウォルドマンは、「ヒトラーの山の家」と題された記事を見つけた。その内容は「イグナティウス・フェイヤー」という人物が、ヴァッヘンフェルト・ハウスを訪問したときのことについて書いたものであった。イギリスのインテリア雑誌で、ヒトラーがまるで売れっ子のデザイン・コンサルタントのように扱われていたことに衝撃を受けたウォルドマンは、そのページをスキャンして個人のウェブサイトにアップした。本人も驚いたことに、このヒトラーの記事は世界中の何万人という読者からのアクセスを集め、彼は同誌の編集者イゾベル・マッケンジー＝プライスに連絡を取り、六五年前の記事について詳しい話を聞かせてほしいと依頼した。マッケンジー＝プライスは、ウォルドマンが同誌の文と写真の著作権を侵害しているとして、スキャン画像を削除するよう求めた。[139]

しかし彼は記事を掲載していたページに、自分とマッケンジー＝プライスとのやりとりをアップしたため、この問題にはさらなる注目が集まることになった。その後のオンライン上での情報交換から、フェイヤーの本名がウィリアム・ジョージ・フィッツ＝ジェラルドであることが判明したが、この人物に関してはそれ以上のことはわからなかった。フィッツ＝ジェラルドがヒトラーの信条に共感していたこと、そしておそらくヴァッヘンフェルト・ハウスには一度も行ったことがなく、ナチスが公開した情報を元に、こびへつらうような話を作り上げていたことは、この時点では判明していなかった。しかしルイジアナ州のある歴史家がウォルドマンに、記事に使われている写真は実際にはヒトラーの専属写真家であるハインリヒ・ホフマンのものであり、『ホームズ・アンド・ガーデンズ』誌が所有していたものではないと指摘した。そこでウォルドマンはもう一度自分のサイトに、記事の文章は除き、その写真だけをアップした。ヒトラーの記事が公開を禁じられたという話題は大手報道機関に取り上げられ、またワシントンDCに拠点を置くデヴィッド・S・ワイマン・ホロコースト研究所も、世界に向けてこの情報を発信した。同研究所は、ホロコーストの研究者や教育者七〇名が署名をした嘆願書をまとめ、『ホームズ・アンド・ガーデンズ』誌を所有するイギリス最大のメディア・コングロマリット、IPCメディア〔現TIメディア社〕に対して「自身の過去に向き合い」、記事を一般に公開するよう求めた。IPCメディアは態度をやや軟化させ、自分たちは著作権の所有を証明することはできず、記事の複製には異議を唱えないと述べた。ワイマン研究所はこれに満足せず、IPCメディアは自社が過去、ヒトラーを肯定的に取り上げ、ドイツが公然と、かつ暴力的にユダヤ人を迫害していた時代に、彼を「庭師でありグルメ」であると描写したことの道義的責任を認めるべきだと主張した。同研究所との話し合いの末、IPCメディアは、『ホームズ・アンド・ガーデンズ』誌が「一九三〇年代にナチ党のプロパガンダに取り込まれていた」ことに「衝撃を受けて」いるとする声明を発表した。声明のなかにはしかし「世界中のメディアの大半」も同じように騙されていたと指摘する文言も含まれていた。(140)

ウォルドマンが火をつけたこの国際的な論争においては、ジャーナリズムの説明責任に注目が集まった一方で、一般の読者に関してはほとんど議論されなかった。ヒトラーの家庭生活に関する記事が戦前、ドイツ国外でも数多く出版されていたことからは、外国のメディアが、この独裁者を喜ばせるような話を積極的に広めようという意志を持っていたことだけでなく、そこには熱心な読者もいたことがわかる。ナチ党のプロパガンダ同然の文章を書いたフィッツ＝ジェラルドが、世界情勢を扱う媒体から一般向けの愛犬家雑誌まで、さまざまなメディアに自分の記事を売ることができたという事実が、この市場の強さと広さを証明している。ヒトラーのイメージを無害化するうえで外国の報道がはたした役割は検証されるべきだが、一方でそうした健全なヒトラー像を信じたがっていた読者が世界中にいたことを見過ごしてはならない。ウォルドマンが公開したヒトラーの記事にアクセスした何万人もの人々の存在や、彼らがそれを世界中のさまざまなウェブサイトに再投稿したという事実からは、こうした記事がいまも大きな関心を持たれていること、そしてそのすべてが批判的ではないことがわかる。再発見以降、件の『ホームズ・アンド・ガーデンズ』誌の記事は、数々のウェブサイトで、ヒトラーの山荘に関する確かな目撃談として繰り返し引用されている。皮肉なことに、若い世代の人々は、一九三八年に読者を欺いた似非ジャーナリスト本人から、「ヴァッヘンフェルトの名士」について学び直していることになる。あれから七五年以上がたった現在、家庭におけるヒトラー像を映し出す歪んだ鏡は、なおもわれわれを欺き続けている。

謝辞

アドルフ・ヒトラーの家庭生活の名残を追いながら、わたしはアリゾナ州トゥーソンからオーストリア・アルプスへと旅をし、その途上で数々の温かいもてなしや親切な助力を頂いた。ディーター・ウムラウフとマルギット・ウムラウフは、わたしを自宅に招き入れ、家族の歴史の話を聞かせてくれた。チャールズ・ターナーからは幾度も貴重な情報源を教えられた。フランツ・アンドレラングはゲルディ・トローストの非公開の個人書類を閲覧できるよう手配してくれ、ニノ・ノディアは目録に載っていない膨大な資料の調査を手伝ってくれた。リヒャルト・ライターはオーバーザルツベルクにまつわる思い出を語り、わたしの質問に答えてくれた。ハラルト・フロインドルファーには、ヒトラーのミュンヘンのアパートを案内してもらった。わたしのリサーチを助け、内容を豊かにしてくれたすべての皆さんに感謝する。

旅をするにあたっては、ゲルダ・ヘンケル財団、グラハム財団高度美術研究基金、ドイツ学術交流会（DAAD）、ニューヨーク州立大学バッファロー校ボルディ法律・社会政策センターから、惜しみない助成を頂いた。わたしが特別研究員として所属するライス大学人文科学研究所では、まるで自分の家のように気軽にほかの研究者と交流し、また研究所スタッフの示唆に富む助言の下に研究を進めることができた。マイアミビーチのウルフソニアン美術館がわたしを特別研究員として迎え入れてくれたおかげで、常に的確な助力をくれるスタッフに助けられながら、同館に収蔵されている第三帝国関連の作品の調査をすることが可能になった。わたしの研究をご支援くださったすべての団体、機関、施設に深い感謝を捧げる。ニューヨーク州立大学バッファロー校もまた、寛大にも長期休暇を許してくれ、おかげで調査と本書執筆への道が開けた。実現に尽力してくれたロバート・シブリー、オマー・カーン、ウィリアム・マクドネルにはとくに感謝を。ルートヴィヒ・マクシミリアン大学ミュンヘン美術史研究所のブルジュ・ドグラマーチにも、大変にお世話になった。彼女はドイツにおける理想的な学問の案内人兼パートナーであった。

初期のデータから最終的な原稿を仕上げていく過程では、大勢の同僚たちの深い洞察力と知識に助けられ、重要な局面ではいつも励ましとフィードバックを頂いた。レオラ・オースランダー、リチャード・ベッセル、ジョイ・キャリコ、ジェームズ・ヴァン・ダイク、ショーン・フランゼル、ダイアン・ハリス、ヒルデ・ヘイネン、キース・ホルツ、エディナ・メイヤー＝マリル、バーバラ・ミラー・レーン、バーバラ・ペナー、レスリー・トップ、レベッカ・ゾラックに感謝を。デヴィッド・ウェルベリーがシカゴ大学ドイツ学科で開催したＤＡＡＤ協同サマーセミナーは、わたしのプロジェクトにおける物語の役割について再考するきっかけとなった。ライス大学の仲間では、とくにピーター・コールドウェル、クリスチャン・エムデン、キャロライン・レヴァンダー（当時の人文科学研究所所長）、ウーヴェ・シュタイナー、サラ・ホワイティング、ローラ・ウィルデンタールに感謝を伝えたい。ミュンヘンでは、美術史中央研究所のクリスティアン・フーアマイスターとイーリス・ラウターバッハ、そしてユナイテッド・ワークショップス・アーカイヴのミヒャエラ・ラマート＝ゲッツが、それぞれの専門知識を惜しみなく差し出し、新たな情報源へと導いてくれた。

最終段階の原稿のまとめと修正には、二重の支援を得た。カリフォルニア美術大学のカレン・フィスと、デポール大学のポール・ジャスコットというふたりの校正の専門家が、その深い学識と洞察力で原稿に力強さを与えてくれた。すばらしい編集者二名と仕事ができるという幸運にも恵まれた。まずはミシェル・コミー。彼女の信念と情熱のおかげで、このプロジェクトはイェール大学出版の目に止まった。そしてキャサリン・ボラーの高いスキルと理解に助けられ、航海は無事、終着点にたどり着いた。また、マーティナ・カマーとローラ・ヘンズリーの鋭い眼力にも大いに助けられた。ふたりはそれぞれがドイツ語および英語という観点から、ときおり現れるやっかいな単語を見つけ出し、やっつけてくれた。ハイディ・ダウニー、メアリー・メイヤーは、本の制作プロセスを迅速に進め、またグラハム財団からは出版に際しても再度助成を頂いた。

そして最後に。絵葉書や共通の思い出がなければ、旅はどんなに味気ないものになってしまうだろう。メール、愛、笑いを途切れさせることなく届けてくれた家族と友人たちに――何度でも、繰り返し繰り返し、ありがとうと伝えたい。

訳者あとがき

本書『ヒトラーの家』は、建築史家の Despina Stratigakos による著書 *Hitler at Home*（Yale University Press, 2015）の全訳である。

過去のできごとを直接見ることはだれにもできない。そして直接見ることができない以上、そこで起こっていたことを知ろうとすれば、わたしたちは主として「記録」に頼るしかない。そのできごとが起こった当時の新聞や雑誌の記事、個人のメモや日記、音声や映像のデータといった記録は、すでに過ぎ去った時間を映し出してくれる「鏡」のようなものだ。

デスピナ・ストラティガコスは本書において、第三帝国の独裁者アドルフ・ヒトラーの家庭生活が、ドイツ国民や他国のメディアに向けてどう演出・利用されていたのかを探っている。ヒトラーの時代を生きた人々が残した、ときに大きく歪み、真実とはかけ離れた姿を映す無数の鏡を、ストラティガコスは一枚ずつ丁寧に検証しながら、質素を好み、子どもと小動物を愛し、自然と親しみ、結婚相手に国家を選んだとされた「家庭人ヒトラー」像の欺瞞を暴いていく。

本書においてとくに強烈な印象を残すのが、第5章で大々的に取り上げられているゲルディ・トローストという女性だ。ヒトラーのいちばんのお気に入りだった建築家パウル・トローストの妻ゲルディは、やがてヒトラーのいちばんのお気に入りのインテリアデザイナーとなっていく。ゲルディとヒトラーが交わしたという建築や美術をめぐる熱心なやりとりからは、熱狂する群衆に向かって声を張り上げる独裁者や、子どもたちに笑顔でサインを渡す田舎紳士など、広く知られてきた定番のイメージとは異なる、等身大のヒトラーの存在感が生々しく立ち上がってくる。

ゲルディの仕事や彼女がヒトラーと一緒にいる姿は当時、さまざまな新聞や雑誌に取り上げられていたにもかかわらず、歴史家たちがこれまでその存在にほとんど注目してこなかったという事実もまた興味深い。そこには、著者も「序文」で言及している通り、とくに学術的な世界における、家庭生活や女性というものに対する軽視が垣間見える。近現代社会の価値観が障壁となり、重大な真実が無意識のうちに見過ごされているという事態は、ほかの研究分野においても頻繁に起こっていることではないだろうか。今後、そうした視点からの研究が多方面で進むことを期待したい。

訳者からの質問に丁寧なお返事と温かい励ましの言葉をくださった著者のデスピナ・ストラティガコス先生に感謝する。ヒトラーに関する情報やドイツ語のチェックをしてくださった甲南大学の田野大輔先生、プルーフリーディングをしてくださった目白大学の岡島慶先生にも、この場を借りて厚く御礼申し上げる。おふたりの豊富な知識と深い洞察に裏付けられた助言を得られたことは、望外の幸運だった。

この本もまた、こうして世に出た以上は、過去を映し出す無数の鏡の一枚となるのだろう。ひとりでも多くの方が本書を手に取り、そこに映し出される「ヒトラーの家」の真実の姿を探ろうとしてくださることを、心から願っている。

北村京子

HITLER AT HOME

by Despina Stratigakos

ヒトラーの家

独裁者の私生活はいかに演出されたか

2018 年 10 月 5 日　初版第 1 刷印刷
2018 年 10 月 10 日　初版第 1 刷発行

著者 デスピナ・ストラティガコス
訳者 北村京子

発行者 和田 肇
発行所 株式会社作品社
〒102-0072　東京都千代田区飯田橋 2-7-4
電話 03-3262-9753
ファクス 03-3262-9757
振替口座 00160-3-27183
ウェブサイト http://www.sakuhinsha.com

校閲協力 田野大輔
装幀 コバヤシタケシ
本文組版 大友哲郎
印刷・製本 シナノ印刷株式会社

ISBN978-4-86182-712-9　C0022　Printed in Japan

著者｜**デスピナ・ストラティガコス**（Despina Stratigakos）

ニューヨーク州立大学バッファロー校建築設計学部教授。

専門は建築史。建築と権力の交差という問題に関心をもつ。

主な著書に、*A Women's Berlin: Building the Modern City* (University of Minnesota Press), *Where Are the Women Architects?* (Princeton University Press) がある。

訳者｜**北村京子**（きたむら・きょうこ）

ロンドン留学後、会社員を経て翻訳者に。

訳書に、『なぜ、1% が金持ちで、99% が貧乏になるのか？』『犬たちを救え！』『ヒトラーランド』『ジャパナイゼーション』（以上、作品社）など。

索引（イタリック体の数字は図版キャプションのページ番号を示す）

あ行

アイゼンハワー、ドワイト・D　Eisenhower, Dwight D.　342, 344
『アイルランドの声』（フィッツ=ジェラルド）　*The Voice of Ireland*　270–271
アウグスト・ヴァーグナー社　August Wagner　166
『アーキテクチュラル・ダイジェスト』誌　*Architectural Digest*　289
アトリエ・トロースト　Atelier Troost
　旧首相官邸　56, 61, 72, 74–76, *59, 60, 61, 63, 64, 65, 67, 69, 71, 73, 75*
　ゲルディ・トロースト　56, 166, 179
　資料　197–198, 209
　装飾スタイル　92–93
　プリンツレゲンテン広場のアパート　80, 88, 90, 104, *39, 83, 87, 89*
　ベルクホーフ　119–121, 123, 126, 133, *2, 5, 6*
『アドルフ・ヒトラーの第二の故郷』　*Adolf Hitler's Adopted Homeland*　229, 235, 239, 241, *230, 231, 232, 233, 234*
アーノルド、ヘンリー・"ハップ"　Arnold, Henry "Hap"　336
アマン、マックス　Amann, Max　117, 300
アミン、イディ　Amin, Idi　207
アメリカ合衆国　United States
　オーバーザルツベルクの爆撃　335–338, 341–345
　ベルヒテスガーデンの占拠　378–379, 386–387
　報道・メディア・読者　186, 223, 269, 305, 308, 310, 313, 318, 321–322, 330, 409–410
　略奪　345–348, 357–359
『アメリカは存続できるか?』（フィッツ=ジェラルド）　*Can America Last?*　271, 285
『アメリカン・ケネル・ガゼット』誌　*American Kennel Gazette*　269, 276
『アリゾナ・リパブリック』紙　*Arizona Republic*　324, *325*
『ある指導者と彼の国民』　*A Leader and His People*　331–332
アルト、ルドルフ・フォン　Alt, Rudolf von　122
アール・デコ　Art Deco　264
アルハンゲリスク=アストラハン線　Arkhangelsk-Astrakhan line　131
アルプス　Alpine landscape
　ヴァッヘンフェルト・ハウス　230, 236, 255
　ナチスの「国家要塞」　342
　ヒトラーと　219, 250, 252–255, 325, 331
『アングロ=ジャーマン・レビュー』誌　*Anglo-German Review*　136, *137*
アンダーソン、ハリー　Anderson, Harry　365

イギリス　Britain
　オーバーザルツベルクの爆撃　335–338, 340–345
　報道・メディア・読者　87, 96, 136, 269, 273, 283, 318–319, 351, 398–399, 410–411
『意志の勝利』（リーフェンシュタール）　*Triumph of the Will*　79, 239, 244
イーデン、アンソニー　Eden, Anthony　290–291, *293*
『イネン=デコラツィオン』誌　*Innen-Dekoration*　260–261, 263
インターコンチネンタル・ベルヒテスガーデン・リゾート　InterContinental Berchtesgaden Resort　398
インターナショナル・スタイル　International Style　61, 261, 263
『インターナショナル・ヘラルド・トリビューン』紙　*International Herald Tribune*　403
ヴァーグナー、アドルフ　Wagner, Adolf　117, 162, 189
ヴァーグナー、ヴィニフレート　Wagner, Winnifred　88, 168–169, 194, 206, 208
ヴァーグナー、フリーデリント　Wagner, Friedelind　72, 167–169
ヴァーグナー、リヒャルト　Wagner, Richard　72, 96–98, 103, 134, 153
ヴァッカーレ、ヨーゼフ　Wackerle, Joseph　68–69
ヴァッヘンフェルト・ハウス　Haus Wachenfeld
　『アドルフ・ヒトラーの第二の故郷』　230–231, 235, *230*, *231*, *232*, *233*
　アンゲラ・ラウバル名義での賃貸　34–35, 41, 110
　ヴァッヘンフェルト・ハウスからベルクホーフへ　116, 301
　改装・増築　111, 116–120, 235, *109*, *111 113*, *115*
　商業利用　259
　象徴　236, 238, 242
　巡礼　238–240, 242, 246, 255, *255*
　ヒトラーによる買取　110
ヴァンディンガー社　Wandinger, F. H.　265
ヴィクトリー・ローンの列車上展覧会　Victory Loan train exhibits of　359–360, 364, 409
ウィザーズ、オードリー　Withers, Audrey　353
『ヴィーナー・ゾン=ウント・モンタークス=ツァイトゥング』紙　*Wiener Sonn-und-Montags-Zeitung*　320
ヴィラ・シュトゥック　Villa Stuck　98–99
ウィンザー公爵夫妻　Windsor, Duke and Duchess of　344
ヴィンター、アニ　Winter, Anni　81, 84, 88, 90, 92, 405
ヴィンター、オットー　Winter, Otto　34
ヴィンター、ゲオルク　Winter, Georg　81, 88, 90, 92, 405
ヴィンター=ヴァッヘンフェルト、マルガレーテ　Winter-Wachenfeld, Margarete　34, 110, *109*
ヴェークマッハー礼拝堂　Wegmacher Chapel　402
ヴェストハイム、パウル　Westheim, Paul　192
ヴェチェッリオ、フランチェスコ　Vecellio, Francesco　74
ヴェッセリー、カール　Wessely, Karl　188–189
ウェブスター、デヴィッド・ケニヨン　Webster, David Kenyon　347–348, 357–358, *347*
『ヴェルト=シュピーゲル』誌　*Welt-Spiegel*　184, *185*
『ヴォーグ』誌　*Vogue* magazine　19, 87, 290–291, 294, 345, 351, 353, 355, *293*, *339*, *352*, *354*

ウォグノン、ヒュー　Wagnon, Hugh　314
ウォード・プライス、ジョージ　Ward Price, George　66, 93, 95, 102
ウォルドマン、サイモン　Waldman, Simon　410–412
ウーファ映画会社　Universum Film AG (Ufa)　134, 193, 330
ウムラウフ、ハンニ　Umlauf, Hanni　194–195, 197, 203, 205–206
ウルフ、ヴァージニア　Woolf, Virginia　290
ウンタースベルク山　Untersberg　34, 98, 122, 131, 136, 236, 253, 261, 368, 380, *349*
英独海軍協定　Anglo-German Naval Agreement　95, 103
エッカート、ディートリヒ　Eckart, Dietrich　33, 71, 235, 277
エッサー、ヘルマン　Esser, Hermann　235
エップ、フランツ・リッター・フォン　Epp, Franz Ritter von　81, 162
絵葉書　postcards　21, 132, 223, 248, 254–255, 258–259, 380, 394, *1*, *2*, *3*, *8*, *10*, *226*, *349*
エーベルト、フリードリヒ　Ebert, Friedrich　33
『エレガンテ・ヴェルト』誌　*Elegante Welt*　260–261
エンゲル、ゲアハルト　Engel, Gerhard　207
狼の巣　Wolf's Lair　22, 154, 196
大島浩　Oshima, Hiroshi　331
オクスナー、フレデリック　Oechsner, Frederick　328–329
オーバーザルツベルク　Obersalzberg
　アルバム　380–382
　ゲーリングの家　117, 134, 380, 383, 390, 398, 400
　再開発　396–400
　トリシュースの記事　296, 298
　ナチスの記憶　382–384, 393–395
　ナチ党の関与　241–242, 256–257
　廃墟　384–394
　爆撃　335–338, 341–346
　ヒトラーと　33–34, 215, 229–230, 235, 242, 246, 250, 252–254, 324, 330, 333, *245*
　フィッツ=ジェラルドの記事　272–273, 276–277, 281–283, 285
オーバーザルツベルク文書センター　Obersalzberg Documentation Center　397–399, 401–402
『オブザーバー』紙　*Observer*　283
オリンピック（1936年ベルリン）　Olympic Games of 1936　79, 272, 294
『オルターメディア・ジャーマニー』　Altermedia Germany　209

か行

カイケンダル、カレン　Kuykendall, Karen　132, 142, 166
カイザーホフ・ホテル　Kaiserhof Hotel, Berlin　55, 222
カウルバッハ、フリードリヒ・アウグスト・フォン　Kaulbach, Friedrich August von　69
鉤十字　Swastika　74, 76, 102, 119–120, 169, 258–259, 265, 291, 294, 320, 322, 384, 404
カークパトリック、アイヴォーン　Kirkpatrick, Ivone　125
カダヒー、ジョン　Cudahy, John　344

褐色館　Braunes Haus　55, 131–132, 162, 180
『ガーディアン』紙　*Guardian*　399, 410
カネンベルク、アルトゥーア　Kannenberg, Arthur　312
ガブロンスキー、フリッツ　Gablonsky, Fritz　176
カール大帝　Charlemagne　122, 236
ガル、レオンハルト　Gall, Leonhard　56, 76, 80, 88, 90, 99, 130, 171–172, 179–180, 202–203, *100*, *123*
『カレント・ヒストリー』誌　*Current History*　269–270, 272–273, 277, 283, 286
歓喜力行団　Kraft durch Freude　97
『カントリー・ライフ』誌　*Country Life*　269, 278, 285
カンプフホイスル　Kampfhäusl　33, 391
ギースラー、パウル　Giessler, Paul　267
キーネ、ゼップ　Kiene, Sepp　388
旧首相官邸（ベルリン）　Old Chancellery, Berlin
　改修費用　52–53
　閣議室　73–74, 76, *73*
　喫煙室　70–71, 131, *67*
　書斎　71, 73, *71*
　執務室　74–75, *75*
　寝室　71–73
　接見の間　64, 74, *64*
　ダイニングルーム　56, 68–71, *69*
　天井　66, 68, 72, 131
　図書室　71–72, 131, *60*, *61*
　爆撃　76
　待合室　66, *65*
ギュンター、ソーニャ　Günther, Sonja　66, 68, 70, 72, 74–75
ギュンター、ハンス・F・K　Günther, Hans F. K.　169–170
キンザー、スティーヴン　Kinzer, Stephen　396
クネーリンゲン、ヴァルデマー・フォン　Knoeringen, Waldemar von　386, 389–390
クライン、リヒャルト　Klein, Richard　172
クラウゼ、ハインツ・エーリヒ　Krause, Heinz Erich　390
クラカウアー、ジークフリート　Kracauer, Siegfried　253
クリスタルナハト（水晶の夜）　Kristallnacht　187, 268
『クリスチャン・サイエンス・モニター』紙　*Christian Science Monitor*　342, 369–370, 373
グリュッツナー、エドゥアルト・フォン　Grützner, Eduard von　103
クレイグ、ゴードン・アレキサンダー　Craig, Gordon Alexander　94
グローヴァー、プレストン　Grover, Preston　315–317
グローガン、スタンリー　Grogan, Stanley　382
ケッセルリング、アルベルト　Kesselring, Albert　198
ゲッベルス、ヨーゼフ　Goebbels, Joseph　22, 87, 104, 166–168, 179, 184, 191, 193–194, 220, 237, 256–259, 281, 319, 323, 332, 395, 404, 406

ゲーリング、ヘルマン　Göring, Hermann　40–41, 102, 117, 134, 180, 184, 207, 323, 330, 335, 340, 345–346, 359, 364–366, 376, 380, 383, 390, 394, 398, 400
ケールシュタインハウス（鷹の巣）　Kehlsteinhaus (Eagle's Nest)　253, 326–330, 340, 361, 372, 385, 392, 394, 400
ゲルテマーカー、ハイケ　Görtemaker, Heike　142
国民的シンボル保護法　Law for the Protection of National Symbols　258
コホタ、ヘルベルト　Kochta, Herbert　398
コルステン、ヴィルヘルム　Corsten, Wilhelm　198

さ行

サイオンズ、ハリー　Sions, Harry　19, 348–350, 353, 355–358, 362
ザイドゥル、ガブリエル　Seidl, Gabriel　99
ザイトラー、エドゥアルト・ヨプスト　Siedler, Jobst　50, 55, 64, 74
ザイトル、マルティン　Seidl, Martin　397
『サタデー・イブニング・ポスト』誌　*Saturday Evening Post*　347, *347*
『サタデー・レビュー』誌　*Saturday Review*　269, 286
サンスーシ宮殿　Sanssouci　69, 146
シェーニング、エヴェレット　Schoening, Everett　391
シェパード、アーネスト・ハワード　Shepard, Ernest Howard　319, *318*
シェーンベルガー、アンゲラ　Schönberger, Angela　76
『シカゴ・デイリー・トリビューン』紙　*Chicago Daily Tribune*　186, 366–367
ジーベルト、ルートヴィヒ　Siebert, Ludwig　175, 267
シモンズ、ミッチェル　Symons, Mitchell　399
社会民主党　Social Democratic Party　43, 221, 256, 384, 386–388, 390, 394
シャイラー、ウィリアム　Shirer, William　323
シャウプ、ユリウス　Schaub, Julius　143, 162–163, 166, 174–175, 181, 249
シャウプ、ルドルフ　Schaupp, Rudolf　397
ジャスコット、ポール　Jaskot, Paul　179
シャック・ギャラリー　Schack Gallery　99
シャート、マルタ　Schad, Martha　169, 196
シャトーブリアン、アルフォンス・ド　Châteaubriant, Alphonse de　332–333
シャーマン、デヴィッド　Scherman, David　353, *354*
シュヴァルツ、ビルギット　Schwarz, Birgit　69, 71
シュヴァルツ、フランツ・クサーヴァー　Schwarz, Franz Xaver　117
シュシュニック、クルト　Schuschnigg, Kurt von　138, 321
シュスター、ジョージ　Shuster, George　386
シュースター、カール　Schuster, Karl　233, 239–241, 395
シュースター=ヴィンケルホーフ、カール　Schuster-Winkelhof, Karl　229–235, 244, *230*, *231*, *232*, *233*, *234*
シュタッケルベルク、クルト・フォン　Stackelberg, Curt von　201
シュタンガッシンガー、ヨハンナ　Stangassinger, Johanna　337
シュテンツェル、アルベルト　Stenzel, Albert　202

シュトゥック、フランツ・フォン　Stuck, Franz von　98
シュトライヒャー、ユリウス　Schleifer, Josef　162, 189
シュトルク、ゾフィ　Stork, Sofie　120, 138
シュピッツィ、ラインハルト　Spitzy, Reinhard　70
シュペーア、アルベルト　Speer, Albert
　旧首相官邸　68–70
　強制収容所　179
　ゲルディ・トローストと　52, 93, 166–167, 171–175, *173*
　新首相官邸　21, 49, 51, 57, 66, 75, 152, 408
　ニュルンベルク党大会会場　21, 80, 172
　ベルクホーフ　22, 116–117, 119, 122, 128, 133, 136, 141, 152, 154, 312
シュミット、パウル　Schmidt, Paul　103, *91*
シュミット、マティアス　Schmidt, Matthias　175
シュミットクンツ、ヴァルター　Schmidkunz, Walter　229–230, 232, 234–238, 241–242
シュライファー、ヨーゼフ　Schleifer, Josef　164, 199–200
シュルツ、シグリッド　Schultz, Sigrid　186
シュルツェ=ナウムブルク、パウル　Schultze-Naumburg, Paul　168–170
シュルツェ=ナウムブルク、ロッテ　Schultze-Naumburg, Lotte　169
シュレーダー、クリスタ　Schroeder, Christa　340
ショルツ=クリンク、ゲアトルート　Scholtz-Klink, Gertrud　208, 278–279
ジョーンズ、ヴィクター　Jones, Victor　378–379
ジョーンズ、トーマス　Jones, Thomas　94–95, 124–125, 128–129
ジョンストン、リチャード・J・H　Johnston, Richard J. H.　365
シーラッハ、バルドゥーア・フォン　Schirach, Baldur von　216–222, 237, 242–243, 246, 252, 350
シーラッハ、ヘンリエッテ・フォン　Schirach, Henriette von　90
親衛隊（SS）　SS　102, 117, 135–136, 179, 240, 256, 296, 338, 340, 345–348, 363, 367, 371, 373, 380–381, 384, 401, 405
新古典主義　neoclassical style　40, 54–55, 68, 99, 101, 170, 175
新首相官邸（ベルリン）　New Chancellery, Berlin　21, 49–50, 57, 64, 66, 74–76, 134, 152, 180, 315, 408
『新帝国の建築』（ゲルディ・トロースト）　*Building in the New Reich* (Gerdy Troost)　170–171
シンプソン、ヘドウィグ・マウアー　Simpson, Hedwig Mauer　301–303, 313
水晶の夜　→　クリスタルナハト
スタイン、ガートルード　Stein, Gertrude　375–378, *377*
スタッドラー、マシュー　Stadler, Matthew　126
ステッド、ロナルド　Stead, Ronald　370–373
スナイダー、ジョン・W　Snyder, John W.　342–343
スパーツ、カール　Spaatz, Carl　335
『ズュートオスト=クーリア』紙　*Südost-Kurier*　387, 389
『ズュートドイチェ・ツァイトゥング』紙　*Süddeutsche Zeitung*　201–202, 384
生存圏　→　レーベンスラウム
セレブリティ　Celebrity　26, 226, 287–289

総統館　→　フューラーバウ
ソンタグ、スーザン　Sontag, Susan　26, 239, 244, 253

た行

大ドイツ芸術展　Great German Art Exhibition of 1937　183, 190–191, 262–263, 306, *9*
退廃芸術展　Degenerate Art show　191
『タイム』誌　*Time* magazine　283
鷹の巣　→　ケールシュタインハウス
『ダス・ターゲブーフ』紙　*Das Tagebuch*　222
ダッハウ強制収容所　Dachau concentration camp　41, 86, 241–242, 267, 350–351, 355, 388, 397
タペストリー　Tapestries　56, 65, 126, 131, 261, 308, 364
『だれも知らないヒトラー』（ホフマン）　*The Hitler Nobody Knows* (Hoffmann)　45, 214, 216, 223, 226, 230, 250, 256, *46*
チェコスロヴァキア　Czechoslovakia　103, 136, 256, 332, 344, *137*
チェンバレン、チャールズ　Chamberlain, Charles　341–344
チェンバレン、ネヴィル　Chamberlain, Neville　80, 103, 125, 136, 344, 351, 405–406, *91*, *137*
チェンバレン、ヒューストン・ステュアート　Chamberlain, Houston Stewart　36
地球儀　Globe　130–131, 326, 407, *6*
チャーチル、ウィンストン　Churchill, Winston　104, 314–315, 317
チャップリン、チャーリー　Chaplin, Charlie　130
チャーノ、ガレアッツォ　Ciano, Galeazzo　146–147, *147*
ツァーベル、ヴェルナー　Zabel, Werner　188
ツィーグラー、アドルフ　Ziegler, Adolf　206, 306
『デア・アングリフ』紙　*Der Angriff*　220–221
『デア・シュピーゲル』誌　*Der Spiegel*　392, 404
デイ、プライス　Day, Price　371
『ディー・ヴェルト・アム・モンターク』紙　*Die Welt am Montag*　222
『ディー・クンスト・イム・ドリッテン・ライヒ』誌　*Die Kunst im Dritten Reich*　50
ディートリヒ、オットー　Dietrich, Otto　107, 167, 250, 257, 312
『ディー・ノイエ・リーニエ』誌　*die neue linie*　56, 87, 186, 263
ティーハウス　Teahouse　146, 301
テイラー、ヘンリー　Taylor, Henry　374
『デイリー・エクスプレス』紙　*Daily Express*　288, 399
『デイリー・テレグラフ』紙　*Daily Telegraph*　96, 283
『デイリー・メール』紙　*Daily Mail*　93, 329
デヴィッド・S・ワイマン・ホロコースト研究所　David S. Wyman Institute for Holocaust Studies　411
デヴィッドソン、マックス　Davidson, Max　400
デガノ、アロイス　Degano, Alois　24, 117, 119, 134, 260–261, *111*, *113*, *115*
デューア、ヨーゼフ　Dürr, Josef　401
テールマン、エルンスト　Thälmann, Ernst　213
『デンバー・ポスト』紙　*Denver Post*　387

『ドイチェ・プレッセ』紙　*Deutsche Presse*　223
『ドイチャー・ライヒスアンツァイガー』　*Deutscher Reichsanzeiger*　258
『ドイチュラント・ブリーフ』紙　*Deutschland Brief*　390
ドイツ芸術の家　Haus der Kunst　55, 71, 85, 90–92, 99, 101–102, 162, 171–172, 175, 182, 184, 190–191, 202, 262, 264, 268, *9*, *100*, *173*, *185*, *265*
ドイツ芸術の日　Day of German Art festival　182–183, *100*
ドイツ建築・応用美術展　German Architecture and Applied Arts Exhibitions　171, 177, 262, 264
ドイツ工作連盟　Deutscher Werkbund　99
ドイツ木工工房　German Woodcraft Studios　158, 204–205
ドイツ歴史博物館　German Historical Museum, Berlin　408
同性愛　Homosexuality　23, 44–45, 139, 166, 193–195, 375
トクラス、アリス・B　Toklas, Alice B.　375–378
突撃隊（SA）　SA　44–45, 79, 119–120, 130, 133, 138, 218, 240, 258, 268, *129*
トート、フリッツ　Todt, Fritz　254
トーランド、ジョン　Toland, John　53, 133, 174
トランプラー、クルト　Trampler, Kurt　171
トリシュース、オットー　Tolischus, Otto　295–296, 298–300, 311–313
ドレクスラー、アントン　Drexler, Anton　235
トレンカー、ルイス　Trenker, Luis　252
トロースト、ゲルディ　Troost, Gerdy
　アトリエ・トロースト　56, 166, 179
　ウムラウフと　194–195, 197, 203, 205–206
　黄金名誉バッジ　182–183, 188, 202
　旧首相官邸　47, 52–53, 68, 76
　シュペーアと　52, 93, 166–167, 171–175, *173*
　シュルツェ=ナウムブルクと　168–170
　ゲッベルスと　166, 193
　証書などの制作　179–180, 209
　食器　264–267, *265*
　『新帝国の建築』　170–171
　戦後の仕事　204–207
　大ドイツ芸術展　183, 190–191, 306, *9*
　仲介者として　187–190, 267
　ドイツ芸術の家　99, 190, *100*, *173*
　パウル・トローストと　157–159, 162, 167, 170, 195, *159*
　ヒトラーと　22, 47, 54, 124, 157, 160–166, 181–184, 186, 190–193, 196–197, *9*, *123*, *173*, *185*
　非ナチ化措置　197–204
　プリンツ・カール宮殿　176–177, *177*
　プリンツレゲンテン広場のアパート　80–81, 90, 104
　ベルクホーフ　124–125, 131–133, 136, 138, 154–155, 260–261, *7*, *123*
　ミュンヘンのアパート　177, *176*

トロースト、パウル　Troost, Paul
　旧首相官邸　68, 72, 74, 146, *69*, *73*
　ゲルディ・トローストと　157–159, 162, 167, 170, 195, *159*
　『新帝国の建築』　170–171
　ドイツ芸術の家　55, 71, 85, 91, 99, 162, *100*
　ドイツ建築・応用美術展　171–172, 264
　ヒトラーと　36, 54–55, 160–163, 165
　ベルクホーフ　138
ドワーク、デボラ　Dwork, Debórah　409

な行

長いナイフの夜　→　レーム一揆
ナチ党　Nazi Party
　国会選挙（1928 年）　32
　大統領選挙（1932 年）　60, 143, 213–214, 220–221
　ナチ党本部　90, 162, 171, 197
　ナチ党ベルヒテスガーデン支部　117, 240
ナハティガル、マリア　Nachtigal, Maria　189
ナハマ、アンドレアス　Nachama, Andreas　397
『日常を離れたヒトラー』（ホフマン）　*Hitler Away from It All* (Hoffmann)　223, *225*
『ニューズウィーク』誌　*Newsweek*　289
ニュスライン、ティモ　Nüsslein, Timo　54
『ニューヨーカー』誌　*New Yorker*　373
『ニューヨーク・タイムズ』紙　*New York Times*　41, 96, 302–303, 311, 313, 320, 328–329, 336, 365, 392, 396, 403, 407, 409, *323*
『ニューヨーク・タイムズ・マガジン』誌　*New York Times Magazine*　111, 294–295, 300, 310–313, 325, *297*
ニューヨーク歴史協会　New-York Historical Society　408–409
ニュルンベルク裁判　Nuremberg Trials　200
ニュルンベルク党大会　Nuremberg Rally　21, 80, 172, 239, 244, 248
ニュルンベルク法　Nuremberg Laws　188, 191
ニュンフェンブルク磁器製作所　Nymphenburg Porcelain Manufactory　264, 266–267
ヌスバウム、ベニー　Nussbaum, Benny　322
ネーヴェン=ドゥ・モント、ユルゲン　Neven-du Mont, Jürgen　383–384
ネオナチ　Neo-Nazis　196, 209, 383, 386, 389, 391, 393, 396, 400–401, 404, 406
ネメック、リヒャルト　Nemec, Richard　402–404
『ノイアー・フォアヴェルツ』紙　*Neuer Vorwarts*　256
『ノイエ・モンタークスツァイトゥング』紙　*Neue Montagszeitung*　44
ノイマイヤー、ヨーゼフ　Neumaier, Josef　110, *109*

は行

バイアール、フロリアン　Beierl, Florian　402–404

バイエルン国立博物館　Bayerisches Nationalmuseum　99, 102
バイエルン州記念物保護局　Bayerisches Landesamt für Denkmalpflege　402, 404
ハイマート様式　Heimat styles　263
パヴェリッチ、アンテ　Pavelić, Ante　331
バウハウス　Bauhaus　99, 205, 262–263
バターワース、ジョージ　Butterworth, George　320, *319*
バーデン、ジュディ　Barden, Judy　367
パートナー、テレーゼ　Partner, Therese　395
バーナード、ウィリアム　Bernard, William　360
『ハーパーズ・マガジン』誌　*Harper's Magazine*　389
『パリーザー・ターゲスツァイトゥング』紙　*Pariser Tageszeitung*　256
ハリス、アーサー・"ボマー"　Harris, Arthur "Bomber"　344
ハリファックス卿　Halifax, Lord　125, 302, 344
バリン、ベラ　Ballin, Bella　40
バリン、モーリッツ　Ballin, Moritz　40, 81
バリン、ローベルト　Ballin, Robert　40
バーンズ、ラルフ　327
『パンチ』誌　*Punch*　286, 319, *318*
ハンバーガー、フィリップ　Hamburger, Philip　373
ハンフシュテングル、エルンスト・"プッツィ"　Hanfstaengl, Ernst "Putzi"　32–33, 279, 281–282
反ユダヤ主義　Anti-Semitism　33, 36, 40, 181, 188–190, 217, 248, 266–268, 294, 302
ビアホール一揆　Beer Hall Putsch　32–33, 40, 97, 163
ピウス12世　Pius XII, Pope　302
ビスマルク、オットー・フォン　Bismarck, Otto von　41, 49, 67, 71, 94
ピーターズ、C・ブルックス　Peters, C. Brooks　311–313
ヒトラー、アドルフ　Hitler, Adolf
　犬と　21–22, 41, 196, 215, 219, 222–223, 233, 237, 274, 276, 281, *233*
　絵　279, 305–306, 309–310, 317, *307*
　褐色　132–133
　壁紙貼り職人　318, 320–321, 322–323, *318*, *323*
　銀器　19, 26, 190, 265, 316, 351, 358–360, 407–409
　ゲルディ・トローストと　22, 47, 54, 124, 157, 160–166, 181–184, 186, 190–193, 196–197, *123*, *173*, *185*
　子どもと　219–220, 223, 237, 243, 246, 248–250, 254, 257, 266, 278–279, 284, 301, 316, 333, 367, 383
　菜食主義　217, 237, 278, 299, 301, 317
　財政面　34–35, 37, 52–54, 80, 133
　私人として　20–22, 45, 47, 73, 213–215, 217, 219–220 222–223, 226, 238–239, 257, 266, 273, 321, 368, 373
　独身男性　31–32, 44–45, 47, 140, 196, 214, 220, 232, 249, 274, 288, 309, 317, 355, 363
ヒトラーユーゲント　Hitlerjugend　130, 216, 220, 248, *129*
『ヒトラーを囲む若者たち』（ホフマン）　*Youth around Hitler* (Hoffmann)　223, 243, 248, *245*
ヒムラー、ハインリヒ　Himmler, Heinrich　117, 166, 184, 267, 404, 406
ヒューストン、レディ　Houston, Lady　286

ビューロー、ベルンハルト・フォン　Bülow, Bernhard von　68
ヒンデンブルク、パウル・フォン　Hindenburg, Paul von　52, 55, 60, 76, 213–214, 218, *73*
ファイ、ベルナール　Faÿ, Bernard　375
ファルトハウザー、クルト　Faltlhauser, Kurt　396–397, 399
ファンク、アーノルト　Fanck, Arnold　252
『ファンファーレ』紙　*Die Fanfare*　44
フィック、ローデリヒ　Fick, Roderich　146, 326
フィッシャー、カール・フォン　Fischer, Karl von　35, 101, 175
フィッツ=ジェラルド、ウィリアム・ジョージ（イグナティウス・フェイヤー）　Fitz-Gerald, William George (Ignatius Phayre)　269–274, 276–287, 289, 291, 298–299, 325, 410–411, *275*
フィッツジェラルド、ガレット　FitzGerald, Garret　285–286
フィッツ=ジェラルド、デズモンド　Fitz-Gerald, Desmond　270
フェアヴァグナー、マティアス　Ferwagner, Matthias　402–404
フェイヤー、イグナティウス　→　フィッツ=ジェラルド、ウィリアム・ジョージ
『フェルキッシャー・ベオバハター』紙　*Völkischer Beobachter*　184, 188
フェルダー、ヨーゼフ　Felder, Josef　388–389
『フォアヴェルツ』紙　*Vorwärts*　221–222
フォイエルバッハ、アンゼルム　Feuerbach, Anselm　94, 140
フォルスター=ブルクグラーフ、フリードリヒ　Forster-Burggraf, Friedrich　97
プファイファー=ベヒシュタイン、ロッテ　Pfeiffer-Bechstein, Lotte　206–207
フューラーバウ（総統館）　Führerbau　91, 93, 162, 197
ブラウン、エーファ　Braun, Eva
　旧首相官邸　73
　ブラウンの家　353, 355, 364
　プリンツレゲンテン広場のアパート　89
　ベルクホーフ　141–143, 145–148, 356–357, 395, *144*, *147*
ブラシュケ、フーゴー　Blaschke, Hugo　141
プラッターホーフ・ホテル　Platterhof Hotel　117, 380, 396, 401, 404
フランク、ハンス　Frank, Hans　45, 55
フランク、ベルンハルト　Frank, Bernhard　345–346
『フランクフルター・ツァイトゥング』紙　*Frankfurter Zeitung*　167
フランス　France　95, 181, 319, 327, 331–333, 358, 375, 377, 407
フランソワ=ポンセ、アンドレ　François-Poncet, André　327–328, 344
ブラント、カール　Brandt, Karl　164, 312
ブラントナー、ヨハン　Brandner, Johann　242
フリートマン、ミヒェル　Friedman, Michael　401
フリードリヒ、カスパー・ダーヴィト　Friedrich, Caspar David　252–253
フリードリヒ大王　Frederick the Great　69, 71, 138, 146, 216, 236, 331
ブリュッゲ、ペーター　Brügge, Peter　392–394
プリンツ・カール宮殿　Prinz-Carl-Palais　97, 101, 175–176, *177*
プリンツレゲンテン劇場　Prinzregententheater　97

プリンツレゲンテン広場のアパート　Prinzregentenplatz
アルコーブ　103
各国首脳の訪問　80, 103, *91*
警察署　404–405, *11*
寝室　84, 89, 351, 364, 405, *11*, *352*
図書室　90–91, 405, *11*
浴室　89, 92, 355, *354*
ブルックマン、エルザ　Bruckmann, Elsa　36, 40, 54, 81, 160
ブルックマン、フーゴー　Bruckmann, Hugo　35–36, 40, 54
ブルマ、イアン　Buruma, Ian　399
フレンツ、ヴァルター　Frentz, Walter　265
フロインドルファー、ハラルト　Freundorfer, Harald　406
ブロック、アラン　Bullock, Alan　20
プロパガンダ　Propaganda　21, 23–25, 142, 181, 194, 200, 213–214, 242, 248–249, 252–256, 258, 277, 283, 286, 294, 330–332, 343, 349–350, 362–363, 372–373, 383, 394, 411
ヘグナー、ヴィルヘルム　Hoegner, Wilhelm　384–385, 391
ベシュテルマイヤー、ゲルマン　Bestelmeyer, German　102
ヘス、アリス　Hess, Alice　163, 165, 181
ヘス、ルドルフ　Hess, Rudolf　111
ペスヌ、アントワーヌ　Pesne, Antoine　138
ベルク、ラクナー　Berg, Ragnar　187–188
ベルクホーフ　Berghof
ヴァッヘンフェルト・ハウスからベルクホーフへ　116, 296, 301
大広間　68, 120–126, 128–132, 134–136, 138, 140, 145, 152–154, 206, 260–261, 331, 340, 348, 379, *3*, *5*, *6*, *7*, *121*, *127*, *129*, *137*
大広間の窓　121–126, 128, 253, 326, 331, 340, 362, 372, 376, 380, *3*, *324*, *349*
各国要人の訪問　124–125, 128–129, 136, *137*
シュトゥーベ（居間）　120–121, 290, *1*, *2*, *127*, *232*, *293*
書斎　138, 143, 153, 308, *8*
寝室　140–141, 143, 231–232, 291, 349, 371, 405, *230*, *231*
ダイニングルーム　128, 135–136, 138, *139*
図書室　152–153, *151*
廃墟　373, 379–381, 385–392, 402
爆撃　335–338, 340, *339*, *341*
浴室　19, 349, 379–380
山の農園／山の宮廷　119, 122, 149, 260
略奪　345–348, 357–359
ペルシア絨毯　Persian carpets　64–65, 93, 177
ヘルタリヒ、ルートヴィヒ・フォン　Herterich, Ludwig von　232
『ベルヒテスガーデナー・アンツァイガー』紙　*Berchtesgadener Anzeiger*　385, 392
ベルヒテスガーデン　Berchtesgaden

ナチ党ベルヒテスガーデン支部　117, 240
米軍による占拠　378–379, 386–387
米軍レクリエーション・センター　395–396
『ベルリナー・フォルクスツァイトゥング』紙　*Berliner Volkszeitung*　41
ヘンケ、オイゲン　Henke, Eugen　130, 206, *129*
ヘンダーソン、ネヴィル　Henderson, Nevile　305, 344
ボイムル、フリッツ　Bäuml, Fritz　267
ボウラー、フィリップ　Bouhler, Philipp　117
『ボストン・グローブ』紙　*Boston Globe*　378
ポップ、フランツ　Popp, Franz　36, 84, *37*
ホテル・ツム・テュルケン　Türken Inn　117, 230, 233, 239, 241, 395, 398, *341*
ホーファー、ヴァルター・アンドレアス　Hofer, Walter Andreas　365–366
ホーファー、マーガレット　Hofer, Margaret　408–409
ホフマン、ハインリヒ　Hoffmann, Heinrich
絵葉書　223, 254–255, 258, *1*, *2*, *3*, *8*, *10*, *226*
『だれも知らないヒトラー』　45, 214, 216, 223, 226, 230, 250, 256, *46*
『日常を離れたヒトラー』　223, *225*
『ヒトラーを囲む若者たち』　223, 243, 248, *245*
『山で暮らすヒトラー』　223, 242, 246, 250, 252, 254, 256–257, 283–284, 289, 330, *224*, *247*, *251*, *255*
『ホームズ・アンド・ガーデンズ』誌　*Homes and Gardens*　269–270, 273–274, 278, 280, 282, 285, 310, 410–412, *275*
ポーランド　Poland　101, 196, 302–303, 305, 319, 327, 360, 367
『ボルティモア・サン』紙　*Baltimore Sun*　371, 373–374
ボールドウィン、スタンリー　Baldwin, Stanley　94, 272
ボルドーネ、パリス　Bordone, Paris　140
ボルマン、ゲルダ　Bormann, Gerda　154
ボルマン、マルティン　Bormann, Martin　133, 141–142, 154–155, 196, 240–241, 326, 337, 340, 346, 380, 387, 390, 395–396
ホワイト、ウィラード　White, Willard　358–359

ま行

マイダンス、カール　Mydans, Carl　375
マカルト、ハンス　Makart, Hans　98, 122
マクダニエル、トニ　McDaniel, Toni　223
マーゴリス、ジョナサン　Margolis, Jonathan　398
マニング、レッグ　Manning, Reg　324, 329, *325*
マリア・ジョゼ　Marie José　327
マルコム、ジャネット　Malcolm, Janet　375
『マンチェスター・ガーディアン』紙　*Manchester Guardian*　360
ミケランジェロ　Michelangelo　346
ミットフォード、ユニティ　Mitford, Unity　88, 124, 128

『ミュンヒナー・イルストリールテ』誌　*Münchner Illustrierte*　383
『ミュンヒナー・ノイエステ・ナッハリヒテン』紙　*Münchner Neueste Nachrichten*　184
『ミュンヘナー・ポスト』紙　*Münchener Post*　43–44
ミュンヘン会談　Munich Accord　103, 327–328, 344, 405
ミラー、リー　Miller, Lee　19, 86–87, 95, 294, 345, 350–351, 353, 355–357, 362–364, 405, *339*, *352*, *354*
ムーア、ポール　Moor, Paul　389–391
ムッソリーニ、ベニート　Mussolini, Benito　80, 101, 103, 176, 178, 290–291, 294, 326, 331, 406, *293*
メナーシュタート（男性国家）　Männerstaat (manly men's state)　166, 208
モズレー、オズワルド　Mosley, Oswald　124
モズレー、ダイアナ　Mosley, Diana　124
モダンデザイン　Modernist desein　99, 262–263
モリス、フランク　Morris, Frank　359
モレル、テオドーア　Morell, Theodor　188, 312

や行

『山で暮らすヒトラー』（ホフマン）　*Hitler in His Mountains* (Hoffmann)　223, 242, 246, 250, 252, 254, 256–257, 283–284, 289, 330, *224*, *247*, *251*, *255*
『ヤンク』誌　*Yank* magazine　19, 348
ユーゲント様式　Jugendstil decorations　85, 405, *85*
ユンゲ、トラウドゥル　Junge, Traudl　76, 84, 90, 140–141

ら行

ライター、マリア（ミッツィ）　Reiter, Maria (Mitzi)　249
ライター、リヒャルト　Reiter, Richard　249, 345–346, 372
ライバック、ティモシー　Ryback, Timothy　72, 398, 401–404
ライヒャート、アントニー　Reichert, Antonie　80
ライヒャート夫妻（マリア、エルンスト）　Reichert, Maria and Ernst　32, 43, 80–81, 84
『ライフ』誌　*Life* magazine　223, 305–306, 308–311, 313, 353, 375–376, 392, *307*, *377*, *393*
ラインホルト、クルト　Reinhold, Kurt　222
ラウバル、アンゲラ　Raubal, Angela　34, 111, 116, 142, 240, 288, *109*
ラウバル、ゲリ　Raubal, Geli　31, 41–45, 80, 84, 92, 214, 363, 405
ラスプ、ヨーゼフ　Rasp, Josef　233, 250
ラテルンザー、ハンス　Laternser, Hans　198
ラマース、ハンス　Lammers, Hans　117, 296
リッベントロップ、ヨアヒム・フォン　Ribbentrop, Joachim von　70, 94, 278, 281, 386
リーフェンシュタール、レニ　Riefenstahl, Leni　79, 208, 239, 243–244, 252, 288
リュツォウ、ゾフィ　Rützow, Sophie　184, 186
リンゲ、ハインツ　Linge, Heinz　111, 140, 142–143, 146
ルーベンス、ピーテル・パウル　Rubens, Peter Paul　178, 365
レーヴ、ハンナ　Löv, Hanna　207–208
『レーゲンスブルガー・エコー』紙　*Regensburger Echo*　31, 42–43

レーベンスラウム（生存圏） Lebensraum (living space) 171, 226, 255–256
レーム、エルンスト Röhm, Ernst 44, 79, 139
レーム一揆（長いナイフの夜） Röhm-Putsch (Night of the Long Knives) 79, 138
レームツマ煙草会社 Reemtsma Cigarette Company 257
レンバッハ、フランツ・フォン Lenbach, Franz von 49, 94, 98
ロイド・ジョージ、デヴィッド Lloyd George, David 124–125, 128–129, 344
ロウ、デヴィッド Low, David 303, 323, *324*
ロザミア卿 Rothermere, Lord 344
『ロサンゼルス・タイムズ』紙 *Los Angeles Times* 322, 374
ローズヴェルト、セオドア Roosevelt, Theodore 276
ローズヴェルト、フランクリン・D Roosevelt, Franklin D. 309
ローゼンバウム、ロン Rosenbaum, Ron 45
ローゼンベルク特捜隊 Rosenberg Task Force 181
ロックナー、ルイス Lochner, Louis 186, 361–364

わ行

『わが闘争』（ヒトラー） *Mein Kampf* (Hitler) 33–35, 54, 80, 133, 215, 252, 280, 320, 349, 391, *352*
『ワシントン・ポスト』紙 *Washington Post* 164, 314, 327, 336

アルファベット

I. G. ファルベン I. G. Farben 167, 204
IPC メディア IPC Media 411
SA → 突撃隊
SS → 親衛隊

原註

序文

(1) Sions, "Berchtesgaden," 4; Miller, "Hitleriana," 72.
(2) Bullock, *Hitler*, 7. 過去に書かれたヒトラーの伝記については次を参照のこと。Rosenbaum, *Explaining Hitler*; Lukacs, *Hitler of History*.
(3) 特筆すべき例外は以下の通り。Dahm et al., eds., *Tödliche Utopie*, 52–187; Herz, *Hoffmann und Hitler*, 242–59; Günther, *Design der Macht*.
(4) Speer, *Inside the Third Reich*, 85. シュペーアについては次を参照のこと。Sereny, *Albert Speer*.
(5) 1944 年 7 月 14 日の記述、Goebbels, *Tagebücher*, pt. 2, vol. 13, 116.
(6) Sontag, "Fascinating Fascism," 23–30; Pamela E. Swett, Corey Ross, and Fabrice d'Almeida, "Pleasure and Power in Nazi Germany: An Introduction," in Swett, Ross, and d'Almeida, eds., *Pleasure and Power*, 1–15; Hans Dieter Schäfer, "Das gespaltene Bewußtsein: Alltagskultur im Dritten Reich," in Schäfer, *Das gespaltene Bewußtsein*, 9–87; Baranowski, *Strength through Joy*, 1–10; Ogan and Weiss, eds., F*aszination und Gewalt*.

第 1 章　ヒトラー、家を構える

(1) Stachura, "Political Strategy," 261–88. ヒトラーの政権獲得とナチ国家全般に関しては Burleigh, *Third Reich*, 歴史的観点からは Kershaw, *Nazi Dictatorship* を参照のこと。
(2) アドルフ・ヒトラーが回答を記入済みの、部屋を探す人向けの質問表より。日付は 1929 年 9 月 13 日。Zim 117, Stadtarchiv München; ヤーコプ・エルンスト・ライヒャートの警察登録記録、PMB R80, Stadtarchiv München; Hanfstaengl, *Hitler*, 47.
(3) Bullock, *Hitler*, 75.
(4) Hanfstaengl, *Hitler*, 47.
(5) Hale, "Adolf Hitler: Taxpayer," 833.
(6) Joachimsthaler, *Hitlers Liste*, 288–89.
(7) Trevor-Roper, ed., *Hitler's Table Talk*, 161–68; Feiber, "Filiale von Berlin," 60–63.『わが闘争』の分析は、次を参照のこと。Gregor, *How to Read Hitler*; Jäckel, *Hitler's World View*.
(8) Trevor-Roper, *Hitler's Table Talk*, 165, 554; Feiber, "Filiale von Berlin," 62; Joachimsthaler, *Hitlers Liste*, 271–76; Prager Tageblatt, "Hitlers Stiefschwester."
(9) Joachimsthaler, *Hitlers Liste*, 287–90; Hale, "Adolf Hitler: Taxpayer," 830–42.
(10) Anheier and Neidhardt, "Soziographische Entwicklung der NSDAP," 179–86.
(11) Scotsman, "Police Trace Organisation."
(12) 委任状とプリンツレンゲンテン広場 16 番地の賃貸書類については Zim 117, Stadtarchiv München. 建物の住人の名前と職業は *Adressbuch der Stadt München und Umgebung* (München: Adressbuchverlag der Industrie-und Handelskammer München, 1929), Stadtarchiv München の Prinzregentenplatz 16 の項目に記入されている。ブルックマン夫妻と、ふたりとヒトラーとの関係については Martynkewicz, *Salon Deutschland* や Käfer, "Hitlers frühe Förderer," 52–79. ミュンヘンにおけるナチズムの概要については

Large, *Where Ghosts Walked*; Bauer et al., eds., *München* を参照のこと。

（13）フーゴ・シューレとアドルフ・ヒトラーのあいだの賃貸契約。1929 年 9 月 18 日に市の住宅当局が認可。Zim 117, Stadtarchiv München。設計図は Lokalbaukommission München 所蔵。

（14）Martynkewicz, *Salon Deutschland*, 76–77, 409.

（15）Ottomeyer and Ziffer, *Möbel des Neoklas-sizismus*, 88–89; Barkow, Gross, and Lenarz, eds., *Novemberpogrom 1938*, 482–83.

（16）Hermann Historica Catalogue (III), auction 45, October 17–18, 2003, lot 6558; Hermann Historica Catalogue, auction 46, May 7–8, 2004, lot 5575; Hermann Historica Catalogue, auction 59, April 15–16, 2010, lot 7272; *Birmingham (UK) Post*, "Hitler's Desk and Chair."

（17）*Berliner Volkszeitung*, "Hitler braucht 9-Zimmer-Wohnung"; *New York Times*, "German Fascist Chief Prospers."

（18）警察による捜査報告書、1931 年 9 月 28 日付、MInn 72443, Bayerisches Hauptstaatsarchiv, München; Rosenbaum, *Explaining Hitler*, 99–134.

（19）Schirach, *Ich glaubte an Hitler*, 109.

（20）Grimm, "Selbstmord in Hitlers Wohnung."

（21）Joachimsthaler, *Hitlers Liste*, 324; Die Fanfare, "Geliebte Hitlers verübt Selbstmord."

（22）*Münchener Post*, "Rätselhafte Affäre," September 21, 1931; Rosenbaum, *Explaining Hitler*, 108.

（23）*Münchener Post*, "Rätselhafte Affäre," September 22, 1931.

（24）*Die Fanfare*, "Geliebte Hitlers verübt Selbstmord"; Rosenbaum, *Explaining Hitler*, 46–48, 109–17.

（25）Rosenbaum, *Explaining Hitler*, 108.

（26）Frank, *Im Angesicht des Galgens*, 90–91.

（27）Rosenbaum, *Explaining Hitler*, 39.

第 2 章　首相の暮らし

（1）Hitler, "Reichskanzlei," 277. ビルギット・シュヴァルツによると、ヒトラーが州から貸し出されていた美術品の質に不満を漏らしていたにもかかわらず、ベルリンの美術館から首相官邸に持ち込まれていた絵画の多くは改装後に再度壁に飾られている。Schwarz, *Geniewahn*, 140.

（2）Hitler, "Reichskanzlei," 277.

（3）Ibid. Speer, *Inside the Third Reich*, 29. の訳文から借用。

（4）Speer, *Inside the Third Reich*, 29. クリスタ・シュレーダーもトラウドゥル・ユンゲもそれぞれの回顧録のなかで、ヒトラーから聞いたという、彼が首相の任命を受けるために首相官邸のヒンデンブルクの元を訪れた日の話を書いている。任命式が行なわれる会議室にヒトラーがはいったとき、ヒンデンブルクがこう言ったという。「壁沿いにいたまえ、ヒトラーさん。床はもう長くもたない」。この話の出処が、官邸が悲惨な状態にあったと言っていたヒトラー本人であることを忘れてはならない。以下を参照のこと。Schroeder, *He Was My Chief*, 19; Junge, *Until the Final Hour*, 149.

（5）Pünder, ed., *Geschichte des Reichskanzlerpalais*, 67–72.

（6）会議室の腐った木の床を新たに鋼桁のものに変えるよう命じて、この歴史ある部屋を救ったのはヒトラーであると言われることが多い（シュレーダーとユンゲの回顧録にも言及がある。註 4 を参照のこと）。ディートマー・アーノルトは保管史料にもとづき、この工事が行なわれたのは、広間の耐力壁と、会議室の真下にあるホワイエの 4 本の柱を取り除くことができるようにするためだったとの説得力のある説を唱えている。Arnold, *Neue Reichskanzlei*, 55–56, 172n36. 1926 年の改装に関し

ては次も参照。Demps, *Berlin-Wilhelmstrasse*, 147, 150.

(7) ゲルディ・トローストからアルベルト・シュペーアへ。1934年11月28日。German Captured Documents, Gerdy and Paul Troost Papers, Library of Congress, Washington, D.C., microfilm reel 452 (container 768).(German Captured Documents内のゲルディとパウル・トローストの書類は、マイクロフィルム化されたのち、ミュンヘンのバイエルン州立図書館に移譲された)。建設現場監督はパウル・トローストが雇用したミュンヘンの建設業者ヨーゼフ・シャッツ。次を参照のこと Gerdy Troost, "Zur Frage Albert Speer" ("On the Albert Speer Question"), unpublished manuscript, n.d., Gerdy Troost Personal Papers, Ana 325, Bayerische Staatsbibliothek. 今後、註に「Gerdy Troost Personal Papers」と書かれているものは、バイエルン州立図書館に収蔵され、2019年になるまで閲覧が禁じられているもの。目録には載っておらず、予備的にAna 325の番号で呼ばれる。

(8) ゲルディ・トロースト、ジョン・トーランドによるインタビュー、1971年11月5日、tape C-50の文字起こし。John Toland Papers, Franklin D. Roosevelt Library, Hyde Park, N.Y.

(9) 改装費用と支払いのリスト、1935年1月29日。財務相からアトリエ・トローストへ、1934年3月27日。アトリエ・トローストから財務相へ、1934年4月4日。いずれもGerman Captured Documents, Gerdy and Paul Troost Papers, microfilm reel 452 (container 768).

(10) Schönberger, *Neue Reichskanzlei*, 21.

(11) Wilderotter, *Alltag der Macht*, 74.

(12) Gerdy Troost, "Adolf Hitler: Erste Begegnung — 'Braunes Haus' (Umbau Palais Barlow)" ("Adolf Hitler: First Encounter — 'Brown House' [Barlow Palace Renovation]"), 日付なし原稿、個人蔵。

(13) Ibid.; Nüsslein, *Paul Ludwig Troost*, 68–69, 71–72.

(14) Nüsslein, *Paul Ludwig Troost*, 86.

(15) Ibid., 238–39.

(16) Frank, *Im Angesicht des Galgens*, 122.

(17) Arnold, *Neue Reichskanzlei*, 47. アーノルトは、この居住区画をザイトラービルの5階(ドイツにおける4階)と誤って記述しているが、4階が正しい(ドイツの3階)。

(18) Nüsslein, *Paul Ludwig Troost*, 67–68.

(19) Speer, *Inside the Third Reich*, 50.

(20) アトリエ・トローストの従業員数については次を参照のこと。ゲルディ・トローストの非ナチ化登録記録、1946年5月6日、SpkA K 1844: Troost, Gerdy, Staatsarchiv München.

(21) Seckendorff, "Monumentalität und Gemütlichkeit," 120.

(22) Werner, "Führer," 27.

(23) 1934年3月15日付、手工芸連合工房からパウル・トロースト宛てのインボイスにおける1933年8月以降の家具の費用見積もりへの言及については、次を参照のこと。German Captured Documents, Gerdy and Paul Troost Papers, microfilm reel 452 (container 768).

(24) NSDAP-Baupläne 11210, Bayerisches Hauptstaatsarchiv, München. Nüsslein, *Paul Ludwig Troost*, 132–34, 236–38も参照。ゲルディ・トローストはヒトラーの書斎のデザインにパウル・トローストの名前もクレジットしている。Gerdy Troost, "Zur Privat-Veröffentlichung von Dr. Sonja Günther: 'Innenräume des 3. Reiches'" ("On Dr. Sonja Günther's private publication, 'Interiors of the Third Reich'"), 日付なし原稿(コメンタリー)、Gerdy Troost Personal Papers, Ana 325.

(25) Hitler, "Reichskanzlei," 277.

(26) Pünder, *Geschichte des Reichskanzlerpalais*, 70, 74.

（27）アトリエ・トローストの旧首相官邸の間取り図（c. 1934–40）は以下を参照のこと。NSDAP-Baupläne 11243, 11244, 11370, 11372, 11373, Bayerisches Hauptstaatsarchiv. 旧首相官邸のシュペーアが改装したエリアがこの平面図に記されている場合もあるが、彼の仕事については詳しいことはわかっていない。首相官邸の公的な部屋の写真は次を参照。*die neue linie*, "Tradition und Gegenwart," 14–16, 48.

（28）"Rede Hitlers zum Richtfest der Neuen Reichskanzlei in der Deutschlandhalle am 2.8.1938," in Schönberger, *Neue Reichskanzlei*, 178.

（29）Ibid.

（30）アトリエ・トローストが所有していた旧首相官邸の改装後の写真は The Prints and Photographs Division of the Library of Congress, Washington, D.C. 所蔵。そのうちの数枚はこの章に掲載。画像の全コレクション（"Interior Views of the Chancellery, 1935–1945"）は以下からオンラインで入手可能。Print and Photographs Division (http://www.loc.gov/pictures/), LOT 3940 (H) [P&P].

（31）Pünder, *Geschichte des Reichskanzlerpalais*, 74; Wilderotter, *Alltag der Macht*, 299.

（32）註6を参照のこと。

（33）Wagner and Cooper, *Heritage of Fire*, 120. ヒトラーはこの言葉をもう少し丁寧なものに変えて、英ジャーナリストのジョージ・ウォード・プライスに向かって以下のように言っている。絨毯は「元はジュネーヴの国際連盟本部のためにオーダーされたものだったが、納期までに仕上がらなかったため、ドイツ政府が買うことになった」。Ward Price, *I Know These Dictators*, 31. ヒトラーが国際連盟脱退を決めたことについては、次を参照。Kershaw, *Hitler: Hubris*, 490–95.

（34）ナチズムの内装におけるタペストリーの役割に関しては、次を参照のこと。Prölss-Kammerer, *Tapisserie im Nationalsozialismus*.

（35）Ward Price, *I Know These Dictators*, 29–32. この夕食会と改装された首相官邸の部屋についての解説は次も参照のこと。Tennant, *True Account*, 184–87.

（36）Speer, *Inside the Third Reich*, 129; Wagner and Cooper, *Heritage of Fire*, 122.

（37）Günther, *Design der Macht*, 21. これと Pünder, *Geschichte des Reichskanzlerpalais*, 10. で解説されている改装前のホワイエとを比較のこと。

（38）Günther, *Design der Macht*, 21–22, 24.

（39）Pünder, *Geschichte des Reichskanzlerpalais*, 73–74; Wilderotter, *Alltag der Macht*, 115–22; Günther, *Design der Macht*, 23; トラウンシュタイン非ナチ化法廷での審問、1947年1月21日、Gerdy Troost Personal Papers, Ana 325.

（40）Schwarz, *Geniewahn*, 137–38; Zimmermanns, *Friedrich August von Kaulbach*, 193, 282.

（41）Speer, *Inside the Third Reich*, 119–21.

（42）*Ibid., 119.*

（43）Dietrich, *Hitler I Knew*, 199.

（44）Spitzy, *So haben wir das Reich verspielt*, 125.

（45）Günther, *Design der Macht*, 27.

（46）Speer, *Inside the Third Reich*, 118.

（47）Rauschning, *Voice of Destruction*, 61. 首相官邸でのヒトラーの日々のルーティンに関しては次を参照。Kershaw, *Hitler: Nemesis*, 32–33.

（48）Schwarz, *Geniewahn*, 118ff.

（49）Ryback, *Hitler's Private Library*.

（50）Günther, *Design der Macht*, 24–26. 1943年にゲルディ・トローストがマルティン・ボルマン宛てに、

旧首相官邸のどの家具を保管倉庫に入れるかについて書いた手紙のなかで、図書室とヒトラーの書斎の本への言及がある。ゲルディ・トローストからマルティン・ボルマンへ。1943年9月1日。Troost, Gerhardine, Prof., RKK 2401, Box 257, File 8, microfilm G-0087/92, frame 1848, National Archives, College Park, Md.（原本は Bundesarchiv Berlin-Lichterfelde 所蔵）

（51）Wagner and Cooper, *Heritage of Fire*, 122.

（52）Ibid.

（53）シュペーアによると図4で確認できるこの改装が実施されたのは1939年。Speer, *Inside the Third Reich*, 130. エーファ・ブラウン用の家具をデザインしたのはシュペーア。Günther, *Design der Macht*, 70–72.

（54）Seckendorff, "Monumentalität und Gemütlichkeit," 120.

（55）NSDAP-Baupläne 11316, Bayerisches Hauptstaatsarchiv. 1928年の部屋の状態の写真は、次を参照のこと。Pünder, *Geschichte des Reichskanzlerpalais*, 14.

（56）ヴィクトーア・ハンネマン、インボイス、1934年3月13日。ゴブラン織工場A・バーフスとヴィクトーア・ハンネマンからアトリエ・トローストへ、インボイス、1934年7月20日。ミュンヘン・ゴブラン織工場からアトリエ・トローストへ、インボイス、1934年8月9日。マックス・シュヴァルツァーからアトリエ・トローストへ、インボイス、1934年9月3日。いずれも German Captured Documents, Gerdy and Paul Troost Papers, microfilm reel 452 (container 768).

（57）Günther, *Design der Macht*, 29–30; Dietrich, *Hitler I Knew*, 196; Kershaw, *Hitler*, 135.

（58）1935年のインボイス、Captured German Documents, Gerdy and Paul Troost Papers, microfilm reel 452 (container 768).

（59）Troost, "Privat-Veröffentlichung."

（60）Wilderotter, *Alltag der Macht*, 149–50.

（61）Günther, *Design der Macht*, 31–33; Schwarz, *Geniewahn*, 133–35, 141–42; Schroeder, *He Was My Chief*, 37.

（62）1935–36年のインボイス。German Captured Documents, Gerdy and Paul Troost Papers, microfilm reel 452 (container 768).

（63）NSDAP-Baupläne 11373, Bayerisches Hauptstaatsarchiv; *Silberspiegel*, "Neuen Räume," 524–26.

（64）Schönberger, *Neue Reichskanzlei*, 34.

（65）Arnold, *Neue Reichskanzlei*, 126–27.

（66）Hitler, "Reichskanzlei," 280; Schönberger, *Neue Reichskanzlei*, 37ff; Arnold, *Neue Reichskanzlei*, 62ff. ヒトラーが考える帝国における建築の役割については、次を参照のこと。Thies, *Hitler's Plans for Global Domination.*

（67）Günther, *Design der Macht*, 33; Schroeder, *He Was My Chief*, 38.

（68）Kellerhoff, *Mythos Führerbunker*, 69–71.

（69）Junge, *Until the Final Hour*, 148, 150.

第3章　洗練されたインテリア

（1）Bathrick, "Cinematic Remaskings of Hitler," 152–55.

（2）エーア出版からアトリエ・トロースト宛ての総額12万ライヒスマルクの支払いの領収書は、以下に保管。日付は1935年3月27日、1935年5月10日、1935年5月15日、1935年6月12日。German Captured Documents, Gerdy and Paul Troost Papers, Library of Congress, Washington, D.C., microfilm reel 451 (container 767). 1935年ドイツの医師の平均課税所得は1万1608ライヒスマルク。Wuttke-

Groneberg, *Medizin im Nationalsozialismus*, 347.

（3）ヤーコプ・エルンスト・ライヒャートの警察登録記録。PMB R80, Stadtarchiv München; SpkA 1393: Reichert, Ernst (8.10.1881), Staatsarchiv München. ゲリ・ラウバルの死に関する警察の捜査記録では、エルンスト・ライヒャートは、事務長あるいは業務マネージャーを意味する “*Bürovorsteher*” とされている。警察による捜査報告書、1931年9月28日付。MInn 72443, Bayerisches Hauptstaatsarchiv, München.

（4）アドルフ・ヒトラーが回答を記入済みの、部屋を探す人向けの質問表。日付は1929年9月13日。Zim 117, Stadtarchiv München.

（5）ジャーナリスト、ネリン・E・ガンによる戦後のインタビューで、アニ・ヴィンターは、ゲリ・ラウバルが亡くなった1931年、彼女と夫は自分たち専用の居住区画を持っており、仕事を終えるとそこに戻っていたと述べている。一方、1948年の取り調べでヴィンターは、夫婦は1929年10月1日にヒトラーと一緒にアパートに引っ越し、その後の改装のあいだ自分たちだけの“翼”を持っていたと言っている。1931年のミュンヘン市の住所録には、ゲオルク・ヴィンターはヒトラーのアパートに住んでいると記されている。Gun, *Eva Braun*, 8; アニ・ヴィンター、マイケル・マスマノによる審問、1948年3月30日、1、Musmanno Collection, Duquesne University Archives, Pittsburgh, Pa.:, *Adressbuch für München und Umgebung 1931*, microfilm, Stadtarchiv München の Prinzregentenplatz 16 の項目。

（6）ゲオルク・ヴィンターの証言、1948年5月25日。エルンスト・ヘルマン・ズントからガルミッシュ=パルテンキルヒェン非勾留者病院警備課へ、1948年1月29日、いずれも SpkA K 1985: Georg Winter, Staatsarchiv München; Schirach, *Frauen um Hitler*, 44.

（7）エルンスト・ヘルマン・ズントからガルミッシュ=パルテンキルヒェン被勾留者病院警備課へ、1948年1月21日。ゲオルク・ヴィンターの証言、1948年5月25日。ユリウス・シャウプの証言、1948年2月16日。評決に対する弁明、1948年8月13日。いずれも SpkA K 1985: Georg Winter, Staatsarchiv München.

（8）ヴィンター、マスマノによる尋問、1948年3月30日、1, Musmanno Collection; ゲルディ・トローストからフォン・カルドルフ夫人へ、日付なし［1978年頃］、カーボンコピー、Gerdy Troost Personal Papers, Ana 325, Bayerische Staatsbibliothek, München; Nüsslein, *Paul Ludwig Troost*, 68–69; Seckendorff, “Monumentalität und Gemütlichkeit,” 119. 1978年、ゲルディ・トローストが述べるところによれば、エルザ・ブルックマンはミュンヘンのアパートの家具を揃えるためにヒトラーを手工芸連合工房へ連れて行ったが、彼は価格が高すぎると考えて追加の購入はしなかったという（ただしヒトラーは以前に入手していたパウル・トローストの机は所有していた）。次を参照のこと。ゲルディ・トローストからフォン・カルドルフ夫人へ、日付なし［1978年頃］、カーボンコピー、Gerdy Troost Personal Papers, Ana 325.

（9）ヴィンター、マスマノによる尋問、1948年3月30日、12, ヴィンター、マスマノによる尋問、1948年4月28日、いずれも Musmanno Collection; Schirach, *Frauen um Hitler*, 68, 73–75.

（10）Junge, *Until the Final Hour*, 100.

（11）警察による捜査報告書、1931年9月28日付、MInn 72443, Bayerisches Hauptstaatsarchiv.

（12）ゲルディ・トロースト、質問票、日付なし、Karen Kuykendall Papers, MS 243, Special Collections, University of Arizona, Tucson.

（13）Miller, “Hitleriana,” 72–73. この号ではリー・ミラーがアパートで撮影した写真はほんの数枚しか掲載されなかった。原本は Lee Miller Archives, Farley Farm House, Muddles Green, Chiddingly, East Sussex,

UK.

（14）国民啓蒙・宣伝相（ヨーゼフ・ゲッベルス）から次官・首相官房長官（ハンス・ラマース）へ、1935年8月18日、R43 II/1065, Bundesarchiv Berlin-Lichterfelde. 雑誌に掲載された写真は次を参照のこと。*die neue linie*, "Tradition und Gegenwart," 14–16, 48.

（15）アパートの改築案の図面、1935年1月、プリンツレゲンテン広場16番地の建築ファイル、number 169265, Lokalbaukommission München.

（16）M・ローゼンミュラーからアトリエ・トローストへ。1935年4月15–20日の清掃作業のインボイス。1935年5月27日。German Captured Documents, Gerdy and Paul Troost Papers, microfilm reel 451 (container 767). 1935年4月27日、ヨーゼフ・ゲッベルスはアパートを訪ね、興奮してこう言っている。「彼の新しいアパートは実に心地よく《ゲミュートリヒ》なった」。1935年4月27日の記述。Goebbels, *Tagebücher*, pt. 1, vol. 3 (book I), 223.

（17）Bruppacher, *Adolf Hitler*, vol. 1, 405. ドイツ貴族からのヒトラー支持に関しては次を参照のこと。Petropoulos, Royals and the Reich.

（18）ヴィンター、マスマノによる尋問、1948年3月30日、4, 14, Musmanno Collection.

（19）Schirach, *Frauen um Hitler*, 46; Junge, *Until the Final Hour*, 100.

（20）JアンドF・ディーポルトのインボイス、1935年9月4日、German Captured Documents, Gerdy and Paul Troost Papers, microfilm reel 451 (container 767).

（21）Rasp, "Bauten und Bauplanung," 297; Nüsslein, *Paul Ludwig Troost*, 238–39.

（22）アルベルト・シュペーアからカレン・カイケンダルへ、1972年2月19日、Karen Kuykendall Papers; Speer, *Inside the Third Reich*, 39.

（23）Ward Price, *I Know These Dictators*, 27; Kershaw, *Making Friends with Hitler*, 51.

（24）マックス・フェルバー絨毯工場からアトリエ・トローストへ、インボイス、1935年6月3日（1935年4月24日の写し）。マックス・フェルバーからゲルディ・トローストへ、1935年4月20日。マックス・フェルバーからゲルディ・トローストへ、1935年4月18日、いずれもGerman Captured Documents, Gerdy and Paul Troost Papers, microfilm reel 451 (container 767).

（25）Jones, *Diary with Letters*, 197–98.

（26）Craig, *Germany*, 692.

（27）Northedge, *Troubled Giant*, 389; Hall, "Foreign Policy-Making Process," 477–99での引用。英独の海軍の関係については、次を参照のこと。Maiolo, *Royal Navy and Nazi Germany*.

（28）Peterborough, "Baroque," *Daily Telegraph*; *New York Times*, "Hitler's Taste Shows Wagnerian Influence."

（29）Stankiewitz, *Prachtstrassen in München*, 89–91.

（30）Koss, *Modernism after Wagner*, 131–36; Seidel, ed., *Prinzregenten-Theater*, 20–21, 25–26, 28; Schläder and Braunmüller, *Tradition mit Zukunft*, 108, 115; Köhler, *Wagner's Hitler*, 262–63.

（31）Stankiewitz, *Prachtstrassen in München*, 152. 近隣の音楽ゆかりの場所といえばこのほか、ヒトラーのアパートの東側に面しているグリルパルツァー通りが挙げられる。この通りは、同じくヒトラーのお気に入りで、ルートヴィヒ・ヴァン・ベートーヴェンのために歌詞と追悼演説を書いたオーストリアの詩人フランツ・グリルパルツァーにちなんで名付けられている。

（32）Schwarz, *Geniewahn*, 110–11; Schirach, *Frauen um Hitler*, 46.

（33）Danzker, ed., *Villa Stuck*, 296.

（34）Spotts, *Hitler and the Power of Aesthetics*, 124; Schnöller, "Malerfürsten im 19. Jahrhundert," 195–217; Orosz, "Der Makart-Stil," 116–24; Jooss, "'Bauernsohn,'" 196–228; Muthesius, *Poetic Home*, 116. マカルトの家の着想

に関するより広範な情報は、次を参照のこと。Gribenski, Meyer, and Vernois, eds., *La Maison de l'artiste.*
（35）Schwarz, *Geniewahn*, 70–75, 271–72.
（36）Wichmann, *Neue Sammlung*, 25, 44, 46.
（37）Aynsley, *Designing Modern Germany*, 117–18, 133–36.
（38）Nüsslein, *Paul Ludwig Troost*, 250–51.
（39）Götz, *Friedensengel*, 9, 12.
（40）Nerdinger, ed., *Ort und Erinnerung*, 122.
（41）Donath, *Architektur in München*, 38–39.
（42）ミュンヘン職業紹介所から地域建築局のシェルス博士への手紙、1939年11月25日付、プリンツレゲンテン広場16番地の建築ファイル、number 169265, Lokalbaukommission München.
（43）固定資産税登記台帳（Grundsteuer-Kataster）12994, Staatsarchiv München.
（44）Jones, *Diary with Letters*, 198; Ward Price, *I Know These Dictators*, 27; Junge, *Until the Final Hour*, 99.
（45）Bruppacher, *Adolf Hitler*, vol. 1, 509; Bruppacher, *Adolf Hitler*, vol. 2, 66; ヴィンター、マスマノによる尋問、1948年3月30日、4, Musmanno Collection.
（46）Faber, *Munich, 1938*, 414–16.
（47）旧首相官邸のヒトラーの執務室に置かれた机のうしろにあるサイドボードの上には、同様のブロンズの胸像が2体置かれていた。次を参照。"Large credenza in the study, over which hangs a large Renaissance painting, Reichs Chancellery, Berlin, Germany," Print and Photographs Division of the Library of Congres のオンラインカタログより。http://www.loc.gov/pictures/, LOT 3940 (H) [P&P]. この胸像はゲルディ・トローストからヒトラーに貸し出されていたもので、1935年の目録のなかでルカ・デッラ・ロッビア作のブロンズの頭像2体と記されている（ゲルディ・トロースト所有のアンティークとブロンズのリストより。1935年3月22日。R 43 I/1609, Bundesarchiv Berlin-Lichterfelde)。首相官邸のオフィスにあった頭像のうち1体は、ホフマンが撮影したヒトラーのミュンヘンのアパートの写真に写っているものに非常によく似ているため、アパートから官邸に移された可能性もある。トローストが亡くなったとき、彼女の所持品のなかには旧首相官邸にあったものとまったく同じ2体のブロンズ像があり、これは当時個人のコレクターに売却されている。ヒトラーのミュンヘンのアパートにあった美術品については、次を参照のこと。Schwarz, *Geniewahn*, 105–15.
（48）Faber, *Munich*, 1938, 415.
（49）フランツ・シュタイガーヴァルツ・ネッフェ社への手紙のカーボンコピー、1942年5月19日、German Captured Documents, Gerdy and Paul Troost Papers, microfilm reel 457 (container 774).
（50）*New York Times*, "Capture of Kerch Claimed in Berlin"; Harris, "Today and Yesterday."
（51）インボイス、日付は1943年2月12日から1943年7月13日までさまざま、Troost, Gerhardine, Prof., RKK 2401, Box 257, File 8, microfilm G087, frames 2562–2582, BDC Series 2401, A3339-RKK, National Archives, College Park, Md.
（52）Fischer, *Hitler and America*, 199–225.

第4章　ヴァッヘンフェルト・ハウスからベルクホーフへ

（1）ヨーゼフ・ノイマイヤー、「商業評議員」夫人の地所のガレージと別棟の設計図、ヴィンター、オーバーザルツベルク、1932年9月8日、BLP Berchtesgaden 1933/27, Staatsarchiv München. 1916年の図面は Joachimsthaler, *Hitlers Liste*, 278–79 に掲載されている。当時の写真からはまた、正面のドアが家の北東側に移され、キッチンが広くなっていることがわかるが、これについてはノイマイヤーの

設計図には記述がない。

（2）Dietrich, *With Hitler*, 44; Joachimsthaler, *Hitlers Liste*, 298.

（3）Trevor-Roper, *Hitler's Table Talk*, 166; Joachimsthaler, *Hitlers Liste*, 294–96, 299; Chaussy and Püschner, *Nachbar Hitler*, 81; Schöner and Irlinger, *Alte Obersalzberg*, 16; Feiber, "Filiale von Berlin," 69.

（4）Tolischus, "Where Hitler Dreams," 1.

（5）Linge, *With Hitler to the End*, 22.

（6）オーバーザルツベルクに送られた家財道具や植物の1933年発行のインボイス。NS-10 120, Bundesarchiv Berlin-Lichterfelde. このファイルにはまた、同時期にヒトラーのミュンヘンのアパートのために購入されたもののインボイスもはいっている。

（7）Speer, *Inside the Third Reich*, 85–86. シュペーアとヒトラーの関係については、次を参照のこと。Sereny, *Albert Speer*.

（8）ハンス・フリーデリヒからミースバッハ非ナチ化裁判の裁判長へ。1948年4月28日；建築当局の声明。1948年5月19日。いずれもSpkA K 262: Degano, Alois, Staatsarchiv München. ベルヒテスガーデン市当局が認可した1936年のベルクホーフの建築計画と立面図については、次を参照のこと。BPL Berchtesgaden 1936-14, Staatsarchiv München.

（9）アドルフ・ヴァーグナーからハンス・ラマースへ、1936年9月25日、R43/4326, 10–11, Bundesarchiv Berlin-Lichterfelde.

（10）Speer, *Inside the Third Reich*, 167–68; Pogge, "Berghof," 20; Chaussy and Püschner, *Nachbar Hitler*, 110.

（11）オーバーバイエルン南東部の農家の造りに関しては、次を参照のこと。Gebhard and Keim, eds., *Oberbayern*.

（12）L・ヴェルナー・ミュンヘンからアドルフ・ヒトラーへ。1933-1934年のインボイス。NS 10/120, Bundesarchiv Berlin-Lichterfelde. 1934年3月20日、ヒトラーはKlaus Thiede, *Deutsche Bauernhäuser* (Königstein im Taunus: Langewiesche, 1934) を購入している。

（13）*Innen-Dekoration*, "Berghof," 51; St[einlein], "Berghof Wachenfeld auf Obersalzberg," 457; Berndt, "Berghof," 769.

（14）Speer, *Inside the Third Reich*, 46.

（15）Mitchell, *Hitler's Mountain*, 44.

（16）Speer, *Inside the Third Reich*, 86.

（17）Trevor-Roper, *Hitler's Table Talk*, 184.

（18）アルトの絵は以下の本に掲載されている。Gleis, ed., *Makart*, 27; Werckmeister, "Hitler the Artist," 270–97; Spotts, *Hitler and the Power of Aesthetics*, 43–94; Michaud, *Cult of Art*, 1–73; Schroeder, *He Was My Chief*, 164; テーブルの図面、ベルクホーフの図面のポートフォリオ。Gerdy Troost Professional Papers, Ana 325.A.V.4, #2, Bayerische Staatsbibliothek, München. バイエルン州立図書館収蔵のアトリエ・トローストによるプロジェクト関連の文書の大半は研究者に公開されている（請求番号Ana 325.A and Ana325.B)。区別のため、これらの文書を "Gerdy Troost Professional Papers" と呼び、以下の注釈に登場する非公開の文書を "Gerdy Troost Personal Papers." と呼ぶこととする。いずれにせよ、内容が個人的あるいは専門的という性質に関しては、互いに重複する部分もある。

（19）"Umbau Berghof" ("Berghof renovation"), B1081, negatives 5–7, B1084, negatives 1–7, 22–33, album 15, Heinrich Hoffmann Photograph Collection, Record Group 242-HLB, National Archives, College Park, Md.

（20）ユニティ・ミットフォードからダイアナ・ミットフォードへ、1938年7月18日、Mosley, *Mitfords*, 127.

（21）ゲルディ・トロースト、質問票、日付なし；ゲルディ・トローストからカレン・カイケンダルへ。1975年1月15日。いずれもKaren Kuykendall Papers, MS 243, Special Collections, University of Arizona, Tucson. トローストはまた、切妻のあるベルクホーフの前面は、建物全体に対して幅が狭すぎると考えていた。

（22）Jones, *Diary with Letters*, 249.

（23）Sylvester, *Real Lloyd George*, 235.

（24）Lloyd George, "I Talked to Hitler." ロイド・ジョージのベルクホーフ訪問に関しては、次を参照のこと。Lentin, *Lloyd George and Lost Peace*, 89–105.

（25）Kirkpatrick, *Inner Circle*, 96–97. ハリファックス卿の訪独に関しては、次を参照のこと。Faber, *Munich, 1938*, 9–45.

（26）Stadler, "Hitler's Rooms," 64, 66; ソファの図面、1936年1月10日、ベルクホーフの図面のポートフォリオ、Gerdy Troost Professional Papers, Ana 325.A.V.4, #65.

（27）Kirkpatrick, *Inner Circle*, 97.

（28）Jones, *Diary with Letters*, 244. カウチについては次も参照のこと。Schroeder, *He Was My Chief*, 164.

（29）Speer, *Inside the Third Reich*, 90, 86. 大広間の視覚性に関しては、次も参照のこと。Koepnick, *Framing Attention*, 163–99.

（30）ベルクホーフを訪問した著名人のリストは、次を参照のこと。Feiber, "Filiale von Berlin," 133–34.

（31）Jones, *Diary with Letters*, 249.

（32）大広間にあった大理石製暖炉の炉棚の鉛筆書き図面、日付なし、ベルクホーフの図面のポートフォリオ、Gerdy Troost Professional Papers, Ana 325.A.V.4, #8.

（33）*Innen-Dekoration*, "Innenräume des Berghofes," 60; Speer, *Inside the Third Reich*, 90; 戸棚の図面、1935年12月5日、ベルクホーフの図面のポートフォリオ、Gerdy Troost Professional Papers, Ana 325.A.V.4, #77.

（34）ゲルディ・トローストからカレン・カイケンダルへ、1975年1月15日、Karen Kuykendall Papers.

（35）Seckendorff, "Monumentalität und Gemütlichkeit," 131; Schaffing, *Obersalzberg*, 95.

（36）*Innen-Dekoration*, "Innenräume des Berghofes," 59.

（37）ゲルディ・トローストからカレン・カイケンダルへ、1975年1月15日、英訳、Karen Kuykendall Papers.

（38）ハインリヒ・クライゼル、報告書、1936年9月12日、German Captured Documents, Gerdy and Paul Troost Papers, Library of Congress, Washington, D.C., microfilm reel 449 (container 765). 大広間におけるゲルディ・トローストの色使いに関しては、次に長い説明がある。*Innen-Dekoration*, "Innenräume des Berghofes,"59–60.

（39）ベルクホーフの布見本帳、Gerdy Troost Professional Papers, Ana325.A.V.4, #137.

（40）ゲルディ・トローストからカレン・カイケンダルへ、1973年11月27日、Karen Kuykendall Papers. 以下も参照のこと。ゲルディ・トローストからヴィニフレート・ヴァーグナーへ、1975年4月30日、カーボンコピー、Gerdy Troost Personal Papers, Ana 325.

（41）ゲルディ・トロースト、質問票、Karen Kuykendall Papers.

（42）Toland, *Adolf Hitler*, 220.

（43）Feiber, "Filiale von Berlin," 70.

（44）*Innen-Dekoration*, "Berghof," 51, 53; *Innen-Dekoration*, "Innenräume des Berghofes," 57, 59.

（45）Speer, *Inside the Third Reich*, 86.

（46）Erlanger, "Hitler Loved Money."

(47) ゲルディ・トローストからE・フリッチェへ、1936年7月8日、German Captured Documents, Gerdy and Paul Troost Papers, microfilm reel 449 (container 765); ゲルディ・トロースト、ジョン・トーランドによるインタビュー、1971年11月5日、tape C-50の文字起こし。John Toland Papers, Franklin D. Roosevelt Library, Hyde Park, N.Y.; Silverman, *Hitler's Economy*, 171.

(48) D'Almeida, *High Society*, 132–33; Speer, *Inside the Third Reich*, 90; サイドボードの図面、ベルクホーフの図面のポートフォリオ、Gerdy Troost Professional Papers, Ana 325.A.V.4, #41 and #43.

(49) アロイス・デガノからユリウス・シャウプへ、1936年11月27日、ルートヴィヒ・ツァーツォクからアドルフ・ヒトラーへ、1936年11月4日、いずれもNS-10 117, Bundesarchiv Berlin-Lichterfelde.

(50) *Hitlers Berghof*, 54–55, 60–61.

(51) Jones, *Diary with Letters*, 248.

(52) Carroll, "Editorial Notes," 5; *Anglo-German Review* 2, no. 10 (September 1938): cover. チェンバレンのベルヒテスガーデン訪問に関しては、次を参照のこと。Faber, *Munich, 1938*, 272–96.

(53) Schroeder, *He Was My Chief*, 155; ゲルディ・トロースト、質問票、日付なし、Karen Kuykendall Papers; Speer, *Inside the Third Reich*, 88.

(54) Schwarz, *Geniewahn*, 124–27.

(55) Storey, "Novel Decorations."

(56) *Innen-Dekoration*, "Innenräume des Berghofes," 60–61, 63.

(57) Machtan, "Hitler, Röhm," 17; Fromm, *Blood and Banquets*, 92.

(58) Schwarz, *Geniewahn*, 159–64.

(59) Junge, *Until the Final Hour*, 59–60.

(60) Linge, *With Hitler to the End*, 24; "Der Führer beim Kegeln. Berghof" ("The Führer bowling at the Berghof"), album 19, page B 1379, negatives 28–30, Heinrich Hoffmann Photograph Collection, Record Group 242-HLB.

(61) Junge, *Until the Final Hour*, 58.

(62) Speer, *Inside the Third Reich*, 86.

(63) Junge, *Until the Final Hour*, 60–61; Schroeder, *He Was My Chief*, 149–50.

(64) マルティン・ボルマン、チラシ、1938年10月5日、NS 6/231, Bundesarchiv Berlin-Lichterfelde.

(65) Schroeder, *He Was My Chief*, 141–42.

(66) Linge, "I Was Hitler's Valet"; Görtemaker, *Eva Braun*, 164–66, 209.

(67) ゲルディ・トロースト、質問票、日付なし、Karen Kuykendall Papers.

(68) エーファ・ブラウンの写真アルバム、album 12, 242-EB-12–12A, Record Group 242-EB, National Archives, College Park, Md. この部屋の希少なカラー写真からは、鳥柄の布の色味はテラコッタというよりも青に近いことがわかる。トロースト（あるいはブラウン）が見本帳のものとは違う色のものを選んだか、写真の色が変わってしまったのだろう。次を参照のこと。Capelle and Bovenkamp, *Berghof*, 44.

(69) Gun, *Eva Braun*, 112–13; Sigmund, *Frauen der Nazis*, 263.

(70) Schaub, *In Hitlers Schatten*, 278.

(71) Linge, "Valet Upsets Love Scene." 次も参照のこと。Schroeder, *He Was My Chief*, 143.

(72) ベルクホーフ、3階（屋根裏）の平面図。BPL Berchtesgaden 1936-14-B116, Staatsarchiv München. この居住区画はまた、終戦時にここを訪れたハリー・サイオンズ軍曹によるブラウンの部屋の説明とも一致する（本書第10章）。Sions, "Berchtesgaden," 4.

(73) エーファ・ブラウンの写真アルバム、album 12, 242-EB-12–1, 242-EB-12–2, Record Group 242-EB;

Adolf Hitler: Ein Mann und Sein Volk; Schmölders, *Hitler's Face*, 72–73.

（74）エーファ・ブラウンの写真アルバム、album 12, page 13, Record Group 242-EB.

（75）Guerin, *Through Amateur Eyes*, 217–86; Lambert, *Eva Braun*, 161–74; McCrum and Downing, "Hitler Home Movies," 25.

（76）エーファ・ブラウンの写真アルバム、album 6, 242-EB-6–26, 242-EB-6–30a, 242-EB-6–34, Record Group 242-EB; Linge, *With Hitler to the End*, 70; Gun, *Eva Braun*, 160–61.

（77）オーバーザルツベルクの来客、警備員、内部スタッフのリスト、1939年5月10日付、NS-10 124, Bundesarchiv Berlin-Lichterfelde. Remme, "Life with Hitler" では、ベルクホーフの住み込みのスタッフはもっと多い50人とされている。

（78）Neul, *Hitler und der Obersalzberg*, 85. リオバ・シュミット=イムカンプは、この増築をローデリヒ・フィックによるものとしている。次を参照のこと。Schmitt-Imkamp, *Roderich Fick*, 108–111.

（79）OBB KuPL 5441, 5450–5476, Bayerisches Hauptstaatsarchiv, München.

（80）OBB KuPL 5441, 5471, Bayerisches Hauptstaatsarchiv.

（81）OBB KuPL 5454, Bayerisches Hauptstaatsarchiv.

（82）OBB KuPL 5456–5459, Bayerisches Hauptstaatsarchiv.

（83）Habel, *Festspielhaus und Wahnfried*, 536–37.

（84）OBB KuPL 5468, Bayerisches Hauptstaatsarchiv.

（85）OBB KuPL 5462–5463, 5465–5467, Bayerisches Hauptstaatsarchiv.

（86）Trevor-Roper, *Hitler's Table Talk*, 161.

（87）Chaussy and Püschner, *Nachbar Hitler*, 111.

（88）Feiber, "Filiale von Berlin," 176.

（89）Trevor-Roper, *Hitler's Table Talk*, 162.

（90）Trevor-Roper, ed., *Bormann Letters*, 171.

第5章　ゲルディ・トロースト

（1）ヒトラー死亡のニュースは、ドイツのラジオで1945年5月1日午後10時30分に放送された。ゲルディ・トロースト、1945年のスケジュール帳、Gerdy Troost Personal Papers, Ana 325, Bayerische Staatsbibliothek, München.

（2）女性の建築教育に関しては、次を参照のこと。Stratigakos, "I Myself Want to Build," 727–56. ドイツにおける女性建築家全般に関しては、次を参照のこと。Stratigakos, *Women's Berlin*.

（3）ゲルディ・トロースト、履歴書、日付なし、1947年頃、Gerdy Troost Personal Papers, Ana 325; Nüsslein, *Paul Ludwig Troost*, 56–57; ゲルディ・トローストからマリア・ナハティガルへの手紙、Gerdy Troost Personal Papers, Ana 325.

（4）Nüsslein, *Paul Ludwig Troost*, 51, 52, 174ff. ゲルディ・トローストからイェシー・シュレーダーへ、1934年12月11日、ibid., 52に引用。Rützow, "Betreuerin eines Vermächtnisses" で、ゲルディ・トローストは夫との仕事について、これほど個人的ではないが、同様のコメントを述べている。

（5）Gerdy Troost, "Adolf Hitler: Erste Begegnung — 'Braunes Haus' (Umbau Palais Barlow)" ("Adolf Hitler: First Encounter — 'Brown House' [Barlow Palace Renovation]"), 日付なし原稿、個人蔵。

（6）Ibid.

（7）ゲルディ・トローストからマリア・アンドレゼンへ、1930年11月25日、Schad, *Sie liebten den Führer*, 152. の引用から。

(8) Troost, "Adolf Hitler: Erste Begegnung." ゲルディ・トローストは戦後、自分たち夫婦はふたりともヒトラーの政治に懸念を抱いていたと話しているが、これはパウル・トローストがヒトラーに会う2カ月近く前にナチ党に入党しているという事実と矛盾する。彼の伝記を書いたティモ・ニュスラインはしかし、トローストの党員証には党が実際よりも古い日付を入れており、彼が妻と一緒に入党したのは1932年だと主張している。Nüsslein, *Paul Ludwig Troost*, 68.

(9) Nüsslein, *Paul Ludwig Troost*, 61–63, 66.

(10) Ibid., 175–76; Albert Speer, *Inside the Third Reich*, 39; Schaub, *In Hitlers Schatten*, 138.

(11) トラウンシュタイン非ナチ化法廷での審問、1947年1月21日、Gerdy Troost Personal Papers, Ana 325; Nüsslein, *Paul Ludwig Troost*, 66–67; Schaub, *In Hitlers Schatten*, 137; ミュンヘン第1非ナチ化法廷での審問、1948年2月13日、Gerdy Troost Personal Papers, Ana 325.

(12) ゲルディ・トローストからアリス・ヘスへ、1933年4月14日、Gerdy Troost Personal Papers, Ana 325.

(13) Ibid.

(14) Brandt, "Hitler's Legion of Ladies."

(15) トラウンシュタイン非ナチ化法廷での審問、1947年1月21日、Gerdy Troost Personal Papers, Ana 325.

(16) Schwarz, *Geniewahn*, 84; Nüsslein, *Paul Ludwig Troost*, 75.

(17) アドルフ・ヒトラーからゲルディ・トローストへ、1944年1月21日、Gerdy Troost Personal Papers, Ana 325. 手紙（短縮版）は、次に記載がある。Picker, *Hitlers Tischgespräche*, 204.

(18) トラウンシュタイン非ナチ化法廷での審問、1947年1月21日、Gerdy Troost Personal Papers, Ana 325; Schaub, *In Hitlers Schatte*, 140.

(19) ゲルディ・トローストからカレン・カイケンダルへ、1973年2月12日、Karen Kuykendall Papers, MS 243, Special Collections, University of Arizona, Tucson; Jellonnek, *Homosexuelle unter dem Hakenkreuz*, 26.

(20) Schaub, *In Hitlers Schatte*, 140.

(21) モザイク・ステンドグラス連合工房のアウグスト・ヴァーグナーからモザイク・ステンドグラス連合南ドイツ工房へ、1935年6月1日。連合南ドイツ工房からアウグスト・ヴァーグナーへ、1935年6月5日。アウグスト・ヴァーグナーからゲルディ・トローストへ、1935年6月21日。連合南ドイツ工房からアウグスト・ヴァーグナーへ、1936年3月9日。連合南ドイツ工房からアウグスト・ヴァーグナーへ、1936年8月15日。アウグスト・ヴァーグナーから「ナウ」へ、1935年9月28日。連合南ドイツ工房からアウグスト・ヴァーグナーへ、1936年8月31日。連合南ドイツ工房からアウグスト・ヴァーグナーへ、1937年1月8日。アトリエ・トローストからアウグスト・ヴァーグナーへ、1937年2月18日。いずれもPuhl and Wagner Collection, Berlinische Galerie, Berlin.

(22) Dietrich, *Hitler I Knew*, 156; Gillessen, *Auf verlorenem Posten*, 457–502; 1943年5月7日の記述、Goebbels, *Tagebücher*, pt. 2, vol. 8, 223; 1943年6月17日の記述、ibid., 487.

(23) Speer, *Inside the Third Reich*, 50–51. 以下も参照のこと。Schlenker, *Hitler's Salon*, 141–42; Schad, *Sie liebten den Führer*, 164–65.

(24) Wagner and Cooper, *Heritage of Fire*, 157.

(25) Ibid.; Schultze-Naumburg, *Kunst und Rasse*; Schultze-Naumburg, *Gesicht des Deutschen Hauses*; Michaud, *Cult of Art*, 127–34; Borrmann, *Paul Schultze-Naumburg*, 208–9; Schad, *Sie liebten den Führer*, 164–65; Nüsslein, *Paul Ludwig Troost*, 76–77.

(26) ヴィニフレート・ヴァーグナーからゲルディ・トローストへ、1962年7月7日。ゲルディ・ト

ローストからヴィニフレート・ヴァーグナーへ、1962年7月14日。ヴィニフレート・ヴァーグナーからゲルディ・トローストへ、1962年7月17日。いずれもGerdy Troost Personal Papers, Ana 325. 強調は原文。

（27）Schad, *Sie liebten den Führer*, 164–65; Günther, *Mein Eindruck*, 89–91. ギュンターの見解は、シュルツェ=ナウムブルクの自伝作家にも引用・支持されている。Borrmann, *Paul Schultze-Naumburg*, 208–9.

（28）Troost, ed., *Das Bauen im Neuen Reich*, 5–10.

（29）Ibid., 10ff.

（30）クルト・トランプラーからゲルディ・トローストへ、1938年1月4日、Troost Papers, NL Troost 16, Bayerisches Hauptstaatsarchiv, München. トランプラーとトローストのその他の書簡は、次を参照のこと。NL Troost 32, Bayerisches Hauptstaatsarchiv.

（31）バイロイト大管区出版局、ゲルディ・トロースト、クルト・トランプラー間の出版契約、1944年6月23日、Gerdy Troost Professional Papers, Ana 325.B, Bayerische Staatsbibliothek.

（32）ドイツ芸術の家のために計画された建築と装飾芸術展示のコンセプトと組織の予備的概観、1937年10月6日、German Captured Documents, Gerdy and Paul Troost Papers, Library of Congress, Washington, D.C., microfilm reel 461 (container no. 778).

（33）*1. Deutsche Architektur und Kunsthandwerkausstellung.* 展覧会の写真は、次も参照のこと。"Im Kampf um das Dritte Reich," presentation album for Adolf Wagner, January 1938, LOT 2970–8, Prints and Photographs Division, Library of Congress, Washington, D.C.

（34）Schad, *Sie liebten den Führer*, 163; ゲルディ・トロースト、ジョン・トーランドによるインタビュー、1971年11月5日、tape C-50の文字起こし、John Toland Papers, Franklin D. Roosevelt Library, Hyde Park, N.Y.; アルベルト・シュペーアからゲルディ・トローストへ、1944年8月2日、German Captured Documents, Gerdy and Paul Troost Papers, microfilm reel 458 (container no. 775).

（35）これについては、1970年代にカレン・カイケンダルが、シュペーアを含むヒトラーの取り巻きだった人々とやりとりした書簡からあきらかになっている。Karen Kuykendall Papersを参照のこと。

（36）ゲルディ・トロースト、ジョン・トーランドによるインタビュー、1971年11月5日、tape C-37とC-50の文字起こし、John Toland Papers.

（37）Gerdy Troost, "Zur Frage Albert Speer," unpublished manuscript, n.d., Gerdy Troost Personal Papers, Ana 325; Toland, *Adolf Hitler*, 414–15.

（38）ゲルディ・トロースト、ベルリンの歴史家マティアス・シュミットとの電話での会話に関するメモ、1981年10月27日、Gerdy Troost Personal Papers, Ana 325.

（39）Speer, *Inside the Third Reich*, 39–43, 49–51.

（40）Feuchtmayr, *Prinz Carl-Palais*, 87; Walther and Gelberg, "Nationalsozialistische Aussenpolitik," 379.

（41）プリンツ・カール宮殿のために購入されたペルシア絨毯の、1937年付の複数のインボイス、German Captured Documents, Gerdy and Paul Troost Papers, microfilm reel 459 (container 776).

（42）Feuchtmayr, *Prinz Carl-Palais*, 82–90; Walther and Gelberg, "Nationalsozialistische Aussenpolitik," 379; Gerhard Stinglwagner, *Von Mönchen, Prinzen und Ministern*, 86–92.

（43）Guenther, *Nazi Chic?*, 234–35. 4カ年計画に関しては、次を参照のこと。Tooze, *Wages of Destruction*, 203–84.

（44）レオ・キリーからヴァルター・ケーラーへ、1936年12月5日、Troost, Gerhardine, Prof., RKK 2401, Box 257, File 8, microfilm G087, frame 1732, BDC Series 2401, A3339-RKK, National Archives, College Park, Md.（原本はBundesarchiv Berlin-Lichterfelde）。

(45) ハインリヒ・リュールベルクからフランツ・ヴィルーンへ、1937年3月20日、R43 II/375, Bundesarchiv Berlin-Lichterfelde.

(46) Jaskot, *Architecture of Oppression*, 80–113.

(47) Petropoulos, *Faustian Bargain*, 137.

(48) ハインリヒ・ドェーレからカイル大佐へ、1940年7月16日、microfilm reel 452 (container 768); ミュンヘン第1徴兵地区本部からアトリエ・トローストへ、1941年3月20日、microfilm reel 450 (container 766); ミュンヘン第1徴兵地区本部からアトリエ・トローストへ、1941年4月24日、microfilm reel 450 (container 766); エルンスト・ハイゲンモーザーからゲルディ・トローストへ、1943年12月18日、microfilm reel 458 (container 775), いずれも German Captured Documents, Gerdy and Paul Troost Papers.

(49) ヴィルヘルム・コルステンから裁判長へ、トラウンシュタイン非ナチ化法廷、1947年5月27日、SpkA K 1844: Troost, Gerdy, Staatsarchiv München; Nüsslein, *Paul Ludwig Troost*, 187–88.

(50) Nüsslein, "Gerdy Troost," 128–36.

(51) ゲルディ・トローストからヴィリー・ヴィーガントへ、1940年8月8日、German Captured Documents, Gerdy and Paul Troost Papers, microfilm reel 450 (container 766). 帝国元帥ヘルマン・ゲーリングの大鉄十字章授与のための証書と式典用フォルダーのデザインと製作に関わった芸術家チームの各メンバー（トロースト含む）の任務と責任を明記した、1941年12月19日付のメモも参照のこと。German Captured Documents, Gerdy and Paul Troost Papers, microfilm reel 461 (container 778).

(52) Kiener, "Ritterkreuzurkunden," 247–55.

(53) ゲルディ・トローストからハインリヒ・ドェーレへ、1940年11月9日、German Captured Documents, Gerdy and Paul Troost Papers, microfilm reel 452 (container 768).

(54) Nüsslein, *Paul Ludwig Troost*, 188.

(55) カール・ヴィルトブレットから内閣顧問フォン・シュレーダー博士へ、1944年4月25日。リュートケからアトリエ・トローストへ、1944年4月30日、いずれも German Captured Documents, Gerdy and Paul Troost Papers, microfilm reel 458 (container 775).

(56) ヴァンディンガー社からジャン・ヴンダーリヒ社へ、1943年2月25日、German Captured Documents, Gerdy and Paul Troost Papers, microfilm reel 461 (container 778); F・H・ヴァンディンガー社から全国貴金属局へ、1943年6月7日。ヘルムート・フォン・フンメルから全国貴金属局へ、1943年6月8日。ゲルディ・トローストからオットー・マイスナーへ、1943年7月28日。F・H・ヴァンディンガー社、インボイス、1943年10月8日。F・H・ヴァンディンガー社からジャン・ヴンダーリヒへの（宝飾品輸入の）認可証書、日付なし、いずれも German Captured Documents, Gerdy and Paul Troost Papers, microfilm reel 458 (container 775).

(57) Der Spiegel, "Kriegsorden," 34.

(58) ゲルディ・トローストからヴィリー・ヴィーガントへ、1940年8月8日、German Captured Documents, Gerdy and Paul Troost Papers, microfilm reel 450 (container 766).

(59) Schaub, *In Hitlers Schatten*, 140.

(60) トラウンシュタイン非ナチ化法廷での審問、1947年1月21日、Gerdy Troost Personal Papers, Ana 325.

(61) フェルディナント・メスマーからゲルディ・トローストへ、1934年2月22日、German Captured Documents, Gerdy and Paul Troost Papers, microfilm reel 449 (container 765).

(62) ヴィルヘルム・コルステンから裁判長へ、トラウンシュタイン非ナチ化法廷、1947年4月22日。

ゲルディ・トローストからC・ザックスへ、1950年5月15日、いずれもSpkA K 1844: Troost, Gerdy, Staatsarchiv München; M.-M., jr., "Frau Troost."

（63）ユリウス・シャウプからハンス・ラマースへ、1940年1月8日。ユリウス・シャウプからハンス・ラマースへ、1942年3月2日。ユリウス・シャウプからハンス・ラマースへ、1943年2月10日、いずれもR43II/1242, Bundesarchiv Berlin-Lichterfelde.

（64）Petropoulos, *Art as Politics*, 277.

（65）ミュンヘン主法廷の議事録、1950年2月23日。テレーゼ・ラング、宣誓証言、1949年5月30日、いずれもSpkA K 1844: Gerdy Troost, Staatsarchiv München.

（66）*Völkischer Beobachter*, "Deutsche Künstler"; 芸術アカデミーから教育文化省へ、1937年6月1日、MK 40901, Bayerisches Hauptstaatsarchiv; *Bauwelt*, "Persönliches," 670; バッハマンからゲルディ・トローストへ、1943年4月9日、Troost, Gerhardine, Prof., RKK 2401, Box 257, File 8, microfilm G087, frame 1888, BDC Series 2401, A3339-RKK, National Archives.

（67）1939年の党調査、ナチ党官房文書、Troost, Gerdy, H., VBS 1, 1180015252, Bundesarchiv Berlin-Lichterfelde.

（68）ゲルダ（原文ママ）・トローストからアドルフ・ヒトラーへ、1943年1月31日、SpkA K 1844, Staatsarchiv München.

（69）トラウンシュタイン非ナチ化法廷での審問、1947年1月21日、Gerdy Troost Personal Papers, Ana 325.

（70）Rützow, "Bertreuerin eines Vermächtnisses"; *Welt-Spiegel*, "Führer im Haus der Deutschen Kunst," cover page; I. v. W., "Aus der Arbeit von Frau Prof. Troost."

（71）Werner, "Führer und seine Architekten," 27.

（72）Lochner, "Hitler Looks to Aides"; Dickson, "Europe's Man of Mystery!"

（73）Nüsslein, *Paul Ludwig Troost*, 178.

（74）ドーラ・ヘルマンからゲルディ・トローストへ、1938年7月12日、German Captured Documents, Gerdy and Paul Troost Papers, microfilm reel 450 (container 766); ハンス・ローゼからゲルディ・トローストへ、1938年10月1日。レオ・パールシュタインからゲルディ・トローストへ、1938年11月12日。テレージア・リッシュ=ハーゼンフォルターからゲルディ・トローストへ、1941年11月2日、いずれもGerman Captured Documents, Gerdy and Paul Troost Papers, reel 462 (container 779).

（75）"[Na?]chspiel zur Fernfahrt des kgl. Italienischen Automobilklubs von Mailand nach Stolp," *Die Wochenschau*, April 21, 1928, 3, 新聞抜粋、個人蔵；"Schweres Autounglück am Dorfner Berg," *Wolfratshauser Wochenblatt*, April 21, 1928, 新聞抜粋、個人蔵；ゲルディ・トローストからアドルフ・ヒトラーへ、1942年9月8日、ゲルディ・トローストからエルンスト・ハイガーへ、1942年11月9日、いずれもGerman Captured Documents, Gerdy and Paul Troost Papers, reel 457 (container 774); ゲルディ・トローストの医療記録、German Captured Documents, Gerdy and Paul Troost Papers, microfilm reel 451 (container 767). ゲルディ・トローストはツァーベルの食事療法についてもヒトラーと話し合っている。次を参照のこと。ゲルディ・トローストからヴェルナー・ツァーベルへ、1943年7月10日、SpkA K 1844: Troost, Gerdy, Staatsarchiv München.

（76）ラクナー・ベルクからゲルディ・トローストへ、日付なし（1942年12月）。ラマースからラクナー・ベルクへ、1942年11月30日、写真複写。ゲルディ・トローストからラクナー・ベルクへ、1942年12月23日、カーボンコピー、いずれもGerdy Troost Personal Papers, Ana 325.

（77）Burleigh and Wipperman, *Racial State*, 77–112; Burleigh, *Third Reich*, 281–342; カール・ヴェッセリー、

宣誓証言、1946 年 12 月 2 日、カーボンコピー。マリア・ナハティガル、宣誓証言、1946 年 12 月 11 日、カーボンコピー、いずれも SpkA K 1844: Gerdy Troost, Staatsarchiv München; Friedel, "Karl Wessely," 25–30, 109–16, 143–44.

(78) マリア・ナハティガル、宣誓証言、1946 年 12 月 11 日、カーボンコピー、SpkA K 1844: Troost, Gerdy, Staatsarchiv München.

(79) Selig, *"Arisierung" in München*, 809; Nüsslein, *Paul Ludwig Troost*, 177–78; Löhr, *Braune Haus der Kunst*, 56, 117, 129. 欧州全体の事情に関しては次を参照のこと。Dean, *Robbing the Jews*.

(80) ゲルディ・トローストからカレン・カイケンダルへ、1973 年 2 月 12 日、Karen Kuykendall Papers; ゲルディ・トローストからハンス・ラマースへ、1936 年 8 月 21 日。ハンス・ラマースからゲルディ・トローストへ、1936 年 8 月 28 日。ゲルディ・トローストからハンス・ラマースへ、1936 年 9 月 3 日。ゲルディ・トローストからハンス・ラマースへ、1936 年 10 月 12 日。いずれも German Captured Documents, Gerdy and Paul Troost Papers, microfilm reel 449 (container 765); ゲルディ・トローストからアルヴィン=ブローダー・アルプレヒトへ、1943 年 11 月 9 日、German Captured Documents, Gerdy and Paul Troost Papers, microfilm reel 458 (container 775). アルベルト・シュペーアは、この「芸術的価値の高い銀細工」はゲルディ・トローストの下絵にもとづき、彼女の監督の下で作られたと述べている。アルベルト・シュペーアからカレン・カイケンダルへ、1972 年 2 月 19 日、Karen Kuykendall Papers.

(81) Schlenker, *Hitler's Salon*, 140–41.

(82) アルベルト・シュテンツェル、専門家の見解、1946 年 10 月 24 日、SpkA K 1844: Gerdy Troost, Staatsarchiv München.

(83) Brantl, *Haus der Kunst*, 81–84; ジョン・トーランドによるトローストのインタビュー、tape C-50 の文字起こし、John Toland Papers. 退廃芸術展に関しては次を参照のこと。Barron et al., *"Degenerate Art"*; Peters, ed., *Degenerate Art*.

(84) Brantl, *Haus der Kunst*, 83–84; Toland, *Adolf Hitler*, 415; トーランドによるトローストのインタビュー、tape C-50 の文字起こし（引用は多少修正あり）、John Toland Papers; 1937 年 6 月 6 日の記述、Goebbels, *Tagebücher*, pt. 1, vol. 4, 170.

(85) Westheim, "Die janze Richtung"; ゲルディ・トローストからカレン・カイケンダルへ、1977 年 9 月 29 日、Karen Kuykendall Papers.

(86) トラウンシュタイン非ナチ化法廷での審問、1947 年 1 月 21 日、Gerdy Troost Personal Papers, Ana 325.

(87) トーランドによるトローストのインタビュー、tape C-50 の文字起こし、John Toland Papers. トラウンシュタイン非ナチ化法廷での審問、1947 年 1 月 21 日、ミュンヘン第 1 非ナチ化法廷での審問、1948 年 2 月 13 日、いずれも Gerdy Troost Personal Papers, Ana 325.

(88) ゲルディ・トローストからカレン・カイケンダルへ、1978 年 9 月 25 日、Karen Kuykendall Papers; トーランドによるトローストのインタビュー、tape C-50 の文字起こし、John Toland Papers.

(89) 1936 年 1 月 21 日の記述、Goebbels, *Tagebücher*, pt. 1, vol. 3 (book I), 366. 以下も参照のこと。1934 年 3 月 24 日の記述、ibid., pt. 1, vol. 2 (book III), 390; 1938 年 1 月 23 日の記述、ibid., pt. 1, vol. 5, 112; 1943 年 6 月 27 日の記述、ibid., pt. 2, vol. 8, 552.

(90) "Grosse Halle, Geiselgasteig — Filmwerkstätten" ("Soundstage, Geiselgasteig Film Studios"), マルタ・シャートのために写真複写したテキスト、日付なし。トラウンシュタイン非ナチ化法廷での審問、1947 年 1 月 21 日、Gerdy Troost Personal Papers, Ana 325; 1938 年 2 月 17 日の記述、Goebbels, *Tagebücher*, pt.

1, vol. 5, 160.

（91）ゲッベルスの日記、1938年6月22日の記述。Goebbels, *Tagebücher*, pt. 1, vol. 5, 355. ゲッベルスはしかし、のちの日記では、自身の映画のプランのために、自分が彼女を敵に回してしまったのだと納得しているようなことも書いている。1939年2月26日の記述。ibid., pt. 1, vol. 6, 269. バヴァリア・フィルムクンスト社でトローストと顧問委員の同僚だったヘルムート・カイルは、彼女がゲッベルスによる支配を拒絶したのは確かだと述べている。ヘルムート・カイル、宣誓証言、1949年3月29日、SpkA K 1844: Troost, Gerdy, Staatsarchiv München.

（92）1940年11月21日の記述、Goebbels, *Tagebücher*, pt. 1, vol. 8, 429.

（93）どちらの映画もベルリンのBundesarchiv-Filmarchivに複製がある。Gerdy Troost Personal Papersのなかには、32本の映画と、ベルリンのキノコップ社に原版が保管されている旨が書かれた、日付のない映画リスト(1945年以前)がある。Ana 325.

（94）ハンニ・ウムラウフ、履歴書の付属書類、日付なし（戦後）、Gerdy Troost Personal Papers, Ana 325.

（95）ハンニ・ウムラウフからゲルディ・トローストへ、1951年3月1日、Gerdy Troost Personal Papers, Ana 325; ヨハンナ・ウムラウフ、警察登録記録、Stadtarchiv München; ディーター・ウムラウフ、著者との会話より、2010年11月。

（96）ヴィニフレート・ヴァーグナーからゲルディ・トローストへ、1965年12月31日。ヴィニフレート・ヴァーグナーからゲルディ・トローストへ、1965年9月6日。ゲルディ・トローストからヴィニフレート・ヴァーグナーへ、1966年11月21日、いずれもGerdy Troost Personal Papers, Ana 325.

（97）Schoppmann, *Zeit der Maskierung*, 15.

（98）トラウンシュタイン非ナチ化法廷での審問、1947年1月21日、Gerdy Troost Personal Papers, Ana 325; パウル・カペルマン、宣誓証言、1947年6月25日、カーボンコピー、SpkA K 1844: Gerdy Troost, Staatsarchiv München.

（99）L・ヴェルナー・ミュンヘン、インボイス、1939年9月9日、NL Troost 24, Bayerisches Hauptstaatsarchiv.

（100）Schad, *Sie liebten den Führer*, 177; Junge, *Until the Final Hour*, 137–38; マルティン・ボルマンからゲルディ・トローストへ、1943年4月18日。マルティン・ボルマンからゲルディ・トローストへ、1943年5月8日、いずれもGerman Captured Documents, Gerdy and Paul Troost Papers, microfilm reel 458 (container 775).

（101）Schad, *Sie liebten den Führer*, 177; トラウンシュタイン非ナチ化法廷での審問、1947年1月21日、Gerdy Troost Personal Papers, Ana 325.

（102）トラウンシュタイン非ナチ化法廷での審問、1947年1月21日、Gerdy Troost Personal Papers, Ana 325; ゲルディ・トローストからパウル・ギースラーへ、1944年8月17日、SpkA K 1844: Troost, Gerdy, Staatsarchiv München.

（103）第4警察署（ミュンヘン、エミール・リーデル通り16番地）に残る証拠から、ゲルディ・トローストがミュンヘンから逃れた日付が確認できる、1948年4月23日、SpkA K 1844: Troost, Gerdy, Staatsarchiv München.

（104）ゲルディ・トローストからヴィニフレート・ヴァーグナーへ、1947年3月18日、Gerdy Troost Personal Papers, Ana 325.

（105）ミュンヘン主法廷、1950年2月23日の公聴会の議事録（補遺）、SpkA K 1844: Troost, Gerdy, Staatsarchiv München.

(106) ハンニ・ウムラウフの非ナチ化登録記録、1946年5月5日、SkpkA K 2616: Umlauf, Hanni, Staatsarchiv München; ハンニ・ウムラウフの履歴書の付属書類、日付なし（戦後）、Gerdy Troost Personal Papers, Ana 325; Werner Zabel, 医療記録、1950年2月21日、SpkA K 1844: Troost, Gerdy, Staatsarchiv München; *Die Abendzeitung*, "Gerhardine Troost."

(107) Schad, *Sie liebten den Führer*, 178. 90代なかばになったトローストはシャートに、自分は6年間自宅軟禁状態に置かれたと述べているが、これについては証拠が存在しない。一方、トローストの財政顧問のヴィルヘルム・コルステンが1946年11月12日に軍政府に提出した書類には、ゲルディ・トローストが拘束されたことは一度もないとある。Wilhelm Corsten, 軍政府財政課に提出された、経済活動に従事するための特別許可証の申請書、1946年11月12日、Gerdy Troost Personal Papers, Ana 325.

(108) "Auszug aus dem Bericht: Chieming 11. Juli 1945: Frau Professor Troost" ("Excerpt from the report: Chieming, July 11, 1945: Frau Professor Troost"), SpkA K 1844: Troost, Gerdy, Staatsarchiv München. これはトローストに関する報告書の抜粋で、原本は紛失しているものと思われる。Mayor of Chieming Municipality, "Beurteilung der Frau Gerhardine Troost" ("Assessment of Gerhardine Troost"), August 11, 1946, SpkA K 1844: Troost, Gerdy, Staatsarchiv München.

(109) 強調は原文。ヴィルヘルム・コルステンからゲルディ・トローストへ、1947年1月16日、Gerdy Troost Personal Papers, Ana 325.

(110) トラウンシュタイン非ナチ化法廷での審問、1947年1月21日、ミュンヘン第1非ナチ化法廷での審問、1948年2月13日、裁判記録、ミュンヘン主法廷での1950年2月23–24日の非ナチ化審問、いずれもGerdy Troost Personal Papers, Ana 325.

(111) クルト・フォン・シュタッケルベルク、弁護の準備書面、1947年10月27日、SpkA K 1844: Troost, Gerdy, Staatsarchiv München; W・シュミッツ=ボイマーからゲルディ・トローストへ、1956年1月30日、Gerdy Troost Personal Papers, Ana 325.

(112) トラウンシュタイン非ナチ化法廷での審問、1947年1月21日、Gerdy Troost Personal Papers, Ana 325.

(113) ミュンヘン第1非ナチ化法廷での審問、1948年2月13日、Gerdy Troost Personal Papers, Ana 325.

(114) クルト・フォン・シュタッケルベルク、弁護の準備書面、1947年10月27日、SpkA K 1844: Troost, Gerdy, Staatsarchiv München.

(115) M.-M., jr., "Frau Troost."

(116) アルベルト・シュテンツェル、専門家の見解、1948年9月4日。ミュンヘン主法廷裁判長からルッツ博士へ、1949年1月27日、いずれもSpkA K 482: Gall, Leonhard, Staatsarchiv München.

(117) Reichel, *Schöne Schein des Dritten Reiches*; Spotts, *Hitler and the Power of Aesthetics*; Rentschler, *Ministry of Illusion.*

(118) ミュンヘン第1非ナチ化法廷での審問、1948年2月13日、Gerdy Troost Personal Papers, Ana 325.

(119) 次官C・ザックスに提出されたゲルディ・トローストの裁判報告書、バイエルン州特別業務担当省、1950年2月24日、SpkA K 1844: Troost, Gerdy, Staatsarchiv München.

(120) 評決、1950年3月2日、ibid.

(121) Ibid.『ズュートドイチェ・ツァイトゥング（南ドイツ新聞）』は、トローストが10年間働くことを禁じられたと誤った情報を伝えている（実際は2年間）。Lb, "Frau Troost."

(122) 非ナチ化裁判評決、1948年12月21日。1948年12月21日の公聴会の議事録。ペーター・ビルケンホルツ教授の推薦書、1945年11月20日、いずれもSpkA K 482: Gall, Leonhard, Staatsarchiv München;

評決、1950 年 3 月 2 日、SpkA K 1844: Troost, Gerdy, Staatsarchiv München.

（123）ゲルディ・トローストから C・ザックスへ、1950 年 5 月 15 日。決議、バイエルン州政治的解放相、1950 年 8 月 7 日、いずれも SpkA K 1844: Troost, Gerdy, Staatsarchiv München; レオンハルト・ガル、費用減額の申し立て、1949 年 3 月 22 日、検察官、ミュンヘン主法廷からレオンハルト・ガルへ、1949 年 4 月 4 日、いずれも SpkA K 482: Gall, Leonhard, Staatsarchiv München. 非ナチ化裁判で科された罰金に関しては次を参照のこと。Petropoulos, "Postwar Justice," 325–38.

（124）ヴィルヘルム・コルステンからミュンヘン北部税務署へ、1946 年 5 月 14 日、カーボンコピー、Gerdy Troost Personal Papers, Ana 325.

（125）ミュンヘン北部税務署、所得税査定通知書の認証謄本、カーボンコピー、1946 年 8 月 22 日、Gerdy Troost Personal Papers, Ana 325.

（126）*Bayerisches Gesetz-u. Verordnungsblatt*, "Gesetz zum Abschluss." 法律は 1950 年 9 月 1 日に発効。A・テンプラーからミュンヘン主法廷へ、1950 年 10 月 17 日、ミュンヘン主法廷、認可証、1950 年 10 月 30 日、いずれも SpkA K 1844: Troost, Gerdy Staatsarchiv München.

（127）ゲルディ・トローストからアーフマンとフェスターリングへ、1954 年 8 月 1 日。1955 年の損益計算書。ドイツ木工工房、1955 年 10 月 1 日から 1955 年 12 月 31 日までにゲルディ・トローストに支払われた手数料明細、日付なし。ドイツ木工工房からハインリヒ・アーフマンへ、1956 年 3 月 20 日。ドイツ木工工房、1956 年 1 月 1 日から 1956 年 3 月 31 日までにゲルディ・トローストに支払われた手数料明細、1956 年 4 月 25 日、いずれも Gerdy Troost Personal Papers, Ana 325.

（128）ゲルディ・トローストからムルツァー博士へ、1962 年 9 月 29 日、カーボンコピー。ゲルディ・トローストからムルツァー博士へ、1962 年 7 月 5 日、カーボンコピー。ゲルディ・トローストからムルツァー博士へ、1962 年 4 月 5 日、カーボンコピー、いずれも Gerdy Troost Personal Papers, Ana 325.

（129）トローストからムルツァー博士へ、1962 年 9 月 29 日、カーボンコピー。ゲルディ・トローストからハインリヒ・アーフマンへ、1959 年 3 月 23 日、カーボンコピー。ゲルディ・トローストからバイエルン州立銀行へ、1966 年 4 月 20 日、いずれも Gerdy Troost Personal Papers, Ana 325. 西ドイツにおける戦後のデザインに関しては、次を参照のこと。Betts, *Authority of Everyday Objects.*

（130）ゲルディ・トローストからカレン・カイケンダルへ、1978 年 9 月 25 日、Karen Kuykendall Papers.

（131）ハンニ・ウムラウフ、履歴書の付属書類、日付なし（戦後）、Gerdy Troost Personal Papers, Ana 325.

（132）Umlauf, *Zwischen Rhein und Ruhr.*

（133）ゲルディ・トローストからヴィニフレート・ヴァーグナーへ、1970 年 8 月 14 日、カーボンコピー、Gerdy Troost Personal Papers.

（134）ヴィニフレート・ヴァーグナーからゲルディ・トローストへ、1962 年 9 月 6 日、Gerdy Troost Personal Papers, Ana 325.

（135）ヴィニフレート・ヴァーグナーからゲルディ・トローストとハンニ・ウムラウフへ、1969 年 10 月 1 日。ゲルディ・トローストからヴィニフレート・ヴァーグナーへ、1968 年 10 月 14 日、カーボンコピー、いずれも Gerdy Troost Personal Papers, Ana 325.

（136）ロッテ・プファイファー=ベヒシュタインから ヴィニフレート・ヴァーグナーへ、1975 年 7 月 15 日。ヴィニフレート・ヴァーグナーからゲルディ・トローストへの 1975 年 7 月 16 日の手紙に同封。Gerdy Troost Personal Papers, Ana 325. ブリギッテ・ハーマンによるヴィニフレート・ヴァーグナーに関する著書には、トローストが売却しようとしていた作品はヒトラーの胸像だったとあるが、これは誤

り。Hamann, *Winifred Wagner*, 502. ベヒシュタインに関しては、次を参照のこと。Joachimsthaler, *Hitlers Liste*, 63–102.

(137) "Eugen Henke" folder, Gerdy Troost Personal Papers, Ana 325; "BND: 'Die Welt ist voller Wunder,'" *Der Spiegel*, December 11, 1978, 20–21.

(138) 手紙の写真複写は Gerdy Troost Personal Papers, Ana 325. より。

(139) Johnson, "Nazi Feminists," 55–62; Gordon, "Review Essay: Nazi Feminists?," 97–105.

(140) 強調は原文。ハンナ・レーヴからゲルディ・トローストへ、1939 年 6 月 14 日。ゲルディ・トローストからハンナ・レーヴへ、1939 年 6 月 28 日。ハンナ・レーヴからゲルディ・トローストへ、1939 年 12 月 9 日、いずれも German Captured Documents, Gerdy and Paul Troost Papers, microfilm reel 455 (container 772); ゲルディ・トローストからカレン・カイケンダルへ、1973 年 2 月 12 日、Karen Kuykendall Papers. レーヴについては次を参照のこと。Aicher and Drepper, eds., *Robert Vorhoelzer*.

(141) Braveheart, "Remember Gerdy Troost."

(142) Williamson, *Knight's Cross*, 7.

第 6 章　選挙政治と「私人ヒトラー」の発明

(1) Toland, *Adolf Hitler*, 263.

(2) Herz, *Hoffmann und Hitler*, 194, 243. ナチ・プロパガンダにおけるこの重要な転換についての筆者の考察は、総統の神話を作り上げるうえでハインリヒ・ホフマンがはたした幅広い役割に関するルドルフ・ヘルツの研究に大いに助けられた。

(3) Kershaw, *Hitler: Hubris*, 363.

(4) Herz, *Hoffmann and Hitler*, 190–94, 242–48; Kershaw, "Hitler Myth," 41–42; Goltz, *Hindenburg*, 156.

(5) Herz, *Hoffmann and Hitler*, 194, 197.

(6) Hoffmann, ed., *Hitler wie ihn keiner kennt*,., 40.

(7) Baldur von Schirach, "Zum Geleit," in Hoffmann, ed., *Hitler wie ihn keiner kennt*, x–xi. 強調は原文。

(8) Ibid., xiii. 強調は原文。

(9) Hoffmann, *Hitler wie ihn keiner kennt*, 69.

(10) Schirach, "Zum Geleit," xiii–xiv.

(11) Hoffmann, *Hitler wie ihn keiner kennt*, 61.

(12) Schirach, "Zum Geleit," xiv.

(13) Hoffmann, *Hitler wie ihn keiner kennt*, 88.

(14) Ibid., 14–15.

(15) Reinhold, "Unwiderstehliche," 839.

(16) Hoffmann, *Hitler wie ihn keiner kennt*, 74, 38–39.

(17) Ibid., 75, 77.

(18) Goebbels, "Adolf Hitler als Mensch."

(19) Vorwärts, "Vielgeknipste."

(20) Schirach, "Zum Geleit," xi–xiii.

(21) Friedrich, *Hitler's Berlin*, 217.

(22) Reinhold, "Unwiderstehliche," 837–40.

(23) Herz, *Hoffmann and Hitler*, 244, 372.

(24) Life, "Speaking of Pictures," 6–7, 9.

（25）McDaniel, "Hitler Myth?," 46–53. ナチ体制に関するアメリカ人の見方に関しては、次も参照のこと。Moore, *Know Your Enemy*.
（26）Ploch, "Bild als Ware," 8, 12.

第7章　アルプスの誘惑

（1）Schuster-Winkelhof, *Adolf Hitlers Wahlheimat*.
（2）Walter Schmidkunz, "Begleitworte," in ibid., 2.
（3）Chaussy and Püschner, *Nachbar Hitler*, 69–70.
（4）Schmidkunz, "Begleitworte," 4.
（5）Schuster, *Weisse Berge, Schwarze Zelte*. 翌年、彼はシュースター=ヴィンケルホーフの名前を使いはじめた。
（6）Speer, *Inside the Third Reich*, 48.
（7）Schmidkunz, "Begleitworte," 15. オーバーザルツベルクはザルツベルク市の一部。オーストリアの都市ザルツブルクとは異なる。
（8）Schmidkunz, "Begleitworte," 15.
（9）Ibid., 1.
（10）Ibid., 10; Herfried Münkler, *Deutschen und ihre Mythen*, 36–68; Uhlir, ed., *Schattenreich des Untersberges*, 43–46, 73–75.
（11）Schmidkunz, "Begleitworte," 14–15. 1932年に形成されたヒトラーの家庭生活のパブリックイメージに関しては、本書第6章を参照のこと。
（12）Ibid., 15, 9.
（13）Sontag, "Fascinating Fascism," 23–30.
（14）*Deutschland-Bericht der Sopade* 1, no. 2 (May–June 1934), reprinted in *Deutschland-Berichte*, 101.
（15）Chaussy and Püschner, Nachbar Hitler, 72–73.
（16）Ibid., 73–80. のちに出されたベルクホーフに関する公式の発表では、ホテル・ツム・テュルケンの歴史は書き換えられ、シュースター一家の存在は消されて別の家族のそれに取って代わられていた。次を参照のこと。Hamm, *Obersalzberg*, 14–18.
（17）Evans, *Third Reich in Power*, 81.
（18）Chaussy and Püschner, *Nachbar Hitler*, 94–107, 116–20. オーバーザルツベルクの地所の売却の詳細に関しては、次を参照のこと。Schöner and Irlinger, *Alte Obersalzberg*.
（19）Baldur von Schirach, "Zum Geleit," in Hoffmann, *Hitler in seinen Bergen*, n. p.
（20）たとえば次を参照のこと。Hoffmann, *Hitler Abseits vom Alltag*.
（21）Schirach, "Zum Geleit."
（22）Hoffmann, ed., *Jugend um Hitler*, n. p.
（23）Schirach, "Zum Geleit."
（24）Knopp and Staehler, "Familie Hitler," 39–43.
（25）*Adolf Hitler an seine Jugend*, n. p. そのつながりをさらに強調するために、ヒトラーのニュルンベルク党大会での言葉は、『ヒトラーを囲む若者たち』のなかの彼が子どもと一緒に写っている写真2枚のキャプション、またバルドゥーア・フォン・シーラッハによる序文でも繰り返されている。
（26）Herz, *Hoffmann and Hitler, 248–52.*
（27）Life, "Speaking of Pictures," 6–7, 9.

(28) 次を参照のこと。Pine, *Nazi Family Policy*; Pine, *Education in Nazi Germany*; Kater, *Hitler Youth.*

(29) *Münchner Illustrierte Presse* 13, no. 3 (1936): 412.

(30) Ploch, "Bild als Ware," 8.

(31) リヒャルト・F・ライター、著者へのEメール、2012年8月13日、次も参照のこと。Knox and Obee, "Uncle Wolf and Me."

(32) Chaussy and Püschner, *Nachbar Hitler*, 152, 238n5.

(33) Dietrich, *Road to Power*, 43.

(34) Trevor-Roper, *Hitler's Table Talk*, 128.

(35) Schirach, "Zum Geleit."

(36) Ozturk, "Interlude," 77–97; Rosenblum, *Modern Painting*, 10–40; Schwarz, *Geniewahn*, 34.

(37) Rentschler, *Ministry of Illusion*, 27–51; Hake, *German National Cinema*, 45–46.

(38) のちの戦時中のニュース映画では、ヒトラーが窓のそばにいるところが映っているが、入念に演出された劇的でダイナミックなコンテクストのなかで提示されている。第9章を参照のこと。

(39) *Deutschland Erwacht*, 141. 東部におけるナチスの自然支配に関しては、次を参照のこと。Blackbourn, *Conquest of Nature*, 251–309.

(40) Hoffmann, *Hitler in seinen Bergen*, n. p.

(41) H. E., "'Führer' hinter Stacheldraht."

(42) *Pariser Tageszeitung*, "Hitlers Bergfestung in Berchtesgaden."

(43) Jacobs, "Zwischen Intuition und Experiment," 171.

(44) *Adolf Hitler: Bilder*; Herz, *Hoffmann and Hitler*, 372.

(45) Koonz, *Nazi Conscience*, 77.

(46) Steinberg, *Nazi-Kitsch*, 5–6, 80–81.

(47) *New York Times*, "Reich Exhibits"; *Deutscher Reichsanzeiger*, "Entscheidungen"; *Deutsche Handels-Wacht*, "Pleite, die uns freut," 198.

(48) 低俗なグッズへの反対運動に関する数多くの新聞や報道記事に関しては、次を参照のこと。Bundesarchiv Berlin-Lichterfelde (BArch) NS 5 VI/19127, NS 5 VI/19128, NS 15/157. ドイツ工作連盟に関しては、以下を参照のこと。Campbell, *German Werkbund*; Schwartz, *Werkbund*; Stratigakos, "Women and the Werkbund," 490–511.

(49) Hopmann, "Fort mit dem nationalen Kitsch," 255; *Niedersachsen-Stürmer*, "Wasserkopf als Salzstreuer," 7; Dr. M. V., "Typen des Kitsches," 21–23; *New York Times*, "Reich Exhibits"; *Boston Sunday Globe*, "Bad Taste, Says Hitler." 次も参照のこと。Betts, *Authority of Everyday Objects*, 31–34.

(50) Kolbrand, "Kampf dem Kitsch," 14. 次も参照のこと。van Dyke, "Kunst, Propaganda und Kitsch," 250–57.

(51) Steinberg, *Nazi-Kitsch*, 81.

(52) 家の外に掛けるための、大きな鉤十字の旗が描かれた飾り皿も禁止された。Feiber, "Filiale von Berlin," 68–69.

(53) Ibid., 69.

(54) Steinberg, *Nazi-Kitsch*, 81.

(55) Feiber, "Filiale von Berlin," 69.

(56) *Innen-Dekoration*, "Berghof," 50–53; *Innen-Dekoration*, "Innenräume des Berghofes," 54–64; Pogge, "Berghof," 18–26, 52.

(57) *Innen-Dekoration*, "Berghof," 51, 53.

（58）*Innen-Dekoration*, “Innenräume des Berghofes,” 55, 59–61.

（59）*Innen-Dekoration*, “Berghof,” 53. 第三帝国においてモダンデザインが置かれた窮状に関しては、以下を参照のこと。Betts, *Authority of Everyday Objects*, 23–72; Nerdinger, ed., *Bauhaus-Moderne*; Lane, *Architecture and Politics*; Heskett, “Modernism and Archaism,” 110–27.

（60）Wilson, *Livable Modernism*; Buckley, *Designing Modern Britain*, 83–123; Battersby, *Decorative Thirties.*

（61）Brantl, *Haus der Kunst*, 96–99, 107–8. 以下も参照のこと。Schlenker, *Hitler's Salon*, 88–92; Günther, *Das Deutsche Heim*, 118–23. ワシントン DC にある米議会図書館の印刷・写真部門には、ドイツ芸術の家で開催されたドイツ建築・応用美術展の 1938 年と 1939 年分の写真コレクションが収蔵されている。どちらもバイエルンの大管区指導者だったアドルフ・ヴァーグナーのアルバム “Im Kampf um das Dritte Reich” (LOT 2970: vol. 8, January 1938; vol. 15, Nov.–Dec. 1938) にはいっているもの。このほか同部門には、第 1 回の展覧会でヒトラーが購入した作品を収めたアルバムもある（LOT 11362)。

（62）Kükelhaus and Hirzel, eds., *Deutsche Warenkunde*; 次も参照のこと。Betts, *Authority of Everyday Objects*, 63.

（63）Petsch, “Möbeldesign im Dritten Reich,” 43, 46; Godau, “Anti-Moderne?,” 77–79, 82.

（64）*Innen-Dekoration*, “Deutsche Architektur,” 160. 記事には、ゲルディ・トローストがバイエルン美術工芸協会と協力して、室内の展示と展示ケースのアレンジにおいて指導的な役割をはたしたと書かれている。バイエルン美術工芸協会は、1938 年の展覧会における工芸部門の企画と監督を担っていた。

（65）*1. Deutsche Architektur und Kunsthandwerkausstellung*, 17–21, 86–89, 91.

（66）Hitlers Berghof, 54–55.

（67）*Innen-Dekoration*, “Deutsche Architektur,” 166.

（68）バルドゥーア・フォン・シーラッハ、題辞、Hoffmann, ed., *Hitler wie ihn keiner kennt.*

（69）フリッツ・ボイムル、宣誓証言、1947 年 10 月 10 日、SpkA K 1844: Troost, Gerdy, Staatsarchiv München; Ziffer, *Nymphenburger Moderne*, 9, 69, 277, 290–93, 314–15, 338–40.

（70）ボイムル、宣誓証言、1947 年 10 月 10 日、SpkA K 1844: Troost, Gerdy, Staatsarchiv München. ミッテルバウ=ドーラ強制収容所に関しては、次を参照のこと。Wagner, *Produktion des Todes.*

（71）Steinweis, *Kristallnacht*, 46, 61ff, 127–34.

第８章　ベルヒテスガーデンの名士

（1）Phayre, “Man of Peru”; Phayre, “Italy's Military Problems”; Phayre, “Japan's ‘World-War.’” フィッツ=ジェラルドの世界各地への旅行に関する伝記風の短い記述は、次を参照のこと。*North American Review*, “By Way of Introduction.”

（2）フィッツ=ジェラルドの最初の本『America's Day』（1918）に関する好意的な書評は、以下を参照のこと。*Saturday Review*, “America of To-Day,” 1132–33; *New Age*, “America's Day,” 282.

（3）Phayre, “Hitler as a Countryman”; Phayre, “Holiday *with* Hitler”; Fitz-Gerald, “Summer Chalet”; Phayre, “Hitler at Home”; Phayre, “With Herr Hitler”; Phayre, “Dogs Are Real Friends”; Phayre, “Hitler's Mountain Home.”

（4）[Fitz-Gerald], “Dictator at Home”; Phayre, “‘Squire’ Among His Dogs.”

（5）Phayre, “Race-Hatred.” 筆者が以下で論じている通り、こうした暴力行為への軽蔑の一方で、フィッツ=ジェラルド自身の人種差別意識は記事全体にあきらかに示されている。

（6）Phayre, “Slave-Trade To-Day,” 55–65.

（7）FitzGerald, *All in a Life*, 4, 7–10; *American Forests and Forest Life*, “Who's Who,” 128; Murphy, “FitzGerald,”

820–24.
（8） Fitz-Gerald, *Voice of Ireland.*
（9） Brannigan, *Race*, 22–23.
（10） Phayre, "Japan's 'World-War,'" 1.
（11） Phayre, *Can America Last?*, 38–39.
（12） Phayre, "League's 'Black Baby,'" 237.
（13） Phayre, *Can America Last?*, ix.
（14） Ibid., 308. フィッツ=ジェラルドは「いまでは南部のニグロでさえ独裁的な統治を好む」と書き、「君主」という言葉にあえて人種差別的な意味を持たせている。Ibid., 308–9.
（15） Phayre, "Man of Peru," 567, 565. 甥によると、フィッツ=ジェラルドは「南米でいくつもの政府のために広報係として仕事をしており、それなりに成功を収めていた（FitzGerald, *All in a Life*, 4.)」という。そう考えると、レギーア大統領に関する記事は金銭的な見返りを受け取って書いたものなのかもしれない。いずれにせよ、記事に表現されている感情はフィッツ=ジェラルドの文章全般に見られるイデオロギー傾向と一致する。
（16） Phayre, "Holiday *with* Hitler," 50–51. イタリック〔訳文では傍点〕はすべて原文通り。
（17） Ibid., 51.
（18） Phayre, "Hitler as a Countryman," 322, 324. 戦前のイギリスにおけるヒトラーを扱った新聞記事全般に関しては、次を参照のこと。Kershaw, *Making Friends*, 25–64.
（19） Phayre, "Holiday *with* Hitler," 51; Fitz-Gerald, "Summer Chalet," 10.
（20） [Fitz-Gerald], "Dictator at Home."
（21） Peterson and Kellogg, eds., *Greenwood Encyclopedia of Clothing*, vol. 1, 267; Phayre, "Hitler as a Countryman," 324; [Fitz-Gerald], "Dictator at Home."
（22） Phayre, "Hitler as a Countryman," 322.
（23） Ibid., 324.
（24） Phayre, "Hitler's Mountain Home," 194.
（25） Ibid., 195. この写真は、元はホフマンの『だれも知らないヒトラー』37ページに掲載されたもの。
（26） Phayre, "Hitler as a Countryman," 324.
（27） Ibid., 323.
（28） Phayre, "Dogs Are Real Friends," 6.
（29） Phayre, "Holiday *with* Hitler," 58.
（30） Ibid., 54. 以下も参照のこと。Phayre, "Hitler as a Countryman," 324; Phayre, "With Herr Hitler," 46–47.
（31） 理想的な田舎紳士の特徴や歴史に関しては、次を参照のこと。Ditchfield, *Old English Country Squire.*
（32） Phayre, "Holiday *with* Hitler," 53–54.
（33） Phayre, "Hitler's Mountain Home," 195.
（34） Phayre, "Hitler as a Countryman," 324.
（35） Phayre, "Hitler's Mountain Home," 194–95. イタリック〔訳文では傍点〕はすべて原文通り。
（36） ヒトラーお抱えのバイエルン人シェフが作れる料理のレパートリーに、専用の機器を必要とする凝ったフランス料理であるカネトン・ア・ラ・プレッセがあったとは考えにくい。また菜食主義者のヒトラーが、こうした血の色が生々しい料理が同じテーブルで供されることをよしとしたとは思えない。フィッツ=ジェラルドは間違いなく、ヒトラーの家の洗練された雰囲気を演出するために

こうしたディテールをでっち上げたのだろう。

（37）Fitz-Gerald, "Summer Chalet," 29.

（38）Phayre, "Hitler's Mountain Home," 194.

（39）Phayre, "Hitler at Home," 362.

（40）Phayre, "Holiday *with* Hitler," 54; 次も参照のこと。Fitz-Gerald, "Summer Chalet," 27.

（41）Fitz-Gerald, "Summer Chalet," 27; Phayre, "Hitler's Mountain Home," 195. フィッツ=ジェラルドのこのコメントは、バルドゥーア・フォン・シーラッハが『だれも知らないヒトラー』の序文に書いた、図書室の大きさや性質の描写にもとづいている。しかしシーラッハが言及していたのは、ヒトラーのミュンヘンのアパートにある図書室であった。次を参照のこと。Walter Schmidkunz, afterword, Schuster-Winkelhof, *Adolf Hitlers Wahlheimat*, 15.

（42）Phayre, "Hitler's Mountain Home," 194.

（43）Phayre, "Holiday *with* Hitler," 52–53. 次も参照のこと。Phayre, "Hitler as a Countryman," 324.

（44）Phayre, "Holiday *with* Hitler," 54. 以下も参照のこと。Phayre, "Hitler at Home," 362; Fitz-Gerald, "Summer Chalet," 11.

（45）Phayre, "Hitler's Mountain Home," 195.

（46）Phayre, "Hitler as a Countryman," 322; Phayre, "Hitler's Mountain Home," 193–94; Phayre, "Holiday *with* Hitler," 52.

（47）Phayre, "Hitler's Mountain Home," 194.

（48）Phayre, "Hitler as a Countryman," 324.

（49）Phayre, "Holiday *with* Hitler," 52; Phayre, "Hitler's Mountain Home," 195.

（50）オーバーザルツベルクにもっとも近い空港は、フライラッシング近郊のアインリング。この空港は 1934 年に公用のために開港した。しかしながら、ベルヒテスガーデンへは列車で行くほうがはるかに一般的であった。アインリングの空港に関しては、次を参照のこと。Rolinek, Lehner, and Strasser, *Im Schatten der Mozartkugel*, 252–55.

（51）Phayre, "Dogs Real Are Friends," 5.

（52）マルティン・ボルマンは 1938 年、オーバーザルツベルクに農場施設を作り、作物が育たないことを確認している。次を参照のこと。Feiber, "Filiale von Berlin," 77.

（53）オーバーザルツベルク住民の追放に関しては、次を参照のこと。Chaussy and Püschner, *Nachbar Hitler*, 94–107.

（54）Conradi, *Hitler's Piano Player*, 182.

（55）たとえばヘンリー・ハスケルによる 1935 年の記事には、ハンフシュテングルは「取り巻きサークルから滑り落ち、もう総統を寝かしつけるためのピアノを弾くこともない」とある。Haskell, "Germany's 1000 Dictators"; Chicago Daily Tribune, "Hitler's Bosom Pal."

（56）フェイヤーが書いたイグナツ・ヴェステンキルヒナー〔ヒトラーの第一次世界大戦時の僚友〕に関する記事と、『タイム』誌の記事を比較のこと。Phayre, "With Herr Hitler," 36–37; *Time*, "Adolf and Ignatz," 13–14; "Bless Me Natzi!," 21.

（57）Peterborough, "Baroque," *Daily Telegraph*. 次と比較。Phayre, "Hitler as Countryman," 322.

（58）Hoffmann, ed., *Hitler in seinen Bergen*.

（59）*Observer*, "Hitler at Home."

（60）Hoffmann, *Hitler in seinen Bergen*, n. p.

（61）Phayre, "Holiday *with* Hitler," 55.『ウインザー・マガジン』誌に寄稿した記事では、フェイヤーは

ヒトラーのサインが元で慈善施設が作られたという情報の出処を、ヨーゼフ・ゲッベルスとアルフレート・ローゼンベルクだとしている。Phayre, "With Herr Hitler," 48.

(62) Phayre, "Holiday *with* Hitler," 53. 次と比較。Hoffmann, *Hitler in seinen Bergen*, n. p.

(63) *Times Literary Supplement*, "Can America Last?," 245.

(64) FitzGerald, *All in a Life*, 4.

(65) Ibid. フィッツ=ジェラルドは小説家としても、情緒的すぎるという批判を受けていた。*Saturday Review*, "The Shrine of Sebekh," 118.

(66) Historicus, "England's Sore Need," 560–61. レディ・ヒューストンと『サタデー・レビュー』誌に関しては、次を参照のこと。McKie, *Bright Particular Stars*, 271–90.

(67) 外国のジャーナリストがヒトラー寄りの、怪しげなヒトラーの家の訪問記を掲載したのは、このときだけではない。1938年、オーストラリアの複数の新聞が、ヒトラーとお茶を飲んだと称するオーストラリア人記者の記事を掲載している。フィッツ=ジェラルドの記事と同様、彼女の話にはほかの情報源からの盗用が見られる。以下を参照のこと。Merrill, "Hitler's Life at Berchtesgaden"; Merrill du Cane, "Tea with Hitler."

(68) Griffiths, *Fellow Travellers*, 191–244.

(69) Henderson, "Media and Celebrity Culture," 52.

(70) *Daily Express*, "Hitler's Sister."

(71) Bronner, "Beautiful Wife."

(72) Tange, *Architectural Identities*; Silverman, *Art Nouveau*, 75–106; Clark, *American Family Home*.

(73) Henderson, "Barnum to 'Bling Bling,'" 44. 次も参照のこと。Barbas, *First Lady of Hollywood*.

(74) Abrams, *Hollywood Bohemians*, 113, 119–20, 122.

(75) *Newsweek*, "Hitler at Bavarian Retreat."

(76) Coleman, *Historic House Museums*, 18.

(77) Woolf," "Great Men's Houses," 23.

(78) *Vogue* (U.S.), "Mussolini, Hitler, and Eden," 70.

(79) Ibid., 70–71.

(80) Ibid.

(81) 1936年のオリンピックに関しては、次を参照のこと。Large, *Nazi Games*.

(82) *New York Times Magazine*, "Hitler His Own Architect," 15. この記事の大部分はほぼそのまま、フィッツ=ジェラルドが翌年ヒトラーの家に関して書いた記事にも使われている。こうした類似と、記事に署名がないことから、『ニューヨーク・タイムズ』の記事も彼が書いたのではないかとの疑問が浮上する。フィッツ=ジェラルドは事実、1920年代にイグナティウス・フェイヤーという筆名で『ニューヨーク・タイムズ』にも寄稿していた。しかしながら、前述の通り、フィッツ=ジェラルドのヒトラーに関する記事には盗用が多いことから、筆者は彼が記事を書いたというよりは、彼が記事から盗んだのではないかと考える。

(83) Tolischus, "Where Hitler Dreams," 1.

(84) Ibid.

(85) Ibid., 1–2.

(86) Ibid.

(87) Ibid., 2, 16.

(88) Ibid., 16.

（89）Ibid.

（90）Simpson, "Home in the Clouds," 5, 22.

（91）Ibid., 5.

（92）Ibid., 5, 22.

（93）Ibid., 22.

（94）*New York Times*, "War Moves Go On," "Pontiff," "Coup Fear," "Developments in Europe."

第9章　戦争と英語圏メディアにおける私人ヒトラーの扱いの変化

（1）Doberer, "New Reich Weapon."

（2）*Life*, "Paintings by Adolf Hitler," 52–58.

（3）Ibid., 52–53.

（4）Ibid., 52, 55.

（5）Ibid., 52.

（6）Ibid., 56.

（7）ヒトラーが謹厳実直な人間であるという当時の見解に関しては、次を参照のこと。Tolischus, "Hitler," 2, 21; Ferguson, "Dictators Don't Drink," 103–5.

（8）*Life*, "Paintings by Adolf Hitler," 56–58.

（9）*Life*, "Letters to the Editors," 2, 4.

（10）Ibid.

（11）*Life*, "Paintings by Adolf Hitler," 58.

（12）Tolischus, "Where Hitler Dreams," 1–2, 16.

（13）Peters, "In Hitler's Chalet," 9, 21.

（14）Ibid., 9.

（15）Dietrich, *Hitler in die Macht*, 121–27.

（16）Peters, "In Hitler's Chalet," 9, 21.

（17）たとえば次を参照のこと。Dickson, "Europe's Man of Mystery!"

（18）Simpson, "Home in the Clouds," 5, 22.

（19）ドイツの外国人特派員が直面した危険に関しては、次を参照のこと。Voss, *Reporting the War*.

（20）Peters, "In Hitler's Chalet," 9.

（21）Wagnon, "Churchill Devotes."

（22）Wagnon, "Britain's Hopes."

（23）Grover, "Life of Wakeful Spartan." ナチスの「動物保護法」に関しては、次を参照のこと。Sax, *Animals in the Third Reich*, 179–83.

（24）Grover, "Warlord Hitler."

（25）Ibid.

（26）Ernest Howard Shepard, "The White Paper Hanger," *Punch*, April 10, 1940, 391. トゥーソンにあるアリゾナ大学の特別コレクションに収蔵されている The Karen Kuykendall Papers (MS 243) には、ヒトラーを壁紙貼り職人として描いた政治風刺画が数多く含まれている。

（27）*New York Times*, "Our Role Abroad."

（28）George Butterworth, "Inferior Decoration," *Daily Dispatch*, August 6, 1941.

（29）*Manchester (UK) Guardian*, "Pervasive Madness," "Bavaria's Fascists"; *Fitchburg (Mass.) Sentinel*, "Bavaria

Leads"; Gierasch, "Bavarian Menace," 226; Jordan, "Ex-Chief Facing Trial."

(30) Hitler, *Mein Kampf*, 24, 40–42. ヒトラーの主張に根拠がないとする歴史家の意見については、たとえば以下を参照のこと。Hamann, *Hitler's Vienna*, 142–44; Kershaw, *Hitler: Hubris*, 53.

(31) *New York Times*, "Says Hitler's Father Changed Name." ヒトラーの父親の本姓は「Alois Schicklgruber」。この記事では「Schuecklgruber」とスペルを間違えている。名前の変更に関しては、次を参照のこと。Hamann, *Hitler's Vienna*, 43–44.

(32) ブレヒトについては次を参照のこと。Hermand, "More than a House-Painter?"

(33) *Daily Boston Globe*, "Cardinal Mundelein Scores Nazis."

(34) Schultz, "Nazis Angered"; *Time*, "Peeved Paperhangers," 15; *New York Times*, "Links to Hitler Enrage."

(35) "The Paper Hanger Returns," 風刺漫画、*Los Angeles Times*, March 3, 1938. この漫画の初出は *New York Times*.

(36) 以下の新聞に掲載された漫画も参照のこと。*Louisville Courier-Journal*; *Houston Post*, Karen Kuykendall Papers.

(37) *Daily Boston Globe*, "Hitler Couldn't Hang Paper." ヒトラーがシックルグルーバーという名前を一度も使わなかったことを考えると、ヌスバウムの説明は信憑性が低い。

(38) *New York Times*, "Effigies of Hitler."

(39) Shirer, "Germans Blame Hitler." 以下も参照のこと。*Observer*, "R.A.F. Destroying Civilian Morale"; Axelsson, "Cynical German Humor."

(40) 1944 年 2 月付の漫画（出典は不明）、Karen Kuykendall Papers.

(41) Low, *Years of Wrath*, 251.

(42) いずれの漫画も、Karen Kuykendall Papers.

(43) Brown, "Hitler's Real 'Kampf,'" 5, 33.

(44) Matthews, "Fliers Punish Berchtesgaden"; *Los Angeles Times*, "Dynamite Parcel 'Sent'"; *New York Times*, "One Year."

(45) Seerwald, *Gipfel der Macht?*, 13, 55, 5, 47. 次も参照のこと。Beierl, *Geschichte des Kehlsteins*.

(46) Barnes, "Hitler Builds Hideaway."

(47) *Living Age*, "German Scene," 32; Lochner, "Der Fuehrer's Thoughts"; Panton, "Hitler's New Hide-Away."

(48) *New York Times*, "Hitler Eyrie."

(49) *Associated Press*, "Hitler's 'Eagle Nest.'"

(50) Oechsner, "Hitler Fantasies."

(51) *Los Angeles Times*, "Hitler Gets His Hideout Prepared,"『*Daily Mail*』紙からの特電にもとづく。

(52) こうした混同の証拠に関しては、たとえば次を参照のこと。Fodor, "Conqueror's Manual." フォーダーはケールシュタインハウスがヒトラーの新たな住居で、ベルクホーフとエレベーターでつながっていると考えていた。

(53) *New York Times*, "Hour of Suspense."

(54) たとえば以下を参照のこと。Hoffmann, ed., *Hitler in Polen, Mit Hitler im Westen* や *Für Hitler bis Narvik*. 次も参照のこと。Herz, *Hoffmann and Hitler*, 300–327.

(55) Hoffmann, "Propagandistic," 133–42; *Baltimore Sun*, "Hitler Receives Leader"; *Deutsche Wochenschau* 519, August 16, 1940; *Deutsche Wochenschau* 547, February 26, 1941; *Deutsche Wochenschau* 548, March 5, 1941; *Deutsche Wochenschau* 562, June 11, 1941; *Deutsche Wochenschau* 609, May 6, 1942. これらのフィルムはベルリンの Bundesarchiv-Filmarchiv で観ることができる。

（56）Châteaubriant, foreword, *Chef et son Peuple*; Fiss, *Grand Illusion*, 9–44, 191–218; Duroselle, *France and the Nazi Threat*, 158; Weber, *Hollow Years*, 130. 占領下のフランスに関しては、次を参照のこと。Vinen, *Unfree French.*

（57）Châteaubriant, *Chef et son Peuple*, 3. シャトーブリアンについては次を参照のこと。Chadwick, *Alphonse de Châteaubriant.*

（58）Châteaubriant, *Chef et son Peuple*, 5

（59）Ibid., n. p.

第 10 章　地下室の秘密

（1）*Los Angeles Times*, "Allies Destroy Nazi Planes"; *New York Times*,"Luftwaffe Is 'Out.'"

（2）Huston, *American Airpower*, 166.

（3）Mitchell, *Hitler's Mountain*, 51–54.

（4）Matthews, "Fliers Who Hit Berchtesgaden"; Gowran, "Hurl Rockets"; *Daily Boston Globe*, "Hitler's Berchtesgaden Lair Lashed"; *Life*, "Berchtesgaden," 34.

（5）Robert C. Powell, letter to the editor, *Washington Post*, March 1, 1945.

（6）Domarus, ed., *Hitler: Speeches and Proclamations*, 3018.

（7）ヨハンナ・シュタンガッシンガーの言葉は次より引用。Chaussy and Püschner, *Nachbar Hitler*, 183.

（8）Royal Air Force Operations Record Books, National Archives, Kew, UK: AIR 27/169/8; AIR 27/483A/8; AIR 27/798/8; AIR 27/804/8; AIR 27/817/8; AIR 27/828/8; AIR 27/1013/16; AIR 27/1029/32; AIR 27/1089/57; AIR 27/1097/8; AIR 27/1236/16; AIR 27/1410/28; AIR 27/1658/37; AIR 27/1679/50; AIR 27/1701/32; AIR 27/1790/7; AIR 27/1882/28; AIR 27/1910/8; AIR 27/2037/36; AIR 27/2047/34; AIR 27/2111/32; AIR 27/2128/42; AIR 27/2131/46; AIR 27/2143/38; AIR 27/2145/36; AIR 27/2152/36; AIR 27/2155/28. これらの報告書に記録された時刻は、グリニッジ平均時にもとづいたもの。文中ではこれを、オーバーザルツベルクで爆撃があった時刻に合わせている。

（9）Chamberlain, "6-Ton Bomb"; *Daily Mirror*, "RAF Score"; Gruson, "RAF 6-Ton Bombs"; Mitchell, *Hitler's Mountain*, 116; Beierl, *Hitlers Berg*, 123, 128, 134; Hartmann, *Verwandlung eines Berges*, 100.

（10）Chamberlain, "6-Ton Bomb"; Frank, *Rettung von Berchtesgaden*, 99.

（11）Haller, "Destroying Hitler's Berghof," 13–14.

（12）Chamberlain, "6-Ton Bomb."

（13）Middlebrook and Everitt, *Bomber Command War Diaries*, 701.

（14）Operations Record Books, National Archives: AIR 27/1236/16; AIR 27/1410/28; AIR 27/2128/42; AIR 27/2152/36.

（15）Operations Record Book, no. 617 Squadron, National Archives: AIR/27/2128/42; Frank, *Rettung von Berchtesgaden*, 99.

（16）リヒャルト・F・ライターから著者への電子メール。2012 年 8 月 15 日、2013 年 2 月 19 日、2013 年 3 月 2 日。その朝、ヘルマン・ゲーリングの家に書類を届けていた伝書使のライターは、爆撃終了後 1 時間以内にベルクホーフを見たと述べている。警報解除の合図が聞こえる前に到着し、ほかには警備員も市民もだれもいなかったところを見ると、現場にいちばん乗りをしたのは彼だったのかもしれない。ほかの目撃者は炎には言及していないが、彼らが防空壕から出る前に消えていた可能性もある。ヒトラーの秘書クリスタ・シュレーダーによると、警戒解除が鳴ったのは爆撃が終わってから 3 時間半がたった午後 2 時 30 分だったという（現地時間）。Beierl, *Hitlers Berg*, 127–128.

(17) Schroeder, *He Was My Chief*, 187–88.

(18) Beierl, *Hitlers Berg*, 128. 連合国軍が到着したあとの家の状態については、次を参照のこと。Johnston, "Hitler's House Completely Ruined." ジョンストンは家が被った被害をすべて4月25日の空爆によるものだとし、親衛隊が火を放ったことは無視している。

(19) Geiss, *Obersalzberg*, 94; Haller, "Destroying Hitler's Berghof," 14–15; Mitchell, *Hitler's Mountain*, 116, 129, 132–33. ミッチェルはベルクホーフに関する説得力のある直接の目撃談を引用し、家はかつて考えられていたほどひどく壊されたわけではなかったと述べているが、「建物は4月25日の爆撃ではまったく被害を被らなかった」(129) という主張は、航空写真などの証拠と矛盾する。

(20) Chamberlain, "6-Ton Bomb."

(21) Ibid.; Eisenhower, *Crusade in Europe*, 433–34, 456–58.「国家要塞」の作り話については次を参照のこと。Mitchell, *Hitler's Mountain*, 67–82.

(22) Chamberlain, "6-Ton Bomb."

(23) Williams, "Allied Armies Intent."

(24) ジョン・W・スナイダー、ジェリー・N・ヘスによるインタビュー、1968年3月12日、文字起こし、455–89, Harry S. Truman Library and Museum, Independence, Mo.

(25) McKinstry, *Lancaster*, 481–82; Operations Record Books, National Archives: AIR 27/1236/16; AIR 27/1410/28; AIR 27/2145/36.

(26) Eisenhower, *Crusade in Europe*, 458.

(27) Haller, "Destroying Hitler's Berghof," 6; Neillands, *Bomber War*, 367–73.

(28) Chamberlain, "6-Ton Bomb"; Gruson, "RAF 6-Ton Bombs"; *Daily Mirror*, "RAF Score."

(29) Miller, "Hitleriana," 37.

(30) Mitchell, *Hitler's Mountain*, 120–36; McManus, *American Courage*, 525–29.

(31) Miller, "Hitleriana," 37, 72.

(32) リヒャルト・F・ライターから著者への電子メール。2012年8月15日、2013年1月28日、2013年3月2日、2014年3月12日。ライターはペルシアの皿とナイフを、戦後、彼を助けてくれた米当局者に贈ったと述べている。彼は、フランツ・ハンフシュテングル美術出版社製の版画がはいった紙挟みは手元に置いておいた。その後、版画の数枚は以下に挙げる2回シリーズの記事に掲載された。*Times-Colonist* (Victoria, B.C.): "Art from Hitler's Lair"; Knox and Obee, "Uncle Wolf and Me." 米兵がオーバーザルツベルクに到着したあと、ゲーリングの家から吹き飛ばされたさまざまな物が——2名の死体とともに——プールのなかから見つかっている。以下を参照のこと。Alford, *Nazi Plunder*, 70–71.

(33) Beierl, *Hitlers Berg*, 139.

(34) Schroeder, *He Was My Chief*, 190.

(35) Beierl, *Hitlers Berg*, 132; Feiber, "Lange Schatten Adolf Hitlers," 711–12; Hartmann, *Verwandlung eines Berges*, 104.

(36) Webster, "We Drank Hitler's Champagne," 25, 135.

(37) Ibid., 136–37.

(38) Sions, "Berchtesgaden," 3–4. ベルクホーフとヒトラーのミュンヘンのアパートのどちらでも、鍵のかかった金庫には『わが闘争』のサイン本しかはいっていなかった——おそらくはこの本を書いた人間の最後のジョークだったのだろう。ミュンヘンの金庫の中身については、次を参照のこと。Lochner, "Faces of Hopeful GI's."

（39）Sions, "Berchtesgaden," 3–4.
（40）アニ・ヴィンター、マイケル・マスマノによる審問、1948年3月30日、2、Musmanno Collection, Duquesne University Archives, Pittsburgh, Pa.
（41）リー・ミラーからオードリー・ウィザーズへ、所報、日付なし、次に再掲。Penrose, ed., *Lee Miller's War*, 188–89.
（42）Miller, "Hitleriana," 72–73.
（43）Ibid., 73. ヒトラーの浴槽にはいったミラーに関しては、以下を参照のこと。Kaplan, *Landscapes of Holocaust Postmemory*, 71–98; Monahan, "Waste Management,"98–119; Zox-Weaver, *Women Modernists and Fascism*, 150–91; Burke, "Lee Miller in Hitler's Bathtub," 148–57.
（44）ミラーからウィザーズへ、所報、日付なし、次に再掲。Penrose, *Lee Miller's War*, 189.
（45）Miller, "Hitleriana," 74; Penrose, *Lee Miller's War*, 191–203.
（46）Sions, "Berchtesgaden," 4.
（47）Webster, "We Drank Hitler's Champagne," 137.
（48）Sions, "Berchtesgaden," 4.
（49）Webster, "We Drank Hitler's Champagne," 137; Nicholas, *Rape of Europa*, 354–57; Wales, "Yanks' Looting in Reich."
（50）*Pampa (Tex.) Daily News*, "Hitler's Silverware."
（51）Alford, *Nazi Plunder*, 67–69.
（52）*Morning Herald* (Hargerstown, Md.), "She Has Hitler's Silverware"; *Carbondale (Ill.) Free Press*, "Wife Receives Hitler's Silver."
（53）*New York Times*, "15,000 on Train See Surrender Papers"; *Hartford (Conn.) Courant*, "Loan Train Exhibit."
（54）Ransom, "Secret Weapons on Display."
（55）*Big Spring (Tex.) Daily Herald*, "Hitler's Silverware on 'Victory Loan.'"
（56）Bernard, "Press Representatives Eat Meal." バーナードは、銀器はヒトラーのミュンヘンの司令部から持ってこられたものだと書いているが、ほかの記事には、ミュンヘンのアパートのものだとある。
（57）*Manchester (UK) Guardian*, "Nazi Looting in Poland."
（58）*Daily Boston Globe*, "Engineers Blast into 'Gold Room'"; Bradsher, "Nazi Gold," 11–12. 岩塩坑内には、ベルリンにある複数の国立美術館の貴重な美術品も収められていた。
（59）Lochner, "Hitler's Chalet." ロックナーのものと類似の報告は、次を参照のこと。Fleischer, "Hitler's Eagle Nest."
（60）Lochner, "Fuehrer's Thoughts in Clouds."
（61）Lochner, "Nazis' Hideouts Ready"; Lochner, "Der Fuehrer's Thoughts"; "Lochner, "Hitler's Retreat."
（62）Lochner, "Faces of Hopeful GI's"; [Lochner], "Hitler's Safe." ヒトラーとブラウンのミュンヘンの住居に関するその他の文章は、次を参照のこと。Schultz, "Hitler's Two Love Nests."
（63）Lochner, "Faces of Hopeful GI's"; [Lochner], "Hitler's Safe."
（64）*Los Angeles Times*, "Goering's Looted Art Treasure"; *New York Times*, "Tenants Purchase Apartment House: Property at Park Avenue and 58th," December 4, 1945.
（65）Yeide, *Beyond the Dreams of Avarice*, 16.
（66）*New York Times* "'Liberated' Nazi Loot"; *Baltimore Sun*, "Goering's Art Booty."
（67）Rapport and Northwood, *Rendezvous with Destiny*, 748–49; Thalhofer, *Company A!*, 228–38.
（68）Johnston, "Vast Art Collection Found." ナンシー・イェイド〔米のゲーリングのコレクションの研究

家〕は、コレクションの内容は、ゲーリングには名作を見抜く類まれな才能があったという、多くの人が抱いている考えを裏付けるものではないとして、この発言に異を唱えている。Yeide, *Beyond the Dreams of Avarice*, 17.

(69) *Baltimore Sun*, "Goering's Art Booty"; *New York Times*, "'Liberated' Nazi Loot"; Johnston, "Goering's Private Art Collection"; *Newsday (Long Island, N.Y.)*, "Goering 'Bought' Treasure Trove"; *Los Angeles Times*, "Vast Goering Loot Operations"; Johnston, "Vast Art Collection Found"; *Chicago Daily Tribune*, "Art Collectors." ナチスの美術品収集と略奪行為については、以下を参照のこと。Nicholas, *Rape of Europa*; Petropoulos, *Art as Politics*.

(70) *Washington Post*, "Yanks Uncover 5 Billions"; *Chicago Daily Tribune*, "Yank Who Found Nazi Gold"; Bradsher, "Nazi Gold," 17.

(71) *Chicago Daily Tribune*, "Gold Piled Up Like Cordwood"; Barden, "Nazis Made Piker."

(72) *Chicago Daily Tribune*, "Gold Piled Up Like Cordwood."

第 11 章 「アドルフはもうここには住んでいない」

(1) Stead, "Hitler's Berchtesgaden."

(2) Ziemke, *U.S. Army in the Occupation*, 332–33.

(3) Stead, "Hitler's Berchtesgaden."

(4) たとえば以下を参照のこと。Stead, "Germans Clear Debris"; Stead, "Nuremberg: Grim Housing Shortage."

(5) Stead, "Hitler's Berchtesgaden."

(6) Ibid.

(7) Taylor, "Berchtesgaden."

(8) Day, "Berchtesgaden Chalet."

(9) Stead, "Hitler's Berchtesgaden."

(10) Ibid.

(11) Day, "Berchtesgaden Chalet."

(12) リヒャルト・F・ライターから著者への電子メール、2012 年 8 月 15 日、2012 年 8 月 21 日。

(13) この類のナチ・プロパガンダに関しては本書第 7 章を参照のこと。

(14) Day, "Berchtesgaden Chalet."

(15) Stead, "Hitler's Berchtesgaden."

(16) Hamburger, "Letter from Berchtesgaden," 46.

(17) *Christian Science Monitor*, "Hitler's Berchtesgaden Retreat."

(18) Day, "Berchtesgaden Chalet."

(19) Taylor, "Berchtesgaden."

(20) Day, "Berchtesgaden Chalet."

(21) 文学的モダニズムのコンテクストにおけるガートルード・スタインの権威主義的な男性に対する関心とベルヒテスガーデン訪問に関しては、次を参照のこと。Zox-Weaver, *Women Modernists and Fascism*, 59–107.

(22) Stein, "Now We Are Back in Paris," 59.

(23) Malcolm, *Two Lives*, 6, 48–53, 97–99; Will, *Unlikely Collaboration*.

(24) Joan Retallack, "Introduction," in Retallack, ed., *Gertrude Stein: Selections*, 55–70; Sawyer-Lauçanno, *Continual Pilgrimage*, 46–66.

（25）*Life*, “Liberation of Gertrude Stein,” 83–84.
（26）Stein, “Off We All Went,” 56.
（27）*Life*, “Paintings by Adolf Hitler,” 56; Stein, “Off We All Went,” 58.
（28）Stein, “Off We All Went,” 56–57.
（29）Whittier-Ferguson, “Liberation of Gertrude Stein,” 417.
（30）Corn and Latimer, *Seeing Gertrude Stein*, 61–117.
（31）Retallack, “Introduction,” 60, 68.
（32）Malcolm, *Two Lives*, 24, 93–94, 106, 190.
（33）Stein, “Off We All Went,” 57; Zox-Weaver, *Women Modernists and Fascism*, 106.
（34）Jones, “Globe Man in Berchtesgaden”; Mitchell, *Hitler's Mountain*, 170.
（35）*Washington Post*, “Hitler's ‘Love Nest’ Razed”; Muhlen, *Return of Germany*, 31.
（36）“Souvenir of Berchtesgaden,” NL Ehard 781, Bayerisches Hauptstaatsarchiv, München; “Souvenir of the Eagle's Nest.” 次に収録。“Pictures of Hitler's House and Eagle's Nest,” LOT 9704 (F), Print and Photographs Division, Library of Congress, Washington, D.C. ブレット・アシュリー・カプラン〔米のユダヤ文化・社会関連の学者〕は自著のなかで、カリフォルニア州、インディアナ州、イリノイ州の公文書館で見つけた同様の『ベルヒテスガーデンの土産物』のアルバム 3 種類について検証している。Brett Ashley Kaplan, *Landscapes of Holocaust Postmemory*, 48–56. アメリカの認可を受けてベルヒテスガーデンで売られていた記念品に関しては、次を参照のこと。Feiber, “Lange Schatten Adolf Hitlers,” 679–80.
（37）米議会図書館が所蔵する『鷹の巣の土産物』については、背表紙に押されているスタンプから、アルバムを制作したのはベルヒテスガーデンのフーゴ・バプニク写真館であることがわかる。ほかの公文書館にある『ベルヒテスガーデンの土産物』が同じ写真館で作られたのかどうかは定かではない。『鷹の巣の土産物』は、『ベルヒテスガーデンの土産物』に比べるとクオリティが低い。いずれにせよ、両者はよく似ていることから、こうしたアルバムはすべてフーゴ・バプニク写真館で（別の制作者の手によって）作られたか、あるいはこのアルバムがほかのものを真似て作られたかのどちらかだと思われる。
（38）“Souvenir of Berchtesgaden,” NL Ehard 781, Bayerisches Hauptstaatsarchiv.
（39）Ibid.; “Souvenir of the Eagle's Nest,” Library of Congress.
（40）Schöner, *Berchtesgadener Land*, 374.
（41）*Mansfield (Ohio) News-Journal*, “Hitler's Former Mountain Retreat.”
（42）Neven-du Mont, “Propagandazelle Obersalzberg,” 31; Geiss, *Obersalzberg*, 96–97.
（43）Tauber, *Beyond Eagle and Swastika*, vol. 1, 82–83.
（44）Neven-du Mont, “Propagandazelle Obersalzberg”; Neven-du Mont, “Kleine Geschäfte.”
（45）Ibid.
（46）Kuby, “Wahrheit über den Obersalzberg.” に引用あり。
（47）Ibid.
（48）*Berchtesgadener-Kurier*, “Am Obersalzberg wird zugegriffen,” “Ministerrat besichtigt Obersalzberg”; テオドーア・ヤーコプからヴィルヘルム・ヘグナーへ、1951 年 7 月 17 日、StK 14105, Bayerisches Hauptstaatsarchiv.
（49）*Berchtesgadener-Kurier*, “Der Ministerbesuch”; *Südost-Kurier*, “Problem Obersalzberg.”
（50）*Berchtesgadener Anzeiger*, “Das Kehlsteinhaus bleibt erhalten,” “Obersalzberg-Problem in Berchtesgadener Sicht.”

（51）*Berchtesgadener Anzeiger*, "Bitte an alle Leser," "Nicht Befragten," "Nicht Befragten: II"; Moor, "Old Order," 58.

（52）*Berchtesgadener Anzeiger*, "Berghof wird dem Erdboden gleichgemacht."

（53）*Berchtesgadener-Kurier*, "Um Obersalzberg und Kehlstein."

（54）ジョージ・シュスターからハンス・エアートへ、1951年11月、StK 14105, Bayerisches Hauptstaatsarchiv. プラッターホーフ・ホテルも元々、このリストにはいっていたが、のちに返還の手続き上の理由で削除された。ハンス・エアートからチャールズ・W・セイヤーへ、1952年11月6日、StK 14105, Bayerisches Hauptstaatsarchiv.

（55）Moor, "Old Order," 65.

（56）*Der Spiegel*, "Obersalzberg," 12; Berchtesgadener Anzeiger, "Hitlers Berghof," "Berghof Hauptanziehungspunkt."

（57）Frei, *Amerikanische Lizenzpolitik*, 162.

（58）Moor, "Old Order," 58; Frei, *Amerikanische Lizenzpolitik*, 163.

（59）*Berchtesgadener-Kurier*, "Entschlossene Haltung der SPD." *Berchtesgadener-Kurier* は *Südost-Kurier* の地方版である。

（60）Kiene, "Offener Brief." 次も参照のこと。*Berchtesgadener-Kurier*, "Nochmals das Thema."

（61）戦後ドイツの記憶に関する一筋縄ではいかない歴史に関しては、以下を参照のこと。Niven and Paver, eds., *Memorialization in Germany*; Rosenfeld and Jaskot, eds., *Beyond Berlin*; Rosenfeld, *Munich and Memory*; Neumann, *Shifting Memories*; Meng, *Shattered Spaces*; Moeller, *War Stories*.

（62）Hilpoltsteiner, "Neofaschismus in Berchtesgaden?"

（63）Moor, "Old Order," 60.

（64）Ibid., 59–60; 次を参照のこと。Mehringer, *Waldemar von Knoeringen*.

（65）Moor, "Old Order," 59–60; Hilpoltsteiner, "Neofaschismus in Berchtesgaden?"; *Berchtesgadener-Kurier*, "Neofaschisten schädigen Berchtesgadener Land!"; Frei, *Amerikanische Lizenzpolitik*, 164. ハインツ・エーリヒ・クラウゼについては次を参照のこと。Tauber, *Beyond Eagle and Swastika*, vol. 2, 1074–1075n177.

（66）*Chicago Daily Tribune*, "Goering's Villa Being Razed"; Feiber, "Lange Schatten Adolf Hitlers," 700.

（67）Moor, "Old Order," 64–65.

（68）*Life*, "Blowup at Berchtesgaden," 41.

（69）*Berchtesgadener-Kurier*, "Bagger auf dem Obersalzberg."

（70）*Der Spiegel*, "Obersalzberg," 10–11.

（71）[H]ilpoltsteiner, "Der 'Berghof' wurde gesprengt."

（72）*Life*, "Blowup at Berchtesgaden," 42.

（73）*New York Times*, "House that Hitler Built."

（74）Neuerbourg, "Kilroy's Been at Hitler's Aerie."

（75）Brügge, "In Hitlers Bunker," 42–43.

（76）Ibid., 42.

（77）Ibid., 42–43.

（78）Ibid., 42, 44

（79）Fabritius, *Obersalzberg*.

（80）*Jerusalem Post*, "Row over Souvenirs."

（81）Anderson, "Bavarian Stronghold."

（82）オーバーザルツベルクの元住人たちの長きにわたる地所をめぐる戦いについては、次を参照のこと。Feiber, “Lange Schatten Adolf Hitlers,” 685–94.
（83）Brügge, “In Hitlers Bunker,” 44–45.
（84）*Los Angeles Times*, “Bavaria Seals ‘Eagle’s Nest’”; *New York Times*, “Hitler Bunker Shut.”
（85）*New York Times*, “Hitler’s Alpine Hideaway.”
（86）Miller, “Nazi Symbol to Return”; *Der Spiegel*, “Nazi-Erbe,” 94.
（87）Kinzer, “Unspoiled Alpine View.”
（88）Jordan, *Structures of Memory*, 92–133.
（89）Tagliabues, “Construction at Nazi Death Camp”; Fisher, “Market at Nazi Camp Site”; *Globe and Mail*, “Germans Scrap Market.”
（90）Bernstein, “Where Hitler Played.”
（91）Kinzer, “Unspoiled Alpine View.”
（92）Leidig, “Outrage at Third Reich Museum.”
（93）Losch, “New Exhibit”; Dahm, “Dokumentationsstätte,” 327.
（94）Dahm, “Obersalzberg als historischer Ort,” 20–21.
（95）Finger, “Nie wieder Schnörkel.”
（96）Dahm, “Obersalzberg als historischer Ort,” 24; Huber, “Geleitwort,” 11.
（97）Margolis, “Night on Evil Mountain.”
（98）Ryback, “Hitler Shrine,” 131; Kaplan, *Landscapes of Holocaust Postmemory*, 57.
（99）ペーター・ロースは『ディー・ツァイト』紙に、ホテルの開館に関しては世界中で 5000 本の記事が出たと書いている。Peter Roos, “Hitlerconti.”
（100）Harvey, “Hitler Hilton.”
（101）Symons, “Hitler Hotel.”
（102）Connolly, “British to Revive”; Eisinger, “Hitler’s Villa Site.”
（103）Buruma, “Tainted Ground.” 次も参照のこと。Bernstein, “Where Hitler Played.”
（104）Margolis, “Night on Evil Mountain.”
（105）Davidson, “World of Evil and Hope.”
（106）*Calgary Herald*, “Haunted by Ghost of Hitler.”
（107）Margolis, “Night on Evil Mountain”; Williams, “Resort Bids to Balance.”
（108）Roos, “Hitlerconti.”
（109）*Welt Kompakt*, “Millionengrab auf dem Obersalzberg.”
（110）Stumberger, “Luft wird dünner”; Förster, “Problemberg.”
（111）Zekri, “Berge versetzen”; Beierl, *Hitlers Berg*, 151–52.
（112）Ryback, “Hitler Shrine,” 131, 133–34.
（113）Connolly, “British to Revive.”
（114）Bernstein, “Where Hitler Played”; Eisinger, “Hitler’s Villa Site.”
（115）Boyes, “Luxury Spa at Hitler’s Lair.”
（116）Neumann, “Adolfs Platten,” 50.
（117）Feiber, “Lange Schatten Adolf Hitlers,” 721.
（118）Ryback, “Hitler Shrine,” 131, 134; Ryback and Beierl, “Damnation of Memory.”
（119）Förster, “Problemberg.”

（120）Neumann, “Adolfs Platten”; Ryback and Beierl, “Damnation of Memory.”
（121）Ryback and Beierl, “Damnation of Memory.”
（122）Neumann, “Nazi-Bauten,” 51.
（123）Ibid., 50.
（124）Hall, “Chapel ‘Becomes Nazi Shrine.’”
（125）D. M., “Gerüchte aus Marmor.”
（126）Ryback and Beierl, “Damnation of Memory.”
（127）Nüsslein, *Paul Ludwig Troost*, 245; Pröse, “Daheim bei Hitler,” 124.
（128）ハラルド・フロインドルファー（ミュンヘン第22警察署警部）、著者との議論、2010年11月11日。
（129）アニ・ヴィンター、マイケル・マスマノによる審問、1948年3月30日、9、Musmanno Collection, Duquesne University Archives, Pittsburgh, Pa.
（130）1945年から1990年代にかけて、ミュンヘンは街の景色からナチズムの物理的な名残を一掃するために、ナチ建築の撤去、あるいは再利用による正常化を進めてきた。同市はまた記念碑を作ることも避け、そうした機能を近隣のダッハウに委ねている。ミュンヘンのナチスの過去からの逃避（ガヴリエル・ローゼンフェルド〔米の歴史学者〕の言葉）は、他のドイツ諸都市で記念運動が起こった1989年以降、とくに多く議論される問題となった。以下を参照のこと。Rosenfeld, “Memory and the Museum,” 163–84; Rosenfeld, *Munich and Memory*; Large, *Where Ghosts Walked*, 347–61; Winifried Nerdinger, “Ort und Erinnerung,” in Nerdinger, ed., *Ort und Erinnerung*, 7–9.
（131）たとえば以下を参照のこと。Hendrick, “Hitler Sale Tasteless”; Wagner, “Yad Vashem.”
（132）Sturz, “Evil for Sale,” 70–72.
（133）Ottomeyer, “Vorwort,” 14.
（134）Barron, “Plan to Display Silver.”
（135）Ibid.
（136）たとえば以下を参照のこと。Spotts, *Hitler and the Power of Aesthetics*; Reichel, *Schöne Schein des Dritten Reiches*; Ogan and Weiss, *Faszination und Gewalt*.
（137）Hofer et al., *Stories in Sterling*, 282–83.
（138）たとえば次を参照のこと。Simpson, “Home in the Clouds,” 5, 22. ヒトラーの家庭生活に関するアメリカでの報道については、本書第8章と第9章で詳細に論じている。
（139）Waldman, “At Home with the Führer.”
（140）Ibid.; Glenn, “Hitler at Home”; *U.S. Newswire*, “Publication of Article Was ‘Appalling.” The press release “Statement Regarding Homes and Gardens, November 1938,” 当初IPC Mediaのウェブサイトに投稿されたものだが、現在は削除されている。

参考文献

1. Deutsche Architektur-und Kunsthandwerkausstellung im Haus der Deutschen Kunst zu München, 22. Januar bis 27. März 1938: Offizieller Ausstellungskatalog. München: Knorr and Hirth, 1938.

Abrams, Brett L. *Hollywood Bohemians: Transgressive Sexuality and the Selling of the Movieland Dream.* Jefferson, N.C.: McFarland, 2008.

Adolf Hitler an seine Jugend. Berlin: Eher, 1937.

Adolf Hitler: Bilder aus dem Leben des Führers. Altona-Bahrenfeld: Cigaretten-Bilderdienst, 1936.

Adolf Hitler: Ein Mann und Sein Volk. Munich: Eher, 1936.

Aicher, Florian, and Uwe Drepper, eds. *Robert Vorhoelzer: Ein Architektenleben: Die klassische Moderne der Post.* München: Callwey, 1990.

Alford, Kenneth *D. Nazi Plunder: Great Treasure Stories of World War II.* Cambridge, Mass.: Da Capo, 2001.

American Forests and Forest Life. "Who's Who among the Authors in This Issue." February 1929, 128.

Anderson, Susan. "Bavarian Stronghold: Hitler Still Draws a Crowd." *Globe and Mail*, September 9, 1978.

Anheier, Helmut K., and Friedhelm Neidhardt. "Soziographische Entwicklung der NSDAP in München 1925 bis 1930." In *München: "Hauptstadt der Bewegung,"* edited by Richard Bauer, Hans Günther Hockerts, Brigitte Schütz et al., 179–86. München: Münchner Stadtmuseum, 2002.

Arnold, Dietmar, with Reiner Janick. *Neue Reichskanzlei und "Führerbunker": Legenden und Wirklichkeit.* Berlin: Links, 2009.

Associated Press. "Hitler's 'Eagle Nest' Gave Envoy the Creeps." *Lewiston (Maine) Daily Sun*, December 22, 1939.

Axelsson, George. "Cynical German Humor Turns against Nazis." *New York Times*, January 23, 1944.

Aynsley, Jeremy. *Designing Modern Germany.* London: Reaktion, 2009.

Baltimore Sun. "Hitler Receives Leader of New Croat Kingdom." June 7, 1941.

———. "Yank Soldiers View Goering's Art Booty." May 21, 1945.

Baranowski, Shelley. *Strength through Joy: Consumerism and Mass Tourism in the Third Reich.* Cambridge: Cambridge University Press, 2004.

Barbas, Samantha. *First Lady of Hollywood: A Biography of Louella Parsons.* Berkeley: University of California Press, 2005.

Barden, Judy. "Nazis Made Piker Out of Ali Baba." *Hartford (Conn.) Courant*, November 4, 1945.

Barkow, Ben, Raphael Gross, and Michael Lenarz, eds. *Novemberpogrom 1938: Die Augenzeugenberichte der Wiener Library, London.* Frankfurt am Main: Jüdischer/ Suhrkamp, 2008.

Barnes, Ralph W. "Hitler Builds Hideaway on Mountain Peak." *Washington Post*, January 15, 1939.

Barron, James. "A Plan to Display Silver with a Dark History." *New York Times*, January 26, 2012.

Barron, Stephanie et al. *"Degenerate Art": The Fate of the Avant-Garde in Nazi Germany.* New York: Abrams; Los Angeles: Los Angeles County Museum of Art, 1991.

Bathrick, David. "Cinematic Remaskings of Hitler: From Riefenstahl to Chaplin." In *Unmasking Hitler: Cultural Representations of Hitler from the Weimar Republic to the Present*, edited by Klaus L. Berghahn and Jost Hermand,

147–69. Oxford: Peter Lang, 2005.
Battersby, Martin. *The Decorative Thirties*. Revised and edited by Philippe Garner. New York: Whitney Library of Design, 1988.
Bauer, Richard, Hans Günther Hockerts, Brigitte Schütz et al., eds. *München: "Hauptstadt der Bewegung."* München: Münchner Stadtmuseum, 2002.
Bauwelt. "Persönliches." 28, no. 29 (1937): 670.
Bayerisches Gesetz-u. Verordnungsblatt. "Gesetz zum Abschluss der politischen Befreiung vom 27. Juli 1950." No. 17 (1950): 107–8.
Beierl, Florian M. *Geschichte des Kehlsteins: Ein Berg verändert sein Gesicht*. Berchtesgaden: Plenk, 2004
———. *Hitlers Berg: Licht ins Dunkel der Geschichte*. 3rd rev. ed. Berchtesgaden: Beierl, 2010.
Berchtesgadener Anzeiger. "Berghof Hauptanziehungspunkt für Fremde." November 3–4, 1951.
———. "Berghof wird dem Erdboden gleichgemacht." August 8–9, 1951.
———. "Das Kehlsteinhaus bleibt erhalten." August 6–7, 1951.
———. "Die nicht Befragten haben eine andere Meinung." August 10–11, 1951.
———. "Die nicht Befragten haben eine andere Meinung: II. Teil." August 14–15, 1951.
———. "Eine Bitte an alle Leser." August 3–4, 1951.
———. "Hitlers Berghof in den Rocky Mountains." August 22–23, 1951.
———. "Obersalzberg-Problem in Berchtesgadener Sicht." August 3–4, 1951.
Berchtesgadener-Kurier. "Ab heute Bagger auf dem Obersalzberg." November 13, 1951.
———. "Am Obersalzberg wird zugegriffen." July 11, 1951.
———. "Der Ministerbesuch." August 3, 1951.
———. "Entschlossene Haltung der SPD in der Obersalzbergfrage!" November 6, 1951.
———. "Ministerrat besichtigt Obersalzberg." July 27, 1951.
———. "Neofaschisten schädigen Berchtesgadener Land!" October 30, 1951.
———. "Nochmals das Thema: Obersalzberg." November 23, 1951.
———. "Um Obersalzberg und Kehlstein." August 3, 1951.
Berghahn, Klaus, and Jost Hermand. *Unmasking Hitler: Cultural Representations of Hitler from the Weimar Republic to the Present*. Vol. 44 of *German Life and Civilization*, edited by Jost Hermand. Oxford: Peter Lang, 2005.
Berliner Volkszeitung. "Hitler braucht 9-Zimmer-Wohnung: Auch ohne Diener geht es nicht." October 14, 1929.
Bernard, William C. "Press Representatives Eat Meal with Hitler's Silver." *Big Spring (Tex.) Daily Herald*, November 27, 1945.
Berndt, Alfred Ingemar. "Der Berghof: Das Haus des Führers auf dem Obersalzberg." *Silberspiegel*, August 3, 1937, 766–69, 796.
Bernstein, Richard. "Where Hitler Played, Should the Rich Do Likewise?" *New York Times*, October 21, 2004.
Betts, Paul. *The Authority of Everyday Objects*. Berkeley: University of California Press, 2004.
Big Spring (Tex.) Daily Herald. "Hitler's Silverware on 'Victory Loan.'" November 15, 1945.
Birmingham (UK) Post. "Hitler's Desk and Chair Could Fetch $1 Million." September 5, 2006.
Blackbourn, David. *The Conquest of Nature: Water, Landscape, and the Making of Modern Germany*. New York: Norton, 2006.
Borrmann, Norbert. *Paul Schultze-Naumburg, 1869–1949*. Essen: Bacht, 1989.
Boston Sunday Globe. "Bad Taste, Says Hitler." February 17, 1935.

Boyes, Roger. “Luxury Spa at Hitler’s Lair.” *The Times*, October 25, 2004.

Bradsher, Greg. “Nazi Gold: The Merkers Mine Treasure.” *Prologue: Quarterly of the National Archives and Records Administration* 31, no. 1 (1999): 6–21.

Brandt, Karl. “Hitler’s Legion of Ladies Ranged from Scullery Help to Chatelaines.” *Washington Post*, January 19, 1947.

Brannigan, John. *Race in Modern Irish Literature and Culture*. Edinburgh: Edinburgh University Press, 2009.

Brantl, Sabine. *Haus der Kunst, München: Ein Ort und seine Geschichte im Nationalsozialismus*. München: Allitera, 2007.

Braveheart. “Remember Gerdy Troost, R. I. P.” Stormfront.org, http://www.stormfront.org/forum/t57468

Bronner, Milton. “Beautiful Wife of Propaganda Minister Is Germany’s Woman of Power.” *The Lowell (Mass.) Sun*, June 11, 1934.

Brown, Walter. “Hitler’s Real ‘Kampf.’” *New York Times Magazine*, June 14, 1942, 5, 33.

Brügge, Peter. “In Hitlers Bunker stand ein Altar.” *Der Spiegel*, June 27, 1962, 42–45.

Bruppacher, Paul. *Adolf Hitler und die Geschichte der NSDAP, 1889-1937*. Vol. 1, 2nd ed. Norderstedt: Books on Demand, 2009.

———. *Adolf Hitler und die Geschichte der NSDAP, 1938–1945*. Vol. 2, 2nd ed. Norderstedt: Books on Demand, 2008.

Buckley, Cheryl. *Designing Modern Britain*. London: Reaktion, 2007.

Bullock, Alan. *Hitler: A Study in Tyranny*. London: Odhams, 1952.（アラン・バロック『アドルフ・ヒトラー』1・2、大西尹明訳、みすず書房、1958–1960 年）。

Burke, Carolyn. “Lee Miller in Hitler’s Bathtub.” *Heat* 12 (1999): 148–57.

Burleigh, Michael. *The Third Reich: A New History*. New York: Hill and Wang, 2000.

Burleigh, Michael, and Wolfgang Wipperman. *The Racial State: Germany, 1933–1945*. Cambridge: Cambridge University Press, 1991.（M・バーリー、W・ヴィッパーマン『人種主義国家ドイツ――1933–45』柴田敬二訳、刀水書房、2001 年）。

Buruma, Ian. “Tainted Ground: In a Landscape Scarred by History, Is Fresh Paint an Appropriate Memorial?” *Guardian*, October 15, 2005.

Calgary Herald. “German Town Haunted by Ghost of Hitler.” September 17, 2011.

Campbell, Joan. *The German Werkbund: The Politics of Reform in the Applied Arts*. Princeton, N.J.: Princeton University Press, 1978.

Capelle, H. van, and A. P. Bovenkamp. *Der Berghof: Adlerhorst: Hitlers verborgenes Machtzentrum*. Translated by Geertrui Visser and Ludger Gausepohl. Wien: Tosa, 2007.

Carbondale (Ill.) Free Press. “Wife of Illinois Officer Receives Hitler’s Silver.” June 27, 1945.

Carroll, C. E. “Editorial Notes.” *Anglo-German Review* 1, no. 1 (November 1936): 5.

Chadwick, Kay. *Alphonse de Châteaubriant: Catholic Collaborator*. Vol. 14 of *Modern French Identities*. Oxford: Lang, 2002.

Chamberlain, Charles. “6-Ton Bomb Puts End to Berghof.” *Atlanta Constitution*, April 26, 1945.

Châteaubriant, Alphonse de. Foreword, *Un Chef et son Peuple: un Homme parmi les Autres*, by H. Hess and Heinrich Hoffmann, 3–8. 3 Épis, 1941.

Chaussy, Ulrich, and Christoph Püschner. *Nachbar Hitler: Führerkult und Heimatzerstörung am Obersalzberg*. 6th ed. Berlin: Links, 2007.

Chicago Daily Tribune. "Art Collectors." May 25, 1945.

———. "Goering's Villa Being Razed." November 18, 1951.

———. "Gold Piled Up Like Cordwood in Nazi Hoard." July 14, 1945.

———. "Hitler's Bosom Pal Dodges One Way Plane 'Ride': 'Putzi' Hangstaengl Tells Nazi Plot to Kill Him." August 12, 1937.

———. "Yank Who Found Nazi Gold Hoard Is Home with 15c." May 26, 1945.

Christian Science Monitor. "Hitler's Berchtesgaden Retreat Chosen for Tourist Attraction." August 10, 1946.

Clark, Clifford Edward, Jr. *The American Family Home, 1800–1960*. Chapel Hill: University of North Carolina Press, 1986.

Coleman, Laurence Vail. *Historic House Museums*. Washington, D.C.: American Association of Museums, 1933.

Connolly, Kate. "British to Revive Hitler's Favourite Holiday Spot." *Observer*, August 5, 2001.

Conradi, Peter. *Hitler's Piano Player*. London: Duckworth Overlook, 2006.

Corn, Wanda M., and Tirza True Latimer. *Seeing Gertrude Stein: Five Stories*. Berkeley: University of California Press, 2011.

Craig, Gordon Alexander. *Germany, 1866–1945*. New York: Oxford University Press, 1978.

Dahm, Volker. "Der Obersalzberg als historischer Ort und als Stätte historisch-politischer Bildung." In *Die tödliche Utopie: Bilder, Texte, Dokumente, Daten zum Dritten Reich*, edited by Volker Dahm, Albert A. Feiber, Harmut Mehring, and Horst Möller, 17–27. 5th ed. München: Institut für Zeitgeschichte, 2008.

———. "Dokumentationsstätte am Obersalzberg bei Berchtesgaden." *Vierteljahrshefte für Zeitgeschichte* 46, no. 2 (1998): 327–29.

Dahm, Volker, Albert A. Feiber, Harmut Mehring, and Horst Möller, eds. *Die tödliche Utopie: Bilder, Texte, Dokumente, Daten zum Dritten Reich*. 5th ed. München: Institut für Zeitgeschichte, 2008.

Daily Boston Globe. "Cardinal Mundelein Scores Nazis, Refers to 'Austrian Paperhanger.'" May 19, 1937.

———. "Hitler Couldn't Hang Paper Straight, Says Ex-Union Brother." February 19, 1942.

———. "Hitler's Berchtesgaden Lair Lashed by U.S. Rocket-Firing Planes." February 22, 1945.

———. "U. S. Engineers Blast Way into Hitler's 'Gold Room.'" April 9, 1945.

Daily Express. "Hitler's Sister, Aged 50, Marries." February 26, 1936.

Daily Mirror. "RAF Score 6-Ton Hits on Hitler's Hide-Out." April 26, 1945.

D'Almeida, Fabrice. *High Society in the Third Reich*. Translated by Steven Rendall. Cambridge: Polity, 2008.

Danzker, Jo-Anne Birnie, ed. *Villa Stuck*. Ostfildern: Hatje Cantz, 2006.

Davidson, Max. "A World of Evil and Hope amid the Dark Pine Trees." *Observer*, March 13, 2005.

Day, Price. "Berchtesgaden Chalet Is Center for GI Tourists." *Baltimore Sun*, June 7, 1945.

Dean, Martin. *Robbing the Jews: The Confiscation of Jewish Property in the Holocaust, 1933–1945*. Cambridge: Cambridge University Press, 2008.

Demps, Laurenz. *Berlin-Wilhelmstrasse: Eine Topographie preussisch-deutscher Macht*. 4th rev. ed. Berlin: Links, 2010.

Der Spiegel. "Kriegsorden: Ritterkreuze: Mit jüdischen Brillanten." November 5, 1958, 34.

———. "Obersalzberg: Verzehr bedingt." December 5, 1951, 10–12.

———. "Nazi-Erbe: Tarnname Wolf." December 12, 1994, 89–94.

Deutsche Handels-Wacht. "Eine Pleite, die uns freut." July 28, 1933, 198.

Deutscher Reichsanzeiger. "Entscheidungen auf Grund der §§ 2 und 4 des Gesetzes zum Schutze des nationalen

Symbole." July 7, 1937.

Deutschland-Berichte der Sozialdemokratischen Partei Deutschlands (Sopade) 1934–1940. Salzhausen: Nettelbeck, 1980.

Deutschland Erwacht: Werden, Kampf und Sieg der NSDAP. Hamburg-Bahrenfeld: Cigaretten-Bilderdienst, 1933.

Dickson, John [Sigrid Schultz]. "Europe's Man of Mystery! His Daily Life Revealed." *Chicago Daily Tribune*, August 6, 1939.

Die Abendzeitung: Unabhängiges Münchener Nachrichtenblatt. "Gerhardine Troost: Verhandlung vertagt." March 31, 1949.

Die Fanfare. "Geliebte Hitlers verübt Selbstmord; Jungsellen und Homosexuelle als Naziführer." October 31, 1931.

die neue linie. "Tradition und Gegenwart: Die Reichskanzlei." January 1936, 14–16, 48.

Dietrich, Otto. *The Hitler I Knew.* Introduction by Roger Moorhouse. New York: Skyhorse, 2010.

———. *Mit Hitler in die Macht.* München: Eher, 1934.

———. *With Hitler on the Road to Power.* London: Lucas, 1934.

Ditchfield, P. H. *The Old English Country Squire.* London: Methuen, 1912.

Doberer, Kurt. "New Reich Weapon May Be Dust Bomb." *New York Times*, October 15, 1939.

Domarus, Max, ed. *Hitler: Speeches and Proclamations, 1932–1945.* 4 vols. Wauconda, Ill.: Bolchazy-Carducci, 2004.

Donath, Matthias. *Architektur in München, 1933–1945: Ein Stadtführer.* Berlin: Lukas, 2007.

Duroselle, Jean-Baptist. *France and the Nazi Threat: The Collapse of French Diplomacy, 1932–1939.* Translated by Catherine E. Dop and Robert L. Miller. New York: Enigma, 2004.

Dyke, James van. "Über die Beziehungen zwischen Kunst, Propaganda und Kitsch in Deutschland 1933 bis 1945." In *Kunst und Propaganda im Streit der Nationen 1930–1945*, edited by Hans-Jörg Czech and Nikola Doll, 250–57. Dresden: Sandstein, 2007.

E., H. "Ein 'Führer' hinter Stacheldraht." *Neuer Vorwärts*, April 4, 1937, suppl.

Eisenhower, Dwight D. *Crusade in Europe.* London: Heinemann, 1948.（D・D・アイゼンハワー『ヨーロッパ十字軍――最高司令官の大戦手記』朝日新聞社訳、朝日新聞社、1949 年）。

Eisinger, Oliver. "Hitler's Villa Site to Become Resort." *Globe and Mail*, July 7, 2001.

Erlanger, Steven. "Hitler, It Seems, Loved Money and Died Rich." *New York Times*, August 8, 2002.

Evans, Richard J. *The Third Reich in Power, 1933–1939.* London: Lane, 2005.

Faber, David. *Munich, 1938: Appeasement and World War II.* New York: Simon and Schuster, 2008.

Fabritius, Erwin. *Obersalzberg: Vor und Nach der Zerstörung.* Berchtesgaden: Berchtesgadener Anzeiger, n.d.

Feiber, Albert A. "Der lange Schatten Adolf Hitlers: Der Obersalzberg, 1945–2005." In *Die tödliche Utopie: Bilder, Texte, Dokumente, Daten zum Dritten Reich*, edited by Volker Dahm, Albert A. Feiber, Harmut Mehring, and Horst Möller, 670–729. 5th ed. München: Institut für Zeitgeschichte, 2008.

———. "'Filiale von Berlin': Der Obersalzberg im Dritten Reich." In *Die tödliche Utopie: Bilder, Texte, Dokumente, Daten zum Dritten Reich*, edited by Volker Dahm, Albert A. Feiber, Harmut Mehring, and Horst Möller, 53–187. 5th ed. München: Institut für Zeitgeschichte, 2008.

Ferguson, Charles W. "Dictators Don't Drink." *Harper's Magazine*, June 1937, 103–5.

Feuchtmayr, Inge. *Das Prinz Carl-Palais in München.* München: Süddeutscher, 1966.

Finger, Evelyn. "Nie wieder Schnörkel." *Die Zeit*, March 3, 2005.

Fischer, Klaus P. *Hitler and America.* Philadelphia: University of Pennsylvania Press, 2011.

Fisher, Marc. "Market at Nazi Camp Site Brings Worldwide Outcry." *Los Angeles Times*, July 19, 1991.

Fiss, Karen. *Grand Illusion: The Third Reich, the Paris Exposition, and the Cultural Seduction of France*. Chicago: University of Chicago Press, 2009.

Fitchburg (Mass.) Sentinel. "Bavaria Leads German States for Monarchism." September 29, 1923.

FitzGerald, Garret. *All in a Life*. London: Macmillan London, 1992.

[Fitz-Gerald, W. G.]. "A Dictator at Home: Herr Hitler as Host and Village Squire." *Launceston Examiner* (Tasmania), May 30, 1936. Reprinted from the *Sunday Pictorial*.

Fitz-Gerald, W. G. "On Holiday with Hitler in His Summer Chalet." *National Home Monthly*, November 1936, 10–11, 27, 29, 45.

———. *The Voice of Ireland: A Survey of the Race and Nation from All Angles*. Dublin: Virtue, 1923.

Fleischer, Jack. "Hitler's Eagle Nest." *Indian Journal* (Eufaula, Okla.), June 14, 1945.

Fodor, M. W. "Conqueror's Manual." *Washington Post*, August 11, 1940.

Förster, Andreas. "Der Problemberg." *Berliner Zeitung*, July 23, 2009.

Frank, Bernhard. *Die Rettung von Berchtesgaden und der Fall Göring*. Berchtesgaden: Plenk, 1984.

Frank, Hans. *Im Angesicht des Galgens*. Neuhaus bei Schliersee: Frank, 1955.

Frei, Norbert. *Amerikanische Lizenzpolitik und deutsche Pressetradition: Die Geschichte der Nachkriegszeitung Südost-Kurier*. München: Oldenbourg, 1986.

Friedel, Thomas. "Karl Wessely: Sein Leben, sein Wirken und sein Einfluß auf die Augenheilkunde in Deutschland und in der Welt." PhD diss., Universität Würzburg, 2008.

Friedrich, Thomas. *Hitler's Berlin: Abused City*. Translated by Stewart Spencer. New Haven, Conn.: Yale University Press, 2012.

Fromm, Bella. *Blood and Banquets: A Berlin Social Diary*. New York: Kensington, 2002.

Gebhard, Helmut, Bayerisches Staatsministerium für Ernährung, Landwirtschaft und Forsten, and Bayerischer Landesverein für Heimatpflege e.V. et al., eds. *Bauernhäuser in Bayern: Dokumentation*. 7 vols. München: Hugendubel, 1994–99.

Gebhard, Helmut, and Helmut Keim, eds. *Oberbayern*. Vol. 6, pt. 2, of *Bauernhäuser in Bayern: Dokumentation*. München: Hugendubel, 1998.

Geiss, Josef. *Obersalzberg: Die Geschichte eines Berges*. Berchtesgaden: Geiss, 1952.

Gierasch, Paul. "The Bavarian Menace to Germany Unity." *Current History* 19, no. 2 (1923): 221–29.

Gillessen, Günther. *Auf verlorenem Posten: Die Frankfurter Zeitung im Dritten Reich*. Berlin: Siedler, 1986.

Gleis, Ralph, ed. *Makart: Ein Künstler regiert die Stadt*. München: Prestel; Wien: Wien Museum, 2011.

Glenn, Joshua. "Hitler at Home." *Boston Globe*, November 2, 2003.

Globe and Mail. "Germans Scrap Market: Protest Ends Project at Death Camp Site." July 23, 1991.

Godau, Marion. "Anti-Moderne?" In *Design in Deutschland 1933–45: Ästhetik und Organisation des Deutschen Werkbundes im "Dritten Reich,"* edited by Sabine Weissler, 74–87. Giessen: Anabas 1990.

Goebbels, Joseph. "Adolf Hitler als Mensch." *Der Angriff*, April 4, 1932, suppl.

———. *Die Tagebücher von Joseph Goebbels*. Edited by Elke Fröhlich. 32 vols. Saur: München, 1993–2008.

Goltz, Anna von der. *Hindenburg: Power, Myth, and the Rise of the Nazis*. Oxford: Oxford University Press, 2009.

Gordon, Linda. "Review Essay: Nazi Feminists?" *Feminist Review*, no. 27 (1987): 97–105.

Görtemaker, Heike B. *Eva Braun: Life With Hitler*. New York: Knopf, 2011.

Götz, Norbert. *Friedensengel: Bausteine zum Verständnis eines Denkmals der Prinzregentenzeit*. München: Münchner Stadtmuseum, 1999.

Gowran, Clay. "Hurl Rockets at Town near Hitler Hideout." *Chicago Daily Tribune*, February22, 1945.

Gregor, Neil. *How to Read Hitler*. London: Granta, 2005.

Gribenski, Jean, Véronique Meyer, and Solange Vernois, eds. *La Maison de l'artiste: Construction d'un espace de représentations entre réalité et imaginaire (XVIIe–XXe siècles)*. Rennes: Presses Universitaires de Rennes, 2007.

Griffiths, Richard. *Fellow Travellers of the Right: British Enthusiasts for Nazi Germany, 1933–39*. London: Constable, 1980.

Grimm, Melchior. "Der Selbstmord in Hitlers Wohnung: Die Tragödie in München-Bogenhausen." *Regensburger Echo*, September 25, 1931.

Grover, Preston. "Hitler Leads Life of Wakeful Spartan." *Washington Post*, January 1, 1941.

———. "Warlord Hitler Designs Table Silver in Spare Time." *Washington Post*, January 2, 1941.

Gruson, Sydney. "RAF 6-Ton Bombs Score Hits on Hitler's Mountain Chalet." *New York Times*, April 26, 1945.

Guenther, Irene. *Nazi Chic?: Fashioning Women in the Third Reich*. Oxford: Berg, 2004.

Guerin, Frances. *Through Amateur Eyes: Film and Photography in Nazi Germany*. Minneapolis: University of Minnesota Press, 2012.

Gun, Nerin E. *Eva Braun: Hitler's Mistress*. New York: Meredith, 1968.（ネリン・E・グーン『エヴァ・ブラウン――ヒトラーの愛人』村社伸訳、日本リーダーズダイジェスト社、1973 年）。

Günther, Hans F. K. *Mein Eindruck von Adolf Hitler*. Pähl: Bebenburg, 1969.

Günther, Sonja. *Das Deutsche Heim: Luxusinterieurs und Arbeitermöbel von der Gründerzeit bis zum "Dritten Reich."* Vol. 12, *Werkbund-Archiv*. Giessen: Anabas, 1984.

———. *Design der Macht: Möbel für Repräsentanten des "Dritten Reiches."* Stuttgart: Deutsche, 1992.

Habel, Heinrich. *Festspielhaus und Wahnfried*. München: Prestel, 1985.

Hake, Sabine. *German National Cinema*. 2 ed. London: Routledge, 2008.（ザビーネ・ハーケ『ドイツ映画』山本佳樹訳、鳥影社・ロゴス企画、2010 年）。

Hale, Oron James. "Adolf Hitler: Taxpayer." *American Historical Review* 60, no. 4 (1955): 830–42.

Hall, Allan. "Chapel Built with Remains of Hitler's Luxury Retreat 'Becomes Nazi Shrine.'" *Telegraph*, April 1, 2010.

Hall, Hines H. "The Foreign Policy-Making Process in Britain, 1934–1935, and the Origins of the Anglo-German Agreement." *The Historical Journal* 19, no. 2 (1976): 477–99.

Haller, Oliver. "Destroying Hitler's Berghof: The Bomber Command Raid of 25 April 1945." *Canadian Military History* 20, no. 1 (2011): 5–20.

Hamann, Brigitte. *Hitler's Vienna: A Portrait of the Tyrant as a Young Man*. London: Tauris Parke, 2010.

———. *Winifred Wagner: A Life at the Heart of Hitler's Bayreuth*. Translated by Alan Bance. Orlando, Fla.: Harcourt, 2005.

Hamburger, Philip. "Letter from Berchtesgaden." *New Yorker*, June 9, 1945, 46–49.

Hamm, Florentine. *Obersalzberg: Wanderungen zwischen Gestern und Heute*. München: Eher, 1937.

Hanfstaengl, Ernst. *Hitler: The Memoir of a Nazi Insider Who Turned against the Führer*. Arcade: New York, 2011.

Harris, John G. "Today and Yesterday: On the War Fronts." *Daily Boston Globe*, May 24, 1942.

Hartford (Conn.) Courant. "Loan Train to Exhibit War Items: Heroes, Weapons, Trophies." October 31, 1945.

Hartmann, Max. *Die Verwandlung eines Berges unter Martin Bormann, 1936–1945*. Berchtesgaden: Plenk, 1989.

Harvey, Oliver. "Welcome to the Hitler Hilton." *Sun*, September 3, 2002.

Haskell, Henry J. "Germany's 1000 Dictators." *Daily Boston Globe*, September 7, 1935.

Henderson, Amy. "From Barnum to 'Bling Bling': The Changing Face of Celebrity Culture." *Hedgehog Review* 7, no.

1 (2005): 37–46.
———."Media and the Rise of Celebrity Culture." *OAH Magazine of History* 6, no. 4 (1992): 49–54.
Hendrick, Bill. "Hitler Sale Tasteless, Jews Say." *Atlanta Constitution*, November 19, 1999.
Hermand, Jost. "More than a House-Painter? Brecht's Hitler." In *Unmasking Hitler: Cultural Representations of Hitler from the Weimar Republic to the Present*, edited by Klaus L. Berghahn and Jost Hermand, 171–92. Oxford: Peter Lang, 2005.
Herz, Rudolf. *Hoffmann und Hitler: Fotografie als Medium des Führer-Mythos*. München: Fotomuseum im Münchner Stadtmuseum, 1994.
Heskett, John. "Modernism and Archaism in Design in the Third Reich." In *The Nazification of Art: Art, Design, Music, Architecture and Film in the Third Reich*, edited by Brandon Taylor and Wilfried van der Will, 110–27. Winchester, Hampshire, UK: Winchester, 1990.
[H]ilpoltsteiner, [F]ranz. "Der 'Berghof' wurde gesprengt." *Berchtesgadener Anzeiger*, May 5–6, 1952.
Hilpoltsteiner, Franz. "Neofaschismus in Berchtesgaden?" *Berchtesgadener Anzeiger*, September 7–8, 1951.
Historicus. "England's Sore Need — A Benevolent Dictator." *Saturday Review*, May 2, 1936, 560–61.
Hitler, Adolf. "Die Reichskanzlei." *Die Kunst im Dritten Reich* 3, no. 7 (1939): 277-80.
———. *Mein Kampf*. München: Eher, 1933.（アドルフ・ヒトラー『わが闘争　完訳』上・下（改版）、平野一郎・将積茂訳、角川文庫、2001 年）。
Hitlers Berghof, 1928–1945. Kiel: Arndt, 2000.
Hofer, Margaret K., et al. *Stories in Sterling: Four Centuries of Silver in New York*. New York: New-York Historical Society; London: D. Giles, 2011.
Hoffmann, Heinrich, ed. *Für Hitler bis Narvik*. München: Hoffmann, 1941.
———, ed. *Hitler abseits vom Alltag*. Berlin: Zeitgeschichte, 1937.
———, ed. *Hitler in Polen*. München: Hoffmann, 1939.
———, ed. *Hitler in seinen Bergen*. Berlin: Zeitgeschichte, 1935.
———, ed. *Hitler wie ihn keiner kennt*. Berlin: Zeitgeschichte, 1932.
———, ed. *Jugend um Hitler*. Berlin: Zeitgeschichte, 1934.
———, ed. *Mit Hitler im Westen*. Berlin: Zeitgeschichte, 1940.
Hoffmann, Kay. "Propagandistic Problems of German Newsreels in World War II." *Historical Journal of Film, Radio and Television* 24, no. 1 (2004): 133–42.
Hopmann, Ernst. "Fort mit dem nationalen Kitsch." Die Form 8, no. 8 (August 1933): 255.
Huber, Erwin. "Geleitwort." In *Die tödliche Utopie: Bilder, Texte, Dokumente, Daten zum Dritten Reich*, edited by Volker Dahm, Albert A. Feiber, Harmut Mehring, and Horst Möller, 11–12. 5th ed. München: Institut für Zeitgeschichte, 2008.
Huston, John W., ed. *American Airpower Comes of Age: General Henry H. "Hap" Arnold's World War II Diaries*. 2 vols. Maxwell Air Force Base, Ala.: Air University Press, 2002.
Hüttinger, Eduard. ed., *Künstlerhäuser von der Renaissance bis zur Gegenwart*. Zurich: Waser, 1985
Innen-Dekoration. "Der Berghof." February 1938, 50–53.
———. "Deutsche Architektur- und Kunsthandwerk-Ausstellung." May 1938, 158–67.
———. "Die Innenräume des Berghofes." February 1938, 54–64.
Ireton, Sean, and Caroline Schaumann, eds. *Heights of Reflection: Mountains in the German Imagination from the Middle Ages to the Twenty-First Century*. Rochester, N.Y.: Camden House, 2012.

Jäckel, Eberhard. *Hitler's World View: A Blueprint for Power*. Translated by Herbert Arnold. Cambridge, Mass.: Harvard University Press, 1981.（エバーハルト・イエッケル『ヒトラーの世界観――支配の構想』滝田毅訳、南窓社、1991 年）。

Jacobs, Tino. "Zwischen Intuition und Experiment: Hans Domizlaff und der Aufstieg Reemtsmas, 1921 bis 1932." In *Marketinggeschichte: Die Genese einer modernen Sozialtechnik*, edited by Hartmut Berghoff, 148–76. Frankfurt am Main: Campus, 2007.

Jaskot, Paul B. *The Architecture of Oppression: The SS, Forced Labor and the Nazi Monumental Building Economy*. London: Routledge, 2000.

Jellonnek, Burkhard. *Homosexuelle unter dem Hakenkreuz: Die Verfolgung von Homosexuellen im Dritten Reich*. Paderborn: Schöningh, 1990.

Jerusalem Post. "Row over Souvenirs at Hitler's 'Eagle's Nest.'" October 2, 1986.

Joachimsthaler, Anton. *Hitlers Liste*. München: Herbig, 2003.

Johnson, Richard L. "Nazi Feminists: A Contradiction in Terms." *Frontiers: A Journal of Women's Studies* 1, no. 3 (1976): 55–62.

Johnston, Richard J. H. "Goering's Private Art Collection, Put at $200,000,000, Is on Show." *New York Times*, May 21, 1945.

———. "Hitler's House Completely Ruined as a Result of RAF Bomber Attack." *New York Times*, May 8, 1945.

———. "Vast Art Collection Stolen by Nazis Found." *New York Times*, May14, 1945.

Jones, Thomas. *A Diary with Letters, 1931–1950*. London: Oxford University Press, 1954.

Jones, Victor O. "Globe Man in Berchtesgaden: G.I.'s Served Free Meals in Bed by Frauleins." *Daily Boston Globe*, February 4, 1947.

Jooss, Birgit. "'Bauernsohn, der zum Fürsten der Kunst gedieh': Die Inszenierungsstrategien der Künstlerfürsten im Historismus." *Plurale* 5 (2005): 196–228.

Jordan, Jennifer A. *Structures of Memory: Understanding Urban Change in Berlin and Beyond*. Stanford, Calif.: Stanford University Press, 2006.

Jordan, M. Arthur. "Ex-Chief of German Army Facing Trial." *Ireton (Iowa) Ledger*, February 28, 1924.

Junge, Traudl. *Until the Final Hour*. Edited by Melissa Müller. Translated by Anthea Bell. New York: Arcade, 2004.（トラウデル・ユンゲ『私はヒトラーの秘書だった』足立ラーベ加代・高島市子訳、草思社、2004 年）。

Käfer, Miriam. "Hitlers frühe Förderer aus dem Münchner Großbürgertum — das Verlegerehepaar Elsa und Hugo Bruckmann." In *Rechte Karrieren in München: Von der Weimarer Zeit bis in die Nachkriegsjahre*, edited by Marita Krauss, 52–79. München: Volk, 2010.

Kaplan, Brett Ashley. *Landscapes of Holocaust Postmemory*. New York: Routledge, 2011.

Kater, Michael H. *Hitler Youth*. Cambridge, Mass.: Harvard University Press, 2004.

Kellerhoff, Sven Felix. *Mythos Führerbunker: Hitlers letzter Unterschlupf*. Rev. ed. Berlin: Berlin Story, 2012.

Kershaw, Ian. *Hitler*. London: Longman, 1991.（イアン・カーショー『ヒトラー権力の本質』（新装版）、石田勇治訳、白水社、2009 年）。

———. *Hitler, 1889–1936: Hubris*. New York: Norton, 1999.（イアン・カーショー『ヒトラー　上　1889–1936　傲慢』石田勇治監修、川喜田敦子訳、白水社、2016 年）。

———. *Hitler, 1936–1945: Nemesis*. New York: Norton, 2000.（イアン・カーショー『ヒトラー　下　1936–1945　天罰』石田勇治監修、福永美和子訳、白水社、2016 年）。

———. *The "Hitler Myth": Image and Reality in the Third Reich*. Oxford: Oxford University Press, 1987.（イアン・ケルショー『ヒトラー神話——第三帝国の虚像と実像』柴田敬二訳、刀水書房、1993 年）。
———. *Making Friends with Hitler: Lord Londonderry, the Nazis, and the Road to War*. New York: Penguin, 2004.
———. *The Nazi Dictatorship: Problems and Perspectives of Interpretation*. 4th ed. London: Bloomsbury Academic, 2000.
Kiene, Sepp. "Offener Brief an den 'Berchtesgadener Anzeiger.'" *Berchtesgadener-Kurier*, November 9, 1951.
Kiener, Hans. "Die Ritterkreuzurkunden." *Die Kunst im Deutschen Reich* 6, no. 10 (1942): 247–55.
Kinzer, Stephen. "An Unspoiled Alpine View, a Legacy of Demons." *New York Times*, September 13, 1995.
Kirkpatrick, Ivone. *The Inner Circle: Memoirs of Ivone Kirkpatrick*. London: MacMillan; New York: St. Martin's, 1959.
Knopp, Guido, and Thomas Staehler. "Familie Hitler." In *Geheimnisse des "Dritten Reichs,"* edited by Guido Knopp, 15–74. München: btb, 2012.
Knox, Jack, and Dave Obee. "Uncle Wolf and Me." *Times-Colonist* (Victoria, B.C.), August 7, 2005.
Koepnick, Lutz. *Framing Attention: Windows on Modern German Culture*. Baltimore: John Hopkins University Press, 2007.
Köhler, Joachim. *Wagner's Hitler: The Prophet and His Disciple*. Translated by Ronald Taylor. Cambridge: Polity, 2000.
Kolbrand, Franz. "Im Kriege Kampf dem Kitsch." *Die innere Front*, November 14, 1939, 14.
Koonz, Claudia. *The Nazi Conscience*. Cambridge, Mass.: Harvard University Press, 2003.（クローディア・クーンズ『ナチと民族原理主義』滝川義人訳、青灯社、2006 年）。
Koss, Juliet. *Modernism after Wagner*. Minneapolis: University of Minnesota Press, 2010.
Krauss, Marita, ed. *Rechte Karrieren in München: Von der Weimarer Zeit bis in die Nachkriegsjahre*. München: Volk, 2010.
Kuby, Erich. "Die Wahrheit über den Obersalzberg." *Süddeutsche Zeitung*, February 7–8, 1953.
Kükelhaus, Hugo, and Stefan Hirzel, eds. *Deutsche Warenkunde*. Berlin: Metzner, 1939.
Lambert, Angela. *The Lost Life of Eva Braun*. New York: St. Martin's, 2008.
Lane, Barbara Miller. *Architecture and Politics in Germany, 1918–1945*. Cambridge, Mass.: Harvard University Press, 1985.
Large, David Clay. *Nazi Games: The Olympics of 1936*. New York: Norton, 2007.（デイヴィッド・クレイ・ラージ『ベルリン・オリンピック 1936——ナチの競技』高儀進訳、白水社、2008 年）。
———. *Where Ghosts Walked: Munich's Road to the Third Reich*. New York: Norton, 1997.
Lauterbach, Iris, Julian Rosefeldt, and Piero Steinle, eds. *Bürokratie und Kult: Das Parteizentrum der NSDAP am Königsplatz in München*. München: Deutscher Kunstverlag, 1995
Lb. "Frau Troost wurde Minderbelastete." *Süddeutsche Zeitung*, March 3, 1950.
Leidig, Michael. "Outrage at Third Reich Museum." *Sunday Telegraph*, October 24, 1999.
Lentin, Antony. *Lloyd George and the Lost Peace: From Versailles to Hitler, 1919–1940*. New York: Palgrave Macmillan, 2001.
Life. "Berchtesgaden: U.S. Fighter Bombers Pay a Visit to Adolf Hitler's Mountain Home." March 19, 1945, 34.
———. "Blowup at Berchtesgaden." June 2, 1952, 41–42.
———. "Letters to the Editors." November 20, 1939, 2, 4.
———. "The Liberation of Gertrude Stein." October 2, 1944, 83–84.

———. "Paintings by Adolf Hitler: The Statesman Longs to Be an Artist and Helps Design His Mountain Home." October 30, 1939, 52–58.

———. "Speaking of Pictures: Jugend um Hitler." December 6, 1937, 6–7, 9.

Linge, Heinz. "I Was Hitler's Valet — VIII: Hitler Hoped to Retire and Marry Eva." *Daily Boston Globe*, November 6, 1955.

———. "Valet Upsets Love Scene between Hitler and Eva." *Los Angeles Times*, November 6, 1955.

———. *With Hitler to the End*. Translated by Geoffrey Brooks. London: Frontline; New York: Skyhorse, 2009.

Living Age. "The German Scene: I. Hitler's Palace in the Clouds." Translated from the *Telegraaf* (Amsterdam). March 1939, 32–33.

Lloyd George, David. "I Talked to Hitler." *Daily Express*, September 17, 1936.

[Lochner, Louis P.]. "Hitler's Safe Holds Only 'Mein Kampfs.'" *New York Times*, May 12, 1945.

Lochner, Louis P. "Adolf Hitler's Retreat Symbolizes His Entire Work — It Is a Wreck." *Emporia Gazette* (Kansas), May 7, 1945.

———. "Der Fuehrer's Thoughts Now up in the Clouds." *Hartford (Conn.) Courant*, March 19, 1939.

———. "Faces of Hopeful GI's Fall as Hitler's Safe Is Opened." *Milwaukee Journal*, May 11, 1945.

———. "Hitler Looks to Aides Not in Public Eye: Widows Troost and Wagner Help Der Führer Woo the Muses." *Baltimore Sun*, September 4, 1938.

———. "Hitler's Chalet Was Like Lavish Castle." *Big Spring (Tex.) Daily Herald*, May 10, 1945.

———. "Nazis' Hideouts Ready in Mountains: Wild Terrain, Loyal Guards Could Delay War Criminals' Doom." *Washington Post*, February 25, 1945.

Löhr, Hanns Christian. *Das Braune Haus der Kunst und der "Sonderauftrag Linz."* Berlin: Akademie, 2005.

Los Angeles Times. "Allies Destroy 905 Nazi Planes." April 17, 1945.

———. "Bavaria Seals Hitler's 'Eagle's Nest' Bunkers." August 28, 1966.

———. "Dynamite Parcel 'Sent' to Hitler." September 13, 1943.

———. "Goering's Looted Art Treasure on Exhibit." May 21, 1945.

———. "Hitler Gets His Hideout Prepared." June 30, 1944.

———. "Yanks Uncover Vast Goering Loot Operations." May 14, 1945.

Losch, Roland. "New Exhibit Details Hitler's Mountain Retreat." *Atlanta Constitution*, October 21, 1999.

Low, David. *Years of Wrath: A Cartoon History, 1932–1945*. London: Gollancz, 1949.

Lukacs, John. *The Hitler of History*. New York: Knopf, 1997.

M., D. "Gerüchte aus Marmor." *Berchtesgadener Anzeiger*, March 6–7, 2010.

M. -M., jr. "Frau Troost und Balthasar Neumann." *Süddeutsche Zeitung*, February 25–26, 1950.

Machtan, Lothar. "Hitler, Röhm and the Night of the Long Knives." *History Today* 51, no. 11 (2001): 5–17.

Maiolo, Joseph A. *The Royal Navy and Nazi Germany, 1933–39: A Study in Appeasement and the Origins of the Second World War*. Basingstoke, UK: Macmillan, 1998.

Malcolm, Janet. *Two Lives: Gertrude and Alice*. New Haven, Conn.: Yale University Press, 2007.

Manchester (UK) Guardian. "Bavaria's Fascists." February 8, 1923.

———. "Nazi Looting in Poland." March 2, 1940.

———. "Pervasive Madness." January 30, *1923*.

Mansfield (Ohio) News-Journal. "Hitler's Former Mountain Retreat Still Center of Attention." December 25, 1949.

Margolis, Jonathan. "My Night on Evil Mountain." *Independent*, March 9, 2005.

Martynkewicz, Wolfgang. *Salon Deutschland: Geist und Macht 1900–1945*. Berlin: Aufbau, 2009.

Matthews, Herbert. "Fliers Who Hit Berchtesgaden Didn't Know Hitler Lives There." *New York Times*, February 23, 1945.

———. "P-47 Fliers Punish Berchtesgaden; Rip Traffic at Hitler's Hideaway." New *York* Times, February 22, 1945.

McCrum, Robert, and Taylor Downing. "The Hitler Home Movies." *Observer Magazine*, January 27, 2013, 20-25.

McDaniel, Toni. "A'Hitler Myth'? American Perception of Adolf Hitler, 1933–1938." *Journalism History* 17, no. 3 (1990): 46–53.

McKie, David. *Bright Particular Stars: A Gallery of Glorious British Eccentrics*. London: Atlantic, 2011.

McKinstry, Leo. *Lancaster: The Second World War's Greatest Bomber*. London: Murray, 2009.

McManus, John C. *American Courage, American Carnage: 7th Infantry Chronicles*. New York: Forge, 2009.

Mehringer, Hartmut. *Waldemar von Knoeringen: Eine politische Biographie*. München: Saur, 1989.

Meng, Michael. *Shattered Spaces: Encountering Jewish Ruins in Postwar Germany and Poland*. Cambridge, Mass.: Harvard University Press, 2011.

Merrill, Jean. "Hitler's Life at Berchtesgaden: Australian Has Tea with the Fuhrer, Writes Impressions." *Advertiser* (Adelaide), September 17, 1938.

Merrill du Cane, Jean. "Tea with Hitler: His Bavarian Mountain Home." *Nambour Chronicle*, July 8, 1938.

Michaud, Eric. *The Cult of Art in Nazi Germany*. Stanford, Calif.: Stanford University Press, 2004.

Middlebrook, Martin, and Chris Everitt. *The Bomber Command War Diaries*. Rev. ed. Leicester: Midland, 1996.

Miller, Lee. "Hitleriana." *Vogue* (UK), July 1945, 37, 72–73.

Miller, Marjorie. "Nazi Symbol to Return to German Hands." *Los Angeles Times*, February 3, 1995.

Mitchell, Arthur H. *Hitler's Mountain: The Führer, Obersalzberg and the American Occupation of Berchtesgaden*. Jefferson, N.C.: McFarland, 2007.

Moeller, Robert G. *War Stories: The Search for a Usable Past in the Federal Republic of Germany*. Berkeley: University of California Press, 2001.

Monahan, Laurie. "Waste Management: Hitler's Bathtub." *Journal of Surrealism and the Americas* 5, nos. 1–2 (2011): 98–119.

Moor, Paul. "The Old Order: Berchtesgaden Seven Years After." *Harper's Magazine*, December 1952, 57–67.

Moore, Michaela Hoenicke. *Know Your Enemy: The American Debate on Nazism, 1933–1945*. New York: Cambridge, 2010.

Morning Herald (Hargerstown, Md.). "She Has Hitler's Silverware." July 17, 1945.

Mosley, Charlotte, ed. *The Mitfords: Letters between Six Sisters*. New York: Harper, 2007.

Muhlen, Norbert. *The Return of Germany: A Tale of Two Countries*. Chicago: Regnery, 1953.

Münchner Post. "Eine rätselhafte Affäre: Selbstmord der Nichte Hitlers." September 21, 1931.

Münchner Post. "Eine rätselhafte Affäre: Selbstmord der Nichte Hitlers." September 22, 1931.

Münkler, Herfried. *Die Deutschen und ihre Mythen*. Berlin: Rowohlt, 2009.

Murphy, William. "FitzGerald, (Thomas Joseph) Desmond." *Dictionary of Irish Biography: From the Earliest Times to the Year 2002*, edited by James McGuire and James Quinn, 820–24. Vol. 3. Cambridge: Cambridge University Press and Royal Irish Academy, 2009.

Muthesius, Stefan. *The Poetic Home: Designing the 19th-Century Domestic Interior*. New York: Thames and Hudson, 2009.

Neillands, Robin. *The Bomber War: Arthur Harris and the Allied Bomber Offensive, 1939–1945*. London: Murray,

2001.
Nerdinger, Winfried, ed. *Bauhaus-Moderne im Nationalsozialismus: Zwischen Anbiederung und Verfolgung.* München, Prestel, 1993.（ヴィンフリート・ネルディンガー編『ナチス時代のバウハウス・モデルネ』清水光二訳、大学教育出版、2002 年）。
———, ed. *Ort und Erinnerung: Nationalsozialismus in München.* Salzburg: Pustet, 2006.
Neuerbourg, Hanns. "Kilroy's Been at Hitler's Aerie." *Washington Post*, July 31, 1966.
Neul, Josef. *Adolf Hitler und der Obersalzberg.* Rosenheim: Deutsche, 1997.
Neumann, Conny. "Nazi-Bauten: Adolfs Platten." *Der Spiegel*, March 31, 2010, 50–51.
Neumann, Klaus. *Shifting Memories: The Nazi Past in the New Germany.* Ann Arbor: University of Michigan Press, 2000.
Neven-du Mont, Jürgen. "Kleine Geschäfte mit verblichenem Glanz." *Süddeutsche Zeitung*, July 11, 1951.
———. "Propagandazelle Obersalzberg." *Münchner Illustrierte*, no. 28 (1951): 31.
New Age. "America's Day." February 27, 1919, 282.
Newsday (Long Island, N.Y.). "Claims Goering 'Bought' Treasure Trove." May 21, 1945.
Newsweek. "Hitler at Bavarian Retreat." March 2, 1935, 12–13.
New York Times. "15,000 on Train See Surrender Papers." November 6, 1945.
———. "Capture of Kerch Claimed in Berlin." May 17, 1942.
———. "Coup Fear Takes Halifax to London." August 20, 1939.
———. "The Developments in Europe." August 20, 1939.
———. "Effigies of Hitler Hung in Yorkville." October 16, 1942.
———. "German Fascist Chief Prospers." November 3, 1929.
———. "Hitler Bunker Shut to Bar Profiting." August 28, 1966.
———. "Hitler Eyrie Held Mentality Symbol." December 24, 1939.
———. "Hitler's Alpine Hideaway Is a Tourist Town's Gold Mine." August 24, 1980.
———. "Hitler's Taste Shows Wagnerian Influence." May 19, 1935.
———. "The Hour of Suspense." March 30, 1944.
———. "House That Hitler Built." August 9, 1951.
———. "'Liberated' Nazi Loot." June 10, 1945.
———. "Links to Hitler Enrage Unions of Paperhangers." May 27, 1937.
———. "Luftwaffe Is 'Out.'" April 17, 1945.
———. "One Year — : Where Britain and Germany Give Blow for Blow." September 1, 1940.
———. "Our Role Abroad: A German Report Is Contradicted." March 31, 1940.
———. "Pontiff Still Sees a Chance for Peace." August 20, 1939.
———. "Reich Exhibits Articles Banned for Bad Taste." June 8, 1935.
———. "Says Hitler's Father Changed Name from Schuecklgruber." April 9, 1932.
———. "War Moves Go On." August 20, 1939.
New York Times Magazine. "Hitler His Own Architect: He Practices His Art on a Simple Chalet." October 13, 1935, 15.
Nicholas, Lynn H. *The Rape of Europa.* New York: Vintage, 1995.（リン・H・ニコラス著『ヨーロッパの略奪——ナチス・ドイツ占領下における美術品の運命』高橋早苗訳、白水社、2002 年）。
Niedersachsen-Stürmer. "Der Wasserkopf als Salzstreuer: Eine bemerkenswerte Säuberungsaktion der

Reichskunstkammer." October 31, 1936, 7.

Niven, Bill, and Chloe Paver, eds. *Memorialization in Germany since 1945*. Basingstoke, UK: Palgrave Macmillan, 2010.

North American Review. "By Way of Introduction." 225, no. 5 (1928): n. p.

Northedge, F. S. *The Troubled Giant: Britain among the Great Powers, 1916–1939*. New York: Praeger, 1966.

Nüsslein, Timo. "Gerdy Troost: Urkunden und kunsthandwerkliche Arbeiten, 1937–1945." *Militaria*, no. 4 (2011): 128–36.

———. *Paul Ludwig Troost, 1878–1934*. Wien: Böhlau, 2012.

Observer. "Hitler at Home: A Country Gentleman." December 15, 1935.

———. "R. A. F. Destroying Civilian Morale in Germany." January 16, 1944.

Oechsner, Frederick C. "Hitler Fantasies Foster His Legend." *New York Times*, June 9, 1942.

Ogan, Bernd, and Wolfgang W. Weiss, eds. *Faszination und Gewalt: Zur politischen Ästhetik des Nationalsozialismus*. Nurnberg: Tümmels, 1992.

Orosz, Eva-Maria. "Der Makart-Stil: Ein Atelier als Vorbild für das Wiener Interieur." In *Makart: Ein Künstler regiert die Stadt*, edited by Ralph Gleis, 116–25. München: Prestel; Wien: Wien Museum, 2011.

Ottomeyer, Hans. "Vorwort." In *Hitler und die Deutschen: Volksgemeinschaft und Verbrechen*, edited by Hans-Ulrich Thamer and Simone Erpel, 13–14. Berlin: Deutsches Historisches Museum; Dresden: Sandstein, 2010.

Ottomeyer, Hans, and Alfred Ziffer. *Möbel des Neoklassizismus und der Neuen Sachlichkeit*. München: Prestel, 1993.

Ozturk, Anthony. "Interlude: Geo-Poetics: The Alpine Sublime in Art and Literature, 1779–1860." In *Heights of Reflection: Mountains in the German Imagination from the Middle Ages to the Twenty-First Century*, edited by Sean Ireton and Caroline Schaumann, 77–97. Rochester, N.Y.: Camden House, 2012.

Pampa (Tex.) Daily News. "Austin Family to Use Hitler's Silverware." August 2, 1945.

Panton, Silkirk. "Hitler's New Hide-Away." *Current History* 50, nos. 71–72 (1939): 51–52.

Pariser Tageszeitung. "Hitlers Bergfestung in Berchtesgaden." June 21, 1937.

Penrose, Antony, ed. *Lee Miller's War*. London: Thames and Hudson, 2005.

Peterborough. "Baroque." *Daily Telegraph*, April 25, 1935.

Peters, C. Brooks. "In Hitler's Chalet." *New York Times Magazine*, March 16, 1941, 9, 21.

Peters, Olaf, ed. *Degenerate Art: The Attack on Modern Art in Nazi Germany, 1937*. New York: Neue Galerie; München: Prestel, 2014.

Peterson, Amy T., and Ann Kellogg, eds. *The Greenwood Encyclopedia of Clothing through American History 1900 to the Present*. 2 vols. Westport, Conn.: Greenwood, 2008.

Petropoulos, Jonathan. *Art as Politics in the Third Reich*. Chapel Hill: University of North Carolina Press, 1996.

———. *The Faustian Bargain: The Art World in Nazi Germany*. New York: Oxford, 2000.

———. "Postwar Justice and the Treatment of Nazi Assets." In *Gray Zones: Ambiguity and Compromise in the Holocaust and Its Aftermath*, edited by Jonathan Petropoulos and John K. Roth, 325–38. New York: Berghahn, 2006.

———. *Royals and the Reich: The Princes von Hessen in Nazi Germany*. New York: Oxford University Press, 2006.

Petropoulos, Jonathan, and John K. Roth, eds. *Gray Zones: Ambiguity and Compromise in the Holocaust and Its Aftermath*. New York: Berghahn, 2006.

Petsch, Joachim. "Möbeldesign im Dritten Reich und die Erneuerung des Tischler-Gewerbes seit dem ausgehenden 19. Jahrundert." In *Design in Deutschland 1933–45: Ästhetik und Organisation des Deutschen Werkbundes im*

"Dritten Reich," edited by Sabine Weissler, 42–55. Giessen: Anabas Verlag, 1990.

Phayre, Ignatius [W. G. Fitz-Gerald]. *Can America Last?* London: Murray, 1933.

———. "Hitler as a Countryman: The 'Squire' of Wachenfeld." *Country Life*, March 8, 1936, 322–24.

———. "Hitler at Home." *Saturday Review*, March 21, 1936, 362–63.

———. "Hitler at Home: 'Squire' among His Dogs." *West Australian* (Perth), August 7, 1937.

———. "Hitler Says His Dogs Are Real Friends." *American Kennel Gazette*, January 1, 1937, 5–7, 164.

———. "Hitler's Mountain Home: A Visit to 'Haus Wachenfeld,' in the Bavarian Alps." *Homes and Gardens*, November 1938, 193–95.

———. "Holiday *with* Hitler: A Personal Friend Tells of a Personal Visit with Der Führer — with a Minimum of Personal Bias." *Current History* 44, no. 4 (1936): 50–58.

———. "Italy's Military Problems in Abyssinia." *English Review* 61 (1935): 270–81.

———. "Japan's 'World-War' in Trade." *Quarterly Review* 264, no. 523 (1935): 1–21.

———. "The League's 'Black Baby.'" *North American Review* 238, no. 3 (1934): 237.

———. "The Man of Peru." *North American Review* 225, no. 843 (1928): 564–68.

———. "Race-Hatred in the United States." *Observer*, August 3, 1919.

———. "The Slave-Trade To-Day." *English Review* 60 (1935): 55–65.

———. "With Herr Hitler in His Holiday Home." *Windsor Magazine*, June–November 1936, 35–51.

Picker, Henry. *Hitlers Tischgespräche im Führerhauptquartier.* Berlin: Ullstein, 1997.

Pine, Lisa. *Education in Nazi Germany.* Oxford: Berg, 2010.

———. *Nazi Family Policy, 1933–1945.* Oxford: Berg, 1997.

Ploch, Arthur. "Das Bild als Ware." *Deutsche Presse* 24, no. 17 (1934): 8–12.

Pogge, Ernst. "Der Berghof: Das Heim des Führers." *Elegante Welt*, April 14, 1939, 18–26, 52.

Prager Tageblatt. "Hitlers Stiefschwester und die rituelle Küche." September 27, 1931.

Prölss-Kammerer, Anja. *Die Tapisserie im Nationalsozialismus: Propaganda, Repräsentation und Produktion.* Hildesheim: Olms, 2000.

Pröse, Tim. "Daheim bei Hitler." *Focus*, May 7, 2007, 122–27.

Pünder, Hermann [Staatssekretär der Reichskanzlei], ed. *Zur Geschichte des Reichskanzlerpalais und der Reichskanzlei.* Berlin: Zentralverlag, 1928.

Ransom, Tina. "Secret Weapons to Go on Display in Victory Loan Special on Nov. 21." *Atlanta Constitution*, November 9, 1945.

Rapport, Leonard, and Arthur Northwood, Jr. *Rendezvous with Destiny: A History of the 101st Airborne Division.* Washington, D.C.: Infantry Journal, 1948.

Rasp, Hans-Peter. "Bauten und Bauplanung für die 'Hauptstadt der Bewegung.'" In *München: "Hauptstadt der Bewegung,"* edited by Richard Bauer, Hans Günther Hockerts, Brigitte Schütz et al., 294–99. München: Münchner Stadtmuseum, 2002.

Rauschning, Hermann. *The Voice of Destruction.* New York: Putnam, 1940.

Reichel, Peter. *Der schöne Schein des Dritten Reiches.* Hamburg: Eilert and Richter, 2006.

Reinhold, Kurt. "Der Unwiderstehliche." *Das Tagebuch*, May 28, 1932, 837–40.

Remme, Tilman. "Life with Hitler and His Mistress." *Daily Telegraph*, September 27, 1997.

Rentschler, Eric. *The Ministry of Illusion: Nazi Cinema and Its Afterlife.* Cambridge, Mass.: Harvard University Press, 1996.

Retallack, Joan, ed. *Gertrude Stein: Selections*. Berkeley: University of California Press, 2008.
———. "Introduction." In *Gertrude Stein: Selections*, edited by Joan Retallack, 3–84. Berkeley: University of California Press, 2008.
Rolinek, Susanne, Gerald Lehner, and Christian Strasser. *Im Schatten der Mozartkugel: Reiseführer durch die braune Topografie von Salzburg*. Wien: Czernin, 2009.
Roos, Peter. "Hitlerconti: Im Luxushotel auf dem Obersalzberg am 20. April." *Die Zeit*, April 28, 2005.
Rosenbaum, Ron. *Explaining Hitler*. New York: Random House, 1998.
Rosenblum, Robert. *Modern Painting and the Northern Romantic Tradition: Friedrich to Rothko*. New York: Harper and Row, 1975.（ロバート・ローゼンブラム『近代絵画と北方ロマン主義の伝統――フリードリヒからロスコへ』神林恒道・出川哲朗訳、岩崎美術社、1988 年）。
Rosenfeld, Gavriel D. "Memory and the Museum: Munich's Struggle to Create a Documentation Center for the History of National Socialism." In *Beyond Berlin: Twelve German Cities Confront the Nazi Past*, edited by Gavriel D. Rosenfeld and Paul B. Jaskot, 163–84. Ann Arbor: University of Michigan Press, 2008.
———. *Munich and Memory: Architecture, Monuments, and the Legacy of the Third Reich*. Berkeley: University of California Press, 2000.
Rosenfeld, Gavriel D., and Paul B. Jaskot, eds. *Beyond Berlin: Twelve German Cities Confront the Nazi Past*. Ann Arbor: University of Michigan Press, 2008.
Rützow, Sophie. "Bertreuerin eines Vermächtnisses: Gerdy Troost und Ihr Wirken." *Münchner Neueste Nachrichten*, July 25, 1937.
Ryback, Timothy W. "The Hitler Shrine." *Atlantic Monthly*, April 2005, 131–34.
———. *Hitler's Private Library*. New York: Vintage, 2008.（ティモシー・ライバック『ヒトラーの秘密図書館』赤根洋子訳、文春文庫、2012 年）。
Ryback, Timothy, and Florian M. Beierl. "A Damnation of Memory." *New York Times*, February 12, 2010, and *International Herald Tribune*, February 13, 2010.
Saturday Review. "America of To-Day." December 7, 1918, 1132–33.
———. "The Shrine of Sebekh." January 27, 1912, 118.
Sawyer-Lauçanno, Christopher. *The Continual Pilgrimage: American Writers in Paris, 1944–1960*. New York: Grove, 1992.
Sax, Boria. *Animals in the Third Reich*. Providence: Yogh and Thorn, 2013.（ボリア・サックス『ナチスと動物――ペット・スケープゴート・ホロコースト』関口篤訳、青土社、2002 年）。
Schad, Martha. *Sie liebten den Führer: Wie Frauen Hitler verehrten*. München: Herbig, 2009.
Schäfer, Hans Dieter. *Das gespaltene Bewußtsein: Vom Dritten Reich bis zu den langen Fünfziger Jahren*. Göttingen: Wallstein, 2009.
Schaffing, Ferdinand. *Der Obersalzberg: Brenpunkt der Zeitgeschichte*. München: Langen and Müller, 1985.
Schaub, Julius. *In Hitlers Schatten: Erinnerugen und Aufzeichnungen des Chefadjutanten, 1925–1945*. Edited by Olaf Rose. 2nd ed. Stegen am Ammersee: Druffel and Vowinckel, 2010.
Schirach, Baldur von. *Ich glaubte an Hitler*. Hamburg: Mosaik, 1967.
Schirach, Henriette von. *Frauen um Hitler*. München: Herbig, 1983.（ヘンリエッテ・フォン・シーラッハ『ヒトラーをめぐる女性たち』シュミット村木眞寿美訳、三修社、1985 年）。
Schläder, Jürgen, and Robert Braunmüller. *Tradition mit Zukunft: 100 Jahre Prinzregententheater München*. Feldkirchen bei München: Ricordi, 1996.

Schlenker, Ines. *Hitler's Salon: The Grosse Deutsche Kunstausstellung at the Haus der Kunst in Munich, 1937–1944.* Oxford: Peter Lang, 2007.

Schmitt-Imkamp, Lioba. *Roderich Fick, 1886–1955.* Vienna: Böhlau, 2014.

Schmölders, Claudia. *Hitler's Face: The Biography of an Image.* Translated by Adrian Daub. Philadelphia: University of Pennsylvania Press, 2006.

Schnöller, Martin. "Malerfürsten im 19. Jahrhundert: Hans Makarts Atelier in Wien, die Villen von Franz Lenbach und Franz Stuck in München." In *Künstlerhäuser von der Renaissance bis zur Gegenwart,* edited by Eduard Hüttinger, 195–218. Zurich: Waser, 1985.

Schönberger, Angela. *Die Neue Reichskanzlei von Albert Speer.* Berlin: Gebr. Mann, 1981.

Schöner, Hellmut, ed. *Das Berchtesgadener Land im Wandel der Zeit: Ergänzungsband I zu dem 1929 erschienenen Werk von A. Helm.* Berchtesgaden: Verein für Heimatkunde des Berchtesgadener Landes, 1982.

Schöner, Hellmut, and Rosl Irlinger. *Der alte Obersalzberg bis 1937: Dokumentation über die durch Zwangsaufkauf und Abbruch zerstörte ursprüngliche Besiedlung.* Berchtesgaden: Berchtesgadener Anzeiger, 1989.

Schoppmann, Claudia. *Zeit der Maskierung: Lebensgeschichten lesbischer Frauen im "Dritten Reich."* Berlin: Orlanda: 1993.

Schroeder, Christa. *He Was My Chief.* Translated by Geoffrey Brooks. London: Frontline, 2009.

Schultz, Sigrid. "Nazis Angered by Mundelein's Blow at Hitler." *Chicago Daily Tribune*, May 20, 1937.

———. "Tribune Writer Visits Hitler's Two Love Nests." *Chicago Daily Tribune*, May 10, 1945.

Schultze-Naumburg, Paul. *Das Gesicht des Deutschen Hauses.* München: Callwey, 1929.

———. *Kunst und Rasse.* München: Lehmanns, 1928.

Schuster, Karl. *Weisse Berge, Schwarze Zelte. Eine Persienfahrt.* München: Gesellschaft Alpiner Bücherfreunde, 1932.

Schuster-Winkelhof, Karl. *Adolf Hitlers Wahlheimat.* München: Münchner, 1933.

Schwarz, Birgit. *Geniewahn: Hitler und die Kunst.* Wien: Böhlau, 2009.

Schwartz, Frederic. *The Werkbund: Design Theory and Mass Culture before the First World War.* New Haven, Conn.: Yale University Press, 1996.

Scotsman. "Police Trace Organisation of Bomb-Throwers: Ringleaders Caught." September 12, 1929.

Seckendorff, Eva von. "Monumentalität und Gemütlichkeit: Die Interieurs der NSDAP-Bauten am Königsplatz." In *Bürokratie und Kult: Das Parteizentrum der NSDAP am Königsplatz in München*, edited by Iris Lauterbach, Julian Rosefeldt, and Piero Steinle, 119–46. München: Deutscher Kunstverlag, 1995.

Seerwald, Michael E. *Gipfel der Macht? Hitlers Teehaus am Kehlsteinhaus.* Berchtesgaden: Beierl, 2007.

Seidel, Klaus Jürgen, ed. *Das Prinzregenten-Theater in München.* Nuremberg: Schoierer, 1984.

Selig, Wolfram. *"Arisierung" in München: die Vernichtung jüdischer Existenz 1937–1939.* Berlin: Metropol, 2004.

Sereny, Gitta. *Albert Speer: His Battle with Truth.* New York: Random, 1996.

Shirer, William. "Shirer Says Germans Blame Hitler for Russian Disaster." *Daily Boston Globe*, January 2, 1944.

Sigmund, Anna Maria. *Die Frauen der Nazis.* München: Heyne, 2005.（アンナ・マリア・ジークムント『ナチスの女たち』西上潔訳、東洋書林、2009 年）。

Silberspiegel. "Die Neuen Räume der Reichskanzlei." May 25, 1937, 524–26.

Silverman, Dan P. *Hitler's Economy: Nazi Work Creation Programs, 1933–1936.* Cambridge, Mass.: Harvard University Press, 1998.

Silverman, Debora. *Art Nouveau in Fin-de-Siècle France: Politics, Psychology and Style.* Berkeley: University of California Press, 1989.（デボラ・シルヴァーマン『アール・ヌーヴォー――フランス世紀末と「装飾

芸術」の思想』天野知香・松岡新一郎訳、青土社、1999年)。

Simpson, Hedwig Mauer. "Herr Hitler at Home in the Clouds." *New York Times Magazine*, August 20, 1939, 5, 22.

Sions, Harry. "Berchtesgaden." *Yank: The Army Weekly*, June 22, 1945, 2–4.

Sontag, Susan. "Fascinating Fascism." *New York Times Review of Books*, February 6, 1975, 23–30.

Speer, Albert. *Inside the Third Reich*. Translated by Richard and Clara Winston. New York: Touchstone, 1997.(アルベルト・シュペーア『第三帝国の神殿にて——ナチス軍需相の証言』上・下、品田豊治訳、中公文庫、2001年)。

Spitzy, Reinhard. *So haben wir das Reich verspielt: Bekenntnisse eines Illegalen*. München: Langen Müller, 1986.

Spotts, Frederic. *Hitler and the Power of Aesthetics*. Woodstock, N.Y.: Overlook, 2002.

St[einlein], G. "Berghof Wachenfeld auf Obersalzberg, das Heim unseres Führers." *Bauzeitung* 34, no. 33 (1937): 457–61.

Stachura, Peter D. "The Political Strategy of the Nazi Party, 1919–1933." *German Studies Review* 3, no. 2 (1980): 261–88.

Stadler, Matthew. "Hitler's Rooms." *Nest: A Magazine of Interiors*, Fall 2003, 62–81.

Stankiewitz, Karl. *Prachtstrassen in München: Brienner und Prinzregentenstrasse*. Dachau: Bayerland, 2009.

Stead, Ronald. "Germans Clear Debris." *Christian Science Monitor*, June 28, 1945.

———. "Hitler's Berchtesgaden Turns into 'Coney Island.'" *Christian Science Monitor*, July 5, 1945.

———. "Nuremberg: Grim Housing Shortage." *Christian Science Monitor*, July 2, 1945.

Stein, Gertrude. "Now We Are Back in Paris." *Compass: Current Reading* (December 1945): 56–60.

———. "Off We All Went to See Germany." *Life*, August 6, 1945, 54–58.

Steinberg, Rolf. *Nazi-Kitsch*. Darmstadt: Melzer, 1975.

Steinweis, Alan E. *Kristallnacht 1938*. Cambridge, Mass.: Harvard University Press, 2009.

Stinglwagner, Gerhard. *Von Mönchen, Prinzen und Ministern: Das Gebäude des Landwirtschaftsministeriums und seine Nachbarschaft*. München: Bayerisches Staatsministerium für Ernährung, Landwirtschaft und Forsten, 1991.

Storey, Walter Rendell. "Novel Decorations for a Great Liner: The Europa's Color Scheme and Furnishings Are Subdued Modernism." *New York Times*, April 6, 1930.

Stratigakos, Despina. "'I Myself Want to Build': Women, Architectural Education and the Integration of Germany's Technical Colleges." *Paedagogica Historica* 43, no. 6 (2007): 727–56.

———. "Women and the Werkbund: Gender Politics and German Design Reform, 1907–14." *Journal of the Society of Architectural Historians* 62, no. 4 (2003): 490–511.

———. *A Women's Berlin: Building the Modern City*. Minneapolis: University of Minnesota Press, 2008.

Stumberger, Rudolf. "Die Luft wird dünner." *Welt am Sonntag*, July 12, 2009.

Sturz, James. "Evil for Sale: The Market for Nazi Memorabilia Is Thriving." *New York Times Magazine*, November 28, 1993, 70–72.

Südost-Kurier. "Problem Obersalzberg und Kehlstein vor der Lösung." August 4, 1951.

Swett, Pamela E., Corey Ross, and Fabrice d'Almeida, eds. *Pleasure and Power in Nazi Germany*. Houndmills, UK: Palgrave Macmillan, 2011.

Sylvester, Albert James. *The Real Lloyd George*. London: Cassell, 1947.

Symons, Mitchell. "The Hitler Hotel Has No Room for a Sense of Shame." *Daily Express*, September 6, 2002.

Tagliabues, John. "Construction at Nazi Death Camp Site Stirs Protest." *New York Times*, July 21, 1991.

Tange, Andrea Kaston. *Architectural Identities: Domesticity, Literature, and the Victorian Middle Classes*. Toronto:

University of Toronto Press, 2010.
Tauber, Kurt P. *Beyond Eagle and Swastika: German Nationalism since 1945.* 2 vols. Middletown, Conn.: Wesleyan University Press, 1967.
Taylor, Henry J. "Berchtesgaden." *Los Angeles Times*, May 22, 1945.
Tennant, Ernest William Dalrymple. *True Account.* London: Parish, 1957.
Thalhofer, Robert L. *Company A! Combat Engineers Remember World War II.* Bloomington, Ind.: Xlibris, 2010.
Thamer, Hans-Ulrich, and Simone Erpel, eds. *Hitler und die Deutschen: Volksgemeinschaft und Verbrechen.* Berlin: Deutsches Historisches Museum; Dresden: Sandstein, 2010.
Thiede, Klaus. *Deutsche Bauernhäuser.* Köningstein im Taunus: Langewiesche, 1934.
Thies, Jochen. *Hitler's Plans for Global Domination: Nazi Architecture and Ultimate War Aims.* Translated by Ian Cooke and Mary- Beth Friedrich. New York: Berghahn, 2012.
Time. "Adolf and Ignatz." January 1, 1934, 13–14.
———. "Bless Me Natzi!" January 8, 1934, 21.
———. "Peeved Paperhangers." June 7, 1937, 15.
Times-Colonist (Victoria, B.C.). "Art from Hitler's Lair." August 7, 2005.
Times Literary Supplement. "Can America Last?" April 5, 1934, 245.
Toland, John. *Adolf Hitler.* New York: Anchor, 1992.（ジョン・トーランド『アドルフ・ヒトラー』1–4、永井淳訳、集英社文庫、1990 年）。
Tolischus, Otto. "Hitler." *New York Times Magazine*, March 11, 1934, 2, 21.
———. "Where Hitler Dreams and Plans." *New York Times Magazine*, May 30, 1937, 1–2, 16.
Tooze, Adam. *The Wages of Destruction.* New York: Penguin, 2008.
Trevor-Roper, H. R., ed. *The Bormann Letters.* London: Weidenfeld and Nicolson, 1954.
———. *Hitler's Table Talk, 1941–1944: His Private Conversations.* Translated by Norman Cameron and R. H. Stevens. New York: Enigma, 2008.（アドルフ・ヒトラー『ヒトラーのテーブル・トーク――1941–1944』上・下、ヒュー・トレヴァー=ローパー解説、吉田八岑監訳、三交社、1994 年）。
Troost, Gerdy, ed. *Das Bauen im Neuen Reich.* 2 vols. Bayreuth: Gauverlag Bayerische Ostmark, 1939 and 1943.
Uhlir, Christian F., ed. *Im Schattenreich des Untersberges: Von Kaisern, Zwergen, Riesen und Wildfrauen.* Norderstedt: Books on Demand, 2004.
Umlauf, Hanni. *Zwischen Rhein und Ruhr.* Miesbach: Mayr, 1952.
U.S. Newswire. "'Homes and Gardens' Admits Publication of 1938 Pro-Hitler Article Was 'Appalling,' Drops Effort to Suppress Reprints." November 5, 2003.
V., Dr. M. "Typen des Kitsches erprobt in einem Wettbewerb des guten Geschmacks." *Deutsches Handwerk* 7, no. 2 (1938): 21–23.
Vinen, Richard. *The Unfree French: Life under the Occupation.* New Haven, Conn.: Yale University Press, 2006.
Vogue (U.S.). "Mussolini, Hitler, and Eden — In Retreat." August 15, 1936, 70–71.
Völkischer Beobachter. "Deutsche Künstler vom Führer ausgezeichnet." April 21, 1937.
Vorwärts. "Der Vielgeknipste: Adolf in allen Lebenslagen." March 19, 1932.
Voss, Frederick S. *Reporting the War: The Journalistic Coverage of World War II.* Washington, D.C.: Smithsonian Institution, 1994.
W., I. v. "Aus der Arbeit von Frau Prof. Troost." *Völkischer Beobachter*, July 15, 1937.
Wagner, Friedelind, and Page Cooper. *Heritage of Fire: The Story of Richard Wagner's Grand-daughter.* New York:

Harper, 1945.（フリーデリント・ワーグナー、ページ・クーパー『炎の遺産——リヒャルト・ワーグナーの孫娘の物語』北村充史訳、論創社、2011 年）。

Wagner, Jens-Christian. *Produktion des Todes: Das KZ Mittelbau-Dora*. Göttingen: Wallstein, 2001.

Wagner, Thomas. "Yad Vashem, Simon Wiesenthal Center Blast English Auction House's Sale of Hitler Paintings." *Jerusalem Post*, September 28, 2006.

Wagnon, Hugh. "Britain's Hopes for Future Personified in Churchill." *Washington Post*, December 31, 1940.

———. "Churchill Devotes 17 Hours a Day to His Only Hobby — War." *Washington Post*, December 30, 1940.

Waldman, Simon. "At Home with the Führer." *Guardian*, November 3, 2003.

Wales, Henry. "Yanks' Looting in Reich Called Major Problem." *Chicago Daily Tribune*, May 14, 1945.

Walther, Christoph, and Karl-Ulrich Gelberg. "Nationalsozialistische Aussenpolitik in München und das Münchner Abkommen." In *München: "Hauptstadt der Bewegung,"* edited by Richard Bauer, Hans Günther Hockerts, Brigitte Schütz et al., 378–91. München: Münchner Stadtmuseum, 2002.

Ward Price, George. *I Know These Dictators*. London: Harrap, 1937.

Washington Post. "Hitler's 'Love Nest' to Be Razed." November 4, 1951.

———. "Yanks Uncover 5 Billions in Nazi Treasure." June 20, 1945.

Weber, Eugen. *The Hollow Years: France in the 1930s*. New York: Norton, 1994.

Webster, David Kenyon. "We Drank Hitler's Champagne." *Saturday Evening Post*, May 3, 1952, 25, 135–38.

Weissler, Sabine. *Design in Deutschland 1933–45: Ästhetik und Organisation des Deutschen Werkbundes im "Dritten Reich."* Giessen: Anabas, 1990.

Welt Kompakt. "Millionengrab auf dem Obersalzberg." May 26, 2009.

Welt-Spiegel (Sunday supplement of the *Berliner Tageblatt*). "Der Führer im Haus der Deutschen Kunst." July 18, 1937, cover page.

Werckmeister, O. K. "Hitler the Artist." *Critical Inquiry* 23, no. 2 (1997): 270–97.

Werner, Bruno E. "Der Führer und seine Architekten." *die neue linie*, April 1939, 25–32.

Westheim, Paul. "Die janze Richtung passt ihm nicht: Hitler 'säubert' das 'Haus der Kunst.'" *Pariser Tageszeitung*, July 17, 1937.

Whittier-Ferguson, John. "The Liberation of Gertrude Stein: War and Writing." *Modernism/Modernity* 8, no. 3 (2001): 405–28.

Wichmann, Hans. *Die Neue Sammlung: Ein neuer Museumstyp des 20. Jahrhunderts*. München: Prestel, 1985.

Wilderotter, Hans. *Alltag der Macht: Berlin Wilhelmstrasse*. Berlin: Jovis, 1998.

Will, Barbara. *Unlikely Collaboration: Gertrude Stein, Bernard Faÿ, and the Vichy Dilemma*. New York: Columbia University Press, 2011.

Williams, Carol J. "Resort Bids to Balance Past, Future." *Los Angeles Times*, July 29, 2001.

Williams, J. Emlyn. "Allied Armies Intent upon Dealing Quickly with Nazi Redoubt." *Christian Science Monitor*, April 26, 1945.

Williamson, Gordon. *Knight's Cross and Oak-Leaves Recipients, 1941–45*. Oxford: Osprey, 2005.

Wilson, Kristina. *Livable Modernism*. New Haven, Conn.: Yale University Press, 2004.

Woolf, Virginia. "Great Men's Houses." 1932. Reprinted in Virginia Woolf, *The London Scene: Five Essays*, 23–29. New York: Hallman, 1975.

Wuttke-Groneberg, Walter. *Medizin im Nationalsozialismus*. Rottenburg: Schwäbische, 1982.

Yeide, Nancy H. *Beyond the Dreams of Avarice: The Herman Goering Collection*. Dallas: Laurel, 2009.

Zekri, Sonja. “Berge versetzen: Natur als Machtinstrument.” *Süddeutsche Zeitung*, May 19, 2010.
Ziemke, Earl F. *The U.S. Army in the Occupation of Germany, 1944–1946*. Washington, D.C.: Center of Military History, U.S. Army, 1975.
Ziffer, Alfred. *Nymphenburger Moderne*. Eurasburg: Minerva, 1997.
Zimmermanns, Klaus. *Friedrich August von Kaulbach, 1850–1920*. München: Prestel, 1980.
Zox-Weaver, Annalisa. *Women Modernists and Fascism*. New York: Cambridge University Press, 2011.

アーカイブ資料

Bayerische Staatsbibliothek, München
Bayerisches Hauptstaatsarchiv, München
Berlinische Galerie, Berlin
Bundesarchiv Berlin-Lichterfelde
Bundesarchiv-Filmarchiv, Berlin
Deutsches Historisches Museum, Berlin
Duquesne University Archives, Pittsburgh, Pa.
Franklin D. Roosevelt Library, Hyde Park, N.Y.
Harry S. Truman Library and Museum, Independence, Mo.
Institut für Zeitgeschichte, München
Lee Miller Archives, Farley Farm House, Muddles Green, Chiddingly, East Sussex, UK
Library of Congress, Washington, D.C.
Lokalbaukommission München
National Archives, College Park, Md.
National Archives, Kew, Richmond, Surrey, UK
Staatsarchiv München
Stadtarchiv München
University of Arizona, Special Collections, Tucson
Vereinigte Werkstätten für Kunst im Handwerk, Amira Verwaltungs AG, München
The Wolfsonian-Florida International University, Miami Beach

図版クレジット

写真家およびキャプションに記載された所有者以外のビジュアル資料の提供元は以下の通り。できる限り完全かつ正確なクレジットを心がけた。誤りや漏れがあれば、イエール大学出版までご連絡を。重版の際に訂正を行なう。

口絵 1　Image Collection, Bayerisches Hauptstaatsarchiv, München
口絵 2　68882, Heinrich Hoffmann Photographic Archive, Bayerische Staatsbibliothek, Munich
口絵 3　68879, Heinrich Hoffmann Photographic Archive, Bayerische Staatsbibliothek, Munich
口絵 4　68880, Heinrich Hoffmann Photographic Archive, Bayerische Staatsbibliothek, Munich
口絵 5　68881, Heinrich Hoffmann Photographic Archive, Bayerische Staatsbibliothek, München
口絵 6–8　Gerdy Troost Papers, Ana 325 A.V.4, Bayerische Staatsbibliothek, München
口絵 9　Private collection
口絵 10　26211, Heinrich Hoffmann Photographic Archive, Bayerische Staatsbibliothek, München
口絵 11　260-NSA-37, National Archives, College Park, Maryland
口絵 12, 13　Courtesy of *FOCUS Magazin*, München

図 2　NSDAP-Baupläne 8395, Bayerisches Hauptstaatsarchiv, München
図 3　7050, Heinrich Hoffmann Photographic Archive, Bayerische Staatsbibliothek, Munich
図 4　NSDAP-Baupläne 11244, Bayerisches Hauptstaatsarchiv, München
図 5　146–1991–078–19A, Digital Picture Archive, Bundesarchiv
図 6, 8–14　LOT 3940 (H) [P&P], Library of Congress, Washington, D.C., Prints and Photographs Division
図 7　NSDAP-Baupläne 11243, Bayerisches Hauptstaatsarchiv, München
図 15　NSDAP-Baupläne 6132, Bayerisches Hauptstaatsarchiv, München
図 16　Author
図 17　NSDAP-Baupläne 8374, Bayerisches Hauptstaatsarchiv, München
図 18　NSDAP-Baupläne 6134, Bayerisches Hauptstaatsarchiv, München
図 19　Image Collection, Bayerisches Hauptstaatsarchiv, München
図 20　Collection of Otto Wilhelm Schönstein, Deutsches Historisches Museum, Berlin
図 21–24　BPL Berchtesgaden, Staatsarchiv München
図 25　146–1991–077–31, Digital Picture Archive, Bundesarchiv
図 26　242-HB, Album 15, B1082, Heinrich Hoffmann Collection, National Archives, College Park, Maryland
図 27　TD 1991.223.15, Paul Troost Papers, The Mitchell Wolfson, Jr. Collection, The Wolfsonian-Florida International University, Miami Beach
図 28　TD 1991.222.25, Paul Troost Papers, The Mitchell Wolfson, Jr. Collection, The Wolfsonian-Florida International University, Miami Beach
図 29　Courtesy of Hoover Institution Library and Archives, Stanford University, California
図 30　TD 1991.223.24, Paul Troost Papers, The Mitchell Wolfson, Jr. Collection, The Wolfsonian-Florida International University, Miami Beach

図 31　242-EB-12–2, Eva Braun Photographic Albums, National Archives, College Park, Maryland
図 32　242-EB-6–26, Eva Braun Photographic Albums, National Archives, College Park, Maryland
図 33　OBB KuPl 5465, Bayerisches Hauptstaatsarchiv, München
図 34　OBB KuPL 5454, Bayerisches Hauptstaatsarchiv, München
図 35　OBB KuPL 5458, Bayerisches Hauptstaatsarchiv, München
図 36, 38　Private collection
図 37　LOT 8625 (G) [P&P], Library of Congress, Washington, D.C.
図 39　242-HK-685, National Archives, College Park, Maryland
図 41　10528, Heinrich Hoffmann Photographic Archive, Bayerische Staatsbibliothek, Munich
図 42　BA/4 81.11247, Bayerische Staatsbibliothek, Munich
図 43　Deutsches Historisches Museum, Berlin
図 49　9448, Heinrich Hoffmann Photographic Archive, Bayerische Staatsbibliothek, Munich
図 50　10526, Heinrich Hoffmann Photographic Archive, Bayerische Staatsbibliothek, Munich
図 51　8010, Heinrich Hoffmann Photographic Archive, Bayerische Staatsbibliothek, Munich
図 53　*Innen-Dekoration* 49, no. 5 (1938): 168
図 55　Originally published by Vogue; © Condé Nast
図 56　From The New York Times, May 30, 1937; © 2015 The New York Times. All rights reserved.
図 57　© 2015 Time Inc. All rights reserved. Reprinted from LIFE and published with permission of Time Inc.
図 58–60　MS 243, series 5, volume 2, Karen Kuykendall Papers, Special Collections, University of Arizona, Tucson
図 61　MS 243, series 5, volume 4, Karen Kuykendall Papers, Special Collections, University of Arizona, Tucson
図 62　MS 243, series 5, volume 3, Karen Kuykendall Papers, Special Collections, University of Arizona, Tucson
図 63, 67, 68　© Lee Miller Archives, England, 2014. All rights reserved.
図 64　Foto Marburg / Art Resource, NY
図 65　David Kenyon Webster, "We Drank Hitler's Champagne," *Saturday Evening Post*, May 3, 1952, 25. Courtesy U.S. Army.
図 66　Courtesy Dean Rodina
図 69　Photo by U.S. Army / The LIFE Picture Collection / Getty Images
図 70　NL Ehard 781, Bayerisches Hauptstaatsarchiv, München
図 71　© 2015 Time Inc. All rights reserved. Reprinted from LIFE and published with permission of Time Inc.